教育部哲学社会科学系列发展报告
MOE Serial Reports on Developments in Humanities and Social Sciences

中国文化产业年度发展报告（2013）

The Annual Development Report of Chinese Cultural Industries

叶朗 主编

北京大学出版社
PEKING UNIVERSITY PRESS

图书在版编目(CIP)数据

中国文化产业年度发展报告.2013/叶朗主编.—北京:北京大学出版社,2013.10
ISBN 978-7-301-23329-0

Ⅰ.①中… Ⅱ.①叶… Ⅲ.①文化产业-研究报告-中国-2013 Ⅳ.①G124

中国版本图书馆CIP数据核字(2013)第239886号

书　　名:中国文化产业年度发展报告(2013)
著作责任者:叶　朗　主编
责任编辑:胡利国
标准书号:ISBN 978-7-301-23329-0/G·3725
出版发行:北京大学出版社
地　　址:北京市海淀区成府路205号　100871
网　　址:http://www.pup.cn
新浪微博:@北京大学出版社
电子信箱:ss@pup.pku.edu.cn
电　　话:邮购部62752015　发行部62750672　编辑部62753121
　　　　　出版部62754962
印 刷 者:北京鑫海金澳胶印有限公司
经 销 者:新华书店
　　　　　730毫米×980毫米　16开本　30印张　522千字
　　　　　2013年10月第1版　2013年10月第1次印刷
定　　价:63.00元

总 序

哲学社会科学的发展水平，体现着一个国家和民族的思维能力、精神状态和文明素质，反映了一个国家的综合国力和国际竞争力。在社会发展历史进程中，哲学社会科学往往是社会变革、制度创新的理论先导，特别是在社会发展的关键时期，哲学社会科学的地位和作用就更加突出。在我国从大国走向强国的过程中，繁荣发展哲学社会科学，不仅关系到我国经济、政治、文化、社会建设以及生态文明建设的全面协调发展，而且关系到社会主义核心价值体系的构建，关系到全民族的思想道德素质和科学文化素质的提高，关系到国家文化软实力的增强。

党的十六大以来，以胡锦涛同志为总书记的党中央高度重视哲学社会科学，从中国特色社会主义发展全局的战略高度，把繁荣发展哲学社会科学作为重大而紧迫的任务进行谋划部署。2004 年，中共中央下发《关于进一步繁荣发展哲学社会科学的意见》，明确了新世纪繁荣发展哲学社会科学的指导方针、总体目标和主要任务。党的十七大报告明确指出："繁荣发展哲学社会科学，推进学科体系、学术观点、科研方法创新，鼓励哲学社会科学界为党和人民事业发挥思想库作用，推动我国哲学社会科学优秀成果和优秀人才走向世界。"2011 年，党的十七届六中全会审议通过的《中共中央关于深化文化体制改革、推动社会主义文化大发展大繁荣若干重大问题的决定》，把繁荣发展哲学社会科学作为推动社会主义文化大发展大繁荣、建设社会主义文化强国的一项重要内容，深刻阐述了繁荣发展哲学社会科学一系列带有方向性、根本性、战略性的问题。这些重要思想和论断，集中体现了我们党对哲学社会科学工作的高度重视，为哲学社会科学繁荣发展指明了方向，提供了根本保证和强大动力。

为学习贯彻党的十七届六中全会精神，教育部于 2011 年 11 月 17 日在北京召开全国高等学校哲学社会科学工作会议。中共中央办公厅、国务院办公厅转发《教育部关于深入推进高等学校哲学社会科学繁荣发展的意见》，明确提出到 2020 年基本建成高校哲学社会科学创新体系的奋斗目标。教育部、财政部联合印发《高等学校哲学社会科学繁荣计划（2011—2020 年）》，教育部下发《关于进一步改进高等学校哲学社会科学研究评价的意见》、《高等学校哲学社会科学"走出去"计划》、《高等学校人文社会科学重点研究基地建设计划》等系列文件，启动了新一轮“高校哲学社会科学繁荣计划”。未来十年,高校哲学社会科学将着力构建九大体系,即学科和教材体系、创新平台体系、科研项目体系、社会服务体系、条件支撑体系、人才队伍体系、现代科研管理体系和学风建设工作体系,同时,大力实施高校哲学社会科学“走出去”计划,提升国际学术影响力和话语权。

当今世界正处在大发展大变革大调整时期,我国已进入全面建设小康社会的关键时期和深化改革开放、加快转变经济发展方式的攻坚时期。站在新的历史起点上,高校哲学社会科学面临着难得的发展机遇和有利的发展条件。高等学校作为我国哲学社会科学事业的主力军,必须充分发挥人才密集、力量雄厚、学科齐全等优势,坚持马克思主义立场观点方法,以重大理论和实际问题为主攻方向,立足中国特色社会主义伟大实践进行新的理论创造,形成中国方案和中国建议,为国家发展提供战略性、前瞻性、全局性的政策咨询、理论依据和精神动力。

自2010年始,教育部启动哲学社会科学研究发展报告资助项目。发展报告项目以服务国家战略、满足社会需求为导向,以数据库建设为支撑,以推进协同创新为手段,通过组建跨学科研究团队,与各级政府部门、企事业单位、校内外科研机构等建立学术战略联盟,围绕改革开放和社会主义现代化建设的重点领域和重大问题开展长期跟踪研究,努力推出一批具有重要咨询作用的对策性、前瞻性研究成果。发展报告必须扎根社会实践、立足实际问题,对所研究对象的发展状况、发展趋势等进行持续研究,强化数据采集分析,重视定量研究,力求有总结、有分析、有预测。发展报告按照“统一标识、统一封面、统一版式、统一标准”纳入“教育部哲学社会科学发展报告文库”集中出版。计划经过五年左右,最终稳定支持百余种发展报告,有力支撑“高校哲学社会科学社会服务体系”建设。

展望未来,夺取全面建设小康社会新胜利、谱写人民美好生活新篇章的宏伟目标和崇高使命,呼唤着每一位高校哲学社会科学工作者的热情和智慧。我们要不断增强使命感和责任感,立足新实践,适应新要求,以建设具有中国特色、中国风格、中国气派的哲学社会科学为根本任务,大力推进学科体系、学术观点、科研方法创新,加快建设高校哲学社会科学创新体系,更好地发挥哲学社会科学认识世界、传承文明、创新理论、咨政育人、服务社会的重要功能,为全面建设小康社会、推进社会主义现代化、实现中华民族伟大复兴作出新的更大的贡献。

教育部社会科学司
2012年7月

编写说明

《中国文化产业年度发展报告(2013)》(以下简称本年度报告)是由北京大学文化产业研究院和国家文化产业创新与发展研究基地为主发起人,联合国内文化产业领域内的众多知名学者和企业家共同编撰而成的年度报告。2013 年度的报告秉承以往年度报告的编撰原则,继续以文化产业领域内的微观企业主体为重点分析对象,全力考察那些充满创新精神与进取意识的文化产业企业和企业家们的经营行为。此外,为了全面反映我国文化产业的发展现状和发展趋势,我们还在报告中重点探讨我国文化产业领域在 2013 年内比较有代表性的创新行为和商业模式。同时,我们也在报告中对相关文化产业的政策体系进行系统的考察和分析。

由于本年度报告是产业的年度发展报告,因此我们不仅要在报告中体现出对我国的文化产业进行年度盘点的特色,还应该体现出对我国的文化产业进行跟踪研究的特点。为此,本年度报告不仅可以反映出我国文化产业的发展现状和发展趋势,还可以在一定程度上反映出我国文化产业和相关政策的发展轨迹。

我们希望本年度报告不仅能够作为学术界和政府管理部门的参考工具,而且可以成为企业进行文化产业投资决策的重要依据。

本年度报告是在许多相关研究成果的基础上完成的,报告大量引用了相关研究机构、研究人员和业内机构的数据和研究成果,在此对相关机构和人员表示感谢。限于编写人员的水平和编写时间仓促,本年度报告的不足之处还望读者多多指正,以利于在以后年度报告的编写工作中进一步改进和提高。此外,由于篇幅较大和引用的资料、数据繁多,引用标注如有差错和遗漏之处,还望有关人士批评指正。

1. 报告的数据来源。

为了更加准确和全面地反映我国文化产业的发展现状和发展趋势,我们在本年度的报告编撰过程中引入了更为多样化的数据采集渠道。此外,间接方式中除了公众公司的各类定期报告外,还包括了非公众公司网站上所披露的数据以及2012年内各种图书、报纸和期刊中的相关数据。此外,本年度报告在编撰过程中还更多地采用了北京大学图书馆的各类专业数据库。由于截稿时还有一些领域尚无法获得截至2012年底的数据,从而多少会对我们的分析和考察带来一定的影响。

本报告主要从内容与渠道的维度来分析文化产业各行业的市场规模、行业发展趋势以及细分行业的运营情况,从而概括各行业的特点、存在的问题以及发展态势,并提出相关的建议。

以下为行业分类方法:

文化产业行业分类(参见下表4-1-1),此方法将文化产业所涉及行业按不同产业侧重分为“内容”“互动”“设计”“策划”及“传统”五大类,试图兼顾或解决行业分类中内容与渠道交错的问题。

表 4-1-1 文化产业行业类别内容及渠道分布矩阵图

内容 / 渠道	内容_视觉,声音							互动		设计		策划				传统	
纸媒	书报刊									广告	设计						
现场		电影		演出			音乐						旅游	会展	节庆	教育	体育
播出			电视		动漫	广播											
发行												艺术品经营					
网络/手机								游戏	网络/手机								
独立媒介																	

从横向看,“内容类”包括“视觉”与“声音”两大部类,其核心在于内容原创的能力,即讲故事的能力;“互动类”的核心在于渠道运营、盈利模式创建;“设计类”包括广告和设计,核心在于创意;“策划类”的主要考量核心是其项目创意与流程控制中的运作管理;“传统类”的主要考量核心在于对传统产业的延伸与资源的

整合。

从纵向看，主要归纳了各个部类下各行业的不同实现渠道的运用，由此对应考察产业链环节的运作情况。如从表 4-1-1 中可了解“电影”行业通过“现场”“播出”“发行”与“网络/手机”几个多元实现渠道进行产业链环节的运作，而相对传统的“图书、报刊”则通过“纸媒”这一主要实现渠道进产业运作。

2. 报告的分析对象。

我们本着突出核心文化产业、兼顾外围文化产业，突出核心产业环节、兼顾外围产业环节的原则，继续围绕着文化产业的几大主要门类进行论述。这些门类主要包括了纸质传媒中的出版产业和报刊产业、影音传媒中的广播电影电视产业和音像产业、网络传媒产业、广告产业、艺术产业中的艺术品经营业和演出产业、文化旅游产业等。

此外各个区域的文化产业发展状况也是我们关注的对象，在本书的区域文化产业年度发展概况中，我们分别考察了北京、东北、华东、华中、西南、西北等区域 2012 年的文化产业的发展成就和最近发展动向。

3. 上市公司的年度数据来源。

随着经营业绩的不断改善，很多文化产业类公众公司都在本年度报告截稿时公布了自己的年度数据，因此，本课题组在报告中引用的公众公司的年度数据将尽量采用其经过审计的年度报表中的数据。当涉及多家公众公司之间的比较时，如果尚有比较对象还没有公布其年度数据时，我们将依然采用上一年度报告中所采用的年度数据计算公式，也就是，该公司的年度数据是根据该公司半年度报告和第三季度报告计算出来的加权数据。这种加权计算方法为：年度加权数据 =（1—6 月的数据 ×2 +7—9 月的数据 ×4）/2。当然，这种计算方法将不可避免地会带来一定的误差。

4. 产业政策的选取依据。

由于本年度报告的考察具备一定的连续性，因此，我们在本年度报告的编撰过程中将不再对特定行业的产业政策进行回顾式的分析和考察，而是将分析重点放在 2011 年内出台的，同时又是全国性的且对整个产业的发展起着重大影响和作用的法律和规章。如果要对某一特定门类的产业政策进行历史比较的话，读者可以参阅以前年度的报告，从而能对该产业内的政策有一个全景式的认识。

5. 行业创新。

无论是行业的发展，还是社会的进步，创新都是其中的核心环节。因此，在探讨我国文化产业的发展过程中，关注来自文化产业行业层面的各类创新活动将对我国文化产业的健康和快速发展发挥出积极的促进作用。为了能对我国文化产业的健康和快速发展做出一点力所能及的贡献,我们继续重点关注文化产业领域内各行业的创新活动。

6. 文化产业企业经营案例的取舍。

在今年《年度报告》的编撰过程中,我们单辟一部分对具备着一定代表性的文化产业企业进行了分析和考察,以增强读者对于相关产业的感性认识,也有助于加强对全行业的了解。

7. 年度报告的编写团队。

在本年度报告的编写过程中,既得到了来自国家文化部的领导和国家文化部文化产业司的领导的大力支持,也得到了众多顾问和专家们的帮助和指导(名单请参见本年度报告的课题组名单)。

在年度报告的编写过程中,本课题组采取的分工原则为:特定行业由课题组内的子团队分工负责,然后在团队通力合作的情况下完成各部分的编撰,最后由北京大学文化产业研究院的研究人员完成相关部分的统稿工作。

《中国文化产业年度发展报告(2013)》编委会

目　录
Contents

文化创意产业推进城市实现创新驱动和转型发展

厉无畏*

从战略意义上看,发展文化创意产业有助于推进文化强国建设,而从城市的发展实际来看,文化创意产业的发展,将加快城市实现“创新驱动,转型发展”。从国内外文化创意产业发展的经验来看:旧区改造、城市更新,资源开发、文化演绎,旗舰项目、综合运作,是三条重要的可行性路径。同时文化创意产业的渗透融合特性还能有效促进产业的创新。

一、发展文化创意产业,实现城市“创新驱动,转型发展”的路径

近些年来,随着长三角地区都市经济的发展,一方面,商务成本逐渐提高,都市产业结构不断调整,导致一些传统工业的衰退和外移。制造业企业在市场规律作用下选择新的生产基地,给城市带来了产业空洞化的后果。有限的城市土地资源使城市不能再发展低端制造业。于是,很多城市选择了高附加值的制造业和现代服务业为主要发展方向,这些产业相对而言能耗较低,对环境的污染小。另一方面,从制造业分化出来的生产环节,在技术发展和人力资源的支撑下进一步融入服务业。制造业产业内部结构分化使不同产业生产环节中的创意生产分离出来,聚集成新的产业;无污染、高附加值的文化创意产业应运而生,更获青睐。

通过发展文化创意产业来促使城市的转型发展,成为一种可行的发展思路。大体而言有三条路径和方案。

路径一:旧区改造、城市更新

文化创意产业与城市旧区改造的有机结合,可以避免城市文脉的中断,不仅能够保留具有历史文化价值的建筑,而且通过历史与未来、传统与现代、东方与西洋、经典与流行的交叉融会,为城市增添了历史与现代交融的文化景观,不仅对城市经济的发展产生了巨大的推动作用,而且使城市更具魅力,给人以城市的繁华

---

* 厉无畏,民革中央常委副主席,上海市社会科学院部门经济研究所所长。

感、文化底蕴的厚重感和时代的生机感。比如英国泰晤士河南岸、德国鲁尔区、纽约苏荷、日本北海道小樽运河等创意企业密集的区域,都是由19世纪制造业大发展时建造的厂房、仓库改造而成。这些旧式的建筑保留了城市的人文遗产,很好地结合了文化的传承与文化的创新,既保护了历史,同时又成为可持续发展的动力。

从上海的旧区改造实例来看,这里是中国近代工业的发源地,制造业门类齐全,基础雄厚,拥有大量的老厂房、老仓库等优秀历史建筑。这些建筑体现了上海工业在不同时期的独特风格、艺术特色和科学价值,也成为上海民族工业的见证,拥有相当的历史文化价值。同时很多老厂房、老仓库的空间又十分适宜进行内部改建,因此,为上海发展文化创意产业提供了得天独厚的优势资源。在目前挂牌成立的创意产业园区中,相当比重的园区都是在老厂房基础上改建而成的(见表1)。

表1 上海部分文化创意产业园区及其改建前原址对照

文化创意产业园区名称	改建前的原址
M50莫干山路创意园	原上海春明粗纺厂
田子坊	原弄堂工厂
红坊	原上钢十厂冷轧带钢厂厂房群
八号桥	原上汽集团所属上海汽车制动器公司
1933老厂房	原上海工部局宰牲场
2577创意大院	原江南枪炮局
800艺术区	原华联配送中心仓库
老码头	原上海油脂厂,十六铺
四行仓库	原四间银行金城、中南、大陆、盐业共同出资建设的仓库
卓维700	原上海纺织控股(集团)有限公司下属单位上海织袜二厂

路径一的案例:德国鲁尔区的华丽转型

德国鲁尔区的改造,是一个从工业生产区转变为商业文化消费区的过程。德国人没有采取大拆大建的"除锈"行动,而是将这里大片的产业基地保存了下来。历经十余年的改造振兴,破败的工业区神奇地转变成了全新概念的现代生活空间。2010年被评为欧洲的"文化之都"。鲁尔区是传统工业之衰退历史和空间转型的典型区域,面对逆工业化过程和区域衰退,鲁尔显示出区域整治和更新、特别是逐步与工业遗产保护和旅游开发密切结合的空间实践过程。

赢利模式:"政府主导、机制创新、全面规划、整体盈利"

政府主导

德国联邦和北威州政府对鲁尔区老工业基地改造与经济结构转变一直都给

予高度重视，设立了专门机构负责制定经济结构调整政策、规划、项目审批和财政资助等事宜。为资助老工业基地改造，联邦政府经济部下专门设立了联邦地区发展规划委员会和执行委员会，负责项目审批和财政资助等事宜。鉴于鲁尔工业区的特殊经济形势，鲁尔区经济结构调整一直是北威州政府工作的最重要内容之一。1998 年，鲁尔区规划机构还专门制定了一条连接全区工业旅游景点的区域性旅游路线，方便当地游客和外国游客进一步了解德国的工业历史。这条“工业文化之旅”衔接 19 个工业旅游景点、6 个国家级博物馆和 12 个典型工业城镇等，几乎覆盖整个鲁尔区，就如同一部反映煤矿、炼焦、钢铁工业发展的“教科书”，带领人们游历 150 年的工业发展史。另一方面也和现代科技结合利用老厂房建立了世界著名的红点设计中心和设计博物馆（Red Dot Design Museum），定期举办红点国际设计大赛和展览。既吸引了各国设计师参与，也为传统产业的创新升级提供了支持。

从煤都埃森市（Essen）转型的例子看，州政府和市政府都给予了大力的支持。“关税同盟”（Zollverein）是埃森市历史上最重要的煤炭—焦化厂，1847 年煤井开始运行，一度成为欧洲最大的煤井，世界第二大钢铁公司。1986 年 12 月煤井停产，被州政府列入历史文化纪念地。1989 年由州政府的资产收购机构（LEG）和埃森市政府共同组建成管理公司，永久性负责该地的规划与发展。1998 年州政府和市政府还成立了专用发展基金。2001 年 9 月该地成功进入世界文化遗产名录，成为德国第三个获此殊荣的工业遗产旅游地。

机制创新

早在 1920 年，德国政府就颁布法律，成立了鲁尔煤管区开发协会（简称 SVR），是鲁尔区最高规划机构。这一规划机构的职能和权限随着区域的发展一再扩大，发展成为区域规划的联合机构（KVR）、州联邦的权力部门。该协会由 88 个成员组成的议会和 7 个成员组成的委员会负责日常工作，成员中 60% 是市县政府代表，40% 是企业代表。行政上受州政府当局管辖，财政上由地方当局拨款和协会自身筹款。此外，协会自身还有贷款的权力。针对鲁尔区存在的问题，协会于 1960 年提出了鲁尔区总体发展规划，作为法令要求全区严格遵守执行。1989 年还制定了一个为期 10 年的国际建筑展计划（简称 IBA）。

在鲁尔煤管区协会成立以前，鲁尔区无论是在发展工业生产，还是在城市建设、交通以及环境保护方面，都没有统一的规划，因此带有很大的盲目性，导致了一系列社会经济问题，直接影响到工业区的生存发展。但在协会成立初期，其主要的工作也只是制定“一般开发规划”（General Settlement Plan）即为工业和民用地、交通线路、绿化环境等提出轮廓性布局方案。从20世纪60年代起,协会逐渐担负起对工业区的全面规划,直接与全区的建设和发展挂钩,并取得了很大的成效,因而KVR组织在德国被普遍认为是一个成功的典范。

全面规划

全面规划是鲁尔区经济结构转变的保证,为此,北威州政府自20世纪60年代起陆续出台了对改善地区经济产生深远影响的"鲁尔发展规划"、"北莱茵—威斯特法伦规划"和"鲁尔行动计划"等。在这些规划中,全面考虑了改善一个地区经济结构的广泛措施,如改善交通网络;大力发展教育事业;改善地区文化和娱乐设施;加强环境保护和改善城市环境;促进科学研究与开发,以及科技成果转化;削减煤炭和钢铁工业的生产能力,使生产能力与市场相适应等。

除了政府部门的规划设计外,区域规划的联合机构也制定了为期十年的国际建筑展计划(简称IBA)。该计划面向北部鲁尔地区800平方公里,有17座城市,工业景观最密集、环境污染最严重、衰退程度最高的埃姆舍尔(Emscher)地区,因此又被称为德国的埃姆舍尔公园模式。它是一个大型区域性综合整治与复兴计划,该计划对鲁尔区工业结构转型、旧工业建筑和废弃地的改造和重新利用、当地的自然和生态环境的恢复,以及就业和住房等社会经济问题的解决等等,给予系统性的考虑和规划。

整体盈利

鲁尔区的旧址改造与转型发展不是企业的赢利方式,而是立足于整座城市的受益。伴随着产业结构的调整和城市更新,原有的工业遗产得到了很好的保护,原有产业倒闭而带来的失业问题也得到解决,环境也变得更为宜居,还建立了地方具有特色的文化地标。据许多德国国内和国际研究及企业调查的结果显示,鲁尔区未来在欧洲具有较强的竞争力,该地区的生活条件和水平在世界100个最大的工业区中名列第二位,在欧洲名列第一位。

路径二:资源开发、文化演绎

资源是经济赖以发展的基本要素。一定的资源对象总是要与一定的生产力相协同才能成为现实有用的资源。在不同的发展阶段,各种资源的利用率和对于经济增长的贡献率会发生变化,主导性资源会被更替、扩充。在传统经济中,劳动力、自然资源和资本占据经济增长的主要贡献地位,人力资本的发挥更多地依赖于其他资源的存在与应用。在知识经济时代,经济发展过程中主导性资源出现了划时代的变化,即人力资源和知识成为主导资源和驱动力。当人的创造力成为主体资源,资源的内涵和外延得到了更深刻和广泛的拓展,一些具有历史积淀的物质载体(如哥德堡号沉船、上海的石库门建筑等)、民间传说(如南海观音、牛郎织女等)、民俗风尚(如节庆祭祀、对歌等)、小说故事(如三国、西游、聊斋志异等)等等,均可纳入资源的范畴,加以开发和利用,成为促进经济增长有用的资源。这种开发和利用的与效果则取决于人们创意的发挥和文化的演绎。

文化的演绎过程存在多种形式,其中,"秀"形式和"聚"形式较为普遍。"秀"如今已成为旅游产品和服务的一种重要表现形式,往往通过高科技和多媒体等新手段将传统文化中的精髓部分较完好地延续下来,并有所创新和发展,通过"秀"来增强感染力,从而吸引消费者。近些年来,中国各地纷纷涌现出各种类型结合地方特色的"秀"活动或者"秀"演出(见表2),比如桂林市阳朔县的"印象·刘三姐"、嵩山少林寺的"禅宗少林·音乐大典"、开封清明上河园的"大宋东京梦华"、泰山的"封禅大典"等全球首创的山水实景演出文化创意产业项目,正是挖掘出了当地的历史文化遗产,在传承历史文化的基础上实现了创新,使中华文化得以发扬光大。另一种"聚"形式则是指主题公园的文化演绎样式。虽然中国有大量的主题公园仍然经营不善甚至处于亏损状态,但是也不乏深圳华侨城、常州恐龙园之类成功的特例。事实证明,只要能结合地方特色,独树一帜,并能准确地把握住赢利模式,主题公园的演绎方式也不失为一剂"良方"。

表2　中国各地各类型演出项目/产品

项目名称	演出地点	演出类型
印象·刘三姐	桂林阳朔	大型山水实景演出
印象·西湖	杭州西湖	大型山水实景演出
宋城千古情	杭州宋城	室内立体全景式大型歌舞
印象·丽江	丽江	大型山水实景演出
丽水金沙	丽江	旅游歌舞晚会
云南映象	昆明	大型原生态歌舞集
蝴蝶之梦	大理	大型梦幻风情歌舞
香巴拉映象	香格里拉	情景歌舞剧
风中少林	郑州歌舞剧院	大型原创功夫舞剧
禅宗少林·音乐大典	登封	大型实景音乐剧
ERA——时空之旅	上海	超级多媒体梦幻剧
创世纪	深圳世界之窗	大型史诗音乐舞蹈晚会
千古风流	深圳世界之窗	大型音乐舞蹈史诗
森林密码	广州长隆	大型实景式主题马戏

(续表)

项目名称	演出地点	演出类型
时空魅影	广州“魔立方”国际商旅场	大型蒙太奇超限多媒剧
仿唐乐舞	西安陕西歌舞大剧院	仿古乐舞
梦回大唐	西安大唐芙蓉园	综合性大型乐舞表演
藏王宴舞	九寨沟	歌舞宴
天下峨眉	峨眉山风景区	3D 实景剧
蜀风雅韵	成都	戏曲文艺表演
金沙	成都	大型音乐剧
北京之夜	北京	大型组合式晚宴艺术
吴桥杂技	吴桥杂技大世界	杂技表演
封禅大典	泰山	山水实景演出
天门狐仙	张家界	实景歌舞剧
大宋东京梦华	开封清明上河园	大型实景水上演出
立秋	山西省话剧院	历史话剧

路径二的案例:无中生有,被“逼”出来的中国奥兰多——常州

常州没有名山大川,没有名胜古迹,旅游资源相对匮乏。但从 2012 年五一小长假的情况看,却有近 26 万人涌进常州城。他们正是盯住常州的三大主题公园而来。数据显示,五一假期三天,常州恐龙园接待游客 13 万人次、嬉戏谷接待 9 万多人次、淹城春秋乐园接待 5 万人次。因为拥有这三大主题公园,常州被外界称为中国的奥兰多城。2011 年,常州全年接待国内旅游者 3360.88 万人次,海外游客 41.31 万人次,分别同比增长 19.93% 和 15.05%;实现国内旅游收入 398.52 亿元,旅游外汇收入 4.21 亿美元,分别同比增长 22.20% 和 21.41%;接待游客总数 3402.19 万人次,实现旅游总收入 425.9 亿元、旅游增加值 199.83 亿元,分别同比增长 19.87%、21.78% 和 21.86%。旅游业已成为常州市服务业重要的支柱产业。其旅游经济指标排名多年位列江苏第四。2011 年,常州的四大景区门票收入都位列江苏省前十,其中,天目湖排在第一位,恐龙园、淹城、嬉戏谷分别排在第二、六、七位。事实上,无论是“无中生有”的恐龙城、“小题大做”的天目湖、“点土成金”的古淹城,还是“虚实结合”的嬉戏谷,都是被“逼”出来的。正如常州旅游局局长所言,“常州的旅游是逼出来的,也代表着创意、创新的精神”。

所有的主题公园都存在着“三高”现象,即前期投入高、运营成本高、改造费用高,可以说,主题公园的盈利着实不易。然而,以常州恐龙园为代表的主题公园却异军突起，走出了一条颇具特色的成功之路。2011 年，由国际主题公园及景点协会主导、国际主题景点业内权威组织 TEA 及顾问集团 AECOM Economics 联合发表的全球主题景点专题报告中显示，常州中华恐龙园在全亚洲数千家主题公园中名列第 11 位，同时位居中国第四位，排名仅在香港海洋公园、香港迪斯尼和深圳东部华侨城之后，进一步巩固了在国内主题公园业界第一方阵的地位。而其中，迪斯尼是百年老店，海洋公园已经开业经营了 35 年，华侨城也有了近三十年的发展历史，相比较而言刚刚 12 岁的中华恐龙园就非常引人关注。总结恐龙园的成功运作，有以下几点启示：

1. 独特的恐龙主题，先入为主，占领市场

作为全国首个恐龙文化主题公园，同时也是最大的恐龙博物馆，恐龙园以恐龙主题在科普科研方面做足文章，先入为主地占领了庞大的青少年消费市场，并获得稳定的关联市场开发空间。

2. "1+1>2"的产业扩张，培育品牌，扩大影响力

携手宏梦卡通，拍摄动画片和动画电影，实现 1+1>2 的产业扩张是恐龙园打造文化产业体系的重要一步。双方的携手合作，促进了宏梦卡通动画产业链的衍生，更为恐龙园走向全国市场提供了可能。借助宏梦卡通成熟广泛的衍生品开发营销系统，恐龙园的影响力进一步扩大。据悉，2012 年，由常州恐龙园与北京博盈先锋文化传播有限公司"强强"联手打造的首部职场先锋话剧《爱在侏罗纪》已经正式上演。此外，常州恐龙园正在酝酿一部超时空舞台剧《DINOMAN》，将结合多元的新媒体技术和传统表现形式，颠覆传统的舞台表现形式。

3. 综合配套，从单一景点走向旅游综合体

一方面，恐龙园立足自身，不断完善园区的产品和服务。另一方面，由控股方龙城旅游控股集团以恐龙园为核心配置了温泉、度假中心、剧院、水上景点、购物中心等商业配套，提升了对于游客，尤其是外地游客的综合吸引力，使得恐龙园从最初的博物馆，发展为一个有吸引力的旅游景点，再成为一个功能意义显著的旅游综合体。

4. 多渠道推广，不断开拓市场

以 2004 年恐龙园收藏世界最古老的东方吉祥鸟化石为例，通过及时举办全国性的化石研究成果新闻发布会，恐龙园成功吸引了媒体的注意，迅速地被旅游和科普业界所熟知，也间接促成了 2005 年中国古生物大会在中华恐龙园的召开。同时，恐龙园充分利用东方卫视作为在长三角甚至全国知名媒体的特点，加大投入，使其成为公园品牌建设推广的良好平台。而报纸、杂志、车体广告、候车亭广

告、DM 杂志等宣传方式也经常出现在恐龙园的推广过程中,构成多维的品牌传播体系。

5. 制定行业标准,引领行业发展

国家标准化管理委员会发布"中国国家标准公告 2011 年第 14 号",由常州中华恐龙园有限公司负责起草的国家标准 GB/T 26992-2011《主题公园服务规范》通过审核,于 2011 年 12 月 1 日起正式实施。该标准主要适用于主题公园旅游服务,也适用于一般旅游景区(点)的旅游服务。可以说,常州恐龙园凭借参与制定标准,在行业竞争中已占领了一定的先机。

路径三:旗舰项目、综合运作

文化旗舰项目通过诸如歌剧院、美术馆、展演设施、会议设施、体育设施等文化设施及文化活动建设,带动地方经济再生。西方国家在 20 世纪末期在市中心建设的文化旗舰开发、文化及娱乐地区、剧院特区、文化广场、美术馆、会议中心等,聚合了博物馆、美术馆、购物中心、零售店、旅馆、餐厅设施等的混合使用开发,体现出复合性的设施内涵。它的功能是将文化活动和不动产计划、商业功能整合在一起,促进市场的交互作用,建立起成功的市场效益。Basset(1993)认为,文化旗舰项目能带动地方商业团体进入以艺术为主导的开发案,以促进都市更新及凝聚力、吸引人潮回流城市、提供艺术文化工作者工作机会、促进其他消费产业发展效益、强化城市意象,并提升城市吸引内部投资之竞争力。

然而,旗舰项目的开发离不开各种要素的运作,比如,资本要素、品牌要素等。芝加哥千禧公园被誉为是 1893 年哥伦比亚博览会后,芝加哥历史上最重要的工程。重建后的千禧公园,得到了规划师、经济学家和环保人士的一致赞许,并获得多个世界设计大奖,是芝加哥重要的文化旗舰项目。它创造性地采用了公私合营的融资方式,总共耗资 4.75 亿美金,其中 2.7 亿来自政府拨款,其余的资金则得到了包括波音公司、箭牌、英国石油、美国第一银行等私人企业财团的慷慨赞助,以换取对公园内建造物的命名权。因此,千禧公园的支持者们宣称,此项工程之所以伟大,是因为"用私人的钱实现了大众的梦想"(private money, public dream)。此外,关于项目的品牌运作,要考虑动态的因素,因为它是随着市场的变化而变化。在信息传播业已多维化的今天,原有"酒香不怕巷子深"的"坐商"思想已经过时。因此,要不断进行文化创意,积极推进品牌建设,以适应时代发展的要求,适时反映消费者的审美偏好和价值观念。

路径三的案例:一个创意博物馆造就一座国际城市——西班牙毕尔巴鄂的再生

一个博物馆可以救活一座原本衰落的城市吗?毕尔巴鄂古根海姆博物馆会

给你答案,这也是欧洲最著名的城市复兴旗舰项目。

毕尔巴鄂市始建于1300年,因港口优良而逐渐兴盛,在西班牙称雄海上的年代成为重要的海港城市,17世纪开始日渐衰落。19世纪时,因出产铁矿而重新振兴,但20世纪中叶以后再次式微,1983年的一场洪水更将其旧城区严重摧毁,整个城市雪上加霜,颓势难挽,虽百般努力却苦无良策。90年代初,毕尔巴鄂已沦为欧洲籍籍无名的小城。为了振兴城市,1991年毕尔巴鄂市政府与古根海姆基金会共同做出了一项对城市未来发展影响极为深远的决定:邀请美国建筑大师弗兰克·盖里为该市即将兴建的古根海姆博物馆进行建筑设计。盖氏的建筑向来以前卫、大胆著称,盖里没有让大家失望,在他魔术般的指挥下,建筑,这一章已凝固了数千年的音乐又重新流动起来,奏出令人瞠目结舌的声响,一座石破天惊、充满创意的博物馆横空出世:整个建筑由一群外覆钛合金板的不规则双曲面体量组合而成,与该市长久以来的造船业传统遥相呼应。

1997年古根海姆落成开幕后,第一年参观人数就达到136万人次,其中85%以上来自该地区以外,而这其中的84%又是专门为了博物馆而来到毕尔巴鄂,仅博物馆的门票收入就占当年全市财政总收入的4%,而带动的相关收入则占到20%以上。截至2000年,博物馆的经济收入已达4.55亿美元,成为带动当地经济的龙头产业。自古根海姆博物馆修建以来,毕市的旅游收入增加了近5倍,花在古根海姆博物馆上的投资两年之内就尽数收回。毕尔巴鄂迅速成为欧洲最负盛名的建筑圣地与艺术殿堂,毕尔巴鄂也一跃成为国际大都市的典范。

启示:

1. 盘活和经营文化艺术资产

一个博物馆活化了毕尔巴鄂的经济,为城市带来新生似乎有些传奇,但确实是活生生的事实。这告诉我们,文化艺术资产不仅是城市的宝贵资源,也是城市社会经济发展的资本,与金融资本和土地资本等有形资本相比,无形的文化艺术资本对城市发展的推动作用是巨大的,关键要有创意,要善于经营和运作。

2. 品牌无形资产的运作和价值挖掘

西班牙古根海姆博物馆的成功告诉我们品牌的重要。仅仅是一个具有创意的博物馆建筑,其影响远远不会如此巨大,在其背后是两个世界级品牌无形资产的价值体现,一是古根海姆博物馆的世界知名度,二是建筑大师弗兰克·盖里的魅力。盖里的作品已经成为一种价值符号,代表新颖奇特,当博物馆一落成,立刻博得举世瞩目,被报界惊呼为"一个奇迹",称它是"世界上最有意义、最美丽的博物馆。"新闻广告效益显著。

3．全球性城市地标的定位

博物馆作为城市的建设项目需要创意策划和准确定位。毕尔巴鄂古根海姆博物馆的成功在于其项目前期所确定的全球性城市地标的定位,这一定位与选址、选设计师、建筑风格等有机结合,把博物馆作为艺术品来建设,在外形设计上下工夫,融入符合现代人消费需求的时尚元素。整个博物馆从外表看犹如一件抽象派的艺术品。它由数个不规则的流线型多面体组成,上面覆盖着3.3万块钛金属片,在光照下熠熠发光,与波光粼粼的河水相映成趣。尽管建筑本身是个耗用了5000吨钢材的庞然大物,但造型飘逸,色彩明快,丝毫不给人沉重感。

由于其全球性特点,也成为电影的取景地。如著名的007系列1999年拍摄《黑日危机》,片头即是西班牙城市毕尔巴鄂博物馆的景观。

二、发展文化创意产业,在融合与渗透中实现产业创新

文化创意产业已经超越了传统的文化产业,它的积极意义更在于通过融合渗透,促进产业创新和结构优化,从而带动各个领域的经济革新。各行各业都可以借助文化创意产业的发展,或者应用其成果,更新产品和服务的设计与策划,开辟新的"蓝海战略"、"品牌战略"和"营销战略"。

1．传统产业可以通过文化创意的融入,附加更多的文化内涵,开辟"蓝海战略",实现差异化竞争,或塑造有特色的品牌,从而提升竞争力。

2．在产品设计中融入文化创意,如以色彩调节人们的心情、以结构满足人体的舒适感或操作的方便、以独特的造型给人们以丰富的想象,从而实现产品的价值创新。

3．在营销中融入文化创意,引起消费者的文化认同、产生共鸣或好奇心,从而有助于拓展市场。不仅精心策划的广告、会展有助于促销,优秀的文艺作品也可能帮助扩大市场,比如"非诚勿扰"的热播极大地促进了杭州西溪湿地和日本北海道的旅游。

4．传统产业都可以利用创意产业的思维逻辑和发展模式来改造自身的发展模式,实现产业创新。如创意旅游、创意农业都是用创意产业的思维方式和发展模式,整合相关的资源,融合文化创意创新相关产品和服务,锻造产业链和构建起完善的价值实现系统,实现了传统产业的创新。

中华文化的复兴是时代的要求

——在第十届中国文化产业新年论坛上的讲话

叶　朗*

党的十八大给我们国家带来了一阵阵的新风。我相信在十八大新风的吹拂下,我们这届新年论坛一定会比过去九届开得更好,特别会在激励和产生新的思想方面取得更大的成果。我认为,像北京大学这样的研究型综合大学,一个最重要的目标和使命,就是要孕育和产生新的思想和新的学派,从而对社会的发展产生一种整体性的影响。

习近平总书记最近指出,实现中华民族的伟大复兴,体现了中华民族和中国人民的整体利益,是我们整个民族奋斗的总的目标。我想,中华民族的伟大复兴,是经济的复兴,同时也是中华文化的复兴。经济的复兴是基础,文化的复兴是灵魂。没有文化的复兴,也就没有灵魂。我认为,中华文化的复兴,是我们这个时代的要求。我想借今天这个机会,从这个方面谈一点个人的看法。

大家都看到,当今世界的一个严重问题是人的物质生活与精神生活失去了平衡。在世界的各个地区,似乎都有一个共同的倾向:重物质,轻精神;重经济,轻文化。发达国家已经实现了经济的现代化,人们的物质生活比较富裕,但是人们的精神生活却越来越空虚。与此相联系的社会问题,如吸毒、犯罪、艾滋病、环境污染等问题日益严重。发展中国家把现代化作为自己的目标,正在致力于科技振兴和经济振兴,人们重视技术、经济、贸易、利润、金钱,而不重视文化、道德、审美,不重视人的精神生活。我们中国也不例外。在社会生活的某些领域,价值评价颠倒,价值观念混乱,在"文革"十年中一度泛滥的反文化的思潮依然经常冒头。社会生活中一再出现的食品、药品的安全问题,汽车轧死人逃逸而去的现象,在建大楼、大桥倒塌的现象等等,都提醒我们,当年鲁迅提出的改造和提升国民性的问

* 叶朗,九届、十届全国政协常委,北京大学文化产业研究院院长。

题,依然是值得我们重视的问题。

200 年前,哲学大师黑格尔在海德堡大学开始他的哲学史的讲演时,曾对他那个时代轻视精神生活的社会风气感慨万分。他说“现实上很高的利益和为了这些利益而作的斗争”,“使得人们没有自由的心情去理会那较高的内心生活和较纯洁的精神活动,以致许多较优秀的人才都为这种环境所束缚,并且部分地被牺牲在里面”。黑格尔所描绘的 19 世纪初期的这种社会风气,在人类进入 21 世纪的时候,不仅重新出现了,而且显得更为严重了。无论是发达国家或是发展中国家,都面临着一种危机和隐患:物质的、技术的、功利的追求在社会生活中占据了压倒一切的统治的地位,而精神的活动和精神的追求则被忽视,被冷淡,被挤压,被驱赶。这样发展下去,人就有可能成为马尔库塞所说的单面人,成为没有精神生活和情感生活的单纯的技术性的动物和功利性的动物。因此,从物质的、技术的、功利的统治下拯救精神,就成了时代的要求、时代的呼声。我们应该回应这个时代的要求,更多地关注心灵世界、精神世界的问题。

而这时代的要求,恰恰引导我们回到中华文化,引导我们在高科技、全球化的时代条件下,努力推动中华文化的复兴。

中华文化的一个重要特点,就是非常重视人的精神生活和精神需求,非常重视人自身的教化和塑造,也就是要使人不断从动物的状态中提升出来。在儒家学者看来,人和动物最大的不同,就在于人有高级的需求——精神的需求,包括道德的需求、奉献的需求、审美的需求等等。这种精神需求不同于物质功利的需求,它是对于物质功利需求的超越,是对于个体生命的感性存在的超越。有人把中华文化的这种特点概括为重视人文精神、重视人文教养的传统。这种人文教养的目标,就是要塑造一种高尚的人格,就是要追求一种理想的人生境界。

冯友兰先生认为,人生境界的学说是中国传统哲学中最有价值的内容。冯先生说,从表面上看,世界上的人共有一个世界,但是实际上,每个人的世界并不相同,因为宇宙人生对每个人的意义和价值并不相同。宇宙人生对于每个人的这种不同的意义和价值,就构成每个人的人生境界。世界上没有两个人的境界是完全相同的。动物没有自己的境界。中华文化强调人文教养,就在于引导人们追求一种理想的人生境界。

为了推动中华文化的复兴,我们要在全社会特别要在青少年中提倡学习和继承中华文化的智慧,提倡尊重经典,学习经典,要引导青少年和广大群众不断提升自己的人生境界,追求一种更有意义、更有价值、更有情趣的人生。同时,我们要把中华文化的精神,把中华文化的尊重自然、热爱生命、祈求和平、盼望富足、优雅大度、开放包容、生生不息、美善相乐的精神，融入当代的生活，使我们的老百姓过一种既享受高科技的成果，又有高远境界和优雅品味的生活。

现在，全世界都在关注中国，全世界都在对中国议论纷纷。这种种的议论归结起来最核心的一点是，几乎所有的人都看到，中国的崛起将会以极其深远的方式改变整个世界的面貌。

我赞同国外有的学者的看法，就是那种认为中国对世界的影响主要体现在经济方面的观点，已经有些过时了。在历史上，中国人的智慧和美感曾经对世界产生过极深刻的影响，中华文化对人类文明有重大的贡献。我相信，21世纪中国对世界的影响，更深刻的、更深远的将是中国文化的影响，特别是科技层面和精神层面的影响。我们都知道，当年的大唐帝国对于世界有多么大的影响。学者们称之为“大唐盛世”、“盛唐气象”。我相信，“大唐盛世”、“盛唐气象”在21世纪将会重新出现，当然那不是简单的回归，而是在高科技、信息化、全球化的时代条件下的复归，是在更高阶段的复归。我们也许可以把“盛唐气象”在21世纪的再现作为中华民族伟大复兴的一个标志。

城市历史文化街区的创意思考

周文彰*

前段时间我在南京,朋友带我去看南京城南的历史文化街区,叫南捕厅。我知道,这里曾经引发过轩然大波,开发的脚步在三年前戛然而止,直到 2012 年 12 月 28 号才宣布开发重新启动。

开发停滞的原因就在于拆迁。多数居民希望拆迁,借以改善居住和生活条件;部分专家联名上书,呼吁保护城市的历史记忆;而政府感到很委屈,之所以要开发这个历史文化街区,第一是为了改善居民生活居住条件,第二就是为了保护城市的历史记忆。

许多城市面临过或者即将面临类似的困惑,到底应该怎样对待城市的历史文化街区呢?这引起了我的思考,并且形成了一些想法。

我们这一次文化产业新年论坛以“文化创新战略:创意与科技”为主题,同时也设有“城市论坛:特色文化城市与创意推动力”,在此我说说我关于城市历史文化街区的创意思考。

主要有三个方面的观点:

一、城市历史文化街区的拆建

历史文化街区的开发一定会有拆建的问题。到底怎么处理这个问题?我想应该有四种区分。

第一,是纯粹历史街区还是混杂街区。所谓纯粹街区,是指这个街区是古建筑、古院落、古街道、古风貌、古风情等等。这样的街区,开发的任务主要就在于整治环境、修缮建筑、配套基础设施,比如电力、通讯、卫生等等。但是这样纯粹的历史文化街区太少了,多数是混杂的。比如,时代混杂,既有古建筑,也有最近几年、

---

* 周文彰,国家行政学院党委委员、副院长。

最近几十年建设起来的；房舍混杂，既有高楼大厦，还有古色古香的古建筑，也有搭建的窝棚。功能混杂，居住、生产、买卖、幼儿教育等等。还有就是居民混杂，既有本地的原住民，也有新来的农民工。

第二，对这些混杂的街区，就要再作个区分：是历史还是暂时。革命起义地址、名人故居、宗族祠堂、庙宇、古院落，它们是历史文化，主要是保护修缮。有的城市在开发建设中不分青红皂白，把它们都拆了，非常可惜，这是破坏历史，也破坏了城市。最近几十年，当地居民陆续修建搭建起来的房屋、窝棚、商铺等，根据需要如有可能，可纳入拆迁之列。对此，要制订详细的拆迁方案，合理补偿，把历史文化街区恢复重建当做是改善居民居住条件、提高生活水平的一个契机。特别是要善待这些居民和他们的房产。

第三，保留下来的这些建筑、风貌怎么办？就要做进一步区分：它们是"看"还是"用"。"看"，就是供大家参观游览，一饱眼福，一睹历史风采。很显然，留作这种用途的古建主要是保留、恢复原貌。如果是用的，比如展览、商店、居住、办公、旅馆等，毫无疑问，外观结构应该尽量保留，内部的陈设、设施都要符合使用要求。比如历史文化街区一般没有取暖设施，照明也不是太好，卫生状况往往很糟糕。旅游景点的一些民族风情设施给了我们启示，它们外观上看起来很民族、很古老、很原始，但是走进去非常符合居住和使用要求。

第四，在使用中我们还要做第四种区分：是用作公益性的还是商业性的。如果是用作公益性的，我们应当保持浓重的公益色彩，适应公益活动的需要，特别是要有公益活动的财力支持。如果是商业用的，我们就要允许在这个历史文化街区中有一定的商业色彩，适应商业的需要，还要具有一定的商业吸引力。

总之，对历史文化街区要做甄别，区别对待，不可笼统谈拆或不拆。

二、历史文化街区建设的特色

没有特色就没有地位，也没有必要。历史文化街区的开发要千方百计形成自己的特色。这个特色，各个街区因情况不一样，可有所侧重。我认为一般应该具有四个字的特色：

第一，文。文，就是文化。文化遗址、文化遗迹、文化价值、文化装饰、文化场所、提供给游客的文化产品，以及整个街区笼罩的文化意韵、文化风情。没有文化价值的不予提倡，没有文化意味的不允许进入，尽管它们可能有很高的商业价值，比如一般的家电百货五金，我们要进行选择。历史文化街区都应该有一个文明的建设目标，比如环境整洁卫生、待人文明礼貌、整个社区文明和谐等等。

第二,古。这个街区应当开发建设成浓厚的古风古貌、古色古香。为了实现这个古,古建筑要尽量保留;没法保留的古构件尽量使用;新建筑要尽量使用古元素;古建筑应该尽量修旧如旧。历史文化的开发需要历史专家、文化专家、古建专家,而且要尊重这些专家,千万不能用长官意志来代替专家的意见。刚才厉无畏主席还讲到,一个城市搞文化创意,既可以借题发挥,也可以无中生有。历史文化街区的开发不可以无中生有,但是可以旧话重提。古建筑没有了,古遗址也没有了,但只要有历史事件或历史故事,我们可以恢复重建。本街区没有,能够展示本地区或者同一个主题文化的,我们还可以在全地区、全国、全世界集中展示。南京市的南捕厅搞一个玉文化,古今中外的玉都可以来这里展示。

第三,雅。这是指风格,更指质量。我这里主要指的是古雅精致,建筑要雅、路面要雅、陈设要雅、产品要雅、经营要雅、风格要雅。一讲到雅,很多同志往往就想到俗。俗不一定不好,风俗不都是坏的,俗往往还带点大众、带点文化。只是我们不提倡恶俗、媚俗、粗俗。

最后一个字,是林。历史文化街区的开发要突出树林的林。社区要充分地绿化,绿化要重视栽树,尤其要打造林荫大道。全国现在非常重视绿化,可惜有绿无荫比比皆是,原因是陷入了一些绿化误区,首先是目的误区,绿化是造景观而不是造荫凉,本末倒置。第二是审美误区,以为美化就是画画,种什么,不种什么,服从画面的需要,而不是服从生活的需要,不是服从游客的需要。我主张树立一个新的绿化审美观,树多就是美景,树老就是历史、就是文化。所以历史文化街区在不影响古建筑的情况下,应当打造林荫大道,让市民游客在烈日之下也能够悠闲地在街区转来转去。

三、城市历史文化街区的可持续发展

任何事情,特别是产业,要考虑可持续发展。不可持续没有活力,不可持续没有生命力。怎么样实行可持续发展呢?各地有各地的思路,我认为特别要突出三点:

第一,精品意识。每一个历史文化街区要么不开发,要开发就要做成精品。粗开发不如不开发,乱开发就是乱糟蹋,滥开发就是破坏性的开发,都属于没文化。所以,历史文化街区的开发应该树立精品意识,提高标准。墙壁不应当裂缝,门窗应当合缝,井盖应当平整,地砖应当厚重,楼梯板大理石不应该破损,水龙头不能滴水,厕所纸箱里应当有纸。精品意识还包括我们引入这个街区的文化商品应当都是货真价实,应当杜绝假冒伪劣。许多古玩商店打着古的旗号,实际上古的没有多少,却一直在那里招摇过市。有没有办法规范一下呢?我们从事营销的员工、营销的商店都应当是精品商店、应当是高素质的员工。这些要求都叫精。

第二,商业模式。一个历史文化街区当然可以采取公益性的模式,而且对老百姓来说,这种模式是福音,但是我担心难以持久。(1)政府有没有雄厚的实力。(2)在铁饭碗的体制下,员工有没有敬业精神和服务意识值得怀疑。商业模式,对于社会主义市场经济体制,具有天然的适应性,具有天然的生命力和活力。所以,用商业模式来开发经营历史文化街区应该是可以的,我们可以给以宽容、理解和支持的态度。不要以为历史文化街区一有了商业味、一有了商人的介入,我们就产生不良的看法。关键在于引导、规范和管理。商业中的一切都应该吸引人,吃住行、游购娱都应当具有很高的质量。

第三,宣传推动。我们辛辛苦苦搞出来的历史文化街区,应当宣传推广,使它广为人知。一个城市的特色,现在越来越不是它的街道和建筑。在全国范围内,甚至在世界范围内,城市建设趋同化、雷同化的现象愈演愈烈,而且我感到很难阻止。20 世纪 90 年代初我们出国,就感到外国的一些城市几乎没有区别,比如美国的几座现代化城市,而到南京、上海、广州,街上就能看出区别。经过 30 多年的开发建设,现在城市越来越没有特色了。看特色就要去博物馆、美术馆、名人故居及其他历史遗迹。在这种情况下,历史文化街区可以而且应当成为一个城市的标志性街区。这样就要宣传推广,使它广为人知。

各位领导、各位专家,中国有众多历史文化底蕴深厚的城市;众多城市具有独特的历史文化街区;历史文化街区需要开发,不开发就容易逐步衰败,不开发就容易覆盖上厚厚的历史尘埃而被淹没;开发就需要文化开发,没有文化的开发就是糟蹋。历史文化街区在历史上有过自己的位置和作用;在新的历史条件下,历史文化街区也应当有自己的位置和作用。它们就取决于我们当代人对它们的开发和利用。我说这些就是为了我们高质量、高水平地开发好历史文化街区。

中韩两国在文化产业领域的合作前景

金辰坤*

2013年，跨越中韩建交20周年，继续朝向新的20年迈进。去年一年，无论是两国政府，还是民间层面，都开展了丰富多彩的庆祝活动。也正因此，我们文化院度过了非常忙碌的一年。通过交流活动，两国人民心意相通，友谊增进，我感到非常自豪，非常有价值。

建交以后，两国文化交流的趋势大体可分为以下三种：

第一，向对方民众介绍、宣传本国文化，即单方文化交流。

第二，共同展示两国文化艺术作品或共处同一舞台等，即双方文化交流。

第三，在策划、制作、营销等阶段，两国合作的共同制作形态的文化交流。这是电影、电视剧、动漫、游戏等文化产业领域新形成的合作形态。

为了探索中韩两国在文化产业领域的合作可能性，首先要掌握两国文化的特性与关系。中韩两国地理位置临近，在历史上有过频繁的交流和接触，并共享汉字、儒教、佛教，在语言、文化、情感上具有相当的类似性和共同点。一方面，韩国吸收中国文化，并根据韩国的本土文化及韩国人的情感进行再解释；另一方面创造固有的独创文化，使得区别于中国文化的韩国固有文化得以发展。例如，八万大藏经、直指心经、高丽青瓷、龟船、泡菜等。

中韩文化基础相同，但又各具特色，可谓是"和而不同"的文化。我想在过去20年不断增加的文化交流中，两国人民通过发现文化方面的共同点，感受到了作为邻居情感上的亲密感，同时通过发现相互不同的部分，给予认证与尊重。如上所说，因为中韩两国拥有相互容易理解并进行合作的文化的共同点，因此在文化交流方面的合作上，与其他国家相比，非常容易。又因为拥有各自固有不同的文化，当将这些进行共同分享时，相互给予的文化交流的实际利益也是很大的。

让我们想一想中国文化产业在当今文化产业时代的优势。作为人类四大文

---

* 金辰坤，韩国驻华使馆公使参赞兼韩国文化院院长。

明的发祥地之一，五千年的悠久历史，让中国拥有了灿烂的文化，并将其传播到了周边国家。特别值得一提的是，中国由56个民族组成，这使其保留了在其他任何国家都找不到的文化的多样性。在这个文化产业时代，中国拥有丰富的文化内容、文化故事与文化的多样性，这些对于文化产业来说都是巨大的优势。而且中国还具备文化产业必需的丰富的人力资源及巨大的资金力量。正如2008年奥运会、2010年上海世博会及广州亚运会所展现的一样，中国已经具备世界水平的舞台技术和演出力。因此，我认为中国在文化产业领域的潜力很大。

下面来看一看韩国文化产业的优势。韩国正在制造让全世界惊讶的"韩流"现象。上世纪90年代末，由韩剧与韩国音乐形成的韩流开始在中国盛行，之后又扩散到东南亚、中亚与中东地区。现在，韩流已经传播到了欧洲、北美与南美地区。曾经的韩流以韩剧为主，而如今，简称为K-pop的韩国流行音乐受到了全世界年轻人的喜爱。去年，令世界震撼的PSY的江南Style很好地表现了韩国文化产业的优势。我认为，韩国特有的传统文化底蕴、韩国人的艺术兴致及韧劲、打造了众多韩流明星的大型企划公司的体制与企划能力，以及拥有世界水平的IT技术等都可以成为韩国文化产业的优势。

如上所述，中韩两国在汉字、儒教、佛教等亚洲价值的基础上形成了"和而不同"的文化特点，这也使两国可以较容易地开展文化领域合作，并且可以获得较大的实际利益。而且在文化产业领域，中韩两国也分别具有自己的优势，因此，通过交流与合作，将这些优势联合起来的话，我相信可以打造出以亚洲价值为基础、具备世界竞争力的文化商品。原本在经济领域中，中韩两国所拥有的互补性，也将在文化产业领域被强调。

但是为实现中韩两国在文化产业方面合作的最大化及取得实际成果，还有一些需要克服的问题。

第一，要平息双方文化基础共同点方面所产生的文化所有权纠纷。为此，需要让人类意识到文化，特别是传统文化是人类共有的资源，而不是特定的某一民族或某一国家拥有的。

第二，应该清除双方文化交流过程中的各种障碍和限制。例如电影、电视剧的配额制；外国公演许可等制约。现如今，为取消在电影方面的此等限制，扩大合作，中韩两国正大力推进电影共同制作协定。自去年1月份，李明博总统访华时与温家宝总理宣布开始两国经济自由贸易协定(FTA)后，中韩FTA协定正处于活跃进行中。我希望在不久的将来两国间可以实现经济领域的自由贸易，也期待推进文化方面的自由交流与合作。

第三,两国需要彻底跟进著作权的保护工作。在著作权不受保护的状态下,对文化产业的发展抱有期待,等同于缘木求鱼。去年6月份在北京举办的世界知识产权组织(WIPO)外交官会议中,签订了有关视听演出者的权力认证方面的国际协议。此类的著作权国际会议在北京的召开,可以看出中国政府为保护著作权的积极态度。另外,中韩两国之间每年都会相互举办著作权保护论坛,强化著作权保护方面的合作。

奔跑竞赛时,人们会脱掉繁琐的服装,穿上轻便的衣服。然而比赛结束后,人们会重新穿上刚刚脱下的服装。在过去,文化与经济的关系便是如此。人们认为保护文化、推进文化发展非常繁琐,并且对经济发展造成了负担。可是,在文化产业时代,文化并不繁琐或是负担,文化本身成为竞争力的源泉。去年 PSY 的《江南 Style》向全世界介绍了韩国,如果思考它在提高国外民众对韩国制品的偏爱度上做了多大贡献的话,便会清楚地了解到文化的价值。

中韩建交已迈过20年,如果用人生来比喻的话,现在已进入到成年阶段了。我想在此阶段,应该探讨摸索可以实质性地促进两国文化交流,尤其是文化产业领域合作的方案。为此,我认为应该很好地认识两国文化方面的共同点及独特性、两国的优势及需要克服的难题。中韩两国不应再是以亚洲为市场相互竞争的关系,而应共同合作,面向世界市场,创作出富有亚洲价值的世界水准的文化产品。

希望第十届中国文化产业新年论坛可以进一步促进中韩两国文化产业的交流与合作。希望2013年中韩两国文化产业领域的交流与合作更上一层楼,并祈愿两国文化产业活跃发展,两国国民友谊进一步加深。

总报告

2012年,中国经济发展的整体基调是稳中求进,十八大的顺利召开以及"十二五"规划的有效践行不仅增加了我国在国际上的政治影响力,同时也进一步确认了丰富民众精神文化生活、发展文化事业和文化产业在整个社会发展中的重要支撑作用。2012年文化产业领域中的诸多行业迎来了发展过程中的重要拐点。

一、产业数据

与2011年相比,2012年整个文化产业市场的增长率略有下降,但发展势头良好,各细分行业在调整中保持在稳步增长,继续推动文化产业成为国民经济支柱性产业。

2012年,在整个中国文化产业市场占较大份额的旅游、教育培训和体育产业增长平稳;新兴的游戏、手机、网络等"互动类"产业发展活跃;出版、影视、演出、动漫等"内容类"产业增长有所减缓。文化产业整体市场规模很大,不同细分行业存在较大的差异,发展情况也不均衡。旅游、教育培训和体育产业等传统产业已经经过了发展阶段,进入了成熟阶段,市场增长率与往年相近,变化不大;游戏、手机、网络等互动类产业进入快速发展时期,在整个文化产业市场中的份额进一步提升;"内容类"产业以内容创新为动力、以内容质量为保证,目前整体处于平稳调整阶段,其中影视产业和演出行业在2012年的增速有所减缓。

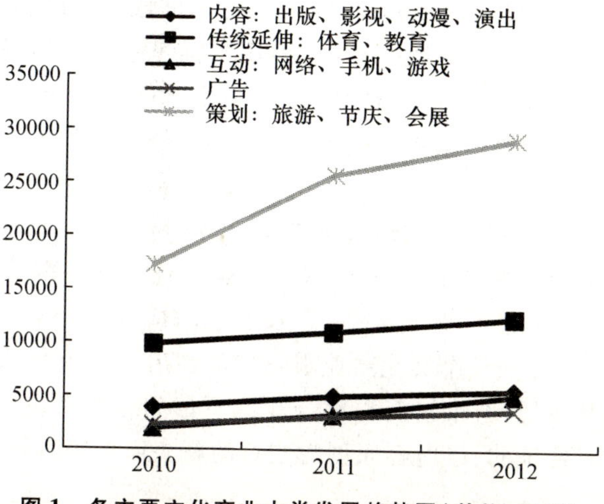

图1　各主要文化产业大类发展趋势图(单位:亿元)

（一）传统产业仍占整体市场大头，稳步发展

首先，从整体市场规模上来看，相对传统的旅游产业与传统延伸类的教育培训和体育产业仍占文化产业整体市场的大头。因有较为完备和成熟的实体性支持，在国内文化产业发展整体环境形势大好的情况下，有基础的传统产业能更有效地整合资源进行自我发展，并带动整个文化产业的总体发展。

其次，教育培训市场在2012年的总值约为9600亿元，比2011年的8529亿元增长了13%。近五年来，中国教育培训行业市场总值逐年持续增长，且每年复合增长率达到12%，受经济波动的影响较小，市场需求大并有巨大增长空间，保持良好的发展态势。预计2013年，中国教育培训市场总值将过万亿元。

再次，据统计，2012年旅游经济得以延续2011年的趋势，总量喜人，但入境市场堪忧。三大市场中，国内旅游和出境旅游保持快速增长趋势，入境旅游规模总体变化不大。2012年旅游业总收入约2.57万亿元，同比增长14%。其中国内旅游约29亿人次，增长10%，国内旅游收入约2.22万亿元，增长15%。出境旅游超过8000万人次，增长15%。入境旅游1.33亿人次，下降1.5%，其中入境过夜旅游5740万人次，与去年基本持平；旅游外汇收入485亿美元，与去年基本持平。

2010年我国旅游业实现了平稳较快增长，国内旅游人数21亿人次，同比增长10.6%；旅游业总收入1.57万亿元，同比增长21.7%；旅游外汇收入458亿美元，同比增长15.5%；出境旅游人数5739万人次，同比增长20.4%。我国已成为世界第三大旅游入境游接待国。据2011年第三季度旅游经济运行暨全国游客满意度调查报告发布会上公布的数据显示，2011年前三季度旅游总人数20.8亿人次，同比增长12%。旅游综合效益明显，旅游总收入1.66万亿元，同比增长17%。全国游客满意度综合指数持续提升，绝大部分样本城市的国内游客满意度也持续提升。

（二）新兴产业发展迅猛，市场比重有待提高

随着科学技术的不断进步，相对新兴的游戏、手机、网络等互动类产业近年来发展活跃，各种新兴业态不断产生，内容原创逐渐成为其增长核心。相比2011年，2012年的新兴产业在整个文化产业市场中的占有率已有较大幅度提升，但总体上所占比重仍然较低，新市场资源整合能力不足。总的来说，中国文化产业市场结构仍旧是相对传统的，以内容原创为主打的新兴产业仍有待寻求进一步整体突破。

第一，2012年是中国互联网产业持续飞速发展的一年，我国互联网网民人数达到5.64亿，手机网民规模突破4亿，中国成为全球第二大移动应用市场，新型

互联网产业在这一年中发展壮大。2012 年，包括互联网接入和互联网信息服务在内的产业规模预计达 4500 亿元，中国互联网上市公司的利润率和收入增速分别为 33.7% 与 32.8%，高于全球市值前 30 名互联网公司的 13.5% 和 27%。

第二，2012 年上半年，手机首次超越台式电脑成为第一大上网终端；截至 12 月底，我国手机网民规模为 4.2 亿，较上年底增加约 6440 万人，网民中使用手机上网的用户占比由上年底的 69.3% 提升至 74.5%。全国 3G 用户 2012 年增长 1.06 亿户，总数超 2.33 亿户，联通、电信、移动三家的 3G 用户数目分别为 7645.6 万、6905 万、8792.8 万。随着终端丰富和 3G 认知度的提高，2013 年 3G 用户将会继续大规模发展，对三大运营商而言，市场竞争压力会更大。

第三，由于传统门户网站的模式逐渐式微，传统的广告收入已不足以支撑日新月异的市场需求，腾讯、网易、搜狐和新浪等传统门户网站纷纷通过游戏开发、建立微博、开辟移动增值业务等策略寻求新的产业突破。四大门户网站在发展领域上各有侧重。四大门户中，腾讯的收入构成最为丰富。腾讯在 2012 年第一季度的总收入为 15.328 亿美元，游戏服务、社区及开放平台、移动增值业务三项占到总收入的 86%。

第四，2012 年中国电子商务市场整体交易规模继续扩大，比 2011 年增长 27.9%，达到 8.1 万亿元，增速有所减缓，比 2011 年下降约 5 个百分点。2012 年我国网络购物交易规模超过 13000 亿元，比 2011 年增长 66.2%；截至年底，我国网络购物用户规模已达到 2.42 亿人，比 2011 年增长 4807 万人。从应用行业支付规模来看，网络购物贡献最大，占比为 41.5%，2012 年中国支付行业互联网支付业务交易规模达 36589 亿元，同比增长 66%，较 2011 年增速放缓。2012 年我国团购用户总数较 2011 年底增长 28.8%，达到 8327 万人。2012 年中国在线预订市场交易规模预计将达 1729.7 亿元，比 2011 年增长了 31.6%。

第五，2012 年中国网络游戏付费市场规模达 518 亿元，页面游戏与手机游戏均呈现增长趋势。2012 年中国移动游戏用户付费规模达 52.1 亿元，其中智能机移动游戏占 12.5%，增长率高达 140.9%；中国网页游戏的用户数量达到 2.71 亿元，收入从 2011 年的 55.4 亿元增长至 2012 年的 81.1 亿元，增幅高达 14 个百分点。2012 年中国手机游戏用户达 1.39 亿，在手机网民中的使用率为 33.2%，比 2011 年增长了 3 个百分点，成为网游新突破口。腾讯游戏在这一年收入 231 亿元，在上市公司游戏业务收入排行榜中仍遥遥领先，高于紧随其后的网易游戏、盛大游戏与搜狐畅游等 9 家游戏公司的游戏业务收入总和。

我国网络视频用户规模一直维持稳定扩大的态势，从 2007 年底的 1.61 亿逐步增长至2011年底的3.25亿,平均每年增长4000万人左右。截至2012年12月底,中国网络视频用户超4.5亿,并快速向移动终端迁移,未来很长一段时间内广告和版权依然是中国在线视频的两大收入来源。

第六,截至2012年底,我国搜索引擎用户规模为4.51亿,较2011年底增长了4370万人,年增长率10.7%,在网民中的渗透率为80%。预计未来几年,中国电子商务市场仍将维持稳定的增长态势。搜索引擎市场收入主要来源于广告,2012年互联网广告盈利收入已经超过报纸。在这场搜索引擎市场份额的竞争中,百度仍稳居2012年搜索市场广告业务第一位。

(三)部分产业波动明显,内容创新、提高品质迫在眉睫

2012年,部分产业波动较为明显。首先,对于属于内容产业的动画产业,2012年全国制作完成的国产电视动画片共395部,共计222938分钟。而在2011年,这一数据则为435部和261224分钟,同比分别减少40部和下降14.66%,这是自2008年以来,国产电视动画片产量首次出现下滑。其次,2012年对于同属于内容产业的电影行业,亦是波折的一年。虽然全国电影总票房达到170.73亿元,同比增长了30.18%,但75%的上映国产片数量票房却只有82.73亿元,占全部票房总额的48.46%,为院线制改革以来国产片票房占比首次低于50%。再次,对于一些互动产业如网络新媒体等新兴产业,由于不少企业商业模式的不清晰和版权问题导致的企业间的恶性竞争,也引起了增长率的上下波动。

其余广告类、现场类和传统延伸类产业的增幅变化相对较小。如2012年中国广告花费总额为6528亿元,与2011年的6493亿元基本持平;2012年全国出版、印刷和发行服务实现营业收入1.65万亿元,较2011年增长13.6%,继续保持了平稳较快发展的良好局面。

总体来看,整个文化产业市场还需要进一步增强发展活力,文化内容、品质亟待提高,使内容创新型产业尽快进入稳定期。

二、宏观环境

十八大报告指出,必须坚持推进改革开放,不断推进理论创新、制度创新、科技创新、文化创新以及其他各方面创新,增强文化软实力,使文化产品更加丰富,使中华文化走出去迈出更大步伐,使社会主义文化强国建设基础更加坚实。加快完善文化管理体制和文化生产经营机制,基本建立现代文化市场体系,健全国有文化资产管理体制,形成有利于创新创造的文化发展环境。建设社会主义文化强国,推动社会主义文化大发展大繁荣,兴起社会主义文化建设新高潮,提高国家文

化软实力，发挥文化引领风尚、教育人民、服务社会、推动发展的作用。增强全民族文化创造活力，深化文化体制改革，解放和发展文化生产力，发扬学术民主、艺术民主，为人民提供广阔文化舞台，让一切文化创造源泉充分涌流，开创全民族文化创造活力持续迸发、社会文化生活更加丰富多彩、人民基本文化权益得到更好保障、人民思想道德素质和科学文化素质全面提高、中华文化国际影响力不断增强的新局面。加强重大公共文化工程和文化项目建设，完善公共文化服务体系，提高服务效能。促进文化和科技融合，发展新型文化业态，提高文化产业规模化、集约化、专业化水平。

（一）党的十八大报告提出了文化建设新方向，进一步发展新型文化业态并规范、完善文化发展与管理体制是今后我国文化产业的发展重点

2012 年 11 月，党的十八大报告提出了“文化软实力显著增强”的文化建设目标，要促进文化和科技融合，发展新型文化业态，提高文化产业规模化、集约化、专业化水平。2012 年国家出台了相关的文化政策及法规，各大政策进一步明确、规范了文化产业的相关界定及其发展目标，确保到 2020 年文化产业要成为国民经济支柱性产业。国务院于 2012 年 2 月 15 日发布《国家“十二五”时期文化改革发展规划纲要》指出，到 2015 年，现代文化产业体系和文化市场体系基本建立，文化产业增加值占国民经济比重显著提升，文化产业推动经济发展方式转变的作用明显增强。文化部于 2 月 28 日发布的《“十二五”时期文化产业倍增计划》提出，拟实现“十二五”时期（2010—2015 年）文化部门管理的文化产业增加值年均增速高于 20%、5 年至少翻一番的目标。将演艺、娱乐、动漫、游戏等 11 个重点行业列为文化部重点扶持对象，并从培育市场化主体、提升质量效益、9 大重点项目、6 大保障措施等方面提出详细计划。国家统计局于 7 月 31 日发布《文化及相关产业分类（2012）》，将原来的“网络文化服务”大类更名为“文化传输服务”大类，界定更直接鲜明，不仅大大扩展了行业范围和领域，且更凸显新兴文化业态的数字化技术特征和产业融合特性。

整体来看，2012 年颁布的文化产业相关政策、措施更为具体，从多个方面健全、规范文化市场体系来推动文化产业的发展。

（二）“十二五”以来为提升国家软实力继续推进“走出去”战略，我国在鼓励出版、电影“走出去”方面继续提供政策扶植

2012 年 1 月 9 日，新闻出版总署下发“一号文件”——《关于加快我国新闻出版业走出去的若干意见》，这是继 2011 年《新闻出版业“十二五”时期“走出去”发展规划》后在推动我国新闻出版业走出去方面的又一有力举措。其中，意在优化

资源配置推动新闻出版业走出去的10条“新政”成为最大亮点。

2012年12月初,国家广电总局电影管理局颁布了《关于加强海峡两岸电影合作管理的现行办法》,其中规定了台湾影片进入大陆不受进口配额限制、增加引进台湾电影的数量、内地与台湾合拍电影的优惠政策、发行方法等一系列有关政策。《现行办法》中对台湾影片有了明确界定:“台湾影片”即是根据台湾有关条例设立或建立的制片单位所拍摄的、并拥有50%以上影片著作权的华语影片。该影片主要工作人员组别中,台湾居民应占组别整体员工数的50%以上。台湾电影引进将由中影集团进出口分公司统一进口,其他任何单位或者个人不得经营台湾影片的进口业务。取得《电影片公映许可证》的台湾影片,作为进口片在大陆发行,不受进口片配额限制。《现行办法》同时对合拍片打开了大门,给予两岸合作摄制电影较大空间。比如合作摄制的电影底片、样片冲印及后期制作,可不受特殊技术要求限制,在台湾完成;在大陆发行,享受国产影片相关待遇。台商投资者于大陆投资改建影院,参照《外商投资电影院暂行规定》执行。这一政策明确了台湾电影引进、合拍的规范标准与优惠条件,未来台湾与大陆的电影交流与合作将得到进一步加强。

(三)国家推出文化强国政策,文化与科技的融合成为政策的热点及亮点

2012年,文化与科技融合成为政策热点,演艺与科技的结合得到政策上的强调。其中最具代表性的两项政策即《国家文化科技创新工程纲要》《文化部“十二五”文化科技发展规划》,这两项政策的颁布与实施,使创意与科技的融合成为了当下文化产业发展的重要路径。党的“十八大”报告中也重点提出建设社会主义文化强国要“促进文化和科技融合,发展新型文化业态,提高文化产业规模化、集约化、专业化水平”,吹响了新时期我国社会主义文化建设的新号角。

《国家文化科技创新工程纲要》强调,须重点围绕演艺、工艺美术等产业发展开展技术创新和应用服务示范。研究增强舞台艺术表现力的声光电综合集成应用技术、基于虚拟现实的舞美设计与舞台布景技术、移动舞台装备制造技术和演出院线网络化协同技术等演艺关键支撑技术,提升文化演出的艺术创作力、感染力、表现力和传播力,调整和优化传统文化演艺产业结构。

《文化部“十二五”文化科技发展规划》中强调了文化科技工作的重点任务及领域。在“文化装备与系统平台建设”领域中,要加快发展文化装备制造业,以先进技术支撑文化装备、软件、系统研制和自主发展。提高包括演艺业在内的重点产业的技术装备水平与系统软件国产化水平;发展面向公共文化服务与传播渠道建设的文化资源处理装备、展演展映等装备和流动服务装备与系统平台;研发面

向网络文化的内容制作、传输、消费和监管的模块化单元产品等重大关键技术，提升数字文化技术装备水平；攻克演艺装备数控系统、功能设备的核心关键技术，实现演艺灯光、音响、舞台机械与数控系统的协同发展与统筹部署，打造完整演艺装备产业链，大幅提高我国演艺装备产业的国际竞争力；开发工艺品与工艺美术辅助设计、舞台虚拟创作与演出彩排、数字内容生产等重大系统平台；推进各类技术创新服务平台建设，推动平台运行服务。在“文化传播与服务”领域中，综合利用现代高新技术扩大公共文化服务的有效覆盖与服务效率；推进针对互联网传播秩序、新兴媒体传播、文艺演出院线、网络内容生产和服务的新技术新业务的集成应用与集成创新。

12 月 12 日，在全国信息化工作会议上，新闻出版总署发布了《新闻出版信息化“十二五”时期发展规划》，推动信息技术和新闻出版业深度融合。明确提出至 2015 年前将重点打造“新闻出版电子政务综合平台”、“新闻出版信息资源库”和“出版发行信息服务云平台”三大国家级信息化平台。

（四）国家出台文化产业税收优惠政策，行业及地区纷纷响应，拟定各自的细则

国务院关税税则委员会下发《关于 2012 年关税实施方案的通知》，决定自 2012 年起，艺术品的进口关税税率由 12% 降至 6%。

文化部文化产业司关于 2012 年动漫企业进口税收免税资格申请工作的通知：鉴于动漫企业进口税收优惠政策实行时间较短，为保证进口税收优惠政策落到实处，现特将 2012 年动漫企业进口税收免税资格申报工作安排如下：1. 2012 年动漫企业进口税收免税资格申报时间为 2012 年 6 月 20 日至 7 月 10 日。2. 符合财关税[2011]27 号文件第二款条件的动漫企业，向所在地省级文化行政部门提出免税资格申请，申请材料和程序参照文产发[2011]34 号文件第一条相关规定。请省级文化行政部门于 2012 年 7 月 10 日前将初审合格的企业材料报送至文化部文化产业司。3. 海关总署于 2012 年 3 月 23 日下发了《海关总署关于执行动漫企业进口动漫开发生产用品税收优惠政策有关问题的通知》（署税发[2012]127 号），经认定获得进口免税资格的动漫企业，根据署税发[2012]127 号文件的相关规定向主管海关申请办理享受进口税收优惠政策的手续。4. 文产发[2011]34 号文件和署税发[2012]127 号文件均已在国家动漫产业网（www.dongman.gov.cn/）上发布，请相关部门和动漫企业自行查阅。5. 请各省级文化行政部门及时通知本行政区域内的有关企业（特别是动画制作企业），认真组织 2012 年动漫企业进口税收免税资格申报及初审工作，务必使进口税收优惠政策惠及有

进口需求的动漫企业。

(五)国家拟定多项文化政策加大文化市场的监管力度

国家版权局3月31日发出通知,就《中华人民共和国著作权法》(修改草案)公开向社会各界征求意见。草案借鉴其他知识产权法律的做法,增加了著作权行政管理部门执法手段的规定,特别是增加了查封扣押权。公开向社会各界征求意见的《中华人民共和国著作权法》(修改草案)引起了人们的广泛参与和讨论,本身就是一个好的现象。与发达国家相比,中国立法不可能一下子到位。同时,因为我们离真正意义上的法治仍有距离,因此增加著作权行政管理部门执法手段是必要的。事实上,立法手段和行政手段一样都不能少。对动漫企业的官方"认定",有利于规范重新起步的中国动漫行业市场秩序,并给予动漫企业更多的政策扶持和税收优惠。

依据《互联网视听节目服务管理规定》(广电总局、信息产业部令第56号),2012年7月9日,国家广播电影电视总局和国家互联网信息办公室联合下发了《关于进一步加强网络剧、微电影等网络视听节目管理的通知》。《通知》要求互联网视听节目服务单位,切实履行开办主体职责,承担大众传媒的社会责任,对播出的网络剧、微电影等网络视听节目负责;要求网络视听节目服务行业协会,发挥行业组织的职能与作用,对会员单位网络剧、微电影等网络视听节目审核人员开展培训和考核,引导会员单位传播健康有益的视听节目;要求政府管理部门,督促互联网视听节目服务单位落实《通知》要求,并依法对业务开办主体进行准入和退出管理。《通知》的发布将继续鼓励优秀的网络剧、微电影等网络视听节目的生产与制作,也进一步明确了规范发展措施,营造文明健康的网络环境。

12月20日举行的首届中国艺术品市场发展峰会上,文化部文化市场司副司长庹祖海介绍说,文化部门正在研究起草《艺术品市场管理条例》,拟建立符合艺术品市场发展要求的市场准入和从业资格管理制度、艺术品经纪人制度、评估鉴定制度等,加强与相关管理部门沟通协调,尽快将草案报国务院法制办审议。同时将加大对制假贩假打击力度,净化市场经营环境。

为落实国务院《质量发展纲要(2011—2020年)》和《关于加快发展旅游业的意见》精神,提升旅游服务质量和旅游业发展水平,国家旅游局与国家质检总局签署《贯彻质量发展纲要提升旅游服务质量合作备忘录》。《质量发展纲要》中明确要求:"到2015年,旅游、文化体育产业等服务领域质量标准与国际先进水平接轨。"为此,国家旅游局与国家质检总局将进一步深化合作,在旅游服务质量监管、旅游企业管理水平、旅游标准化工作、旅游业认证认可体系、旅游品牌培育发展、旅游诚信体系建设、进出境旅游中的生物安全、国际旅行健康保障、区域旅游质量九个方面推动旅游服务质量提升。

文化部下发《关于2012年国家动漫品牌建设和保护计划申报工作的通知》,正式启动国家动漫品牌建设和保护计划申报工作。通知指出,在中央财政支持下启动的国家动漫品牌建设和保护计划,旨在培育一批具有品牌化开发价值的民族原创动漫创意,推动建设一批在国内和国际市场具有一定影响力的民族原创动漫品牌,加强对入选动漫创意、动漫品牌的知识产权保护。申报内容包括动漫创意和动漫品牌两大类项目。

为推动动漫产业快速健康发展,文化部、财政部、国家税务总局2009年出台并实施《动漫企业认定管理办法》。通过国家动漫企业认定,不仅要符合"企业经营动漫产品的主营收入占企业当年总收入的60%以上"、"企业自主开发生产的动漫产品收入占主营收入的50%以上"等"硬指标",还要在人才比例、技术装备等"软实力"上达标。通过认定的动漫企业将在增值税、企业所得税、营业税、进口关税等方面享受政策优惠。

财政部最新修订的《文化产业发展专项资金管理暂行办法》,进一步增强了中央财政对文化产业发展的保障功能。目前,文化产业激励扶持政策很多,这些政策虽然起到了积极的作用,但也存在有些方面的操作性要求过于粗疏,易造成立项不合理、经费使用缺乏规范、监督管理及绩效评估不够明确等问题。财政部曾经于2010年发布了《文化产业发展专项资金管理暂行办法》,这次新修订的《办法》结合过去政策实施中存在的问题和形势发展,进一步细化了相关规则,特别是新增加了支持构建现代文化产业体系,促进金融资本和文化资源对接,推进文化科技创新和文化传播体系建设,将项目分为重大项目和一般项目,并细化了申报程序和资金使用规范,以期达到切实体现公开、公正、公平的原则的要求。

三、年度要点

中国共产党第十八次全国代表大会于2012年胜利召开。十八大是我国进入全面建成小康社会决定性阶段的一次重要大会,提出要"扎实推进社会主义文化强国建设",要"深化文化体制改革,解放和发展文化生产力",要"推动文化事业全面繁荣、文化产业快速发展",吹响了新时期我国社会主义文化建设的新号角。《十八大报告》指出,当今世界正处在大发展大变革大调整的时期,文化在综合国力竞争中的地位和作用更加凸显,维护国家文化安全任务更加艰巨,增强国家文化软实力、中华文化国际影响力的要求更加紧迫。当代中国进入了全面建设小康社会的关键时期和深化改革开放、加快转变经济发展方式的攻坚时期,文化越来越成为民族凝聚力和创造力的重要源泉、越来越成为综合国力竞争的重要因素、越来越成为经济社会发展的重要支撑,丰富精神文化生活越来越成为我国人民的热切愿望。文化是民族的血脉,是人民的精神家园。全面建成小康社会,实现中华民族伟大复兴,必须推动社会主义文化大发展大繁荣,兴起社会主义文化建设新高潮,提高国家文化软实力,发挥文化引领风尚、教育人民、服务社会、推动发展的作用。而《"十二五"规划纲要》也将"繁荣发展文化事业和文化产业"作为明确目标,并指出要坚持一手抓公益性文化事业、一手抓经营性文化产业,始终把社会效益放在首位,实现经济效益和社会效益有机统一。沐浴着党和国家的利好政策,2012 年我国文化产业的发展呈现出以下特征:

(一)在科技与文化的双轮驱动下,文化业态日益丰富多样,科技创新已经成为文化产业发展的强大推动力

当前,文化与科技融合已经成为实现文化产业整体升级转型的重要突破口和指导思想,一个最显著的标志就是新兴文化业态的产生及其相关统计指标体系的更新。进入新世纪,由于高新技术被广泛应用,使得信息产业与文化产业全面互渗,成为互为表里的现代社会的支柱产业。

2012 年颁布的《国家文化科技创新工程纲要》和《文化部"十二五"文化科技发展规划》都强调了要鼓励文化内容与网络技术的结合,不断创新文化业态,丰富文化表现形式,加强高新技术与文化产业之间的互动与融合关系。文化产业各领域也在积极探索文化与科技的紧密相融。2012 年 9 月,小马奔腾成功收购"数字王国",以此为契机,小马奔腾将藉由数字王国将全球顶尖的影视特效技术引入中国北京,肩负起带动中国特效行业快速发展的责任,使中国能更好地融入世界 3D 电影潮流。2012 年 11 月,我国首套 3D 数字球幕系统亮相中国国际电影技术展,在过去很长的一段时间里,球幕技术一直由国外少数几家技术公司掌握和垄断,而今国内这一领域的空白被填补。此外,"智慧城市"这一关键词在 2012 年悄然兴起,据统计,截止到 2012 年 10 月,我国已有 95 个城市(区)将智慧城市列入"十二五"规划或制定了行动方案,北京、上海、广州、深圳等一线城市"智慧城市"建设规划相继出炉,并成为全国的建设范本。

在产业融合的大趋势中,文化产业的规模和边界进一步扩大,文化产业的内涵不断丰富,产生了一批以高新技术为依托、以数字内容为主体、以自主知识产权为核心的新兴文化业态,有效地提升了文化产品的附加值,成为推动文化产业发展的主力军和重要支撑点。

（二）随着文化市场的繁荣与发展，高品质的文化内容成为出版、电影、广播电视、动漫以及网络新媒体等以内容为王的文化产业的“生命线”

文化产品的内容品质直接关系着文化市场的繁荣与发展，2012 年新闻出版总署、广电总局、文化部等文化产业相关部门纷纷出台政策对提高文化内容品质加以扶持与鼓励，并积极与教育部合作，创新人才培养机制，为文化产业提供人才保障，寻求质与量的良性协调发展。新闻出版总署继续实施“原动力”中国原创动漫出版扶持计划，扶持优秀的原创动漫出版物、原创动漫作者（团队）及动漫编辑人员。教育部、文化部联合组建“动漫高端人才联合培养实验班”，在人才培养模式上创新，共同推动动漫产业发展。为抑制创作跟风、鼓励原创，广电总局批准设立中国电视剧优秀原创年度剧本大奖，奖金高达 1000 万元。2012 年，一部以美食为主题的七集纪录片《舌尖上的中国》在央视播出后受到广泛赞誉，虽然以中国美食为主题，但影片中蕴含着的传统文化和人文情感引发了观众强烈的心理共鸣，不仅创下了收视纪录，也带动了食品、旅游业等相关产业的发展。

同时，网络新媒体产业也充分认识到在互联网的环境中，内容是产业市场发展的根本，纷纷推出自制节目，增强互联网类媒体平台的竞争优势。2012 年 11 月 28 日下午，优酷土豆集团在“2013 优酷土豆资源推介会”上公布了优酷、土豆平台在 2013 年的内容战略。2013 年优酷土豆集团将依托“优酷出品”、“优酷自制综艺”和“土豆映像”三大自制战略，加强主题化运作。其中，土豆自制节目呈现“时尚、青春、个性、不甘平凡”的特性，主打青春范儿，而优酷自制内容更注重励志、传递梦想。在互联网的环境中，内容是王上之王。在互联网平台类型中，有一类平台是带有媒体性质的。没有内容的吸引力，这些类媒体平台将没有任何价值。自制内容是互联网类媒体平台的优势。我们要充分挖掘文化作品的内容，从内容入手，用国际化的视角去解读，这样方能吸引更大的国际市场。

（三）龙头文化企业继续领跑文化产业，在各种力量的作用下，文化产业格局逐步调整、演变，现代文化产业体系渐具雏形

“十二五”规划期间，各地把加大对龙头文化企业的扶持作为发展文化产业的重点，这些企业继续领跑文化产业，其中，既有近年来一直在文化产业界领跑的“常青树”，也不乏在新兴业态中崭露头角的“新面孔”。在各种力量的作用下，文化产业格局逐步调整、演变，现代文化产业体系渐具雏形。

2012 年 4 月，国内网络视频行业市场中的龙头企业优酷与土豆进行了合并，受到经营成本和盈利双重压力，网络视频行业正在从“群雄逐鹿”走向“合纵连

横”。在历经一番激烈的角逐之后,优酷土豆、乐视网、搜狐视频、腾讯视频和爱奇艺这五家视频网站,已经由第一阵营的代表变成了整个视频行业的全部。另一方面,在出版产业领域将继续深化新闻出版体制改革,加快建立完善的现代企业制度,打造和培育一批国内一流、国际知名的大型出版传媒集团。从全国来讲,组建5—7家出版传媒航空母舰的目标已经快要实现,中央层次上三大集团——中国出版集团、中国教育出版集团、中国科技出版集团已经全部组建,将通过上市迅速做大做强。新闻出版总署将大力推动有条件的出版传媒企业的上市融资,壮大主体,发展主业,使新闻出版业不断地发展壮大。随着具有战略意义的新增长点在产业各个层面发力,龙头文化企业不断推动着文化产业的结构进一步调整、完善,增强产业竞争力。

(四)国际资本不断“渗透”中国电影市场,逐步推动、加速电影市场的拓展,产业规模不断升级

近年来,众多国际知名传媒集团、影视企业一直在努力尝试用各种方式“渗透”到中国电影市场,与国际接轨联合投资拍摄的电影也与日俱增,与国际间的投融资合作及资本对接将会是未来中国电影产业面临的关键问题,解决了这个问题就是解决了中国电影资本的主要环节。

2012年2月,中美达成电影相关协议,梦工厂动画(DreamWorks Animation SKG)将在上海成立合资公司“东方梦工厂”,并于8月正式落户上海市徐汇区,这是迄今为止最大的中外合作文化交流投资项目,也是中国首家中外合资的动画影视公司。5月默多克的新闻集团买入博纳影业流通股,这种直接入股已经上市或者有能力上市的国内大型影视企业的行为,可以让外资集团更有效率地进入中国电影市场,并且避免风险。同月,大连万达集团和全球排名第二的美国AMC影院公司签署并购协议,万达集团将同时拥有全球排名第二的AMC院线和亚洲排名第一的万达院线,成为全球规模最大的电影院线运营商。8月,由天津北方电影集团和天津海泰控股集团、卡梅隆—佩斯集团联合出资成立的卡梅隆—佩斯集团中国总部在天津滨海高新区成立,标志着代表全球影视技术最高水平的3D影视制作和设备研发基地将在天津正式投入运行。10月,中国最大的民营电影公司之一博纳影业集团与二十世纪福克斯电影公司旗下的福克斯国际制作(FIP)公司签署了合作意向书,未来两家公司将合作拍摄多部华语影片,在电影领域进行深入合作。博纳与福克斯签制片合约,不仅有利于这种学习、交流与借鉴,而且使双方互有对方的电影市场。2012年中国电影行业在资本与技术层面不断与国际接轨,加速中国电影市场的拓展,促使产业规模不断升级。

（五）伴随着票房的跌宕起伏，2012 年我国电影产业发展迅速，电影营销亮点频现

近年来国产影片产量稳步攀升，市场格局进一步优化，电影营销方式亮点频现。面对一路迎来的挑战与机遇，国产片仍需通过提高影片质量、完善产业链条来提高市场竞争力，实现电影产业的良性发展。

2012 年的前 11 个月，中国电影故事片产量达 686 部，全国电影票房达 143.5 亿元，与 2011 年同期相比均有大幅提升。到 2012 年年底，生产的电影故事片和全国电影总票房均超过去年全年水平，尤其在 8 月中旬，全国电影票房突破了 100 亿元，比 2011 年提前了整整两个月，在贺岁档的推进下，2012 全年票房超过 170 亿元，同比增长可能接近三成，继续维持高增长态势。但随着 2012 年进口分账片配额增加至 34 部，国内电影市场格局仍面临挑战。2012 年上半年，国产片在进口片的夹击下票房惨淡，国产片票房只占总票房的 35% 左右，经历了“国产电影保护月”回升到 40% 后，又遭遇了“史上最惨烈国庆档”，在相比 2011 年场次增加近 5 成的情况下，《太极 1：从零开始》等 5 部大片的总票房相比 2011 年增加不足两成，领头单片票房艰难过亿。目前，2012 年前三季度国产影片市场份额仅占 40% 左右，跌至近年来同期最低。

值得一提的是，作为中小成本影片的《人再囧途之泰囧》，俨然成为 2012 年贺岁档最大的一匹黑马，一部无 3D、无 IMAX，整个投资约 3000 万的电影，首日取得 3650 万票房，上映首周票房过 3 亿，超越《阿凡达》当年 2.87 亿的纪录，并有望再超过《画皮 2》(7.26 亿)成为中国电影史上票房最高、赚钱最多的国产片。《人再囧途之泰囧》的成功，带给中国电影业的并不只是一个票房神话，也为中国电影的出路带来了思考，只靠堆砌明星、拼制作成本而不重视内容的“山寨好莱坞式”将越发难以生存。在众多的成功因素中，绝佳的上映档期为《人再囧途之泰囧》的高票房贡献不少：虽为中小成本制作，明确的喜剧类型片定位，专为“贺岁档”观众们的快乐消费而定做，可谓档期“准”；不特意定在贺岁档，更是精密掐算首映时间，《泰囧》把档期确定在传说中的“世界末日”2012 年 12 月 21 日，在“世界末日”那一天，与其坐在家里等死，不如在电影院里笑死，可谓档期“妙”；先于《人再囧途之泰囧》同期上映的三部影片，巧合的主题竟都偏严肃沉重，似乎都在为喜剧电影《泰囧》暖场，“末日狂欢节”恰把《人再囧途之泰囧》送上了票房的巅峰，可谓档期“巧”。由此可见，《人再囧途之泰囧》的票房成功并非完全靠运气所铸，虽然一些因素是个性使然，不可复制，但它让我们看到观众对产业和市场发展的反作用越来越明显，对电影产业链各个

环节的要求也越来越细化。从电影制作过程中的剧本创作、导演拍摄、演员表演等到电影营销中的角色参与、档期选择、宣传方式等,不仅要结合时代特征应时变通,更需要精耕细作,原有的泛化式、粗放式发展已逐渐不被观众与市场所接受。

与此同时,《人再囧途之泰囧》的高票房也为中国电影的发展带来了思考。随着2012年国内电影市场进一步开放,中国电影以往过度依赖扩大市场规模为主要驱动的发展模式也在2012年发生了改变,导演、明星已不再是电影票房的制胜法宝,大制作也不再有绝对的市场号召力,“内容为王”不仅成为电影产业,更是当下所有文化产业发展的重中之重。在观众、电影制作者趋于良性的互动中,内容、风格、类型的多元化正成为观众新的诉求,只有真正触动观众的文化产品才能赢得最广泛的尊重。

(六)国际版权合作进一步加强,国内原创版权、著作权的保护成为业内讨论和关注的焦点

近年来,国际版权合作呈现进一步加强的趋势,《国家“十二五”时期文化改革发展规划纲要》明确提出要扩大版权贸易,保持图书、报纸、期刊、音像制品、电子出版物等出口持续快速增长,支持电影、电视剧、纪录片、动画片等出口,扩大印刷外贸加工规模。

2012年7月,通过引进版权而火爆荧屏的“中国好声音”让我们看到业界正在逐渐从业态的模仿与引进深化到版权的引进与创新态势。“好声音”引发的版权引进热潮将在2013年持续进行,据统计,2013年央视及各卫视引进国外综艺节目模式共有18档。另一方面,随着网络视频的品牌运营和盈利模式在不断改进,版权保护和使用成为问题的焦点。PPS网络电视、腾讯视频、搜狐视频爆发口水仗,各方在谴责盗播行为的同时,将索赔金额提高到亿元以上。与此同时,版权的引进规模也在不断扩大,2012年11月,搜狐视频正式与美国米拉麦克斯影业公司达成战略合作。在今后三年,米拉麦克斯将为搜狐视频提供近200部好莱坞大片,并在片源提供、资源共享等方面提供更大力支持。同月,优酷宣布与索尼影视达成协议,将在5年内陆续引进索尼影视经典大片及每年上映新片,获享300多部影片播出权。

目前来看,在以内容为核心竞争力的电视及网络视频领域,版权引进仍然是各大电视台和视频网站的首选,加强原创作品创作才是增加核心竞争力的根本。因此,鼓励原创和加强版权保护依旧至关重要。2012年3月,备受社会关注的《著作权法》第三次修改工作再次取得实质性进展:国家版权局发出通知,就《中

华人民共和国著作权法》(修改草案)公开向社会各界征求意见。草案借鉴其他知识产权法律的做法,增加了著作权行政管理部门执法手段的规定,特别是增加了查封扣押权。可见,国内原创版权、著作权的保护将成为今后业内讨论和关注的焦点。近年来,动漫产业发展较快,文化部下发《关于2012年国家动漫品牌建设和保护计划申报工作的通知》,正式启动国家动漫品牌建设和保护计划申报工作,在推动建设一批在国内和国际市场具有一定影响力的民族原创动漫品牌的同时加强对入选动漫创意、动漫品牌的知识产权保护,实现了从强化意识到强化行为的转变。

(七)在复杂的国际环境中,2012年中国文化"走出去"整体表现呈稳步上升趋势,文化贸易和文化交流日益成为中国文化"走出去"的双翼

在2012年的国际文化交往中,不难发现中国文化"走出去"的方式正在悄然发生改变,依托正在成长的"文化保税区"的文化贸易活动和得益于政策支持的文化交流活动愈加频繁,并日益成为中国文化走出去的"两翼"。

在文化交流方面,2012年2月颁布的《国家"十二五"时期文化改革发展规划纲要》(以下简称《纲要》)提出要把政府交流和民间交流结合起来,发挥非公有制文化企业、文化非营利机构在对外文化交流中的作用,支持海外侨胞积极开展中外人文交流。企业是中国文化走出去的主力军,世界性的运营体系和发行渠道、具有普世价值和国际观众共鸣的优质产品是中国文化企业追逐的目标,对于文化企业走出去的扶持力度的加大,效果显著。随着时代发展,文化的交融渗透不可避免,如何改变目前我国文化"走出去"运行机制的市场化程度偏低、平台和渠道狭小等现状是我们亟须思考并实践的问题。在《纲要》的指导下,2012年的海外"欢乐春节"活动更加品牌化,在全球82个国家和地区的144个城市举行了320多项各类文化活动,吸引了国外众多高级政要和约3000万外国民众和华人华侨的热情参与。海外中国文化中心建设力度不断加大,全球各地的中国文化中心从9个增加到13个。从5月至12月文化部联合外交部等部委共同主办了"2012非洲文化聚焦"系列文化活动。与此同时,纽约中国龙年新春音乐会、悉尼春节大巡游、中欧文化对话年、中韩友好交流年、中泰一家亲等丰富多彩的中国文化活动在世界各国蓬勃展开。在文化贸易方面,4月的伦敦书展上,中国以"市场焦点"主宾国身份亮相,活动数量超过300场,书展期间,中国展团输出版权1859项,引进版权1411项。此外,2012年在众多文化产品门类中,艺术品、网络游戏、电影、动漫等产业对外贸易额位居前列。

在文化贸易方面,各地"文化保税区"的建设为文化产业诸如影视等的引进和输出提供减负、搭平台的作用。北京国家对外文化贸易基地已获得文化部授牌,目前启动建设。北京国际文化贸易服务中心将利用自身优势,立足"文化保税区",将国际贸易中针对普通商品的保税政策及通行做法运用在文化贸易领域,加速中国资本参与国际文化产品制作,并根据文化产品创意、设计、生产、存储、销售特点进行政策资源整合和制度创新,形成适应精神产品生产规律、促进文化对外贸易的专门保税形态。"文化保税区"可为文化产业诸如影视等引进和输出提供减负、搭平台的作用,可以使相关企业享受相关免税与便利条件与服务,从而大大提升中国文化产业在国际竞争中的地位与有效发展。北京已开始与意大利等国的相关部门合作,建设文化产品的保管、修复和鉴定中心。当然应看到其中的问题,进行风险规避。有负责人表示,出口退税政策并不吸引人,因为中国的重点文化企业本来就可通过向海关总署和文化部申请等方式来享受免税政策,并不需要通过文化保税区才能获得优惠;若单靠文化保税区的力量,即便这一方试验田成功了,也难改变我国对外文化贸易整体上的薄弱。所以,必须从根本上强化中国文化的影响力,实现多方合作。

四、存在问题与发展趋势

(一)存在问题

1. 政府在个别行业中的角色定位仍不清晰,政府补贴等具体政策措施应在产业实践的矛盾中凸显,政府干预和市场化运营亟须有效融合。

在我国,文化产业作为一个新兴产业,在其发展过程中,政府的角色至关重要。政府能否在文化产业发展中有效地发挥职能,对文化产业的未来前景有重大影响。近年来,政府在制定文化产业发展战略、出台优惠政策、提供公共基础服务等方面均取得了长足的进展。但在个别行业中,政府的角色定位仍不明晰。在节庆活动中,政府占据主导地位,政绩意识十分明显,政府干预过多、行业管理不规范的现象仍普遍存在。这种政府角色定位的不明晰,必然造成市场作用不能有效地发挥,使得企业被动参与,导致节庆活动质量不高、专业化不足。

在具体的产业实践层面,政府补贴等具体政策措施引发的矛盾也日益凸显。在演出方面,一方面,高票价一直以来都是阻碍市民走进剧场的一大障碍,如何降低票价惠及百姓也是相关从业者多次探讨的问题,其中政府补贴是最为切实可行的措施之一。而另一方面,为获得政府补贴,不少演出机构的精力和心思不再放在创作和发现好项目上面,反而开始执著于"跑"财政补贴。同时,很多得不到政府补贴的民营演出商要和得到巨额补贴的转企改制企业在不平等的情况下争市场，这对民营演出企业造成了挤压，无法保证演出行业的公平竞争。此外，也有一些地方政府为制作文化政绩不计成本地投入大笔资金，高价请明星，请老百姓看演出，然后将投入的资金都计算在票房里，造成行业红火的假象，成为演出行业发展的隐患。

在会展方面，与国外会展业的"政府主导、市场运作"几乎相反，我国许多城市的大型会议或展览都由政府主办，然而政府主导型的会展却在市场化运营中遭遇难题。以东莞电博会首次提出取消政府补贴即遭遇招标流产为例，东莞电博会由政府财政扶持十几届，是东莞颇有影响的市政府品牌展会，也被业界称作"东莞唯一市政府品牌展会"。2012 年年初，东莞电博会相关成员单位向东莞市政府提到将取消财政补贴，将东莞电博会推向市场化运营。2012 年 7 月中旬，东莞电博会开始招标，然而报名的会展公司不足 3 家，无法开标。如今"断粮"后的东莞电博会面临着如何市场化运营等一系列的难题。这也是政府干预和市场化运营亟须有效融合的一个缩影。

2. 文化产品数量多，精品少，内容雷同，重复开发建设的现象仍然存在，政府、企业应继续加强创新性，深入挖掘自身的资源优势，增强原创能力，同时行业管理体制仍需健全。

在节庆方面，第一，节庆活动数量多，精品节庆项目偏少。虽然经济性节庆活动名目繁多，可真正为群众所喜闻乐见、为世人瞩目的"名节"不多，经济效益和社会效益获得双丰收的"名节"更是为数寥寥。第二，主题定位重复，活动缺乏创新。一些地方经济节庆的组织者对本土文化内涵挖掘不够，只是东施效颦般地仓促办节，从而造成近距离雷同和低层次重复。

在会展方面，一方面，国内会展业区域会展业发展不平衡，各省市的会展业发展水平相差明显但又不是真正的"重点突出，合理分散"。因为缺少科学的总体规划，虽然全国的会展场馆数量在增加，但仍不能满足会展市场的需要，从而使会展业发展陷入了"规模不经济"的怪圈，同时也造成了场馆的重复建设、资源浪费的后果。另一方面，会展产品雷同，创新不够，行业管理体制不健全。目前，国内会展业还没有统一的行业管理部门，这就无法协调各地展会的内容、层次和频率，会展市场秩序比较混乱，行业法规亟待健全。从总体上看，我国的会展企业受短期经济利益的影响较大，大多数企业缺乏品牌意识和长远观念，从而影响了国内会展品牌的树立。

3. 专业的文化产业管理人才以及既有创意又有技术的高端复合型人才的短缺,将限制文化产业的持续健康发展,人才培养需要结合时代要求,并与企业相对接。

近年来,随着创意和科技相互融合的趋势不断加强,兼通创意和技术的复合型高端人才难觅是企业头疼的主要问题。在动漫产业方面,动漫行业人员流动性强,公司必须储备足够的人员才能满足业务需求。尽管截至目前,我国有400多所高校设立了动画专业,1000多所大学开办了涉及动漫专业的院系,但国内动漫人才的缺口仍多达百万人。其根本原因在于,高校培养出来的动漫人才不能与动漫企业有效对接。动漫制作人才相对过剩、高端创意人才严重缺失是导致"企业招不到人才,动漫毕业生找不到工作"的根本原因。

在演出方面,缺乏专业人才是演出行业面临的最为重大的挑战之一。以剧院管理为例,剧院是综合性很强的艺术机构,内部架构复杂。"光是舞台管理,就涉及灯光、音响、技术、统筹等方面。以国家大剧院为例,内分21个部门、17个专业系统、118个科组的组织架构,专业涉及112个专业。"国家大剧院院长陈平举例说明,如今全国各地的剧院建设已开始从一线城市向二、三线城市辐射,而且投资额、占地面积越来越大。据不完全统计,未来几年将有10家左右的大剧院建成并交付使用。大规模建设浪潮需要现代化的剧院管理,而人才是实现现代化管理依赖的重要资源。

在新闻出版方面,编辑工作是新闻出版工作的中心环节,而在新闻出版产业升级转型的新时期,急需复合型的数字出版人才。编辑人员想要继续发挥好选题、策划等职能,就必须与时俱进,首先理清时代的脉搏,把握住文化与科技相互融合的时代趋势,了解人们阅读喜好和习惯发生改变后的市场要求和需求,最后结合出版企业自身的条件和优势,不断提升专业素质和职业素养。也就是说,在当前情况下,新闻出版业需要有科技意识、能够应用高新技术,并能以此创新出版产品的新型编辑。这是2012年新闻出版产业转型过程中体现出的对人才的重点要求。

4. 消费者在文化产业的整体发展环境中缺少话语权,消费权益难以得到充分的尊重和有效的保护,长此以往必将影响文化产业的长远发展。

第一,在文化旅游方面,"宰客"现象、投诉多等严重扰乱文化旅游健康发展。

2012年,旅游风景胜地总是"宰客"不断,"免费旅游"、"零团费"等现象屡禁不止,不仅损害了游客的权益,也严重扰乱了文化旅游健康发展。2012年上半年北京市旅游委共接到投诉电话比2011年同期增加了56%。多家旅行社连续出现以“免费旅游”、低于成本报价为招徕手段的经营行为。此类旅游产品通过北京、云南、香港等地的购物或景点返利，及收取部分游客保证金和意外险费用等方式组团旅游，涉嫌零负团费操作及行业恶性竞争，严重扰乱了旅游市场秩序。台湾岛内有部分旅行社以“零团费”游台方案吸引游客，等于游客到台湾后，所有费用都由旅行社付钱，以“先签单、后付款”的交易模式承接大陆游客团。尽管各地有关部门进一步加强监管力度，但是游客的权益仍难以得到有效的保障。

第二，在电影方面，院线与发行存在分账之争，最终由观众买单。

2012年11月15日，中影、华谊、博纳、星美、光线等国内五大发行公司联合向全国所有的院线发出了一份《关于调整国产影片分账比例的通知》，提出今后5家公司发行的国产影片，要将制片发行方的分账比例从原先的43%提高到45%，几天之后，万达院线、广州金逸珠江、北京新影联、广东大地、上海大光明、世纪环球等13家院线联合回应，坚决反对发行方提出的修改分账比例的要求。而在《一九四二》首映新闻发布会上，院线与片方正式对《一九四二》《十二生肖》的票房分账比例达成协议，即3亿票房之内发行方43%与院线57%分账，超过3亿元票房部分按照45%比55%进行，超过8亿元以上票房部分按照47%比53%进行。随后《王的盛宴》《一代宗师》等电影也与院线敲定了票房分账比例，这似乎意味着持续十天的票房分账之争基本尘埃落定。但是，在实际的观影中，不少观众却发现电影票价相较于平时要高出5至10元。由此，一场院线与发行的利益争夺，最终以观众被迫接受较高票价的形式而告终，在整个过程中，电影观众并没有丝毫的话语权，电影观众的利益在这场双方博弈中并没有得到应有的尊重。

（二）发展趋势

1. 文化产业与其他产业的融合度不断提升，从而构筑文化产业新的产业框架。

由于文化消费取向的不断变动，文化产业与其他产业不断融合的趋势将进一步显现出来，比如将文化创意与制造业相结合，把文化的内涵或者文化的元素植入到产品中去，如新型陶瓷产品等建筑装修材料，势必将提高产品的文化含量与附加值，又可以带动制造业的升级与发展。

在动漫方面，动漫企业与生产制造企业密切合作，促进产业融合及企业的战略转型。一方面，动漫企业以原创品牌形象推进动漫产业化，授权各类动漫衍生商品的生产和销售；另一方面，玩具、服装、食品、日化等相关行业的企业，也在积极寻求与动漫企业的合作，斥资打造专属于自己企业的动漫形象，开展动漫营销，积极探求产业动漫化之路。比如：双汇集团与升环动漫达成合作，联合制作200

集电视动画片《双汇大森林》;健健集团、格林集团、盛克、森马等服装企业大举进军动漫领域,大拇哥动漫时尚馆已开设300多家,2013春夏童装共推出三大系列近300款。

在文化旅游方面,随着文化资源的不断开发和整合,深度的文化旅游势必在国内流行。而在城镇化不断推进的过程中,依托城乡优良的自然资源,结合现代农业,融合度假、养生、生态养老、文化体验等现代服务产业,无疑是新型城镇化的产业发展方向,更是中国经济升级版的重要选项之一;通过正确引导旅游地产开发,明确旅游地产服务于传统旅游升级和中产生活升级对度假、养生、投资叠加需求的功能定位,将造福于地方生态经济发展,为小康社会人们对幸福生活的追求提供多元化选择。

在广播电视和手机互联网产业中,随着技术改造和规模化发展,现有的有线电视网络和无线移动网络将成为整合文化资源的重要平台,出现电视图书馆、电视互联网、电视报刊、电视剧场以及手机电视、手机电影、手机报刊、手机图书等新业态。

2. 促进文化创意和科技创新的相互融合,提升文化产业的综合竞争力。

十七届六中全会从加快发展文化事业、增强文化产业核心竞争力的高度,明确指出:"科技创新是文化发展的重要引擎。要发挥文化和科技相互促进的作用,深入实施科技带动战略,增强自主创新能力。"科技作为先进生产力,代表着文化发展的未来方向,既是文化的重要内容,也是文化的重要体现形式和载体。科技发展和科技创新能够极大地提升文化和文化产业的创新力、表现力和传播力,不断催生新兴的文化业态。

在电影方面,文化创意与科技创新相互融合的趋势最为明显。以中国的3D电影为例,目前我国的3D电影产业呈现快速发展的态势,在去年的全年票房排行榜前十名的电影中,有8部3D电影,分别是《泰坦尼克号》《画皮Ⅱ》《少年派的奇幻漂流》《复仇者联盟》《十二生肖》《黑衣人3》《冰河世纪4:大陆漂移》和《地心历险记2:神秘岛》。无论是数字还是科技的走势都完全证实了3D产业已经在中国生根、发芽。但是我国的3D电影产业仍存着核心技术薄弱、优秀片源的内容和数量偏少等问题,因此更需推动文化创意和科技创新的融合,以促进产业整体发展。

在新闻出版方面,随着新闻出版体制改革的不断深入、国家政策的不断支持,国家已经出现不少初具规模的出版传媒企业。打造中国自己的出版传媒航母是未来中国新闻出版领域的重要任务。出版传媒集团需要积极应用高新技术、大力发展数字出版产业、不断完善科技创新体系,同时依靠充足的文化资本积累进行内容创新。文化和科技的深度融合是中国打造新型出版传媒航母的内涵之义。

在文化旅游方面,自由行成为旅游业最主要的形式,电子商务成为重要平台。随着人们对生活质量追求的提升,旅游在人们的生活中越来越重要,越来越多的消费者逐步由体验型游客向享受型游客转变,因此,自由行市场兴盛起来,并成为旅游业最主要的形式。而互联网的普及使得电子商务获得前所未有的发展,将人们的消费习惯、生活习惯从线下转移到线上。旅客可以透过电子网络等高科技手段自行设计线路,实现酒店、机票、火车票等的预订。而智能手机的快速普及为移动互联网的发展带来了重要的发展基础,由此带来的移动互联网营销模式正在席卷全球,微博、微信即是其中的方式。

3. 通过多种形式积极推动本土和国际的融合,国际化趋势明显。

在电影方面,2012 年中国电影市场与国际市场联系紧密,通过收购、控股、技术引进和直接投资等形式,电影产业正互相渗透,更多的国外电影公司开始参与到中国电影产业的制作环节,也有望未来在国内掀起并购热潮,建立国际化的电影产业群,形成成熟的规模化电影生产模式。在去年 5 月,万达集团以 26 亿美元收购了 AMC,成为全球第二大影院运营商,拓宽了国产电影向海外输送的渠道,有利于增强国产电影的国际影响力。9 月,小马奔腾与印度“信实媒体”以 3020 万美元的价格联合收购数字领域的核心资产,收购完成后前者将拥有 70% 的股份。此外,国内数家影视传媒集团和投资机构,与诸如梦工厂、卡梅隆等美国一线制作公司和导演合作在国内设立制作基地和产业园也是这种国际化合作的重要表现。

在动漫方面,随着中国文化产业的发展和文化贸易的开展,国际动漫巨头大举进军中国,动漫产业的中外合作更加紧密。美国梦工厂动画公司创始人兼首席执行官卡森博格频频到访中国,拜会文化部、广电总局、国新办等行业主管部门,最终促成东方梦工厂项目,除影视内容及其衍生产品开发外,还将涉足版权发行、衍生消费品、网络游戏、音乐剧等领域,形成以动画为核心的完整的家庭娱乐产业链。日本讲谈社与广西出版传媒集团有限公司共同出资创办《劲漫画》杂志,华特·迪士尼与中国动漫集团和腾讯公司就动漫创意研发平台达成合作,美国孩之宝与奥飞动漫在广州成立一家合资公司,开发、设计动漫玩具和相关衍生产品。

在游戏方面,游戏企业开始尝试整合全球知识产权,直接面向全球开发。完美时空等一批中国自主研发网络游戏的企业的全球战略,已经从单纯地依靠海外代理的出口初级阶段、成立海外子公司的第二阶段,进入到了尝试整合全球知识产权、直接面向全球开发产品的全新阶段。此外,中国网游企业还积极参加国内外的游戏展会,亮相国际舞台。2012 年 6 月 8 日,由文化部和国家对外文化贸易基地共同组织,7 家中国大陆游戏厂商参加了被誉为世界电玩“奥斯卡”的洛杉矶电子娱乐博览会,举办了“中国游戏,全球共享”的推介会。

行业报告

新闻出版业年度发展报告

阮　嵘*

2012年,我国新闻出版业主要管理机构是新闻出版总署。① 根据总署发言人2012年7月9日在《2011年新闻出版产业分析报告》新闻发布会上的发言,目前在统计经济指标时,总署初步把我国新闻出版产业主要分为九大板块,按营收和增加值排行分别是:印刷复制、出版物发行、数字出版、报纸出版、图书出版、期刊出版、出版物进出口、音像制品出版以及电子出版物出版。其中,图书、报纸、期刊、音像制品和电子出版物属于传统的出版物品种。数字出版是新闻出版产业的支柱产业,也是新的经济增长点。②

第一节　新闻出版业发展宏观环境

一、国家宏观文化政策大繁荣,为新闻出版业发展指明方向

2012年是"十二五"规划的第二年,国家持续关注文化发展。胡锦涛总书记"7·23"重要讲话,着眼于中国特色社会主义事业总体布局,对推进我国经济、政治、文化、社会建设以及生态文明建设作出了新的重大部署。特别是从完善中国特色社会主义事业总体布局的高度,对社会主义文化建设进行了深刻论述,强调要继续深入贯彻党的十七届六中全会决定,进一步深化文化体制改革,加快文化产业发展,推动社会主义文化大发展大繁荣。③ 作为我国文化事业和文化产业的

---

* 阮嵘,北京大学艺术学院2011级艺术学文化艺术管理方向硕士研究生。

① 报告发表时国家新闻出版总署与国家广播电影电视总局已于2013年3月整合组建国家新闻出版广电总局。

② 参见范卫平:《新闻出版产业的立体呈现——关于〈2011年新闻出版产业分析报告〉的若干问题》,《中国出版》2012年8月上,第10—12页。

③ 《以改革创新为动力实现出版传媒集团新跨越——柳斌杰署长在2012年9月23日出版传媒集团主要负责人座谈会上的讲话摘要》,《出版编辑》2012年第6期,第4页。

重要组成部分，新闻出版业在社会主义文化建设及文化产业发展中的基础性作用是否能够发挥备受国家和人民的期待。

随后，党的十八大报告再次提出要扎实推进社会主义文化强国建设，兴起社会主义文化建设新高潮。这是第一次将发展新闻出版事业写入了党代会报告。报告还指出要加强重大公共文化工程和文化项目建设，完善公共文化服务体系；促进文化和科技融合，发展新型文化业态，提高文化产业规模化、集约化、专业化水平；构建和发展现代传播体系，提高传播能力。这些关于推动文化事业全面繁荣、文化产业快速发展的指导方针，为我国新闻出版业的发展指明了方向，提供了良好的政策保障。①

二、新闻出版业政策富有连贯性，紧抓重点，更加深入全面

首先，针对长久以来的重要议题，2012 年，新闻出版总署等新闻出版业相关管理部门继续保持关注，根据新的环境和发展状况制定更合时宜的新政策。

2012 年 1 月 9 日，新闻出版总署下发“一号文件”——《关于加快我国新闻出版业走出去的若干意见》，这是继 2011 年《新闻出版业“十二五”时期“走出去”发展规划》后在推动我国新闻出版业走出去方面的又一有力举措。其中，意在优化资源配置推动新闻出版业“走出去”的 10 条“新政”成为最大亮点。“走出去”是近年来新闻出版业的重大课题，较之以往的“走出去”政策，新的“一号文件”更加具体更加深入，体现了对实践的指导性和前瞻性。

同样，在 2011 年取得了阶段性成果的教辅整治工作在 2012 年也通过新政策继续推进。2 月 8 日，教育部、新闻出版总署、国家发展改革委、国务院纠风办联合下发了《关于加强中小学教辅材料使用管理工作的通知》，推动“教辅新政”，对教辅市场乱象实施治理和进一步规范。

另外，2012 年新闻出版版权方面也令人注目。世界知识产权组织保护音像表演外交会议在北京成功举办，《视听表演北京条约》签署；《著作权法》第三次修订工作取得突破性进展，“版权立法”成社会热点。②

其次，针对新环境下的新议题，相关部门也给予充分重视，通过政策给以引导。

关于出版传媒集团的发展和民营资本的运用是 2012 年新闻出版业体制改革

---

① 杨驰源、彭波：《认真学习贯彻十八大精神，推动报刊业迈上新台阶——访新闻出版总署新闻报刊司副司长丁以绣》，《传媒》2012 年第 12 期，第 13 页。

② 《2012 年中国版权十件大事揭晓》，http://www.gapp.gov.cn/news/1656/143894.shtml。

基本完成的新形势下的重要议题。2月24日,新闻出版总署下发《关于加快出版传媒集团改革发展的指导意见》,推动出版传媒集团改革,提出了鼓励出版传媒集团进行战略性改组、大力支持出版传媒集团应用高新技术和推动产业升级、鼓励和扶持出版传媒集团走出去等多方面意见。6月28日,新闻出版总署发布《关于支持民间资本参与出版经营活动的实施细则》,强调民间资本作用,提出十项扶持内容支持民间资本参与出版经营活动。

随着信息化时代的到来和数字出版的迅猛发展,新闻出版信息化问题得到关注。12月12日,在全国信息化工作会议上,新闻出版总署发布了《新闻出版信息化"十二五"时期发展规划》,推动信息技术和新闻出版业深度融合。明确提出到2015年前将重点打造"新闻出版电子政务综合平台"、"新闻出版信息资源库"和"出版发行信息服务云平台"三大国家级信息化平台。①

最后,新闻出版业政策在不断深入关注重点、热点的同时也更加全面。例如,2012年5月,由全国古籍整理出版规划领导小组组织编制的《2011—2020年国家古籍整理出版规划》颁布实施,《规划》全面反映了我国古籍整理研究领域的新成果,体现了古籍整理出版的新思路,重点突出,特点鲜明。② 9月4日,新闻出版总署专门下发了《关于进一步加强学术著作出版规范的通知》,规范学术出版,对出版单位如何做好学术出版做出了明确的要求……政策的不断完善为我国新闻出版业的发展提供了良好的环境。

三、新闻出版业体制改革进入新阶段,农家书屋工程提前完成

从2009年开始,我国的出版体制改革正处于深化期。③ 初步改革基本完成。2012年,全国96.5%非时政类报刊完成转企改制。④ 在9月召开的出版传媒集团主要负责人座谈会上,新闻出版总署署长柳斌杰指出:对出版传媒集团来说,转企改制为重点的第一阶段改革都已完成,第二阶段的改革现在已经开始,核心就是要在完成转企改制的基础上,以"三改一加强"为中心,通过改革、改组、改造和加强管理,健全现代企业制度,完善法人治理结构,做大做强出版传媒企业,培育一批发挥市场主力军作用的国内一流世界知名的大型出版传媒集团,同时加强市场

① 梁敏:《重点打造三大国家级信息化平台》,《上海证券报》2012年12月13日。
② 《出版行业2012年政策利好促进发展》, http://www.nmgxhfxjt.com/news/News_View.asp?NewsID=2968。
③ 参见范卫平:《新闻出版体制改革的实践与探索》,《中国出版》2012年第1期。
④ 数据来自《2012年新闻界十件大事》, http://www.gapp.gov.cn/news/1658/130314.shtml。

体系建设,形成比较完善的产品市场体系和资本市场体系。[①] 体制改革将成为新闻出版业发展的保障和动力。

2012年,新闻出版业基础建设的各项工程也顺利进行。自2007年农家书屋工程被确定为中央五项重大文化惠民工程之一以来,经过5年多的艰苦努力,截至2012年8月,全国31个省(区、市)和新疆生产建设兵团全部完成农家书屋工程建设任务,提前3年实现覆盖全国行政村的目标。农家书屋工程建设累计投入财政资金120多亿元、社会资金60多亿元建成标准书屋60多万个,实现了"农家书屋村村有"。[②]

第二节 新闻出版业发展概况[③]

新闻出版业作为文化的基础产业和主要传播行业,得到了党和国家各相关职能部门的充分重视。近年来,我国新闻出版业营业收入和利润总额稳步提高,出版物销售情况持续向好,在社会主义文化建设以及文化"走出去"中扮演了极其重要的角色。

从2013年1月4日在京召开的全国新闻出版工作会议上获悉:2012年我国新闻出版业收入1.65万亿元,继续保持了平稳较快发展的良好局面。据初步统计,2012年全国出版、印刷和发行服务实现营业收入较2011年增长13.6%,增加值4451.4亿元,增长10.7%。[④]

一、印刷复制业发展情况

回眸2012年印刷业发展,许多大事值得铭记,许多数字总被提起。这一年,绿色印刷赢赞誉,2亿册教材披"绿衣",172家企业获"绿证";这一年,集约发展获硕果,29家印刷复制企业成示范,16个省(区、市)建成66个园区;这一年,技能大赛创新高,100万印刷人参赛,2000余人升职称;这一年,质检工作夺佳绩,2个分中心揭牌,教材环保质量100%合格。[⑤]

---

① 《以改革创新为动力实现出版传媒集团新跨越——柳斌杰署长在2012年9月23日出版传媒集团主要负责人座谈会上的讲话摘要》,《出版编辑》2012年第6期,第5页。

② 王坤宁、李婧璇:《品行业热点,看行业大事》,《中国新闻出版报》2012年12月10日。

③ 数据来源:2012年以前数据来自于新闻出版总署《全国新闻出版业基本情况》(2006—2011)、《新闻出版产业分析报告》(2009—2011),2012年数据根据前一期增长率预估得出。

④ 张贺、杨雪梅:《2012年我国新闻出版业收入1.65万亿元,国有文艺院团转企改制基本完成》,《人民日报》2013年1月5日。

⑤ 中国纪协网:《2012印刷业:唱响绿色和集约主旋律》,http://news.xinhuanet.com/zgix/2012-12-13/c.1320317568.htm.2012年12月13日。

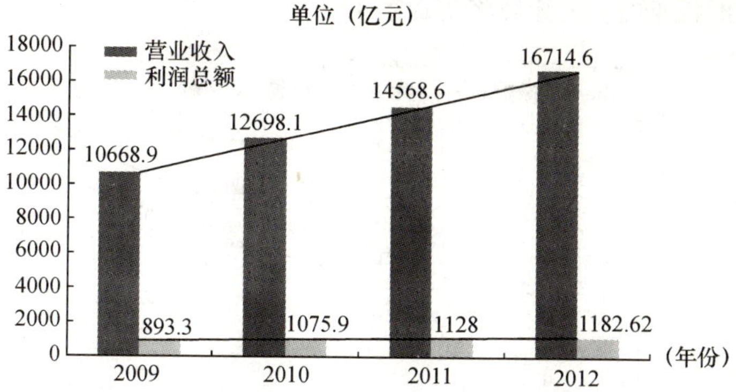

图 1-1-1　2009—2012 年新闻出版业整体情况

数据来源:2012 年以前数据来自于新闻出版总署《全国新闻出版业基本情况》(2006—2011)、《新闻出版产业分析报告》(2009—2011),2012 年数据根据前一期增长率预估得出。

二、出版物发行情况

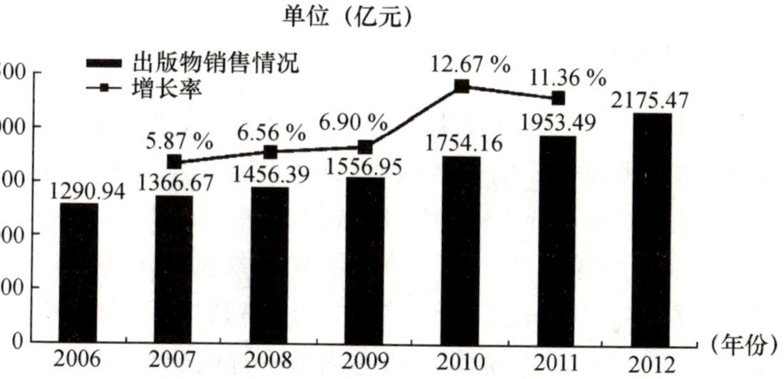

图 1-1-2　2006—2012 年出版物发行情况

数据来源:根据相关资料整理。

三、主要出版物

如图 1-1-2 所示,除报纸以外,图书、期刊、音像制品、数字出版、电子出版物的年度利润总额总体上都呈上升趋势。同时,图书、报纸和数字出版的利润总额远高于其他三个门类。特别值得注意的是数字出版,2010、2011 年,数字出版发展迅猛,不仅增速快(2010 年达到 39.5%,2011 年 19.1%),而且在 2011 年在利润总额上已经超过了新闻出版业的传统冠军——图书。随着数字出版时代的到来,未来新闻出版业的发展无疑将更加繁荣。

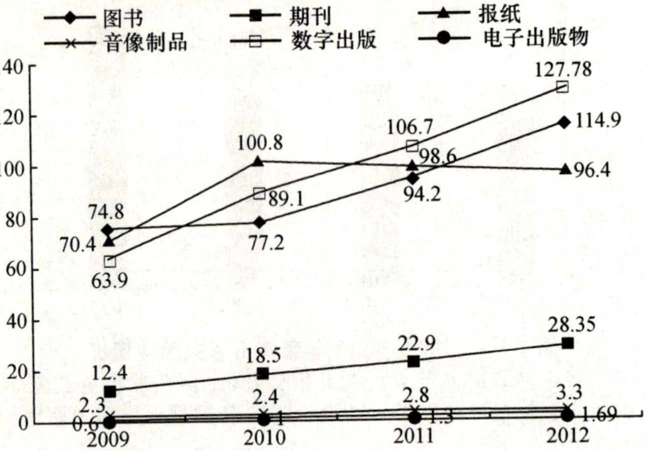

图 1-1-3 新闻出版物主要门类利润总额变化情况(单位:亿元)

数据来源:根据相关资料整理。

四、出版物进出口

2013 年 4 月 10 日,"中国图书对外推广计划"工作小组第九次工作会议召开。原新闻出版总署副署长邬书林透露,据不完全统计,2012 年我国出版物实物出口金额首次超过 1 亿美元,比 2011 年增长 38%。

近年来,我国版权输出量不断增加,版权贸易逆差不断缩小。2010 年,新闻出版业"版权贸易逆差从'十五'末的 7.2:1 缩小到'十一五'末的 2.9:1,五年间版权输出总量增长 275%。"新闻出版总署在《新闻出版业"十二五"时期"走出去"发展规划》中提出:力争到"十二五"末,版权输出数量突破 7000 项,引进与输出比例降至 2:1。2011 年,新闻出版业共输出版权 7783 种,版权输出品种与引进品种比例由 2010 年的 2.9:1 降到 2.1:1。这意味着在"十二五"的开局之年就已经基本完成了"十二五"版权贸易目标。据初步统计,2012 年我国版权贸易逆差已缩小到 1.9:1。①

① 邬书林:《扎实推进新闻出版国际传播力建设》, http://www.gapp.gov.cn/news/1670/147056.shtml。

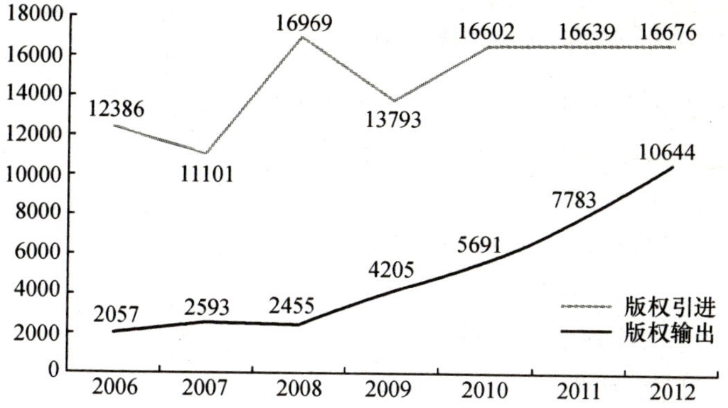

图 1-1-4 新闻出版业版权引进和输出情况(单位:项)

数据来源:根据相关资料整理。

第三节 新闻出版业年度重点和发展趋势

一、迎接党的十八大,主题出版掀热潮

2012 年,主题出版成为新闻出版业的重头戏。党的十八大、学雷锋、中国经济政治文化,为迎接党的十八大召开,全国各地各大出版社都在主题出版上下足了功夫。2012 年 2 月,新闻出版总署下发《关于报送迎接党的十八大主题出版重点选题的通知》,指出全国出版界要以高度的政治责任感和使命感,及早策划,精心部署,做好迎接党的十八大主题出版工作,为党的十八大召开营造良好的文化氛围。《通知》下发后得到了出版界的热烈响应,经过多位专家一次次精心论证之后,迎接十八大重点选题一百种被选出,其中图书选题八十种,音像与电子选题二十种。"主题出版达到十年来最高峰!"新闻出版总署署长柳斌杰如此评价。①

党的十八大胜利闭幕后,全国新闻出版系统把十八大重要文件出版发行工作作为重中之重,确保党的十八大重要文件、文献、辅导读物在第一时间与读者见面,其中,党的十八大报告单行本、《中国共产党章程》(修订本)、《十八大会议文件汇编》同步推出电子书,这也是党代会文件首次实现出版数字化。在较短的时间内,在这场争分夺秒的时间争夺战中,各地新闻出版管理部门、出版发行企业、印刷厂、新华书店发挥各自优势,不断掀起十八大文件、文献、辅导读物出版发行新高潮。②

① 转引自王坤宁、李婧璇:《品行业热点,看行业大事》,《中国新闻出版报》2012 年 12 月 10 日。

② 王坤宁、李婧璇:《品行业热点,看行业大事》,《中国新闻出版报》2012 年 12 月 10 日。

二、"书香中国"弥漫,文学阅读回潮

2012年可以说是中国的"阅读年"。3月底,新闻出版总署和全民阅读组织协调办公室制订下发了《关于深入开展全民阅读活动,努力建设"书香中国"的通知》,提出建设"书香中国"的总体目标,全国各地开展的活动丰富多彩、各具特色,有效扩大了全民阅读的社会影响,实现了全民阅读活动的多样性、持续性和有效性。[①] 年底,党的十八大报告中首次将"开展全民阅读活动"纳入我国社会主义文化强国建设之中,体现了阅读对于一个国家、一个民族的重要性,坚定了国人建设"书香中国"的"中国梦"。

在事件方面,2012年,诸如《白鹿原》《一九四二》《搜索》《万箭穿心》《少年派的奇幻漂流》等影视作品上线,不谈其票房和收视率,这些作品的文学原著迅速得到了关注,带动了新一轮纯文学阅读的风潮,社会上不断有更多的人感叹文学阅读的奇妙,书香弥漫中国。10月11日北京时间19点,2012年诺贝尔文学奖花落中国作家莫言。作为第一位获此殊荣的中国作家,莫言迅速引起了海内外的强烈关注,一阵"莫言热"袭来,实体和网络书店的莫言作品供不应求,印刷厂连夜赶印。莫言的获奖不仅使得其作品受到关注、翻译成十多种文字、版权输出多国,同时也进一步推动了2012年文学阅读回潮以及"书香中国"的建设。

三、国际书展创佳绩,"中国图书对外推广计划"创新高

2012年4月16日至18日,中国以主宾国的身份亮相伦敦书展,以"新视角、新概念"为主题,成功吸引了世界的目光。这虽然不是中国首次作为国际大型书展的主宾国,但3天会期里,300多场活动,181家出版单位,1000余名专业出版人士,2019平方米的展台和近万种参展图书,实现版权输出1859项……这次伦敦书展"中国主宾活动是继2009年法兰克福书展中国主宾国活动之后举办的又一次大型国际文化出版交流活动,是党的十八大召开前举办的一次大型对外文化出版交流活动,还是中英两国庆祝建立大使级外交关系40周年的一项重要活动。"[②]伦敦书展之外,在10月举办的法兰克福书展上,中国代表团版权输出数量达2409项。

中国新闻出版业运用国际书展平台推介自我的水平正不断提高。同时,作为

---

① 《盘点2012中国出版十件大事,知识照亮"中国梦"》, http://www.gapp.gov.cn/news/1656/130123.shtml。

② 新闻出版总署署长柳斌杰在"2012年英国伦敦书展中国主宾国总结大会"上的讲话,转引自 http://hudong.wlstock.com/chubanzongshu/2013-9-13525-00-02040200235797.html。

我国新闻出版业"走出去"的重要举措,"中国图书对外推广计划"在2012年也有抢眼的表现。2012年,"中国图书对外推广计划"共与29个国家的111家出版机构签订了341个资助协议。"中国文化著作翻译出版工程"2012年共与十个国家的19家出版机构签订了23个资助协议,涉及文版八个。工作小组各成员单位全年共向海外输出版权3672项(不含港澳台地区),比2011年增长13%,创下了"中国图书对外推广计划"实施以来的历史新高。① 在以国际书展为平台、各项计划工程稳步推进的情况下,我国新闻出版业走出去显现出一片良好态势。

四、数字化阅读冲击传统阅读,网络在线阅读增长最快

随着网络的深入发展,手机、平板电脑、电子阅读器的越来越普及,数字化阅读正不断改造着人们的传统阅读习惯。根据2012年4月19日发布的由新闻出版研究院组织实施的第九次全国国名调查项目结果,2011年,纵观六大指标,我国国民期刊、报纸阅读率出现下降,图书阅读率稍有上升。唯有数字媒介阅读率出现连续两年的大幅直线上升,2011年从2010年的32.8%上升到了38.6%,增幅达到17.7%。数字化阅读正成为人们新的阅读习惯。

对各类数字化阅读方式的接触情况进行分析发现,2011年中国18—70周岁国民的网络在线阅读、手机阅读、电子阅读器阅读、光盘读取等数字化阅读方式接触率,均有不同程度的上升。具体来看,2011年有29.9%的18—70周岁国民进行过网络在线阅读,比2010年的18.1%增加了11.8个百分点;有27.6%的国民进行过手机阅读,比2010年的23%增加了4.6个百分点;有5.4%的国民在电子阅读器上阅读,比2010年的3.9%增加了1.5个百分点;有2.4%的国民用光盘阅读,比2010年的1.8%增加了0.6个百分点;有3.9%的国民使用PDA/MP4/MP5等进行数字化阅读,比2010年的2.6%增加了1.3个百分点。可以看到,各类数字化阅读方式的接触率较去年增幅均超过30%,而其中网络在线阅读的接触率增长幅度最大,增幅达65.2%。②

五、网络书店继续冲击实体书店,电子书市场成电商关注新热点

延续前两年的热度,2012年,当当网、京东商城、卓越网等传统网络书店的价格战、促销战持续进行。价格屡破底线,促销频出新招。年度核验结果显示,网络

① 《2012年我国出版物实物出口首超1亿美元》,http://www.gapp.gov.cn/news/1670/146991.shtml。
② 《第九次全国国民阅读调查:图书阅读率为53.9%》,http://news.163.com/12/0419/18/7VFO04TO00014JB6_all.html。

书店有 210 家,同比增加 33.8%。出版物销售 60 亿元,增长 50%,约占全国零售单位销售总额 14%。[①] 伴随着网络书店“大战”而来的是实体书店正不断受到冲击。北京开卷信息技术公司发布的《2012 年中国图书零售市场报告》指出,2012 年传统图书零售业的销售额从 338 亿元减至 335 亿元,首次出现 -1.05% 的负增长。[②] 从网络书店上买书成为越来越多人的首选,渠道分流后实体书店受影响明显。

同样发生在网络上的是,2012 年电子书市场成为电商的抢滩热点。自当当网上线电子书刊后,2 月 20 日,京东商城“生活因京东而改变”暨电子书刊平台上线仪式在京举行,11 月 14 日,另一电商平台苏宁易购打造的电子书刊栏目也正式上线。年底,Kindle 电子书书店在亚马逊中国网站低调上线。至此,电商平台全面从销售纸书向电子书刊迈进。京东商城电子书刊平台与上游内容出版商、发行商、硬件厂商结成“电子书刊平台”战略联盟,欲联手打造电子阅读及电子书刊旗舰平台。据京东说法,京东商城首期上线的电子图书品种超过 8 万种,品类包括电子书、数字期刊、多媒体电子书等,合作供应商超过 200 家,预计到今年年底,上线电子图书可达到 30 万种。苏宁易购与近 1000 家出版社和原创文学网站建立了合作关系,首批引进电子书 5 万余册,品种包含人文、社科、管理、教育、生活等传统书籍,还囊括玄幻、穿越、言情等时下备受追捧的网络原创,几乎覆盖了市场上所有畅销书籍品类。预计到 2013 年底,苏宁电子书数量将达 30 万本。[③] 当当网、京东商城、苏宁易购等的高调加入,丰富了原本已有的如盛大云中书城、磨铁中文网等出版单位自建的平台,新华 e 店、九月网等传统新华书店演变而来的平台,中国出版集团、中南出版传媒集团参与构建的内容推送平台……[④]电子书市场争夺大战正式展开。

第四节　新闻出版业发展的问题与建议

一、发挥编辑的作用,着力培养复合型数字出版人才

编辑工作是新闻出版工作的中心环节,编辑人员更是起着连接读者和出版企

① 数据来自《实体书店“未冷”,网络书店强势》, http://news.xinhuanet.com/book/2012-12/11/c_124076476.htm。

② 数据来自《2012 年图书零售由于网络书店冲击首现负增长》, http://henan.china.com.cn/culture/focus/201301/617504820X.html。

③ 《2012 年书业大事记》, http://www.gapp.gov.cn/news/1658/130825_2.shtml。

④ 《盘点 2012 中国出版十件大事,知识照亮“中国梦”》, http://www.gapp.gov.cn/news/1656/130123.shtml。

业的重要作用。在新闻出版产业升级转型的新时期，编辑人员想要继续发挥好选题、策划等职能，就必须与时俱进，理清时代的脉搏，并把握文化与科技融合、人们阅读喜好和习惯发生改变的当下的市场要求和需求，再充分结合出版企业自身的条件和优势。也就是说，在当前情况下，新闻出版业需要有科技意识、能够应用高新技术，并能以此创新出版产品的新型编辑。这是2012年新闻出版产业转型过程中体现出的对人才的重点要求。

人才是产业发展的关键。随着时代的改变，人才的培养方案也应做出相应调整。我们需要培养更多"走出去"复合型人才，推动新闻出版"走出去"。随着优秀版权代理人、对外文化贸易人才的增多，我国新闻出版走出去各项工作得以更加顺利地开展。在数字出版时代，我们需要更多的复合型数字出版人才。"这类人才要以人文精神为内核，以科学理性为支撑，建构合理的知识结构体系，既能做文字编辑又能做市场策划，既能从事市场营销又善经营管理，能够承担数字出版多媒体融合平台的内容加工与技术运营。"①在实践中，复合型数字出版人才将发挥引领新闻出版业转型、推动数字出版的深入发展的作用。

二、提升作品的内容品质，打造具有文化穿透力的精品

新闻出版业归根到底是内容产业，无论是传统出版产业接受数字出版挑战时，还是电商之间争夺电子书市场中，吸引读者的作品永远是最终的制胜法宝。中国出版集团公司总裁谭跃说："要认清传统出版企业在数字出版中的地位及未来的作用，传统出版企业的核心优势首先是丰富的优质的内容资源、作者资源和广泛的读者认知度，这是传统出版业与技术型的数字出版公司的最大区别……"②所以，无论在传统时代、数字时代还是今后的任何时代，提升作品的内容品质是新闻出版业的必修课题。而内容品质的重要指标是原创性和创新性，这也是近年来新闻出版专业人士不断呼吁的内容。

2012年，国家继续推动新闻出版业"走出去"，强调"全民阅读"，就是将新闻内容更好地传递给国内外读者。内容的传递除了需要关注渠道（如举办阅读活动、参加国际书展），还需要高品质的内容以及对读者心理和需求的关照。高品质内容的必要性在上段已论述，而打造有文化穿透力的精品正是要在创造高品质的内容时关照读者的心理和需求，以及针对不同读者的心理和需求传递不同的作

① 宋艳丽：《数字时代地方院校复合型出版人才培养模式研究》，《出版科学》2012年06期，第63页。

② 转引自郭旭：《传统出版业在新媒体环境下的危机与对策》，《东北师大学报（哲学社会科学版）》2012年06期，第254—256页。

品。也就是说,在推动新闻出版"走出去"的过程中我们需要了解国外读者的想法和需求、打造和选择合适的中国作品,而在推动"全民阅读"的过程中我们也大可以分群体推荐和创作不同的优秀作品。打造具有文化穿透力的精品是我们在文化交融年代的必行之路。

三、培育新型出版传媒航母,推动文化与科技深度融合

打造中国自己的出版传媒航母是近年来中国文化发展中一个典型的"中国梦"。随着新闻出版体制改革的不断深入、国家政策的不断支持,国家已经出现不少初具规模的出版传媒企业。但仅是体积的大不算是航母,必须适应时代、功能健全并且能够协调运作、在全国以及世界具有影响力的大型出版传媒集团才能称为航母。2012 年,新闻出版总署不仅下发了《关于加快出版传媒集团改革发展的指导意见》,还和交通银行签署合作协议。根据协议,交行将在未来 3 年内为我国新闻出版产业的发展提供 500 亿元的意向性融资支持。如此,好的政策和经济支持为中国出版传媒航母的诞生提供了养分。

中国出版传媒航母的打造将是一个慢慢培育的过程。打造现代化航母,其中非常重要的是推动文化与科技的深度融合。出版传媒集团需要积极应用高新技术、大力发展数字出版产业、不断完善科技创新体系。[①] 但是,应用科技也不能忽略文化,好的作品、内容永远是新闻出版业的重中之重,出版传媒航母要顺利起航和持续运行必须要靠充足的文化资本积累以及源源不断的新作品好作品。科技打开创意的翅膀,文化在其中飞翔。文化和科技的深度融合是中国打造新型出版传媒航母的内涵之义。

四、数字出版发展存在问题和隐患,更需正确的观点和引导

2012 年,江苏、湖北先后建立国家级数字出版基地,数字出版内容国际传播平台应用示范项目启动……国家多项政策推动数字出版发展。同时,企业也不甘示弱,纷纷在数字出版领域大下手笔。数字出版在新闻出版业中显现的活力无疑是值得我们为之感到鼓舞的。然而,数字出版中存在的问题也需要我们重视。如在各大中小"文学"网站不停推陈出新争奇斗艳的同时,文学作品的价值以及作者权益的保护却面临着一定的威胁。这些看似很零碎的问题却制约着数字出版

---

① 参考《以改革创新为动力实现出版传媒集团新跨越——柳斌杰署长在 2012 年 9 月 23 日出版传媒集团主要负责人座谈会上的讲话摘要》,《出版编辑》2012 年第 6 期,第 6—7 页。

的发展前景。这种情况一方面要靠数字出版行业内的自律,另一方面需要国家相关政策的出台保障。

另外,在数字出版中,相较于技术服务商,作为传统内容提供者的出版社显示出数字出版生产上的劣势,积极性被打压。2012年中国数字出版年会上,新闻出版总署已经和中国电信、中国移动、中国联通三大运营商签署了战略合作协议,对分成比例作出明确规定,出版方和内容提供方将在实际出版中获得不低于60%的分成。[①] 这对传统出版行业利用自身内容优势进军数字出版是一大鼓舞。在数字出版中,类似的问题和需要调节的矛盾还有很多。这就需要相关方不被热潮蒙蔽,处理好这其中的事务,使数字出版给新闻出版业的未来带来更大的能量。

五、国际传播中需要重实效,大小企业共同推动"走出去"

2012年,中国新闻出版业"走出去"成效显著,积极参与国际书展、举办主宾国活动、努力加强对外合作,加强了对外联系、拓宽了销售渠道,也提高了国际社会对中华文化的认知度。然而,尽管总体发展势头良好,但是中国新闻出版业国际传播中依然存在着不少问题:新闻出版业版权输出表现抢眼,但是版权输出的后续情况却不乐观,在国际上,中国依然缺乏具有强大影响力的产品和品牌;新闻出版业的贸易逆差带来的"文化逆差"、"文化赤字"需充分重视。为了摆脱这种状况,中国新闻出版业不仅要推动"走出去",还要强调"走进去"。相应的,我们对新闻出版业国际传播的绩效评价标准也应该改变。光看版权输出量或贸易逆差是远远不够的,更应该有长期跟踪的实效考察体系。为此,政府、企业和学界应当共同努力,探索新闻出版在国际传播中的方方面面,制定客观合理的标准。

另外,在新闻出版的国际传播中,我们往往肯定了出版传媒"大航母"的主导地位,却忽略了以专精为发展方向的"小快艇"的重要作用。其实,在慢慢培育中国出版传媒航母的过程中,众多各具特色的"小快艇"出版社能够充当先锋和活化剂,和"大航母"呼应构成完整的中国文化蓝图。注重国际传播实效,中国新闻出版业中"大航母"和"小快艇"都是有必要存在的,中国新闻出版业需在多样化中取得国际传播的进步。

① 王枫:《传统出版社向数字出版转型的几点思考》,《出版参考》,2012年34期,第16页。

电影产业年度发展报告

刘　静　郝秦玉*

2012 年是中国电影产业化改革的第十年。这一年，随着中美电影新政的签订，中国引进的进口分账大片增多，中国电影的投融资、制作、发行、院线上映等领域都迎来了发展过程中的重要转折点，产业结构不断调整、艰难探索，机遇与挑战并存。

第一节　2012 年度电影行业政策分析

在全球化战略的背景下，中美双方就解决 WTO 电影相关问题的谅解备忘录达成协议，颁布了《关于加强海峡两岸电影合作管理的现行办法》，并出台多项扶持政策支持国家电影事业发展，进一步加强对新媒体播放平台如网络剧、微电影等网络视听节目的管理。年度政策要点，可概括如下：

第一，立足本土，加强海内外合作。

2012 年 2 月 18 日，中美双方就解决 WTO 电影相关问题的谅解备忘录达成协议，协议内容主要包括：海外分账电影配额从每年 20 部增加到 34 部，增加的主要是 3D 和 IMAX 电影；美方票房分账比例从 13% 提高至 25%；大陆民营公司可参与分账片发行；中美合拍片将比照大陆和香港合拍片标准，不受配额限制等。根据此次双方的协议，未来将会有更多 3D、IMAX 等高清格式电影引进中国，会吸引更多观众走进影院，进一步提升大陆的整体票房。这虽然会对国产电影的生存空间带来一定程度的挤压，但在进口影片的刺激下，拥有良好内容制作能力的电影制片商将能得到快速成长。中国的民营企业将得到发行进口片的机会，过去国有公司垄断进口片发行的局面将被打破。

---

* 刘静，北京大学艺术学院博士研究生，北京大学文化产业研究院助理研究员；郝秦玉，中国艺术研究院艺术学硕士研究生，北京大学文化产业研究院学术助理。

2012年12月初,国家广电总局电影管理局颁布了《关于加强海峡两岸电影合作管理的现行办法》,其中规定了台湾影片进入大陆不受进口配额限制、增加引进台湾电影的数量、内地与台湾合拍电影的优惠政策、发行方法等一系列有关政策。《现行办法》中对台湾影片有了明确界定:根据台湾有关条例设立或建立的制片单位所拍摄的,拥有50%以上影片著作权的华语影片。该影片主要工作人员组别中,台湾居民应占组别整体员工数的50%以上。台湾电影引进将由中影集团进出口分公司统一进口,其他任何单位或者个人不得经营台湾影片的进口业务。取得《电影片公映许可证》的台湾影片,作为进口片在大陆发行,不受进口片配额限制。《现行办法》同时对合拍片打开了大门,比如合作摄制的电影底片、样片冲印及后期制作,可不受特殊技术要求限制,在台湾完成;在大陆发行,享受国产影片相关待遇。台商投资者于大陆投资改建影院,参照《外商投资电影院暂行规定》执行。这一政策明确了台湾电影引进、合拍的规范标准与优惠条件,未来台湾与大陆的电影交流与合作将得到进一步加强。

第二,国家电影事业发展专项资金管理委员会出台多项扶持政策。

2012年11月22日,国家电影事业发展专项资金管理委员会发布《关于对国产高新技术格式影片创作生产进行补贴的通知》《关于"对新建影院实行先征后返政策"的补充通知》《关于返还放映国产影片上缴电影专项资金的通知》和《关于对安装数字放映设备补贴的补充通知》四项扶持通知,分别对制片方、影院进行了返还已上缴专项资金、按票房比例予以资金奖励等形式的资金补贴。《关于对国产高新技术格式影片创作生产进行补贴的通知》称,对进入市场发行放映的国产高新技术格式影片,按影片票房收入分档对影片版权方进行奖励。其中,票房达到5亿元(含)以上的可获得1000万元的最高奖励。《关于"对新建影院实行先征后返政策"的补充通知》和《关于返还放映国产影片上缴电影专项资金的通知》规定将影院全年国产片票房达到票房总收入分为50%(含)以上、45%(含)—50%及不到45%三个档次,分别返还100%、80%和50%已上缴专项资金;新建设的影院,达到上一年度放映国产片总票房收入45%(含)以上条件的,也可享受"先征后返"专项资金的待遇。此四项通知为国产片争取了更大的市场空间,利于国产电影制作商及院线的发展。

第三,加强新媒体播放平台管理。

依据《互联网视听节目服务管理规定》(广电总局、信息产业部令第56号),2012年7月9日,国家广播电影电视总局和国家互联网信息办公室联合下发了《关于进一步加强网络剧、微电影等网络视听节目管理的通知》,《通知》要求互联网视听节目服务单位,切实履行开办主体职责,承担大众传媒的社会责任,对播出的网络剧、微电影等网络视听节目负责;要求网络视听节目服务行业协会,发挥行业组织的职能与作用,对会员单位网络剧、微电影等网络视听节目审核人员开展培训和考核,引导会员单位传播健康有益的视听节目;要求政府管理部门,督促互联网视听节目服务单位落实《通知》要求,并依法对业务开办主体进行准入和退出管理。《通知》的发布将继续鼓励优秀的网络剧、微电影等网络视听节目的生产与制作,也进一步明确了规范发展措施,营造文明健康的网络环境。

第二节 2012年度电影投融资状况分析

2012年中国电影投资主体继续丰富,投融资方式有所创新,投融资领域不断扩展。业内资本、专业电影公司的投资策略、产品策略发生了一些改变,影视产业投资逐渐降温、趋于理性谨慎,中低成本电影越来越吸引投资者的目光。

第一,资本运作趋于理性,跨界特征明显。

2012年中国电影的资本运作依然活跃,行业内部资本、金融资本等良性资本的理性投资趋势已经较为明显地表现出来:一是随着“大片”与高票房之间的必然联系被打破,专业资本已经放弃了对“大片”项目的过度迷恋,转而更多地关注对观众需求有所呼应的影片项目,电影市场进一步细分,类型片市场趋于稳定;另一方面,影院终端建设的步伐也正在逐渐放缓,影院项目“跑马圈地”哄抬价格的时代正在过去,不少人开始将注意力从“圈地”向电影生产链及周边项目转移,如微电影、主题公园、文化地产等。

2012年10月20日,由华谊兄弟携手导演冯小刚及观澜湖集团合资打造的海口观澜湖华谊冯小刚电影公社正式奠基,包括多个电影棚、5家酒店、300多个店铺,同时还复制电影中的场景,如《夜宴》越人歌、《温故1942》民国街等。影视地产、主题公园等产业项目投资大、回报期长,目前国内运营的主题公园中,赚钱的不足10%。但此次华谊兄弟、观澜湖、冯小刚的三强联手,为逐步摆脱单一项目风险、票房收入之外找到了新的回收渠道,为实现电影文化旅游与休闲旅游产业的跨界结合做了重要的战略尝试。

此外,据清科研究中心发布的《2012年中国影视行业投资研究报告》指出,众多资本正在瞄准风头正劲的微电影市场,其中不乏华谊兄弟、优酷等行业龙头。微电影与传统影视产业和网络视频不同,目前它的盈利模式几乎全部来自广告主品牌的植入[①]。虽然微电影的模式对于资金链条趋紧的影视产业，尤其是因版权大战动荡不已的网络视频行业带来重要的启示，但投资者对于微电影的态度仍然非常谨慎，认为盈利单一风险犹存。从投资风险的角度来看，目前微电影的盈利主要靠广告植入，是内容加广告的营销模式，商业品牌冠名、植入、赞助等，已经是世界各国影视产业里长期且固定的游戏规则，目前基本都是视频网站、影视公司、广告公司在转型进入这一领域，是否对微电影进行投资还处在观望中。

总之，中国电影收益仍然主要依赖于国内票房收入。院线之外的其他发行渠道及电影后续产品开发，还有一些与电影相关的行业企业如影视制作与发行公司、影视器材和3D技术的需求、艺人培训机构等也已逐渐成为投资人的新投放目标。

第二，国际资本不断“渗透”中国电影市场。

2012年中国电影市场与国际市场联系紧密，通过收购、控股、技术引进和直接投资等形式，电影产业正互相渗透，更多的国外电影公司开始参与到中国电影产业的制作环节，也有望未来在国内掀起并购热潮，建立国际化的电影产业群，形成成熟的规模化电影生产模式。

在2011年5月，万达集团以26亿美元收购了美国第二大影院，成为全球第二大影院运营商，拓宽了国产电影向海外输送的渠道，利于增强国产电影的国际影响力。9月，小马奔腾与印度“信实媒体”以3020万美元的价格联合收购数字领域的核心资产，收购完成后前者将拥有70%的股份。小马奔腾将获得“数字领域”及其子公司航母传媒(Mothership)旗下核心业务[②]。收购海外企业，是国内影视企业国际化产业布局的重要战略，通过并购制作公司掌握国际顶级的制作，弥补国产电影在后期制作的弱势，为制作优质的国产电影，与好莱坞电影相互竞争做出了准备。

此外，国内数家影视传媒集团和投资机构，与诸如梦工厂、卡梅隆等美国一线制作公司和导演合作在国内设立制作基地和产业园也是这种合作的一部分。这种“深度合作”，导致2012年还成为中外(主要为美国)合拍片元年。从2013年开始，类似这种“中外合资”、“中外合作”式的合拍片，将成为未来中国电影院里的一个主流放映片源。

---

① 新华网:《“微电影”风潮搅动影视产业投融资模式》, http://news.xinhuanet.com/yzyd/fortune/20120515/c_123128036.htm。

② 新浪财经:《万达宣布26亿美元收购全球第二大院线集团》, AMChttp://finance.sina.com.cn/chanjing/gsnews/20120521/091112107826.shtml。

第三,金融机构推进模式探索。

随着商业银行对电影产业的认知不断提加,商业银行对相关企业的信贷服务日趋成熟。2006 年至 2011 年,北京银行、招商银行、工商银行、民生银行等商业银行向电影产业发放的信贷资金已经超过 6 亿元,其中以北京银行涉足最深。截至 2011 年 10 月末,北京银行在电影加电视剧等影视方面的贷款,已经累计审批通过金额近 30 亿元,并于 2012 年 5 月在戛纳国际电影节亮相,承诺为博纳影业集团提供 5 亿元意向性综合授信,用于徐克执导的 3D 版《林海雪原》以及《冰雪十一天》等 10 部影片的拍摄和制作,这是迄今为止中国民营电影企业获得的最大单笔授信额度。自 2007 年北京银行与博纳影业集团首次合作以来,目前已累计投放近 2 亿元资金支持其电影、电视剧制作及发行[①]。商业银行与电影企业的合作,可以大大支持电影制作、发行,并拓展电影院线市场业务,还能进一步推广中国电影的海外发行,增强国际影响力。

在去年上海电影节召开前夕,上海电影产业的新政中也推出了多项金融创新政策,既包括帮助中小企业从商业银行获得融资,八大银行将在未来五年向上海影视业提供总额 130 亿元的综合授信额度,又包括帮助电影拍摄项目获得金融投融资,逐渐建立国内的“完片担保”模式[②]。从某种程度而言,担保方对电影制作的上下游皆存在着很强的渗透和控制能力。针对影视投资项目的专业权威评估机构,以及金融机构认可的担保公司出现或较为完善的担保机制的建立,将会进一步推动影视企业的信用体系建立,大大促进国内影视投融资的增长。

第三节　2012 年度电影制片状况分析

2012 年,全年生产故事影片 745 部(含电影频道出品的数字电影 92 部),动画影片 33 部,纪录影片 15 部,科教影片 74 部,特种电影 26 部,全年生产的各类电影总量达到 893 部。2012 年,全国电影总票房达到 170.73 亿元,同比增长 30.18%。其中,国产影片票房 82.73 亿元,占全部票房总额的 48.46%。

---

① 财新网:《北京银行 5 亿元授信额度支持民营电影企业发展》, http://china.caixin.com/2012-05-18/100391825.html。

② 中国资本证券网:《上海发布电影产业新政:“完片担保”模式“破冰”》, http://www.ccstock.cn/finance/hangyedongtai/2012-06-15/A810352.html。

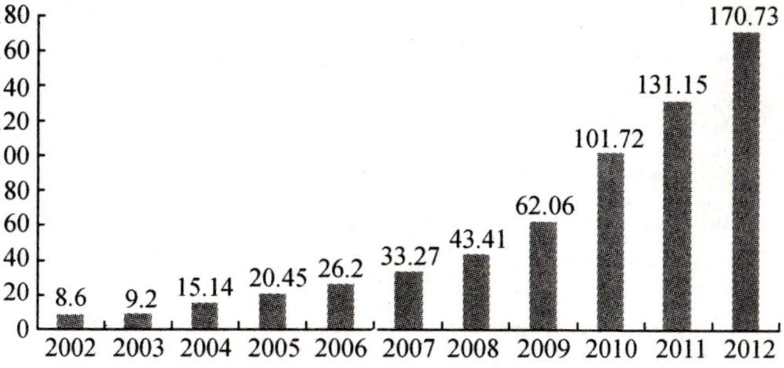

图 1-2-1　2002—2012 年内地电影票房收入(单位:亿元)

数据来源:国家广播电影电视总局网:http://www.sarft.gov.cn。

一、国产片步履艰难

2012 年 2 月 18 日,中国和美国就解决 WTO 电影相关问题谅解备忘录达成协议,确定在每年 20 部进口分账影片配额的基础上再增加 14 部进口分账的高新技术格式美国电影,票房分账比例也由此前的 17.5% 提高到 25%。国产影片市场地位受到极大挑战,压力前所未有。

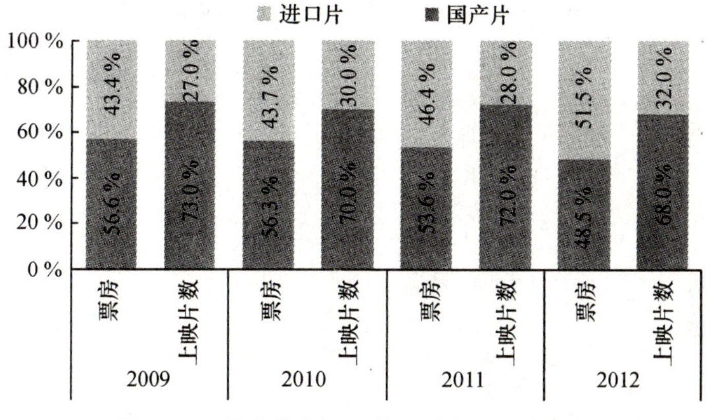

图 1-2-2　国产片与进口片上映数及票房比例

数据来源:国家广播电影电视总局网:http://www.sarft.gov.cn。

2012 年上映的国产片数量占比为 75%,但票房占比只有 48%,为院线制改革以来国产片票房占比低于 50% 的首次。国产片票房同比增长 14%,远远低于总票房的 28%,亦远远低于前 10 年国产片票房 30% 的年复合增速。票房排名前十的影片中,只有《泰囧》《画皮 2》《十二生肖》三部国产片位列其中,排名分别为第

一、第三和第七。在票房收入中,超过2亿元的国产影片与美国进口影片相比数量偏少,竞争力相对低下;在5000万—2亿元的中等票房影片中,虽然国产影片比例占有一定优势,但质量参差不齐、口碑与票房不相称。

表 1-2-1 2012 年票房收入前 10 名国产影片 (单位:万元)

排名	国产片	票房收入
1	人再囧途之泰囧	100461
2	画皮 2	70451
3	十二生肖	53533
4	一九四二	37200
5	寒战	25361
6	听风者	23374
7	四大名捕	19217
8	大魔术师	17412
9	搜索	17354
10	喜羊羊与灰太狼之开心创龙年	16595

数据来源:国家广播电影电视总局网:http://www.sarft.gov.cn/articles/2013/01/11/20130111112329420341.html。

表 1-2-2 2012 年票房收入前 10 名进口影片 (单位:万元)

排名	进口片	票房收入
1	泰坦尼克号	94758
2	碟中谍 4	67471
3	少年派的奇幻漂流	57105
4	复仇者联盟	56792
5	黑衣人 3	50415
6	冰川时代 4	44913
7	地心历险记 2:神秘岛	38849
8	蝙蝠侠:黑暗骑士崛起	34012
9	敢死队 2	33406
10	超凡蜘蛛侠	31151

数据来源:国家广播电影电视总局网:http://www.sarft.gov.cn/articles/2013/01/11/20130111112329420341.html。

这些现象凸显了国产电影的核心创作力不强,在类型化开发、多样性建设等方面尚有较大的提升空间。虽然《一九四二》、《画皮Ⅱ》等大制作影片获得了较高票房,但2012年的一些中小成本电影已向我们证明,票房过亿已不再是大片的专利,《人再囧途之泰囧》《寒战》等中小成本影片通过观众喜闻乐见的故事和精准的类型定位，呈现出巨大潜力。

二、中小成本电影年底惊艳

2012年全年累计有21部国产影片票房过亿，6部影片达到2亿以上票房，3部影片达到7亿以上票房，数量超过历年。对于国产大片来说，投资风险逐渐增高、亏损较多，中小成本电影却收益颇丰，让人眼前一亮。

2012年，对于国产大片来说，投资风险逐渐增高，因为高投入的制作成本，通常回报率也较有风险，中低成本影片若能实现回报率和实际利润的双双飙高，便有机会全力突围。据报道，2012年国产片亏损率超过八成，其中大制作频现投资惨案。《四大名捕》总票房1.96亿，回收票款约7600万，制作成本约为8000万；两部《太极》累计票房约2.7亿，回收票款约为1亿，与2.2亿投资相比亏损超过50%；《一九四二》总票房约为3.6亿，回收票款约1.4亿，影片投资2.1亿，同样存在巨额亏损，影片上映后直接导致华谊股价跳水，直到《十二生肖》上映股价才重新回升；《白鹿原》总票房13450万，可回收票款约5200万，影片投资1.2亿；《铜雀台》票房过亿，总投资1.3亿，投资方除了光线其余均有亏损①。大投资大制作同时意味着高风险，票房过亿的影片尚且兵败如山倒，票房在5000万到1亿这个区间的影片中，《血滴子》《危险关系》《王的盛宴》等影片也是明显亏损，而144部票房不到千万的影片，能收回成本的也并不多。

作为2012年最赚钱的国产片《人再囧途之泰囧》，影片线下线上成本和宣发成本共6000万，以3600多万的观影人次超过《变形金刚3》和《阿凡达》，创造了前所未有的观影热潮，以12.66亿元的票房收入创造了国产影片新纪录。据艺恩报道，《人再囧途之泰囧》上游分账所得约为4.7亿，光线作为发行方先收得发行代理费4700万（此处以10%计算），作为投资方光线投资比例占到90%，所以再收的利润约3.8亿，二者相加光线总收益将近4.3亿。据称导演徐峥（在线看影视作品）将获得10%利润分成，所以光线影业单是影院票房环节总收益约为3.85亿元。《喜洋洋与灰太郎之开心闯龙年》《我爱灰太狼》《绣花鞋》等影片也是投入产出比相对突出的影片。在2011年，也有中小成本获得高收益票房的典型案例，完美时空推出《失恋33天》，影片投资约为1500万，却创造了3.5亿元的票房奇迹，扣除中影的发行代理费，投资方票房收益约为1亿，回报率将近5.7%。同在

① 搜狐娱乐：《“数”说2012电影产业：170亿背后的真相》，http://yule.sohu.com/20130110/n363081571_1.shtml。

2011年的另一匹黑马《孤岛惊魂》回报率同样很惊人,影片由东方画面和美亚共同投资400万,最后票房将近9000万,投资方票房回款约为3500万,发行方华天下是美亚旗下公司,先收得350万发行代理费,两家投资方各收得1575万(以各占50%投资计算),美亚方面投资回报率8.6%,东方画面回报率也超过7.8%①。

三、合拍片激增

自2012年初中美电影新政公布后,越来越多的影片被贴上"合拍"标签,中国对进口影片的配额设定了一定的数量限制,且分账比例有限,合拍片成为国际制片商进军中国市场的重要策略。2012年内地和香港的合拍片票房较为理想,如收获票房2.4亿元的《听风者》、1.7亿的《大魔术师》、《桃姐》也赢得了不错的口碑,但与东亚地区的合拍作品,如中日合拍的《初到东京》、台湾与大陆地区合拍的《饮食男女2012》等作品市场反响并不理想。4月举办的第二届北京电影节期间,《钢铁侠3》《孙子兵法》《封神天下》等十数部大小不一的影片宣布立项合拍,合拍对象涉及美国、欧洲、韩日、澳洲及我国台港地区。6月在第十五届上海电影节上,新成立的电影投资基金"国影基金"也宣布了多部合拍片如《藏地密码》《超能侠》《重庆大轰炸》等,"中美合拍"概念达到高潮,其中由欧、中、美多方合拍片《云图》的中方投资人公开披露该片投资比例、分成比例、发行协议、版权期限,及严密的法律制度安排等,被视为中国企业参与国际制片的一次进步。

但一些有国内资金注入的进口片,为享受"合拍片"43%的分账额度,改头换面以"合拍片"身份进入内地市场。国家广电总局电影局已指出今后将严格审查合拍片资质,此前主打"合拍"概念的《敢死队2》《环形使者》均被列为进口影片②。

此外,2010年政府间《中法电影合作协议》签署后,第一部中法"正式"合拍片《我十一》同期在法中两国上映,部分主创及后期制作由法国方面担纲,法国舆论界和观众都给出了比较理想的评价。

四、内容与技术

2012年的荧幕内容纷呈、类型多样,既有表现历史题材的《一九四二》《王的盛宴》《大上海》,又有反映当下社会问题的《搜索》《飞越老人院》;既有《人再囧

---

① 搜狐娱乐:《"数"说2012电影产业:170亿背后的真相》, http://yule.sohu.com/20130110/n363081571_1.shtml。

② 网易新闻:《广电总局将严审中美合拍片》, http://news.163.com/12/0825/14/89ORSICN0001124J.html。

途之泰囧》《寒战》《画皮2》等典型类型片，又不乏关怀当下生活、探索小人物内心的《桃姐》《神探亨特张》。此外，《赛尔号2：雷伊与迈尔斯》《摩尔庄园2》《麦兜当当伴我心》《神秘世界历险记》《我爱灰太狼》等越来越多的动画电影也走进影院，丰富了观众的观影选择。为迎接2012年党的十八大，一批弘扬社会主义核心价值体系的电影，如《忠诚与背叛》《雨中的树》《生死罗布泊》《冰雪11天》等含有深刻人文内涵，并逐渐注重现代电影的视听品质，对主流影片走向市场进行了新探索；《钱学森》作为近年投资较大的人物传记片，也为中国人物传记片创作和生产带来了多方面的启示意义。

虽然仍存在少部分类型单一、题材重复、同质化、“山寨化”的电影，但越来越多的电影制作者已认识到以往过度依赖扩大规模为主要驱动的大制作、大场面发展模式正在改变，大导演、大明星也不再具有绝对的票房号召力，以提高电影质量促进转变发展方式的观念逐渐深入人心。

随着电影技术的不断发展变化、以3D、IMAX等为代表的高新技术格式影片成为电影市场新的增长点，展示出巨大的市场影响力。中国电影技术界直面挑战，沉着应对，取得了阶段性成果。一是高新技术格式影片放映全面铺开，3D数字放映、IMAX巨幕放映设备普及率进一步提升，其中由电影科研所、中影集团等单位联合集成研发的拥有自主知识产权的中国巨幕数字放映系统开始投入商业运营，打破了美国IMAX格式对巨幕电影市场的垄断；二是国产3D、巨幕电影的制作水平取得突破，影片《画皮Ⅱ》在国内技术团队的艰苦努力下，完成了全片2D转3D和数字特技特效制作，视听效果得到市场认同。全年共有12部国产3D影片登陆市场，《十二生肖》《一九四二》《一八九四·甲午大海战》等影片也尝试通过IMAX、中国巨幕等技术手段，给观众带来了更加震撼的视听享受①。

第四节　2012年度电影院线、发行状况分析

受益于电影票房的迅速增长，2012年院线公司不断壮大，银幕数量激增，数字化进程加快，农村的放映工程日渐完善。然而，观影人次的增速远落后于院线和银幕的增长速度，在进口片的强势冲击和国产电影本身创造力单薄的现实下，发行商与院线就分账比例发生了内部的排挤和较量。

---

① 中国电影产业网，http://www.chinafilms.net。

一、院线建设

从2005年到2009年,中国影院建设整体比较稳健,增速基本保持在15%左右,2010年开始进入快速增长阶段,当年影院数增长19%,2011年增长40%,2012年增长28%有所回落,影院投资渐趋冷静。

2012年共有25条院线年度票房超过亿元,继万达、上海联和、中影星美和中影南方新干线之后,广州金逸珠江、广东大地去年新晋成为10亿元票房院线。其中,万达院线年度票房超过24亿元,成为首支年度票房超过20亿元的院线;深圳嘉禾影城是全国唯一一家连续七年保持票房前三甲的单影城,自2005年至今共获得了4.5亿元票房收入;上海联和院线和中影星美院线票房均超过16亿元①。广东省仍然是全国头号"票仓",2012年,广东省以237120万元票房夺得全国票房第一,比去年增长27%,不过增速低于前十地区32.29%的平均水平。近期,一线城市影院建设放缓,二、三线城市开始出现热潮②。

表1-2-3 2012票房收入前10名电影院线公司

排名	院线名称	票房收入(万元)
1	万达电影院线股份有限公司	245600
2	上海联合电影院线有限责任公司	165035
3	中影星美电影院线有限公司	162024
4	深圳中影南方新干线有限责任公司	132629
5	广州金逸珠江电影院线有限公司	117513
6	广东大地电影院线有限公司	110538
7	北京新影联影业有限责任公司	82596
8	浙江时代电影大世界有限公司	71613
9	四川太平洋电影院线有限公司	60315
10	浙江横店电影院线公司	56768

数据来源:国家广播电影电视总局网:http://www.sarft.gov.cn/articles/2013/01/11/20130111112329420341.html。

① 搜狐娱乐:《2012年全年票房170亿国产片奋力抗争"好莱虎"》,http://yule.sohu.com/20130109/n362944742.shtml。

② 广州日报:《国产电影票房份额十年来首次跌破50%》,http://gzdaily.dayoo.com/html/2013-01/11/content_2109982.htm。

表 1-2-4　2012 票房收入前 10 名电影院

排名	影院名称	票房收入(万元)
1	北京耀莱成龙国际影城	8169
2	深圳嘉禾影城	7786
3	首都华融电影院	7700
4	上海万达国际电影城五角场店	7404
5	北京 UME 华星国际影城	6703
6	北京 UME 国际影城双井店	6384
7	上海永华电影城	6369
8	北京万达国际电影城 CBD 店	6326
9	广州万达影城白云店	6142
10	广州飞扬影城正佳店	6000

数据来源:国家广播电影电视总局网:http://www. sarft. gov. cn/articles/2013/01/11/20130111112329420341. html。

表 1-2-5　2012 票房收入前 10 名地区

排名	地区	票房收入(万元)
1	广东	237120
2	北京	161160
3	江苏	156348
4	浙江	137511
5	上海	134865
6	四川	87232
7	湖北	81265
8	辽宁	65747
9	山东	57476
10	重庆	55420

数据来源:国家广播电影电视总局网:http://www. sarft. gov. cn/articles/2013/01/11/20130111112329420341. html。

目前一线城市影院增速和票房增长正缓慢进入平台期。在二、三线城市中,沿海地区的影院发展很快,中西部地区发展迟缓,二、三线城市将为未来中国票房的增长提供持续动力。在县乡,因受到设备和条件的限制,目前主要发展数字院线。截至 2012 年底,全国共有农村数字电影院线 248 条,放映队 5 万多支,全年共放映影片约 800 万场,观众人次达 15 亿,农村电影放映工程目标已全面实现[①]。总之,硬件设施建设环节还将保持较长时间的高速发展,市场效益有待进一步优化。

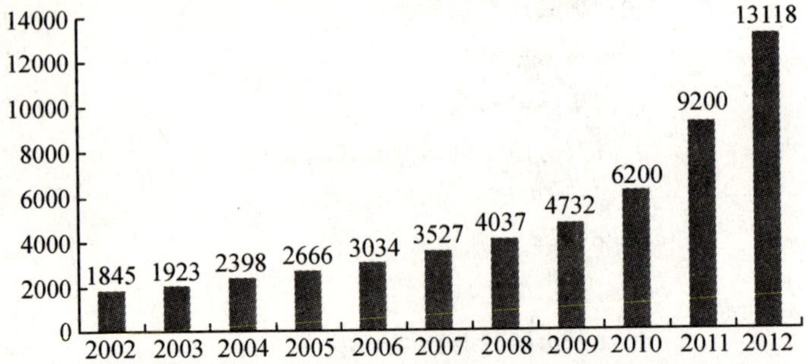

图 1-2-3 2002—2012 年全国银幕数(单位:块)

数据来源:国家广播电影电视总局网:http://www.sarft.gov.cn。

2003—2012 年间,我国银幕数量平均增长率达到 22.44%,其中 2011 年达到 48.43%,2012 年略有下降,但仍在 40% 以上。城市影院建设继续保持了高速发展态势,全年新增银幕 3832 块,平均每天全国新增银幕 10.5 块,且全部为数字影厅。截止到 2012 年底,全国银幕数从 2002 年的 1845 块增加到现有的 13118 块,其中 2K 数字银幕超过 1.2 万块,主流院线影院基本全面实现数字化放映,进一步夯实了产业规模基础,已经成为全球第二大市场。县城影院建设速度也明显加快,北京、上海、天津、山东、浙江、河北、宁夏、重庆等省区率先实现了县级城市数字影院全覆盖。到 2012 年底,全国县级城市拥有数字影院近千座,银幕数超过 3000 块,县级城市数字影院普及率达到 35% 以上。

影院建设狂潮带来银幕数量激增,观影人次增长却远远落后,单块银幕的盈利能力一再下滑。2012 年全国电影市场放映将近 2000 万场,激增 65% 以上,但全年观影总人次为 4.6 亿人次,涨幅 24%。2011 年影院上座率场均人次约为 32,2012 年场均人次已降至 23。上座率下降必然会增加影院终端的运营压力,解决这个困境仍然主要依靠上游制片行业制作出更多优质影片,同时提高影院营销水平和服务水平,由目前的终端数量推动,转为靠优质内容推动,避免重复建设导致资源浪费和恶性竞争的局面,用不断提高的制作水平和居民日益形成的观影习惯,构成行业长期发展的保障。

---

① 时光网:《2012 全国电影票房超 170 亿 成全球第二大市场》,http://news.mtime.com/2013/01/09/1504658.html。

二、发行

第一，民营公司发行稳定，光线凭《泰囧》成就飞跃①。

除去中影和华影两大国有公司，目前仍是华谊、博纳、光线三家民营电影公司担当领头羊，它们的共同特点是坚持"投资＋发行"并行模式，年发行量相对稳定，积极探索全产业链经营（光线未开拓影院投资）。

从2008年到2010年，光线影业累计发行20部影片，逐渐建立发行网络，发行票房5.6亿元。2011年光线发行7部影片，实现票房5.6亿元，所占市场份额约为4.3%，并逐渐转型为投资＋发行的模式。2012年光线发行12部影片，累计票房约为15.8亿元，所占市场份额约为9.3%。事实上，光线前三季度发行收入大体打平投资亏损，第四季度《大海啸之鲨口逃生》扳回一城，之后《人再囧途之泰囧》一鸣惊人，造就了光线影业发展史上第一次大的飞跃。

2012年华谊迎来电影大年，一共发行7部影片，产出票房总计21.6亿，所占市场份额约为13%。华谊发行影片最大的特点就是突出类型风格，动作片有《逆战》《十二生肖》，爱情片《LOVE》大陆和台湾票房都很突出，《画皮2》将国产魔幻片推上新的高度，《太极》则打出系列牌，而《一九四二》的社会意义远超于票房成败。2011年，博纳发行15部影片，总票房约为12.6亿元，所占市场份额约为7.4%，在民营电影发行公司中排名第一，但2012年博纳进入小年，发行10部影片，产出票房约7.3亿，所占市场份额跌至4.3%。

第二，海外市场仍未有实质突破。

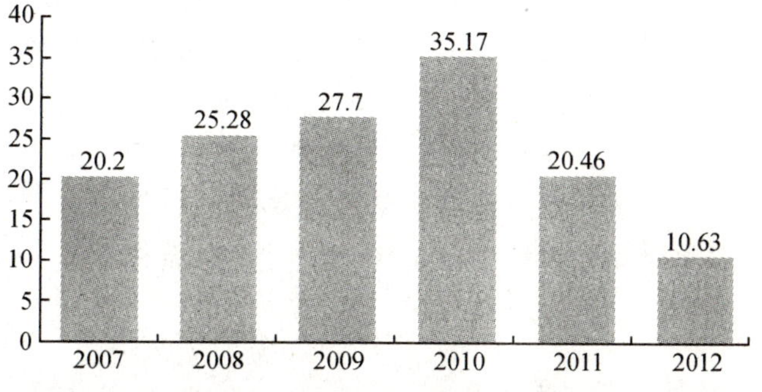

图1-2-4　2007—2012年国产电影海外收入（单位：亿元）

数据来源：国家广播电影电视总局网：http://www.sarft.gov.cn。

① 中国经济网：《华数传媒创新高、光线传媒不"太囧"》，http://www.ce.cn/culture/gd/201301/11/t20130111_24019018.shtml。

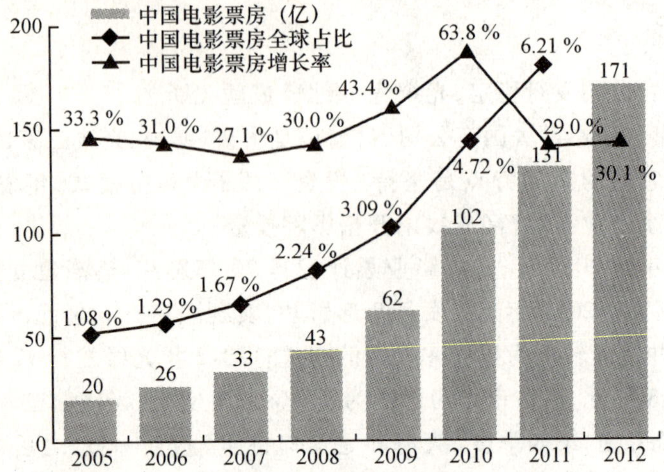

图 1-2-5 2005—2012 年中国电影票房及全球票房占比

数据来源：艺恩咨询，http://www.entgroup.cn/。

虽然中国电影总票房在2012年已超越日本，成为全球第二大票房市场，但国产电影2012年在海外发行总收入再创新低，共有75部影片销往80多个国家和地区，海外发行总收入仅有10.63亿元。这个数字比起2011年的20.24亿元和2010年的35.17亿元，呈大幅下降趋势，甚至不及五年前的成绩。回顾2012年，国产电影一直在海外电影节上奋力营销却收获不大。如2012年5月戛纳影展上，《十二生肖》《画皮2》《查无此人》《一代宗师》等多部国产影片，为销售版权在应接不暇的海报、众星云集的发布会、惊心动魄的户外广告等方面进行了密集的宣传，交易热度却不高涨。可见，中国电影"走出去"能力仍显薄弱，不仅缺少表达"中国精神、中国形象、中国故事"的影片，国际化宣传、营销手段的落后，海外发行体系的不成熟也是影响海外市场发行的重要因素。努力提升中国精神、中国文化的国际表达能力，推动建立畅通有效的电影海外营销机制和网络，培育市场化的营销主体，尽快建立专业性较强的国产影片海外营销体系，才有可能让国产电影在国际市场的商业发行取得突破①。

三、院线与发行分账之争

2012年11月15日，中影、华谊、博纳、星美、光线等国内五大发行公司联合向

① 中国电影产业网，http://www.chinafilms.net。

全国所有的院线发出了一份《关于调整国产影片分账比例的通知》,提出今后五家公司发行的国产影片,要将制片发行方的分账比例从原先的43%提高到45%,而最先涉及的就是五家公司即将发行的《1942》《王的盛宴》《大上海》《一代宗师》《十二生肖》《血滴子》《泰囧》等9部贺岁档电影。几天后,万达院线、广州金逸珠江、北京新影联、广东大地、上海大光明、世纪环球等13家院线联合回应,坚决反对发行方提出的修改分账比例的要求,院线与影院展开了长达十余天的有关票房分账比例的争夺战①。院线对进口大片上映基本上是持欢迎态度的一个群体,因为由放映进口大片产生的票房,已经占据了国内院线收入的一半,而国产电影的制作、发行商受大片冲击较大,所以随着2012年进口片数量的增加,矛盾终于爆发。

但事实上,如何把整个中国电影市场做大做强,让中国电影从上游的片方、中游的发行、终端的院线,整个产业链逐渐完善、壮大起来才是当务之急。如果只是紧盯着眼前利益一再开打,只会造成两败俱伤,最终无利可获、无账可分。

四、数字化进程加快

2012年,国内巨幕电影制作技术有了巨大突破,一系列国内自主研发的巨幕系统逐步投入市场,打破了IMAX对于国内巨幕电影市场的垄断,形成多方争雄的局面。由万达院线自主研发的巨幕系统X-LAND,截至2012年12月,已有15家影院正在使用。保利影业研发的POLYMAX预计将在完成所有影院布局规划之后,也将正式投放市场。同时,作为最先自主开发巨幕系统的中影数字巨幕有限公司,继2012年4月推出第一家拥有中国巨幕技术的电影院后,不到一年时间里,在全国已经有7家影院正式使用"中国巨幕",中影数字已陆续制作了《白蛇传说》《金陵十三钗》《亲密敌人》《大魔术师》《逆战》《黄金大劫案》《画皮2》(3D)等国产片的中国巨幕版,并与好莱坞知名制片公司如环球制片厂、索尼影业、20世纪福克斯等合作密切,制作了《超级战舰》、《特工争风》等影片的中国巨幕版。目前,市场上已签约的中国巨幕数为15块,中影数字计划在三年内打造100个中国巨幕厅,以满足国内观众的巨幕观影需求②。预计2013年国产巨幕不论在数量还是规模上都将进入高速成长期。

---

① 中国证券报:《解构发行方院线利益分配战:地产商成最大赢家》, http://finance.qq.com/a/20121121/000815.htm,2012年12月21日。

② 凤凰网:《中影星美签购18套"中国巨幕"巨幕前景被看好》, http://ent.ifeng.com/movie/news/industry/detail_2012_06/28/15634595_0.shtml?_from_ralated,2012年6月28日。

此外,随着移动互联网的发展以及三网融合技术在影视娱乐业的渗透,2012年以视频网站、手机等为代表的新媒体为中国电影发行业带来新的变化。在Web 2.0技术的支持下,互联网在逐渐成为电影宣传营销良好途径的同时,也成为电影内容的承载者和传播平台,中国电影产业逐渐步入"产品(内容)—渠道"一体化营销的新时代①。值得注意的是,随着电影数字化进程的全面推进,电影技术标准及监管体系仍不完备,国产电影的数字制作技术与世界先进水平相比还显薄弱,我国电影科技人才的匮乏一定程度上制约了国产电影的科技创新步伐。

第五节　小　　结

纵观2012年电影产业的发展,其特征可概括如下:

第一,国际间竞争与合作加强,电影产业结构进一步优化与调整,国内市场亟待有效的战略布局。

2012年,进口大片的强势进入让中国电影市场发生了剧烈动荡。国际化合作格局愈加明显,自我保护与迎接挑战共行。虽在中美电影新政签订后,政府为保护内地电影市场颁布了多项扶持、管理国家电影事业发展的政策与条例,但我们应看到过去粗放式的发展模式已不适合中国电影产业的发展,要进一步推进和深化体制、机制改革,不断优化结构,按照现代电影产业的发展规律,构建结构合理、充满活力、动态平衡的现代电影工业体系。此外,13亿人口的潜在市场一直被视作中国电影产业最大的"红利",国内电影市场的巨大发展潜力除了体现为一线城市的快速增长,二、三线城市及广大的农村城镇也将为未来中国票房的增长提供持续动力。

第二,对电影产业链的各环节要求更加规范、专业,与之相匹配的市场规则、金融体系、管理制度等在不断完善与提升。

经过十年产业化改革,中国电影的产业规模日益扩大,产业链多个环节之间的矛盾逐渐暴露。2011年无论是院线与发行的分账之争,还是档期重合票房血拼等事例,都对未来电影产业的各个环节、各个相关方提出了更高的要求。从创作、营销、发行到放映,各个环节的分工更加明晰、日渐专业,以往一家公司独大完成整个产业链、过度依赖扩大市场规模为主要驱动的发展模式逐渐向规模化、精

① 艺恩咨询:《视频网站抢滩原创微电影手机成主要播出渠道》, http://www.entgroup.com.cn/research/detail_views.aspx? id=15481&typeid=16。

细化和专业化方向发展。中国电影产业要在产业规模已经有效扩大的基础上得到进一步的发展，产业结构和布局必须得到进一步调整，与之相匹配的管理制度、金融体系的完善也至关重要，形成一个市场普遍认可、使各方利益平衡最大化的良性可持续发展电影产业模式仍在探索中。

第三，从电影类型、市场运作模式，探索中国本土电影产业运作的规律，在与电影受众不断互动中，多途径尝试包括电影风格在内的中国电影产业运作模式。

推动电影产业化，除了提升中国电影的专业化、工业化、国际化水平，大力推进商业类型电影的创作和生产也是必不可少的。当下中国商业类型电影在内容上存在着题材重复、类型单一、手法单调、过度娱乐化追求、整体上创意能力不足等问题，在与好莱坞电影的正面较量和博弈中艰难前行。但近些年一些中小成本类型片的票房胜利为中国电影的发展带来了启发，如 2011 年都市轻喜剧《失恋 33 天》，2012 年公路喜剧《人再囧途之泰囧》，还有 2011 年的《Love》《摩尔庄园》《寒战》等风格鲜明的类型片都在市场上获得了一定认可，类型片市场趋于稳定，标志着电影市场已经出现细分。全新的票房产出格局让电影从业者们对观众的需求进行了前所未有的热情关注，开始创作符合当下观影人群生活体验的商业类型电影，并由此有效巩固和拓展了国产电影的市场份额。

第四，科技应用广泛、新媒体带动创新。

电影技术的快速发展，让以 3D、IMAX 等为代表的高新技术格式影片逐渐成为电影市场新的增长点，数字银幕过万块，主流院线影院基本全面实现数字化放映，国内巨幕电影的制作技术也有了巨大突破。移动互联网的发展以及三网融合技术在影视娱乐业的渗透，以视频网站、手机等为代表的新媒体也为 2012 年中国电影的发行业带来新的变化。另外，微电影作为有效的内容载体，被各家网络视频网站看好。出于网络视频网站自身受众关注度的需要和企业品牌定制微电影数量的增加，网络视频网站纷纷加大对微电影的投入力度，大力发展原创微电影。目前，微电影的收入主要来自网络广告和用户付费。随着广告主对网络广告的投入和视频广告的青睐度逐渐上升，以及手机视频用户比例飞速上升，微电影必将分得一杯羹。

第五，产业链各环节的相关文化企业，从闻风而至到慎重跋涉。

2012 年继续电影产业整体降温的趋势，投融资也更趋谨慎。随着对于电影产业专业性、高风险等行业特征的认识日渐深刻，当前的中国电影产业发展正处于一个走向更加专业化、更为审慎的行业内部的沉淀期。从大热到冷峻，真正的电影产业主力军开始负重前行。

广播、电视产业年度发展报告

李晓唱*

2012年,面对欧洲债务危机、美国"财政悬崖"以及日德等国换届选举的外部复杂环境,作为金砖国家的中国力抗外部压力,保持稳定强劲的发展态势。从国家内部来看,十八大的顺利召开以及"十二五"规划的有效践行不仅增加了我国在国际上的政治影响力,同时也进一步确认了丰富民众精神文化生活、发展文化事业和文化产业在整个社会发展中的重要支撑作用。

作为我国文化产业发展的中坚力量,广播电视行业一直是政府的喉舌命脉和人民群众的精神生活支柱。在复杂的国际环境中和强有力的国家政策扶持下,我国的广播电视行业在2012年仍然保持稳步发展的态势,高新技术支持下的突破和创新成为这一年广播电视行业发展的最大亮点。与此同时,如何加强内容建设打造品牌栏目、如何细化服务功能贴合市场机遇、如何进一步推进体制与机制改革等问题仍然是我国广播电视行业亟待解决的课题。

第一节 广播电视产业政策解读

沐浴着十八大顺利召开的春风,应和着"十二五"规划发布实施的步调,我国广播电视行业在2012年健康茁壮地成长。为了扶持广播电视行业的发展,政府在此期间颁布了一些政策法规,具体内容如下。

一、"十八大"报告中对扎实推进社会主义文化强国建设的强调

2012年11月8日,中国共产党第十八次全国代表大会在人民大会堂顺利开幕。胡锦涛代表十七届中央委员会向大会作了《坚定不移沿着中国特色社会主义

---

* 李晓唱,北京大学艺术学院艺术管理与文化产业专业博士研究生。

道路前进 为全面建成小康社会而奋斗》的报告。报告中指出，要扎实推进社会主义文化强国建设，并明确提出，“要增强文化整体实力和竞争力。文化实力和竞争力是国家富强、民族振兴的重要标志。要坚持把社会效益放在首位、社会效益和经济效益相统一，推动文化事业全面繁荣、文化产业快速发展。发展哲学社会科学、新闻出版、广播影视、文学艺术事业。”①

完成新时期的这一任务不仅是全面建成小康社会、实现中华民族伟大复兴的必要条件，而且是提升我国文化软实力，从而增强中华文化国际影响力的有力保障。针对报告中提到的推动文化产业快速发展、发展广播影视的具体要求，我国广播电视行业应抓住有利时机，为人民群众提供更贴近生活、富有原创性的产品和服务。

二、“十二五”期间深化文化体制改革的决定

根据《中共中央关于深化文化体制改革、推动社会主义文化大发展大繁荣若干重大问题的决定》和《中华人民共和国国民经济和社会发展第十二个五年规划纲要》，2月15日，《国家“十二五”时期文化改革发展规划纲要》（下称《纲要》）发布。《纲要》中提出加快构建公共文化服务体系、加快发展文化产业、加快文化体制机制改革创新、加强传播体系建设、加强对外文化交流与合作等要求。

《纲要》还明确指出，构建公共文化服务体系要“以保障人民群众看电视、听广播、读书看报、进行公共文化鉴赏、参与公共文化活动等基本文化权益为主要内容，完善覆盖城乡、结构合理、功能健全、实用高效的公共文化服务体系”；加快发展文化产业要“实施一批重大项目，推进文化产业结构调整，发展壮大出版发行、影视制作、印刷、广告、演艺、娱乐、会展等传统文化产业……加快科技创新成果转化，提高我国出版、印刷、传媒、影视、演艺、网络、动漫游戏等领域技术装备水平，增强文化产业核心竞争力。”加快文化体制机制创新要“拓展出版、发行、影视企业改革成果，加快公司制股份制改造，完善法人治理结构，形成符合现代企业制度要求、体现文化企业特点的资产组织形式和经营管理模式……重点发展图书报刊、电子音像制品、演出娱乐、影视剧、动漫游戏等产品市场，进一步完善中国国际文化产业博览交易会等综合交易平台”。加快传播体系建设要“加强文化传播渠道建设……在确保播出安全的前提下，广播电视播出机构与电信企业可探索多种合资、合作经营模式。整合全国有线电视网络，基本实现全程全网，跨部门集成文

---

① 新华网：《十八大报告（全文）》，http://www.xj.xinhuanet.com/2012-11/19/c_113722546_6.htm。

化资源、产品和服务”。加强对外文化交流与合作要“整合社会科学、文学艺术、新闻、广播电视、电影、出版、版权、民族、侨务、体育、旅游等资源……扩大版权贸易,保持图书、报纸、期刊、音像制品、电子出版物等出口持续快速增长,支持电影、电视剧、纪录片、动画片等出口,扩大印刷外贸加工规模……鼓励具有竞争优势和经营管理能力的文化企业对外投资,兴办文化企业,经营影院、出版社、剧场、书店和报刊、广播电台电视台等。”①

在《纲要》发布之后,工信部公布了《电子信息制造业“十二五”发展规划》,在其子规划《数字电视与数字家庭产业“十二五”规划》中表示,预计到2015年视听产业销售产值达2万亿元,比2010年翻一番,同时平板电视占彩电产量比重达到95%以上。②

“十一五”时期是我国文化建设的创新发展期,而“十二五”期间则是我国文化发展的重要战略机遇期,在《纲要》颁布的第一个年头,我国广播电视行业牢牢抓住这一战略机遇期,加快文化改革创新,继续深化文化体制改革。

三、行业管理的整顿和规范

为了贯彻落实国家关于平板电视机三包政策,维护消费者合法权益,同时为智能网络电视机等平板电视机的售后服务商和网络环境、内容服务商提供产品售后服务责任与义务,2012年2月,中国电子视像行业协会颁布实施了《智能网络电视售后服务规范》及《平板电视名词术语规范》,这两个规范为网络电视售后服务提供了标准。

4月22日,最高人民法院公布《关于审理侵犯信息网络传播权民事纠纷案件适用法律若干问题的规定(征求意见稿)》,向社会各界广泛征求意见。征求意见稿规定,擅自提供热播影视作品的,网络服务提供者除有正当理由外,应在收到符合法规要求的通知1个工作日内采取删除、屏蔽、断开链接等必要措施。③

11月29日,广电总局研究决定:鉴于江苏教育电视台11月24日录制竞猜节目《棒棒棒》时,违反国家有关宣传管理规定,致使恶言丑行在网上传播,放大丑恶现象,违背媒体职业道德,败坏媒体形象,社会影响极为恶劣。同时,江苏教育

---

① 中国文化产业网:《国家“十二五”时期文化改革发展规划纲要》,http://www.cnci.gov.cn/content/2012216/news_70176.shtml。

② 慧聪广电网:《数字电视与数字家庭产业“十二五”规划》,http://info.broadcast.hc360.com/2012/02/270906494621.shtml。

③ 慧聪广电网:《最高法院:网站擅播影视剧须1天内删除》,http://info.broadcast.hc360.com/2012/04/240920502809.shtml。

电视台擅自变更节目设置范围，大量播出非教育教学节目。根据《广播电视管理条例》第四十九条、第五十条，《广播电视播出机构违规处理办法（试行）》第八条、第九条等规定，给予江苏教育电视台自 2012 年 11 月 30 日零时起停播整顿的处理。①

12 月 6 日，广电总局向各省、自治区、直辖市广播影视局，新疆生产建设兵团广播电视局，总局直属各单位发布了《关于发布行业标准〈广播电视卫星地球站设计规范〉的通知》。通知指出，由广电总局工程建设标准定额管理中心组织、中广电广播电影电视设计研究院主编的《广播电视卫星地球站设计规范》已经通过审查，现批准为广播电影电视行业推荐性标准予以发布。②

虽然我国广播电视行业在稳步健康地发展，但是其中尚存一些问题。2012 年一系列行业整顿和规范的颁布实施，为构建广播电视行业良好的市场环境、维护消费者和生产者的合法权益、实现行业可持续发展做出了不容小觑的贡献。

四、中央和各地方政府的指导和扶持

2 月 1 日，由商务部、中宣部、外交部、财政部、文化部、海关总署、税务总局、广电总局、新闻出版总署、国务院新闻办共同修订的《文化产品和服务出口指导目录》予以公布。其中明确规定了电视产品、广播电视节目境外落地的集成、广播影视对外工程承包服务、广播影视对外设计、咨询、勘察、监理服务等类型的重点出口企业标准。

3 月，广东广电局出台了《广东省广播电视播出机构新闻采编和节目管理实施细则》，该《实施细则》共分五大部分 24 条。其中包括强化责任追究制度，严格执行“三条禁令”；完善电视上星综合频道节目播出备案管理；严格实行低俗涉性节目“四级”处罚机制；建立广播电视监督员制度等。③

3 月 29 日，上海市网络视听企业专项资金资助座谈会召开，会上指出，上海自 2011 年起设置每年 1000 万元的专项资金，用以扶持网络视听产业发展。上海

---

① 国家广播电影电视总局：《广电总局作出决定：江苏教育电视台停播整顿》，http://www.sarft.gov.cn/articles/2012/11/29/20121129174409620368.html。

② 慧聪广电网：广电总局发布《卫星地球站设计规范》，http://info.broadcast.hc360.com/2012/12/181411538985.shtml。

③ 慧聪广电网：《广东局出台新闻采编和节目管理实施细则》，http://info.broadcast.hc360.com/2012/03/301022499281.shtml。

市网络视听专项资金也是我国首个专门用于扶持网络视听产业的专项资金。①

我国广播电视行业的发展离不开中央和各级地方政府的引导和扶持,这一系列政策法规的公布和实施将进一步规范中央和地方广播电视产业的发展,有助于增强广播电视产品和服务在民众中的影响力,鼓励和支持企业开拓国际市场,提高中华文化的国际影响力。

第二节 广播电视产业发展概况

据有关部门的初步核算,2012 年全年我国国内生产总值为 519322 亿元,比上年增长 7.8%。其中,第三产业增加值 231626 亿元,增加值比重为 44.6%。而全年居民消费价格比上年上涨 2.6%,其中娱乐教育文化用品及服务增长了 0.5 个百分点。② 在这种大背景下,我国广播电视行业发展平稳,在各个方面都取得了新的进步。

一、基础设施和普及状况

从总体上来看,我国广播电视行业的基础设施建设在近几年逐步完善,截至 2012 年底,我国共有各类广播电视播出机构 2579 座③。到 2011 年,国内有 827 座中、短转播发射台,预计 2012 年会增长到 831 座;而有线广播电视传输干线网络总长在 2011 年达到了 369.73 万公里,预计 2012 年会达到 380 万公里左右(如图 1-3-1)。基础设施的逐步完善为我国广播电视行业的平稳发展奠定了坚实的物质基础和技术支持。

此外,我国广播电视节目在全国范围内的普及率稳步提升。国家广电总局发布的相关数据显示,截至统计之日,全国广播节目综合人口覆盖率 97.50%,比 2011 年增长 0.44%,其中,农村广播节目综合人口覆盖率在 2011 年为 96.09%,预计 2012 年会达到 96.5%。全国电视节目综合人口覆盖率 98.20%,比 2011 年增长 0.38%,其中,农村电视节目综合人口覆盖率在 2011 年为 97.1%,预计 2012 年

① 中国新闻网:《上海设立专项资金每年 1000 万支持网络视听产业》, http://finance.chinanews.com/it/2012/04-01/3791310.shtml。

② 中华人民共和国中央人民政府:《统计局发布 2012 年国民经济和社会发展统计公报》, http://www.gov.cn/gzdt/2013-02/22/content_2338098.htm。

③ 同上。

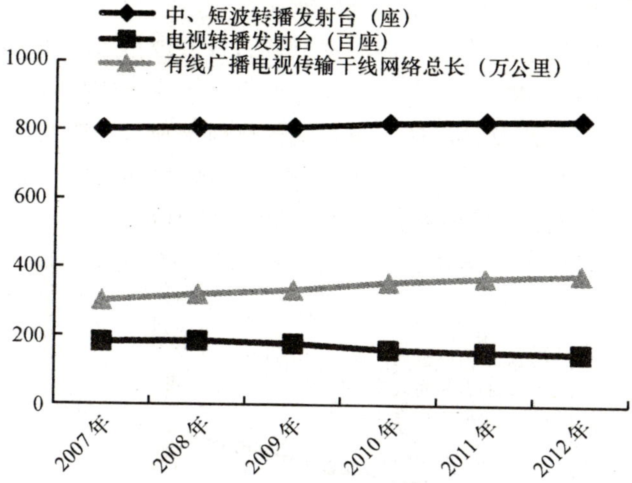

图 1-3-1　2007—2012 年广播电视行业基础建设发展图

数据来源:《中国统计年鉴》,国家统计局,中国统计出版社,2011 年 9 月。

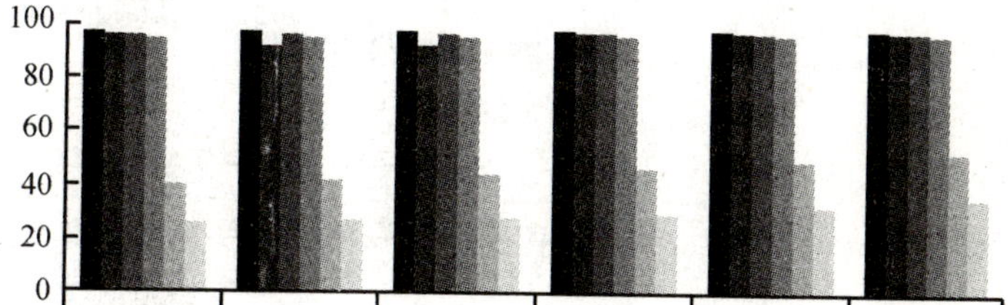

	2007 年	2008 年	2009 年	2010 年	2011 年	2012 年
■ 电视节目综合人口覆盖率（%）	96.58	96.95	97.23	97.62	97.82	98.2
■ 农村电视节目综合人口覆盖率（%）	95.6	91.6	91.9	96.78	97.1	97.5
■ 广播节目综合人口覆盖率（%）	95.43	95.96	96.31	96.78	96.75	97.5
■ 农村广播节目综合人口覆盖率（%）	94.12	94.74	95.1	95.64	96.09	96.5
■ 有线广播电视入户率	39.9	41.63	43.99	46.4	49.43	52.61
■ 农村有线广播电视入户率	25.57	26.77	27.77	29.35	32.38	35.62

图 1-3-2　2007—2012 年广播电视行业普及情况发展图

数据来源:《中国统计年鉴》,国家统计局,中国统计出版社,2011 年 9 月。

这一数字会上升到97.5%①。

无论在城市还是农村,我国广播电视节目综合人口覆盖率和有线广播电视入户率近五年来都在稳步攀升,这在一定程度上反映了我国广播电视行业在人群中的高普及率。此外,用户总量的庞大也是我国广播电视行业普及程度的一个有力证据。截至统计之日,全国有线广播电视用户数2.14亿户,比2011年增长5.42%,其中,农村有线广播电视用户数在2011年为8123万户,预计2012年会达到8629万户。数字电视用户数1.43亿户,比2011年增长24.35%②。

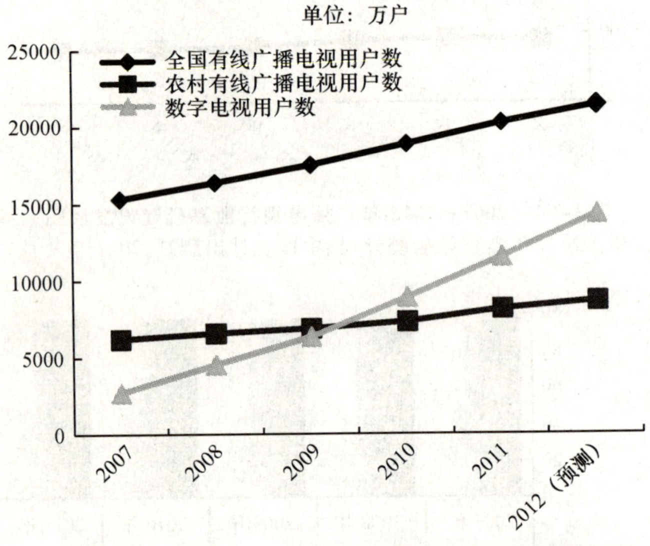

图1-3-3 2007—2012年广播电视用户数发展图

数据来源:《中国统计年鉴》,国家统计局,中国统计出版社,2011年9月。

二、产品和服务状况

近年来我国广播电视行业为消费者提供了越来越丰富的产品和服务,也创造了越来越高的经济收益。2012年全国广播电视行业总收入预计3135亿元,首次突破3000亿元,比2011年增长15.38%。其中:财政补助收入预计341亿元,比2011年增长8.60%。创收收入预计2794亿元,比2011年增长17.84%。创收收

① 中国行业咨询网:《2012年中国广播电视总收入破3000亿》,http://www.china-consulting.cn/news/20130301/s84508.html。

② 同上。

入中：广告收入预计1301亿元，比2011年增长15.85%，网络收入预计656亿元，比2011年增长16.31%①，每项收入占总收入的比例如下图所示。

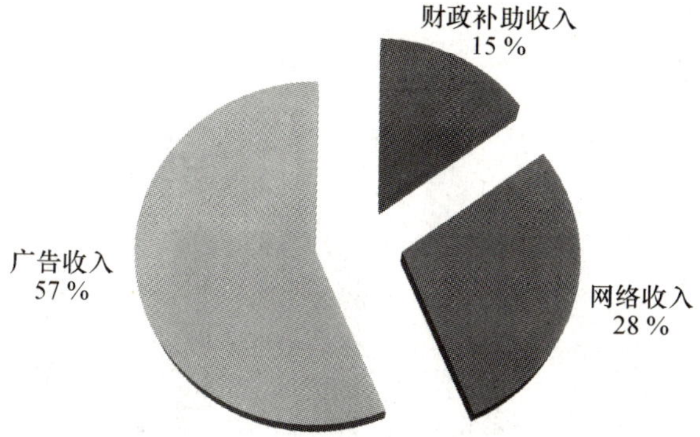

图1-3-4　2012年广播电视行业收入比例图

数据来源：中国行业咨询网，http://china-consulting.cn/。

截至2012年末，我国就业人员为76704万人，其中城镇就业人员37102万人。在就业人数逐年增加的大背景下，服务于广播行业的人员从2008年的67.17万人增加到2011年的78.64万人，预计这一数字在2012年会突破80万②。

（一）广播行业产品和服务

近几年来，我国广播行业制作和播出节目的时间都在稳步提升，节目套数也在逐年增多。2011年我国广播节目制作时间为693.7万小时，预计2012年广播节目制作时间会突破700万小时，其中，专题类、综艺类、新闻类节目的制作时间始终位列前三。我国公共广播节目播出时间在2011年为1305.8万小时，预计2012年的播出时间会达到1345.1万小时，与制作时间相应，综艺益智类、专题服务类、新闻资讯类节目的播出时间也是最长的。

我国广播节目套数从2008年的2437套增加到2011年的2590套，其中公共广播节目的套数从2008年的2436套增加到2011年的2587套，而付费广播节目的套数则从2008年的1套增加到2011年的3套，预计2012年我国广播节目套数会达到2630套，其中公共广播套数为2625套，付费广播有望突破5套。

① 中国行业咨询网：《2012年中国广播电视总收入破3000亿》，http://www.china-consulting.cn/news/20130301/s84508.html。

② 数据来源于《中国统计年鉴》，国家统计局，中国统计出版社，2011年9月。

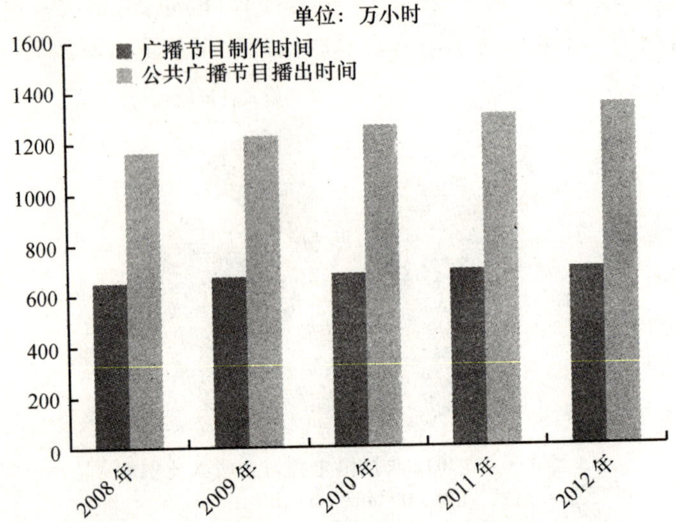

图 1-3-5 2008—2012 年广播节目制作和播出时间图

数据来源:《中国统计年鉴》,国家统计局,中国统计出版社,2011 年 9 月。

表 1-2-1 2008—2012 年广播节目套数表

年份	广播节目套数	公共广播节目套数	付费广播节目套数
2008 年	2437	2436	1
2009 年	2521	2520	1
2010 年	2552	2549	3
2011 年	2590	2587	3
2012 年	2630	2625	5

数据来源:《中国统计年鉴》,国家统计局,中国统计出版社,2011 年 9 月。

(二) 电视行业产品和服务

同广播行业的发展态势相近,近几年来我国电视行业的产品越来越丰富,服务越来越完善。2011 年我国电视节目制作时间为 295.05 万小时,预计 2012 年电视节目制作时间会突破 320 万小时,其中,综艺类、专题类、新闻类节目的制作时间始终位列前三,而全年生产电视剧 506 部 17703 集,电视动画片 222838 分钟。我国公共电视节目播出时间在 2011 年为 1675.3 万小时,预计 2012 年的播出时间会突破 1700 万小时,与制作时间相应,专题服务类、综艺益智类、新闻资讯类节目的播出时间是最长的。

近年来我国电视节目的制作和播出越来越贴近消费者的需求,节目套数逐渐

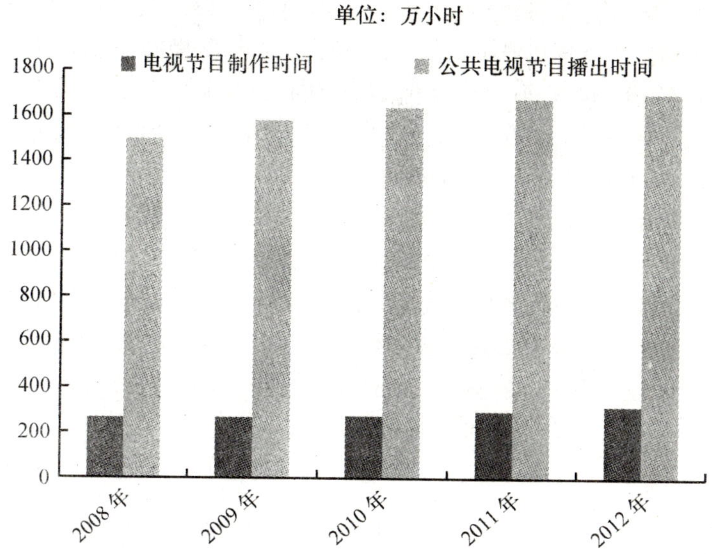

图 1-3-6　2008—2012 年电视节目制作和播出时间图

数据来源:《中国统计年鉴》,国家统计局,中国统计出版社,2011 年 9 月。

细分化和多样化。我国电视节目套数从 2008 年的 3288 套增加到 2011 年的 3370 套,其中公共电视节目的套数从 2008 年的 3199 套增加到 2011 年的 3274 套,而付费电视节目的套数则从 2008 年的 89 套增加到 2011 年的 96 套,预计 2012 年我国电视节目套数会达到 3392 套,其中公共电视套数为 3380 套,付费电视有望突破 100 套。

表 1-3-2　2008—2012 年电视节目套数表

年份	电视节目套数	公共电视节目套数	付费电视节目套数
2008 年	3288	3199	89
2009 年	3337	3250	87
2010 年	3350	3272	78
2011 年	3370	3274	96
2012 年	3392	3380	100

数据来源:《中国统计年鉴》,国家统计局,中国统计出版社,2011 年 9 月。

三、进口和出口状况

在过去的几年间,我国广播电视行业走出去的力度逐渐加大,引进来的产品和服务也日趋多样化。聚焦至走出去的方面,我国对外广播节目套数没有增加,从2008年的145套降至2010年的115套,而对外广播节目播出时间却逐年上升,由2008年的50.84万小时上升到2010年的67.04万小时。我国对外电视节目播出套数逐年增多,由2008年的33套上升到2020年的43套,播出时间也由2008年的22.46万小时增至2010年的31.72万小时。

在我国的电视节目中,有两类颇受欢迎的节目类型——电视剧和动画电视,这两类节目在我国广播电视行业走出去和引进来的进程中扮演着非常重要的角色。首先,在节目进口方面,我国电视节目进口总额从2008年的45421万元增至2011年的54099万元,预计2012年会突破55000万元,其中,电视剧进口总额从2008年的24293万元增至2011年的34564万元,预计2012年会达到37000万元,动画电视的进口总额从2008年的878万元降至2011年的702万元,预计2012年会跌破600万元。我国近年来电视节目的进口总量如下表所示:

表1-3-3 2008年至2011年全国电视节目进口情况表

统计指标	2008年	2009年	2010年	2011年
全国电视节目进口量(小时)	20550	21426	22197	21790
进口电视剧(部/集)	122/3594	115/4035	156/4482	146/3423
进口动画电视(部/集)	13/734	5/421	8/785	279(时)

数据来源:《中国统计年鉴》,国家统计局,中国统计出版社,2011年9月。

其次,在节目出口方面,我国电视节目出口总额从2008年的12476.06万元增至2011年的22662万元,预计2012年会突破25000万元。其中,电视剧出口总额从2008年的7524.95万元增至2011年的14649万元,预计2012年会达到16500万元,动画电视的出口总额从2008年的2947.79万元增至2011年的3662万元,预计2012年会突破3800万元。

表1-3-4 2008年至2011年全国电视节目出口情况表

统计指标	2008年	2009年	2010年	2011年
全国电视节目出口量(小时)	10300	10238	13762	25657
出口电视剧(部/集)	149/6662	128/5825	288/12362	298/14001
出口动画电视(部/集)	38/1877	55/3191	84/4930	426(时)

数据来源:《中国统计年鉴》,国家统计局,中国统计出版社,2011年9月。

总体上来看,我国广播电视节目在国外的播出时间呈上升趋势,在进口总额增加的同时,出口总额则以更大的幅度增加。此外,相比较出口总额,电视剧的进口总额增幅并不明显，动画电视的对外贸易则呈现显著的顺差。

第三节 广播电视产业发展特点

在科学发展观的引领下，2012 年全社会固定资产投资中用于科学研究和技术服务业的投资为 2176 亿元，比 2012 年增加 27.8%，而全年的研发经费支出为 10240 亿元，比上年增长 17.9%，占国内生产总值的 1.97%①。得益于科学技术的大量投入，我国广播电视行业从创作、生产到传播、消费的各个环节都汲取了高新技术的有利成分，技术已经成为广播电视行业的重要支撑点，由此造就了广播电视行业 2012 年的发展特点：

一、行业安全系统有保障

十八大的顺利召开无疑是我国 2012 年的一件大事，早在会议召开之前，广电总局就已带领全国广电系统把广播电视安全播出作为一项重要目标来实践，并利用高新技术手段多次组织开展全国安全播出自查、检查、整改工作，确保全国广电行业安全系统的正常运转。因此，十八大召开期间全国广播电台、电视台、发射台、地球站、有线网络、新媒体等系统运转正常，中央和各省卫视的主频道、广播主频率几乎做到了无事故，这在一定程度上证实了我国广播电视行业的系统安全是有保障的。

二、三网融合进入实际推进阶段

2012 年 1 月 1 日，随着三网融合第二批试点名单公布，42 个城市进入三网融合试点，到 2012 年年底，三网融合试点阶段期限已到。三网融合发展两年来，54 个试点城市已经遍布全国，覆盖人口超过 3 亿。两年间，已经积累了约 4 亿网络视频用户和 1.43 亿数字电视用户，有超过 1 亿人通过手机收看视频。另外，2M 以上固定宽带用户超过 1.4 亿户，新增光纤到户数超过 2300 万，双向网改覆盖用户超过 8000 万；互联网电视一体机存量年初超过了 2000 万台。2012 年，随着工信部、广电总局同步向试点地区的有线电视运营商和电信运营商发放双向进入许

① 中华人民共和国中央人民政府：《统计局发布 2012 年国民经济和社会发展统计公报》，http://www.gov.cn/gzdt/2013-02/22/content_2338098.htm。

可证,我国三网融合进入实质性推进阶段[①]。

三、NGB 建设标准化

2012 年,全程全网、互联互通、可管可控的下一代广播电视网(NGB)建设加快推进。上海东方有线已完成 400 万户的 NGB 入网建设,在三到五年内将完成全市 600 万户 CATV 用户的 NGB 网络改造,为在全国实施 NGB 战略、推进三网融合起到了示范作用。NGB 示范区的顺利进展快速实现了有线数字电视的升级,大力推进了全面构建一个由全国 30 多个省/市有线数字电视运营网络互联互通而组成的广域示范网络[②]。以此为基础,广电总局发布了多个 NGB 标准,范围从 NGB 接入技术到业务平台、编码技术等,为实现 NGB 规模建设提供了必要的技术准备、产业准备、业务模式和运营体制准备。

第四节 广播电视产业发展问题与趋势

2012 年是我国广播电视产业大力创收的一年,同时也是运用高科技取得新突破,使其获得长足发展的一年。然而,这一年我国广播电视产业的发展也遭遇了不少问题:

一、问题

(一) 同质化节目较多

为了贴合消费者日益多样化、细分化的需求,各广播电视台积极打造出一些有新意的节目,然而,这些节目一经出现就会遭到其他电视台的"模仿",例如,以《中国好声音》为代表的演唱比赛类节目,以《非诚勿扰》为代表的相亲类节目,以《星跳水立方》为代表的明星跳水竞技类节目。这些节目虽有新意,但多个同质化的节目在同一时期播出难免引起收视疲劳,也难达到节目预期的收视效果。

(二) 创收来源单一

从前文可知,除了财政收入之外,我国广播电视产业的收入主要来源于广告收入和网络收入,而由数字电视带来的网络增值服务收入却几乎可以忽略不计。

---

① 慧聪广电网:《2012 年广电行业发展研究报告》, http://info.broadcast.hc360.com/2013/03/200900551213-all.shtml#m4。

② 同上。

这一方面反映了我国广播电视产业单一的创收模式,另一方面也印证了数字电视在我国发展的缓慢进程。

（三）缺乏有核心竞争力的商业模式

由于我国广播电视行业有着长久的事业单位历史,目前正在逐步开展的体制改革进程又不够快,未能将灵活的管理体制和完善的市场机制相结合。无论从广播电视台资金的投入、人才的引进还是从系统的产业规划、科学的资源开发等方面都尚未达到市场的要求,因此,拥有核心竞争力的商业模式自然难以成型。

二、发展趋势

综观2012年我国广播电视行业的整体发展态势,现总结出其发展趋势如下:高新技术的进步在其中扮演着重要角色,广播电视产业的发展纵贯国际国内文化产业发展态势,科技与文化融合的趋势日益凸显,文化、科技与创意三者相互渗透生成的对经济社会发展的作用力,比历史上任何时期都要更直接、更快速、更迅猛。科技已交融渗透到文化产品创作、生产、传播、消费的各个层面和关键环节,成为文化产业发展的重要支撑和引擎。

（一）高新技术的影响会继续扩大

当前我国文化产业的发展日趋凸显出科技与文化融合的特点,科技已经渗透到广播电视产业发展的方方面面:高清机顶盒将会迅速普及、互联网电视和3D电视迅速发展、与广电宽带网络相匹配的智能终端层出不穷。预计今后几年,高新技术对广播电视产业的影响会持续扩大。

（二）走出去的力度会逐年加强

近几年我国广播电视行业出口力度加强,在对外广播节目播出时间逐年上升、对外电视节目播出套数和播出时间也逐年增多的同时,从2008年到2012年,我国电视节目出口总额几乎翻倍,其中电视剧的出口总额也几乎翻倍,动画电视的出口总额也有较大幅度的增长。由此,我国广播电视产业的走出去力度会逐年加强。

（三）对农村消费者的关注将持续走高

在社会主义新农村建设的时代背景下,我国广播电视产业对农村消费者的关注持续走高,近年来农村广播电视节目入户率连年攀升,特别是2012年中央财政补贴15亿资金用于直播卫星“户户通”工程的实施,今后几年将建立起既符合我国国情又满足广大农村消费者需求的广播电视服务体系。

动漫游戏产业年度发展报告

邓丽丽　范　颖*

受益于良好的外部环境，动漫产业迎来了历史性的发展机遇，吸引了大量的跨界资金投入，包括儿童消费品和电影、电视、出版、网游等产业的企业纷纷进入动漫行业。

根据艺恩咨询的预测，2012 年中国动漫产业的市场规模将达到 321 亿元，较 2011 年增长 23.9%。其中，播映市场 101 亿元，较 2011 年增长 36.5%，占当年动漫产业市场规模的 31.5%；动漫衍生品市场在 2012 年的市场规模将达到 220 亿元，较 2011 年增长 18.9%，占当年动漫产业市场规模的 68.5%。

表 1-4-1　中国动漫市场规模　（亿元）

	2010 年	2011 年	2012 年
市场规模（亿元）	208	259	321
播映市场规模	55	74	101
衍生品市场规模	153	185	220

数据来源：艺恩咨询，http://www.entgroup.cn/。

2012 年，中国游戏市场继续保持高速增长，包括网络游戏市场、移动游戏市场、PC 单机游戏市场等在内的实际销售收入达到 602.8 亿元，比 2011 年增长了 35.1%。

其中，网络游戏市场的实际收入为 569.6 亿元，占比 94.5%，比 2011 年增长了 32.9%；移动游戏市场销售收入为 32.4 亿元，占比 5.4%，比 2011 年增长了 90.6%；而单机游戏市场销售收入为 0.75 亿元，占比为 0.1%，比 2011 年增长了 23%。

* 邓丽丽，北京大学文化产业研究院研究员；范颖，北京大学艺术学院文化产业研究方向博士研究生。

表 1-4-2　2010—2011 年中国游戏市场细分　（单位:亿元）

	2010 年	2011 年	2012 年
网络游戏	323.64	428.6	569.6
移动游戏	9.10	17	32.4
PC 单机游戏	0.15	0.61	0.75
合计	332.89	446.11	602.8

数据来源:中国版协游戏工委(GPC)与国际数据公司(IDC)、中新游戏(伽马新媒 CNG)联合发布的《中国游戏产业报告(2012)》。

第一节　产业发展环境概况

一、政策环境

2012 年 2 月,中共中央办公厅、国务院办公厅印发了《国家“十二五”时期文化改革发展规划纲要》,提出加快发展动漫游戏等新兴文化产业,实施“国产动漫振兴工程”。

伴随着互联网络和数字技术的发展,动漫产业已经成为全球继 IT 业之后,又一个快速发展的朝阳产业。目前,中国已有 20 余个省、自治区、直辖市将发展动漫产业列入“十二五”规划,中国沿海经济发达省市正在“八仙过海,各显神通”地抢占动漫高地:上海建设国产原创动漫发行平台,杭州意欲打造“动漫之都”,苏南的苏州、无锡和常州正雄心勃勃地建立动漫产业园,广州市更是提出:“要像抓汽车产业一样抓动漫产业”。

针对目前动漫基地、园区遍地开花的现状,2012 年 7 月,文化部与国家扶持动漫产业发展部际联席会议各成员单位共同发布了《“十二五”时期国家动漫产业发展规划》,这是动漫产业发展的又一重大政策文件,明确了“十二五”时期我国动漫产业发展思路、目标、主要任务和保障措施,也是今后中央和地方发展动漫产业的总纲领。文化部将促进资源整合,重点培养少数高端动漫产业园区,用产业孵化功能、示范功能、研发功能并举的一流园区来提升动漫产业整体研发能力、技术水平、信息交流水平、人才培养能力。

新闻出版总署也在扶持动漫产业发展部际联席会议办公室指导下,利用国家扶持动漫产业财政专项资金,通过“原动力”扶持计划来支持原创动漫出版产业的发展。2012 年《“十二五”时期国家动漫产业发展规划》把实施“原动力”扶持计划列为国家项目。2012 年,共有动漫图书、动漫音像电子以及新媒体动漫出版等 80 个项目通过“原动力”扶持计划获得国家动漫发展专项资金扶持。

游戏产业领域,2012 年,共审批游戏超过 580 款,比去年增加了 127 款,为企业适应变化不断的产业环境提供了有力支持。新闻出版总署的“中国民族网络游戏出版工程”的选题总量达到了 100 多种,为中国的原创网游争取相关政策和资金支持。此外,中国国际数码互动娱乐展览会(China Joy)等产业平台的作用日益显著,中国游戏企业也在中国原创网络游戏海外推广计划的扶持下,积极走出国门,到海外去展示中国游戏的魅力。

二、经济环境

2012 年,随着国家政策的鼓励推动,动漫企业的积极性也在增强,规模实力持续强化。2012 年,又有 110 家动漫企业通过文化部、财政部、税务总局的认定,16 家跻身重点动漫企业行列,全国通过认定的动漫企业累计数量达到 500 家,重点企业 34 家。

动漫产业的投融资模式逐步完善,资本运作日益活跃。有实力的动漫企业借助收购、兼并手段进行扩张,比如,奥飞动漫收购了广东明星动画 70% 的股权;一些动漫企业进一步加快上市步伐,从事动漫衍生品细分产品动漫服饰开发、生产和销售的美盛文化获准上市发行 2350 万股;企业融资模式多元化发展,通过版权质押、债券等方式融入发展资金,泰豪动漫以动漫形象设计版权作为质押获得了 1000 万元银行贷款;动漫产业股权投资管理平台开始启动,中国动漫游戏产业股权投资管理有限公司在京成立。8 月,由华人文化产业投资基金联合上海东方传媒集团有限公司、上海联和投资有限公司与美国梦工厂动画公司共同组建、首轮投资 3.3 亿美元的上海东方梦工厂影视技术有限公司正式落户上海徐汇滨江,将与美国动画梦工厂公司联合制片《功夫熊猫 3》。

2012 年,游戏产业的版权保护环境进一步改善,软件著作权登记量不断上升,企业的知识产权保护意识正在快速提升。2012 年,汇元网取得了线上预付卡全国业务的央行支付牌照,标志着游戏支付领域的进一步规范化。

在规范市场秩序方面,2012 年,国家九部门开展打击网络淫秽色情低俗信息专项活动,进一步净化互联网环境;同时,为了保护青少年,新闻出版总署要求企业务必继续深入实施网络游戏防沉迷系统和游戏用户实名验证工作。此外,新闻出版总署、国家版权局继续与公安部、工信部等部门联合行动,通过“剑网”行动等专项治理活动,对“私服”“外挂”案件进行严厉打击,保持对侵权盗版活动的高压态势，切实保护网络游戏出版企业的创新成果。①

在游戏产业的投融资领域，受到世界经济形势的影响，中国网络游戏企业的海外上市步伐开始放缓，盛大网络等上市企业也相继退出纳斯达克，一些游戏企业开始将目光转向国内的 A 股市场。2012 年比较引人注目的合并收购，包括奇虎 360 与游戏资讯网站 U9 网成立新公司，以及腾讯 13 亿元入股顺网科技。

三、技术环境

新媒体的发展助推动漫产业的提速。新浪、腾讯等门户网站大举进军在线漫画阅读业务，推出了微漫画等网络漫画发布平台，微漫画除了借助新浪微博平台发展之外，还与中国移动飞信同窗、UC 浏览器等达成战略合作，开展嵌入式插件推广应用服务。中国网络电视台、爱奇艺、土豆等视频网站大力拓展动画视频业务，国产动漫新媒体联播平台揭牌成立，酷米网的动画节目储备超过 50 万分钟，优酷推出了《泡芙小姐》《BB 象》等一批原创动画。随着 Pad 和智能手机的广泛应用，在 iOS、安卓、WP 平台上运行的动漫应用软件与日俱增，苹果商店、安卓商店中的动漫应用软件均已达上千款。

游戏产业方面，网络宽带环境的进一步优化、技术开发的进步和设备硬件技术，尤其是手机等移动设备技术的发展，使得客户端网络游戏用户、网页游戏用户、移动游戏用户均获得较大的增长，共同推动了整体用户规模扩大和市场的迅速发展。

据工业和信息化部产业政策司 11 月公布的数据显示，全国固定宽带用户数量达 1.66 亿户，2M、4M 以上用户比重分别达 92.6%、54%，比 2011 年底提升 14%，新增光纤到户覆盖家庭数量超过 2300 万，占全年 3500 万目标的 65%，FTTH 用户数已突破 1000 万，全国平均单位带宽价格比 2011 年底下降了 18.7%。此外，开发技术的进步，让游戏尤其是网页和移动游戏行业获得长足发展。随着 Unity3D、Html5 等开发工具和技术的出现，开发门槛大幅降低。同时游戏的表现力大大增强，网页游戏甚至手机游戏已能应用 3D 表现。同时，2012 年，微软、腾讯、GOOGLE 等企业对开发平台投入增加，开发者在开发工具、环境、开发平台上获得更大的技术支持，大大推动了游戏用户数量和市场规模的发展。在用户需求的驱动下，智能手机市场爆发式增长。在 2011 年中国智能手机用户总数已经超

① 中国版协游戏工委（GPC）与国际数据公司（IDC）、中新游戏（伽马新媒 CNG）联合发布的《中国游戏产业报告（2012）》。

过2.3亿的基础上,2012年保持52%以上的高速增长速度。在未来,随着二线城市的普及率逐步增加,将进一步带动移动游戏市场的增长。①

同时,随着三网合一、3G资费下调和WIFI热点普及,网络游戏尤其是移动游戏市场销售收入也将继续增长。

第二节 动漫行业发展情况

一、动画片的产量

2012年全国制作完成的国产电视动画片共395部,共计222938分钟。而在2011年,这一数据则为435部和261224分钟,同比分别减少40部和下降14.66%。② 这是自2008年以来,国产电视动画片产量首次出现下滑。2010年,我国就已经超过日本,成为世界第一大动画生产国,但是真正能够对抗进口动画片甚至在国际上赢得口碑的动画作品却并不多见。近几年,各地方政府出台国产动漫产业优惠扶持政策,一些主要城市动画片生产积极性持续增长,但是2012年国产动画产量的下降,说明在经过多年高速增长以后,国产动画市场正在回归冷静和理性。

表1-4-3 2004—2011年中国动画产量表

年份	产量(分钟)
2008	121234
2009	142700
2010	221376
2011	261224
2012	222938

数据来源:《2012年国产电视动画片产量五年来首次出现大幅度下降》,http://news.059a.com/article/2013-02-22/tv_news_27895.html。

目前,长三角地区、珠三角地区和环渤海地区已经形成了成熟的动画产业集群,中部地区、华北地区、东北地区动画产业迅速崛起。2012年,全国共有24个

① 中国版协游戏工委(GPC)与国际数据公司(IDC)、中新游戏(伽马新媒CNG)联合发布的《中国游戏产业报告(2012)》。

② 《广电总局关于2012年度全国电视动画片制作发行情况的通告》,http://www.sarft.gov.cn/articles/2013/02/18/20130218104424150332.html。

省份以及中直有关单位生产制作了国产电视动画完成片。其中,全国动画片创作生产数量排在前五位的省份是广东省、江苏省、浙江省、福建省、安徽省。①

2012年,各国家动画产业基地积极贯彻落实总局、地方关于推动我国动画产业发展的举措,大力扶持重点动画企业和动画项目、优化扶持方式、拓展服务形式,积极引领国产动画发展由量的增长向质的提升转变。由国家动画产业基地自主制作完成的国产动画片为210部,共计123715分钟,约占全国总产量的55%。生产数量排在全国前列的国家动画产业基地是:南方动画节目联合制作中心、苏州工业园区动漫产业园、福州动漫产业基地、深圳市动画制作中心、无锡国家动画产业基地。②

按国产动画片生产数量,我国原创动画片制作生产十大机构是:东莞水木动画衍生品发展有限公司、福建神画时代数码动画有限公司、深圳华强数字动漫有限公司、宁波水木动画设计有限公司、无锡亿唐动画设计有限公司、浙江中南集团卡通影视有限公司、苏州卡酷影视动画科技有限公司、安徽同人文化传播有限公司、广州奥飞文化传播有限公司、大连卡秀数字科技有限公司。③

二、动画电影的发展

2012年,国内近百个从事动画电影制作的企业和机构共制作完成并获得公映许可的影片35部(其中《我爱灰太狼》和《巴拉拉小魔仙》是两部真人饰演、动画风格的影片),比2011年的24部增加了11部。动画电影再次联手出击暑期档,八部国产动画、六部引进动画在七、八月份抢滩上映,第一次在数量上与非动画电影平分秋色。

2011年,动画电影票房前十名中,进口片占据半壁江山,而且前两名《功夫熊猫2》《蓝精灵》的票房遥遥领先。在2012年,虽然《冰河世纪4:大陆漂移》和《马达加斯加3》等进口片仍然保持强势,但是《喜羊羊与灰太狼之开心闯龙年》《大闹天宫3D》《麦兜当当伴我心》等国产动画电影也取得了不俗的成绩。其中,《喜羊羊与灰太狼之开心闯龙年》总票房1.6亿元,刷新了国产动画电影的票房纪录,《我爱灰太狼》《大闹天宫3D》《麦兜当当伴我心》均超过4000万元,《洛克王国:圣龙骑士》《赛尔号Ⅱ》《摩尔庄园Ⅱ》《神秘世界历险记》《潜艇总动员Ⅱ》《猪猪

① 《广电总局关于2012年度全国电视动画片制作发行情况的通告》,http://www.sarft.gov.cn/articles/2013/02/18/20130218104424150332.html。

② 同上。

③ 同上。

侠之囧囧危机》超过1200万元,比2011年有大幅提升。

表1-4-4 2012年度国产动画电影中国票房十佳

	电影名称	票房(万元)	备注
1	喜羊羊与灰太狼之开心闯龙年	16587	
2	我爱灰太狼	7130	最后实收7400万
3	大闹天宫3D	4949	
4	麦兜当当伴我心	4750	
5	洛克王国! 圣龙骑士	3214	
6	赛尔号2	3140	
7	摩尔庄园2	2528	最后实收2536万
8	神秘世界历险记	2175	最后实收2200万
9	潜艇总动员2	1643	
10	猪猪侠	1200	

数据来源:《2012中国动画电影票房排名出炉》, http://news.comicyu.com/2013/01/07/99356.html。

2012年的国产动画电影,有几个特点值得关注:

特点一:题材类型较往年更为丰富,目标受众更为多元。2012年的国产动画电影,既有较倾向于少年甚至成年人的《超蛙战士之威武教官》和《麦兜当当伴我心》,也有面向低幼儿童的《摩尔庄园2海妖宝藏》《猪猪侠之囧囧危机》《潜艇总动员2》,题材类型开始出现更加多样化的发展趋势。

特点二:制作水准提升,在三维制作和3D技术应用方面取得新突破。比如采用全三维技术呈现的《神秘世界历险记》,在节奏、色彩、饱和度和层次感等呈现方面均赢得好评,不仅取得了近2200万的票房成绩,而且荣获2012年度中国动画"美猴奖"最佳动画长片大奖。《赛尔号2》《摩尔庄园2》等也在3D制作技术方面有所突破和创新。

特点三:红色动画电影市场遇冷,缺乏感染力。《戚继光英雄传》《少年岳飞》《西柏坡2英雄王二小》等电影,在主题方面缺乏现实隐喻性,画面缺少科幻感,情节设置缺乏幽默感,人物形象也过于刻板,缺乏亲和力和感染力,对青少年观众的吸引力不强。

三、动漫衍生品

根据艺恩咨询预测,至2012年前,中国动漫衍生品市场规模年均增长率将维持在30%左右。因此,在2009年129亿元的基础之上,2012年中国动画衍生品市场规模将达到220亿元。①

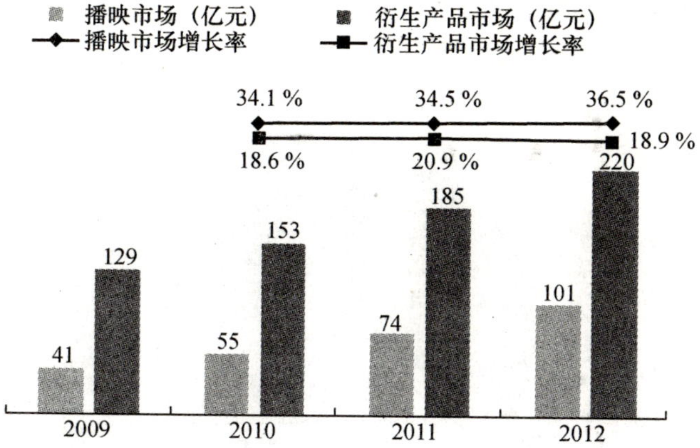

图1-4-1 2009—2012年中国动漫产业分类型市场收入及增长率

数据来源:艺恩咨询,http://www.meihua.info/today/post/post_5c6e9e3c-2736-4c7b-a729-9be1a31489c8.aspx。

以广东原创动力文化传播公司为例,该公司2006年就成立了授权部门,正式将喜羊羊的形象授权给衍生品生产商。据不完全统计,原创动力衍生品授权有30多种,授权商超过150家,包括文化图书、音像、地板、墙纸等很多领域。原创动力曾在2010年初预测当年授权收入会达到1000万元左右。②

在所有动漫衍生品的类别中,动漫玩具市场是最大的细分市场。玩具企业主要通过自主创作动漫形象开发动漫玩具,或与动画影视企业合作,通过形象授权的方式生产动画玩具,相对来说,后一种方式更容易拓展市场而且能节约不少宣传成本。2009年中国动漫玩具市场规模达到66亿元,同比增长达24.5%。预计在2012年前,保守估计中国动漫玩具市场每年至少能增长18%,市场规模将达到109亿元。③

服装是动漫衍生品的第二个主要类别,主要集中在童装领域。2009年,中国动漫服装市场规模为16亿元,同比增长14.3%,预计到2012年达到33亿元。④

① 《2012年中国动漫衍生品市场规模将达220亿》,http://www.meihua.info/today/post/post_5c6e9e3c-2736-4c7b-a729-9be1a31489c8.aspx。

② 同上。

③ 同上。

④ 同上。

此外,少儿图书、动漫音像制品也是动漫衍生品的另一拓展方向。2009 年中国动漫出版物市场规模为 7.3 亿元,其中动漫书刊(含期刊)的市场规模为 5.6 亿元,动漫音像制品的市场规模为 1.7 亿元。2012 年,预计该市场规模将达到 8.5 亿元,年均增长率为 5.2%。

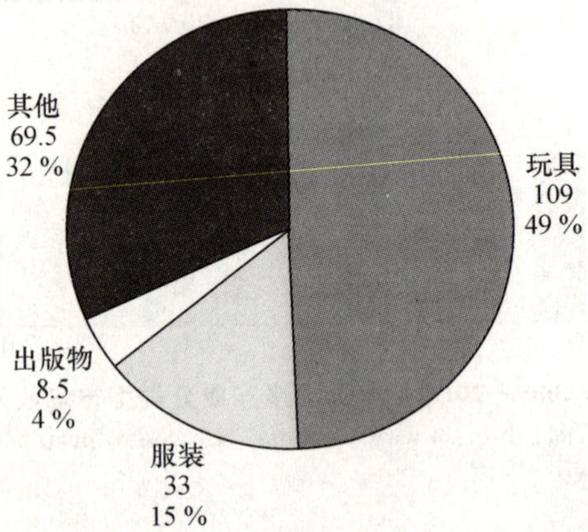

图 1-4-2 2012 年中国动画衍生品分类市场规模

数据来源:艺恩咨询《Entgroup-2010 中国动漫产业投资研究报告》。

第三节 游戏产业发展情况

根据中国版协游戏工委(GPC)与国际数据公司(IDC)、中新游戏(伽马新媒CNG)联合发布的《中国游戏产业报告(2012)》,2012 年,中国游戏市场实际销售收入 602.8 亿元人民币,同比增长率 35.1%。其中,网络游戏市场的实际收入为 569.6 亿元,占比 94.5%,移动游戏市场销售收入为 32.4 亿元,占比 5.4%,而单机游戏市场销售收入为 0.75 亿元,占比为 0.1%。可见,网络游戏依然占据了游戏市场的绝大部分份额。

一、网络游戏市场

2012 年中国网络游戏的实际收入,比 2011 年增长了 32.9%,主要由客户端网络游戏市场实际销售收入 451.2 亿元、网页游戏市场实际销售收入 81.1 亿元和社交游戏市场实际销售收入 37.3 亿元三部分组成。虽然客户端网络游戏市场的实际销售收入占据绝对主力,但是其年增长率却相对较低,只有

23%，而网页游戏和社交游戏市场的增长率达到了46.4%和101.6%，发展速度令人瞩目。①

（一）客户端网络游戏

2012年，中国客户端网络游戏的市场销售收入再度增加，从2011年的366.9亿元增长到2012年的451.2亿元人民币，市场规模稳步扩大。

然而，客户端网络游戏的市场占有率却在逐年下降，将更多的机会让给了能满足用户游戏时间碎片化需求的网页游戏和移动游戏。对此，客户端网络游戏也进行了相应的调整：一方面，游戏企业积极推动微端化版本和跨平台产品，方便用户快捷登录，降低用户的下载成本；另一方面，也通过丰富产品线，增加动作格斗类、设计类、棋牌类等休闲客户端游戏产品的投入力度，避免对MMORPG（大型多人在线角色扮演游戏）的依赖。

为了进一步扩大市场份额，客户端网络游戏不仅更注重用户体验，进一步延伸产品的生命周期，而且开始向三、四线城市拓展，打通网吧等主流销售渠道。其中，江苏、安徽地区的网吧骏卡销售量增速最为明显，甚至达到了80%。

但是从整体来看，客户端网络游戏行业的阻碍因素并没有改变。首先，客户端网络游戏的投入成本高且资金回笼慢，一款内容丰富、功能齐全的大型客户端网络游戏的研发和运营成本要高达四五千万元，研发团队需要上百人，研发周期要三年之久，所以无论从产品创意、研发过程以及后期运营上看，都存在着巨大的不确定性和风险。其次，国产客户端网络游戏的创新力不足，过度依赖于惯性发展，玩法千篇一律，题材雷同，形成了客户端网络游戏市场收入和用户规模双双放缓的局面。最终，为了深挖用户的"钱袋"，一些客户端企业甚至以破坏游戏平衡性为手段，激发老用户的短期投入，这种饮鸩止渴的做法，不仅加速了客户的流失，而且缩短了游戏的生命周期。

从长远看，客户端游戏在画面表现力、内容丰富程度等方面，有着网页游戏以及移动游戏所不能比拟的优势，未来仍将在很长一段时间内占据我国游戏市场的主流位置。但是客户端游戏企业在产业趋势面前也开始进行调整，一部分游戏企业加大投入，注重提高游戏品质，而另一部分企业则积极开发客户端网络游戏的微端化版本，满足客户的游戏时间碎片化的需求。

（二）网页游戏

2012年，中国网页游戏的市场实际销售收入已经从2011年的55.4亿元人民

① 数据来源：中国版协游戏工委（GPC）与国际数据公司（IDC）、中新游戏（伽马新媒CNG）联合发布的《中国游戏产业报告（2012）》。

币增长至2012年的81.1亿元人民币,同比增长46.4%。由于网页游戏具备无需下载、无需安装、打开浏览器就能进行游戏的特性,且对电脑配置的要求不高,窗口切换和关闭方便,越来越符合白领用户的游戏时间碎片化的需求。在网页游戏的各类游戏中,角色扮演类产品开服数量最大,其余是战争策略类、经营策略类、休闲竞技类和棋牌类。分题材看的话,三国类开服数量最多,其次是仙侠类、玄幻类、武侠类、魔幻类。

虽然网页游戏的市场仍处于高速发展阶段,但是网页游戏用户数量的增长却开始放缓,表现出接近饱和的状态。一方面,为了增加销售力度,很多网页游戏一上线即开始各种促销活动,吸引用户充值,反而"惯"坏了用户,让他们养成了无促销活动不消费的特征。另一方面,用户对网页游戏的品质也更加挑剔,高质量的精品化游戏生命周期普遍可以超过1年以上,品质不佳的产品多数上线后3—5个月便遭到淘汰。

从发展趋势上看,联合运营模式将是网页游戏产业未来的发展主流。中国互联网是一个庞大的生态圈,从电脑即时通讯软件、社交网站、资讯平台、杀毒软件到各类应用的网站无所不包,几乎覆盖了中国所有的网民,为网页游戏提供了广阔的平台和游戏入口,可以方便用户快捷登录。因此,不但拥有自由用户的平台互联网运营商相继开放,而且网页游戏专业运营商也针对用户渠道不断优化,带来更高的运营效率。

网页游戏产业也存在着不少值得关注的问题。首先,中国网页游戏产业同样面临精品匮乏、产品同质化严重的困境,网页游戏的整体市场存活率还不足10%。其次,企业急功近利,运营模式不健全,靠低俗营销以及恶劣的炒作手法来带动销售。此外,行业竞争压力加大,网页游戏的推广成本快速上涨。据统计,2012年网页游戏单个用户成本已经从1元以下快速攀升至当前的5元以上,甚至高达8元,但吸引来的用户却黏度不高,易于流失,造成整个产业的风险加大,使大多数游戏的生命周期缩短。

(三)社交游戏

自2008年开始,中国社交网络爆发。社交游戏借助社交网络平台及互联网2.0的发展,经历了商业模式的成熟和用户的井喷之后,逐渐步入理性竞争阶段。社交游戏从拉动用户,保持黏性的角色,转向承载营销价值和前向收费的角色。社交游戏从"以游戏方式触碰好友",向着兼具游戏性及社交性的方式发展:POP-CAP等世界知名游戏公司涉水社交游戏,预示着其重心向"游戏性"倾斜,社交平台也渐渐拥有了"小游戏发行平台"的身份。

2012 年,中国社交游戏市场的实际销售收入为 37.3 亿元。由于我国社交网络用户基数大,增长稳健,而三网融合的落地,尤其是广电网的融入,将在未来几年内引发社交游戏市场的第二轮用户增长。

二、移动游戏

2012 年,中国移动游戏市场的实际销售收入为 32.4 亿元人民币,同比增长 90.6%。

由于移动游戏市场的蓬勃发展和诱人前景,2012 年,不仅越来越多的小企业和工作室,甚至个人投入到移动游戏的开发中,几乎具有一定规模的游戏企业均布局移动应用领域,实力较强的企业同时布局客户端网络游戏、网页游戏和移动游戏,将同一款游戏开发出不同版本,以求最大限度地挖掘用户的购买潜力。

2012 年,中国的手机网民规模达到 3.88 亿人,手机首次超越台式电脑成为第一大上网终端。① 随着智能手机的普及,移动游戏发挥了操作简单、对硬件配置要求低的优势,而且能够满足用户游戏时间碎片化的需求,因此增长潜力更为显著,2012 年,移动游戏的新增用户达到了 0.38 亿人,而传统的客户端网络游戏仅增加 0.2 亿人。②

三、PC 单机游戏

2012 年,中国单机游戏市场收入从 2011 年的 0.61 亿元人民币增长至 0.75 亿元人民币,同比增长 23%。

由于网络游戏市场出现同质化、劣质化的现象,用户对游戏的兴趣逐渐下降,开始转向制作精良的单机游戏。而单机游戏凭借后期零花费、选择权广等优势,以及不错的游戏体验,也赢得不少客户的青睐。

但是,单机游戏的研发也需要大量资金,而微薄的利润令很多游戏企业望而却步。国产单机游戏一向擅长制作角色扮演类产品,但对于国际上流行的射击类、即时战略类、冒险类游戏却少有涉足,创新力明显不足。而盗版问题,一直影响着单机游戏产业的发展,发行企业往往没有精力和资金去巡查和打击盗版。

---

① 数据来源:中国互联网信息中心(CNNIC)发布的《第 30 次中国互联网发展状况统计报告》。
② 同上。

值得关注的是,很多单机游戏企业开始通过网络发行游戏,用户可以通过网络下载游戏或者购买 CDKEY 来进行游戏,这种方式不仅让用户可以更加便捷地进行游戏,而且也帮助发行公司省去了库存和运输成本。此外,网络化也是单机游戏产业的另一显著趋势。随着电信网、广播电视网和互联网三网合一的推进,加上硬件设备的提速,以及人与人互动需求的增加,单机游戏正在逐步向网络游戏靠拢,例如《暗黑破坏神 3》就是一个单机游戏向网络游戏逐渐过渡的例子。

第四节　动漫游戏企业的发展特点

一、动漫企业原创意识不断增强,产品趋于精良化

动漫企业与生产制造业企业密切合作,促进产业融合及企业的战略转型。一方面,动漫企业以原创品牌形象推进动漫产业化,授权各类动漫衍生商品的生产和销售;另一方面,玩具、服装、食品、日化等相关行业的企业,也在积极寻求与动漫企业的合作,斥资打造专属于自己企业的动漫形象,开展动漫营销,积极探求产业动漫化之路。比如:双汇集团与升环动漫达成合作,联合制作 200 集电视动画片《双汇大森林》;健健集团、格林集团、盛克、森马等服装企业大举进军动漫领域,大拇哥动漫时尚馆已开设 300 多家,2013 春夏童装共推出三大系列近 300 款。

二、动漫产业的中外合作更加紧密,国际动漫巨头大举进军中国

随着中国文化产业的发展和文化贸易的开展,国际动漫巨头试图以各种方式进入国内。美国梦工厂动画公司创始人兼首席执行官卡森博格频频到访中国,拜会文化部、广电总局、国新办等行业主管部门,最终促成东方梦工厂项目,除影视内容及其衍生产品开发外,还将涉足版权发行、衍生消费品、网络游戏、音乐剧等领域,形成以动画为核心的完整的家庭娱乐产业链。日本讲谈社与广西出版传媒集团有限公司共同出资创办《劲漫画》杂志,华特·迪士尼与中国动漫集团和腾讯公司就动漫创意研发平台达成合作,美国孩之宝与奥飞动漫在广州成立一家合资公司,开发、设计动漫玩具和相关衍生产品。

三、投融资环境不佳,游戏企业谨慎立项,并努力提高作品质量

2012 年,世界整体经济形势仍不乐观,中国游戏产业的投融资更加谨慎。随

着盛大网络退出纳斯达克，联游被纳斯达克摘牌，中国网络游戏企业的海外上市之路更加艰难，融资金额呈现下滑状态，不少游戏企业开始考虑在国内A股市场上市。

由于近十年来中国游戏产业的高速发展，很多企业过于急功近利，缺乏创新勇气，经营模式过于单一，造成整个游戏产业虽然产品数量多，但是精品少，同质化现象严重，成本快速攀升，人才瓶颈日益明显。随着近几年来游戏产业的竞争加剧，游戏产品所需资金规模的攀升，游戏企业的立项变得越来越谨慎。一方面，游戏企业做出策略调整，开始深挖客户需求，拓展和优化游戏产品的内容，游戏收费向精准化发展；另一方面，游戏企业对已立项的游戏或者已经经过市场验证的游戏的后续开发，加大投入，增强游戏的品质，进行内容创新，提高产品黏性和用户的ARPU值。

四、游戏企业开始尝试整合全球知识产权、直接面向全球开发

2012年，国内游戏市场的竞争加剧，海外市场保持快速增长，网络游戏的出口持续增加，已经遍布世界一百多个国家，且出口题材日益多元。完美时空等中国自主研发网络游戏的企业的全球战略，已经从单纯地依靠海外代理的出口初级阶段、成立海外子公司的第二阶段，进入到尝试整合全球知识产权，直接面向全球开发产品的全新阶段。

2012年4月，完美时空正式公布海外进出口平台——PWIE(Perfect World Import & Export Platform)，旨在提供中国网络游戏出口一站式服务，带领中国网游企业及工作室，进军全球化网络游戏市场；搜狐畅游推出北美游戏平台Gamefuse，并将3D后武侠网游巨作《天龙八部3》正式更名为《天龙八部online》，公布新LOGO与规模宏大的全球运营计划；腾讯收购欧美网络游戏站群ZAM.com和新加坡Level Up 49%的股权。

此外，中国网游企业还积极参加国内外的游戏展会，亮相国际舞台。6月8日，由文化部和国家对外文化贸易基地共同组织，7家中国游戏厂商参加了被誉为世界电玩“奥斯卡”的洛杉矶电子娱乐博览会，举办了“中国游戏，全球共享”的推介会；8月份的德国科隆游戏展以及11月份的韩国G Star游戏展上，也不乏中国游戏厂商的身影；而已连续举办了九年的China Joy中国国际数码互动娱乐展览会，在2012年吸引了来自全球多个国家和地区的349家企业、600多款游戏，并举办了“中国游戏商务大会”、“中国游戏开发者大会”和“中国游戏外包大会”等专题会议。China Joy不仅成为国内外游戏企业展示新产

品、交流新经验、研讨新趋势、进行商务洽谈的重要平台,而且已成为亚洲同行业的第一大展览会。

从国产网络游戏这几年“走出去”的发展情况来看,本地化问题仍是关键。从研发来看,要探索产品的题材、风格、文化元素、核心玩法该如何满足当地用户的需求;从运营推广来看,除了能否适应当地的政策、法律法规、民族习惯等基础环境,还要根据当地网络游戏用户的实际情况进行策划,制定运营方法和推广技巧。

行业报告五

网络新媒体产业年度发展报告

金　天*

2012 年是中国互联网产业持续飞速发展的一年。我国互联网网民人数达到 5.64 亿,手机网民规模突破 4 亿;与此同时,几大门户网站仍在继续加大对社交网络、网络视频、网络游戏、移动互联等方面的投资,电子商务群雄逐鹿,移动互联风生水起,云存储、"大数据"崭露头角,着眼本地服务的互联网商家人数逐步增加,社交网络的舆论导向作用进一步受到重视。各种新型互联网产业在这一年中发展壮大。中国互联网协会副理事长高新民指出:"2012 年,包括互联网接入和互联网信息服务在内的产业规模预计达 4500 亿元,中国互联网上市公司的利润率和收入率增速分别为 33.7% 与 32.8%,高于全球市值前 30 名互联网公司的 13.5% 和 27%。"①随着互联网产业的不断壮大,民族互联网产业开始角逐国际资本市场。

第一节　宏观环境

一、国家政策法规

工业和信息化部依据《中华人民共和国国民经济和社会发展第十二个五年规划纲要》《国务院关于加快培育和发展战略性新兴产业的决定》,撰写《通信业"十二五"发展规划》及 3 个子规划,并于 5 月 4 日发布。7 月 19 日,国务院下发《"十二五"国家战略性新兴产业发展规划》,将加快和培育新一代信息技术产业作为重点发展方向和主要任务之一。强调"把握信息技术升级换代和产业融合发展机遇,加快建设宽带、融合、安全、泛在的下一代信息网络,突破超高速光纤与无线通

---

* 金天,香港中文大学新媒体专业硕士研究生。

① 2012 年中国互联网产业规模达 4500 亿元,中国信息产业网, www.cnii.com.cn/xxjj/content/2013-01/17/content_1042784.htm。

信、物联网、云计算、数字虚拟、先进半导体和新型显示等新一代信息技术,推进信息技术创新、新兴应用拓展和网络建设的互动结合,创新产业组织模式,提高新型装备保障水平,培育新兴服务业态,增强国际竞争能力,带动我国信息产业实现由大到强的转变"[①]。《规划》明确提出实施"宽带中国"计划,预计"十二五"期间,宽带网络基础设施累计投资16000亿元,其中宽带接入网投资5700亿元[②]。到2015年,要实现宽带接入用户2.5亿户。截至2020年,具有国际先进水平的宽带、融合、安全、泛在的信息技术设施将覆盖城乡。

二、经济、文化、社会环境

在过去的一年里,尽管全球宏观经济环境仍不景气,但是互联网的蓬勃发展为晦暗的经济寒冬增添了一抹亮色。互联网产业在政府政策支持、市场需求增加的双重驱动下持续快速发展,正在逐步重塑社会运作与个体生活的方式。

2012年,互联网成为文化产业投资的重镇。十八大报告提出:"促进文化和科技融合,发展新型文化业态,提高文化产业规模化、集约化、专业化水平。构建和发展现代传播体系,提高传播能力。扩大文化领域对外开放,积极吸收借鉴国外优秀文化成果"[③],为进一步发展互联网文化产业指明方向。新元文智集团的分析报告指出:"2012年,文化产业100起股权投资案例共发生金额约109.64亿元,

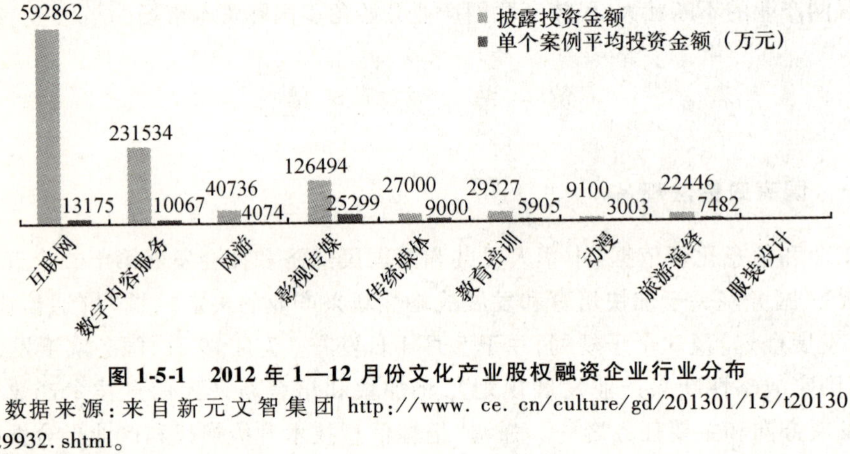

图1-5-1　2012年1—12月份文化产业股权融资企业行业分布

数据来源:来自新元文智集团 http://www.ce.cn/culture/gd/201301/15/t20130115_24029932.shtml。

① 《"十二五"国家战略性新兴产业发展规划》,http://www.miit.gov.cn/n11293472/n11293832/n11294042/n11302345/14772680.html。

② 《宽带规划两会后出台宽带基础设施投资16000亿》,http://news.xinhuanet.com/tech/2012-03/12/c_122823053.htm。

③ 新华网,十八大报告(全文),www.xj.xinhuanet.com/2012-11/19/c_113722546.htm。

其中以互联网行业发生金额最高，为 60.96 亿元，占总规模的 55.60%。"①

以微博为代表的互联网平台在这一年开始担当起积极的舆论平台的责任，为增加官民沟通、个体发声提供了正能量空间。据人民网统计，截至 2012 年 11 月底，经过认证的党政机构和党政干部微博数量超过 1.2 万个，12 家中央部委级机构微博和百名副部级以上官员微博在人民微博与网友互动。腾讯和新浪发布的政务微博年度发展报告显示已认证的政务微博总数分别达到了 70084 和 60064 个。2011 年被称作互联网"微公益元年"，2012 年微博传递正能量的作用继续得到发挥，人民网更在年底征集微公益案例，评选出三项人民微公益奖。互联网在政务沟通、民间反腐、免费午餐、微博打拐、大病医疗等方面都有着重要的意义。

第二节　互联网产业发展概况

一、门户网站与社交网络

（一）传统门户

由于传统门户网站的模式逐渐式微，传统的广告收入已不足以支撑日新月异的市场需求，腾讯、网易、搜狐和新浪等传统门户网站纷纷通过游戏开发、建立微博、开辟移动增值业务等策略寻求新的产业突破。四大门户网站在发展领域上各有侧重。四大门户中，腾讯的收入构成最为丰富。腾讯在 2012 年第一季度的总收入为 15.328 亿美元，游戏服务、社区及开放平台、移动增值业务三项占到总收入的 86%。

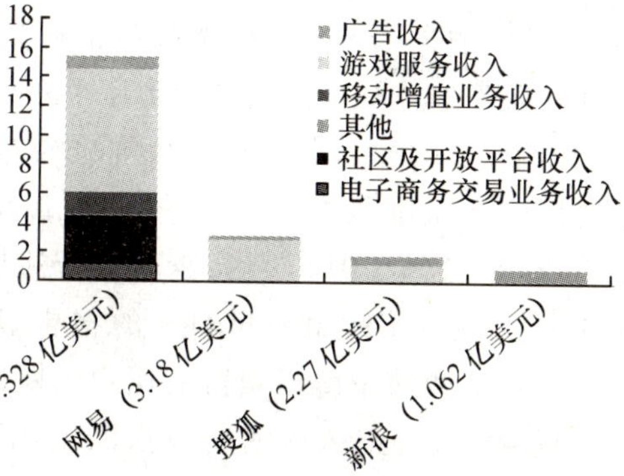

图 1-5-2　2012 年第一季度腾讯、网易、搜狐、新浪和凤凰总收入构成

数据来源：来自 http://www.chinaz.com/news/2012/0523/253302.shtml。

① 《2012 年文化产业投资互联网占 55.6%》，http://tech.xinmin.cn/2013/01/29/18420401.html。

移动互联的到来使得传统门户网站不断进行架构调整,腾讯和搜狐进行了大规模调整。5月,腾讯正式宣布企业架构重组计划,从原有的八大业务部门制转向六大事业群制,将重点布局社交、游戏、网媒、无线、电商和搜索六大业务,拆分电商、搜搜、微信三大业务发力移动互联网,进一步强化平台战略。年底,新浪宣布对组织架构和业务线进行调整,门户和微博业务正式分家。今后两大板块将同时包括移动和PC端业务,并拥有各自的产品、技术和运营。其中,新浪CEO曹国伟"会花更多精力管理微博板块",而门户板块则由COO杜红全面负责,并向曹国伟汇报。

互联网娱乐业的迅速发展为门户网站提供了新的盈利契机。视频方面,搜狐在5月份组建独立视频销售团队,腾讯也在8月份联手TCL发布新的移动终端,随着互联网视频广告赢收的大幅增加,网络视频盈利模式也愈加清晰;游戏方面,腾讯、网易与搜狐的在线游戏均占到了自身一半以上的收益份额,对2012年总收入为84亿元人民币的网易来说,在线游戏收入尤其高达73亿元人民币[①],门户网站继续大力投入网络游戏的运营。

(二)社交网络

2012年,以微博和微信为代表的社交网络(SNS,Social Networking Services)保持快速增长,但是微博的盈利模式目前仍是依靠传统广告。微博作为被商家追捧的炒作平台由第三方商家借鸡下蛋、开拓财路,但自身的盈利模式本来就很模糊的微博却需要负担由一些草根大号虚假营销所带来的诸多乱象。根据中国互联网络信息中心发布的《第31次中国互联网发展报告》,2012年底我国微博用户规模为3.09亿,较2011年底增长了5873万,微博急剧扩张的阶段已经结束。这一数字略低于今年9月互联网监测研究平台DCCI互联网数据中心发布的《2012中国微博蓝皮书》中估计的3.27亿。同样,市场研究机构GlobalWebIndex也刚刚公布了全球社交网络的用户活跃度数据。第三季度,新浪微博注册用户超过4亿,日均活跃用户量超4000万;截至2012年底,腾讯微博注册账户数已达到5.4亿,日均活跃用户数超1亿。但是GlobalWebIndex的报告显示,在中国市场,QQ空间、人人网、开心网以及新浪微博及腾讯微博的用户活跃度均有所下降,新浪微博的用户活跃度下降了近40%,腾讯微博的用户活跃度则下降了近60%。微博用户的"流失"部分归因于虚假微博营销带来的水军和僵尸粉的盛行,以及网民对

① 《网易公布财报:2012年第四季度营收23亿元环比增长15%》,http://it.cnwest.com/ga411629/910884655534b.shtml。

于微博这一社交网络的新鲜感的流失。

拥有庞大用户基数的新浪微博和腾讯微信都希望在维持庞大用户群的同时不断寻求盈利出口。新浪在4月份启动微博商业化以来,不断试图通过推陈出新规范微博营销并寻找盈利突破口:4月,新浪推出了微博广告报价单;5月,推出企业微博2.0版;6月,微游戏频道正式开始游戏分成,推出会员增值服务。新浪二季度财报首次公布了微博营业收入的数据,其中微博广告收入为1000万美元,占新浪集团广告收入的10%。从第二季度开始,新浪微博的商业化步伐初见成效。9月,信息流广告进行测试;此后,新浪更推出了"微任务"平台。第三季度微博广告营收达到2000万美元,新浪又于年底正式对外推出在线支付平台——微博钱包。人人网第一季度的财报显示其50%以上的营收主要依赖于游戏业务,鉴于移动社交媒体的流行,首席执行官陈一舟表示"公司的战略和投资重心将持续向无线互联网转移。我们将进一步加强在社交化网络服务领域的核心竞争力,并在无线领域加以发展扩大"。

二、电子商务

(一) 2012年中国电子商务市场整体规模

2012年中国电子商务市场整体交易规模为8.1万亿元,增长27.9%,与2011年32.8%的增速相比,下降了近5个百分点。电子商务在诸多领域中冲击传统产业,以图书零售业为例,2012年中国图书零售业整体增幅为10%,但相对线上火热的图书市场,线下图书零售业开始首次负增长。①

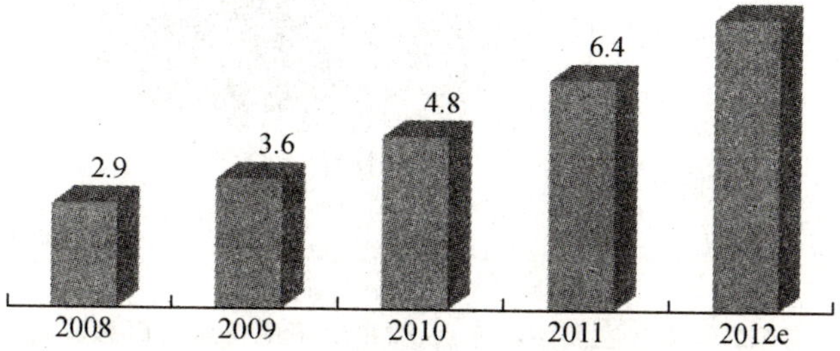

图1-5-3 2008—2012年中国电子商务市场交易规模(单位:万亿元)

数据来源:来自艾瑞咨询 http://pic.iresearch.cn/news/0468/201302/0082@63429.gif。

① 《〈2012年中国图书零售市场报告〉显示传统图书零售业首现负增长》, http://news.xinhuanet.com/book/2013-01/14/c_124227487.htm。

艾瑞咨询认为,当前经济环境对企业间电子商务行为产生较大影响,而B2B部分交易规模占电商整体八成以上,B2B市场规模在2012年增速放缓直接影响了整体规模增速。2012年电子商务交易规模市场格局中,B2B合计占比81.6%,网购占比16.0%,有较大提升①。阿里巴巴仍为中小企业B2B电子商务最大运营商,占2012年中小企业电子商务运营商总营收市场的40.7%。

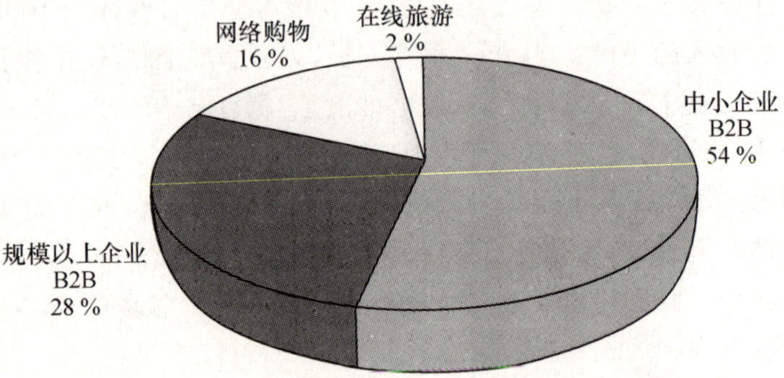

图1-5-4 2012年中国电子商务市场交易规模行业细分构成

数据来源:来自艾瑞咨询 http://news.iresearch.cn/zt/192594.shtml。

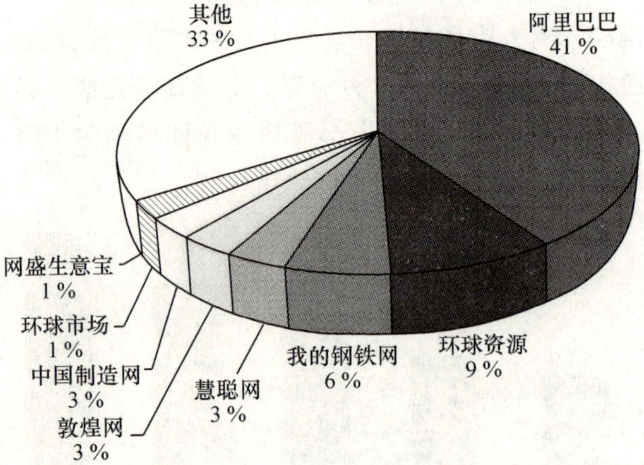

图1-5-5 2012年中国主要中小企业B2B电子商务运营商总营收市场份额

数据来源:来自艾瑞咨询 http://news.iresearch.cn/zt/192594.shtml。

此外,2012年中国支付行业互联网支付业务交易规模达36589亿,同比增长

① 《艾瑞咨询:2012中国电子商务交易额8.1万亿,网购占比提升》, http://ec.iresearch.cn/shopping/20130128/192198.shtml。

66%，较2011年增速放缓。从应用行业支付规模来看，网络购物贡献最大，占比为41.5%，其后依次为航空旅行、电信缴费、电商B2B以及网络游戏。中国第三方支付核心企业交易规模依次为中国银联、支付宝、杉德支付、财付通与通联支付[①]。

（二）电商版图调整与价格大战

据统计，2012年我国网络购物交易规模超过13000亿元，同比增长66.2%；截至年底，我国网络购物用户规模已达到2.42亿人，与2011年相比，网购用户增长4807万人。[②] 第三方电商研究机构中国电子商务研究中心近日发布的《2012年度中国网络零售市场数据监测报告》显示，“淘宝天猫交易额首度突破万亿大关，达到了11600亿元，京东商城交易额突破600亿元；苏宁易购全年销售额达183.36亿元。”此起彼伏的电商价格大战在一定程度上促成了网购交易额的增长。

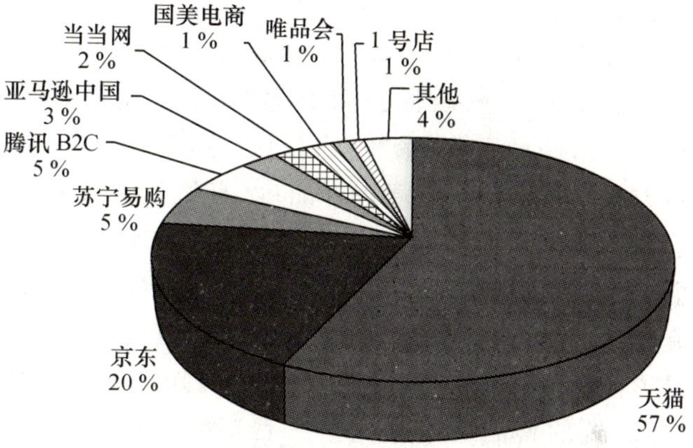

图1-5-6　2012年中国B2C购物网站交易规模市场份额

数据来源：来自艾瑞咨询 http://pic.iresearch.cn/news/0468/201302/0082@63442.gif。

2012年电商版图格局进行了许多重要调整，电商市场进行了一系列大规模的收购活动。5月，国美对库巴网实现全国美化，腾讯控股易迅；8月，商务部首肯全球最大的线下零售集团沃尔玛收购一号店；9月苏宁易购收购国内知名母婴电商红孩子，始加入综合类电商行列；10月，京东完成对网银在线公司的全面收购；

① 《2012年第四季度及年度第三方支付核心数据发布》，http://news.iresearch.cn/zt/192591.shtml。

② 《CNNIC发布第31次〈中国互联网络发展状况统计报告〉》，http://www.cnnic.net.cn/gywm/xwzx/rdxw/2012nrd/201301/t20130115_38507.htm。

11月,好乐买因资金紧张与苏宁洽谈并购事宜。电商版图扩张不仅显现出国内大规模电商间割据争夺市场份额的努力,而且也表现出电商行业对于市场增长的信心。

伴随着企业间的收购活动的格外引人注目的举措是电商此起彼伏的价格大战。从京东618店庆活动开始,电商拉开了本年度激烈市场角逐的序幕,随后815、双十一、双十二陆续成为电商争夺市场份额的战场。天猫双十一购物节从三年前到今年,在交易额、买家数量和成交笔数上均超过美国最大的网络购物节——Cyber Monday①。支付宝年度全民账单显示,仅11月11日当天支付宝交易次数就超过1亿笔,3倍于去年同期的3369万笔;其中无线支付为900万笔,5倍于去年同期的171万笔;峰值支付为20.5万笔/分钟,去年同期则仅为5.5万笔/分钟②。

(三)电商与快递业产业融合

电子商务与物流业的跨界合作和竞争引人注目。C轮融资15亿美元后,京东创始人及CEO刘强东曾说要在未来5年花费100—200亿投入全国物流系统。6月,京东商城进入国家邮政局公布的2012年快递业务经营许可年度报告经审核符合规定的第一批企业(跨省、自治区、直辖市经营或者经营国际快递业务)名单,获得首批《快递业务经营许可证》。有消息称凡客诚品以及1号店也都在积极申请快递业务经营许可证。刘强东近日在京东年会上首次提出京东商城的第二个十年发展方向:自营电商、开放服务和数据金融。这对于员工80%为库房物流和呼叫中心的客服人员共3万名的电商来说,快递业务外包会成为新的赢收渠道。③ 苏宁、国美库巴网加强全国物流配送网建设。11月,顺丰速递旗下,定位高端的食品类电子商务平台"顺丰优选"上线,申通、圆通也开始布局自营电商。2012年年末,监管部门根据消费者申诉共依法注销了116家企业的快递业务经营许可证,快递行业的规范化管理有助于电商企业提高客户体验以及开展自营线下物流服务。随着物联网与移动互联网的发展,电子商务逐渐向日常生活渗透。

(四)团购网站数目锐减

2012年我国团购用户总数较2011年底增长28.8%,达到8327万人,使用率

---

① 《Cyber Monday与天猫(天下网商供图),中美最大购物节成交量对比》,http://ww4.sinaimg.cn/bmiddle/691ac57djw1dzokzo6pdtj.jpg。

② 《支付宝年度全民账单》,https://zd.alipay.com/ebill/annualreport.htm。

③ 《【B2C信息图】2012京东数据汇》,http://b2b.toocle.com/detail-6078628.html。

提升至14.8%[①]。但是国内专业团购导航网站团800的数据显示，截至6月底，国内团购网站的数目为2976家，这一数字相比2011年9月的5058家团购网站的高峰时期，已锐减41.16%。整体成交额与购买人数都呈下降趋势[②]。京东、淘宝网等大网站纷纷上线的团购频道加速了团购行业的洗牌，"聚划算"在2012年的团购市场独领风骚，成交额达207.5亿。

（五）在线旅游预订市场格局稳定

2012年中国在线预订市场交易规模预计将达1729.7亿元，较2011年的1313.9亿元相比增长31.6%；较2010年的1037.4亿元增长61.3%。截至2012年12月底，在网上预订过机票、酒店、火车票和旅行行程的网民规模达到1.12亿，占网民比例为19.8%[③]，2011年旅行预订用户数仅为4207万人。第三方在线旅游服务代理商（Online Travel Agency，简称OTA）市场营收规模将达90.5亿元，相比2010年同比增长33.9%；OTA市场格局方面，携程、艺龙、同程位居OTA市场前三。

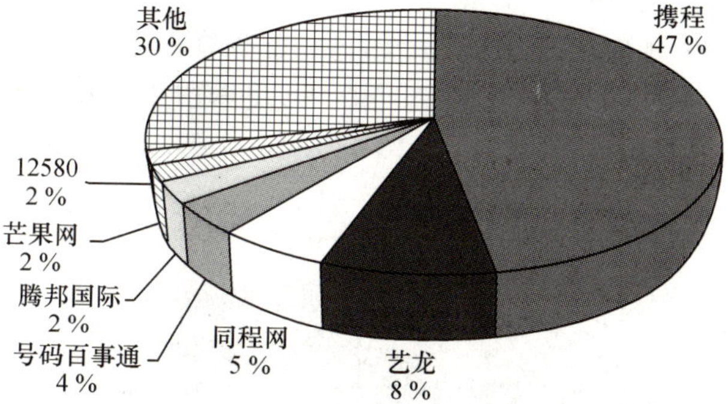

图1-5-7　2012年中国旅行预订市场第三方在线代理商营收份额

数据来源：来自艾瑞咨询 http://pic.iresearch.cn/news/0468/201302/0082@63454.gif。

成立于1995年的携程网仍然占据着OTA领域头把交椅，但由于公司一向重视依靠呼叫中心的线下预订，成本始终高居不下。"携程网CEO在2012年11月

① 《CNNIC发布第31次〈中国互联网络发展状况统计报告〉》，http://www.cnnic.net.cn/gywm/xwzx/rdxw/2012nrd/201301/t20130115_38507.htm。

② 《2012年6月份中国团购市场统计报告》，http://zixun.tuan800.com/a/tuangoushujubaogao/20120731/36063.html。

③ 《CNNIC发布第31次〈中国互联网络发展状况统计报告〉》，http://www.cnnic.net.cn/gywm/xwzx/rdxw/2012nrd/201301/t20130115_38507.htm。

透露,公司正筹谋将服务向移动平台拓展,这是携程的战略焦点”①,或许将为携程带来新的收益。自2010年7月,去哪儿的机票在线交易平台TTS(Total Solution,后改称SaaS)推出,去哪儿网的机票预订业务一直快速增长,并吸引到百度62%的控股投资。去哪儿CEO庄辰超表示,2012年第四季度,去哪儿网已成为中国最大的互联网机票零售渠道。

有关数据表明,截至2012年6月,旅行预订在我国网民中的渗透率仅为7.9%。面对巨大的市场提升空间,中银国际的报告认为全球旅游预订线下向线上的转移是大势所趋,因为eMarketer数据显示,2011年全球在线旅游服务市场规模为2840亿美元,占全球旅游市场31%的份额②。根据国际航空运输协会的数据,到2014年,中国将是全球增长速度最快的航空旅行市场③。面对巨大的市场提升空间,2012年携程、艺龙、芒果等OTA进行了激烈的价格大战。

三、搜索引擎

中国互联网络信息中心的数据显示,截至2012年底,我国搜索引擎用户规模为4.51亿,较2011年底增长了4370万人,年增长率10.7%,在网民中的渗透率为80%。搜索引擎市场收入主要来源于广告,搜索引擎的精准营销策略为互联网广告投放商家提供了独具优势的CRM(Customer Relationship Management)平

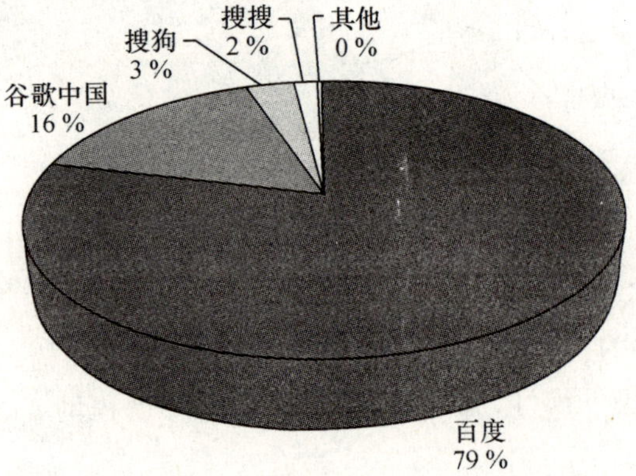

图1-5-8 2012年搜索引擎市场市场份额

数据来源:来自易观智库 http://data.eguan.cn/xinmeitiyingxiao_153867.html。

① 《携程大规模裁员筹谋转战线上渠道》, http://search.iresearch.cn/travel/20130125/192000.shtml。

② 《中国在线旅游行业:群雄逐鹿,期待细分市场下的突围者》, http://pg.jrj.com.cn/acc/Res/CN_RES/INDUS/2012/12/26/8315fc02-1d17-4c17-a959-11dc5ad973f4.pdf。

③ 《去哪儿网今年营收预计达1.6亿美元仍可能上市》, http://b2b.toocle.com/detail-6082492.html。

台,2012 年互联网广告盈利收入已经超过报纸。在这搜索引擎市场份额的竞争中,百度仍然稳居 2012 年搜索市场广告业务第一位。

艾瑞咨询的研究显示,2012 年,中国搜索引擎企业收入规模中,关键词广告收入占比 76.5%,联盟展示广告占比 14.6%,导航广告收入占比 5.3%,其他广告收入占比 3.4%,非广告收入占比 0.1%。搜索引擎企业预计营收 280.7 亿元,其广告收入规模达 255.8 亿元,广告收入占整体网络广告市场规模的 30.2%,面对门户网站广告额下滑,电商、视频广告额上扬的市场争夺,涨势平稳。

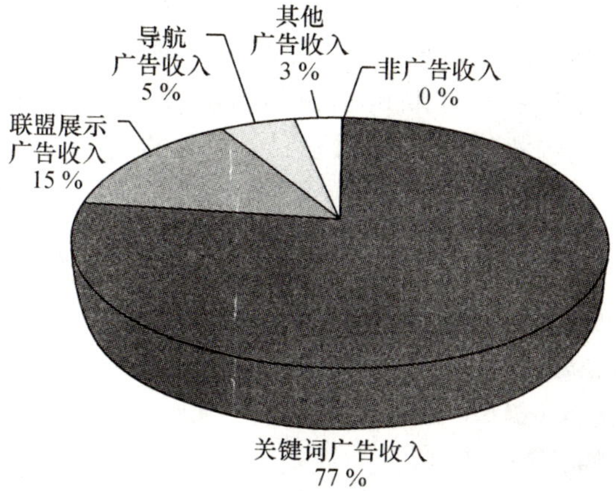

图 1-5-9　2012 年中国搜索引擎企业营收结构

数据来源:来自艾瑞咨询 http://news.iresearch.cn/zt/192593.shtml。

四、互联网服务类行业

艾瑞研究发现,2012 年中国本地生活服务 O2O(Online to Offline)在线商务用户规模超过 1 亿,达到 1.35 亿;2012 年中国本地生活服务 O2O 市场规模增长 109.2%,达到 755.6 亿元。在市场快速壮大的背景下,中国本地生活服务 O2O 行业呈现出移动化和垂直化的发展趋势。艾瑞将通过网络(包括 PC 端和移动端)购买或预定本地生活服务的用户称为在线商务用户,在这一定义下,2012 年中国本地生活服务 O2O 在线商务用户规模增长 64.6%,达到 1.35 亿[①]。

中国现在生活服务类网站最典型的两种商业模式就是广告模式和佣金模式。生活资讯搜索服务类网站大多凭借 UGC(User Generated Content)在内容生

① 《艾瑞咨询:2012 年中国本地生活服务 O2O 市场规模达到 755.6 亿》,http://ec.iresearch.cn/shopping/20130124/191950.shtml。

产上占据市场优势,并亟待深耕本地生活服务市场。由于生活资讯类网站数目庞大,种类繁多,诸网站尚未进行业务细分,这不仅不利于行业内中小企业的发展,对于相对弱小的企业来说也无法通过突出自身优势寻找用户。58 同城、百姓网、赶集网这些分类信息网站逐渐建设成熟;谷歌、百度、雅虎也相继布局本地服务;大众点评团在餐饮类网站中独树一帜;团购网站与旅行预订网站都纷纷挖掘本地优势;百合、世纪佳缘、珍爱网等婚恋网站迅速发展;前程无忧、智联招聘、中华英才网、应届生等求职网站都有较高的访问量,其中前程无忧网移动终端的月均使用次数达到千万次以上①。此外,2012 年春运使得刚刚正式投入与运行的 12306 注册用户数目激增,推进了互联网旅行预订的迅速普及。本地服务类网站使得传统行业与互联网信息服务紧密结合,大众点评网 CEO 张涛就曾表示:"我们和携程有两点是相像的,一是与传统行业的紧密关系,二是信息服务方面的地域性。"

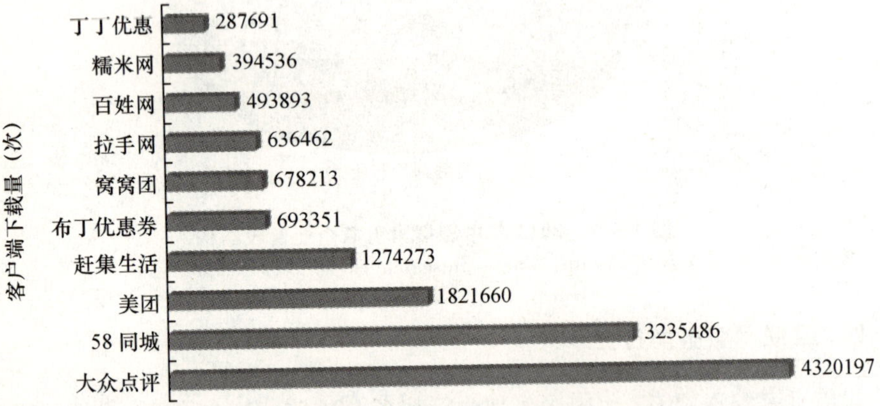

图 1-5-10 2012 年 12 月中国部分本地生活服务网站客户端下载量

数据来源:来自艾瑞咨询 http://t3.qpic.cn/mblogpic/398c258fd5b29d05ea02/460。

移动设备的 O2O 需求使得本地生活服务网站客户端下载量大大增加。大众点评团在 12 月的单月下载量达到 432 万次。截至 2012 年底,大众点评移动客户端累计独立用户数超过 5400 万,同比 2011 年底增幅超过 170%。

① 《艾瑞咨询:招聘网站布局移动端占领新阵地》,http://service.iresearch.cn/recruiting/20130130/192351.shtml。

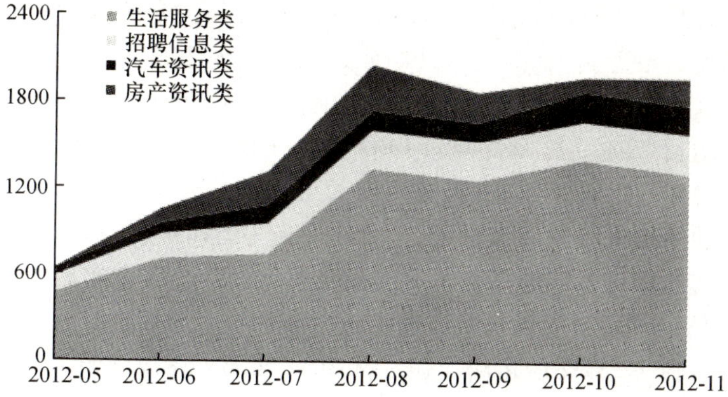

图 1-5-11　2012 年 5—11 月生活资讯类移动终端 APP 用户月度访问情况

数据来源：来自艾瑞咨询 http://service.iresearch.cn/recruiting/20130130/192351.shtml。

五、互联网娱乐行业

（一）网络视频

根据 CNNIC 统计，我国网络视频用户规模一直维持稳定扩大的态势，从 2007 年底的 1.61 亿逐步增长至 2011 年底的 3.25 亿，平均每年增长 4000 万人左右。截至 2012 年 12 月，中国网络视频用户超 4.5 亿，并快速向移动终端迁移。①

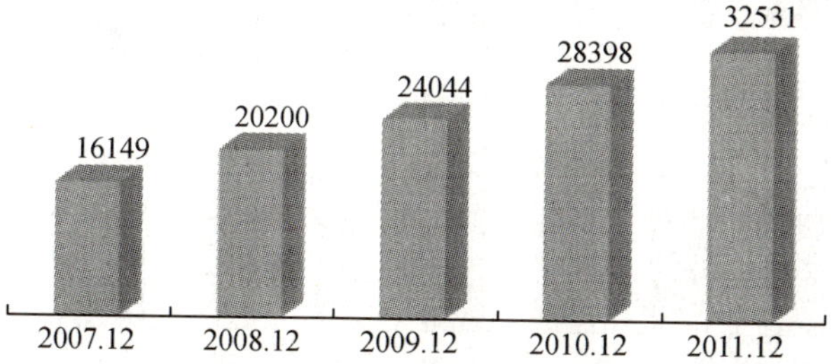

图 1-5-12　2007 年 12 月—2011 年 12 月中国网络视频用户规模和使用率用户规模（万）

数据来源：来自中国互联网络研究中心 http://www.cnnic.net.cn/hlwfzyj/hlwxzbg/201205/P020120709345259404875.pdf。

艾瑞发布的数据显示，2012 年行业整体市场规模达到 92.5 亿元，同比 2011 年增长 47.6%。视频网站的收入主要来自于三部分，传统的贴片广告、产品营销

① 《中国网络视频用户超 4.5 亿快速向移动终端迁移》，http://money.163.com/12/1207/01/8I38565200253B0H.html。

和内容营销,即广告、订阅和版权。而广告仍是视频网站最重要的资金源,以优酷土豆第三季度财报为例,财报显示其净收入增长主要来自:广告商平均广告投入从每位100万元增长到每位170万元,广告商数目从296增长到316,两者较2011年同期分别增长70%。然而爱奇艺CEO龚宇在接受腾讯科技专访时也指出,一线城市的广告库存已极其紧张,需要不断通过提高广告价格来提高市场收入,但提价这一举动如果太频繁或太激进,又会让广告主望而却步,而二、三线城市则有大的增长空间①。2012年第三季度中国在线视频行业季度市场规模约为26.2亿元,其中"优酷、爱奇艺、搜狐视频占据中国网络视频市场综合收入前三名位置,三家收入总和占到41.57%的市场份额。从2011年第一季度到2012年第三季度的网络视频广告市场收入份额来看,网络视频市场的集中度在进一步提升,市场前8家企业的广告收入份额的总和已达到75.55%。"②

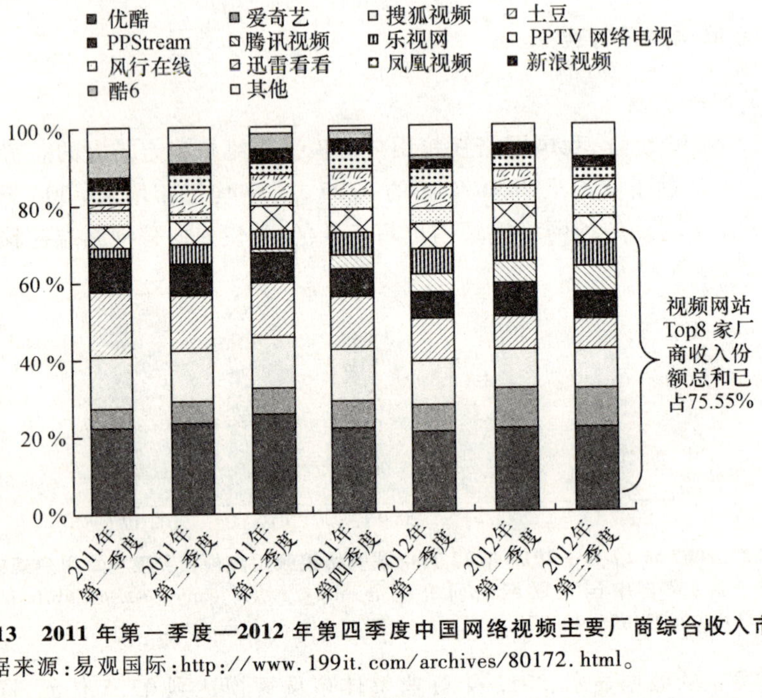

图1-5-13 2011年第一季度—2012年第四季度中国网络视频主要厂商综合收入市场份额

数据来源:易观国际:http://www.199it.com/archives/80172.html。

"2011年中国网络视频行业曾遭遇疯狂的视频版权价格战。2008年电视剧

① 《视频网站加速布局二三线城市,补充广告库存》,http://news.imeigu.com/a/1360282869133.html。

② 《iResearch:2012年中国在线视频行业市场规模达到92.5亿元》,http://www.199it.com/archives/91949.html。

网络版权才几千块钱一集，此后在供求关系的作用下，视频版权价格开始暴涨，2011 年价格最高的一部电视剧是《宫锁心玉 2》，卖出了 165 万元/集的天价。但是从 2012 年以来，各大网站在购买影视剧上开始趋向理性，预计视频版权价格整体下跌了大约 30%。"[①]2012 年 3 月 11 日，优酷和土豆以 100% 换股的方式合并，新公司为"优酷土豆股份有限公司"。这一合并使得原本分别占据中国网络视频市场份额一、二位的优酷、土豆的议价权增强。优酷土豆集团高级运营副总裁魏明表示，目标是"共同构建一个中国视频领域最为庞大的原创帝国"。

爱奇艺、搜狐视频、优酷土豆、PPTV、风行的移动终端仍在不断进行调整升级。11 月，在优酷、土豆针对广告客户共同举办的资源推介会上，优酷土豆 CEO 古永锵强调了视频移动端策略。他表示，2012 年底，移动 VV（日视频播放量）即将过亿。"预计 2013 年将是移动视频商业化元年，移动营销的起点。"优酷土豆还在财报中公布，整体流量当中来自移动终端的贡献已超过 20%，呈现迅猛增长的趋势。

（二）网络游戏

艾瑞数据表明，2012 年中国网络游戏付费市场规模达 518 亿元。2012 年中国移动游戏用户付费规模达 52.1 亿元，其中智能机移动游戏占 12.5%，增长率高达 140.9%，且预计明年的增速加快（见下图）。网络游戏整体增长趋势趋缓。

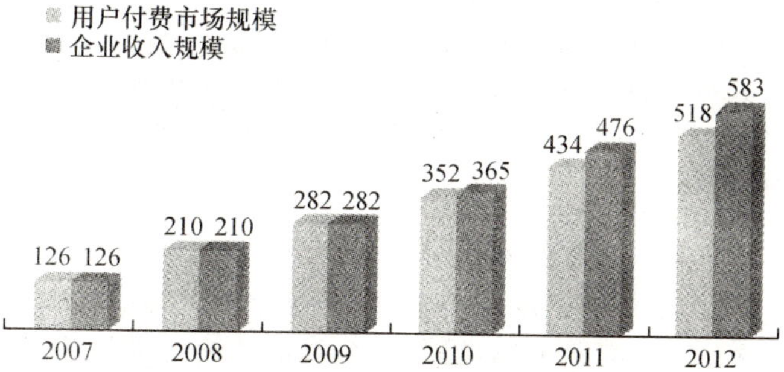

图 1-5-14　2007—2012 年中国网络游戏市场规模

数据来源：腾讯科技 http://tech.qq.com/a/20130124/000141.htm。

页面游戏与手机游戏均呈现增长趋势，页游海外市场与手游市场迅速增长，成为新的盈利突破口。2012 年中国网页游戏的用户数量已经超过一半达到 2.71 亿，收入从 2011 年的 55.4 亿元人民币增长至 2012 年的 81.1 亿元人民币，从收

① 《视频网站仍面临洗牌，移动视频将迎商业化元年》，http://bc.tech-ex.com/2012/mobiletv/27039_2.html。

入总量上而言增长了 25.7 亿元人民币;就同比增长率而言,2011 年为 32.4%,2012 年为 46.4%,增幅高达 14 个百分点;2012 年网页游戏企业海外市场共计推出了 103 款网页游戏,比 2011 年增加了 46 款游戏,中国原创网页游戏海外市场实际销售收入高达 2.28 亿美元,较之上年增幅为 79.5%①。2012 年中国手游用户达 1.39 亿,成网游新突破口。我国手机游戏的用户规模数为 1.39 亿,在手机网民中的使用率为 33.2%,比 2011 年增长了 3.0 个百分点。腾讯游戏在这一年收入 231 亿元,在上市公司游戏业务收入排行榜中仍遥遥领先,高于紧随其后的网易游戏、盛大游戏与搜狐畅游等 9 家游戏公司的游戏业务收入总和。

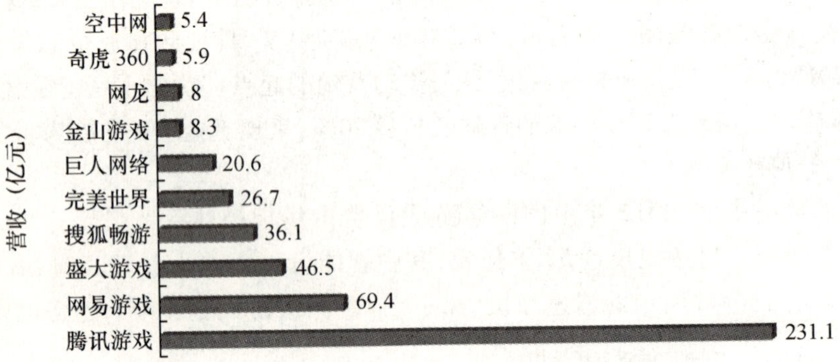

图 1-5-15　2012 中国上市公司游戏业务收入 TOP10

数据来源:艾瑞咨询 http://tech.hexun.com/2013-01-23/150499590.html。

六、移动互联网

(一)移动互联网用户与市场规模

移动互联网发展主要现在以下几个方面:智能机保有量增加,手机网民规模超越台式电脑,移动电子商务市场迅速扩大,手机视频用户与社交网络用户持续增加。移动互联与电子商务领域网购交易额超过 1.2 万亿元。

手机网民数目的增加、3G 服务的迅速普及以及智能机保有量的提升是移动互联网发展的基础。中国互联网络信息中心的报告显示,2012 年上半年,手机首次超越台式电脑成为第一大上网终端;截至 12 月底,我国手机网民规模为 4.2 亿,较上年底增加约 6440 万人,网民中使用手机上网的用户占比由上年底的 69.3% 提升至 74.5%。全国 3G 用户 2012 年增长 1.06 亿户,总数超 2.33 亿户,联通、电信、移动三

① 《近年网页游戏发展特征大阅兵》, http://yuqing.people.com.cn/n/2013/0219/c210117-20532277.html。

家的 3G 用户数目分别为 7645.6 万、6905 万、8792.8 万①。根据艾瑞的数字，2012 年中国智能手机保有量达到 3.6 亿，增速为 80.0%，智能手机得到进一步普及。特别是受到低端 Android 智能机的推动，智能手机保有量大幅增长②。

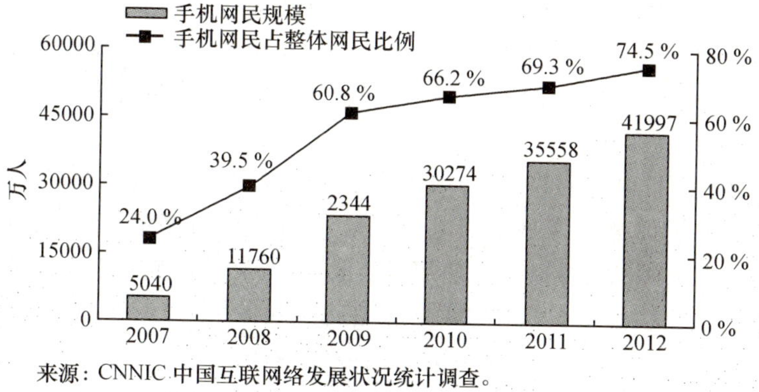

图 1-5-16　2007—2012 年手机上网网民规模及其占网民比例

数据来源：中国互联网络研究中心（CNNIC）：http://www.cnnic.net.cn/gywm/xwzx/rdxw/2012nrd/201301/W020130115444339760410.pdf。

易观智库的数据显示，2012 年我国移动市场规模达到 1588 亿元人民币，但是存在用户付费意愿低、移动互联网广告转化率低等问题，认为"用户量不断上升但实际价值有限"。

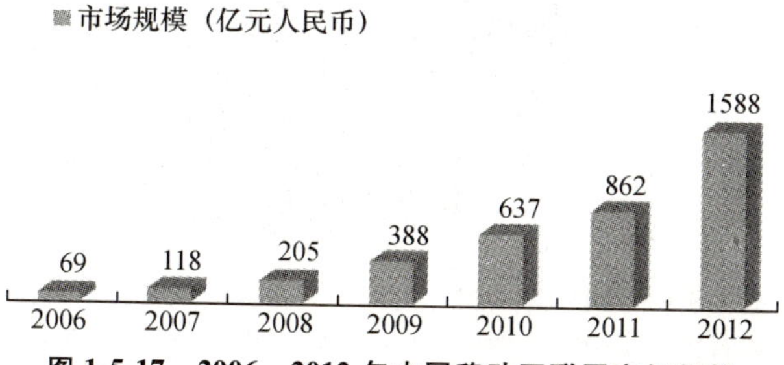

图 1-5-17　2006—2012 年中国移动互联网市场规模

数据来源：来自腾讯 http://tech.163.com/13/0219/11/8O2TFIOS000947EG.html。

（二）移动电子商务交易规模

在移动电子商务方面，根据中国网络信息中心的报告，2012 年手机网民使用手

① 《运营商 3G 用户数差距缩小》，http://www.bjnews.com.cn/finance/2013/01/22/245454.html。
② 《2012 年第四季度及年度移动互联网核心数据发布》，http://news.iresearch.cn/zt/192607.shtml。

机进行网络购物的比例相比2011年增长了6.6个百分点,用户量是上年底的2.36倍,达到5550万人;此外,手机团购、手机在线支付与手机网上银行人数均有所增加,这三类移动应用的用户规模增速均超过了80%。移动团购消费比去年同期增长超20倍①。“截至2012年12月底,中国移动电子商务市场交易规模达到965亿元,同比增135%;移动电子商务用户规模约达25050万人,同比增长67%。”面对飞速发展的移动电子商务,中国电子商务研究中心分析师莫岱青表示,“2012年我国移动电子商务迅速发展的原因有:1. 手机用户数量和用手机上网用户数量攀升;2. 智能手机及平板电脑的普及;3. 上网速度、无线宽带、资费下调;4. 传统电商的沉淀,为移动电子商务的发展奠定基础”②。移动电子商务有着巨大的提升空间。以淘宝网为例,去年共计430万人使用支付宝,无线支付总金额年增长546%。电商企业如京东、淘宝移动在不断对移动终端进行优化的同时,正在通过合作或自主研发来搭建第三方支付平台。截至6月央行发布第四批支付牌照,共有95家支付企业获得《支付业务许可证》,为搭建网上商家与银行之间的桥梁提供更大的便利。

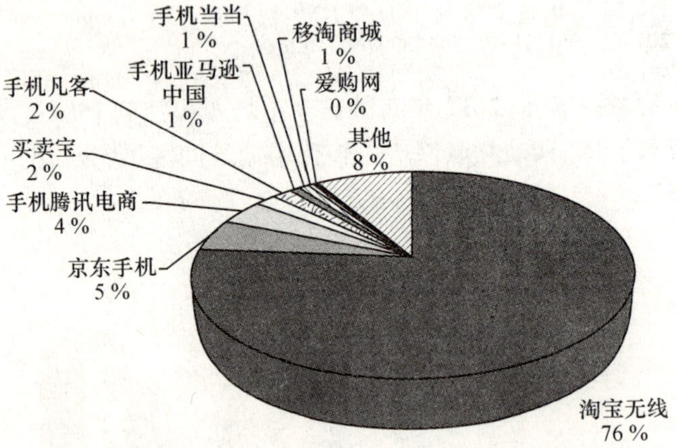

图1-5-18 2012年中国移动购物企业交易规模市场占比

数据来源:艾瑞咨询 http://pic.iresearch.cn/news/0468/201302/0082@63449.gif。

在手机视频和移动社交网络方面,中国互联网络研究中新的报告显示,2012年上半年,通过互联网收看视频的用户增加了约2500万人。与整体网络视频用户规模的稳步增长相比,手机端视频用户的增长更为强劲,使用手机收看视频的

① 《大众点评:2012年大众点评移动客户端累计独立用户数超过5400万》, http://www.199it.com/archives/91561.html。

② 《2012年度中国网络零售市场规模超1万亿元》, http://roll.sohu.com/20130205/n365580697.shtml。

用户已经超过一亿人，在手机网民中的占比由 2011 年底的 22.5% 提升至 27.7%。截至 2012 年 12 月底，手机微博用户规模达到 2.02 亿，即高达 65.6% 的微博用户使用手机终端访问微博。面对移动业务的迅速增长与尚不明朗的盈利模式，互联网企业均紧密布局且审慎行事。曹国伟在新浪内部邮件中表示："在即将到来的 2013 年，公司战略的核心将是'移动为先'，同时我们需要聚焦核心业务，提升公司整体效率。"腾讯移动事业群品牌总监孙宏生表示："关于移动互联网产品的盈利模式，整个行业至今仍然在探索。欲速则不达，盲目追求盈利容易导致过早失去用户，从而失去市场。针对腾讯而言，目前的首要任务是要把产品做好，积累业界以及用户中的口碑，拥抱移动互联网时代的到来。"

第三节　2012 中国网络新媒体产业的展望

一、移动互联网加速建设

移动互联网应用市场，如网络视频终端的市场竞争将愈发激烈。移动视频 OTT TV（狭义上，OTT 是"Over The Top"的缩写，是指基于开放互联网的视频服务，终端可以是电视机、电脑、机顶盒、PAD、智能手机等等，意指在网络之上提供服务，强调服务与物理网络的无关性，将通过互联网传输的视频节目传输到 TV 上）将成为发展方向。对于产业规模已超过传统报纸杂志的互联网而言，进军传统电视市场以及争夺电视市场份额是必然趋势。网络视频成为互联网渗透率最高的应用。然而，目前我国互联网电视牌照仅有 7 张，分别是 CNTV、百视通、华数、南方传媒、湖南广电、中央人民广播电台、中国国际广播电台。因此，发展移动终端与争取互联网电视牌照将成为 2013 年网络视频市场的必经之途，而传统广电行业的互联网平台建设将继续提速。

移动互联网发展的硬性瓶颈一是智能机保有量，二是网速。一方面，2012 年，我国互联网网民人数已达 5.64 亿，其中手机网民规模已达 4.2 亿，智能手机保有量达 3.6 亿，另一方面，虽然目前 4G 牌照的发放时间未明朗，但中国移动积极试点建设 TD-LTE 网络。众所周知，3G（3rd Generation）网络的含义是第三代数字通讯。从 1995 年只能进行语音通话的第一代数字手机问世，1996/1997 年出现可以接收数据的第二代数字手机，到现在已经被普遍接受的能够接收流媒体咨询的第三代数字手机，国家大力投入移动通讯的基础架构建设。新的 4G（4th Generation of mobile phone communications standards）网络，根据 ITU 的定义，静态传输达到1Gbps,高速移动状态下亦可达到100Mbps。智能机保有量的提升与网速的提升为移动互联网发展提供了基础保障。

随着新型网络盈利模式的成熟与用户数目的饱和,移动互联网产业将会从模式经营过渡到内容经营,移动电子商务将会从扩大用户基数过渡到提升用户体验,即通过内容创作、服务提升来深耕被细分的市场份额。

二、物联网发展战略实施

物联网与移动互联网一样将成为2013年互联网产业角逐的重要战场。物联网(The Internet of things)是指通过射频识别(RFID,Radio Frequency Identification)、红外感应器、全球定位系统、激光扫描器等信息传感设备,按约定的协议,把任何物品与互联网连接起来,进行信息交换和通讯,以实现智能化识别、定位、跟踪、监控和管理的一种网络。2012年2月,国家工业和信息化部在其网站发布了《物联网"十二五"发展规划》,中国物联网研究发展中心主任叶甜春表示,2011年我国物联网产业的市场规模为2632.6亿元,同比增长42.5%,今年的市场规模约为3650亿元,同比增长38.6%。国家发改委于5月下达《国家发展改革委办公厅关于组织实施2012年物联网技术研发及产业化专项的通知》,物联网发展指导意见上报国务院。预计2013年将加紧建设步伐。

中国物联网产业协会副理事长兼秘书长柏斯维表示:"物联网产业未来发展格局仍旧是以嵌入式系统为主导,物联网将首先为移动互联网、安全安防、信息家电、商品物流等产业带来市场机会和经济效益。"预计物联网是继计算机、互联网与移动通信网之后的又一次信息产业浪潮。有专家预测十年内物联网就可能大规模普及,这一技术将会发展成为一个上万亿元规模的高科技市场。6月6日,全球范围内的世界互联网协议版本6(IPv6)正式启动,解决物联网发展过程中最基本的寻址问题。物联网连同云计算将成为建设"智慧城市"的重要保障。

三、大数据驱动下,云计算将带动全产业链发展

大数据和云存储正在改变传统的生产方式,数据显示,2013年中国云计算市场规模将达1174亿[①]。在2012年第二届中国计算机技术大会上,微软亚太研发集团首席技术官孙博凯提到了大数据的4个"V":海量存储(Volume)、多元数据

① 《数据显示2013年中国云计算市场规模将达1174亿》,http://tech.163.com/12/1231/10/8K2087VD000915BD.html。

类型（Variety）、时效迅捷（Velocity），以及数据价值（Value）。面对膨胀的互联网资讯以及急于扩张的互联网经济对大数据的期待，科技部《中国云科技发展“十二五”专项规划》在7月获得国务院批准。面对有望带动全产业链发展的“云”经济，互联网企业正快马扬鞭地布局云市场。

四、逐步建设民族互联网产业

12月7日，中共中央总书记、中央军委主席习近平在腾讯公司参观考察时关切地询问了微信产品在国际竞争中遇到的问题，并鼓励腾讯不断进取，为民族互联网产业走向世界贡献力量。目前微信在东南亚、中东都有很高的市场占有率，2012年底微信用户已近三亿，马化腾也表示“期待微信走向世界”。

1997年我国上网用户数仅为62万人，2008年6月底，我国上网用户数已超过美国，跃居世界第一位；2012年底，我国互联网用户已达5.64亿人，中国成为全球第二大移动应用市场。随着我国互联网用户基数的不断增长，产业规模的持续扩大，自主创新能力的增强，民族互联网产业将扮演更加重要的角色。

2012年，互联网公司上市并非坦途，全年仅唯品会与多玩YY语音上市，盛大与阿里巴巴B2B业务则相继退市私有化。预计在2013年，京东、凡客、阿里巴巴集团、新浪微博、搜狐视频、PPTV网络电视、去哪儿、人人网都会有IPO的可能，上市融资是互联网产业吸引国际资本的必经之途。

2012年是充满机遇与挑战的一年，虽然互联网行业仍在不断寻求盈利突破，但是新的盈利模式尚未建设成熟。因此，互联网数据挖掘成为已经拥有庞大用户基数的企业谋求盈利的新着眼点。互联网营销的火爆场面与互联网广告收入大幅度增加一方面体现了互联网产业本身的飞速发展，另一方面则暴露出企业对于大数据挖掘需求的增加，以及对相关专业人才需求的扩大。因为大数据背景下的互联网精准营销不仅有利于企业进行自身定位，而且也有利于提升用户体验。2012年是互联网用户由PC机终端向移动终端转化的一年，是互联网商机不断浮现的一年，更是互联网多元产业之间加强合作与加速竞争的一年。

广告产业年度发展报告

宫丽颖　刘　芳　高媛媛*

2012年受宏观环境的影响，中国广告产业发展增幅放缓，广告主保持谨慎乐观的心态。在国家政策的推动下，媒体格局发生变化。传统媒体广告资源大幅缩减，传统媒体广告市场平稳增长，电视依然强势，优质节目、频道的广告价值大幅提升。网络广告市场迅猛增长，移动互联网成为广告投放的新增长点。网络广告产业链被逐步打通，互动性广告潜力大，视频网站、电商平台成热门。中国广告产业在政策的扶持下不断创新发展。

第一节　广告产业发展环境

一、经济环境

2012年国际形势复杂，外需不足；国家和地方政府在房地产、汽车等领域实施调控措施，抑制了部分消费需求。中国统计局数据显示，2012年全年国内生产总值为519322亿元，比上年增长7.8%。[①] 在外需和内需同时疲软的双重压力影响，中国经济增速放缓，进入了新的调整期。

消费是拉动经济增长的主要动力。2012年中国消费市场状况良好，消费者的消费意愿和消费能力均有所提升。中国统计局数据显示，2012年全年社会消费品零售总额为207167亿元，比上年名义增长14.5%（扣除价格因素实际增长12.1%），城镇居民人均可支配收入，名义同比增长13%（扣除价格因素实际增长

* 宫丽颖，中央财经大学文化与传媒学院硕士生导师；刘芳、高媛媛，中央财经大学文化与传媒学院媒体经济学专业硕士研究生。

① 国家统计局：《2012年国民经济发展稳中有进》，http://www.stats.gov.cn/tjfx/jdfx/t20130118_402867146.htm，2013年1月18日。

9.8%)。① 据尼尔森公布的消费信心指数表明,2012年第三季度中国消费者信心指数为106点,超过全球平均水平14点(全球消费者信心指数为92点),一线城市消费者信心指数增至111点,比2013年的消费意愿上涨10点,②可见中国消费者信心高位运行。2012年12月15日中央经济会议指出,2013年中国经济工作总基调依然是"稳中求进",提出培育新的消费增长点,增强消费对经济的基础作用。预计在新一任领导人的政策推动下,宏观经济将会在经济结构调整与经济增长方式转变中实现"稳增长",消费市场也会持续保持良好的发展态势。

二、政策环境

2010年国家"十二五"规划首次提出"促进广告业健康发展",广告产业的地位随之明确。在此基础上,2012年国家各相关部门出台了针对广告产业的鼓励政策,引领广告产业发展创新。

2012年4月11日,国家工商行政管理总局在《推进广告战略实施的意见》中提出,到2020年把中国建设成为广告创意、策划、设计、制作、发布、管理水平达到或接近国际先进水平的国家。在其同年5月29日印发的《广告产业发展"十二五"规划》中制定了降低市场准入标准、增加财政投入、鼓励广告产业的投融资、加大税收优惠等相关政策,为广告产业的发展创造了良好的政策环境。

此外,财政部、工商总局于2012年7月26日联合印发了《关于开展2012年现代服务业试点支持广告业发展有关问题的通知》,开展中央财政重点支持广告产业园区建设试点工作。工商总局分别同天津市人民政府、湖南省人民政府及江苏省人民政府等签署了推进当地广告业发展战略合作协议。这些举措将促进广告产业发展创新的政策落到实处。

三、媒介环境

在政策的推动下,中国传媒业进入结构性调整阶段,互联网(包括移动互联网)的规模进一步扩大,传统媒体进入平稳守势发展时期。

2012年中国工业和信息化部实施了"宽带中国"战略,加快光纤宽带建设,深化无线宽带网覆盖,推进网站和网络的IPv6升级,加强3G网络建设和业务应用。

---

① 国家统计局:《2012年国民经济发展稳中有进》,http://www.stats.gov.cn/tjfx/jdfx/t20130118_402867146.htm,2013年1月18日。

② 《中国消费者信心指数反弹》,http://money.163.com/12/1107/02/8FM2KENR00253B0H.html,2013年1月16日。

随着三网融合的推进,3G 网络的建设及智能手机的普及,互联网的普及率提高,手机媒体作用凸显。CNNIC 发布的《第 31 次中国互联网发展状况统计报告》表明,截至 2012 年 12 月底,中国网民规模达 5.64 亿人,全年共计新增网民 5090 万人。互联网普及率达 42.1%,较 2011 年底提升 3.8 个百分点。其中手机网民规模为 4.2 亿人,网民中使用手机上网的用户占比 74.5%,手机取代台式电脑成为第一上网终端。①

随着传播技术、流媒体技术的发展,新播出平台不断出现,受众媒体接触情况复杂,接触习惯向多屏转化,内容资源和渠道资源的竞争加剧。在政策支持及新媒体的影响下,中国的传统媒体通过资本和技术将既有优势向新媒体转移。广播电视逐步推向数字化、信息化。截止到 2012 年 8 月,中国有线数字电视用户达 1.69 亿,超过省市级有线电视公共网用户规模,使用比例达 47.6%。② 传统媒体向新媒体转移还表现在:电视与视频网站的合作加强,APP 杂志、手机报不断发展,传统电视节目在互联网投放广告增多,传统媒体开始利用微博、微信等新媒体加强与受众交流等。

在政策作用及媒介格局变化的影响下,传统广告资源大幅压缩。如图 1-6-1 所示,2012 年 1 月 1 日广电总局的“限广令”开始实行,电视广告资源继续减少,2012 年前三季度降幅达 10%。由于广告表现形式单一及受众阅读习惯的改变,纸

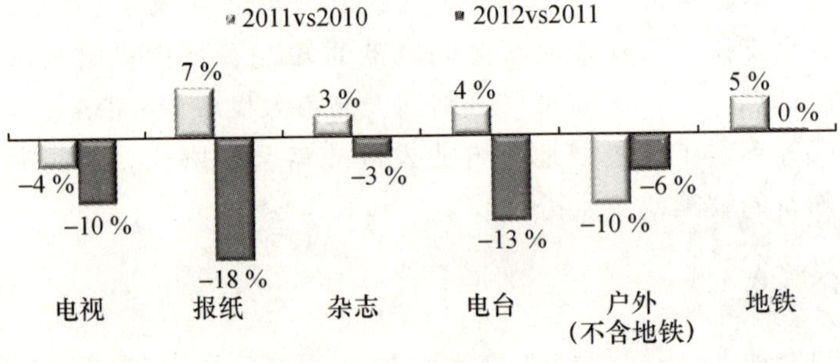

图 1-6-1 2011VS2012 年前三季度各媒体广告资源量的变化③

数据来源:CTR 媒介智讯。

---

① CNNIC:《第 31 次中国互联网络发展状况统计报告》,http://www.cnnic.cn/hlwfzyj/hlwxzbg/hlwtjbg/201301/t20130115_38508.htm,2013 年 1 月 16 日。

② CMMR:《2012 美兰德中国电视覆盖及收视状况调查》,http://www.yinlimedia.com/a/shouyeweifenlei/dianshixinwen/20121211/1746.html,2013 年 1 月 10 日。

③ CTR 媒介智讯:《2012 年前三季度广告市场回顾》,http://wenku.baidu.com/view/5ec0e515c281e53a5802ff9f.html,2013 年 1 月 10 日。

媒体的衰退明显，尤其报纸媒体，2012 年前三季度报纸广告资源减少 18%，成为广告资源变化幅度最大的媒介。在市容政策管理的限制下，户外广告资源继续缩水，2012 年前三季度减少了 6%。

第二节 广告产业发展现状

受宏观环境影响，2012 年中国广告产业发展增速放缓。据尼尔森《2012 年中国市场报告》显示，2012 年中国广告花费总额为 6528 亿元，与 2011 年的 6493 亿元基本持平。[①]

一、广告投放区域分布

在国家政策的支持下，中国中西部地区、三四线城市及农村的经济快速发展，人均可支配收入增加，人们的消费能力和消费意愿提升，消费潜力巨大。在沿海地区广告市场进入饱和状态的情况下，广告主开始向非沿海区域倾斜，广告市场结构随之变化。从全国广告投放区域看，华东地区由于经济发达，仍然是广告的

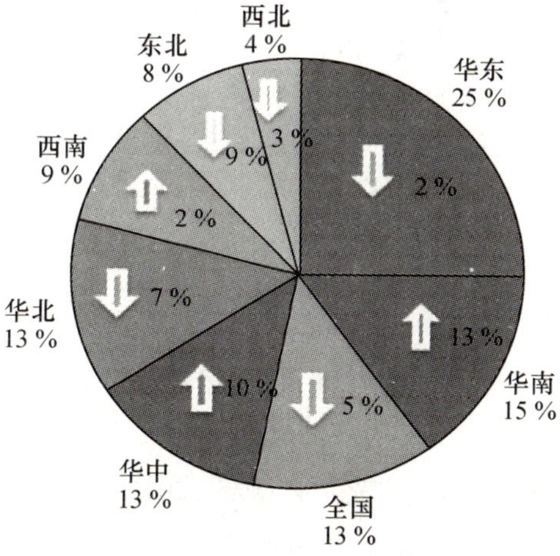

图 1-6-2 广告花费分地区增长率(2012 年 1 月—10 月)②

数据来源：尼尔森《2012 年广告市场大盘点》。

① 尼尔森：《2012 年广告市场大盘点》，http://www.nielsenccdata.com/hotreadChlidCh/three.ht?id=97，2012 年 12 月 17 日。

② 同上。

主要投放区,占25%,但其广告投入出现下降趋势。华北、东北地区的同期花费明显下降,降幅达7%和9%。华南、华中、西南地区的广告投放呈上升趋势,增幅分别为13%、10%和2%。

二、广告主投放状况

图1-6-3的尼尔森数据显示,2012年广告投放前五名的行业为化妆品、饮料、药品/健康产品、农工商、食品。除饮料与药品/健康产品的排序位置互换外,与2011年基本一致。

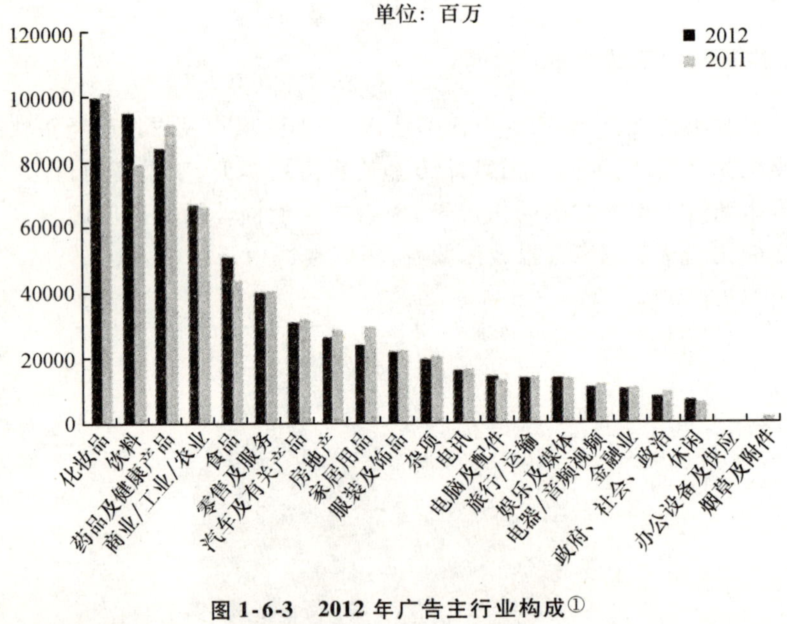

图1-6-3 2012年广告主行业构成①

数据来源:尼尔森《2012年广告市场大盘点》。

在各行业市场环境及宏观环境的影响下,2012年广告主行业投放状况有所变化。在加多宝和王老吉广告大战的带动下,饮料行业的同比增长加快,跃居第二位;药品行业受毒胶囊事件等产品问题的影响,广告投入略有下降,但仍然保持在行业前三位。央视对药品类广告的限制,使得相应广告主调整广告战略,向新媒体、户外媒体转移。汽车行业虽受钓鱼岛等国际政治问题的影响,但整体上汽

① 尼尔森:《2012年广告市场大盘点》,http://www.nielsenccdata.com/hotreadChlidCh/three.ht? id=97,2012年12月17日。

车的广告投放变化不大。

在广告主品牌投放状况中,如表 1-6-1 所示,2012 年广告投放前十位的广告主大部分为快消品行业,传统优势广告主大部分都缩减了广告花费,品牌广告主的结构出现调整。其中宝洁仍然居于全行业广告投放首位,但同比降幅最大,达到 30%。此外,哈药集团受药品行业环境冲击较大,同比下降了 29%。

表 1-6-1　广告投放前十广告主(2012 年 1 月—10 月)①

	广告主	投放金额(百万元)	同比
1	宝洁	31,187	-30%
2	欧莱雅	19,380	-1%
3	联合利华	18,582	-11%
4	可口可乐	10,139	-2%
5	百胜国际餐饮	10,048	-11%
6	哈药集团	8,602	-29%
7	娃哈哈	6,135	-14%
8	中美天津史克	6,088	25%
9	伊利集团	5,878	-10%
10	百事可乐	5,318	41%

数据来源:尼尔森《2012 年广告市场大盘点》。

三、各类媒体广告经营

(一)广告媒体花费状况

在媒介格局变化及传统广告资源大幅压缩的影响下,在广告主谨慎乐观的态度下,媒体的广告经营状况发生变化。表 1-6-2 的 CTR 媒介智讯数据显示,2012 年前三季度,传统媒体的广告刊例花费同比增长 4.4%,低于 2008—2011 年的同期水平。从各媒体的同比增长来看,电视为 6%,略高于平均增长率;广播为 11%,由高增长逐渐步入平稳期。平面广告的增长出现两极化现象:报纸出现下滑,下降了 8%;而杂志的增幅为 9%,持续呈现高增长状况;传统户外(含地铁)的增幅为 3%,持续低速增长。② 总体来看,传统广告市场的增速放缓,呈现平稳增长的态势。

---

① 尼尔森:《2012 年广告市场大盘点》,http://www.nielsenccdata.com/hotreadChlidCh/three.ht? id=97,2012 年 12 月 17 日。

② CTR 媒介智讯:《2012 年前三季度广告市场回顾》,http://wenku.baidu.com/view/5ec0e515c281e53a5802ff9f.html,2013 年 1 月 10 日。

表 1-6-2　2012 年前三季度传统媒体的刊例费增长状况

传统媒体	2011vs2010	2012vs2011
电视	14%	6%
广播	30%	11%
报纸	16%	-8%
杂志	15%	9%
户外(含地铁)	6%	3%

数据来源:CTR 媒介智讯:《2012 年前三季度广告市场回顾》,http://wenku.baidu.com/view/5ec0e515c281e53a5802ff9f.html,2013 年 1 月 10 日。

如图 1-6-4 所示,2012 年中国广告市场格局中,电视广告占整体广告投入的 37.4%,仍然是广告主营销传播的首选平台。其次为互联网广告,占整体的 28.2%。随着互联网的发展,智能手机、3G 网络的普及,互联网广告在 2011 年超越报纸份额后,其强劲的增长趋势还将持续下去。以下依次为报纸 17.8%、户外及其他 10.6%、广播 3.7%、杂志 2.3%。

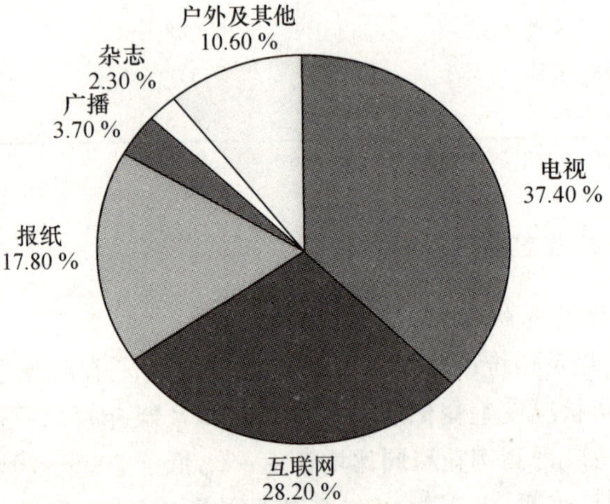

图 1-6-4　2012 年广告媒体花费比率分布

数据来源:CTR 媒介智讯。世界经理人,http://data.icxo.com/htmlnews/2012/11/21/1148660.htm,2013 年 1 月 10 日。

(二) 各媒体经营状况

1. 电视:依然强势,表现出"不对称、不均衡、不稳定"特征

2012 年电视广告依然占据全部广告花费的近 4 成,与 2011 年相比增长了 6%(如图 1-6-4)。随着"中国好声音""百变大咖秀""舌尖上的中国"等优质节目的热播,电视的内容优势凸显,部分网络用户回归电视。从整体来看,2013 年

广告主的电视投放将继续增加。

现阶段电视发展现状可以用“不对称、不均衡、不稳定”来表述，[①]即政策约束、资源能力的不对称，竞争格局、市场发展的不均衡及新媒体对传统电视的影响不稳定，“三不”状况也反映在广告的投放上。

受“限广令”“限娱令”的影响，2012 年前三季度电视广告资源整体缩减 10%（如图 1-6-1），优质电视广告资源进一步“被稀缺”，电视的资源能力不对称加剧。从各大电视媒体 2013 年的招标情况看：湖南卫视 15% 的资源获得 11 亿元的广告投放，平均溢价 68%；浙江卫视中标额为 16.7 亿元，平均溢价 89%；安徽卫视黄金时段广告中标 7.66 亿元，平均溢价 161%，增长 66%。优质的频道节目成为广告主投放的重点，电视的收视竞争加剧。随着插播广告的取消，冠名、特约播映的广告价值大大提升。浙江卫视《中国好声音》冠名费为 2 亿元，安徽卫视海豚第一剧场冠名收获 3.1 亿元。[②]

不均衡的市场竞争，表现为电视资源价格的上涨导致广告投放集中于央视、省级卫视等高覆盖性的平台，地市县级电视台的广告投放骤降。中央电视台依然占据强势的地位，2013 年招标达 158 亿元。[③]

“不稳定”表现在：一方面新媒体的发展使得电视的受众减少，开机率降低；另一方面，社交媒体的发展，促进了电视节目的口碑传播，出现了相约看电视的情况，部分用户回归电视，电视仍然是人们获取信息的重要来源。

2. 报纸：广告下滑，压力增大

在纸媒整体衰微的背景下，报纸的广告市场低迷，是 2012 年广告市场中唯一下滑的媒体。表 1-6-3 慧聪研究的数据显示，受房地产持续的宏观调控政策的影响，2012 年 1—10 月报纸房地产广告下滑，随之家居、家装和家电广告都出现下滑趋势，分别下滑 9.45%、12.81%、29.16%。报业面对压力，需要调整策略，在保持内容优势的前提下，报业需继续开发读者价值，推进报纸的数字化发展。

---

① 郑维东：《从内容为王到终端致胜》，http://www.csm.com.cn/index.php/Home/Knowledge/showArticle/kaid/829.html，2013 年 1 月 6 日。

② CTR：《从电视招商季看 2013 广告主投放策略变化》，http://search.cnad.com/html/Article/2012/1219/20121219155409991.shtml，2013 年 1 月 16 日。

③ 同上。

表 1-6-3 报刊广告投放前十行业(2012 年 1 月—10 月)

排名	行业	所占份额	同比增长率
1	房地产	18.63%	-9.45%
2	机动车	9.33%	-6.33%
3	旅游餐饮休闲	7.59%	4.71%
4	家具家装	6.01%	-12.81%
5	服装服饰	6.00%	18.21%
6	医疗服务机构	4.97%	-0.96%
7	其他行业	4.46%	-2.95%
8	化妆及卫生用品	4.40%	2.30%
9	媒体/出版	4.27%	7.30%
10	家电	4.23%	-29.16%

数据来源:慧聪研究:《2013 年报刊广告市场展望》,http://search.cnad.com/html/Article/2013/0110/20130110152133349.shtml,2013 年 1 月 16 日。

3. 杂志:保持增长

与报纸广告下滑相对的是,杂志广告实现了 9% 的同比增长(如表 1-6-2)。在国际消费市场低迷、中国消费市场态势良好的情况下,国外的奢侈品、高端产品将中国作为主要的销售区。定位精确、主要面对高端市场的杂志成为其投放广告的重要选择。如图 1-6-5 所示,个人用品行业仍然是投放杂志广告的优势客户,广告投放增幅最快的品牌广告主是一汽大众奥迪,其杂志广告花费增幅为 116%。

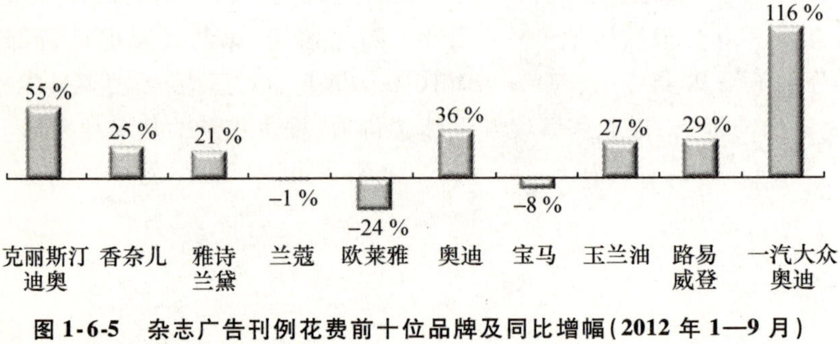

图 1-6-5 杂志广告刊例花费前十位品牌及同比增幅(2012 年 1—9 月)

数据来源:CTR 媒介智讯:《2012 年前三季度广告市场回顾》,http://wenku.baidu.com/view/5ec0e515c281e53a5802ff9f.html,2013 年 1 月 10 日。

4. 广播:步入平稳期

如图 1-6-6 所示,广播广告在 2011 年的高增长之后,2012 年前三季度增幅为

11%,步入增长平稳期。在广告刊例花费前五的行业,金融业、商业及服务性行业、交通的增幅明显回落。

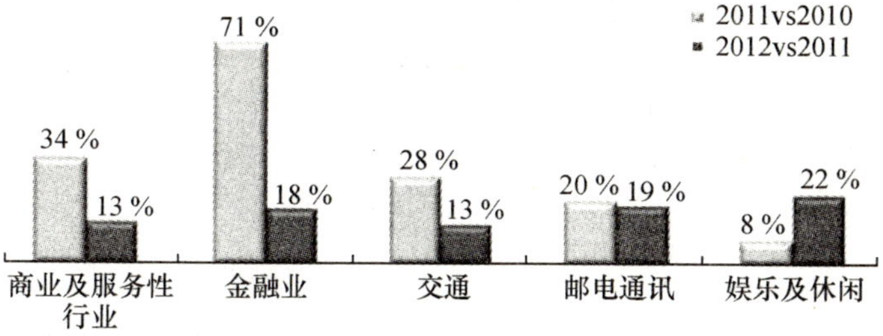

图 1-6-6　广播广告刊例花费 TOP5 行业(2012 年 1—9 月)

数据来源:CTR 媒介智讯:《2012 年前三季度广告市场回顾》, http://wenku.baidu.com/view/5ec0e515c281e53a5802ff9f.html,2013 年 1 月 10 日。

5. 户外:政策限制,依靠服务优化发展

受市容管理政策的限制,2012 年户外广告(不含地铁)的发展不容乐观。首先,户外广告资源继续缩水,2012 年前三季度的户外广告资源(不含地铁)同比下降 6%(如表 1-6-4)。其次,在移动终端的影响下,户外广告的商业价值受到部分广告主质疑,户外广告增长持续低速。然而,随着大城市地铁线路的发展,地铁广告保持快速增长趋势。如表 1-6-4 所示,饮料、交通、化妆品/浴室用品行业的地铁广告增幅尤为显著。

表 1-6-4　地铁(不含地铁视频)和其他传统户外的广告刊例花费前五行业(2012 年 1—9 月)

排名	地铁		排名	其他户外	
	行业	同比增幅		行业	同比增幅
1	邮电通讯	12%	1	商业及服务行业	1%
2	饮料	28%	2	房地产/建筑工程行业	-2%
3	交通	41%	3	金融业	-3%
4	商业及服务行业	10%	4	娱乐及休闲	-2%
5	化妆品/浴室用品	46%	5	邮电通讯	-8%
	全行业	16%		全行业	-6%

数据来源:CTR 媒介智讯:《2012 年前三季度广告市场回顾》, http://wenku.baidu.com/view/5ec0e515c281e53a5802ff9f.html,2013 年 1 月 10 日。

此外,由于央视对白酒广告投放的限制,高端白酒增加了 LED 广告的投放,带动了 LED 广告市场的较快发展。

随着城市市容规划的升级需要,二维码营销的发展,户外广告正在向新技术领域迈进,增加手机互动、优化服务、提供新产品等方面都有所进步,户外广告的覆盖价值、媒介价值将会进一步提升。

6. 互联网:发展强势,热点不断

艾瑞咨询数据显示,2012 年前三季度累计中国互联网广告市场规模 539.1 亿元,2012 年全年中国互联网广告市场预计突破 750 亿元,第三季度网络广告规模为 213.7 亿元,同比增长 43.8%,环比增长 16.1%,[①]共有 12055 家广告主选择了网络平台进行投放,环比增加 9.2%,同比增长率达 22.9%。[②] 互联网广告发展强势,视频营销、社会化媒体及移动互联网等成为互联网发展的热点。

2012 年视频网站的广告份额继续增加。一方面视频网站与传统媒体加强合作,自制节目投入增加,使得视频网站内容竞争力提高,网民访问时长增加。另一方面,视频网站向移动终端迁移,推出高清视频 APP,渠道优势体现。2012 年中国在手机上收看或下载视频的网民为 1.3 亿元,在手机网民中的使用率为 32%,[③]大视频时代的到来,使视频广告得到广告主认可,增幅明显。

以微博、微信为代表的社会化媒体继续升温。根据 CNNIC 的数据,微博用户在 2012 年达到 3.09 亿人,网民使用率为 54.7%,[④]微博成为用户获取信息、交流信息的主要平台,其商业价值、媒介价值增加。微信在推出之后用户迅速过亿,成为年轻人社交的重要媒介之一。伴随着微信的发展,二维码营销成为热点。由于社会化媒体的病毒式传播、网民自主参与等特点,社会化媒体将深刻改变企业的营销传播活动。

随着 3G 网络的发展和智能手机的普及,手机的媒体作用凸显。手机的便携性、功能的多样化,使得手机成为人们碎片化时间下的主要接触媒体。截至 2012 年底,中国用手机上微博的网民数为 2.02 亿,占访问微博网民总数的 65.6%;手机视频用户为 1.3 亿人,增长 9.5%;手机游戏用户为 1.39 亿人;手机购物用户规模为 2011 年底的 2.36 倍。[⑤] 手机媒体的到达率、用户接触频率、用户黏度均较高,基于手机的广告营销将成为互联网广告新的增长点。

---

① 艾瑞咨询:《2012 年中国网络广告行业五大盘点》, http://a.iresearch.cn/new/20130104/190461.shtml,2013 年 1 月 10 日。

② 艾瑞咨询, http://www.199it.com/archives/79858.html,2013 年 1 月 10 日。

③ CNNIC:《第 31 次互联网络发展状况统计调查》, http://www.cnnic.cn/hlwfzyj/hlwxzbg/hlwtjbg/201301/t20130115_38508.htm,2013 年 1 月 20 日。

④ 同上。

⑤ 同上。

第三节 广告产业发展趋势

一、传统媒体广告市场平稳增长，新环境下寻求新定位

2012年中国传统媒体广告市场增长速度放慢，呈现平稳增长趋势。其主要有两方面原因。首先，2011年11月，广电总局发布的《关于进一步加强广播电视广告播出管理的通知》和《〈广播电视广告播出管理办法〉的补充规定》（“限广令”）重点规范了影视剧和新闻节目中间插播广告的行为。各大电视台纷纷重新调整其广告供给结构，导致广告时长的减少，供求暂时的不平衡。其次，Web 2.0时代的到来使得企业纷纷将目光集中在了互联网平台上。Web 2.0时代以UGC（Users Generate Content）为特征，用户自己创造内容形成“自媒体”，将更多的注意力资源集中在互联网上，因此互联网成为广告主新的广告目标。因此，各大传统媒体广告在面对互联网高速发展的大环境下，需要不断地调整其定位，寻求与“自媒体”相互补的权威、专业、精英的广告发展道路。

二、网络广告产业链逐步打通，新模式前景广阔

2012年实时竞价广告模式全面移植中国。RTB（Real Time Bidding）实时竞价的概念起源于网络广告发达的美国，2011年已经覆盖到了欧美、亚太以及澳洲。据eMarketer的数据显示，中国的RTB实时竞价模式发展比日本晚一年，将会成为2013年亚太地区RTB模式发展新秀，其RTB广告购买支出将增长近300%，达到8300万美元。[①] 2011年，淘宝推出TANX（Taobao Ad Network Exchange）；2012年4月，Google在中国发布Double Click Ad Exchange；2012年8月，腾讯宣布拥有自己的腾讯MIND；此外，盛大等企业也在大力布局Ad Exchange产业链。随着RTB、DSP（需求方平台）、Ad Exchange（广告交易平台）、SSP（供应方平台）在中国逐渐成熟发展，网络广告产业链被逐步打通。目前，互联网新模式在国内的认知度还比较低，但是越来越多的广告主意识到新模式将会带来良好的效果，受众对于广告的体验也会更好，互联网新模式的发展前景广阔。

---

① IDC：《RTB展示广告市场》，http://www.199it.com/archives/76441.html，2013年1月20日。

三、网络广告市场快速增长,视频网站、电商平台成热门

网络广告市场快速增长,逐渐成为广告产业的核心发展力量。在网络广告市场中,视频网站和电商平台增长最快。

根据美国投资公司 T. H. Capital 在 12 月份发布的中国网络视频市场月度报告,大部分主要网络视频提供商已经在一线城市完成了 2013 年的广告销售。[①] 艾瑞咨询数据显示,视频媒体广告市场份额由 2010 年第一季度的 4.8% 提升到了 2012 年第三季度的 9.4%,份额快速提升;[②]2012 年第三季度视频网站的广告收入达 7.9 亿元,同比增长 47.8%,增速领先其他媒体类别。[③] 在线视频广告销售情况良好,和广电总局发布的"限广令"关系重大。"限广令"使电视台重组了广告时段,这将对广告主的预算造成约 50 亿元人民币的影响[④]。而这些预算将不可避免地流向其他媒体平台,由于电视和网络视频的相似性,网络视频市场因此成为最大的受益者。

另一方面,根据 eMarketer11 月份的报告,2012 年中国网络购物用户规模将达到 2.5 亿,远远超过其他国家。2011 年,中国 B2C 电子商务规模达到 553.7 亿美元,2012 年继续增长 94.1%,达到 1075 亿美元。[⑤] 网络购物行业持续迅猛发展使电商平台在广告市场中的份额显著提升。以淘宝、京东商城等为代表的电商企业,不仅仅为企业提供了销售平台,更提升了企业的营销空间。其中,以淘宝 TANX 平台、淘宝联盟,以及京东搜索广告平台"京东快车"为代表的媒体形式,都将进一步推动电商平台在网络广告中的份额提升。

四、企业更注重品牌营销,互动性广告潜力大

据 Millward Brown 数据显示,品牌广告主平均每次活动使用 4.4 种媒体;89% 的品牌广告主认为媒体的协同能够提升品牌,如电视广告和网络广告的协同;未来三年,品牌广告主在互联网上的投入占比将从目前的 20% 提升到 29%,认为数

---

① T. H. Capital:《中国网络视频市场月度报告》,http://www.199it.com/archives/85774.html,2013 年 1 月 10 日。

② 艾瑞咨询,http://a.iresearch.cn/new/20130104/190461.shtml,2013 年 1 月 10 日。

③ 艾瑞咨询,http://www.199it.com/archives/79858.html,2013 年 1 月 10 日。

④ T. H. Capital:《中国网络视频市场月度报告》,http://www.199it.com/archives/85774.html,2013 年 1 月 10 日。

⑤ eMarketer:《明年中 B to C 电子商务市场世界第二》,http://www.199it.com/archives/77438.html,2013 年 1 月 16 日。

字媒体广告的精准性和互动性能够很好地构建品牌。[①] 企业对品牌营销和效果营销的要求日益提高,传统新闻和门户、垂直网站集体面临着营收和转型的压力,单纯的"资讯+广告"的商业模式已经难适应大环境,更多的企业希望通过互动性的营销手段来提升品牌形象。另外,中国的社交网站用户较其他国家更加关注与企业品牌的互动。eMarketer 2012 年 9 月的报告显示,中国 66% 的社交用户通过社交网络关注企业品牌,平均每个受访者会关注大约 6.7 个品牌,并且 60% 的用户表示会时常与关注的品牌进行互动。[②] 中国拥有全球最大的社交网络市场,eMarketer 预计中国社交网络用户将在 2012 年底达到 3 亿 750 万人,约为美国的两倍。2013 年中国社交网络广告支出预计可达 6 亿 1280 万美元,将实现 51.3% 的增长,略高于亚太地区预计增长的 48.3%。[③] 由此可见,在中国互动广告能够使企业有效地和消费者进行沟通,达到品牌构建的效果,拥有着巨大的发展潜力。

五、多屏体验成时尚,移动营销带来新机遇

营销进入跨屏和多屏的时代。2012 年伦敦奥运和 2008 年有较大变化,2008 年人们对于奥运会的关注基本上是通过单一的大屏幕来观看比赛;而 2012 年的伦敦奥运会,全球除 47 亿电视屏幕在观看奥运,同时有 85 亿平板电脑和智能手机在观看奥运,智能手机成为在线活动常用的入口,70% 的人看电视时使用智能手机。[④] 此外,湖南卫视 2012 年 12 月 15 日起全面宣传它将于 2013 年 1 月 1 日推出的电视互动社交智能手机客户端应用"呼啦"。作为第一款由电视媒体出品、基于电视互动的社交应用,"呼啦"的愿景是搭建一条通道,连接家庭共享的电视大屏和个人私享的手机小屏,为电视用户提供新一代增值体验。同时在互联网线上社交的大潮流中,让亲朋好友多一个渠道聚会在电视机前,促进线下的共享时光和欢乐。多屏互动体验将成为一种时尚,手机第五媒体的快速发展,为广告营销带来新机会。CNNIC 数据显示,截至 2012 年 12 月底,中国手机网民规模

① Millward Brown:《图说:2012 年品牌广告主新媒体投放解密》, http://search.cnad.com/html/Article/2013/0114/20130114111551873.shtml,2013 年 1 月 15 日。

② eMarketer:《在中国社交网络用户更关注企业品牌》, http://www.199it.com/archives/84222.html, 2013 年 1 月 10 日。

③ eMarketer:《亚太地区社交网络广告支出将在 2013 年超过西欧》, http://www.199it.com/archives/85635.html,2013 年 1 月 10 日。

④ 肖明超:《2012 网络营销十大趋势》, http://www.cnad.com/html/Article/2012/1106/20121106135750996.shtml,2013 年 1 月 6 日。

为4.2亿人,较2011年底增加约6440万人,网民中使用手机上网的人群占比由上年底的69.3%提升至74.5%。[①] 智能手机上网的普及在很大程度上改变了用户的行为习惯,用户将更多的注意力资源转移到更有私人空间感的手机屏幕上。手机的精准定位功能以及其高效互动性为广告主盈利的关键因素。APP、Htm15、LBS、二维码为广告主2012年最常用的几项技术和功能。在此基础上O2O(Online To Offline)的营销价值也逐渐被认知,众多广告主尝试将营销覆盖范围由人与媒介的互动扩展到人与空间、外部信息、媒介产品的多维互动。总体看来,移动营销将为广告产业的发展带来新机遇。

① CNNIC:《第31次互联网络发展状况统计调查》, http://www.cnnic.cn/hlwfzyj/hlwxzbg/hlwtjbg/201301/t20130115_38508.htm,2013年1月20日。

行业报告七

艺术品经营业年度发展报告

雍文昂　杨玉娟*

第一节　艺术品经营业宏观环境分析

一、宏观经济环境与艺术品市场

2012 年,在国际经济形势更趋复杂和国内经济增速放缓的大背景下,中国艺术品市场进入井喷之后的“深度调整”。艺术品市场受全球经济的影响,交易大幅萎缩,市场风波不断。拍卖市场量价齐缩,造假、拍假等行业问题不断出现;当代艺术市场经过一轮逃税与查税风波之后,逐渐开始规范化管理;艺术品基金等艺术金融产品面临退出危机。

但与此同时,国内艺术品市场也在缓步发展,呈现一些新的趋势。保利和嘉德等内地几大拍卖行将业务拓展至香港,行业进一步细分并更加专业化。除了画廊、拍卖行和艺术品博览会三级市场之外,艺术品市场也在探寻可行的艺术品金融项目、艺术品网络交易、艺术授权品、艺术品复制品、艺术衍生品的交易等等,这些都成为突破传统交易模式的新尝试。在国际与国内两个市场加速融合的进程中,中国艺术品产业蓬勃发展,艺术品市场交易规模持续扩大,与国际艺术品市场间的交流互动日渐频繁,中国已经成为全球最活跃的艺术品市场之一,在全球艺术品市场中的地位显著提升。

总之,虽然受宏观经济等诸多因素影响,艺术品市场的调整不可避免,但调整过后,市场各参与方渐趋理性,将有助于市场长远健康发展。

---

* 雍文昂,北京大学艺术学院艺术理论方向博士研究生;杨玉娟,北京大学艺术学院研究生教务教员。

二、文化产业大环境与艺术品市场

党的十八大报告强调要增强文化整体实力和竞争力。要坚持把社会效益放在首位、社会效益和经济效益相统一,推动文化事业全面繁荣、文化产业快速发展。党的十七届七中全会《决定》中关于文化服务的要求,文化事业的支出在财政支出中的比例要逐步提高,加大资金投入,同时要制定各种政策,搭建各种平台,吸引各类社会资本投入文化建设,大力扶持文化产业,要加强对文化基础设施建设的力度,尽快完善覆盖城乡的公共文化体系和网络,大力支持各项文化惠民建设,使人民群众共享文化发展的成果。

根据测算,2012 年,我国文化产业增加值将达到 16000 亿元左右,维持 18% 至 20% 的年均增速,在国民经济中所占比例逐步增加,初步显现出成为国民经济支柱性产业的潜力。其中,北京、上海等地文化产业占国内生产总值的比重均达到 5% 以上,已成为当地新的支柱性产业。我国对外文化品牌化、商业化发展步伐进一步加快。动漫、网游、演艺产品、艺术品的出口幅度、增速不断提高,中国文化产品在国际市场上的竞争力日趋增强。可以说,文化市场已从总体"短缺"转向"短缺"与"过剩"并存,将迎来大规模调整和改革重组浪潮。其中艺术品市场在 2012 年进行的深度调整就是一个方面。

三、政策、法规支持

随着中国艺术品市场规模的不断拓展和艺术金融产业的发展壮大,艺术品市场在国民经济中的地位越来越重要,税收问题已经是中国艺术品市场不可回避的问题。2011 年 12 月 9 日,国务院关税税则委员会下发了《关于 2012 年关税实施方案的通知》(税委会〔2011〕27 号),决定自 2012 年起,部分艺术品进口关税税率由 12% 降至 6%(暂行 1 年)。

2012 年 3 月,《著作权法》修改草案第二稿公布,跟一稿相比,修改率达 92%。2012 年 7 月,国家文物局发布《关于进一步做好文物拍卖标的审核工作的意见》,强调要强化拍卖专业人员征集鉴定责任,健全标的审核制度,严格标的报审管理,规范拍卖图录管理。7 月 23 日,国务院办公厅下发了《关于清理整顿各类交易场所的实施意见》(国办发〔2012〕37 号,下称《实施意见》),就清理整顿范围、清理整顿政策界限的使用以及落实清理整顿工作的安排等作出了详细规定。与去年下发的《国务院关于清理整顿各类交易场所切实防范金融风险的决定》(下称《38 号文》)相比,此次实施意见更全面地提出了清理整顿范围,包括从事权益类交易、大宗商品中远期交易以及其他标准化合约交易的各类交易场所,包括名称中未使用“交易所”字样的交易场所,但仅从事车辆、房地产等实物交易的交易场所除外。而且,对权益类交易、大宗商品中远期交易等范围也作出了具体界定。

2012 年 9 月 19 日,北京市工商局、市商务委、市文物局三部门联手建立拍卖监管联席会议制度,对北京市拍卖行为进行监督,对北京市快速增加的拍卖企业进行有效的管理。

第二节　画廊市场分析

一、画廊市场总体格局

中国画廊业发展至今,各类画廊已经遍布全国各地。据不完全统计,目前江浙、广东、川渝、济南等地区都已拥有了百余家大小画廊,国内二线城市画廊业迅速发展,显现出蓬勃的发展活力,成都、广州、杭州等地的画廊均形成了初具规模的艺术产业园区。这吸引了部分一线城市画廊到二线城市拓展市场,如千年时间画廊在二线城市投资开办了分画廊,取得了不错的销售业绩。

根据欧洲艺术基金会报告显示,截止到 2012 年底,在中国约有 6000 家画廊,交易量高达 42000 笔。其中,中国重要大中城市共有约 1512 家活跃画廊,其中北京地区有 605 家,占 40%,较为集中。上海地区有 273 家,占 16%。据观察,中国画廊市场规模呈现每年约 10% 的增长,主要集中在北京、上海、香港等几个城市,其中北京画廊市场增长最为迅捷。

2012 年 9 月,文化部在北京为北京、上海、江苏、浙江等 12 个省(区、市)的 45 家入选第四批诚信画廊的画廊企业举行授牌仪式。与此同时,前三批诚信画廊也将统一更换新牌。截至目前,全国诚信画廊总数达到 94 家。

二、画廊经营状况分析

画廊企业作为艺术品一级市场的主体,在艺术品市场发展过程中起着基础性作用。文化部一直关注画廊行业的发展,陆续出台相关政策,鼓励、支持、培育艺术品一级市场。画廊业携起手来,共建规范经营、恪守诚信、重视艺术质量的画廊市场,是构建繁荣、有序的艺术品市场的重要一步。

第一,画廊的盈亏状态反映出我国艺术品一级市场的发展瓶颈。相关数据显示,2012 年国内画廊市场中亏损并勉强处在维持及半歇业状态的画廊约占画廊总体数量的35%,而处于盈利状态的画廊大约只占画廊总体数量的7%。在这些亏损画廊中,主营性画廊的亏损与关闭数量占到了亏损、关闭画廊总数的32%,几乎占到了其总保有量的一半;非主营性画廊的亏损、关闭数量占到了亏损、关闭画廊总数的近70%,但只占到其总保有量的35%左右。这些数据反映出,2012年我国画廊市场在发展过程中面临的困境。

第二,我国画廊业整体处于年轻化发展阶段。根据2012年《芭莎艺术》画廊调查问卷的反馈数据统计显示,33%的被调研画廊年销售总额在100万元至300万元的区间,相比2011年同期的调查有一定比例攀升;年销售总额在500万元至1000万元区间的画廊占到22%的份额;而年销售总额在1000万元以上的画廊比例相比2011年同期有一定收缩,占据了11%的份额。以上数据反映出我国画廊业整体处于年轻化发展阶段,3/4以上的画廊都为年销售总额在1000万元以下的中小画廊,急需发展实力雄厚、业务广泛的专业级大型画廊。

第三,海外交流及业务拓展能力是衡量画廊市场发展状况的重要指标。2012年,内地画廊等一些艺术机构加速了进军香港的市场布局:4月,北京东站画廊在香港开设了分支机构;5月,总部位于北京草场地艺术区的"站台·中国"画廊在香港开设了分空间;7月,香港百雅轩正式宣告成立。香港地区作为亚洲艺术市场的中心之一,在中国国内外艺术交流领域起着重要的作用,内地画廊积极向香港拓展业务是我国艺术品一级市场持续发展的结果。

另外,据统计,2011年7月1日至2012年6月30日期间在海外进行展览合作和交流的100家画廊里,有超过半数的画廊有4至8次的海外交流,相比上一年同期有23.8%的增幅;在海外进行展览合作和交流次数在12至15次的画廊比例也占到8%,相比上一年同期有2%的增长。总体来讲,我国到海外交流频繁的画廊数量已有明显增加,海外交流及业务拓展已是画廊业发展的重点所在。

三、画廊市场改善空间

我国画廊业的发展尚未形成气候,多数画廊仍没有发挥应有的艺术品价值发现的职能。可以说,除了规模外,我国画廊业的发展状况还不理想。

第一,在画廊业整体风光的背后,一级市场上还存在大批不赚钱的小画廊,它们的经营并没有人们想象中的那么顺利。不少小画廊在沉重的成本压力下被迫关闭或转行,如何推动中小画廊的运营与发展是中国画廊业面临的首要问题。

第二,调整自身的发展模式,处理好艺术品一、二级市场的关系是对画廊市场的考验。在中国的艺术品市场中,画廊起步较晚,具有代表性的大型画廊少,经营理念、经营模式都比较落后，运作机制和行业规范还不成熟。本来应为二级市场的拍卖行，因其成熟的运作模式吸引了大量资金涌入，拥有了艺术品市场绝大多数话语权。因为二级市场直接和价格挂钩，造成人们对艺术品的价值认知停留在其反映的价格上。这种一、二级市场倒挂的现象并不利于整个艺术品市场的发展。因此，画廊业的自身调整与角色厘清工作势在必行。

第三，在目前的一级艺术品市场中，画廊作为主体元素所扮演的角色已展现出越来越大的力量，尤其是针对当代艺术家作品的包装与推广，但其整体能量还远远没有全部释放。以画廊、民营美术馆、文化艺术策划公司等基层艺术机构为代表的艺术品"民间"交易市场，可以更多地发挥一级市场的作用，为新生代的艺术家们、为公众提供一个审美方向和正规的接触艺术品的途径和交易艺术品的平台。因为，与数量有限且又受造赝困扰的古代、近代艺术品相比，当代艺术家的数量是巨大的。虽然与拍卖市场相比，这一层次市场仍处于培育期，短期内不会有太大的起色，仍处于合作模式探索的初级阶段，但可以预见到将有越来越多的当代艺术名家被进一步地推出市场，所以说以画廊为代表的一级市场的力量必须被重新认识和充分估量。

第三节　拍卖市场分析

相较于 2011 年春秋两季的高开高走与备受瞩目，2012 年的艺术品拍卖市场则相对显得淡然且沉静了许多，截至 2012 年 12 月 31 日的统计数据显示①，2012 年艺术品拍卖市场全年的总成交金额达到 616 亿，同比缩减了约三分之一的交易规模。在这样的数据基础上不难看出，在经历过 2010 年秋季以来持续三个交易季度的迅猛发展之后，市场惯性的驱动作用力正在逐渐减缓，艺术品拍卖市场的理性回调趋势已经开始显现。

总的来说，这样的市场走势首先与宏观经济的波动影响有着比较直接的关联，由于 2012 年上半年流动资金的数额仍然相对比较紧缩，且艺术品基金、艺术品交易所等可进行较大金额市场操作的金融机构，仍多处于尝试性的调整阶段，所以 2012 年上半年的艺术品市场的总体规模也相应地趋于缩减态势。然而，随着下半年国家财政与金融政策针对经济增速放缓所做出的适当放宽，国内经济整体状况从第四季度开始稳步回暖，艺术品拍卖市场也结束了连续两个季度的交易

① 参考雅昌艺术市场监测中心相关统计数据。

额下跌,并在2012年秋季的拍卖市场中完成了294亿元人民币的总拍卖金额,比2012年春季上涨了4.55%。此外,根据中国人民银行公布的最新统计数据,2012年12月末,广义货币(M2)余额97.42万亿元,比上年末增长13.8%;狭义货币(M1)余额30.87万亿元,增长6.5%。[①] 货币供应量总体上出现的增长,无疑对2013年的艺术品拍卖市场来说,也是利好的消息。这不仅显示了2013年春季市场中资金规模的储备量会相对比较充足,资金条件会有所改善,而且也预示了艺术品拍卖市场在稳中发展、趋向良性循环、逐步确立年度成交规模的可能性。

在以上宏观经济因素的影响以外,来自行业内部的现状无疑也对2012年艺术品拍卖市场的发展产生了效应。虽然艺术品已经越来越多地被人们认为是另类投资的财富第三极,但由于艺术品自身的特殊规律,使得艺术品不可能与房地产或者股票等投资品相同,处于完全的市场环境当中。因为很多参与在艺术品拍卖过程中的竞拍人,同时也是艺术品的收藏家或者爱好者,这就决定了艺术品在拍卖的过程中,往往不会具有明确的交易周期。此外,由于2010年秋季以来的市场涨幅,也使得很多抱有单纯投资目的的竞拍者进入到了拍卖市场当中,但随着市场成交总额的连续攀升以及单件艺术品高价的相继更替,这部分投资人也逐渐变得更加理性和谨慎,市场的观望态度明显,也就造成了许多艺术品被长线持有、待价而沽的情况。基于以上原因,2012年的艺术品市场就相应呈现出了拍品难于征集、精品佳作稀缺的问题,而这也在很大程度上,影响了2012年艺术品拍卖市场的成交价量。而且,由于在前几个交易季度中出现了诸如交易价格不确定以及迟付拒付等现象,也使得很多拍卖公司推出了应对的措施,如大幅调高保证金金额、"注册客户计划"和私下洽谈交易等,这虽然在一方面减少了交易成本、规避了一定的交易风险,但在另一方面,也阻止了普通买家进入市场,从而也对总体市场规模造成了一定的削弱。然而从长远的角度来看,规范的市场环境,无论是对拍卖公司、艺术品投资机构或者普通藏家、买家来说,都将更加有利。

在2012年的艺术拍卖市场中,还存在着一个显著的现象,那就是高价拍品的大幅度减少,尤其是此前备受媒体与社会广泛关注的过亿拍品,在2012年更是出现了明显的回调。全年1亿元以上的拍品共有5件,比2011年减少了21件之多,其中2012年秋季,1亿元以上的拍品更是只产生了1件(王振鹏,1323年作,《江山胜览图》手卷,北京保利),而这件拍品的实际落槌价则为8800万元,加上佣金才勉强过亿。此外,2012年秋季中,5000万至1亿元的拍品也仅有6件,同

① 参考中国人民银行相关统计数据,www.gov.cn/publish/html/kuangjjia.htm? id=2012sol.htm。

比2011年减少了17件，而其余各档高价拍品成交件数也均有不同程度的降低。由此可见，此前艺术品拍卖市场出现的“亿元时代”的热度正在逐渐退却，而更加理性的价格也成为拍卖市场调整期的重要表现。此外，如前所述，由于艺术品基金以及信托信贷等金融机构正处于尝试性经营阶段，且此前已经产生的相关交易，也正处于调整与兑现期，因此，艺术品拍卖市场难有前几个季度的高价拍品频繁出现，也属于艺术品市场金融化进程中的一个侧面参照。

综上所述，对于艺术品拍卖市场来说，2012年是具有比较明显的去泡沫倾向的一年。如果在这一时点上回顾2010年与2011年的暴涨，则会更多地产生对于繁荣与乱象并存的市场反思，当艺术品拍卖交易额激增、天价拍品频现的同时，无效交易与虚假交易也同样充斥着市场。“从统计数据看，2012年跌落1/3的成交量仅比前两年的有效交易略低而已。在这个意义上，2012年的成交额更真实也更坚实，它也比2010年以前的成交总量提高甚多，这是近十年以来艺术品交易市场高速发展之后所形成的台地，也是今后数年来持续发展的基础。”①

一、艺术品拍卖市场年度综览

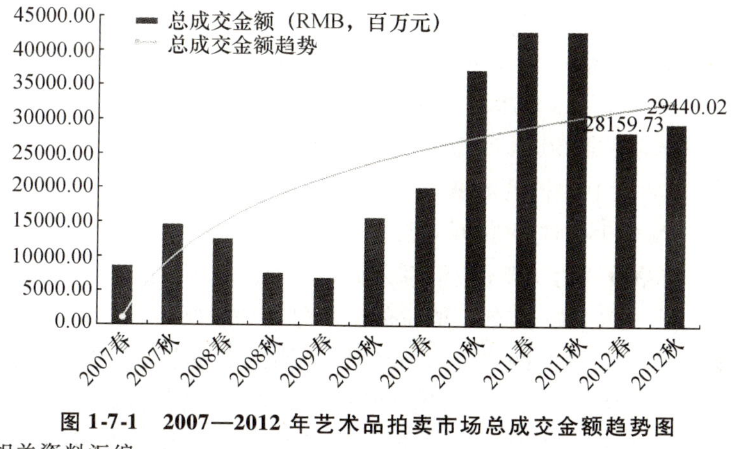

图1-7-1　2007—2012年艺术品拍卖市场总成交金额趋势图

根据相关资料汇编。

根据统计数据显示，2012年春季，中国艺术品拍卖市场成交总额为281.6亿元人民币，同比2011年春季下降了34.27%，环比秋季下降34.22%，降低的幅度非常明显。在这一季度中，参与拍卖的拍卖公司数量为224家，比2011年同期减

① 《中国艺术品拍卖市场调查报告(2012年秋季)》，雅昌艺术市场监测中心，2013年2月18日。

少了71家,许多在2011年高峰时期进驻拍卖市场的拍卖公司在2012年陆续淡出。除此之外,2012年春季,拍卖市场中的总拍卖会数量、专场数量、上拍作品件数、成交件数以及各价格区间的作品数量等统计指标,相较于2011年同期,也均有一定程度的减少。例如,2012年春季,艺术品拍卖市场总上拍件数为234,877件,成交件数为122,991件,拍卖会296场,专场数为1,083场。由此可见,艺术品拍卖市场在2012年春季已产生了明显的回调态势,且由回调的比率来看,对于前几个季度快速增长的势头以及天价作品实际价值的质疑,已在参与拍卖市场的各方之间蔓延。2012年秋季,受到宏观经济总体情况的影响,遇冷的拍卖市场交易总额略有回升,截至12月31日的统计,共实现了492.4亿元人民币的成交金额。其中,参与这一季度拍卖的公司数量为283家,虽仍比2011年同期减少了12家,但比2012年秋季又增多了59家。秋季艺术品拍卖市场的总上拍件数为292,433件,成交件数为129,540件,拍卖会367场,专场数1,361场。相较于2011年同期,缩减的趋势仍然比较明显。然而,值得注意的是,在2012年春秋两季的艺术品拍卖市场中,虽然作品上拍件数与成交件数都比2011年有明显的减少,但成交的比率分别为48.07%与43%,与2011年比较起来基本持平,甚至还有小幅度的提升,由此也可以看出,2012年艺术品拍卖市场在调整的过程中更加规范、细致的操作流程,以及更加有针对性、更加适应市场需要的经营方式也在悄然推进。此外,2012年春季,成交价在100万元至500万元的拍品数量为3,544件,500万元至1000万元的拍品数量为349件,1000万元至5000万元的拍品数量为98件,5000万元至1亿元的拍品数量为9件,1亿元以上的拍品数量为4件。2012年秋季,成交价在100万元至500万元的拍品数量为3,190件,500万元至1000万元的拍品数量为371件,1000万元至5000万元的拍品数量为160件,5000万元至1亿元的拍品数量为6件,而1亿元以上的拍品数量仅有1件。从各个档位的高价拍品数量统计也不难看出,2012年艺术品拍卖市场对于天价拍品的追逐有所减缓,上拍艺术品更加合理的价值价格还将在此后的拍卖交易过程中得到逐步的探索①(详见表1-7-1)。

如前所述,2012年艺术品拍卖市场无论是各项量化的数据还是成交金额都出现了明显的回调,尤其是在市场中起到重要作用的拍卖公司方面,亦存在着比较显著的波动。一方面,2012年春秋两季参与到拍卖市场的拍卖公司数量减少,市场的参与程度有所调整。另一方面,几家领跑拍卖市场的拍卖公司,在成交总额排名以及所占市场份额上也都有相应的变化,拍卖市场的格局仍在进一步的调整

① 参考雅昌艺术市场监测中心相关统计数据,amma.artron.net。

表 1-7-1　2009—2012 年艺术品拍卖市场基本统计数据表

数据项	2009 春	2009 秋	2010 春	2010 秋	2011 春	2011 秋	2012 春	2012 秋
总成交金额(RMB,百万元)	6,885.08	15,646.16	20,140.63	37,210.97	42,841.62	42,807.35	28,159.73	29,440.02
拍卖会数量(场)	125	171	205	300	295	409	296	367
总专场数量(场)	362	587	628	1,066	1,103	1,709	1,083	1,361
总上拍艺术品件数(件)	95,475	143,740	162,580	259,381	250,970	347,247	234,877	292,433
总成交艺术品件数(件)	58,405	82,974	88,685	133,631	122,984	142,005	112,991	129,540
总成交比率(%)	61.00%	58.00%	55.00%	52.00%	49.00%	41.00%	48.07%	43.00%
100 万以上单件艺术品(件)	857	1,923	2,404	4,109	5,254	5,442	3,544	3,190
500 万以上单件艺术品(件)	81	244	326	606	723	705	349	371
1000 万以上单件艺术品(件)	44	140	223	365	469	424	98	160
5000 万以上单件艺术品(件)	5	16	21	30	33	23	9	6
1 亿元以上单件艺术品(件)	0	4	4	16	15	11	4	1

数据来源:雅昌艺术市场监测中心(AMMA),统计时间截止到 2012 年 12 月 31 日。

当中。2012 年春季,北京保利、香港佳士得、中国嘉德、香港苏富比、北京匡时、北京九歌、北京翰海,仍然占据了拍卖公司成交额排名的前 7 位,虽在前后次序上比 2011 年略有变动,而这 7 家拍卖公司所占据的市场份额也从 56% 降至 44.83%,但从总体格局上来看还是基本延续了 2011 年以来的形势。然而,在 2012 年秋季的拍卖市场中,拍卖公司的排名则出现了松动。首先,广东保利以 168,075.06 万元的总成交金额,跃居排行榜第 4 位,上海朵云轩和西泠印社等拍卖行的排名也在攀升。其次,排行榜前 7 位的拍卖公司所占据的市场份额降至 38.17%,资本集聚的规模进一步被削弱。① 由此可以看出,在拍卖市场迅速发展、拍卖公司竞相登场之后,资源的进一步整合、市场竞争当中的优胜劣汰将成为不可避免的必然趋势。据有关报道称,2012 年底北京匡时国际拍卖有限公司与上海恒利拍卖有限公司宣布合并,此举亦被业内人士视为艺术品拍卖行业资源整合的第一步。②

① 参考雅昌艺术市场监测中心相关统计数据,amma.artron.net。
② 《北京匡时与上海恒利合并,目标:拍卖三甲》,载于《上海证券报》2012 年 12 月 30 日。

二、艺术品拍卖分类市场分析

在2012年的中国艺术品拍卖分类市场中,虽然由于总体市场环境的回调,各个分类市场也相应地量价一并回落,但分类市场的总体布局,还是基本延续了此前的比例状态。其中中国书画市场仍然占据了市场的最主要份额,瓷器杂项市场紧随其后,在价格分化的过程中,逐渐探索着新门类进入市场的途径。而油画与当代艺术板块在保持了原有市场份额的基础之上,在2012年春季则还有小幅度的提升,而早期油画与当代艺术也在此消彼长中分担着市场的引领角色。可以说,2012年的艺术品拍卖市场,各个分类板块的份额比例得到了进一步的巩固,一些新的拍卖品类开始被引介入市场当中,而逐渐细化、针对性强的拍卖专场,也成为各分类市场的一大特色,相信这样的全新动态会在2013年的艺术品拍卖市场当中得到延续,从而拓展出更加多元化的市场空间。①

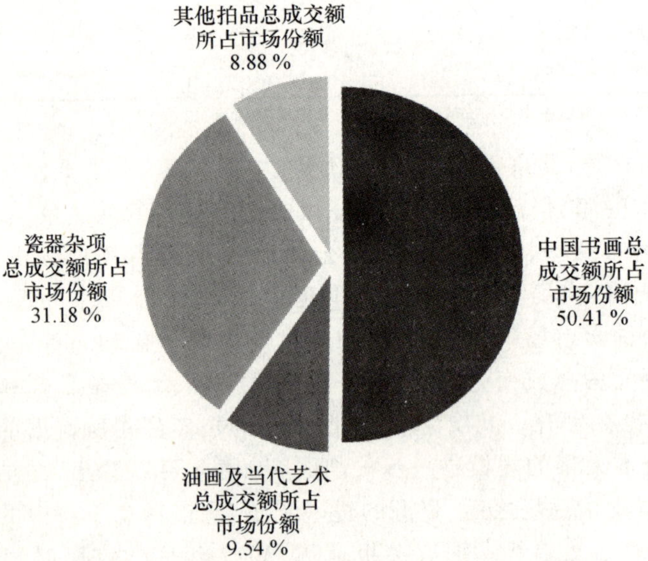

图 1-7-2 2012年春季艺术品拍卖分类市场份额

数据来源:雅昌艺术市场监测中心(AMMA),统计时间截止到2012年6月30日,amma.artron.net。

① 参考李红娟、刚罡:《2012拍卖行业预测报告》,《艺术市场》2012年07期。

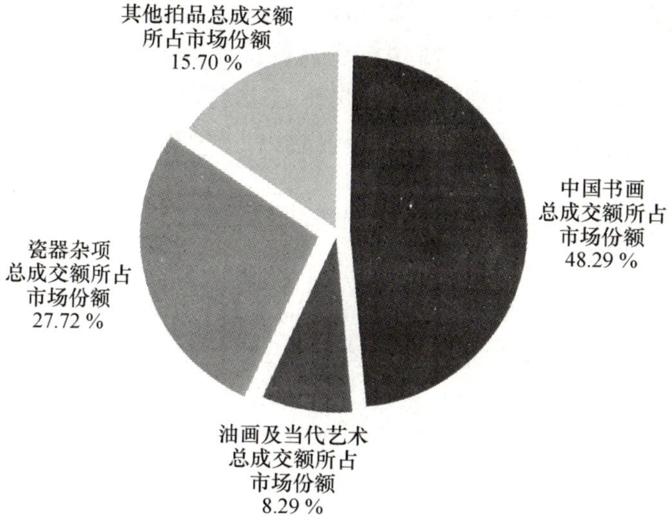

图 1-7-3　2012 年秋季艺术品拍卖分类市场份额

资料来源:雅昌艺术市场监测中心(AMMA),统计时间截止到 2012 年 12 月 31 日,amma. artron. net。

（一）中国书画:占据主导地位,市场份额缩减

作为中国艺术品拍卖市场三大主力门类之一的中国书画市场,在近几年的市场成交纪录中始终保持着引领的地位。2012 年春季,中国书画的总上拍件数为 121,755 件,比上一季度减少了 76,618 件,跌幅 38.62%,作品成交件数 56,004 件,比上一季度减少了 18,780 件,跌幅 25.11%,总成交金额达到 141.95 亿元人民币,环比 2011 年缩水了 112.03 亿元,跌幅为 44.11%。2012 年秋季,中国书画的总上拍件数为 150,915 件,成交件数为 64,054 件,成交总额为 142.18 亿元人民币,虽然比起春季有小幅增长,但同比 2011 年秋季则减少了 111.81 亿元。然而,2012 年度中国书画分类市场的总成交额、上拍件数、成交件数虽然都有所减少,但由于比较合理的拍品估价以及质量保障,2012 年春季中国书画市场的成交比率达到 46%,环比上涨了 8.3%。秋季成交比率 42.44%,同比上涨了 4.74%,市场更趋稳定。而且从所占市场的份额来看,2012 年春季的中国书画分类市场虽然由 2011 年春季的 60.05% 降到了 50.41%,跌幅达 9.64%,而 2012 年秋季,这样的缩减趋势更是进一步回落到了 48.29%,同比 2011 年秋季减少了 11.04%,但中国书画的市场地位并没有被过多地撼动,短期以内仍将占据主导地位。不仅如此,在 2012 年的拍卖市场中,中国书画还打破了多项成交纪录,例如

元代画家王振鹏的《江山胜览图》以1.012亿元人民币成交,成为首件成交价过亿的中国艺术品。而朵云轩以7,475万元的高价拍出的文徵明手卷《溪山清远》,也打破了文徵明书画的拍卖历史纪录。[①] 此外,书法作品在2012年的拍卖市场中也有所突破,其中沈周的《行书蜗壳诗》、龚贤的《行书渔歌子卷》、钱泳的《记事珠》3件书法作品,更新了书法家个人书画最高成交纪录。可以说,2012年的中国书画分类市场在整体稳定的局面下,有了一些新颖的思路与卖点,为2013年艺术品拍卖市场创造了更多的憧憬空间。

(二)瓷器杂项:高价拍品支撑,品类趋向多元

2012年艺术品拍卖的瓷器杂项分类市场,春季交易的总成交件数为28,281件,比2011年同期减少3788件,总成交金额87.79亿元人民币,比2011年同期减少28.82亿元。秋季交易的总成交件数为37,510件,同比2011年增加6,146件,而总成交金额仅为81.60亿元人民币,比2011年秋季降低3.68亿元。可见,在受到总体拍卖市场影响的情况下,瓷器杂项分类市场的回落幅度也同样比较显著,而且在秋拍当中还出现了量增价跌的局面,充分说明了市场对于各档次拍品的筛选性购买,传承有序的收藏精品成为了市场更有力的保障。

首先,从所占市场份额来看,在2012年春拍中,瓷器杂项分类市场共分得了31.18%的成交金额,而这一比率在秋拍中则为27.72%,分别比2011年同期上升3.96%与7.8%。其中,高价部分的瓷器杂项又占据了最主要市场,如在春拍的4件过亿元拍品中,瓷器杂项就占据了两席,分别为香港苏富比以2.08亿元港币成交的"北宋汝窑天青釉葵花洗"和北京匡时以2.16亿元人民币成交的"过云楼藏书"。此外,"明青花"、"清三代御制拍品"以及"官窑瓷器"等也依旧保持了较高的市场价格。同样的,在2012年的秋拍中,500万元人民币以上的高价瓷器杂项类拍品共60件,却吸收资金8.1亿元,占据了市场总额的37.55%,而100万至500万元人民币的区间中,318件拍品则成交约6.6亿元,占市场份额30%。由此可见,虽然拍卖市场总体回落,且瓷器杂项类板块中低端的拍品与赝品较易混杂,但高价区间的拍品由于受众群体的购藏能力强,所以受到环境影响相对较低,反而在处于调整期的市场中保持了比较稳定的价格区位,并使得瓷器杂项分类市场的份额有所上升。

其次,从拍品的种类来看,2012年的瓷器杂项分类市场中出现了许多比较新颖的拍卖品类,如前文中提及的北京匡时的"过云楼藏书",就创新了古籍类拍品

---

① 参考雅昌艺术市场监测中心相关统计数据,amma.artron.net。

的拍卖经营模式。而文人墨迹藏品、档案文献、民国瓷器和现当代艺术陶瓷等，也成为本年度比较具有特色的拍卖品类，为此后瓷器杂项板块的市场拓展，提供了更多思路。

（三）油画与当代艺术：名家名作引领，市场格局微调

与瓷器杂项分类市场类似，2012 年春，这一板块作品上拍件数 9,008 件，成交件数为 4,531 件，成交总额为 16.86 亿元，比 2011 年秋下降了 27.26%，所占市场份额为 9.54%，同比增加 0.92%，环比增加 1.26%。2012 年秋季，作品总上拍件数为 8,107 件，成交 4,243 件，成交金额为 24.40 亿元人民币，同比 2012 年秋季减少 12.52 亿元，降幅为 33.91%，所占市场份额 8.29%，比 2011 年秋降低了 0.33%，但比 2011 年春季上涨了 0.01%。[①] 可以说，从整年度来看，油画与当代艺术分类市场，虽然也在市场规模上有所缩减，但在所占市场份额上与 2011 年基本持平并有小幅提高。从油画市场来看，早期油画大家的作品发展相对平稳，如朱德群、赵无极、常玉等人的作品，仍在市场上处于引领地位，而吴大羽、李铁夫、颜文梁等名家的画作也逐渐受到了更多的关注。此外，写实油画作品相对比较受到市场的青睐，陈逸飞、杨飞云、艾轩等成为该板块重要的支撑力量。而在当代艺术方面，70 及 80 后的青年艺术家作品市场在本年度得到了一些开拓，并掀起了一小轮投资热点，部分代表性艺术家的市场价位已跨入百万。相信在此后的拍卖市场中，当代艺术的变化趋势会更加明朗。

除了以上三大传统分类市场之外，在 2012 年的艺术品拍卖市场中，奢侈品、钟表、翡翠等其他品类的拍品，也占据了越来越多的市场规模，尤其是奢侈品方面，2012 年秋季奢侈品的市场成交总额已经达到 38.47 亿元人民币，占秋拍总成交额的 13.07%，已经超过了油画与当代艺术，而奢侈品与设计艺术的关联，也为此类拍品提供了更加开阔的发展空间。而其在品类、名目众多的其他拍品中，能否脱颖而出，纳入全新的市场格局，则还需在接下来的拍卖季度中拭目以待。

三、艺术品拍卖区域市场分析

2012 年艺术品拍卖的区域市场中，各地区所占份额的比例关系有了比较明显的调整，其中，京津塘虽然仍占据了最主要的市场地位，但总体比重却连续两个季度呈现出了下跌的趋势；相反，长三角、珠三角以及港澳台地区所占的市场份额则均有所上涨。

---

① 参考雅昌艺术市场监测中心相关统计数据，amma. artron. net。

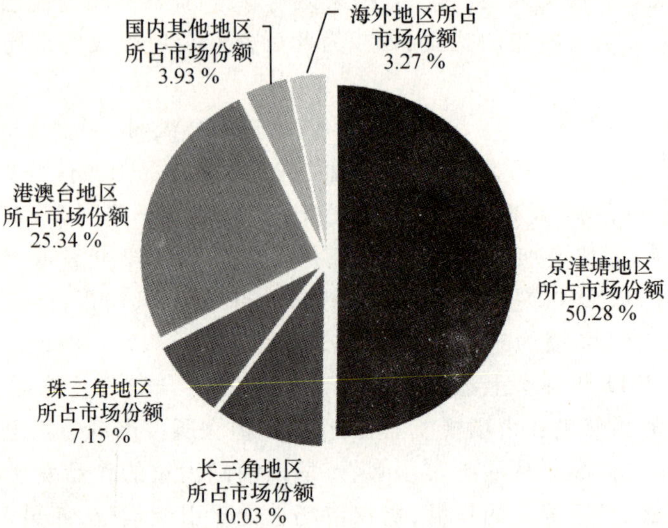

图 1-7-4　2012 年春季艺术品拍卖区域市场份额

数据来源:雅昌艺术市场监测中心(AMMA),统计时间截止到2012 年6 月30 日,amma. artron. net。

（一）京津塘地区:份额缩减,格局略现松动

在 2012 年春拍中,京津塘地区在艺术品总上拍件数、成交件数、成交总额等方面均有所缩减,其中总上拍件数为 117,057 件,比 2011 年秋季减少 63,439,成交件数为 59,178 件,成交总额为 141.58 亿元人民币,同比 2011 年减少 149.53 亿元,占全年总市场份额的 50.28%。2012 年秋季,这一比例继续降低,在成交总额为 130.07 亿元,同比 2011 年秋减少了 125.96 亿元人民币的情况下,所占市场份额也降为 44.18%。[①] 可见,在保持了连续几个季度的市场主导地位之后,全国艺术品拍卖市场的格局也开始出现了松动的迹象。此外,作为京津塘地区支撑品类的中国书画分类市场份额在 2012 年也略有变动,如春拍中京津塘地区的中国书画成交额占到了中国书画总成交额的 60.96%,具有着绝对的优势,但港澳台与珠三角地区的书画比重也在同时有所上涨,京津塘地区的优势有所减弱。因此,在这样的情况下,如何进一步开拓市场,提供更加多元的服务,将成为京津塘地区拍卖公司在此后的拍卖季度中着重思考的问题,而京津塘地区能否长时间保持艺术品市场交易中心区的地位,也有待在今后的拍卖市场竞争中进一步地去观察。

① 参考雅昌艺术市场监测中心相关统计数据,amma. artron. net。

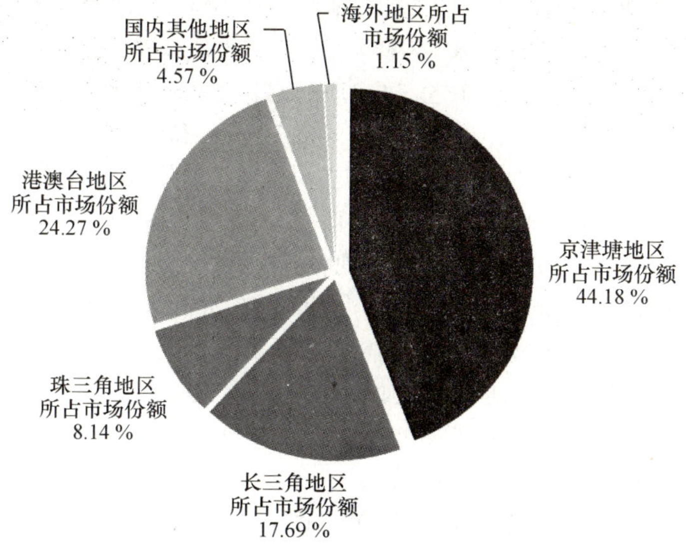

图 1-7-5　2012 年秋季艺术品拍卖区域市场份额

数据来源：雅昌艺术市场监测中心（AMMA），统计时间截止到 2012 年 12 月 31 日，amma.artron.net。

（二）长三角与珠三角地区：逆势上扬，扩张态势明显

在 2012 年艺术品拍卖市场总体呈回调趋势的时候，长三角与珠三角地区却保持了比较平稳的发展趋势，所占市场份额更是逐渐递增。如长三角地区全年共实现成交总额 80.34 亿元人民币，所占市场份额在春秋两季中分别为 10.03% 和 17.69%。而珠三角地区全年的成交金额则为 44.1 亿元人民币，所占比重则为 7.15% 和 8.14%。可见，在前几个季度由京津塘地区占据市场最主要份额的同时，长三角与珠三角地区也在逐步的调整与适应市场变化，发挥自身的区域优势，逐渐形成了以上海和杭州为中心的长三角地区，以及以广东为中心的珠三角地区，相信在此后的拍卖季度中，这两个地区将与以北京为中心的京津塘展开更多市场份额上的争夺与抗衡。

（三）港澳台地区：自成一格，市场相对稳定

与长三角珠三角地区类似，港澳台地区在 2012 年的拍卖市场中所占据的市场份额也有所提升。在 2012 年春拍中，港澳台地区总成交金额为 71.36 亿元人民币，环比 2011 年秋季增加了 2.73 亿元人民币，而且这一地区传统的优势拍卖项目——瓷器杂项，也在 2012 年春拍中大幅提升，成交总额达 33.63 亿元人民

币,比上季度增加了19.66亿元人民币,增幅140.80%,从而为港澳台地区总体的市场份额增长奠定了基础。2012年秋季,港澳台地区总成交金额实现了71.44亿元人民币,所占市场份额亦上升至24.27%,同比2011年秋季提高了8.24%,作品上拍总数29,593件,成交15,919件,同比2011年秋拍,增加了3,016件。[①] 由此可见,在处于市场调整期间,作为中国艺术品交易的传统重镇,以香港为中心的港澳台地区以其优越的地理位置和市场环境,还是吸引了来自全球的艺术品藏家与买家目光,保持了比较稳定的市场表现。

综上所述,2012年的艺术品拍卖区域市场,在所占市场份额的比例关系上有着比较显见的调整,在宏观经济及总体市场环境的影响因素以外,各地区拍卖公司开拓市场的一些举措,也是本年度区域市场格局变动的一个重要缘由。例如北京保利与中国嘉德进军香港、苏富比与北京歌华美术公司开展的合作经营等,都是区域市场间互相调整的原因与契机。

纵观2012年的艺术品拍卖市场,虽然回调、缩减、衰退等词汇充斥着各个环节,但看似乏善可陈的市场数据背后,却不难发现交易金额近1/3的减少体现出的并非都是弊端。更加冷静的市场判断,更加合理的价值价格,更加规范的经营运作,在2012年的艺术品拍卖市场中都已崭露头角。而这些方面,对于市场的长远与持续发展无疑也至关重要,相信其正面的影响在2013年的拍卖市场中即将逐渐显现。

第四节 艺术博览会市场分析

一、博览会市场格局

表1-7-2 北京艺术博览会概况表(2012)

名称	时间	成交量	参展机构	主题	特色
第四届亚洲艺术博览会	1.5-8			建立亚洲独立自主审美体系	“天人合一的生态艺术”与“道法自然的水墨创境”主题展;装置艺术展
第九届中艺博国际画廊博览会(CIGE)	4.12-15		50多家画廊	推动中国现当代艺术	“主题国邀请展”,亚洲年轻艺术家个展,非营利艺术机构展

① 参考雅昌艺术市场监测中心相关统计数据,amma.artron.net。

（续表）

名称	时间	成交量	参展机构	主题	特色
第七届艺术北京博览会	4.29-5.2	90%以上参展商成交，总额约3亿元，同比增长57%	2万平方米，160家机构	“立足本土，完整亚洲”	画廊展区划分为中国经典专区和西方经典专区，另有四个经典的学术性专题展览。设置北京保利、匡时、翰海、鸿盛等几家拍卖行的预展。VIP教育论坛、特别艺术慈善项目。
第15届北京国际艺术博览会	8.16-20		60多家画廊	“艺术创意，点亮生活”	北京国际艺术论坛，“海峡两岸·艺术融合·交流创想”
第15届中国古玩艺术博览会	9.7-9				
第二届中国国际文化艺术博览会	11.2-4				

表 1-7-3　上海地区艺术博览会概况表(2012)

展会名称	时间	成交量	参展机构	主题	特色
第十六届上海艺术博览会	11.1-4	1.3亿元人民币	155家画廊	收藏艺术点亮心灵	“上海艺博会青年艺术家推介展”
上海春季艺术沙龙	4.13-17		20个国家和地区的机构	“华丽转身”	国际展区、国内展区和新玻璃艺术展区三大板块
第九届上海双年展	10.1-10		近百家画廊	“重新发电”	“上海方舟”特别展。沙龙从室内展馆搬到户外公园
首届上海城市艺术博览会	5.18-21				

表 1-7-4　广州及港台地区艺术博览会概况表(2012)

展会名称	时间	成交量	参展机构	主题	特色
第19届台北国际艺术博览会	11.9-12	过亿	150家画廊，2000多件作品	“亚洲气象”	经典画廊展区、艺术画廊展区、新锐画廊展区、原住民艺术特展、台湾制造——新人推荐特区
第五届香港国际艺术博览会	5.17-20		38个地区的266家画廊		VIP项目，会谈项目。画廊选择上更具国际化，亚洲与欧美画廊所占数量基本对半的比例
第17届广州国际艺术博览会	12.6-10	1.76亿元人民币	23个国家地区的参展商		VIP预展及VVIP艺术之夜，财富·艺术之魅——2012名家高峰论坛
首届深圳国际艺术博览会	12.12		近百家艺术机构		“大芬油画节”，巴维尔艺术基金推出主题展——东方哲思，“深圳动力”的当代艺术展

数据来源：根据相关资料汇编。

2012 年,我国艺术博览会市场在挣扎中前行。其中,北京地区的艺术北京博览会结束后的各项数据都显示为上升状态。2012 年艺术北京当代艺术展区和经典艺术展区首次合二为一,并且此次艺术北京参展画廊范围扩大,吸收了日本、韩国等亚太地区和欧美国家的画廊。同时艺术北京的创新——"给拍卖公司提前做预展"的行为让很多评论人士产生异议[①]。中艺博画廊国际博览会的参展画廊数量较前两年减少了很多,尤其缺少了一些国际性知名画廊,亚洲及本土的画廊占据了更大比例,并且新设的"主题国邀请展"项目最终只有韩国当代艺术出现。上海艺博会平台引导公众了解艺术品消费与购藏,2012 年的艺术品成交额突破亿元大关。上海艺博会为上海的艺术收藏市场、艺术创作领域以及公共展示等方面带来积极影响。台北国际艺术博览会除了展览规模更大以外,展览内容也较以往有所提升,增加了欧洲画廊参展的比例。2012 年 Art HK(香港艺术博览会)是最后一届,因被世界著名的艺术博览会 Art Basel 收购,明年将更名为 Art Basel in HK,在艺术和商业上获得巨大成功,突破了以往的成交额,被称为香港有史以来成功举办的最大型国际博览会。

二、博览会市场特色分析

首先,大多艺术博览会都在依据市场形势的定位不断调整自身的发展方向。最为突出的是 2012 艺术北京博览会,为期 4 天的展出面积为 2 万平方米,同比增长 46%;参展机构 160 家,同比增长 35%,国内外比例为 5∶1;观众 5.2 万人,同比增长 30%;90% 以上参展商成交,成交额约 3 亿元人民币,同比增长 57%,占国内上半年艺术博览会成交额的 85%,堪称亚洲最大艺博会[②]。将当代艺术展区和经典艺术展区首次合二为一的艺术北京博览会已发展成为亚洲最大的博览会。2012 上海艺术博览会参展画廊的数量与质量在调整中不断上升,并在富有文化传统的街区中形成了几大画廊群居地,如莫干山 50 号、五角场 800 号、泰康路、绍兴路等,着力推动艺术博览会从"买卖"到"艺术创作"互动,从"展示"到"公共艺术"共享。

其次,几大艺博会力求打造大而全的中外艺术家、收藏家高效互动的交流平台。例如中国国际文化艺术博览会展区除了设立有中国现当代名家作品展、实力派艺术家的经典艺术作品展外,还有当代艺术品展区、国际特邀展区等。艺术北

① 武文龙:《盘点 2012 年中国艺术市场》,《艺术市场》2013 年第一期。

② 具体资料详见艺术北京 http://www.artbeijing.net/。

京博览会还设置了多家拍卖公司的展位，以吸引更多的客户资源。艺博会被视为艺术市场中画廊的舞台，是整个艺术品市场的短时间浓缩，在探索传统与经典作品的当代美学价值的同时，广泛发掘具有实验性及先锋性的当代艺术。与拍卖市场相比，更能反映市场的成熟度、健康度和活跃度。

三、博览会市场改善空间

第一，我国的艺博会需要探索如何有效实现国际化的途径，吸引国外更多更好的画廊参加国内艺博会，提升艺博会本身的品质与影响力，通过艺博会的平台，使国内与国外的画廊产生交流，互相学习，使国内的画廊能够逐步往越来越好的方向发展，能够实现属于自己的影响力与价值①。与国际上的艺博会相比，中国本土的博览会目前还处在初级阶段，从各方面的条件、艺术家、画廊、收藏家及政府的重视程度来说尚不够完善及成熟。从 2012 年的发展情况看来，部分地区的国际艺博会参展商逐渐转向了国内市场的画廊，例如，在 2012 年中国国际画廊博览会上，80% 多的参展商为国内画廊，而一些邀请到的国际画廊大都也是派驻中国的机构。这其中原因种种，有艺博会本身的发展缺陷问题，有来自大陆、香港等艺博会异军突起的挤压，也有本土艺博会本身发展的许多政策制度的限制。因为大陆的艺博会从关税上就不占优势，香港是 0，台湾是 5.5%，新加坡是 7%，因为关税太高，对于很多国外的参展商不具有吸引力。

第二，地区间的艺博会应当做有效的整合，防止恶性竞争。近些年，国内的艺术博览会一直在逐渐发展，例如 CIGE、艺术北京、上海当代艺术博览会、广州国际艺术博览会、深圳国际艺术博览会、香港国际艺术博览会、台北艺博会等。数量越来越多的艺博会纷纷创新，展开竞争，有些博览会还吸收二级拍卖市场参加展会。博览会是一级市场画廊的商展，应当将画廊培育为博览会的主体力量，有效弥补我国画廊市场发展缓慢的现状，整合同类型画廊，维护好市场竞争的规则。在博览会里，画廊应当是主角，例如瑞士巴塞尔博览会以非常严格的标准去筛选参展的画廊，全球只选出三百家画廊。

第三，加快各地艺博会的建设，形成完整的艺术市场链。艺博会作为一个高端品质的、聚合艺术原创生命力的展会，是以服务艺术创作人群、服务艺术经营主体、服务艺术爱好收藏人群为目的的艺术品市场的一个分支。如何将艺术圈一级

---

① 罗书银：《艺博会报告之三：一个参展画廊的经济账》，雅昌艺术网，2012 年 4 月 13 日，gallery. artron. net/20120413/n230876_1. html。

市场的产业形式与环节同时聚合在同一个平台上,引领艺术创作理念和艺术的前卫性和创造力,开拓艺术市场的交易与交流的功能,发挥好博览会的展示与展览的功能等等,是发展建设艺术博览会的关键。

第五节 艺术品金融市场现状分析

艺术品金融化并非我国特有的现象,而是契合全球艺术品市场的发展趋势。艺术品金融化是指艺术品的基金、信托、抵押、保险等艺术市场与金融工具的结合。国际上较早的艺术品基金例如英国铁路养老基金(British Rail Pension Fund, BRPF),是专为艺术品提供的抵押、担保、保险等金融增值服务的[①]。

2012 年,我国艺术品金融市场表现出一系列新的发展态势,以艺术品信托、基金为代表的新经营主体表现活跃,艺术品网络交易范围扩大,成为突破传统交易模式的一种新尝试,这种新突破也让艺术品交易走向普通投资者。

一、艺术品基金开始谋求转型

目前中国的艺术品基金尚处于摸索发展的阶段,真正能挣钱的基金不足三成,可以说,正在重复西方从扩张到萎缩的模式。中国的艺术品基金在发展过程中遇到的主要问题有:

第一,艺术品基金的流动性差,退出机制单一。这是目前艺术品金融市场要面临的一个大问题。国内艺术品基金 80% 从拍卖市场出货,但 2012 年艺术品拍卖市场不景气,很多艺术品基金到了兑付期,但退出渠道只有单一的拍卖市场,原来高价入仓的艺术品在 2012 年无人接手,这让那些需要清盘退场的基金产品的退出之路显得尤为艰险。

第二,缺乏管理、法律法规缺失、市场数据不真实、暗箱操作严重等问题也让许多投资者并不看好国内艺术品基金。目前来看,那些依靠低吸高抛赚取差价的艺术品基金已经很难存活下去,艺术品基金要持续发展,就要放弃炒作,扎扎实实做好服务。

在此情形下,部分艺术品基金开始谋求转型,一些公司主动代理艺术家的作品,并且充当画廊经纪人和投资基金的双重角色,对艺术家进行全方位推广,挖掘其商业潜力;还有一些艺术品基金将投资标的从书画板块转向器物领域,茶叶、牛

① 杨心一:《2012 年市场预测:艺术品金融化趋势加强》,《上海证券报》2012 年 3 月 23 日。

角、翡翠、红木、象牙和寿山石都成为资本的目标。

二、艺术品信托进入深度调整期

2012 年,中国艺术品信托市场问题频出,崭露艺术品信托市场的风险。北京雅盈堂文化发展有限公司运用“高价拍卖得艺术品——抵押拍品发行信托——以信托资金支付货款”的杠杆运营模式,在 2010 年 6 月的春拍中以 4.368 亿元天价拍下黄庭坚《砥柱铭》后,以《砥柱铭》作为抵押,同吉林信托发行了一款融资型信托产品,融资规模达 4.5 亿元,至今仍为艺术品信托计划中金额最大的一单。后续几年,雅盈堂连续发行过多个艺术品信托,手法类似于利用多张信用卡循环还贷,并且,雅盈堂曾是多款艺术品信托产品的投资顾问机构,截至目前,已通过信托平台圈钱近十亿元,而这家公司注册资本不过 1000 万元,一旦出现问题,赔付能力存疑。到目前为止,艺术品信托发展中出现的一些问题仍没有有效的解决方案,因此,众多信托公司对于艺术品信托的态度越来越审慎。

三、文化艺术品份额交易正在退潮

自 2011 年上半年开始,全国各地出现了地方几类文交所引发多起侵占客户资金、经营者携款潜逃等事件。被视为金融创新的艺术品份额化交易模式,由于规则不明、监管缺位,逐渐异化为击鼓传花的金钱游戏。在看似繁荣的市场背后,存在一些交易乱象,从而暴露出文交所热潮的非理性状态。

例如,2011 年 1 月 26 日,天津文交所将天津山水画家白庚延的两幅作品《黄河咆哮》和《燕塞秋》分别拆分为 600 万份和 500 万份,以每份 1 元的价格挂牌交易,由此拉开了艺术品份额交易的序幕。截至 2012 年 11 月 27 日收盘时,在天津文化艺术品交易所进行份额交易的“黄河咆哮”收盘价为 1.47 元,比最高点 18.70 元下跌了 92%;“燕塞秋”收盘价为 1.36 元,比最高价 17.07 元下跌了 92%。

国务院 2011 年 11 月份下发《清理整顿各类地方交易场所的决定》,要求各地在 2012 年 6 月 30 日前完成清理规范工作,规范了刚刚起步的各地文交所的相关业务。截至 2012 年 9 月,泰山、郑州、成都三家文交所先后宣告取消艺术品份额交易,在 60 多家曾经提供“类金融化”艺术投资产品的文交所中,仅剩下天津文交所一家仍未停止交易。

第六节 艺术品经营业发展趋势分析

一、艺术品市场整体进入深入调整期

在经历了几年的狂热和泡沫化以及2012年遭遇的最坏状况之后,艺术品市场开始逐步回归常态。经过调整,市场下滑的势头有所缓解,成交状况、市场行为和各方心态等都在逐步好转,特别是经过此轮调整,艺术品投资的心态、投资取向和行为都将更加规范,拍卖公司之间“你超我赶”的创纪录、收藏者不顾自身能力扩大艺术品投资规模等现象也有明显改观,市场参与各方渐趋理性,有助于市场长远健康发展。2013年的艺术品市场在宏观经济逐步转好的背景下也将会有所回升,同时也将会加快艺术品市场整体调整的步伐。

二、艺术品拍卖市场分化明显

分化是2012年艺术品拍卖市场所反映出来的主要特征,具体体现在以下几个方面。一是拍品板块的分化。春拍时,传统板块及文化内涵板块如文玩、书画、瓷器等相对稳定,其他板块也不乏热点。而到了秋拍,传统板块的地位进一步凸显,其他板块则表现平平。

二是拍品分化趋势比较明显。那些文化含量高、艺术水准高的经典性艺术品价格变化不大,而平庸的一般性艺术品价格下降的较多,并且,这种分化的趋势会随着调整的深化而进一步加剧。这种追逐高艺术精品的现象可以看做是中国艺术品市场的一种价值发现过程,说明投资者的艺术鉴赏水平在提升,艺术品市场正在经历一场从以量取胜到以精取胜的变革。

三是区域分化明显。北京区域及在京的大企业在调整中受到的影响较大,而新兴地区及企业因处于发展初期,因此,受到影响不大,例如陕西、广东等一些区域的市场。

艺术品拍卖市场的分化最终将会使市场变得更加理性与成熟,使市场的专业水准越来越高,使一些没有形成规模经济、带有投机性、运营不成熟的小型拍卖公司逐渐退出市场竞争,从而实现拍卖行业绩效的最优化,使艺术品拍卖业更易形成规模效应。

三、海外征集拍品进程加快

随着拍卖公司业务竞争的加剧，一些有实力的拍卖公司除了继续深入挖掘拍品的文化价值外加快了海外征集拍品的进程。在当地设立办事处，派专人寻找好的藏品。这种做法增加了拍卖公司的成本，但同时也能成为拍卖会上的亮点，达到较好的成效。

四、新型收藏投资文化的构建与发育

收藏投资文化的建构与培育是中国艺术品市场成熟与理性发展的重要标志之一，更是不断夯实市场基础、优化市场秩序的重要力量。艺术品市场经过本轮的深入调整之后，会促动以价值发现和管理为主线的新型收藏投资文化的兴起与认知。

五、艺术品交易税收结构调整

2012 年初，有关部门在《关于 2012 年关税实施方案的通知》中，规定三类艺术品进口关税税率由 12% 降至 6%（暂实施一年），着手中国艺术品交易市场的税收结构改革。但实际上，除了这 6% 的关税，艺术品在实际交易中另外需缴纳 17% 的增值税，对进口艺术品的实际征税额度达到了 23%。相对美国、加拿大、新西兰、韩国以及中国香港的艺术品零进口关税，中国进口艺术品依然处于高税重压之下。迫于高额税费的压力，一直以来内地一些艺术品机构、画廊和藏家选择了“避税”的方法，最常见的就是私自携带、临时入关和低价报关。这一方面会对海外艺术品的回流产生影响，另一方面将大大影响艺术品卖家、投资者的投资意愿。艺术品关税对中国艺术品市场的长远影响仍然值得重视。

六、艺术品市场的理论建设得以强化

随着艺术品市场规模的不断拓展，市场关系的日益复杂与社会关注度的进一步提高，认识并很好地把握市场发展的内在规律成为一项重要的基础性工作。未来，进一步深入认识市场发展的结构、态势及法规政策的制定等，强化对艺术品市场的认识以及相关理论建设工作，都将具有重要意义，也可以看做是市场调整过程中的一项重要工作。

中国艺术品市场比较独立,封闭性较强,传统市场主要依靠内需推动市场的现状有所改变,市场国际化的进程正在加快。从目前来看,关键是要尽快培育我国拍卖业、画廊业等艺术品市场主体的核心竞争力,着力点除了税收政策的调整外,还需加强艺术品市场的学术研究能力、资金运作能力及专业与职业化的运作能力。

行业报告八

演出产业年度发展报告

向 勇 张 慧*

2012年的中国演出市场延续了往年的发展态势，稳步前行。政策方面国家对“十二五”期间演出产业的发展进行了详细的规划，在《文化部“十二五”时期文化产业倍增计划》中，演艺业位列11个重点行业和发展目标中的首位。文化与科技融合成为政策亮点，演艺与科技的结合也得到了政策上的强调。经营主体方面，国有演出院团体制改革基本完成，改革任务完成率超过98%，标志着文化体制改革阶段性任务中最艰苦的攻坚战取得决定性胜利，积极面向与开拓市场使国有院团在市场竞争中不断发展壮大；民营院团在剧目创作方面更加有活力，更加贴近市场需求，为市场贡献了越来越多的精彩剧目，成为丰富我国演艺市场内容的重要力量；剧院院线在整合演出资源、开拓演出产品渠道等方面起到重要作用，但也存在内容不足、消费潜力开发不足、盈利模式模糊等问题。投资方面，继旅游演出之后，话剧成为新的投资热点。海外推广方面，我国演出项目海外制作能力进一步提高，海外长期驻演剧目又出力作，以通过演出内容销售文化产品成为促进中国文化走向世界的又一方式。然而，在行业数据统计、政府扶持资源分配、专业人才资源培养及消费潜力开发方面仍存在较多问题亟待解决。

第一节 演出产业政策法规

2012年，“十二五”文化改革发展规划出台，其中对演出产业的改革发展工作作出了明确规划。另外，文化与科技融合成为政策热点，演艺与科技的结合得到了政策上的强调。

---

* 向勇，北京大学艺术学院副院长、副教授，北京大学文化产业研究院副院长，国家文化产业创新与发展研究基地副主任；张慧，北京大学艺术学院硕士研究生。

一、文化部"十二五"文化改革发展规划

2012 年 5 月,文化部印发了《文化部"十二五"时期文化改革发展规划》(以下简称《规划》),从加强文化产品创作生产的引导、加快构建公共文化服务体系、推动文化产业成为国民经济支柱型产业、加强对外文化交流与贸易等方面为"十二五"期间的文化改革发展提出了更加详细的规划蓝图。

《规划》中对演出产业的发展做出了明确规划,要求"十二五"期间,推出 100 部以上深受人民群众喜爱、久演不衰的优秀保留剧目和精品剧目,"实施精品战略"。引导广大文化工作者自觉践行社会主义核心价值体系,坚持社会主义先进文化前进方向,反映人民主体地位和现实生活,积极发挥重大文化工程的示范作用,把精品意识贯穿于文艺创作生产全过程,不断增强艺术院团、美术馆、画院的创作演出展览能力,提高文艺作品质量。加快构建公共文化服务体系方面,要广泛开展群众性文化活动,以群众文化需求为导向,鼓励广大文化工作者生产创作一批深刻反映时代精神,具有浓厚生活气息和较高艺术价值,为群众喜闻乐见的文化精品剧(节)目,并加强推广力度。推动文化产业重点领域发展。积极协调有关部门,逐步完善文化产业各门类政策,改造提升演艺、娱乐、文化旅游、工艺美术等传统文化产业。

2012 年文化部发布《文化部"十二五"时期文化产业倍增计划》,明确提出了"十二五"期间的 11 个重点行业和发展目标,其中首个便是演艺业。《倍增计划》提出,将建设 10 家左右覆盖全国主要城市的全国性跨区域的文艺演出院线,形成一到两个国际知名的演艺产业集聚区,为实现从演艺大国到演艺强国的跨越奠定基础。至此,文化演艺已经上升到国家战略的显要位置。

二、文化科技融合

2012 年,文化与科技融合成为政策热点,演艺与科技的结合也得到了政策上的强调。其中最具代表性的两项政策即《国家文化科技创新工程纲要》《文化部"十二五"文化科技发展规划》,这两项政策的颁布与实施,使创意与科技的融合成为当下文化产业发展的重要路径。党的十八大报告也重点提出建设社会主义文化强国要"促进文化和科技融合,发展新型文化业态,提高文化产业规模化、集约化、专业化水平",吹响了新时期我国社会主义文化建设的新号角。

《国家文化科技创新工程纲要》强调,须重点围绕演艺、工艺美术等产业发展开展技术创新和应用服务示范。研究增强舞台艺术表现力的声光电综合集成应

用技术、基于虚拟现实的舞美设计与舞台布景技术、移动舞台装备制造技术和演出院线网络化协同技术等演艺关键支撑技术，提升文化演出的艺术创作力、感染力、表现力和传播力，调整和优化传统文化演艺产业结构。

《文化部"十二五"文化科技发展规划》中强调了文化科技工作的重点任务及领域。在"文化装备与系统平台建设"领域中，要加快发展文化装备制造业，以先进技术支撑文化装备、软件、系统研制和自主发展。提高包括演艺业在内的重点产业的技术装备水平与系统软件国产化水平；发展面向公共文化服务与传播渠道建设的文化资源处理装备、展演展映等装备和流动服务装备与系统平台；研发面向网络文化的内容制作、传输、消费和监管的模块化单元产品等重大关键技术，提升数字文化技术装备水平；攻克演艺装备数控系统、功能设备的核心关键技术，实现演艺灯光、音响、舞台机械与数控系统的协同发展与统筹部署，打造完整演艺装备产业链，大幅提高我国演艺装备产业的国际竞争力；开发工艺品与工艺美术辅助设计、舞台虚拟创作与演出彩排、数字内容生产等重大系统平台；推进各类技术创新服务平台建设，推动平台运行服务。在"文化传播与服务"领域中，综合利用现代高新技术扩大公共文化服务的有效覆盖与服务效率；推进针对互联网传播秩序、新兴媒体传播、文艺演出院线、网络内容生产和服务的新技术新业务的集成应用与集成创新。

第二节　演出产业年度发展概况

2012 年，中国演出产业平稳发展，演出与旅游、网络、动漫等其他产业进一步融合，新业态不断涌现；科技的运用使演出更加精彩，我国演出产业正在积极将声、光、电、形、影、音等高新技术融为一体，将数字科技成果转化为现实文化艺术创作工具，将电影、动漫艺术、网络游戏中的虚拟舞台场景实现在舞台表演中，实现舞台全方位智能化控制能力提升。中文版经典音乐剧受到市场追捧，《妈妈咪呀!》中文版、《猫》中文版均收到了良好的市场反响，但原创剧目的创作能力尚需加强。

第一，产业模式方面，演出与其他业态融合成为常态，国内演出市场与旅游、网络、动漫等领域跨界融合趋势日益明显，演出新业态不断涌现。

随着科技的进步、市场的培育和政策的扶持推动，十七大以来，国内演出市场与旅游、网络、动漫等领域跨界融合趋势日益明显，演出新业态不断涌现。文化部文化市场司娱乐演出艺术品市场管理处处长李蕊表示："近年来兴起的旅游演出、动漫演出、音乐节等大型演出活动为演出产品的创作、运营带来新的模式，注入新的活力,有助于提升演出产品的文化内涵、拓宽演出策划的融资渠道、推广演出宣传的品牌理念、挖掘演出消费的市场潜力。"①

为促进演艺业与其他业态的融合,十七大以来,文化部出台了一系列扶持政策和试点方案。如2011年9月,为了推动网络演出市场的发展,文化部文化市场司授牌中国东方演艺集团、北京新浪互联信息服务有限公司等13家单位作为网络演出试点单位,以鼓励这些企业开拓创新,引领网络演出市场的发展。

为了推动旅游演出的发展,近年来,文化部加强了和国家旅游局以及地方的合作。如2010年10月至11月,文化部、国家旅游局在其联合举办的首届中国国际文化旅游节上公布了《国家文化旅游重点项目名录——旅游演出类》,通过示范引导将旅游演出业推向专业化、规模化、品牌化。同时,文化旅游节通过精品展演等系列文化活动为主办城市带来了大量游客和联动效益,开创了以文化项目弥补旅游市场季节性浮动的先例。其中运作《宋城千古情》的杭州宋城旅游发展股份有限公司已经顺利实现上市,成为中国旅游演艺业第一股。②

2010年,凭借"主题公园+旅游文化演艺"的独特经营模式,宋城股份成功登陆深圳创业板,成为"中国旅游演艺第一股"。演出和宋城景区融合,既依托了宋城景区的品牌知名度和影响力,又成为宋城景区的文化灵魂,从而大大提高了宋城景区的市场号召力,两者相辅相成打造了"宋城"和"千古情"两大品牌。经过时间和市场检验的"主题公园+旅游文化演艺"主营模式目前正在向全国输出。2011年,宋城股份开始面向全国一线旅游目的地进行战略布局,其独特的旅游文化演艺经营模式正在被迅速地复制。2012年,全新的大型歌舞《吴越千古情》在杭州乐园大剧院内上演,这一台全新的"千古情"系列作品,是宋城股份进行的品牌复制。

动漫与演出的结合也逐渐成为市场的热点。动漫舞台剧是以动漫文化为载体而衍生的一种舞台剧形式,对于构建完整动漫产业链和丰富演出行业市场细分具有重要意义。例如2009年,中国木偶剧院与"喜羊羊与灰太狼"版权方广东原创动力达成协议,推出大型动漫卡通舞台剧《喜羊羊与灰太郎之记忆大盗》。版权方提供剧本及导演、编舞等幕后创作团队,并采用原版配音和音乐,保持亲切感与原汁原味。该舞台剧推出后得到了良好的市场反响和票房回报,成为中国木偶剧院的精品剧目。2013年春节期间双方合作推出了第二部《喜羊羊与灰太郎之三个愿望》。

---

① 杨浩鹏:《中国演出市场有了质的提升》,《中国文化报》2012年6月13日。

② 同上。

第二,产业技术方面,科技让舞台更缤纷。演出产业正在积极将声、光、电、形、影、音等高新技术融为一体,转化为演艺创作的新手段,实现舞台全方位智能化控制能力提升。

数字化舞美科技应用是当今国际艺术科技领域发展的前沿,是文化产业发展的制高点。我国演出产业正在积极将声、光、电、形、影、音等高新技术融为一体,将数字科技成果转化为现实文化艺术创作工具,将电影、动漫艺术、网络游戏中的虚拟舞台场景实现在舞台表演中,实现舞台全方位智能化控制能力提升。

人机交互和可视化问题是舞美科技中的热点。通过利用三维数字投影系统形成实景虚拟影像的结合及全虚场景,能够在现场表演中实现"虚实结合、虚即是实、实即是虚"的境界,从而增强数字化表演的艺术表现能力,带给观众一种融入体验式交互真实感。

大型音乐舞蹈史诗《复兴之路》这部国庆60周年献礼作品以仿真模拟、高保真视频等现代舞台美术技术,再现了宏大场景,也更易和观众互动。中国实景演出的创始人梅帅元的旅游文化项目均从当地的文化中找到主题,提出创作思路,同时融合先进的科技表达方式,取得了艺术和市场的双丰收。在这些成功的演出剧目中,只要是艺术家想象得到的,技术就能千方百计地去实现,为创意的实现提供了坚实的物质保障。

然而,在整个舞美领域,我国基本还处于"刀耕火种"或"钉子工程"作业方式。舞美的作业方式和装修队差不多,无数的小包工队在承揽着地方与国家的各项演出工程,处于无标准、无认证、无价格体系的混乱局面。传统的布景制作成本高、效果不佳,也严重制约了戏剧艺术的普及与推广。舞美的产业化、规模化势在必行,应以新的发展方式推动舞台艺术的高质量、高效率的发展,让更多的资源和资金用于艺术家的创作,打造更有想象力和艺术性的作品。①

第三,产业内容方面,国外经典音乐剧中文版获市场好评,原创剧目精品极其匮乏。

在精品剧目创作方面,2011年7月8日至2012年1月19日,由中国对外文化集团公司、上海东方传媒集团和韩国希杰集团联合制作出品的世界经典音乐剧《妈妈咪呀!》中文版无疑是近几年中国本土化演艺剧目创作的精品力作的代表,该剧在上海、北京、广州、重庆、武汉、西安6地连演191场,观众超过30万人次,票房超过8500万元,成为2011年度国内最受瞩目的演出项目。另一部音乐剧

① 张玉玲:《科技让舞台更缤纷》,《光明日报》2012年7月19日。

《猫》中文版自2012年8月亮相以来,在北京、上海等地的演出场次近120场,观众总人数超过13.5万。由陈道明与何冰主演、徐昂导演的《喜剧的忧伤》还引发了“买票的忧伤”,创造了2012年话剧的票房奇迹;厅堂版昆曲《牡丹亭》在北京大学百年讲堂演出时也出现了一票难求的景象。这种现象也说明观众对戏剧的欣赏能力和接受程度逐步提高。

虽然2012年上演的戏剧作品不少,但难觅原创佳作,真正有好口碑、好票房的剧目多数还是一些引进剧目或者是类似《喜剧的忧伤》这样的经过重新排演的明星戏剧。制造业领域的“粗放式发展”已开始在戏剧演出市场中出现,制造的戏剧产品数量虽多,但多在“低端”徘徊,而高附加值、高质量产品的知识产权和高额利润都不属于自己。另外,地方政府花费巨资建设的场馆更多地成为演出的码头,而没能成为艺术发育和原创的重镇。

第三节 演出产业经营主体分析

2012年,国有文艺院团的体制改革进入新阶段,民营院团在市场上发挥了越来越大的作用。剧场院线在整合演出资源方面发挥了重要作用,但也面临内容创作不足、消费能力不高等问题。小剧院在近几年实现了快速发展,极大丰富了演出市场。龙头票务企业带领票务行业逐渐走向成熟,团购演出票引发争议。演出公共服务平台为中国演出产业的规范发展、标准制定和资源整合奠定了更加坚定的基础。

一、演出团体

(一)国有文艺院团体制改革进入新阶段

党的十六大以来,国有文艺院团体制改革一步步深入,主要经历了三个时间节点(如图1-8-1)。经过九年的努力,特别是经过近三年来不断深化改革,国有文艺院团焕发出勃勃生机与活力,呈现出欣欣向荣的繁荣景象。截至2012年9月,全国文化系统承担改革任务的2102家国有文艺院团中,已有2061家完成改革任务,完成率超过98%,标志着文化体制改革阶段性任务中最艰苦的攻坚战取得决定性胜利。在已完成改革任务的院团中,转企改制院团1249家,占比61%,撤销院团435家,占比21%,划转院团377家,占比18%。[①]。

① 徐硙、刘奕湛:《我国国有文艺院团体制改革综述:谱写雄浑的改革交响曲》,中央政府门户网站,www.gov.cn,新华社,2012年9月14日。

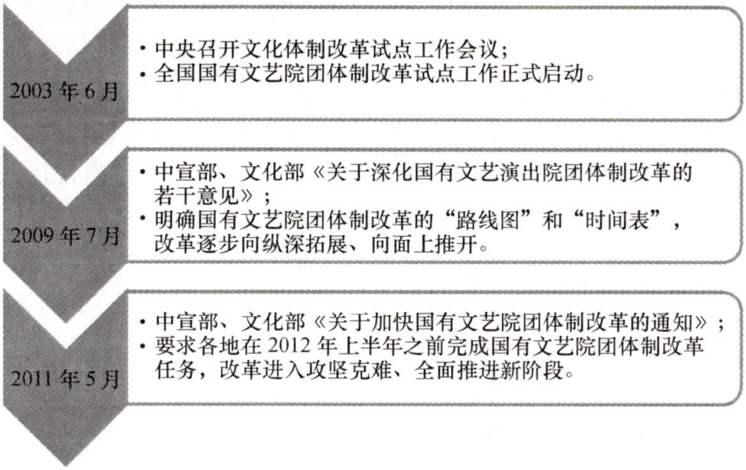

图 1-8-1　国有文艺院团改革线路图

根据相关资料汇编整理而成。

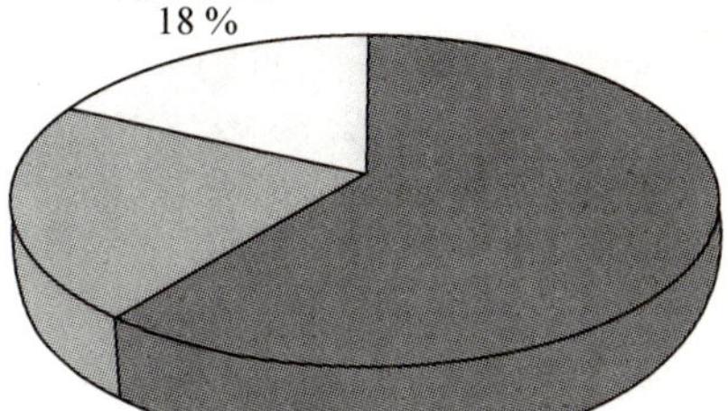

图 1-8-2　国有文艺院团改革类型分布图

根据相关资料汇编整理而成。

国有院团在改制过程中，始终坚持以科学发展为主题，以转变文化发展方式为主线，推动演艺业向规模化、集约化、专业化发展，演艺业整体实力和市场竞争力显著提高。实践证明，国有文艺院团只要积极面向市场、勇于开拓市场，完全可以在市场竞争中发展壮大，不断开创社会效益和经济效益双丰收的新局面。据统计，2011 年全国文艺院团演出场次达 155 万场次，比 2008 年增加了 64.5 万场次，增长 71.2%；演出收入达 52.8 亿元，比 2008 年增加了 32.3 亿元，增长 157%。一是演艺企业资源整合力度加大，国有骨干演艺企业不断涌现。中国东方演艺集团有限公司和北京、辽宁、江苏、上海等 14 个省（区、市）组建的省级演艺集团公司，成为演艺市场中坚力量。其中,北京演艺集团有限责任公司、安徽演艺集团有限责任公司、湖北省演艺集团有限责任公司注册资本超亿元,中国东方演艺集团有限公司、北京演艺集团有限责任公司、江苏省演艺集团有限公司年收入超亿元。二是演艺与旅游、创意、高新技术等产业深度融合,演艺产业结构转型升级有效推进。《丽水金沙》《印象·刘三姐》《时空之旅》《梦幻腾冲》等剧目,融入科技因子、旅游元素,成为知名演艺品牌。三是演艺院线发展迅速,演艺企业发展空间不断拓展。目前已形成中演演出院线、保利院线两大全国性院线,北方剧院联盟、西部演出联盟、东部剧院联盟、长三角演艺联盟、珠三角演艺联盟五大省际联盟。

文化部部长蔡武指出,国有文艺院团转企改制只是改革道路上迈出的第一步,下一步应按照兼顾当前与长远的原则,促进已完成改革任务的院团开展"回头看",规范改革工作,巩固改革成果,并继续深化改革,推动转制院团建立健全现代企业制度,着力提升市场竞争力,鼓励有实力的演艺企业以资本为纽带,实行跨地区、跨行业、跨所有制、跨媒体兼并重组,形成一批有影响、有品牌、有竞争力的企业或企业集团,打造一批具有较强国际竞争力的"文化航母"。[①]

从根本上看,国有文艺院团转企改制只是从形式上进行了院团的制度改革,真正让国有院团走向市场的原动力是优质的剧目内容。北京人民艺术剧院不属于"转企改制"范畴,但不改制不等于不动、不改。2008 年,北京人艺提出了"以机制改革为动力"的口号,小步快走。在小剧场制作人、战略合作、演员考核、舞美发展模式、经纪人、跨界创作等六个方面进行了"机制改革"。这些机制改革的措施已取得初步成效,陆续制作了《爱情的印象》《原野》《喜剧的忧伤》等作品。2012 年,北京人艺上演的剧目个个火爆,创纪录地完成了 5000 余万元的票房收入。作为一个没有转为企业的话剧团体,北京人艺以内部改制促进艺术生产力发展的实践证明:转企不是剧团的唯一出路,改革必须以促进生产力的发展为前提。文艺界的生产力,就是艺术生产力。

(二)民营院团生机勃勃,从边缘走向市场主体,成为丰富我国演艺市场内容的重要力量

近年来,随着文化体制改革的不断深入,民营艺术院团如雨后春笋,焕发出蓬勃的生机。据不完全统计,2010 年,全国民营艺术院团达 6800 余家,在数量、演出场次和从业人员等方面已经超过国有院团;经过两年的发展,2012 年,全国民营

① 苏丽萍:《国有文艺院团改革交出亮丽答卷》,载于《光明日报》2012 年 9 月 14 日。

艺术院团的数量已经突破8000家[1]。民营院团在剧目创作方面更加有活力,更加贴近市场需求,成为丰富我国演艺市场内容的重要力量。近几年,民营院团为市场贡献了越来越多的精彩剧目。

2012年的央视春晚,让“开心麻花”的品牌走入了更多观众的视野。这一年,春晚的语言类节目中共有五个小品,“开心麻花”参与了其中的三个。“开心麻花”是北京民营演艺机构中的翘楚,自2003年成立起走遍了全国三十多个城市,在大剧场演出超过1500场,观众人数超过百万人次,并计划在上海和深圳两地复制“开心麻花”在北京的成功经验。山西嫦娥文化艺术有限公司在发展之初就打破常规,走起了集剧目生产创作、戏剧文化研讨、戏曲人才培训于一体的道路。建立培训基地、自办艺术学校、成立戏曲表演班,按九年制教育标准开设文化课,并率先在山西省公开招聘优秀晋剧演员,入团演员享有参加国家专业考级、职称评定的待遇,这一系列举措不仅吸引了众多有才华、有潜质的青年演员,也极大地激活了戏剧产业。

11年前从电影转向舞台的陈佩斯几乎完整经历了民营院团从无到有、从被边缘到受尊重的蜕变历程。陈佩斯在舞台打拼的前十年是在不平等的环境中挣扎的,没向政府要过一分钱,甚至连存在都不被承认,在他的诚信演出和坚持奋斗下,陈佩斯在十年间做了七部作品,无一赔钱。在他看来,“好作品不能用钱砸,不要炫耀繁荣而要珍视,繁荣是每个人实实在在做出来的。”[2]陈佩斯领导的大道喜剧院格外重视专业化戏剧人才的培养,他们推出的大道喜剧培训班由陈佩斯亲自授课,陈佩斯从“人为什么会笑的生理反应”讲起,让学员颠覆了之前对喜剧的偏见和误解,明白了笑料的堆砌与真正的喜剧的差距,也教导学员尊重自己的职业,敬畏舞台,规矩做人。

于2003年创办的上海徐汇燕萍京剧团是上海122个民营剧团中唯一的京剧团,团长周燕萍坚定地走着她的原创之路,成功创作了《道观琴缘》《黄道婆传奇》等多部原创京剧作品。2012年3月,周燕萍又推出了革命题材京剧作品《涅槃之夜》,该剧的故事结构及表现手法采用了创新模式,整个演出中有闪回、有倒叙,在京剧唱腔表演之外,融入了影像视频、灯光音效,更加符合现代戏剧表演的特征,也更适合当下观众的欣赏口味。

---

① 刘淼:《民营院团已成市场有力竞争者》,载《中国文化报》2012年10月9日。
② 郭佳:《民营院团坚守戏剧理想从边缘走向受尊重》,载《北京青年报》2012年12月19日。

二、剧院

(一)剧院院线在整合演出资源、开拓演出产品渠道等方面起到重要作用,但也存在内容不足、消费潜力开发不足、盈利模式模糊等问题

演出院线制经过几年来的探索实践,取得了较为显著的成果。目前我国演出市场形成了以保利院线、中演演出院线为代表的国有院线和以大隐、戏逍堂、繁星戏剧村、刘老根大舞台为代表的民营院线组成的院线市场。在剧院院线的市场拓展中,剧院院线在整合资源、开拓演出产品渠道、丰富演出产品市场、满足人民演出文化消费方面起到了重要作用,同时,也显露出了一些问题,亟待解决。

制约剧场院线盈利很重要的一个原因是优秀内容不足,一些像国家大剧院和保利剧院这样的有实力的大型剧院能够吸引优秀剧目,而且有自创剧目的能力。然而对于小剧院来说,对于演出的内容无法准确把握,上演的剧目质量参差不齐,一些好的有明星参演的剧目就容易实现盈利,而其他一些水平一般的演出就很难盈利。

另外,剧场院线在向二、三线城市扩张时也面临很大的难题,首先是演出消费市场在二、三线城市发展相对较慢,还没有形成一个很好的消费氛围,从而导致政府补贴、社会资金比较少地向剧场院线投入。对于民营剧场院线,由于投资商看不清剧场院线的盈利模式,因此对民营剧场院线的投资也不是非常有力,只能靠业内人士一点点努力。

(二)小剧场戏剧迎来而立之年,近年来实现快速发展

近几年,方兴未艾的小剧场戏剧其实已经迎来了它的而立之年。我国小剧场戏剧是伴随着改革开放而发展起来的。1982 年 9 月 19 日,著名导演林兆华在北京人艺排练厅演出了小剧场话剧《绝对信号》,中国小剧场戏剧自此诞生。三十年过去了,而立之年的小剧场戏剧,如今在京城已成燎原之势。历经三十年的发展,小剧场戏剧从最初浓厚的实验先锋色彩,逐渐发展成非典型性实验戏剧和商业性戏剧占主导地位的格局,其演出具有形式多样、题材丰富、贴近现实等特点,并实行企业化管理和商业化运作。据统计,2011 年,北京小剧场演出总量为 249 台 2142 场,占全市总演出台数的 16.16%,超过大型演唱会,仅次于大中型剧场排在第二位。

而作为独立的演出场所,小剧场的蓬勃发展还是近几年的事情。三十年前,北京还没有一个真正意义上的小剧场;即便在 2005 年前后,北京也只有两三家小剧场,全年演出几百场。近几年来,在国有和民营剧团的共同努力下,北京小剧场实现了快速发展。据统计,仅 2012 年 1 月至 9 月,北京 24 家小剧场共上演剧目

354 台 3327 场，与去年同期相比分别增长 121%、163%，也就是说，北京的小剧场平均每天都有超过一部新戏上演，这其中民营剧社功不可没。这其中包括了创办"南锣鼓巷戏剧节"的蓬蒿剧场，建立戏逍堂巨像当代艺术院线，实现专业化创作、工厂化生产、院线性演出的戏逍堂，以及雷子乐及繁星戏剧村等小剧场。

政府也对小剧场戏剧进行了重点专项扶持。以北京市为例，北京市文化局对越来越活跃的小剧场话剧推出一系列扶持政策和各类活动，其中扶持政策分为三个梯次。第一梯次是从培养观众、戏剧爱好者入手扶持小剧场；第二梯次是扶持进行艺术探索的实验戏剧；第三梯次是关注有一定票房，又兼具思想性和艺术性的优秀作品。

为了树立小剧场戏剧正确的创作导向，防止小剧场戏剧低质低俗、随意恶搞、逃避监管、盲目引进，北京市文化局对全市目前在演的小剧场，全覆盖地进行暗访审看，提出整改意见，启动了优秀剧目鼓励扶植奖，对符合思想性、艺术性、观赏性统一，社会反映好的作品，给予每部剧(节目)50 万元的奖励扶持资金。

2012 年 4 月 16 日至 5 月 30 日，北京市文化局举办了优秀小剧场剧目展演，21 台优秀小剧场剧目演出了 42 场，其中原创作品占 85%，民营机构作品 17 台，对所有参演剧目给予每台 5 万元的扶持，对获奖作品奖励 10 万元。在北京市优秀剧目展演中，戏逍堂作品《大街小巷》是由市文化局向民营小剧场团体邀标创作的四部反映北京精神的作品之一。文化主管部门与民营小剧场团体签约排大戏，是市文化局引导小剧场健康发展的一个创新型做法。

三、票务

(一) 龙头企业带领中国票务行业走向成熟

演出票务行业在近几年逐渐走向成熟，并产生了具有一定代表性的龙头企业。2012 年 9 月 24 日，文化娱乐运营商永乐票务成为国内首家被文化部授予"国家文化产业示范基地"称号的演出票务公司。永乐自创始起即秉持"以技术提升服务品质"的理念，现在拥有联网售票管理系统、无线联网验票系统、自助售票终端、电子票、无线应用程序等多项专有技术，并成功运营了超过 50000 场大型的文化娱乐活动。永乐票务的当选为国内票务行业树立了产业发展的标杆，说明以高新技术带动服务品质以及向多元文娱领域发展成为提升票务行业发展水平的突破口。

(二) 团购演出票众说纷纭，乱象丛生

网络团购经过曾经的疯狂扩张和重新洗牌，如今已经成为被消费者广泛接受

的消费方式。网络团购的商品也越来越丰富,从餐饮、日常消费品向文化娱乐消费扩张。票务团购的现象越来越多,让消费者较传统购票方式享受到更多的优惠。然而票务团购却引起了票务公司、演出公司等各方的争议。

票务公司对票务团购采取谨慎和忧虑的态度。目前票务团购的出现对票务公司的业务影响并不是特别大,但是却会对消费者的消费习惯产生消极影响,让消费者认为演出票打折是天经地义。从市场情况看,一般加入团购的是不太好的演出或者演出商期望过高的演出,其初衷大致分为两类,一种是主办方希望通过团购这一形式减少损失,避免演出票积压,另一种则是以宣传为目的。但长此以往,会让消费者的消费观念发生变化,从而对票务销售造成困扰。

相比之下,演出公司对票务团购的出现则是爱恨交加。反对的一方认为,过低的低价团购票说明原价定价不合理,定价的不合理本应由演出商自己承担,但现在给消费者一种整个演出市场票价虚高的印象,让那些货真价实的演出反而变成无人问津的东西。这对那些认真做演出的演出公司是非常不公平的。支持的一方认为,票务团购只是一种营销方式。例如某个演出公司通过团购网站售出了1000张门票,当时是为了测试一下这个市场,没想到卖到一张不剩,而且第二天传统票务渠道仍然卖出了10万元的票房[①]。团购可以用低廉的价格吸引消费者前往,并且最终带动整体票房。

业内对票务团购票褒贬不一,但是票务团购的一些乱现象是不容忽视的。团购通常都是在网上进行,国内对此监控程度并不高,那些快速被消化的数字是不是真的还值得疑问,不排除为了卖票而进行数字作假的情况。有主办方甚至先将价格定高再推出特价,让消费者以为很便宜,如此以往,市场原本好容易降下来的票价有可能再次反弹。

四、演出公共服务平台

2012年,涌现出越来越多正规化的演出公共服务平台,为中国演出产业的规范发展、标准制定和资源整合奠定了更加坚定的基础。

"中国演出家协会"正式更名为"中国演出行业协会",由原本以个人会员联谊交流为主的简单团体,正式变身为以规范市场、制定标准引领演出行业发展的行业协会。中国演出行业协会的主要业务为:组织演出行业市场调研,向政府部门提供行业建议;组织实施演员、演出经纪人等演出从业人员资格认定工作;开展

① 李懿:《票务团购扰乱演出市场 票务公司演出商联手说不》,《东方早报》2012年3月1日。

演出行业技术、服务标准化的制定和推广工作；制订行业自律规范，调解会员因演出活动发生的纠纷；开展法律咨询服务，维护会员合法权益；组织演出从业人员开展业务交流、业务培训、行业评比和项目推广活动；组织国际国内演出行业交流活动；举办中国国际演出交易会和理论研讨、经验交流等活动。我国演出行业一直面临缺乏权威可靠的市场数据监测机构的问题，以全新面貌展现的中国演出行业协会承担了解决这一问题的重任。2012 年末，受文化部文化市场司委托，中国演出行业协会开展了 2012 年度演出市场调研及相关数据统计工作，并以此编制 2012 演出市场年度报告。编制演出市场年度报告，有助于准确客观地把握演出行业和演出市场的基本情况，预测市场走向及发展趋势，为政府制定政策提供依据，引领行业规避风险，为会员开展业务提供参考。

2012 年 9 月，国内首个国际演出剧院联盟——中国国际演出剧院联盟（以下简称“联盟”）在北京正式成立。新成立的联盟秉持“交流、合作、创新、发展”的宗旨，整合剧团、经纪公司与学术界等的相关资源，充分发挥各方优势，围绕艺术创作与整合交易，逐步完善演出产业链，争取社会效益、经济效益最大化，促进资源共享与合作交流，促进市场创新与产业融合。据了解，该联盟由文化部网络演出试点单位北京一千零一夜网络技术有限公司筹备建立，是国内首个由多家国内国际剧院及演出机构共同发起倡议组建的专业性演出合作体，首批加入联盟的剧院达到 71 家，包括杭州剧院、戏逍堂巨像当代艺术院线、辽宁演艺集团、广东省演出有限公司等。

2012 年 7 月，由北京文化艺术总公司发起，依托歌华院线战略体系，由宽友（北京）文化交流有限公司实施运营的 2012 北京国际演艺服务平台在北京中华世纪坛当代艺术馆剧场正式启动。该平台推出“首演推介剧场”活动，力图打造演艺界的交易集市，为各种演艺产品搭建一个自由交流和交易的平台。在活动中，不同种类的演艺产品以现场表演、幻灯片介绍等方式进行 20 分钟的展示，之后由演出商、剧场经理、企业客户、媒体人、专家学者以及专业从业者组成的特定观众群，填写“首演推介剧场”调查问卷并参与现场讨论，在对剧目的艺术性进行评价的同时，探讨其商业运作的可能性。

第四节　演出产业投融资状况分析

由于旅游演出在商业模式上的相对成熟和商业回报上较好的表现，因此最早得到了投资机构的青睐，如较早的“印象系列”，近期达晨创投投资的湖南琴岛演艺。如今，话剧市场的火爆也引来了不少投资机构的关注。2012 年，北京戏逍堂获得2亿风险投资,将在三年之内在全国开设100家剧场,成立一条名为“戏逍堂巨像戏剧艺术院线”的全国戏剧演出院线。今后,戏逍堂在运营模式上将重大改变,原来以戏剧制作为主,以后则将以发行和院线为主。此外,中国文化产业投资基金与开心麻花等5家文化企业签署投资协议,这是继该国家级文化产业投资基金投资新华网、中国出版集团之后的又一笔投资。

中投顾问文化行业研究员蔡灵表示,从收支比较来看,话剧仍然属于微利产业。首先,整个产业的发展模式还处在转变过程之中,原来固有的经营模式在某种程度上依然限制着话剧收益的产生和扩大;其次,话剧产业的运营过程缺乏科学性、规模化,整个产业链尚未形成,成熟度仍有待提高。①

从投资的角度看,内容好坏是投资商考量演艺企业的首要指标,具体参考标准为,一方面是拥有当下高票房并且能够长期获得高票房的演艺产品,另一方面是能够长期驻演的剧目和内容。投资商还看重内容企业是否能将自己的产品进行快速复制,以形成持续高涨的增长率。此外,投资人会从企业收入增长、内容可持续性、异地复制性、产品的盈利模式以及企业经营者的团队素质等方面综合考量。此外,加强演艺企业的综合性,在演艺内容之外延伸至乐园和其他衍生品,或者跟影视类企业融合,也是演艺企业获得投资的重要发展方式。

第五节　演出产业的国际推广

我国演出“走出去”主要是以文化交流、政治外宣为目的,真正进行市场化运作的极少,因而迟迟叩不开国际市场的大门。近年来,我国逐渐转变理念,积极尝试利用商业渠道和市场化运作来推进中国演出的国际输出,让一批有实力、有自主创新能力、有自己品牌的演艺企业应成为“走出去”的主体。

一、海外驻场演出的新突破

近年来,中国演艺产业在跨国运作方面有了突破性的进展,探索出一条“收购海外剧院+输出内容”的“走出去”创新商业模式。2010年,《功夫传奇》在被中国天创国际演艺制作交流有限公司收购的美国布兰森白宫剧院成功驻演,《少林武魂》在由东上海国际文化影视集团收购的美国大雾山旅游区东上海剧院成功驻演。驻场演出相对于传统的剧目输出形式更容易产生长久持续的效益,对文化资

① 郑洁:《演出产业陷“大而不强”怪圈,投资助力发展》,《中国文化报》2012年12月14日。

源的交流整合也具有积极作用。

《吴哥的微笑》是我国海外长期驻演的演出剧目中的又一力作。《吴哥的微笑》由云南文化产业投资控股集团独家投资运营,是我国国有文艺院团首个在国外驻场演出的节目。这是中国第一次在外国用极短的时间由中国的艺术家以自己的理念对外国文化进行全面的诠释。演出的导演、舞编、舞美全部是来自中国云南的顶级艺术家,他们充分运用"柬埔寨元素、中国手法"进行打造,用最现代的舞美科技,通过 LED 大屏幕,激光表演和声光电的运用,结合自己超然的艺术思维,以柬埔寨悠久的吴哥文化为背景,与柬埔寨的皇家演员们共同打造出了一场精彩的反映柬埔寨文化的大型旅游歌舞演出。截至 2012 年 3 月底,在柬埔寨暹粒省演出 470 多场,接待来自世界各地的观众 42 万余人次,运营基本实现收支持平。纯中国制造,展现的却是海外风情——中国文化输出的,不只是产品,更应有理念与模式。

另外,《吴哥的微笑》在运作过程中也得到了云南政府部门对海外主场演出的切实的政策扶持。2012 年 2 月,云南省文化厅与云南省商务厅签订战略合作协议,力图在更大范围、更深层次推动文化产业"走出去"。战略合作内容包括,双方报请省政府协调财政、金融、税务、投融资担保等部门和单位,在文化产品及服务出口、对外投资的资金补助及奖励、文化企业融资等方面加强支持力度。

当然,《吴哥的微笑》在经营过程中也遇到不少困难,包括柬埔寨特殊的政治和经营环境,以及市场经济还不发达,可供依托媒体有限,旅游市场不规范等问题都直接或间接地导致市场初期开拓困难,以及高额的成本投入。根据云南文化产业投资控股集团提供的数据,《吴哥的微笑》投资近 4000 万元,运作成本非常高。5000 多平方米的演出场地,合约 5 年,每月仅房租就需 2 万多美元,加上汽车、水电、演员工资等费用,每月开销 12 万多美元。2011 年《吴哥的微笑》赔了。但做演艺产品的一般规律就是第一年会赔,演艺产业需要时间去建立品牌。

二、以文化销售产品,促进中国文化走向世界

创建于 1958 年的上海民族乐器一厂,由在沪的 86 家民族乐器制作坊合并而成,是目前国内历史最长、规模最大的民族乐器制造商。几十年的发展历程中,上海民族乐器一厂经历了 20 世纪 70 年代的样板戏时代的辉煌,也经历了 80 年代"西风东渐"时代的落寞,更经历了 90 年代国人文化自觉提升,民乐重新复兴的转机。历史的沉浮让经营者越发重视对民乐市场的培育。近年来,上海民族乐器一厂采用以推广民乐营销乐器、开拓海外市场的创新策略,组建乐队到国外演出、在国外设立艺术学校和音乐教室,在取得经济效益的同时,也收获意外的社会效益,

将民乐文化推向了世界。

上海民族乐器一厂厂长王国振认为,“民族乐器和民族音乐唇齿相依、密不可分。”“爱音乐、学音乐的人多了,民族乐器的生产自然也就有了市场,有了销路。”王国振说。几年来,上海民族乐器一厂自建的“敦煌新语”小型民乐队在东北、西南地区进行巡回演出,并走出国门,赴日本、德国、新加坡等国家进行文化交流。从2006年起,一厂开始在世界各地创办敦煌艺术学校、敦煌音乐教室,聘用当地民乐老师教授洋学生。目前,敦煌音乐教室已在国内成立了88家,在新加坡、日本、美国等国家成立了16家。如今,上海民族乐器一厂的海外产品销售,主要集中于日本、美国、加拿大、新加坡、马来西亚、台湾和香港等国家和地区。王国振表示,“以前,我们是借助文化搞产品营销,现在是通过产品营销文化,希望能让中华民族的音乐走向世界。”①

第六节 演出业面临的挑战

我国演出产业在数据统计、政府扶持、人才资源、消费能力方面还存在较大问题。

第一,演出数据统计不准确,虚高现象严重,陷“大而不强”怪圈。

如今票房成为衡量演出行业发展状况的最为直观的指标,然而只将票房视为市场风向标是极为片面的,而且,当下还没有一个权威部门能够给出一个足够科学、全面、可靠的统计数据。

据道略文化产业研究中心统计,我国2011年演出业的收入是233亿元,其中票房收入占120亿元。从数据上看我国演出行业很红火,其实统计方法有待商榷。票房是反映演出经营活动的指标,但是还有很多相关收入,剧场收入并不等同于票房收入。其他的是相关收入,包括舞美企业收入、消费品收入等。所谓的票房收入其实是涵盖大量政府补贴资金在其中,并不是一张一张卖票的收入。可以说,在很大程度上演出市场的红火并不是演出消费增加造成的,而是依靠国家对演出的大量财政投入,这个数字目前已经达到上百亿。再加上统计方法、样本选择、统计手段等问题,使得演出市场数据整体偏高,水分很大,但是目前还没有更好的统计方法。②

① 曹玲娟:《以“文化”营销“产品” 把二胡卖到国外》,《人民日报》2012年5月16日。

② 姜琳琳:《中国演出市场还仅仅是初级市场》,《北京商报》2012年8月2日。

我国缺乏真正的大型演出企业。根据道略文化产业研究中心的调查,中国演出票房收入100多亿元,从业机构却达1万多家,平均一个机构一年只有100万元的票房,这种营收都只能算是小机构。“文化航母”在演艺产业里基本没有。

第二,政府盲目补贴,好心办坏事,挤压民营演出企业。

某些地方政府为制作文化政绩不计成本地投入大笔资金,高价请明星,请老百姓看演出,然后将投入的资金都计算在票房里,造成行业红火的假象,成为演出行业发展的隐患。不少演出机构已经执著于“跑”财政补贴,精力和心思不再放在创作和发现好项目上面。

同时,很多民营演出商觉得演出难做,得不到政府补贴,却要应对被补贴搅乱了的市场,和得到巨额补贴的转企改制企业在不平等的情况下争市场,这对民营演出企业造成了挤压,无法保证演出行业的公平竞争。

第三,演出产业专业管理和技术人才短缺,限制了演出行业的持续健康发展。

缺乏专业人才是演出行业面临的最为重大的挑战之一。仅以剧院管理为例,剧院是综合性很强的艺术机构,内部架构相当复杂。“光是舞台管理,就涉及灯光、音响、技术、统筹等方面。以国家大剧院为例,我们形成了21个部门、17个专业系统、118个科组的组织架构,专业涉及112个专业。”国家大剧院院长陈平举例说明①。如今全国各地的剧院建设已开始从一线城市向二、三线城市辐射,而且投资额、占地面积越来越大。据不完全统计,未来几年将有10家左右的大剧院建成并交付使用。大规模建设浪潮需要现代化的剧院管理,而人才是实现现代化管理依赖的重要资源。但目前我国别说剧院管理人才,连一般人员都供不应求,高级人才更是极度短缺。

第四,消费者的演出消费潜力有待发掘。

在内容生产领域,演出产业一直有不亚于电影产业的规模和实力,但在剧场、院线、消费群体等方面的提升速度均比不上电影产业。目前来看,演出产业有几个板块发展较好:一是旅游演出,2011年票房收入达28亿元,占了总产业票房的1/5强;另外就是话剧和娱乐演出,在以北京和上海为代表的大城市,以及随着城镇化进程逐渐发展起来的二、三线城市中,白领阶层以及中产阶级快速崛起,给这些戏剧板块以消费支持。娱乐演出的特点是大众消费,有形成规模发展的潜力,目前湖南、江浙一带做得比较好。

① 李蕾:《管理人才紧缺成为剧院行业巨大挑战 如何冲破发展的瓶颈?》,《光明日报》2012年3月16日。

会展节庆产业年度发展报告

秦　晴*

2012年,全球经济缓慢复苏、艰难前行。会展业作为经济状况的晴雨表,已经显现出欧美经济于衰退中缓慢爬行的痕迹。但在中国,会展业却呈现出风景这边独好的繁荣景象。国家积极引导展会专业化、信息化、品牌化和创新可持续化发展方向,有侧重发展展会,并限制展会规模、精简展会节庆,各地积极响应。2012年中国展会保持良好的发展态势,边贸展会发展活跃,二、三线城市展会凸显出踊跃的发展势头。

第一节　会展节庆业发展的政策环境

一、宏观政策出台引导助推会展业发展

(一) 商务部的重点支持及引导措施

1. 商务部重点支持110个展会

为有效发挥重点展会示范效应,推动展览行业健康发展,商务部组织专家对各省、自治区、直辖市、计划单列市商务主管部门及各大行业联合会向商务部推荐的展会进行评审,在此基础上,经平衡地区差异及行业差异后,初步确定中国(深圳)国际玩具及礼品展览会等110个展会项目作为2012年度商务部引导支持展会。由下表我们可以看出,北京、上海、广东的三大会展城市(省份)分别占据2012年度商务部引导支持展会前三名,百分比分别占总数的21%、20%和14%,三个城市(省份)占总数的55%,超过了总数的一半。

---

* 秦晴,深圳大学文化产业研究院助教。

表 1-9-1　2012 年度商务部引导支持展会

省份	数量	占总数百分比
北京	23	21%
上海	22	20%
广东	15(其中广州 12)	14%
小计	60	55%

资料来源:根据资料整理汇编而成。

2. 商务部引导四大展会发展方向

2012 年,商务部积极引导展会发展方向。第一,向专业化的方向发展。商务部部长助理仇鸿在 2012 年 5 月举行的中国会展业发展大会上指出,政府相关部门应密切配合,在加强行业管理、健全政策支持体系、推动展会的市场化专业化发展以及完善行业规范标准等方面做好工作。商务部会同有关部门研究制定了一批促进会展业发展的政策措施,积极推动展会活动的市场化进程,主张适度调控政府主导型展会,引导综合性、区域性展会向专业化方向发展。第二,控制展会规模,有侧重发展展会。商务部指出未来会展业发展不能再从规模上入手,需要遵从以下几大原则:一是做大做强龙头型展会;二是搞好搞活区域展会;三是做新做实专业展会。商务部未来将会重点推动货物贸易、服务贸易和技术贸易发展;从区域合作和有关外交功能划分,东盟博览会、亚欧博览会、东北亚博览会、中阿论坛和中国南亚博览会将是重点。第三,推动展会信息化发展。随着中国经济社会的发展,日益创新的高科技将对经济、社会生活以及会展业未来的发展带来变化和变革,展览和会议其实都可以探寻信息化的发展之路。第四,推动展会创新和可持续发展。商务部对政府主导型展会发展创新提出建议:展会创新不仅是模式,最主要的还是运营模式,要实现展会的可持续发展,科学发展。

(二) 财政部、国家税务总局发布通知,会展业被纳入"营改增"试点范围

根据财政部、国家税务总局财税[2011]110 号关于《营业税改征增值税试点方案》的通知,规定自 2012 年 1 月 1 日起,上海在交通运输业、部分现代服务业等生产性服务业开展试点营业税改征增值税。2012 年 8 月 1 日,营业税改征增值税试点范围,由上海市分批扩大至北京、天津、江苏、浙江、安徽、福建、湖北、广东和宁波、厦门、深圳 11 个省市。此次会展业被纳入"营改增"试点范围意味着营业税改征增值税后,将对会展业特别是出展业务造成较严重的影响。为此,北京国际会议展览业协会在广泛征求行业企业意见后,经和北京市相关部门协商,根据会展业的特点,恢复营改增之前的差额纳税政策。

(三)国家相关部委出台政策,要求精简各类会议展览活动

国家相关部委在近几年连续出台了涉及论坛、研讨会的要求和管理办法,严格控制举办活动论坛的数量和质量。

为进一步规范社会团体组织举办研讨会、论坛活动,建立健全相关管理制度,全国清理和规范庆典研讨会论坛活动工作领导小组和民政部于2012年3月23日制定《社会组织举办研讨会论坛活动管理办法》,并通知各商会、协会、学会遵照执行。该管理办法共17条,从健全管理制度、加强经费管理、规范活动主题和内容、加强监督检查以及责任追究等方面对社团组织举办研讨会论坛活动做出明确规定,国家相关部委在近几年连续出台了涉及论坛、研讨会的要求和管理办法。

2012年12月4日,中共中央政治局召开会议,一致同意关于改进工作作风、密切联系群众的八项规定。规定要求,中央政治局全体同志要精简会议活动,切实改进会风,严格控制以中央名义召开的各类全国性会议和举行的重大活动。会议指出未经中央批准一律不出席各类剪彩、奠基活动和庆祝会、纪念会、表彰会、博览会、研讨会及各类论坛。新一届中央领导把"精简会议活动"提到领导干部改进工作作风的高度,为此所有会展活动组织者都对此高度重视并贯彻执行精简会议及节庆活动。

二、会展节庆地方相关政策

2012年,各地相关部门相继出台相关展览业管理办法,规范展览业健康发展。如下表所示,政策多由政府出台,在出台的政策中,主要内容包含以下四个方面:第一,关于会展发展的全体布局情况,如有成都出台《成都会展业发展"十二五"规划》和山东潍坊出台《关于加快会展业发展的意见》;第二,关于会展资助的相关政策,如有北京出台《会展业办理增值税涉税事宜的通知》、天津出台《滨海新区会展业发展专项资金使用管理办法》和广西桂林出台《桂林市会展业发展资金使用管理暂行办法》;第三,关于会展知识产权保护的相关政策,如有《广东省展会专利保护办法》、《烟台市展会知识产权保护办法》和《新疆维吾尔自治区专利促进与保护条例(修订案)》;第四,关于会展管理的相关条例,如有西安市出台《西安市会展业管理条例(草案)》。

表 1-9-2　2012 各地出台相应的会展扶持政策

省市	出台政策(法规/通知)	出台单位	概况
北京	《会展业办理增值税涉税事宜的通知》	北京国际会议展览业协会	使会展行业的税制转换实现平稳过渡,消除重复纳税现象,减轻企业负担,促进北京会展业的健康有序发展
天津	《滨海新区会展业发展专项资金使用管理办法》	滨海新区商务委、发改委、财政局	首次设置会展业专项资金,重点培育优秀会展主体和与新区主导产业相联的品牌展会。
广东	《广东省展会专利保护办法》	广东省人民政府	旨在为展会知识产权保护长效机制建设工作提供重要法律保障。其中规定展会主办方应当与参展商签订参展合同,约定展会专利保护的相关条款,加强展会专利审查和保护工作。
四川	《成都会展业发展“十二五”规划》	成都市人民政府办公室	成都将重点发展会议、展览、节庆三大会展业态,到 2015 年实现把成都建成“具有国际影响力的中国会展之都”的目标。
陕西	《西安市会展业管理条例(草案)》	西安市会展办公室	条例草案对举办单位、场馆方、参展方的权利义务、会展活动备案、信息发布等进行了规范。
山东	《关于加快会展业发展的意见》	潍坊市人民政府办公室	全面提升潍坊市会展业发展水平,繁荣会展经济,打造山东半岛特色会展城市。
	《烟台市展会知识产权保护办法》	烟台市人民政府办公室	共四章 25 条,主要内容包括:制定办法的目的和适用范围;展会知识产权保护应遵循的原则;行政部门、展会举办方、参展商各自的职责和义务;展会知识产权侵权纠纷的处理及程序;法律责任等。
广西	《桂林市会展业发展资金使用管理暂行办法》	桂林市人民政府办公室	对展位、会议、地方特色节庆活动、会展公共性支持进行了分别规定。
新疆	《新疆维吾尔自治区专利促进与保护条例(修订案)》	新疆维吾尔自治区政府	对标有专利标识的产品或者技术,会展主办方应当查验其专利权有效证明或专利许可合同,进一步鼓励发明创造,提高自主创新能力。

资料来源:根据资料整理汇编而成。

继 2011 年天津、南宁、东莞、临沂、苏州等城市成立会展业发展专项资金后,2012 年涌现出新的城市成立会展业发展专项资金,助推会展业的快速发展。如武汉于 2012 年正式设立 2000 万元会展业发展专项资金,并对会展业各个环节实施差额征税,今后三年该资金将会提高到 6000 万元以上;桂林出台《桂林市会展业发展资金使用管理暂行办法》对会展进行相关奖励资助,对 2 万平方米以上展会最高可获15万元补助，并对于地方特色节庆活动根据规模和影响力给予2万—5万元的补助，对五届以上会展最高奖5万元。天津滨海新区于2012年初出台了天津《滨海新区会展业发展专项资金使用管理办法》，每年设立2000万元基金作为会展业发展专项资金。

第二节 2012年会展节庆发展概况

一、2012年会展业发展概况

（一）中国会展业发展总体情况

2012年中国会展业延续前一年的发展态势，继续稳步前进。一线会展城市之间的竞争愈发激烈，中小城市的会展业渐露头角。会展业的区域经济带动作用日益凸显。

据统计，截至2011年年底，全国规模以上展会已经达到6830场，总面积达到8100多万平方米，居全球首位。[①] 2012年，全国各地举办的标榜为首届、第一届的展会共有39个。在39个展会中，有3个展会是垂直细分的行业性创新项目，分别是中国（北京）国际服务贸易交易会、中国首届“城市矿产”博览会、国际CTI（Car Training Institute，全球最大的汽车传动会议组织）第一届中国论坛和展会。3个展会的举办地分别是北京和上海，这充分说明会展业发展较成熟的一线会展城市市场竞争更加激烈，更能“孕育”行业性创新项目。同时区域性的创新展会受宠，在39个冠以“首届”的展会中，31个为区域性创新项目，比例高达79.5%。[②] 虽然这些展览项目在大城市早已不新鲜，但是在中小城市却受到了前所未有的欢迎。

（二）区域性会展业各具特色，经济拉动作用明显

2012年，中国展览业仍然保持较高的活跃度和良好的发展态势，成为世界展览市场的亮点。当前，中国已形成“珠三角”、“长三角”、“环渤海”、“中西部”和“东北部”等多区域、多层次会展业集聚区，每个集聚区都形成了各自特色的品牌展览会。

成都、重庆、海口、济南、天津等会展二、三线城市会展发展迅猛。成都市会展业继续保持快速发展，2012年举办国际会议76个，展览154个，国际性展览38个，相当于平均每3天就有一次国际性会展活动，会展业直接收入50亿元，拉动消费超过了420亿元，促成各类商品成交3500亿元，签约投资项目2001个，协议

---

① 《整合资源突出重点 商务部支持会展业创新发展》，http://expo.ce.cn/newmain/roll/201301/31/t20130131_24082490.shtml，中国经济网，2013年1月31日。

② 《2012：创新路上中国会展业阔步前行》，《中国贸易报》2012年12月25日。

金额13075亿元。[①] 据重庆市会展行业协会第三届理事会2012年度工作总结报告显示，2012年全年，重庆市共举办展览活动521个，展出总面积441.4万平方米，创造直接收入54.3亿元，拉动消费435亿元，同比增长20.8%。[②] 2012年海口共举办各类展会205个，其中大型展览53个，会议152个。[③] 2012年，济南市举办各类展会155场次，展览面积220万平方米，参展观众833万人次，实现交易额1221亿元，拉动相关行业收入165亿元，密集的济南展会，带来人流的同时也带来可观的经济收入。[④] 2012年天津举办各类展会203个，同比增长20%；其中万平方米以上大中型展会86个，占展会总数的42%。[⑤] 津洽会、北方国际自行车展、旅游产业博览会等20多个知名大型展会成为全市会展业龙头。国际建筑石材产品及设备博览会，国际汽车工业博览会等八大国际展会成功引入本市，成为天津市会展业新亮点。据了解，湖南2012年全省共举办会展389个，其中，规模较大展览会183个，共计176.5万平方米，比去年减少4.6%。共举办国际性及全国性会议130个，较去年增加了23个；重大节会76个，比去年增加9个。会展直接收入15.7亿元人民币，带动交通、旅游、住宿、购物等相关产业收入为140.2亿元。[⑥]

表1-9-3　2012年各城市会展发展统计表

省份/城市	会展数量	展览面积（单位：平方米）	会展直接收入（单位：亿元）	拉动相关行业收入（单位：亿元）
成都	192	/	50	420
重庆	/	/	25	200
海口	205	/	/	/
济南	155	220万	1221	165
天津	203	/	/	/
湖南	389	/	15.7	140.2

数据来源：根据相关资料汇编整理而成。

① 《会展城市观瞻：大家仍在热身 成都早已狂奔》，http://big5.ce.cn/gate/big5/expo.ce.cn/newmain/roll/201302/06/t20130206_24100384.shtml，中国经济网，2013年2月6日。

② 《2012年重庆市会展业统计》，http://news.newexpo.com/NewsDetail65103.html，2013年1月29日。

③ 《海口会展业搭车"长三角"平台》，新华网，http://www.hq.xinhuanet.com/finance/2013-01/27/c_114513437.htm，2013年1月27日。

④ 《2012年济南举办各类展会155场次 交易额1221》，中国经济网，http://expo.ce.cn/newmain/roll/201301/30/t20130130_24077409.shtml，2013年1月30日。

⑤ 《2012年天津市举办展会超200个》，人民网，http://www.022net.com/2013/1-29/436429392216251.html，2013年1月29日。

⑥ 《湖南2012年会展业直接收入15.7亿元》，人民网，http://hn.people.com.cn/BIG5/n/2013/0228/c337651-18227750.html，2013年2月28日。

（三）以区域合作为重点的边贸展会发展活跃

无论从区域合作与发展来看，还是国家外交功能来看，边贸展会都承担着重要的发展角色，东盟博览会、亚欧博览会、东北亚博览会、中阿论坛和中国南亚博览会2012年发展活跃，并将成为未来发展的重点。由吉林省省委宣传部牵头，第八届东北亚博览会首次将2馆设置为文化产业馆。文化产业馆主要分为文化企业特装展区、文化产业精品展区、东北亚展区和动漫展区。在文化企业特装展区，长影集团、吉视传媒、吉林省新闻出版局、吉林动画学院、吉林电视台、吉林艺术学院等省内文化企业和高校参展，充分彰显东北亚区域各国丰富的文化资源和鲜明的文化特色。

二、2012年节庆业发展概况

随着经济的发展，各地纷纷举办各种节庆活动，以求拉动经济的发展，提高城市的知名度。据不完全统计，2012年全国各地展开大大小小的节庆有突破1万个，并呈现逐年迅猛递增的局面。人民网2012年度“最受关注十大节庆”“最受关注十大会展”“最受关注十大博览”及“最受关注十大民俗”相继揭晓，获奖名单如下表：

表1-9-4 中国十大节庆、会展

名称	内容
最受关注十大节庆	第十四届中国上海国际艺术节
	2012中国（无锡）吴文化节暨祭祀泰伯典礼
	2012中国贵州黄果树瀑布节
	北京第六届双胞胎文化节
	2012中国广元国际女儿节
	第十四届中国舟山国际沙雕节
	湖北荆门办第五届油菜花旅游节
	第十一届中国·泗洪洪泽湖螃蟹节
	中国·哈密“甜蜜之旅”第九届哈密瓜节
	第十二届中国普洱茶节
最受关注十大会展	第110届中国进出口商品交易会2012西安珠宝展
	第十二届中越（河口）边交会
	世界草莓大会
	第十三届成都家具展

（续表）

名称	内容
	新疆第二届藏獒展
	第87届全国糖酒会
	景德镇国际陶瓷博览会
	2012 北京车展
	首届中国特色商品博览交易会
	第四届中国无人机展
最受关注十大博览	第九届中国—东盟博览会
	2012 中国国际服装服饰博览会
	第18届义乌博览会开幕
	第八届“中国吉林·东北亚投资贸易博览会”
	第十届中国无锡太湖博览会
	第二届中国——亚欧博览会
	第七届中部投资贸易博览会
	第十五届西湖艺术博览会
	第十六届上海艺术博览会
	北京进口汽车博览会
最受关注十大民俗	张家港永联渔民祭祀长江迎“刀鱼季”
	上海豫园城隍庙举行民俗灯会
	福建泉州蟳埔举行妈祖巡香活动 蟳埔女盛装踩街
	中国首届彝族非物质文化遗产传承展演
	北京地坛庙会
	2012 兰州国际马拉松赛
	2012 贵州苗族姊妹节
	浙江嘉善:特色习俗迎端午
	云南彝良:奎香后山彝族火把节
	苏州金阊民俗文化旅游节

数据来源:根据相关资料汇编整理而成。

第三节 2012年会展节庆业发展特征

一、中国会展业并购浪潮持续来袭

2012年,中国会展业共发生6宗并购案例。2012年伊始,励展博览集团与中百会展(北京)股份有限公司达成并购中国日用百货商品交易会暨中国现代家庭用品博览会的合作,其中励展博览集团持有主要股份,并成立新的合资公司——励展华百展览(北京)有限公司。在完成对中国日用百货商品交易会的并购后,励展博览集团再次以惊人的速度对外发布郑州鑫达实业有限公司与励展博览集团成立合资展览公司的消息。2012年6月6日,双方就此组建的河南励展宏达展览有限公司签约仪式在河南郑州举行。这是励展博览集团首次布局中国华中地区。作为合资公司,2012年11月,河南励展宏达展览有限公司又与上海歌华展览策划有限公司签署协议,获得上海国际汽车装饰用品采购交易会(CSAE)的100%股份以及该交易会的全部资产,这是励展大中华区快速拓展汽车后市场的第二个大事件。2012年7月12日,上海博华宣布向上海高登商业展览有限公司收购上海国际葡萄酒及烈酒展览会(Winexpo)。上海博华为亚洲博闻有限公司和上海华展国际展览有限公司联合组建的合资企业。此外,博闻中国公司收购了广州汽车展50%的股权,以及深圳时装周展览会的部分股权。

虽然2012年不是历年来并购案例最多的一年,但持续多年的中国会展业并购热浪表明,中国会展行业仍处于并购活跃期。展会是一个资源整合的平台,通过并购整合优势资源,做大展会已成为会展业发展的必然趋势。并购应该是强强结合,即1+1>2,使整个产业链更趋成熟,解决了参展商和观众群体的需要,并购不但使展会本身获得快速发展,参展企业也同样获利不少。

二、会展产业链发展逐渐完善

2012年,成都成立了国内首个跨区域联合、全产业链覆盖的会展业服务及促进机构,促进会展产业链"抱团"发展。首批会员单位涵盖了会展业管理部门、专业服务机构、场馆酒店、旅游服务、会展教育及研究机构等108家单位。区域性联合能推动行业资源的有效流通和优化整合,在政策建议、规范管理、调查统计、数据互换、差异化竞争方面搭建对接交流平台,共同推动会展业的发展。

以天津滨海新区为例,该区于2012年初出台《滨海新区会展业发展专项资金使用管理办法》，从资金、服务、宣传上给予办展方及相关企业全方位的大力支持，除了吸引国内外知名专业展会外，天津滨海新区也将对国内外有较大规模、较高知名度的会展机构在新区设立总部或开设分支机构给予资金奖励，加快会展全产业链发展。针对目前会展上游领域相对薄弱的现状，天津滨海新区将力争吸引更多的知名展览、策划公司落户新区，同时加强与中国投资贸易促进协会等中介机构的合作；在中游领域，做好酒店、展馆等展会承接平台的开发服务工作；而在下游领域，通过相关政策、资金扶持，吸引更多的广告、速录、翻译等配套企业来新区发展，放大展会效应，挖掘会展业全产业链的商机。

三、会展场馆数量持续增长

2012 年会展业呈现场馆存量持续增长，在会展场馆的建设上，持续延续 2011 年的“一线城市与二、三线城市齐头并进”局面。总建筑面积达 60 万平方米的重庆国际博览中心于 2012 年底试运营，这是国内第二、西部最大的大型场馆。计划总投资达 15 亿元的鲁台会展中心 2012 年竣工，总建筑面积达 12 万平方米，并专设了台湾展厅承办 2012 年的鲁台经贸洽谈会。此外，国内有两个场馆于 2012 年启动建设。10 月，新昆明国际会展中心选址完毕，即将开工建设的新昆明国际会展中心项目，占地面积超过 2000 亩，涵盖会展、酒店、海洋公园、旅游等项目，总投资超过 200 亿元。另有国家商务部与天津共建项目——“天津国家会展中心”投入施工建设，建筑总面积达 120 万平方米，会展中心将以内外贸结合、进出口结合、货物贸易和服务贸易结合为发展模式，为推进天津北方经济中心建设发挥强力引擎作用。

四、科技文化相融相生，展览形式推陈出新

数字技术、网络技术的迅猛发展和广泛应用，极大地增强了文化的创造力和传播力，并成为我国文化产业发展中最具活力与潜力的组成部分，文化与科技相互融合，给会展业新添活力。作为目前亚洲规模最大的数字文化产业盛会之一，首届中日韩数字文化交易会为中国、日本、韩国文化机构创意和制作的原创数字文化作品，包括数字舞台剧、数字音乐作品、数字美术作品、数字视频以及游戏动画作品等。该展会汇集中日韩三国数字文化产业的主流企业、创作机构，云集与数字文化产业相关的运营商、渠道商及周边产品厂商，搭建三国数字文化交流交易最高水平的平台。在第五届海峡两岸文博会上，新设立数字内容与新媒体展区，首次齐聚中国移动、中国电信、中国联通三大通讯运营商，展出手机音乐、手机

动漫、手机游戏等内容增值服务基地,发布最新产品,把文化与科技的完美结合发挥得淋漓尽致。2012 年第九届深圳(国际)文化产业博览会涌现出大批新兴文化业态,除了为传统文化版图“开拓疆土”之外,文化与科技的融合还催生出三维动画、网络游戏、数字出版、移动多媒体广播电视等一系列新兴文化业态。

五、引入市场化运作机制,进一步提升会展专业性

由江门日报社、中国江门网承办的 2012 江门夏博会暨旅游博览会完全由承办方独立进行市场化运作,政府不掏一分钱。“政府搭台,企业唱戏”曾是各地政府扩大企业发展空间、招商引资的有效方式。但一段时期以来,政府主导型展会也有被业内诟病的地方:行政力量有时会对展会项目过度干预,违背了会展经济发展的客观规律。在会展经济舞台上,“搭台”者只能扮演组织协调或导演角色,引入中介机构和社会力量,依靠市场渠道来办展会。为此,在会展节庆业引入市场化的运作机制将成为一个趋势。

第四节 会展节庆业存在的问题与发展趋势

一、会展节庆业存在的问题

(一) 会展业发展存在问题

第一,政府主导型展会市场化运营遭遇难题。与国外会展业的“政府主导、市场运作”几乎相反,我国许多城市的大型会议或展览都由政府主办,政府对会展活动的具体运作干预太多。以东莞电博会首次提出取消政府补贴即遭遇招标流产为例,东莞电博会由政府财政扶持十几届,是东莞颇有影响的市政府品牌展会,也被业界称作“东莞唯一市政府品牌展会”,迄今已连续举办了 13 届。2012 年年初,东莞电博会相关成员单位向东莞市政府打了一份报告,提到将取消财政补贴,将东莞电博会推向市场化运营,报告得到东莞市政府的批准。2012 年 7 月中旬,东莞电博会开始招标,然而报名的会展公司不足 3 家,无法开标。“断粮”后的东莞电博会面临着如何市场化运营等一系列的难题。这也是政府主导型展会市场化的一个缩影。

第二,各地会展热度不减,造成结构失衡、场馆重复建设、资源浪费的后果。国内会展业区域会展业发展不平衡,各省市的会展业发展水平相差明显但又不是真正的“重点突出,合理分散”,因为缺少科学的总体规划,虽然全国的会展场馆

数量在增加，但仍不能满足会展市场的需要，从而使会展业发展陷入了"规模不经济"的怪圈。在空间布局上，我国会展业发展表现出"天女散花"的特点，各省市都提出要大力发展会展经济，而很少有城市注重自身的区位、资源条件及市场环境。

第三，产品雷同，创新不够，行业管理体制不健全。目前，国内会展业还没有统一的行业管理部门，这就无法协调各地展会的内容、层次和频率，会展市场秩序比较混乱，行业法规亟待健全。从总体上看，我国的会展企业受短期经济利益的影响较大，大多数企业缺乏品牌意识和长远观念，从而影响了国内会展品牌的树立。

（二）节庆活动存在问题

第一，节庆活动数量多，精品节庆项目偏少。虽然经济性节庆活动名目繁多，可真正为群众所喜闻乐见、为世人瞩目的"名节"不多，在经济效益和社会效益上获得双丰收的"名节"更是为数寥寥。第二，主题定位重复，活动缺乏创新。一些地方经济节庆的组织者对本土文化内涵挖掘不够，只是东施效颦般地仓促办节，从而造成近距离雷同和低层次重复。第三，市场作用未发挥，政府干预过多，行业管理不规范，政府政绩意识明显。目前政府占据节庆活动主导地位，当政府在市场经济中的角色定位不清晰的时候，必然造成不能很好地满足市场化的发展要求，企业被动参与，节庆活动质量不高、专业性不足。节庆活动的行业管理不规范，全国范围内缺乏统一规划和管理机制。

二、会展节庆业发展的建议

针对会展节庆业发展存在的问题，本文提出几点发展建议：

（一）建立会展节庆评估机制

目前，我国会展节庆活动数量多、品牌项目少，为此，建立合理的会展节庆评估机制势在必行。由国家联合相关研究机构建立并实施该评估机制，从会展节庆活动规模、文化内涵、经济收入、参节者数量、节庆组织者资质、运作模式、知名度等方面进行评估。举办的会展节庆活动达不到评估的标准，应主动撤销、停办会展节庆活动。此外，国家相关部门应控制新的会展节庆活动审批项目，对会展节庆组织者的实力和资质等进行严格审核，严格控制滥用财政资金和监督财政资金的使用效率。

（二）加强宏观调控，规范行业管理

会展节庆活动之所以差差不齐，与行业管理不规范有很大关系。为此，国家相关部门必须规范会展节庆行业管理。国家应成立可以统筹和管理会展节庆业的节庆管理部门,并给予该机构足够的权利,该部门负责协调、管理和服务,甚至要在财政上支持、政策上倾斜、产业上帮扶并给予它在阶段时间内的独家运作权力。同时,各地应成立会展节庆业的协会组织,共同参与会展节庆行业管理,规范和自律本行业的健康发展。

(三) 注重培育品牌会展节庆

随着会展节庆产业的发展步入竞争全球化时代,会展节庆产业的未来竞争无疑将更多地体现为品牌的竞争。国家应该鼓励并支持品牌会展节庆的发展,资助有国际品牌价值的、可持续成长空间大的会展节庆。

三、发展趋势

(一) 竞争加剧

随着市场竞争更加激烈,行业集中化程度和规范化程度将提高,但行业的利润空间进一步受到挤压。未来几年,会展节庆业的市场化程度不断提升,行业整体将面临更加激烈的竞争,企业兼并、淘汰趋势明显,集中度将提高。行业的竞争不单是会展企业之间的竞争,也包括会展城市、会展项目和会展人才之间的竞争,获得竞争优势需要创新文化会展项目,提升会展服务质量,也要降低会展服务价格,挤压行业利润空间。

(二) 新的商业模式

参与主体的行为模式将产生变革。文化会展业的主体包括场馆所有者、场馆运营商、会展活动服务商、参展商、参会者、参观观众等。行业的发展将推动场馆所有者和场馆运营商创新商业运营模式,探索更为有效的合作方式和场馆管理、盈利模式;推动会展活动服务商优化服务流程、规范服务内容、提升服务质量;吸引更多的参展商,举办更多有影响力的会议,吸引更多的观众。

(三) 市场化程度进一步加深

会展节庆业在运作上由政府一手操办转向政府主导、市场协同的模式。越来越多的文化会展由政府推动举办,但策划、组织、运行和资金来源都交由市场主体运作。如中国(深圳)国际文化产业博览交易会由有关部委主办,交由深圳报业集团、深圳出版发行集团公司、深圳国际文化产业博览交易会有限公司等文化企业进行市场化运作,形成政府主导、市场协同的运作模式。

文化旅游产业年度发展报告

秦　晴*

2012年中国文化旅游业全年形势维持"谨慎乐观"判断，国内、入境和出境三大市场形成"两高一平"态势，贸易逆差进一步扩大。经济寒潮中中国旅游经济的这股温暖，在给中国经济注入强心剂的同时，也受到了国际一线媒体的高度关注。中国消费者用旅游热潮反击经济萧条。2012年，国内旅游消费被宰的老大难问题、高铁改变出游方式、黄金周景区人满为患、邮轮旅游成为竞争热点、广东兴起绿道休闲游、中国成为奢侈品世界第一大消费国、中国游客成为亚洲到南极科考旅游人数第一、国际重大体育赛事主题游吸引眼球、日本游遇冷、个人台湾自由行第二批开放城市催生新一轮台湾游热等成为2012年度旅游大事。欢乐健康、休闲低碳、微营销、高铁旅游、智慧旅游成为2012年度旅游产业发展关键词。作为世界第一大出境市场与第三大入境市场，同时也是对世界旅游经济增长贡献率最大的国家之一，中国将成为全球旅游经济运行中更为引人瞩目的力量，牵动世界旅游经济格局走向，进一步促进世界旅游重心的东移。

第一节　相关政策与法规

一、《中华人民共和国旅游法(草案)》提请审议，进一步规范旅游市场

第十一届全国人大常委会8月28日、12月28日两次审议《中华人民共和国旅游法(草案)》，针对社会上反映最为强烈的旅游市场秩序混乱和旅游者维权困难等问题首次提请全国人大常委会审议的旅游法草案进行了必要规范。

1. 对"零负团费"的规定。

针对"零负团费"，草案规定旅行社不得以低于成本的价格招徕、组织、接待

---

* 秦晴，深圳大学文化产业研究院助教。

旅游者。针对强迫购物和另行付费,草案规定旅行社组织、接待团队旅游不得指定购物场所,不得强迫或者变相强迫购物,不得安排任何形式的另行付费旅游项目,导游服务费用应在包价旅游合同中明示;同时明确包价旅游合同内容必须包括旅游行程安排、游览娱乐项目的具体内容和时间、自由活动时间安排、旅游费用及其交纳等,旅行社不得在包价旅游合同约定之外安排收费项目或者另行收取费用。

2. 对旅游产品和服务的规定。

针对旅游产品和服务质量不高,草案规定旅行社组织旅游活动应当向合格的供应商订购产品和服务,包价旅游合同内容应当明确交通、住宿、餐饮等旅游服务的安排和标准。

3. 对旅游者维权的规定。

针对旅游者维权困难,规定县级以上人民政府应当指定或者设立统一的旅游投诉受理机构,要求受理机构及时处理或者移交相关部门处理,并告知投诉者;根据旅游纠纷中旅游者多为异地诉讼的特点,设置了特殊地域管辖制度。

表 1-10-1 《中华人民共和国旅游法(草案)》针对热点采取的具体措施

针对问题	具体措施
旅行社违约将支付旅游者赔偿金	旅行社置换、减少游览娱乐服务项目的,旅行社应承担继续履行、采取补救措施的责任,或者赔偿合理费用。无正当理由拒绝履行合同,应当赔偿旅游者的损失,造成旅游者人身伤害、滞留目的地等严重后果的,还须支付旅游费用一倍以上、三部以内的赔偿金。
规范网络旅游经营	通过网络从事旅游经营的经营者或者发布旅游经营信息的互联网服务提供者应在网站主页面或者从事经营活动的网页的醒目位置,明示旅游经营相关许可证信息、营业执照信息或电子链接标识以及旅游经营和服务的项目、价格等事项。
景区门票价格变动应提前6个月公布	景区经过主管部门批准方可有偿收取门票。利用公共资源开放的景区门票实行政府定价或者政府指导价。
县级以上政府应设统一旅游投诉受理机构	县级以上人民政府应当依法将旅游应急管理纳入政府应急管理体系,制订应急预案,建立旅游突发事件应对机制。
强迫购物　旅行社将被吊销经营许可证	旅行社安排旅游者在指定场所购物、强迫或者变相强迫购物、安排另行付费旅游项目的,旅游行政主管部门责令改正,没收违法所得并实施处罚及吊销旅行社业务经营许可证和相关人员证件。

根据相关资料汇编整理而成。

二、国家旅游局与国家质检总局签署《贯彻质量发展纲要提升旅游服务质量合作备忘录》,以提升旅游服务

为落实国务院《质量发展纲要(2011—2020 年)》和《关于加快发展旅游业的

意见》精神，提升旅游服务质量和旅游业发展水平，国家旅游局与国家质检总局签署《贯彻质量发展纲要提升旅游服务质量合作备忘录》。《质量发展纲要》中明确要求："到2015年，旅游、文化体育产业等服务领域质量标准与国际先进水平接轨。"为此，国家旅游局与国家质检总局将进一步深化合作，在旅游服务质量监管、旅游企业管理水平、旅游标准化工作、旅游业认证认可体系、旅游品牌培育发展、旅游诚信体系建设、进出境旅游中的生物安全、国际旅行健康保障、区域旅游质量九个方面推动旅游服务质量提升。

三、地方积极响应并推动"智慧旅游"进程

为贯彻落实《国务院关于加快发展旅游业的意见》精神，积极引导和推动全国智慧旅游发展，在自愿申报和综合评价的基础上，北京市、武汉市、成都市等18个城市成为国家智慧旅游试点城市。国家旅游局要求各试点城市将智慧旅游作为一项重点工作来抓。政府要在整合资源、组建机构和配套服务方面发挥主要作用，积极引导民间资本参与建设智慧旅游，建立统筹发展的体制机制，探索科学有效的发展模式。各试点城市要抓紧编制本城市《国家智慧旅游试点城市建设方案》。国家旅游局2011年提出，用十年左右在我国初步实现基于信息技术的"智慧旅游"。旅游活动作为生活方式的延伸，必然因信息技术发生革命性变革。随着在线旅游、邮轮游艇旅游、房车旅游、自驾车旅游等快速发展，为满足新兴需求，从技术层面说，最重要的就是实现基于移动互联等内容的"智慧旅游"。

在新的形势下各地纷纷加快智慧旅游建设，2012年北京市所有A级景区和三、四、五星级饭店初步完成无线局域网建设，实现免费无线上网；河北旅游"智慧景区"建设围绕景区展示虚拟化、景区运营智慧化、景区管理智慧化、应急处理智慧化等主要方面进行整体设计与建设，提升景区信息化建设水平和综合管理服务能力，为游客提供"快捷、多元、环保、高效"的旅游服务；重庆文化旅游产业技术创新战略联盟于2012年正式成立；我国首座省级数字博物馆——陕西数字博物馆2012年8月底开通，陕西省上线的博物馆数量不断增加，2012年底50家免费博物馆全部上线；山东省旅游局将重点扶持和培育100家"旅游信息化示范企业"，引导和鼓励旅游企业提高信息化水平。

第二节　2012年中国文化旅游业发展概况

2012年旅游经济得以延续2011年趋势，总量喜人，但入境市场堪忧。三大市

场中,国内旅游和出境旅游保持快速增长趋势,入境旅游规模总体变化不大。2012年区域内天灾频发,已在国际旅坛占有一席之地的中国旅游市场不免被波及。2012年旅游业总收入约2.57万亿元,同比增长14%。其中国内旅游约29亿人次,增长10%,国内旅游收入约2.22万亿元,增长15%。出境旅游超过8000万人次,增长15%。入境旅游1.33亿人次,下降1.5%,其中入境过夜旅游5740万人次,与去年基本持平;旅游外汇收入485亿美元,与去年基本持平。新增旅游直接就业约50万人。①

一、持续增长的国内旅游市场

1. 国内旅游再创新高

2012年全行业广泛开展了一系列"欢乐健康游"主题年活动。"中国旅游日"前后,2万多家旅游企业推出7000余项利民惠民措施。《国民旅游休闲纲要(2013—2020年)》即将由国务院办公厅颁布实施。乡村旅游成为国内旅游主战场和居民消费重要领域,年接待游客7.2亿人次;红色旅游发展再上新台阶,年接待游客6亿人次,增长15%;假日旅游持续火爆,中秋国庆长假接待游客增长41%,收入增长44%。国内旅游消费占居民消费总量达9%左右。② 2012年,中国特色的旅游发展模式基本形成,我国游客满意度总体上稳中有升,首次突破80分达到"满意"水平。

表1-10-2 2010—2012年全国旅游业发展概览

年份	国内旅游人数	同比增长	旅游业总收入	同比增长	外汇收入	同比增长
2010年③	21亿人次	10.6%	1.57万亿元	21.7%	458亿美元	15.5%
2011年④	26.4亿人次	13.2%	2.25万亿元	20.8%	/	/
2012年⑤	29亿人次	10%	2.57万亿元	14%	485亿美元	持平

数据来源:根据相关资料汇编整理而成。

---

① 《2012年我国旅游业总收入约2.57万亿元》,新华网,http://news.xinhuanet.com/fortune/2013-01/10/c_114326208.htm,2013年1月10日。

② 同上。

③ 《2010年中国旅游业统计公报》,国家旅游局官网,http://www.cnta.gov.cn/html/2011-11/2011-11-1-9-50-68041.html,2011年11月1日。

④ 《国家旅游局局长邵琪伟在2012年全国旅游工作会议上的讲话》,国家旅游局官网,http://www.cnta.gov.cn/html/2012-1/2012-1-16-9-23-93087.html,2012年1月12日。

⑤ 《2012年我国旅游业总收入约2.57万亿元》,新华网,http://news.xinhuanet.com/fortune/2013-01/10/c_114326208.htm,2013年1月10日。

2. 各省市旅游发展概况

在已经公布数字的21个省中(如表1-10-3所示),广东省以7389亿元位列旅游总收入排行榜第一名,同比增长14.7%。江苏和浙江分别以6500亿元、4801.2亿元紧跟其后。江苏省是接待游客总人次最多的省份,总数达4.68亿人次。在已公布的数据中,9省总收入超过2000亿,16省总收入超过1000亿,其中有12个省的接待游客总人次过亿。甘肃省在两项统计数据中同比增长均为第一名,分别为41.17%和34.25%。① 与2011年全国各省旅游总收入的情况相比,广东省从2011年的总收入第二名跃居到2012年的第一名,江苏省在2010年和2011年旅游总收入排行榜上稳居第一,2012年虽然总收入突破6500亿,但排名却下降一名,位列第二。浙江、山东和北京的全年旅游总收入稳步上升,仍旧保持第三、四、五。

表1-10-3 2012年全国各省市旅游总收入前十强排行榜

2011年排名②	2012年排名	接待游客总人数(万人次)	同比增长	旅游总收入(亿元)	同比增长
1 江苏	1 广东	7389	14.70%	/	/
2 广东	2 江苏	6500	15.80%	4.68亿	11.70%
3 浙江	3 浙江	4801.2	17.70%	/	/
4 山东	4 山东	突破4500	/	/	/
5 北京	5 北京	3626.6	12.80%	2.31亿	8.10%
6 上海	6 河南	3364.1	20.06%	3.63亿	18.07&
7 河南	7 四川	突破3000	/	/	/
8 四川	8 湖北	2850	20.00%	突破3亿	/
9 香港	9 湖南	2234.1	/	/	/
10 湖北	10 福建	1916.94	17.20%	1.67038亿	17.00%

数据来源:根据相关资料汇编整理而成。

3. 国家5A级旅游景区新增16家

2012年新增16家国家5A级旅游景区及1家5A级旅游景区(扩展部分)。截至2012年年底,全国共有153家旅游景区成为国家5A级旅游景区。

① 《2012全国各省旅游总收入排行榜出炉 广东省位列第一》,人民网, http://travel.people.com.cn/n/2013/0201/c41570-20403047.html,2013年2月1日。

② 《2011年各省旅游总收入排行榜出炉 江苏再居首位》,人民网, http://district.ce.cn/newarea/roll/201201/30/t20120130_23026508.shtml,2012年1月30日。

表 10-1-4 2012 年新评定的国家 5A 级旅游景区

类别	名称	省份数量
国家 5A 级旅游景区	重庆市万盛经开区黑山谷景区	重庆 1
	安徽省宣城市绩溪龙川景区	安徽 1
	江西省鹰潭市龙虎山旅游景区	江西 2
	江西省上饶市婺源江湾景区	
	浙江省绍兴市鲁迅故里·沈园景区	浙江 1
	福建省泉州市清源山景区	福建 1
	江苏省无锡市鼋头渚景区	江苏 3
	江苏省苏州市吴中太湖旅游区	
	江苏省姜堰市溱湖旅游景区	
	山东省枣庄市台儿庄古城景区	山东 1
	河南省洛阳市龙潭大峡谷景区	河南 1
	湖北省宜昌市长阳清江画廊景区	湖北 1
	广东省佛山市西樵山景区	广东 1
	海南省分界洲岛旅游区	海南 1
	西藏自治区拉萨市布达拉宫景区	西藏 1
5A 级旅游景区(扩展部分)	山东省烟台市三仙山·八仙过海旅游景区(烟台市蓬莱阁旅游区)	山东 1
合计	16	

数据来源:根据相关资料汇编整理而成。

二、略微下滑的入境旅游市场

2012 年入境旅游市场出现了下滑的局面,来华旅游入境人数(含港澳台地区和外国人)总计 13240.53 万人次,较 2011 年 13542 万人次减少了 2.23%。其中,香港和澳门的入境人数出现了下降趋势,尤其是澳门同胞入境人数较 2011 年下降了 10.68%,而台湾同胞和外国入境人数出现了微小的增长趋势,分别为 1.47% 和 0.29%。

表 1-10-5　2011—2012 年来华旅游入境人数统计表　（单位：万人次）

地区	2011 年①	2012 年②	同比增长
香港同胞	7936	7871.30	-0.81
澳门同胞	2369	2116.06	-10.68
台湾同胞	526	534.02	1.47
外国人	2711	2719.16	0.29
总计	13542	13240.53	-2.23

数据来源：根据相关资料汇编整理而成。

2012 年来华旅游外国人总数为 2719.16 万人次，从入境人数来看，五大洲的排名分别为亚洲、美洲、欧洲、大洋洲、非洲。其中亚洲和美洲出现了下滑的趋势，分别为 -0.01 和 -0.67。非洲和大洋洲入境人数较 2011 年增幅最大，分别为 7.39% 和 6.47%，而欧洲则实现了 0.18% 的微增长。

表 1-10-6　2012 年来华旅游五大洲人数统计表③

地区	人数(万人次)	同比增长
亚洲	1664.88	-0.01
美洲	317.95	-0.67
欧洲	592.16	0.18
大洋洲	91.49	6.47
非洲	52.49	7.39
总计	2711	3.77

数据来源：根据相关资料汇编整理而成。

三、快速增长的出境旅游市场

《中国出境旅游发展年度报告 2012》（中文版）指出，2011 年出境旅游人数为 7025 万人次，同比增长 22%。从出境规模上说，目前我国出境市场已是美国的 1.2 倍、日本的 3.5 倍。2011 年出境旅游花费预计为 690 亿美元，旅游服务贸易逆差扩大至 225 亿美元。预计 2012 年出境旅游人数 7840 万人次，出境旅游消费

① 《2011 年 1—12 月来华旅游入境人数（按入境方式分）》，http://www.cnta.gov.cn/html/2012-2/2012-2-21-19-9-54985.html，2012 年 2 月 21 日。

② 《2012 年 1—12 月来华旅游入境人数（按入境方式分）》，http://www.cnta.gov.cn/html/2013-1/2013-1-17-17-10-20496.html，2013 年 1 月 17 日。

③ 同上。

800 亿美元,分别同比增长 12% 和 16%,旅游服务贸易逆差将进一步扩大至 330 亿美元。中国将成为世界第一大出境旅游市场。

表 1-10-7 2010—2012 年我国出境人数概览

年份	出境旅游人数	同比增长
2010 年①	5739 万人次	20.4%
2011 年②	6900 万人次	20%
2012 年③	超 8000 万人次	15%

数据来源:根据相关资料汇编整理而成。

1. 境外购物热度提升带动出境旅游市场

世界旅游组织曾预测,到 2020 年中国出国旅游人数将上升至 1 亿人次,但在 15 年前仅为 500 万。英国《卫报》一篇报道说,中国游客 2011 年的海外消费额达到 720 亿美元,而德国游客是 840 亿美元,美国游客为 790 亿美元,估计中国游客 2012 年在海外的消费额可能超过德国人和美国人。而管理咨询机构贝恩公司 2012 年 12 月 12 日发布的《2012 中国奢侈品市场研究报告》则指出中国消费者已成为世界最大的奢侈品消费群体,购买了全球约 25% 的奢侈品。

2. 顶级赛事带旺体育主题游

2012 欧锦赛开幕式和揭幕战 6 月在波兰华沙举行,7 月伦敦奥运正式开幕,这两项今年关注度最高的体育赛事吸引了来自世界各地的体育迷。虽然中国地区分配到的门票数量相当有限,但是依然有大批中国游客无惧当地城市交通拥堵,酒店、机票价格高、接待能力有限等因素,前往上述地区参与四年一度的体育盛会。无论伦敦奥运还是波兰、乌克兰共同举办的欧锦赛,它们的经验表明,体育赛事与城市旅游业的关系密切,已成为城市旅游吸引力体系中的重要组成部分。

3. 中国"俄罗斯旅游年"成功举办,对外旅游推广上新台阶

2012 年我国成功举办中国"俄罗斯旅游年",225 项活动顺利完成。莫斯科旅游与酒店管理委员会不久前公布,2012 年上半年莫斯科接待中国游客约为 10.72 万人次,同比增长 43%,在莫斯科同期接待的外国游客中,中国游客数量增幅

① 《2010 年中国旅游业统计公报》, http://www.cnta.gov.cn/html/2011-11/2011-11-1-9-50-68041.html, 2011 年 11 月 1 日。

② 《国家旅游局局长邵琪伟在 2012 年全国旅游工作会议上的讲话》, http://www.cnta.gov.cn/html/2012-1/2012-1-16-9-23-93087.html,2012 年 1 月 12 日。

③ 《2012 年我国旅游业总收入约 2.57 万亿元》,新华网, http://news.xinhuanet.com/fortune/2013-01/10/c_114326208.htm,2013 年 1 月 10 日。

最大。

2012 年期间,国家旅游局组织参加 23 个国际重大旅展和 8 项境外专项推广活动。2012 年 9 月,世界旅游城市联合会在北京成立,47 个国内外城市和 11 个非城市机构成为首批会员,为全球第一个以城市为主体的国际旅游组织。国家全面深化两岸四地旅游交流和产业合作,落实和研究制定惠港惠澳和对台旅游政策,拓宽港澳资在内地设立的旅行社经营业务范围,出台支持以香港为母港的邮轮旅游发展新措施。

4. 日本游跌入冰点,前景不明

据日本观光厅 2012 年 11 月 16 日发布数据说,10 月赴日的中国游客数量约为 7.1 万人次,较东日本大地震前的 2010 年同期减少 33%,且 10 月赴日中国游客的环比降幅较 9 月进一步扩大。日本观光厅表示,10 月上旬十一黄金周期间,中国赴日团体游大量取消,新增赴日游预订陷于停滞,这表明钓鱼岛问题引发的中日关系恶化正使更多中国游客远离日本,这也说明,政治、民族感情等因素会对旅游市场产生巨大影响。

5. 二、三线城市逐渐成为重点出境站点

随着武汉天河机场多条国际直通航线的开通,武汉正逐渐成为内陆游客出境游的集散地。2012 年从武汉出发的境外旅游人数较去年同期大幅增长,增幅达 300% 至 500%。2012 年以来,武汉相继开通直飞法国巴黎、泰国曼谷、日本东京和新加坡等地的国际航线,7 月份共发送出境游客 800 人,比 6 月增加 50%。湖南、江西等周边省份的游客纷纷来武汉办理签证、出境旅游,而不再选择赴北京、上海、广州或其他港口城市。随着多条国际直通航线的开通,武汉已成为中国内陆直通欧洲的"中转港口"。

第三节　2012 年中国文化旅游业发展特征

一、旅游黄金周经济持续给力

1. 春节黄金周

2012 年春节黄金周期间,全国共接待游客 1.76 亿人次,比 2011 年春节黄金周增长 14.9%;实现旅游收入 1014.0 亿元,增长 23.6%。①

① 《全国假日办发布 2012 年春节黄金周旅游统计报告》, http://www.gov.cn/gzdt/2012-01/29/content_2053755.htm,2012 年 1 月 29 日。

表 1-10-8 《2012 年春节黄金周旅游统计报告》数据分解

指标	分类	数值	同比增长
旅游人数(1.76 亿人次)	过夜人数	4180 万次	14.9%
	一日游	1.34 亿人次	
旅游收入(1014.0 亿元)	民航客运	55 亿元	23.6%
	铁路客运	30.5 亿元	
	39 个重点旅游城市	383.8 亿元	
	其他旅游城市	544.7 亿元	
重点商业/餐饮企业收入(39 个重点旅游城市)	174 家商业企业	94.4 亿元	17.2%
	172 家餐饮企业	5.5 亿元	13.3%

数据来源:《全国假日办发布 2012 年春节黄金周旅游统计报告》, http://www.gov.cn/gzdt/2012-01/29/content_2053755.htm,2012 年 1 月 29 日。

如表 1-10-8 所示,2012 年春节黄金周期间,在全国接待的 1.76 亿人次游客中,过夜旅游者(仅限于住在宾馆饭店和旅馆招待所)为 4180 万人次;一日游游客为 1.34 亿人次。在所实现的 1014 亿元旅游收入中,民航客运收入 55 亿元;铁路客运收入 30.5 亿元;39 个重点旅游城市实现旅游收入 383.8 亿元;其他旅游城市和景区实现旅游收入 544.7 亿元。黄金周期间,39 个重点旅游城市监测的 174 家商业企业,共实现销售收入 94.4 亿元,比上年同期增长 17.2%;监测的 172 家餐饮企业,共实现营业收入 5.5 亿元,比上年同期增长 13.3%。

总体来看,2012 年春节黄金周旅游的重要特点是出境游、自驾游、自助游持续火热。欧美等地纷纷举行迎接中国龙年春节的节庆活动和仪式,如巴黎奥利机场和戴高乐机场为中国游客铺上红地毯、美国加州迪士尼乐园为中国游客准备了新年大餐和烟花表演等。据韩国旅游发展局介绍,本次春节长假期间,中国游客约 4.5 万人,比 2011 年高出三成多。据不完全统计,春节假日 7 天,北京接待游客 827 万人次,同比增长 2%;旅游总收入 34 亿元,同比增长 9.3%。天津接待游客 400.04 万人次,同比增长 5.31%;旅游总收入 32.97 亿元,同比增长 10.1%。上海接待游客 314.2 万人次,同比增长 3.2%;旅游总收入 29.64 亿元,同比增长 10.4%。广东接待游客 2663 万人次,同比增长 1%;旅游总收入 168 亿元,同比增长 5%。重庆接待游客 2175.38 万人次,同比增长 43.76%;旅游总收入 54.64 亿元,同比增长 45.33%。湖北接待游客 932.68 万人次,同比增长 39.12% 以上;旅游总收入 31.87 亿元,同比增长 46.08%。广西、海南、贵州、云南、甘肃、新疆等省区市旅游接待和收入均实现两位数以上的强劲增长。

2. 清明、端午小长假

清明、端午小长假成为新的旅游小黄金周。清明小长假中,在已经公布数字的10个省区市中,山东省以110.5亿元列旅游总收入排行榜第一名,也是接待游客总人次最多的省,总数达1617万人次;安徽省旅游总收入和游客接待总人数同比增长最高,分别为47.04%和40.64%。[①] 清明节正在从单纯的传统祭祀节日逐步转变为新的“黄金假期”。

表1-10-9 2012年清明小长假全国各省旅游总收入排行榜

名次	省市	接待游客总人数(万人次)	同比增长	旅游总收入(亿元)	同比增长
1	山东	1617	17.2%	110.5	23.9%
2	四川	1201.14	24.7%	41.19	34.4%
3	湖北	806.7	30.27%	27.95	30.27%
4	安徽	1141.77	40.64%	24.72	47.04%
5	河北	361.04	16.61%	15.38	16.61%
6	重庆	584.16	31.5%	11.99	37.76%
7	贵州	321.87	31.23%	9.93	34.36%
8	北京	260	-1.8%	9.89	10.1%
9	甘肃	111.05	24.89%	5.74	26.52%
10	天津	96.23	/	3.35	/

资料来源:《2012年清明小长假全国各省旅游总收入排行榜》,人民网,http://travel.people.com.cn/GB/17587268.html,2012年4月6日。

端午小长假中,在已经公布数字的10个省市中,山东省以113.9亿元列旅游总收入排行榜第一名,山东同时也是接待游客总人次最多的省,总数达1440万人次。湖北旅游总收入增长最高,为43.75%。贵州的游客接待总人数同比增长最高,为33.2%。旅游总收入同比最低的是北京,为14.2%。[②] 2012年端午期间,短线游仍是首选。自驾游、散客游成主流,情侣出游、亲子休闲游火爆,三口之家出游的比例较大。

① 《2012年清明小长假全国各省旅游总收入排行榜》,人民网,http://travel.people.com.cn/GB/17587268.html,2012年4月6日。

② 《2012端午小长假全国旅游收入排行出炉 民俗游成亮点》,人民网,http://travel.people.com.cn/n/2012/0627/c41570-18390220.html,2012年06月27日。

表 1-10-10 2012 年端午小长假全国各省旅游总收入排行榜

名次	省市	接待游客总人数(万人次)	同比增长	旅游总收入(亿元)	同比增长
1	山东	1440	18.1%	113.9	20.6%
2	四川	1411.13	24.9%	46.9	30.4%
3	河北	725.7 万	26.5%	42.91	27.3%
4	安徽	779.78	29.27%	24.65	37.21%
5	湖北	634.67	26.47%	22.21	43.75%
6	山西	470.67	19.63%	21.52	22.55%
7	贵州	413.41	33.2%	19.98	35.8%
8	甘肃	342.58	31.33%	18.8	31.64%
9	重庆	441.65	24.56%	17.95	27.89%
10	北京	308		11.78	14.2%

数据来源:《2012 端午小长假全国旅游收入排行出炉 民俗游成亮点》, http://travel.people.com.cn/n/2012/0627/c41570-18390220.html, 2012 年 06 月 27 日。

3. "五一"黄金周

2012 年"五一"黄金周实现了旅游的高速增长。在全国各省市统计数据显示中,山东省以 147.2 亿元列旅游总收入排行榜第一名,同比增长 21.1%。河南成为接待游客总人次最多的省,总数达 2071.3 万人次。已经公布统计数据的 13 个省区市中,贵州旅游总收入增长最高,为 35.21%。五一假期由 7 天调整为 3 天后,假期变短重构旅游格局,自驾游、乡村休闲游逐步成为短线游的首选。

表 1-10-11 2012 年全国"五一"黄金周旅游总收入排行榜

名次	省市	接待游客总人数(万人次)	同比增长	旅游总收入(亿元)	同比增长	2011 年排名
1	山东	2038.8	12.2%	147.2	21.1%	1
2	河南	2071.3		86.2		3
3	四川	1665.73	22.9%	63.37	31.2%	4
4	重庆	1330.77	28.36%	62.59	33.23%	5
5	河北	824.3	25.2%	42.6	27.5%	/
6	山西	901.31	19.55%	39.81	17.99%	7
7	湖北	962.46	23.55%	34.21	30.22%	10
8	安徽	1449.7	53.84%	37.1	27.9%	9
9	贵州	584.98	32.18%	25.59	35.21%	/
10	福建	398.92	11.9%	24.09	13.3%	/

（续表）

名次	省市	接待游客总人数（万人次）	同比增长	旅游总收入（亿元）	同比增长	2011 年排名
11	甘肃	384.16	26.85%	21.67	27.07%	/
12	北京	485	15.6%	17.96	16.5%	/
13	天津	157.98	13.9%	5.53	15.2%	/

数据来源：《五一小长假各省旅游总收入排行榜出炉，山东暂列第一》，人民网，http://travel.people.com.cn/GB/17800153.html，2012 年 5 月 3 日。

4. “双节”黄金周

2012 年中秋、国庆“双节”黄金周游客接待量、旅游总收入在 2008 年金融危机后，连续五年保持了平稳较快的增长。“双节”黄金周期间，旅游更呈现井喷态势，增幅创历年同期最高。此外，省、市景区反馈回的情况也显示出，门票收入占旅游总收入的比例正在日益缩小，上述现象再次表明，中国旅游业正在由单一旅游转型升级向综合产业发展。全国假日旅游部际协调会议办公室发布的《2012 年中秋节国庆节假日旅游统计报告》显示：在中秋节、国庆节 8 天假日期间，全国共接待游客 4.25 亿人次，比 2011 年“十一”黄金周增长 40.9%（按可比口径，同比增长 23.3%）；实现旅游收入 2105 亿元，比 2011 年“十一”黄金周增长 44.4%（按可比口径，同比增长 26.3%）；游客人均花费支出 495 元。①

表 1-10-12 《2012 年中秋节国庆节假日旅游统计报告》数据分解

指标	分类	数值	同比增长
旅游人数（4.25 亿人次，同期增长 40.9%）	过夜人数	9694 万次	36%
	一日游	3.28 亿人次	42.4%
旅游收入（2105 亿元，同期增长 44.4%）	民航客运	81.6 亿元	/
	铁路客运	33.2 亿元	/
	39 个重点旅游城市	786 亿元	/
	其他旅游城市	1204 亿元	/
景区（119 个旅游景区、景点）	门票收入	17.7 亿元	41.6%
	游客数量	3425 万人次	40.8%

数据来源：《2012 年中秋节国庆节假日旅游统计报告》，http://www.cnta.gov.cn/html/2012-10/2012-10-9-15-13-73191.html，2012 年 10 月 9 日。

① 《2012 年中秋节国庆节假日旅游统计报告》，http://www.cnta.gov.cn/html/2012-10/2012-10-9-15-13-73191.html，2012 年 10 月 9 日。

如表1-10-12所示,2012年“双节”黄金周期间,在全国接待的4.25亿人次游客中,过夜旅游者(仅限于住在宾馆饭店和旅馆招待所)为9694万人次,比2011年同期增长36%;一日游游客为3.28亿人次,比2011年同期增长42.4%。在所实现的2105亿元旅游收入中,民航客运收入81.6亿元;铁路客运收入33.2亿元;39个重点旅游城市实现旅游收入786亿元;其他旅游城市和景区实现旅游收入1204亿元。纳入全国假日旅游统计预报体系的北京、天津等39个重点旅游城市,“十一”黄金周期间共接待游客1.39亿人次,其中过夜旅游者(口径同上)为2856万人次,一日游游客为1.10万人次。纳入全国假日旅游统计预报体系的119个旅游景区(点),“十一”黄金周期间共接待3425万人次,门票收入17.7亿元。

二、2012年热点旅游事件

1. 台湾自由行成为最大热点

大陆居民赴台个人游已于2011年6月28日启动北京、上海、厦门等3个试点城市,2012年4月28日陆续启动天津、重庆、南京、广州、杭州、成都、济南、西安、福州、深圳等10个试点城市,二、三线城市纷纷开通直航班机等,赴台旅游市场已呈倍数飞快地增长。据台湾海峡两岸观光旅游协会11月发布的信息称,2012年1月至9月,大陆赴台游客为189万人次,其中以观光为目的的大陆团队游客为133.9万人次,以经贸商务等为目的大陆游客为55.1万人次。据台湾《联合报》报道,台湾有关部门统计,2012年11月赴台大陆旅行团平均每天为5300人,2012年大陆游客赴台旅游人数达到731万人次。

2. 我国成为亚洲各国赴南极旅行人数榜首,邮轮旅游将成为热点

据南极游资深人士介绍,目前中国游客前往南极的人数已由2007年的不足100人上升到2011年的800人。2012年10月份和11月份两个月,中国游客前往南极的旅游数量超过500人,已居亚洲各国赴南极旅行人数榜首。南极游的动辄10万以上的高价格决定了其受众群是有经济实力的高端游客,除了有实力的企业家热衷去南极外,还有不少国内著名的专业摄影师以及高级白领。

邮轮旅游已经成为了中国旅游市场新热点。三大邮轮巨头歌诗达、皇家加勒比、丽星先后将天津、上海、三亚辟为自己的邮轮母港,开始在中国这个潜力巨大的新兴市场培育邮轮旅游市场。重庆市旅游局提供的数据显示,2012年重庆纳入统计的27艘豪华邮轮载客总量有望达到34.39万人次,同比增长近两成。海航集团12月初宣布将通过引入中国内地最大豪华邮轮“海娜”号,启动邮轮旅游项目,主要以短期、短途线路为主,以海南三亚等地作为邮轮母港,以越南、韩国等

地为旅游目的地。

3. 区域联盟共推红色旅游

近年,红色旅游在全国范围兴起,而在2012年,区域间纷纷抱团,利用各自资源,共同促进红色旅游发展。2012年,江苏、浙江、山东、安徽和上海四省一市共同制定《华东片区红色旅游规划(2012—2020)》,共促红色旅游发展。此外,湘鄂赣三省16个苏区县于10月在湖北阳新共同签署《阳新宣言》,合作开发红色旅游资源,着力推进"中三角"地区经济社会发展。

4. 风景名胜区高门票的问题

风景名胜区的高门票一直是公众关注的焦点,不少景区门票已经上涨到百元以上。

表 1-10-13 2012 年国内景区门票价格上涨一览表

景区名称	原来价格(元)	上涨后价格(元)	实施日期	涨幅
长白山旅游景区	100	125	2012年	25%
长沙岳麓书院	30	50	2012年7月1日	67%

数据来源:根据相关资料汇编整理而成。

2012年11月,湖南省物价局公布最新的《湖南省游览参观点门票价格管理办法》,严格控制门票价格上涨。在全国许多景区门票价格一片"涨声"中,不少省市景点推出门票优惠的活动。如黄山旅游于8月27日至31日期间实行门票6折优惠,云南昆明景点"双节"期间(9月30日起至10月7日)降低门票价格,平均降幅为48.4%。

表 1-10-14 "双节"云南景区门票优惠一览表

景区名称	原来价格(元)	优惠价格(元)	降幅
石林风景名胜区	175	131	25%
九乡风景名胜区	90	60	33%
昆明动物园	15	10	33%
昆明大观公园	20	13	35%
郊野公园	8	免费	100%
金殿名胜区	30	20	33%

(续表)

景区名称	原来价格(元)	优惠价格(元)	降幅
黑龙潭公园	20	13	35%
昙华寺公园	5	免费	100%
云南民族村	90	63	30%
昆明世博园	100	75	25%
西山风景区	40	26	35%
平均降幅	48.4%		

数据来源:根据相关资料汇编整理而成。

再来看看西湖,十年来,西湖景区的门票少收2个亿,但是杭州市旅游2011年总收入却达到1191亿元。免费开放的西湖,也给国内景区发展提供了一个新的发展思路,门票固然重要,但是通过免费吸引更多游客、拉长服务产业链、通过服务提高收入,也是景区发展的一个可行的手段。2012年江西展开重点景区免票月活动,各景区共免票接待国内外游客1261万人次,同比增长82.06%;拉动交通运输、酒店餐饮和娱乐等相关行业收入近60亿元。湖北省宜昌市明令禁止"五一"期间市内景区门票涨价,五一期间旅游收入反增6成。

第四节 问题与趋势

一、面临问题

旅游产业对环境的变化很敏感,近年来,国内外各种自然灾害和突发事件明显增多,传统和非传统的安全因素影响增大,对旅游业发展产生较大冲击。尽管目前国内旅游产业潜力巨大,但依旧存在不少问题,中国文化旅游业主要面临以下几个问题:

1."宰客"现象、投诉多等严重扰乱文化旅游健康发展

2012年,旅游风景胜地总是"宰客"不断,"免费旅游"、"零团费"等现象屡禁不止,严重扰乱文化旅游健康发展。2012年上半年北京市旅游委共接到投诉电话比2011年同期增加了56%。多家旅行社连续出现以"免费旅游"、低于成本报价为招徕手段的经营行为。此类旅游产品通过北京、云南、香港等地的购物或景点返利,及收取部分游客保证金和意外险费用等方式组团旅游,涉嫌零负团费操作及行业恶性竞争,严重扰乱了旅游市场秩序。台湾岛内有部分旅行社以"零团

费”游台方案吸引游客，等于游客到台湾后，所有费用都由旅行社付钱，以“先签单、后付款”的交易模式承接大陆游客团，台湾游一旦陷入“零团费”的泥沼，对两岸寄予厚望的“赴台游”将是一记重创。为此，各地有关部门进一步加强监管力度，如北京成立一日游管理办公室，宁波市叫停“免费旅游”等措施。

2. 景区预警系统需健全和完善。

2012 年国庆节黄金周期间，国家实施了全国性的收费公路免费政策。随之而来的是自驾游数量激增，高速公路史无前例地拥堵成为了停车场，各大知名景区人满为患，加上景区的运营能力弱、配套设施不足、预警不及等原因，华山等地更是发生大批游客滞留，甚至人身伤害现象。作为新生事物，高速公路免费政策实行中出现拥堵等问题，总结经验和教训予以完善并深入思考十分必要。但是免费通行的成效也是显而易见，有专家测算，全国高速免费让企业减收 200 亿元，国家减少税收 30 亿元，但拉动的旅游收入可达 2000 亿元。作为既得利益者的景区，要充分地做足旅游信息预警工作，如可以跟交警联系，利用公路电子显示屏、广播电台等及时发布景区的接待人数、停车场车位等信息，让在路上的游客就能获知，让他们提前有选择的余地，而避免产生不必要的拥堵。

3. 旅游服务水平有待提高。

我国已经成为世界旅游大国，旅游业已进入大众化、产业化发展的新阶段。但旅游服务质量总体水平与人民群众期待还有很大差距，市场秩序还没有根本好转，影响和制约了旅游业的持续健康发展。在发展旅游业过程中，“重硬轻软”“重建轻管”等问题仍然非常突出，要实现旅游业速度、结构、质量、效益相统一，还有很大提升空间。我国旅游业发展进入新一轮黄金发展期，也进入以质取胜、质量发展的新阶段。

二、发展趋势

旅游业是国民经济的战略性产业，资源消耗低，带动系数大，就业机会多，综合效益好。从当前和今后一个时期的国际国内环境来看，我国的经济社会发展仍处于可以大有作为的重要战略机遇期。在未来，游客对于旅游的形式由团队旅游转向深度、自由度更大的自由行，高端旅游市场商机无限。

1. 自由行成为旅游业最主要的形式，电子商务成为重要平台。

随着人们对生活质量追求的提升，旅游在人们的生活中越来越重要，越来越多的消费者逐步由体验型游客向享受型游客转变以及电子商务的流行，使自由行市场兴盛起来，并成为旅游业最主要的形式。旅客可以透过电子网络，自行设计线路,提前对酒店、机票、火车等进行预订。为此,各地应该加快建设集旅游集散、咨询、诚信管理等功能于一体的旅游公共服务平台和旅游客运枢纽,"旅游集散中心"或"旅游散客超市"为自助旅游提供了一种全新的选择。

此外,在线旅游兴盛,微博营销兴起成为目的地营销的重要渠道。中国互联网络信息中心的数据显示,2012 年上半年网民增量为 2450 万人,普及率提升 1.6%。互联网的普及使得电子商务获得前所未有的发展,将人们的消费习惯、生活习惯从线下转移到线上。中国旅游研究院武汉分院发布《2012 中国旅游业发展报告》显示,截至 2011 年 12 月底,我国旅行预订用户达到 4207 万人,用户年增长 16.5%。淘宝网在"五一"黄金周后发布的最新统计数据显示,2012 年以来,淘宝网上的景点门票成交量同比上涨 67%。当下新媒体、新技术在旅游推广中的应用,智能手机的快速普及为移动互联网的发展带来了重要的发展基础,由此带来的移动互联网营销模式正在席卷全球,微博、微信即是其中的方式,旅行业者可以透过这些新媒体发布很多各地旅游的最新动态与讯息。旅游目的地微博在目的地形象推广方面亲和力强、宣传面广,已经成为政府宣传工作的新热点。此外,流行的"二维码"也将应用在文化旅游的方方面面。

2. 高铁催生旅游新经济

高铁的扩张会让越来越多的人在中短途距离的差旅中选择高铁,中国渐渐迈入"高铁"旅游新经济时代。12 月 1 日,哈大高铁正式开通,12 月 26 日世界上运营里程最长的北京至广州高速铁路——京广高铁全线开通,我国"中长期铁路网规划"中的高铁"四纵"干线全部贯通,其沿线风景区势必迎来新的发展机遇。崭新的高铁运营版图也在改变着中国人的出行,如今动车组旅客发送量已占全国铁路旅客发送总量的 25.7%,预计到"十二五"末,以高铁为骨架的快速铁路网基本覆盖我国 50 万以上人口的城市。

北京、天津、河北、河南、湖北、湖南、广东 7 省(市)和 31 个城市代表 12 月在石家庄成立"京港澳高铁沿线(7 + 31)旅游市场推广联盟",打造"京港澳高铁旅游休闲产业带"。以湖北为例,随着武汉至郑州、石家庄、北京的高铁陆续开通,湖北省前往北京、天津等北方城市开展旅游产品推荐活动,加强与高铁沿线省份的旅游合作,培育做大高铁旅游经济。高铁开通使湖北接待珠三角游客数量呈井喷趋势。尤其是清明节、五一节期间,大量广东游客乘坐高铁赶到武汉游览赏花,造成江城"一房难求"的现象突出。据统计,2011 年湖北省共接待珠三角游客近 1200 万人次。

3. 高端旅游将有巨大的市场空间

面对越来越旺盛的市场，国内旅行社也看到了商机，南北极游、奢华邮轮旅游、私人飞机、游艇旅游等高端精品线路纷纷面世，7万元的冰岛旅游、13万元的南极破冰之旅等高端旅游产品受到热捧。2012年3月12日，携程顶级旅游品牌“鸿鹄逸游”推出的“环游世界80天”项目虽然报价101万元，只卖15个名额，但产品上线17秒，15个名额就被“秒杀”一空。“高端化”会是一种消费趋势，主要原因是消费能力的增长和消费观念的改变，人们开始追求个性化的旅行方式，也要求旅行社的高品质服务。

从目前来看，高端定制旅游已经逐步受到市场认可，且呈上升趋势。成立于2011年3月的堪帕斯在短短一年的时间内每月出团量已达到四五个，年营业额超千万，利润超百万；而高端旅游的领军企业太美俱乐部在短短两年内营业额已过亿，并且在上海、广州、深圳和南京分别设立了公司。在过去十年，中国出境旅游平均年增长率超过20%，在这种形势下，越来越多的旅行社开始转变经营策略，为游客提供个性化、高品质的服务。随着中国新富人群财富增长迅速，而旅游是中国中高收入人群最青睐的休闲方式，这无疑预示着未来中国高端旅游市场潜力巨大，这样一个高速发展的庞大市场自然会促进相关的产业发展。对于旅行社来说，定制旅游产品可谓是旅游业的“金矿”。与普通旅游产品相比，定制游的利润可以达到10%—15%，甚至更多。美国联邦航空管理局曾经预言称，在10年之内，太空旅游将成为产值超过10亿美元的产业。

行业报告十一

设计产业年度发展报告

陈娴颖*

2012年是举世瞩目的一年。十八大提出"转变经济增长方式""扎实推进社会主义文化强国建设"等论述为设计产业的发展指明了方向。国家对设计产业的作用和地位重视程度日益加强,明确提出要促进研发设计业的发展。在中国由中国制造向中国创造的转变过程中,设计作为综合性产业门类,对于促进传统工业转型升级、创造文化高附加值,对于实现创新型国家战略目标的重要举措,逐步展示其日益重要的作用。设计业越来越成为现代工业和制造业提升产业价值不可或缺的重要一环。我国设计产业的发展,开始进入实质性的推进阶段,逐渐有更好更多的设计新产品走向市场。

在这一过程中,我国设计产业的需求和供给规模都在与日俱增,从国家到地方再到生产企业,都在逐步认识到设计产业的战略价值以及对制造业升级的拉动力。"中国制造"的品牌形象得到大力提升,并往"中国创造"迈进。本土设计企业的创新能力得到显著提高,同时致力于提高国际知名度,积极参与国际设计赛事,并取得一定成绩。但不可否认的是中国设计产业总体水平与发达国家相比还有较大差距。企业和公众对设计的创新价值认识尚有欠缺,部分经营企业仍旧缺乏创新意识,知识产权保护意识不强,自主设计和品牌能力依旧薄弱,缺乏相应的资金投入和产业扶持政策;设计企业普遍规模小,融资能力差,抗风险能力差,服务质量和规范程度都亟待提高;工业设计人才匮乏,教育与市场的衔接程度不高;设计产业缺乏明确的产业统计分类。而面对激烈的全球化市场竞争对设计业提出的高要求,中国设计企业将面临来自设计产业发达国家的同行的激烈竞争。

一、宏观环境和政策概况

在各地文化产业统计口径不一、产值混乱的背景下,在文化产业宏观政策领

* 陈娴颖,北京大学艺术学院文化产业专业博士生。

域，国家统计局于2012年颁布了《文化及相关产业分类（2012）》（以下简称《分类》）[①]，成为文化产业发展新的纲领性文件。《分类》在“第一部分：文化产品的生产”中新增“文化创意和设计服务”的分类，具体包括：广告服务、文化软件服务、建筑设计服务和专业设计服务，再具体分析，包括建筑设计服务，具体指工程勘察设计中的房屋建筑工程设计、室内装饰设计和风景园林工程专项设计，专业设计服务具体指工业设计、时装设计、包装装潢设计、多媒体设计、动漫及衍生产品设计、饰物装饰设计、美术图案设计、展台设计、模型设计和其他专业设计等服务。分类中还新增“软件设计服务”，具体包括多媒体软件和动漫游戏软件开发。可见在新的文化产业分类中，着重“设计”包含的“创意”要素，并且注意新兴文化科技融合业态如软件设计等。文化科技融合以及新兴文化产业业态的形成是未来文化产业发展的趋势，“设计”业可谓任重道远。

同时为了贯彻落实《关于促进工业设计发展的若干指导意见》（工信部联产业〔2010〕390号），工业和信息化部于2012年9月10日公布了《国家级工业设计中心认定管理办法（试行）》（工信部产业〔2012〕422号），以进一步加快我国工业设计发展，推动生产性服务业与现代制造业融合，促进工业转型升级，鼓励企业工业设计中心和工业设计企业建设。同时围绕2012年中国优秀工业设计奖评奖工作，推动工业设计产业加快发展。中国优秀工业设计奖是我国工业设计领域首个经中央批准设立的国家政府奖项，由工业和信息化部主办，作为激励工业设计创新的重要手段。

在政策引导和活动激励下，各地高度重视设计产业，主要领导亲自推动，从推进工业转型升级和经济发展方式转变的高度，加强宣传、制订规划、出台政策、搭建平台，多措并举，强力推动工业设计发展。例如：继2011年上海市印发了《关于促进上海市创意设计业发展的若干意见》，明确了促进设计产业发展的重点任务；江苏省印发了《关于促进全省工业设计发展的指导意见》，提出了具体推进措施；浙江省印发了《关于加快我省工业设计产业发展的实施意见》等文件，积极鼓励特色工业设计产业发展；广东省印发了《关于促进我省工业设计发展的意见》，确定了促进工业设计发展的重点任务和领域之后，2012年上海、江苏、浙江、广东等设计业发达地区所属各市也纷纷出台相应政策。例如：2012年12月深圳正式出台了工业设计专项政策：《关于加快工业设计业发展若干措施》，明确规定自2013年起连续5年，每年在市产业转型升级专项资金和市文化创意产业发展专项资金

① 国家统计局：《文化及相关产业分类（2012）》，2012年7月。

中各安排5000万元(共1亿元),专项用于支持工业设计业发展;同时各区(新区)设立相应的工业设计业发展专项资金。自此从中央到地方形成国家、省、市、区的整体联动工作机制。

总之,目前中国从中央到地方这一促进设计产业发展的完善政策体系,着重强调设计与产业的对接,希望通过设计业的发展推动产业转型。这一系列政策已经取得了良好效果,形成了自上而下的运行机制。而从自下而上的角度,部分省市尤其是广东在政策上、方法上,时有创新,对全国都起到了重大的影响。未来的十年是我国经济社会发展的关键10年,设计产业本身也要转型升级,这就要求设计产业与各个方面包括政策上协同创新,为国家经济发展做出贡献。

二、设计行业发展特点

在良好的宏观环境中,在各方面的共同努力下,我国工业设计发展迅速,成效显著。尤其是北京、上海、江苏、浙江、广东等地形成了以北京、上海、深圳三大联合国教科文组织创意城市网络"设计之都"为核心的设计产业带。具体来说,我国自1985年创立第一家专业设计公司以来,目前已约有10万多家,主要集中在以北京为中心的环渤海地区、以上海为中心的长三角地区和广东周边的珠三角地区等。在政府大力扶持和市场需求驱动下,上述地区的工业设计产业规模不断扩大,设计与制造进一步结合,工业设计提升产品附加值、推动品牌建设、促进产业转型升级的作用越来越明显。同时市场运行有所规范,市场环境逐步优化。其发展特点主要表现在:

1. 工业设计产业逐步壮大,工业设计示范园区和示范企业带动作用明显

随着政府政策推动和市场需求的提升,设计产业规模不断扩大,设计产业在经济社会中的地位越来越突出。企业工业设计中心和专业化设计机构大量涌现,工业设计园区蓬勃发展。在工业示范园区和示范企业的带动下,越来越多的企业设立了工业设计中心,优秀设计机构脱颖而出,促进了产业的壮大;工业设计园区蓬勃发展,大大提高了产业集聚发展的水平。目前在京、沪、粤等设计产业较发达地区已经初步形成了门类齐全的设计产业体系,覆盖工业设计、工程设计、软件设计、视觉传达设计、建筑景观设计、室内设计、广告影视、数字娱乐等多个领域。设计企业类型多样,包括独立的专业设计机构,主要服务企业内部的设计部门,以及从事设计研究和服务的科研院所。

各地政府也将重点落在通过培育工业设计示范园区和示范企业带动工业设计发展。例如:广东省印发了管理办法,在全国率先开展了工业设计示范园区和

示范企业培育工作，评出了53家示范基地和企业；上海市认定了89家创意产业集聚区和30家设计创新示范企业；浙江省安排专项资金推动12个省级特色工业设计基地建设；江苏省印发了工业设计中心和工业设计示范园区、示范企业认定管理办法，积极推进示范认定工作。

2. 本土设计机构创新能力日益提高，中国设计逐步“走出去”

本土设计机构创新能力日益提升，主要反映在各设计类获奖作品的设计水平上。而在设计水平提高的同时，本土的设计机构也在努力提高国际知名度，积极参与国际设计赛事，并取得一定成绩。

设计机构的创新能力可以从各设计类奖项设置及其评选结果来观察。从2012年设计类奖项评选情况来看，与往年相比设计机构参赛意识与热情大幅度提升，设计创新能力也有质的提高。高校创新设计能力逐步提高，积极参与国际大赛、以竞赛锻炼设计团队、增加其实战能力的培养思路已经逐渐普及，特别是珠三角以及江浙地区高校，频获国际大奖。近年来，设计企业积极参与国际设计赛事，并多次获得国际知名的工业设计大奖，比如红点奖，这些奖项都受到国际上各类制造商的关注。从近三四年中国设计作品参加IF产品设计奖以及红点产品设计奖的参赛成绩来看，2009—2011年，中国设计作品在国际获奖情况保持稳定，有升有降保持了稳定的参赛成绩。而2012年产生了井喷，国际奖项名次及数量大幅提升，其中荣获红点奖最高奖——红点至尊奖（red dot：best of the best）的中国大陆区作品包括：中国杭州微客联合设计机构的作品*Speed Guard*；江南大学设计学院师生的*Defender*、*Jarpet*、*Disposable Raincoat* 3件作品；浙江大学计算机学院工业设计系的学生创作的*SolarCarton*等12件作品，占到红点至尊奖总获奖作品数的28.6%。

另一方面，本土设计公司积极进军国际市场，取得了一定成功。如嘉兰图设计有限公司通过参加国际行业展会、网络推广及客户介绍等多种营销渠道寻找国际客户，并与海外同行进行项目合作，借助本土企业来提高自己的知名度和拓展客户范围。嘉兰图的国际合作伙伴包括：印度最大的医疗仪器生产商RMS以及GE、Spacelabs、Thomason等国际巨头。再如洛可可设计，于2010年成立伦敦分公司，位于伦敦的金融街，有两名本土员工与一个国际化团队，致力于发展为一家代表中国的世界顶级创新公司，作为洛可可国际视野的窗口。2010年洛可可伦敦分公司参与了伦敦奥运的项目，在国外做中国设计论坛，开拓以欧洲为核心的品牌宣传。

3. 社会对设计业关注度显著提高,设计理念开始注重前瞻性

社会对设计行业的关注意识显著提高,新闻媒体逐步加大了对设计奖项与竞赛的报道力度与传播广度。设计竞赛不仅是设计行业内部的专业性活动,更成为全社会的文化盛事。从观察行业动态的主要线索之一设计产业主题活动来看,设计产业主题活动在目前主要有文博会、设计周、行业会议、设计展览等几种形式。这些活动在凸显设计地位的同时,展示了中国设计产业的综合实力,体现了中国设计产业对经济、社会、文化发展的卓越贡献,并提出了可持续的、以人为本的设计理念,这代表中国设计业又迈进了新一步。

社会对设计产业关注度提高主要表现在:(1) 各地纷纷举办系列设计主题活动营造工业设计发展良好氛围。上海、江苏、浙江、广东等地举办了一系列高层次的工业设计竞赛、展览、论坛、产业对接、青年学生夏令营等活动,加大了对工业设计的宣传力度,提高了企业对工业设计的认知。(2) 文博会等大型文化会展突出设计地位。例如:2012 年第八届文博会在强调"文化 + 科技""文化 + 创意""文化 + 旅游""文化 + 金融""文化 + 休闲"等新业态的同时,将创意设计与版权交易、非物质文化遗产市场化开拓并列为三大亮点。整合设立了创意设计生活馆,将原 2 号馆与原 6 号馆合并为创意设计生活馆,该馆以"创意引领未来,设计改变生活"为主题,突出体现创意设计、时尚生活的文化产品,展示高端时尚的工业设计精品、文化礼品、现代工艺品、工艺美术大师作品和海外文化精品,并专门设置了"创意集市",展现个人创意设计内容,凸显了设计在文博会中的地位。[①] (3) 各地重视培育设计人才支撑工业设计可持续发展。广东省在全国率先开展工业设计职业技能评定和工业设计师职称评定试点工作,上海市举办了青年高端创意人才、优秀女设计师的选拔活动,江苏省提出了人才培养和引进措施,浙江省积极推进工业设计高级研修班和工业设计职业资格制度试点工作,有效推动了设计人才的培养。

设计理念与国际接轨,开始注重前瞻性。这主要表现在现有的研究和论坛展示无论是业界还是学界,越来越多的人开始关注可持续发展、以人为本、与社会和生活融合的设计理念。注重信息可视化设计、增强现实设计和体感技术等国际设计领域的前沿技术对城市和产业未来发展的积极影响。2012 年北京国际设计周的主题是"设计提升城市品质"[②],凸显在"设计改变城市""设计走进社会""设计

① 中国(深圳)国际文化产业博览交易会官方网站,http://www.cnicif.com/。
② 北京国际设计周官网,http://www.bjdw.org/cn/。

走进生活”和“设计关乎你我”四个层面的提升，首次提出“大设计带动大数据服务大城市”的“智慧城市”新理念，通过大数据驱动信息设计，为现代化大城市建设带来“大智慧”。“智慧城市”国际板块和“智慧北京”板块将通过城市资源信息可视化设计的方式，聚合大数据，提供一个分析和理解城市综合性问题的出发点，从而优化城市发展与服务。

4. 市场环境逐步优化，设计成果转化应用受到鼓励

市场运行有所规范，市场环境逐步优化。设计较发达地区分别成立了省(市)工业设计行业协会，建立了一批公共服务平台，服务行业发展，优化了市场环境。同时更加注重设计交易服务平台的搭建。例如北京依托设计产品保税服务、设计版权认证服务和设计版权保护系统“两个服务，一个系统”，组织举办北京国际设计品交易会、设计洽商签约以及设计拍卖等系列活动，促进设计产业核心价值的提升和设计市场终端消费的发展，预计设计交易额将突破30亿元。

同时更加注重鼓励设计成果的转化应用。在中国优秀工业设计奖的带动下，部分区域的设计奖的评奖范围也从地方扩展到全国，通过评选表彰国内具有影响力的重大项目，展示中国设计转化应用成果，鼓励行业设计创新，调动设计产业链的积极性，促进国内企业和公众对“设计是产业核心价值”的认识，提升设计消费意识。

三、设计行业存在的问题

虽然我国设计产业的需求和供给规模都在与日俱增，但设计产业总体水平与发达国家相比还有较大差距。虽然企业和公众对设计的创新价值认识逐渐提升，但部分经营企业仍旧缺乏创新意识，知识产权保护意识不强，自主设计和品牌能力依旧薄弱，缺乏相应的资金投入和产业扶持政策；设计企业普遍规模小，融资能力差，抗风险能力差，服务质量和规范程度都亟待提高；工业设计人才匮乏，教育与市场的衔接程度不高；设计产业缺乏明确的产业统计分类。其问题主要表现在：

1. 中国设计产业区域发展不平衡，设计企业与发达国家相比仍有较大差距

中国设计产业各区域发展不平衡，各地区、各门类的设计产业发展不平衡，设计产业结构不合理，来自市场的调节使平面设计、广告设计、环境设计等领域得到较大增长，而工业设计领域却发展缓慢。北京、上海、广东、浙江、江苏等省市将设计产业作为重要的新兴战略性产业加以扶持，为设计企业提供资金奖励和资助、税收减免、提供公共资源平台等优惠政策，因而带动了这些地区本土工业设计企

业数量占全国工业设计企业数量的90%以上,在北京、上海、深圳等市出现了一批国内较为知名、具有一定竞争力的设计企业,但由于中国设计产业资源分散,分布并不均衡,整个产业链还很不成熟,设计企业的盈利模式有待进一步发掘。国内设计企业普遍规模较小,融资能力差、抗风险能力不强,对其他产业的依附性强,与欧美、日本等设计发达国家的设计企业相比仍有较大差距。

2. 中国设计教育规模快速增长,而高端设计人才仍很缺乏。

中国从业人员普遍年轻,实践经验不足,具有国际水平的高端复合型设计人才匮乏。设计产业的发展归根结底需要高端的设计人才,尽管目前中国设计从业人数增长迅速,设计教育规模快速增长,但由于教育的不完善,设计教学方式和学生考核方式传统,导致培养出的优秀设计师不多,其知识结构和专业素质还远不能适应设计产业的快速发展,设计师的国际认可度较低。因此,中国设计产业发展仍然存在人才的短板。

3. 中国设计业协同创新模式和机制未形成,尚需加强平台建设。

中国设计业发展目前适合协同创新的组织模式与机制还没有形成,需要科技界、企业界、商业界、工业设计界、设计教育界等相关各界协同创新的模式。需要设计一个能综合各学科、各行业、各部门的社会循环机制或体系。建立研究—设计—研究—开发一体化的服务平台和产业链。通过服务平台的宣传改变部分企业对工业设计的认识不深,对工业设计价值评价存在的偏差;通过服务平台的运作,提供公共资源,使得企业有机会接触到设计领军人物,有能力提高设计自主创新能力,改变目前设计业重外观而缺乏与技术结合的现象。

四、设计行业发展举措

2012年是举世瞩目的一年。十八大提出"转变经济增长方式""扎实推进社会主义文化强国建设"等论述为设计产业的发展指明了方向。国家对设计产业的作用和地位重视程度日益加强,我国设计产业的发展,开始进入实质性的推进阶段,逐渐有更好更多的设计新产品走向市场。设计是集成科学技术、文化艺术与社会经济要素,基于智力和创意,利用现代科技手段,提升生产、生活价值和品质的创新活动。国家对设计产业的扶持主要基于工业转型升级大背景,因此在面对中国经济转型对设计业提出的迫切要求,基于新兴产业对设计需求的不断增加,传统视觉设计在内容与形式上的更新和发展,已成为设计产业未来几年的主要增长方向之一。因此在这一发展趋势下,要注重以下四点。

1. 设计创新要注重中国文化的内化。

中国的产品一直在国际上被认为是低端产品,主要源于设计不全、设计混乱,而导致的产品的定位不明确、形象不佳。未来设计创新的趋势,是以设计的手段去塑造品牌形象,另外材料创新设计应用已成为世界家具产业创新设计的重要趋势,设计师们必须开始对材料转化为创造性的影响力给予高度关注,智慧的、突破性的创新必须由材料开始。随着市场全球化的发展,普世美学观也成为新的设计哲学,唯有以"通用设计"为指引的设计创新,才能获得历久弥新的经典产品。要通过设计提高产品品质,要通过设计串联起产业和营销,搭建桥梁,真正做好产品品牌、企业品牌。

与此同时,设计作为一个新兴的行业,其刚一发生便置身全球化浪潮之下,这一方面为设计师提供了迅速成长的机遇,但同时也让设计业面临原创缺失、文化背景断裂的危机,设计作为一种文化形态,其功能的丰富复杂性与影响的多元广泛性是其特质。而目前,中国设计产业在文化方向上甚是迷茫。在近代以来西方强势文化挤压下、在我国社会转型的影响下,各种外源性的文化观念和生活方式打乱了本土文化的发展脉络,割裂了文化传统。在这全球化的语境中,文化追求和文化方向变得难以识别,如何协调国际主义与民族主义、全球风格与地方特征之间的关系?这就要以人的尺度来度量物的价值,立足中国传统文化,在造物的实践中自觉地与文化的人文内涵联系起来,加强中国设计产业的内在文化逻辑。即在以"通用设计"为指引的设计理念中更多地融入中国文化,让设计出来的产品更加生活化、更质朴。

2. 设计企业要注重设计管理的运用。

"能够平衡设计力量和设计创新的公司最终可以赢得未来。"管理设计的重要性不亚于对于生产和经营的管理。而目前国内对设计管理重视度不够,因此,一定要注重将设计活动作为企业运作中重要的一部分,在项目管理、界面管理、设计系统管理等产品系列发展的管理中,善于运用设计手段,贯彻设计导向的思维和行为,并将之与战略或技术成果转化为产品或服务的过程相结合。设计管理是企业迈向成功的必不可少的要素,企业要依循设计的原则和策略在企业开发生产经营活动中对各部门进行指导,以实现设计目标,使产品增值。成功的运用设计管理,可使企业在战略策划阶段就蕴含了经营的策略,同时,策略上的优势也为产品和企业在竞争中奠定了良好的基础。

同时,市场的细分要求企业更灵活、更敏捷地适应市场的变化。设计创新首先要倾听市场的声音,理解实际和潜在的顾客的期望,积极发挥创意来创造需求,将对顾客需求引导与企业创意引导相结合,形成多样化的设计创新形式。只有真正适合消费者需求的设计才能拥有市场,才能真正有助于提高企业的核心竞争力。中国的设计产业必须高度重视研究消费者需求,重视消费者行为和习惯,建立适合的用户模型,据此将特定的用户群体与产品设计相结合,使设计更具针对性和竞争力。

3. 在国家战略层面促进跨界合作。

从国际经验看,很多发达国家在国家产业战略层面推动设计产业同教育产业和旅游业等支柱产业相结合,形成设计教育及创意主题旅游等新市场,同时注重资助各类专业研究,为设计与产业结合等实际问题找寻出路,并为国家设计战略及政策制定提供参考,最终提升对设计价值的认知,从20世纪80年代以前的针对制造业的设计服务转向到更广泛的设计思维。因此,我国政府要力争在推动国家研究建立工业设计专业技术人员职业资格制度、工业设计统计调查制度等方面取得突破,通过在资金投入、立项、税收、信贷、融资、奖励及社会保障等方面的资助扶持具有超前设计理念的设计公司或机构,增强其抗击风险的能力。同时还可以考虑设立产业发展基金,对于企业孵化以及成果的产业化给予扶持。在充分发挥设计创新推动制造业设计化、品牌化、服务化、高端化的积极作用,更好地推动设计与制造的融合和对接,促进第二产业的升级转型,提高传统产业的竞争力外,促进设计业与零售业、影视出版、广告、移动通信、互联网、电子商务等第三产业的相互交织和促进,带动第三产业的全面整体提高和快速发展。

4. 建设公共服务平台加强产权保护。

西方发达国家有关版权保护和实施机制的历史积淀较长,相对完备。相对来说,国内对知识产权的保护力度还有待提高,公众的知识产权保护意识有待加强。因此在加强知识产权保护体系的建设外,还要完善设计公共服务平台,搭建各类设计技术公共服务平台、信息服务平台、成果转化平台,集成国内外优质设计资源,为企业成长提供品牌推介、国际交流、技术转移、科技创新、信息共享、人才培训、知识产权服务、政策和法律咨询等系统服务。

此外,为了推动中国设计产业"走出去",还应建设国际合作平台;积极参与国际设计组织和重要活动;全面对接国际标准,鼓励设计企业、设计机构和设计师参与国外重大设计活动、展览;发展设计服务贸易,承接国际设计服务外包业务;鼓励有条件的企业在境外建立设计机构,加入国际设计组织。

行业报告十二

教育培训产业年度发展报告

唐璐璐*

党的"十八大"提出了"文化强国"战略，文化的繁荣与发展需要全民文化素养的提升。完备的教育体系以及终身学习型社会的形成是对"文化强国"战略的有力支撑。教育培训业对于满足民众不断上升的精神文化需求、提升全体民众的文化水平都有积极作用。因此教育培训业在新时期的创新发展，是我国文化产业发展与创新的重要面向。

第一节　宏观环境及政策条件

一、国内、外经济形势

按照法国著名社会学家布尔迪厄的观点，教育是人们获得文化资本与社会资本的重要途径，从而在不知不觉中完成社会"再生产"。随着社会发展，人们的物质生活基本得到满足，更高层次的精神追求与自我满足则要通过学习实现，这就为教育培训业提供了广大市场。与教育事业区别，教育培训业除了注重社会效益，也需要看重经济效益。

从当前的国内外经济发展局势来看，2012 年，国际环境充满着复杂性与不确定性。受欧债危机反复恶化的影响，发达经济体一直处于低迷或衰退的状态，而新兴经济体和发展中国家市场规模相对较小，对发达国家依赖程度较深，经济收缩步伐明显加快，因此全球经济增长呈现明显放缓的态势。展望 2013 年，由于金融危机呈现的长期化趋势，世界经济仍会处于危机后的调整期。但同时也可以看到，发达国家实施再制造业化战略，以互联网、新能源为代表的第三次工业革命正

* 唐璐璐，北京大学艺术学院艺术管理与文化产业专业博士研究生。

在兴起,全球产业结构调整出现新动向。①

受欧债危机和全球经济增速放缓的影响,2012年我国经济发展面临的困难增多,出口增速回落。国内经济运行主要是加快结构调整的步伐,培育新的竞争优势,以寻求新的平衡,推动增长动力的转换和发展方式的实质性转变,保障国民经济平稳运行。由于着力扩大内需、稳定外需,从工业增加值、投资、消费、出口这几个指标来看,经济运行在第四季度显现了触底回升的迹象。由此可以见出,稳增长、调结构、促发展是我国在当前国际格局中突围的重要方式。

二、国家政策:完善体系,提升质量

教育市场的发展对于扩大内需,促进我国经济结构转型有重要意义,因此,在宏观环境的影响下,国家政策也对教育的发展予以重点支持。

2012年6月,根据《国家"十二五"规划纲要》,为全面实施《国家中长期教育改革和发展规划纲要(2010—2020年)》和《国家中长期人才发展规划纲要(2010—2020年)》,教育部出台了《国家教育事业发展第十二个五年规划》。虽然是对教育事业的战略规划和布局,但对教育培训行业环境也有重大影响。《规划》指出:由于我国已进入加快建设教育强国和人力资源强国的历史新阶段,为推进现代化建设,当前较为重要的是"迫切需要进一步提高劳动者素质,调整人才培养结构,增加应用型、技能型、复合型人才的供给",同时,要"不断提高各级各类学校信息化、现代化水平,增强教育的发展实力"。在未来教育发展的基本思路上,强调要"更新教育观念","树立系统培养观念,推进各级教育有效衔接,教学、科研、实践紧密结合,学校、家庭、社会密切配合";同时,需要"服务国家战略","大力调整人才培养结构,扩大紧缺人才特别是技能型、应用型、复合型人才培养规模,着力提升人才培养质量。""着重健全基本公共教育服务体系,建立现代职业教育体系,完善高等教育体系,推进继续教育体系建设",从而构建更加完善的教育体系。为达此目标,也会建立起较为完善的保障教育优先发展的投入体制。②

2012年11月8日,党的"十八大"总结了我国过去十年的发展成就,并高瞻远瞩对新时期的发展作了部署。报告提出"教育是中华民族振兴和社会进步的基石",因此要"努力办好人民满意的教育","坚持教育优先发展"。具体到教育的

① 国务院发展研究中心"经济形势分析"课题组:《加快发展方式转变 促进经济平稳运行——2012年经济形势分析及2013年展望》,《中国经济时报》2012年10月29日第1版。

② 教育部:《国家教育事业发展第十二个五年规划》,2012年6月。

各个面向,包括"全面实施素质教育,深化教育领域综合改革","完善终身教育体系,建设学习型社会","大力促进教育公平,合理配置教育资源","鼓励引导社会力量兴办教育","加强教师队伍建设"等。同时,要"推动实现更高质量的就业"。"加强职业技能培训,提升劳动者就业创业能力"。①

从国家政策来看,一方面要完善教育体系,建设终身学习型社会,注重教育公平,提升教育水平;另一方面,也会注重教育信息化和现代化水平的提升,并把教育信息化纳入国家信息化发展战略。

第二节 教育培训业发展概况

以培训机构为主体的校外教育,对于基础教育体系校内教育的发展一直起着重要的补充作用。当前我国教育培训业总体分为学前教育、中小学课外辅导、职业教育、留学培训、统一考试辅导等方面。由于自我提升的意识不断提高,人们对教育的重要意义有更清晰的认识,教育培训市场受经济波动的影响较小,市场需求大并有巨大增长空间。经济向下,教育向上,在全球经济的"寒冬"中,中国的教育培训市场却一片暖意。

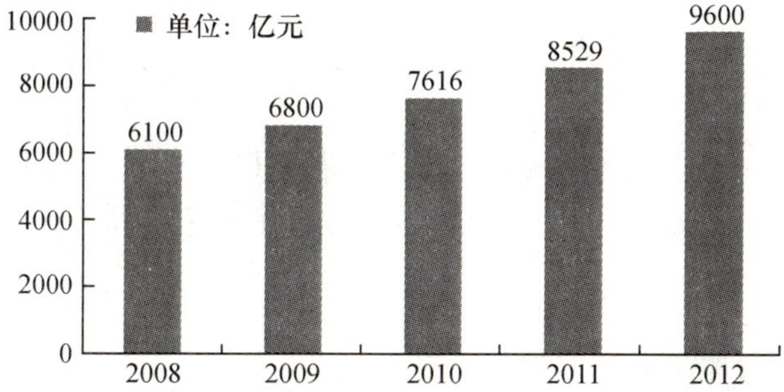

图 1-12-1 2008 年—2012 年教育培训市场总值

数据来源:根据相关资料整理。

如上图所示,近 5 年,中国教育培训行业市场总值逐年持续增长,且每年复合增长率达到 12%,并未受国际金融环境的影响,保持了良好的发展态势。

教育培训业的成长发展离不开金融市场的资本运作。新东方作为第一家赴

① 《胡锦涛在中国共产党第十八次全国代表大会上的报告》, http://news.xinhuanet.com/18cpcnc/2012-11/17/c_113711665.htm。

美首次公开募股的中国教育培训企业,开启了教育培训业上市的浪潮。在新东方强大的示范效应下,民办培训企业海外上市仍方兴未艾。目前已经有多家业务分布在外语培训、中小学课外辅导、远程教育、职业教育等各个细分领域的教育培训上市企业。其中,新东方仍在行业内一枝独秀,从最初的外语培训逐渐发展为覆盖幼儿教育、中小学课外辅导、留学培训等更加多元化的行业巨头。从市值、营收、品牌、知名度等各方面来看,其他公司与新东方仍存在较大的距离。但在各自细分领域内也不乏优秀公司,例如在中小学课外辅导上体现出很强的竞争力的学而思和学大教育;计划打造升学和就业终身教育平台,职业教育有一定特色的安博教育等。①

表 1-12-1 教育行业上市公司营业收入

企业名称	营业收入	同比增长	数据来源
新东方	33580 万美元	25.8%	2013 财年第一季财报
学大教育	6950 万美元	34.8%	2012 财年第三季财报
学而思	6810 万美元	32.3%	2013 财年第二季财报
安博教育	5950 万美元	22.1%	2012 财年第一季财报
弘成教育	1810 万美元	3.6%	2012 财年第二季财报
正保远程教育	1310 万美元	8.1%	2012 财年第三季财报
诺亚舟	730 万美元	57.8%	2012 财年第四季财报

数据来源:根据相关资料整理。

根据重要上市企业的季度财报显示(如表 1-12-1 所示),仅营业收入而言,新东方仍雄踞榜首,并保持较为稳定的增长。学大教育和学而思营业收入排于新东方之后,并保持了较快增长。

一、教育培训业重点行业分析

教育培训行业覆盖不同的年龄阶段,可以有多种方式展开,因此行业分类也不尽相同。在此,我们仅对当下重点行业进行分析。

1. 幼儿教育

伴随我国民众生活水平的提高,以及受到早期计划生育政策影响,家长对子女教育的投入能力和热情不断提升。近几年这种热情进一步朝着低龄化方向发展。教育培训机构,尤其是上市企业都纷纷以幼儿园、特色幼儿教育、互动网站等

① 《中国教育行业白皮书》, http://learning.sohu.com/20120121/n332857441_4.shtml。

不同形式提供覆盖整个婴幼儿乃至少儿阶段的教育服务。企业选择切入幼儿教育新项目时,会结合自身现有优势进行,同时也注意合作与交流,新东方、学而思这两大刚刚起步的幼儿教育都是与麦格希(McGrawHill)集团合作进行的。

上市公司业务竞争主要集中在特色幼儿教育,尤以少儿英语培训较多。而企业运作的幼儿网站以教育资讯为主,这些资讯主要是通过免费浏览、互动方式提供给幼儿家长。目前暂时无法为企业带来直接相关盈利,主要还是为便利招生、宣传品牌和获取用户信息服务,多处于“聚拢人气”阶段。[①]

表 1-12-2　教育行业上市公司开展幼儿教育状况

培训类型	机构	备注
英语培训	新东方(泡泡少儿英语)	34 个城市,334 个教学中心,其中授权 19 个加盟
	诺亚舟(小新星教育)	加盟模式
	瑞思学科英语	80 余城市,140 多个教学中心
	戴尔国际少儿英语	培生旗下,北京 5 个中心
	英孚少儿英语	7 个城市,47 个教学中心
	迪士尼英语	10 个城市
	Lily 思维英语	北京、武汉共 15 家分校
幼儿园	新东方(满天星)	北京、南京 2 个加盟
	诺亚舟(渊博教育)	直营幼儿园 44 家
特色教育	学而思(摩比思维馆)	北京 4 个教学馆
早期教育	东方爱婴	直营 + 加盟,180 多城市 400 余家早教中心
	红黄蓝	全国 300 多城市,500 多亲子园和 70 多双语幼儿园
	金宝贝	200 多早教中心

数据来源:《2012 年中国教育行业上市公司调查报告》[②]。

2. 中小学生课外辅导

“在中国教育培训这块大‘蛋糕’里,中小学课后辅导是最被看好的领域之一,有增长空间大、发展快、竞争激烈、市场分散、周期变化不敏感、区域差异明显等特点。”[③]这一领域最初主要由兼职老师、大学生等提供家教服务,后来开始从单纯的家教中介向课外辅导机构转型,走向规范化。学而思也差不多在同一时期从创始人的家教辅导班小作坊开始向正规化经营转型,并逐渐开辟出了中国教育培训除了外语培训外另一个巨大的细分市场。在美上市的中国教育培训公司中,

① 《中国教育行业白皮书》, http://learning.sohu.com/20120121/n332857441_4.shtml。
② 《2012 年中国教育行业上市公司调查报告》, http://finance.qq.com/a/20130122/007176.htm。
③ 《中国教育行业白皮书》, http://learning.sohu.com/20120121/n332857441_5.shtml。

学大、学而思、新东方和安博教育在中小学课外辅导市场中营收较大。

课外辅导市场在国内一般被称作“K12”市场,涵盖从小学到高中毕业12年教育阶段,主要是课外考试辅导领域。根据教育部统计数据,截至2011年末我国小学、初中、高中在校生人数接近1.9亿人次,教育支出约占家庭支出的三分之一,可见课外辅导市场有着巨大的需求空间和持续的刚性需求,也最被社会所关注。①

表1-12-3反映了上市公司涉及K12业务情况,相关业务营收为最近一个财年数据:

表1-12-3 教育行业上市公司K12业务开展情况

企业	K12相关业务	相关业务营收	占比	优势学科
新东方	优能中学 泡泡少儿	2.94亿美元	38.10%	英语
学而思	小班培优 智康一对一	1.77亿美元	约100%(魔比思维馆)	数学
学大		2.21亿美元	100%	中高考
安博教育	京翰一对一等	1.66亿美元	课外辅导46.6%;K12学校16.2%	
弘成教育	101网校			
诺亚舟	深圳文泰教育			

数据来源:《2012年中国教育行业上市公司调查报告》②。

随着义务教育“减负”的逐步落实,中小学课后辅导在未来仍有一定的增长空间;同时,竞争也会异常激烈。随着竞争的加剧,市场或许会出现进一步的整合。目前众多市场分析数据显示这块市场将是上千亿的大蛋糕,这足可以支撑起市值更高的公司,也会培育出更多新的上市公司。③ 不过近期,学大、新东方、学而思等17家培训机构在北京签署《中小学生校外培训机构自律公约》,2013年的教育培训市场或有较大变化,出现“精耕细作”的趋势,例如在内部管理升级,增强教学研发、内部员工之间、家长员工之间的沟通等。④

3. 职业教育

早前的职业教育主要是面向低学历人群,培养技工类人才。但近年随着民众

① 《2012年中国教育行业上市公司调查报告》, http://news.imeigu.com/a/1358863252800.html。

② 同上。

③ 《中国教育行业白皮书》, http://learning.sohu.com/20120121/n332857441_5.shtml。

④ 《2013教育培训业或将“变身”》, http://newspaper.jfdaily.com/xwcb/html/2013-03/07/content_984319.htm。

整体素质的提高,高校毕业生逐年增加导致就业压力和职场竞争加剧,职业教育市场也逐渐向高学历和高收入人群扩散。职业教育主要有三个发展方向:一类是为满足职业要求,提升求职资本的技能培养,例如IT培训;一类是帮助职业发展的资格认证,如人力资源、会计、法律等资格的获得;还有一类是企业管理培训,如商学院、企业大学、咨询培训公司的管理培训课程。伴随就业市场的残酷竞争压力,职业教育稳步发展,市场保持上升态势。

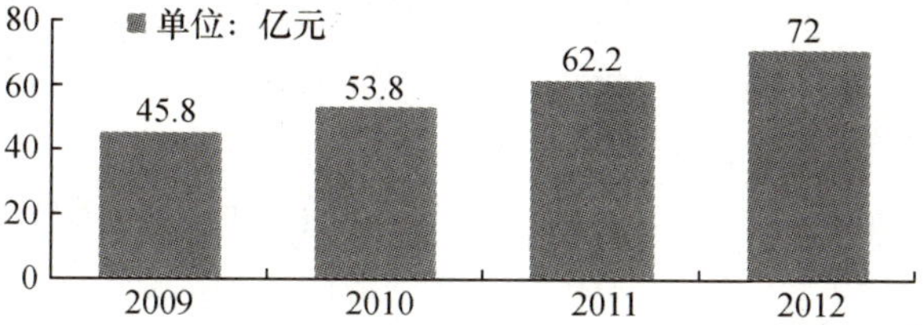

图 1-12-2　2009—1012 年 IT 职业培训销售额

数据来源:根据相关资料整理。

技能培训和资格认证使得职业教育的专业性要求提高,逐渐形成专业化的职业教育品牌。例如IT教育的安博、北大青鸟、达内;会计品牌的中华会计网校、北大东奥;法律品牌的万国教育等。这些品牌的形成一方面源于社会在该细分领域的人才缺乏,另一方面也是教育培训机构在该领域有一定的专业优势。[①]

由于职业教育主要面向求职和职业发展,而招聘和各项职业考试在全年内分布较为均衡,因此,职业教育没有明显的周期性,且学员的延续性差,大多是为了顺利入职或升职,当达成这一目标后,就很难继续接受培训。

伴随现代企业制度的完善与规范,企业管理培训课程逐渐成为众多企业的选择,这不仅可以帮助学习先进的企业管理制度,也可以促进员工综合素质的提升,从而影响企业的发展壮大。目前国内商学院的学费上涨势头迅猛,但调查数据显示,仍然有58%的消费者认为读商学院是一项对自身"物有所值"的投资。"在选择商学院时,最被看重的因素是人脉平台、专业知识和学校名气。职业升迁虽然是很多人念商学院的动机,但在择校时直接考虑这项影响因素的消费者只有6%。"[②]

4. 留学培训

当今全球化的竞争,需要具备国际竞争力的优秀人才,已得到越来越多的学

① 《中国教育行业白皮书》,http://learning.sohu.com/20120121/n332857441_7.shtml。
② 《中国教育行业白皮书》,http://learning.sohu.com/20120121/n332857441_1.shtml。

生和家长的认同。随着中国对外开放程度的提高,与世界各国联系日益紧密,也有更多国人走出国门,去往世界各地学习和交流。中国学生和家长已经从让孩子接受国际教育,转向对孩子国际竞争力的培养,以期在未来的全球化竞争中占据金字塔塔尖的位置。而且在国内教育资源有限与就业形势严峻的双重压力下,更多人愿意去海外接受高水平的国际教育。

在计划出国留学的学生学历层次方面,申请出国读研的人仍是出国留学的主力大军。毕业人数过剩与市场理性需求不匹配,也是刺激国内学生去国外深造的原因之一。与此同时,留学低龄化也成为不可阻挡的趋势,高中生出国增长强劲,并成为重要的一支留学大军正飞速扩充。随着各国留学利好政策频出,2012 年,中国出国留学人数高达 33 万人之多,整个留学行业步入高速发展期,留学大军总数将持续攀升。

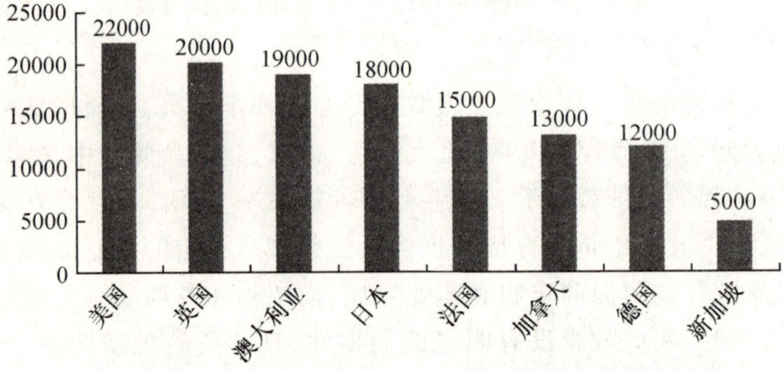

图 1-12-3　各国近年平均每年吸引中国留学生人数

数据来源:根据相关资料整理。

从图 1-12-3 可以看出,美国、英国、澳大利亚和日本仍是吸引中国留学生最多的国家。而中国也成为留美第一生源国,并连续两年成为向美国输送学生最多的国家。在美国的中国学生已增长至总共约 158,000 人,约占国际学生总人数的 22%。①

对于留学目的地的选择而言,目前逐渐呈现多元化的趋向,但传统留学热门国家仍吸引了近半数的中国留学生(如图 1-12-4 所示),绝大多数中国留学生分布在美国、英国、澳大利亚、加拿大等国,但新加坡、法国、日本、德国、荷兰、新西兰、韩国等国也吸引了不少中国留学生。中国海外留学生的分布呈现"大集中、广

① 《2012 中国学生留学意向调查报告》, http://www.hjenglish.com/liuxue/p394189/。

分布”的格局。

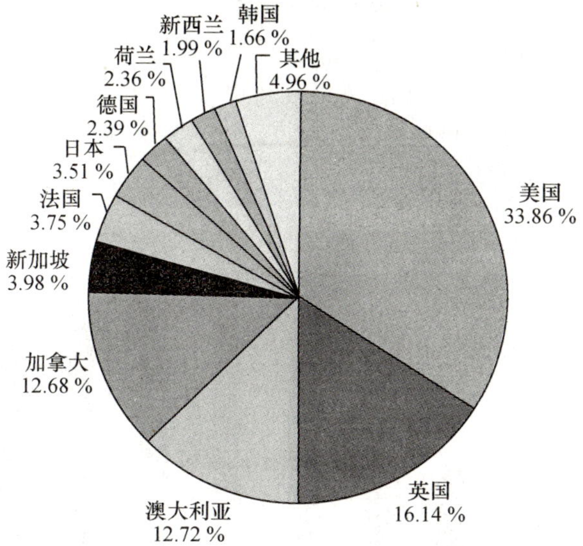

图 1-12-4 留学目的地选择情况

数据来源:根据相关资料整理。

未来几年,留学目的地将更趋多样化,除英国、美国、澳大利亚、加拿大等传统主流留学目的地之外,如北欧四国、东欧诸国以及南美的巴西等国也将成为新的留学目的国。另外,留学方式将更趋多元化。如各大中院校的合作办学、国际高中、预科教育、境外院校在中国本土的分校都将成为新的留学方式,还有游学及短期学术培训或技能培训都将带来巨大的留学市场。

不断丰富和成长的留学市场为留学培训提供了发展的巨大空间。各培训机构围绕学生在出国留学的前期准备阶段、中期学习阶段、后期学成阶段的各种需求可以提供一系列产品与服务。有调查显示,约 67% 的留学家庭会选择留学中介办理留学事宜。“选择留学服务机构时,最被看重的因素依次是中介专业程度、信誉度、中介院校资源和签证通过率,紧随其后的是留学服务费用的高低。很多留学中介拓展的‘境外服务’、‘延伸服务’反而不是影响客户选择的主要因素,只有 3% 的消费者会关注这个部分。”①

除了留学咨询,以出国留学为目的的托福、雅思考试等外语培训是留学培训的重点。在英语外,最受欢迎的第二外语为法语、西班牙语和日语。“在选择外语

① 《中国教育行业白皮书》, http://learning. sohu. com/20120121/n332857441. shtml。

培训机构时,教师实力和培训效果、机构名气、在朋友圈中的口碑、价钱是否能接受、外教课的数量等都是网友比较看重的因素。”①

5. 统一考试辅导

自2008年金融危机引发公务员报考热以来,公务员考试报名人数一直稳居高位。在安土重迁的中国传统文化环境下,公务员逐渐成为最理想的稳定职业。很多人认为公务员的福利并不直接体现在薪酬上,而是体现在养老与医疗、住房等长远的福利上。

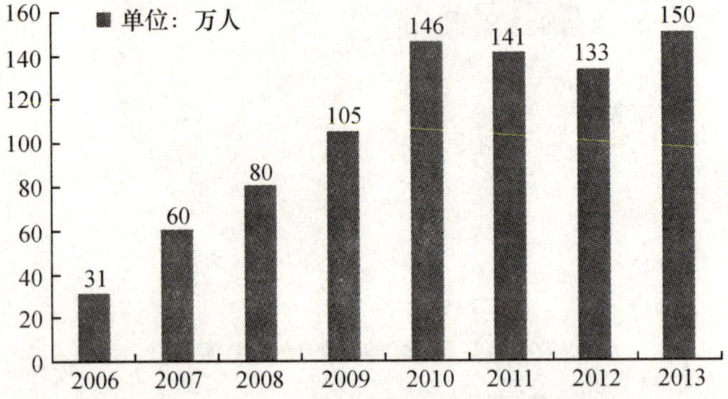

图1-12-5　2006—2013国家公务员报考人数

数据来源:根据相关资料整理。

从图1-12-5显示可以看到,“国考”报名人数在2011、2012年经历了小幅下滑以后,在2013年达到150多万人。报名人数众多,而岗位有限,这就加剧了公务员考试的竞争激烈程度。这一局面也带火了公务员考试培训机构。目前全国约有近千家针对公务员考试的培训机构,其中有以中公教育、华图教育为代表的全国性连锁培训机构,也有很多区域性的培训机构,有的以省为中心,在全省范围布点,有的则以市为中心。全国教材市场可以达到十几亿元;每年约80万人参加公考培训,人均花费5000元;整个公考市场规模可以超过50亿元。因此,从公务员教辅图书,到考前的基础班、模块班、强化班、冲刺班、点题班等,到面试强化班、精品班、一对一班、封闭班、协议班和VIP班,到专门的公务员服装、形象包装等一系列产业,再到交通、住宿、餐饮……“公考”正逐渐形成自己的产业链,对经济有强大的拉动力量。②

① 《中国教育行业白皮书》, http://learning.sohu.com/20120121/n332857441_1.shtml。

② 《国考市场年收超50亿》, http://learning.sohu.com/20121030/n356163319.shtml。

和"公考"一样有百万大军的还有研究生入学考试，自 2003 年研究生开始大规模招生后，报考人数逐年增长，而在 2012 年，又突破性地达到约 180 万人次（如图 1-12-6 所示）。

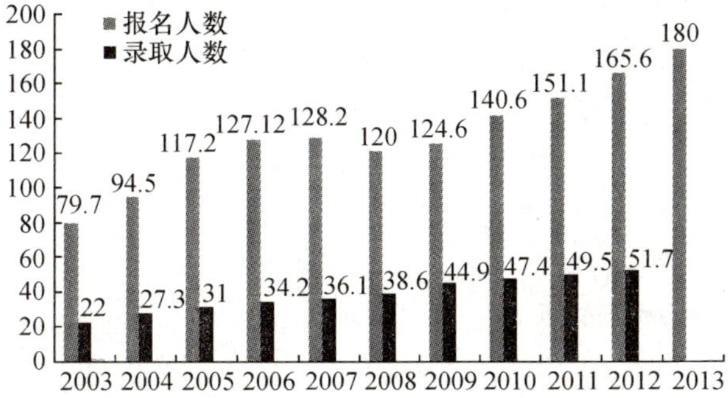

图 1-12-6　2003—2013 年考研报名与录取人数

数据来源：根据相关资料整理。

考研人数持续增长与自我发展需求、缓解就业压力、户口政策、起薪较高等因素都有关系。尤其是面临就业问题时，在时间、人力、财力投入更多的研究生在就业时相对来说更有优势。虽然研究生录取人数也在不断增长，但近年约 3∶1 的录取比例还是让考研的竞争颇为激烈。课程辅导需求增大，由此带动的考研培训市场也不断更新与发展。

例如，专业硕士扩招是近年开始的研究生教育的重大历史转型，根据教育部研究生招生改革的规划，2015—2020 年左右，在全国硕士总人数不变的情况下，专业硕士与学术型硕士比例为 7∶3。专业硕士将在 2015 年占据整个招生名额的 50%，而 2013 年考研招收的专业硕士就将占到整体的 40%，2014 年达到 45%。随着社会对实用型人才的需求日益增加，研究生招生政策开始向专业硕士倾斜，这使得报名专业硕士的考生数量呈直线增长趋势，也为专业硕士辅导市场带来更多的发展机遇。考研培训机构也反应迅速，针对不同群体设置相应的辅导课程。新东方在线考研项目就根据考生的实际需求开发相应的课程体系，节省在职学员考研的时间和精力，加快系统课程的研发及上线周期。①

① 《"专项"考研培训市场日趋升温》，http://edu.ifeng.com/kaoyan/news/detail_2012_04/20/14032091_0.shtml。

二、教育培训业存在的问题、对策与发展趋势

(一)存在的问题与对策

1. 培训市场良莠不齐,缺乏监管。

当前我国民众受教育与培训的需求日益强烈,因此教育培训市场发展迅速,众多培训机构涌现,也不乏很多品牌影响力大、诚信可靠、服务周到的优秀培训机构。但与此同时,因教育培训业的进入门槛一直处于较低水平,所以也有不少滥竽充数、利益至上、服务恶劣甚至欺骗消费者的机构存在。

虽然教育培训市场有巨大成长空间,但整个行业在管理上仍然纷繁杂乱。各企业间对发展模式、整体生态并无密切合作与交流,呈现各自为营的局面,行业内尚未形成有效的自律机制。而教育相关部门对此也并无成形的监督管理体系。因此,教育培训业亟待加强行业监管,也需要加速行业自律机制的建立。

改变这一现状需要国家相关部门加强对行业的监管力度,对该行业的进入门槛予以规定和提高,同时对行业收费标准严格控制,以杜绝乱收费和天价培训费的现象。同时,行业内部各企业,尤其是大中型培训机构应增强合作,形成良好的行业自律机制,使行业内形成诚信、规范、优质服务的良好氛围,以淘汰不合格的培训机构。

2. 企业发展模式模糊,队伍不稳。

优秀的师资力量和较高的教学水平无疑是教育培训企业发展和赢得口碑的重要因素。目前存在的很多培训机构都是由私人作坊式的方式成长起来的,也正因为如此,名师成为企业发展最不稳定的因素。稍有名气的老师很快就可以自立门户发展,不再依附于原来的培训机构。企业若仅依靠名师,很难获得稳定的发展。

因此,教育培训企业必须确立合理、稳定的发展模式,形成完备的团队服务。使教师成为学员选择的因素之一,而不是决定因素。一方面要通过规范的机制减少教师流失率;另一方面,也要将教师在机构中的影响力降到最低,保证组织的持续运营。企业应该注重吸收管理、教学等多方面的人才,提升企业的管理水平和教学质量,同时积极拓宽师资渠道,保证稳定的师资储备。

3. 盲目扩张易致发展失衡。

众多教育培训企业上市,在解决企业发展资金问题的同时,也可能因为发展阶段的原因带来一些问题。为满足股东盈利的需求,企业需要扩张规模,经常是使用连锁式的教育集团模式扩张,利用上市融资的资金建立分校或是收购其他辅

导机构。但太过急速的扩张就很难保证培训质量和教育品牌的声誉,甚至会对企业的长久生命力有影响。在教育培训市场中,最终的竞争取决于教学培训品质的竞争。因此,上市公司不应该过度追求规模扩张和短期利润,而应该目光长远,注重品质与规模的均衡发展。

(二) 发展趋势

1. 系统化与规范化。

随着教育培训业的发展成熟,该领域也会逐渐形成严格的行业标准,对培训机构的资格、条件予以审查,助推教育培训市场的系统化、规范化。未来的培训企业需要有长远的战略规范,树立品牌声誉。因此也必须有科学、规范的管理,避免为追求短期利润而损伤顾客利益的情况发生,战略稳定带来的系统、规范化管理是大势所趋。

2. 品牌化与集团化。

资本将成为未来教育培训行业竞争的关键要素之一,品牌教育培训企业相对容易依靠积累或引入的资本,将产品向纵深方向发展,从而更加壮大,因模式的创新或资本介入而形成教育集团。它们能够将顾客零散的需要打包成一条完整的服务链,让顾客得到一站式满足。在这样的局面中,中小型培训机构生存更为艰难,它们可以靠专业度在行业里享有一定声誉,但却无法与教育集团抗衡。中小机构面临的主要问题是人才缺乏、教学科研力量单薄,抵御风险能力有限。由于发展模式不断成熟,之前名师可以独当天下的局面也会因此改变。培训讲师必须借助品牌机构的力量才能获得更多的发展,有更好的收益。

因此,教育培训业将迎来新一轮的洗牌,品牌机构集团化发展,专业教育机构将突出差异化进行连锁经营,其他中小机构为了生存必须进行改革创新,打造核心竞争力。

3. 专业化与精细化。

经过市场优胜劣汰的过程,未来教育培训业的发展入门门槛会逐步提高,对培训师专业化的要求也会更高。由于服务质量与服务水平也是教育培训市场竞争的重要因素,从业者必须提升内功,投入更多的精力,否则就易被市场淘汰。而未来的培训课程设置也会更趋专业和精细化,以满足不同阶层、不同阶段人群的不同需求。

4. 信息化与国际化。

在全球趋势和国家政策的驱动下,教育培训业也会努力提高现代化和信息化的水平。在当今技术条件下,充分利用互联网,一方面可以降低培训成本,取得较高的投资回报率;另一方面,可以方便培训随时随地展开,逐步摆脱时间、地点的限制。另外,培训业在西方国家已成为较为成熟的产业,有许多可资借鉴的经验。因此,立足本土,同时开阔国际视野,吸纳国外先进理念,促进合作交流,是教育培训业未来发展的方向。

行业报告十三

体育产业年度发展报告

曹　洁*

第一节　宏观环境

一、宏观经济与政策支持

自新世纪以来我国开始重视文化产业发展至今，文化产业俨然已经成为今后一个时期发展的战略新兴产业，并且要成为国民经济支柱产业。体育产业作为文化产业中的一个重要子产业，在中央和地方政府高度重视和扶持下，彰显旺盛的发展势头和潜力。首先，虽然2012年我国GDP增长速度创13年新低，但我国的经济发展水平依然在稳中求进。随着经济的持续增长与繁荣，人们的消费观念、消费方式、消费能力也在不断地变化，对精神文化的需求呈现出渴求的态势。这就为我国体育产业的全方位、多元化的发展创造了有利空间。其次，国家政策和地方政策对文化产业的积极支持对推动我国文化产业的整体发展做出了卓越的贡献。体育产业也不例外，具体的政策很好地推动了这个文化产业重要子产业未来的发展方向。

2012年11月8日，党的十八大报告在论述全面建成小康社会和全面深化改革开放的目标时指出，要让“文化产品更加丰富，公共文化服务体系基本建成，文化产业成为国民经济支柱性产业”；“促进文化和科技融合，发展新型文化业态，提高文化产业规模化、集约化、专业化水平”。体育产业必然是其中重要的一部分。十八大报告还明确提出，“广泛开展全民健身运动，促进群众体育和竞技体育全面发展”，是对未来我国体育事业发展提出的新目标和要求。以上为我国体育产业的发展指明了方向。

---

* 曹洁，北京现代音乐研修学院艺术管理学院专业教师，北京大学文化产业研究院学术助理。

"十二五"时期是我国全面建设小康社会的关键时期,是深化改革开放、加快转变经济发展方式的攻坚时期,也是推动体育强国建设、促进体育产业快速成长的重要阶段。继续沿着《体育产业"十二五"规划》道路,统筹"十二五"期间体育产业的各项工作,创造性地发挥体育产业在促进经济发展、社会和谐、文化繁荣等方面的独特作用,提升体育产业的整体发展水平;继续保持体育产业快速发展,增加值以平均每年15%以上的速度增长,到"十二五"末期,体育产业增加值超过4000亿,占国内生产总值的比重超过0.7%,从业人员超过400万,体育产业成为国民经济的重要增长点之一;创建一批充满活力的体育产业基地,培育一批有竞争力的体育骨干企业,打造一批有中国特色和国际影响力的体育产品品牌等。以上规划为我国未来的体育产业发展指明了具体的方向。

二、体育产业投融资环境状况

文化产业的发展离不开资本的支撑,体育产业亦是。资本是很多文化体育企业发展过程中的软肋,需要利用集体智慧寻找畅通的渠道。西方体育产业的发展最早是通过大量的风投资金打造出一大批体育企业,包括十分优秀的名牌体育企业、运动队和体育明星。

随着《关于加快发展体育产业的指导意见》等一系列政策的出台,银行业对于整个文化产业的放贷变得相对宽松,对中小、微型企业也提供了有利的政策,这些都对体育产业融资起到了极大的推动作用。

体育产业间接融资途径是银行贷款,然而,因为体育产业风险大的特点,大部分体育企业很难从银行进行融资。在我国,贷款的主要方式是抵押和担保贷款需要很多的有形资产作为抵押物,而体育产业资产主要表现在无形资产当中,难以进行评估。因为我国银行金融体系的落后,现在未能设立体育产业的特殊投资项目。因此,众多体育企业很难通过抵押的方式获得银行贷款。此外,体育产业投资主体单一化是湖北省体育产业在发展中面临的问题,除了政府投资,其他投资主体参与较少,特别是由事业单位转变而来的企业或组织,对政府的拨款较为依赖。市场经济投资的特征是投资主体的多元化,体育产业应该形成多元化的投资主体。

根据国家对体育产业关注的深入和政策的频频出台,湖北省体育产业制定出自己的投融资多元化发展的对策。首先,加强政府在体育产业投融资的作用。政府加强投融资制度建设,形成良性的体育资本市场。体育产业的发展离不开市场经济的大环境,而这个环境需要政府制定各种经济政策来推动产业的健康发展。

体育产业是值得关注的产业，政府应把握机遇解决产业发展中所遇到的问题，充分发挥政府的职能，促使体育产业跨越发展。从现实出发，政府应转变观念，从“不管”再到“有所管、有所不管”，努力营造“政府搭台企业唱戏”的体育产业发展政策环境。其次，政府投资项目明确，要有重点、分主次。湖北省政府应发放体育产业专项资金。主要有项目补贴、贷款贴息和财政补助三种方式，在对于资助项目进行发放的过程中要做到有重点、分主次，对于一般体育企业采取普遍支持、重点体育企业扶持的态度。针对一批具有湖北特色，能起到较强的支撑、带动作用的重点体育产业项目，给予重点关注。同时，湖北省政府应该设立体育产业公共技术服务平台，通过这个平台，帮助资金少、科技含量不足的体育企业，解决企业发展中的问题。另外，通过平台还可以避免产业内重复投资的情况出现。再次，通过政府设立体育产业投资基金。在现在中国经济发展的背景下，通过体育产业基金对体育产业的担保投资，一方面可以给体育企业提供融资渠道，满足企业筹集资金的需求，另一方面可以配合政府产业布局，优化资源配置，加速体育产业的发展，盘活民间资本。最后，引导社会资本和国外资本进入体育产业对湖北省体育产业具有积极作用。

第二节　体育产业总体发展

整体看来，2012 年我国体育产业总产值、体育用品生产总值和出口额增速放缓。

（一）体育产业的效益稳步提高

我国体育产业虽然在国民经济中所占的比例还很小，但体育产业本身发展速度迅猛，体育产业的效益稳步提高。我国已成为世界最大的体育用品制造基地，仅福建省就拥有体育用品制造企业 4000 多家，年产值达 300 亿元。在数量不断扩大的同时，在效益不断增加的基础上，我国自主体育品牌频繁走出国门，李宁、安踏，特别是乒乓球品牌“红双喜”成为该项目的世界品牌。体育旅游作为一种新兴的健身休闲方式，越来越受到国家、地方政府的重视，据统计我国服务于体育旅游产业的相关企业数量已达 6 万余家。青海省利用青海湖的知名度打造环青海湖自行车比赛，把旅游与体育休闲充分结合起来；内蒙古自治区依托大草原优势，组织蒙古族体育传统项目的比赛与服务，开发了赛马、体育表演、那达慕节等体育旅游项目；东北、华北地区则以冰雪产业为主，发展体育休闲经济活动；宁夏

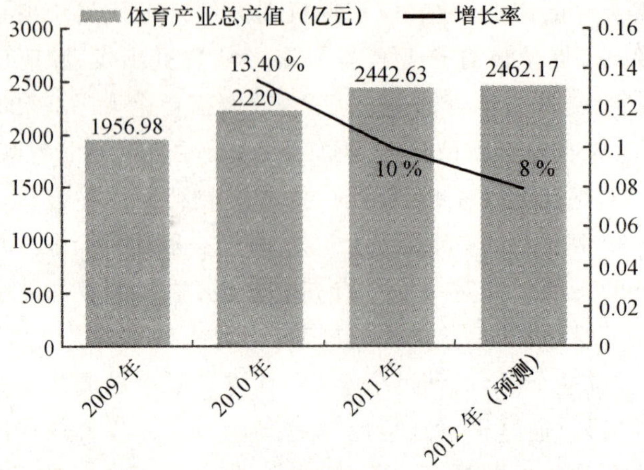

图 1-13-1 体育产业总值变化趋势图(单位:亿元)①

数据来源:国家体育总局,《体育事业统计年鉴》。

最早打造了我国的沙漠体育项目;四川省以水资源等优势,开发漂流、登山等项目。各个地市在不断开发体育产业门类的同时,利用经济杠杆刺激体育产业不断地提高效益,使得我国体育产业朝着良性方向发展。②

(二) 体育用品行业利润平稳增长

自 2011 年 10 月起,体育用品行业利润景气指数除个别月份在“渐冷”区外,基本在“稳定”区运行。

2012 年 1—10 月,全国体育用品制造行业累计完成利润总额 36.67 亿元,同比增长 30.87%。其中:1 月份完成利润总额 2.7 亿元,同比增长 24.11%;2 月份完成利润总额 2.7 亿元,同比增长 24.11%;3 月份完成利润总额 4.29 亿元,同比增长 39.28%;4 月份完成利润总额 3.14 亿元,同比增长 -11.53%;5 月份完成利润总额 4.16 亿元,同比增长 98.79%;6 月份完成利润总额 3.96 亿元,同比增长 52.35%;7 月份完成利润总额 2.87 亿元,同比增长 8.44%;8 月份完成利润总额 4.31 亿元,同比增长 57.68%;9 月份完成利润总额 4.03 亿元,同比增长 7.52%;10 月份完成利润总额 4.5 亿元,同比增长 40.01%。

① 注:近年来,我国体育产业总产值呈现出稳步增长的态势,但是增速逐年递减,预计到 2012 年我国体育产业的总产值将达到 2462.17 亿元。

② 周忠岐:《论我国体育产业发展的瓶颈与出路》,《价值工程》2012 年第 22 期。

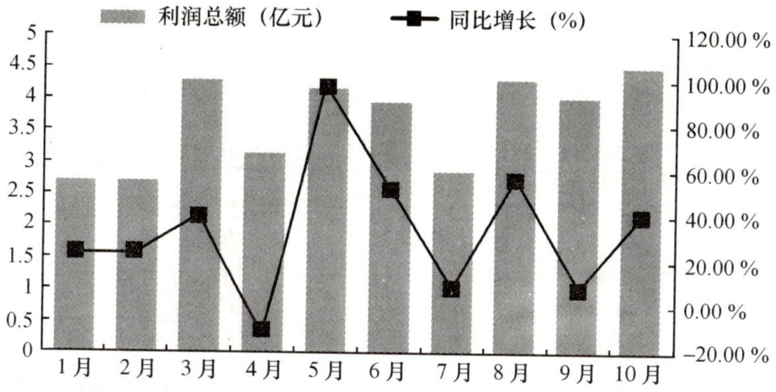

图 1-13-2　2012 年体育用品制造行业月度利润总额及同比

数据来源：中国轻工业网，http://www.clii.com.cn/news/content-370568.aspx。

（三）我国体育产业的国际比较

目前，全球体育产业产值已超过 4000 亿美元，西方主要发达国家体育产业产值一般都占本国 GDP 的 1%—3%，最高的为瑞士，占 3.37%。依据世界各国体育产业总量的水平，大体可分为三档：第一档是美国，一枝独秀，1999 年体育产业总产值占全球体育产业产值的一半以上，达到 2125.3 亿美元，占该国当年 GDP 的 2.4%。第二档是德国、英国、意大利、法国、瑞士、加拿大、澳大利亚、日本等发达国家，整体实力与美国差距较大，但除了发达的健身娱乐业外，也有自己的特色或优势行业，如德国的体育用品业、英国的体育保险业、意大利的体育彩票业（以足球为特色）、瑞士的体育旅游业等。第三档是包括中国在内的发展中国家和部分新兴的工业化国家，都是体育产业的后发展国家，现阶段产业基础薄弱，企业素质较低，市场规模和消费水平有限。①

第三节　体育竞赛

亚洲沙滩运动会、天津大运会之后，中国国内的大型运动会活动暂时告一段落。整个体育竞赛表演业没有太大的格局变化，而是稳中求变。

一、国际及全国性运动会

2012 年我国举办了许多国际及全国性的运动会，有第十二届全国冬季运动

① 董先龙：《浅析市场经济条件下我国体育产业的发展》，《湖北广播电视大学学报》，2012 年 5 月。

会、第三届亚洲沙滩运动会、第九届全国大学生运动会、第七届全国农民运动会、第二届全国绿色运动会等。从总体上说,各种运动会的地理分布呈现均衡态势,一些大型运动会的举办没有局限于东部沿海地区,中部地区的影响力也在渗透。

表 1-13-1 2012 年国际及全国、各省市运动会举例

时间	举办地	名称
1 月	吉林省长春市、吉林市	第十二届全国冬季运动会
6 月	山东海阳	第三届亚洲沙滩运动会
7 月	英国伦敦	伦敦奥运会
9 月	天津	第九届全国大学生运动会
9 月	河南南阳	第七届全国农民运动会
10 月	安徽池州	第二届全国绿色运动会

数据来源:根据相关资料整理。①

当然众多运动会中最受瞩目的,应当是在天津举办的第九届全国大学生运动会。

利用体育比赛事件推动的体育经济和赛事经济日渐引起商界关注,成为城市经济的一个亮点。各城市都力争获得重大赛事的举办权。实践证明,借助体育比赛,不仅能够提升城市的品牌,促进城市经济跨越性增长,而且赛事本身作为企业参与和表现的良好平台,为企业的经营提供助力。大学生运动会已有 30 年历史,其品牌价值在国内非常可观。如果充分开发其市场价值,将会给参与的城市、企业和机构带来巨大的收益。而就运动会本身来说,天津大运会的收益也相当可观。通过赛事,一方面带动了天津的旅游业和餐饮业的效益,拉动了当地的就业,彰显了城市品牌形象,牵动了当地地产的增值,吸引多方投资,收获股值增值。另一方面,极大地满足了全国人民对观看体育赛事的需求,也获得了应有的社会效益。

除此之外,第三届亚洲沙滩运动会等国际性赛事也随着国际知名度的上升吸引了许多外国参赛者和游客,创造了一大笔经济收益。

二、职业联赛及商业比赛

作为中国足球的顶级联赛,中超在 2012 年的商业价值体现在以下几个方面:

---

① 《第十二届全国冬运会开幕,国务委员刘延东宣布开幕》, http://sports.china.cn/txt/2012-01/04/content-243/7200.htm。

《2012 年第三届亚洲沙滩运动会火炬传递烟台站》, http://v.iqilu.com/2012/06/13/3783256.shtml。

《2213 年第三十届夏季奥林匹克运动会在伦敦举行》, http://www.cody.ca/cehua/2012ch/hqstyle/shengli/201301/t20130103_516597.htm。

首先，恒大外援薪资高于平均水平的三倍。

中超联赛教练和球员的年薪，成为联赛和俱乐部的一个很大的成本。过去五年时间，中超俱乐部一共支付给球员和教练的薪资总和达到了 27.5 亿，但是其中的 43% 给了外援。2012 赛季，外援的平均薪资为 549 万人民币，而国内主力的平均薪资为 157 万人民币。根据 2012 赛季的一条基准线、平均线的薪资成本是 5500 万元人民币，只有四家俱乐部在这个平均线上，而广州恒大的支出达到了平均水平的 414% 。这 5500 万的基准数其实是在这两个赛季薪资大幅提升基础上被拉高的，如果统计过去 5 年，应该是 3000 万到 4500 万，这是一个中游俱乐部所需要支出的大致成本。所以，运营一个中超俱乐部的成本压力非常大。其次，中超票房只占总收入一成多。

一般来说，一个职业体育俱乐部，它的收入大致分成三类：第一类是比赛日主场的收入；第二类是媒体版权；第三类才是广告销售。根据 2012 年体育报告显示，在联赛的运营中，媒体版权收入几乎为零，中超俱乐部的票房收入只能占到俱乐部总收入的 12% ，是非常低的，广告收入占据了俱乐部总收入的 84% ，但对这 84% 再进行一轮新的剖析会发现有很多貌似商业赞助，实际上是政策性赞助，或者友情赞助。不管是最发达的职业篮球联赛还是最发达的职业足球联赛，广告赞助很难突破一个俱乐部总收入的 10% ，而在中超，这部分收入占据了一个俱乐部 84% 的收入，主要是因为门票收入提高不了，媒体版权收入极低，因此也就导致了 2008 年至 2012 年这五年间，中超俱乐部有四年是亏损的，只有 2011 年是略有盈余的，盈余数额为 4900 万。此外，中超媒体价值高达 10 亿。在中超公司的营收方面，虽然总收益并不高，但是由于其经营成本并不高，因此中超公司 2012 年的净利润达到了 7000 万人民币以上。而在球迷市场方面，体育报告显示中国的球迷应该在 5000 万人左右，中超联赛的群众基础和社会影响力是非常高的。而且在上座率这方面，在 2011 赛季达到了平均每场 1.76 万人，这在亚洲都是遥遥领先的。在中超的媒体价值方面，通过中超在平面媒体、网络媒体、电视媒体等出现的频率综合测算得出，中超的媒体价值应该在 10 亿元人民币左右。这对于维持这个联赛本身的繁荣很有价值，但对于中国国家队的长久建设，对于中国青少年足球运动的普及、提高和发展，目前还看不到更多积极的效应。而且中超联赛在运营、资本构成、管理模式等方面也存在着诸多缺陷。需要的不仅仅是升级，还有大量错漏和缺点需要弥补。①

① 中国新闻网，http://www.chinanews.com/ty/2012/06-01/3933392.shtml。

第四节　群众休闲体育

一、健身娱乐业

长期以来,我国竞技体育和全民体育发展不协调。竞技体育的发展往往是靠夺金牌来检阅的,而全民体育长期不受人们重视。北京奥运会上,中国获得了51枚金牌成为世界第一,竞技体育、精英体育发展到史无前例的高峰,成为名副其实的"体育大国"。但"体育大国"距离"体育强国"还有很远,全民体育发展的滞后已经成为建设"体育强国"的障碍。要完成"体育大国"到"体育强国"的转变,全民体育开展和人民体质增强的水平和程度都亟待提高。衡量一个国家是否是体育强国的标准,不仅仅是金牌,更重要的是全民健身状况。

十八大报告明确提出,"广泛开展全民健身运动,促进群众体育和竞技体育全面发展"。响应党中央的号召,地方各级政府开始重视全民健身的规划。每年8月8日是"全民健身日",各省区市都会开展丰富多彩的体育活动号召市民踊跃参加,并且做出承诺。如呼伦贝尔体育局要加大投入力度解决群众冬季健身需求;上海市政府号召群众体育重新出发;辽阳市让全民健身运动蓬勃发展;广东省中山市实践体育惠民;江苏常州加快构建基本公共体育服务体系待百万市民参与;安徽省体育局将推进群众体育与竞技体育全面发展。

当体育从观赏变成体验,从谈论变成消费时,时下将竞技体育、精英体育几乎发挥得淋漓尽致的中国体育事业,确实更应该在全民体育、全民健康上贡献力量,这不仅是人们增强体质的需求,也是和谐社会的发展要义。

二、体育用品业

经过改革开放三十多年的发展,我国体育用品制造业已经取得了举世瞩目的成就。国内知名体育品牌"李宁"已经可以同耐克、阿迪达斯等国际品牌同台竞技。产品的种类包括体育服装、器械、用具、护具等,涵盖体育运动各个领域。与此同时,鸿星尔克、361°、匹克等民族体育用品品牌也已经把广告做到了国外。

整体看来,2012年我国体育用品生产总值和出口额增速放缓。体育用品总产值呈现出稳步增长的态势,每年以20%的增长率递增,预计到2012年我国体育用品总产值将达到1479亿元。体育用品出口总额呈现出曲折发展的态势,经历2011年拐点之后增速有所回落,预计到2012年我国体育用品出口额将仅达到

222.75 亿美元。

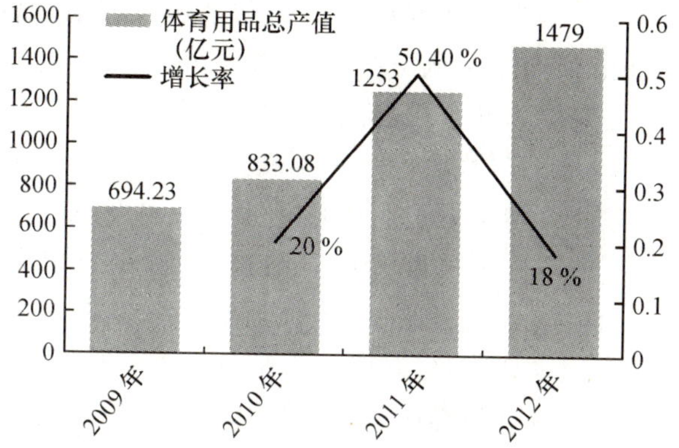

图 1-13-3　体育用品总产值变化趋势图(单位:亿元)

数据来源:国家体育总局:《体育事业统计年鉴》及网易体育相关新闻资料整理。

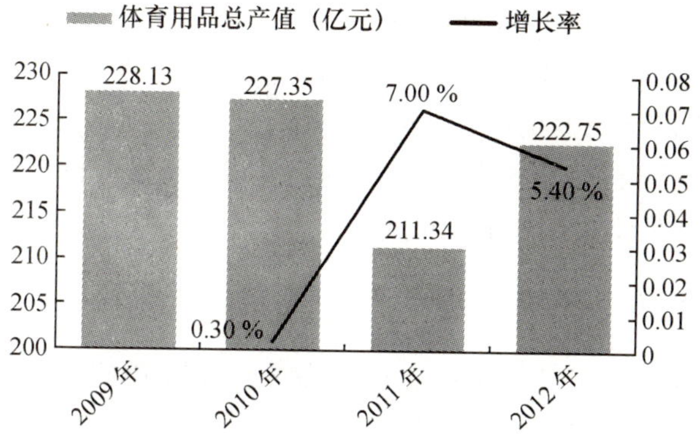

图 1-13-4　体育用品出口额变化趋势图

数据来源:海关信息网, http://www.haiguan.infol;网易体育新闻, http://sports.163.com。

2012 年,体育用品行业呈现出以下特点:

第一,体育用品库存压力大,行业进入休整期。① 2008 年北京奥运会之后,很多运动品牌保持了 30%—50% 的年增长速度。然而,经过近几年的超额生产,高库存成为众多运动品牌面临的问题,国内体育用品行业进入了休整期。数据显示,国内五大体育品牌上市企业 2011 年库存同比都上升不少,高库存严重影响了企业资金周转和企业持续经营。由于受到耐克和阿迪达斯等国际体育用品巨头下沉争夺市场的冲击,近年来,国内体育用品品牌在其主力市场——二、三线城市

① 中国鞋网, www.cnxz.cn/news/201301/31/290303.html。

市场的竞争力越来越弱,这也使得国内体育用品企业保持在二、三线城市市场份额的难度加大,订单大幅减少。在高库存压力和公司订单减少的双重压力下,国内体育品牌上市公司业绩增速普遍下滑。

第二,转型电子商务成为体育用品品牌建设的重要渠道。对于中国体育用品行业而言,高毛利、高增速的时代已经一去不复返,通过大量开新店来增加销售额的增长模式已经难以持续,转型电子商务将成为品牌建设的一个重要渠道。特步在半年报中显示,由于中国内地网购潮流日渐兴起,特步与淘宝网及拍拍网等数家网上领军购物平台合作,并建立自身的官方网站;安踏在半年报中特别提出将继续优化既有的电子商贸零售网络,并增加在部分受欢迎电子商务网站的曝光度。这些改变体现了国内各大体育品牌在渠道调整中,给予电子商务足够的重视。

第三,体育用品未来的发展方向将延伸至儿童用品市场。当前体育用品行业发展放缓是集体现象,不是个别现象,也是体育用品业从高速成长期,回归到调整波段的周期性规律,需要加大对体育用品内涵的深入挖掘,深耕细作、转型向细分市场切入或者转做其他领域。据专家分析,儿童用品市场未来几年将保持快速增长。因此,从行业目前的情况来看,体育用品行业延伸至儿童用品市场将成为发展方向。拥有品牌、渠道、资金等各方面的强势支持,国内体育品牌安踏、特步、361度包括李宁相继进入儿童用品市场。

三、体育博彩业

国家体育总局体育彩票管理中心近日公布的数据显示:2012年销售1104.90亿元,同比增加167.07亿元,增长17.8%。[①] 筹集公益金293.50亿元。历年累计筹集公益金1681.33亿元,为国家的体育和社会公益事业作出新的更大的贡献。

乐透型彩票在2012年销售656.39亿元,占到体彩总销量的59.41%。竞猜型彩票销售268.29亿元,占到总销量的24.28%。即开型彩票也经受住市场的考验,稳步发展,销售180.20亿元,占到体彩总销量的16.31%。[②]

从各省市区销售情况来看,“百亿省份”扩军至江苏、山东和广东三省,其中江苏继续以161.81亿元的销量遥遥领先,山东和广东分别销售105.97亿元和102.76亿元。浙江以73.32亿元排名第四,辽宁、福建、河南的销量均突破50亿

---

① 财政部,http://zhs.mof.gov.cn/zhuantilanmn/caipiaoguanli/201301/t20130111_727675.html。

② 《2012年体育彩票销量达1104亿筹集公益金293亿》,http://www.lottery.gov.cn/news/11002979.shtml。

元大关。①

面对这样的良好局面，体育博彩业的发展将对公益性体育事业进一步提供资金的支持。按照彩票公益金的分配政策，在2012年293.5亿元体育彩票公益金中，将有146.75亿元留到地方；有146.75亿元纳入中央彩票公益金，其中有88.05亿元用于全国社保基金，有44.02亿元用于中央彩票专项公益金，支持汶川地震灾后重建、农村和城市医疗救助、教育助学、未成年人校外教育事业、残疾人事业、红十字事业、文化、扶贫、法律援助、农村贫困母亲“两癌”救助、新疆社会福利设施建设等社会公益事业。② 2012年，国家体育总局共投入彩票公益金9.96亿元，支持西部“老少边穷”地区和中部贫困地区建设体育健身设施，包括2万个农民体育健身工程，150个“雪炭工程”等。

第五节　问题与趋势

总结来说，体育产业存在的问题与发展趋势如下：

一、我国体育用品业产业链不完善，亟须提高创意、科技含量，拓宽销售渠道

体育用品产业链分为体育用品原料的供应、体育用品的研发设计、体育用品的加工制造、体育用品的物流销售以及体育用品的消费几个环节。伴随着中国体育用品业的迅猛发展，中国体育用品市场规模快速扩大，竞争也不断加剧，更加促进了产业链各环节的专业化、联盟化。但是，目前我国体育用品业面临着诸多问题：如产业链上游还有待加强，研发设计能力与发达国家相比还处于弱势地位；产业高加工度系数较低，低水平加工制造产业不能产生强大的前向和后向联系效应，很难带动整个体育用品产业链上下游的发展；产业链下游的销售环节、销售渠道不发达，仍然以传统的销售渠道为主。针对以上问题，我们应当加强培养创意人才，加强体育用品的多元设计与品牌打造；善于与高科技对接，提升产品的质量与加工效率；学习与媒体沟通，与互联网为伴，拓宽产品的销售渠道，拉近与消费者的距离。

---

① 《2012年体育彩票销量达1104亿筹集公益金293亿》，http://www.lottery.gov.cn/news/11002979.shtml。

② 同上。

二、我国体育产业项目重复投资严重,需要科学、合理的规划、布局

由于人们收入的增加,对健身、娱乐、休闲的需求越来越大,导致部分体育产业项目在投资、引进过程中存在一些不合理的现象,如高尔夫球、保龄球、台球等体育项目场馆的重复建设、重复投资,结果导致恶性竞争,浪费了大量的人力、物力和财力。广东省各地区的高尔夫球场已立项 48 个,现已建成 27 个,深圳仅保龄球场就已有 34 家,500 多个球道,北京市仅保龄球球道就已达 2000 道。由于企业过高地估计了中国体育产业市场发展的需求,过分追求短期超额利润,导致部分企业服务质量差,社会效益不明显,经营业绩不佳。因此,企业在诸如以上体育产业项目的投资过程中,有必要进行全方位的市场调研与市场预测,详细分析建设的合理性,理性对待市场的环境与竞争,让人力、物力、财力得以正确的发挥作用,真正满足老百姓越来越旺盛的对体育休闲的需要。

三、我国休闲体育产业人才匮乏,必须下大力度培养

随着我国经济的发展,人们的生活水平不断提高。节假日的增多使得人们有更充裕的时间进行物质和精神方面的消费。国家出台具体政策支持文化产业的发展。高等教育的普及让更多的人主动加入到精神生活消费的行列里来。综上所述,人们对体育休闲有了更旺盛的需求,休闲体育产业的市场空间巨大。但是,休闲体育产业相关人才的培养却跟不上整个产业发展的速度。就目前休闲体育产业的基本情况来看,有三种专门人才是国家和社会应该重点培养的。第一种是休闲体育研究型与休闲体育营销型专门人才。第二种是充当休闲体育生产者与消费者牵线人的优秀经纪人。第三种是专门从事休闲体育市场运营、规划和行政管理的高级 CEO。所以,国家应当出台相关政策,鼓励各个地方体育学院设置一些与休闲体育有关的专业与课程,创建专门针对休闲体育产业的研究中心,激励从事休闲体育的商业机构、组织提供专项资金对从业员工实施职业培训,并加强与其他国家休闲体育机构、组织的人才交流与学习,切实加大对我国休闲体育产业相关人才的培养力度。

区域报告

区域报告一

北京地区文化产业发展报告

周正兵　邹　勇*

胡锦涛总书记在十八大报告中提出,确保到2020年实现全面建成小康社会宏伟目标。其中,文化产业要成为国民经济支柱性产业,即文化产业的附加值要占GDP的百分之五至百分之六,要发展新型文化业态,提高文化产业规模化、集约化和专业化水平。北京市2011年文化创意产业增加值占地区年GDP比重为12.24%,已远远超出这一目标,成为北京市第二大支柱性产业。2012年12月,中国人民大学文化创意产业研究中心在"文化创意产业与品牌城市"国际论坛(2012)中向社会公开发布中国省市文化产业发展指数(2012),北京市生产力指数排名第一,驱动力和影响力指数排名第二和第三,综合指数连续三年保持第一,全面反映了北京市在全国省、自治区和直辖市文化产业发展中的实力与水平,以下我们将结合统计数据对北京市文化创意产业发展的现状做一个系统梳理。

一、北京市文化创意产业发展现状与态势

1. 文化创意产业整体发展概况

2012年北京地区GDP为17801亿元,比上年增长7.7%。文化产业增加值从2011年1989.9亿元增至2189.2亿元,比上年增长10%。文化创意产业已成为与金融业同等重要的支柱产业。

首先,文化创意产业作为支柱产业对经济的贡献作用日益明显。北京市2009年、2010年和2011年文化创意产业平均增加值为1725.8亿元,占GDP比重为12.2%。老牌支柱产业金融业2011年生产总值为2215.4亿元,占年GDP比重为13.63%,文化创意产业已当之无愧成为北京市第二大支柱产业。

其次,文化创意产业的发展对就业的带动作用越发重要。2011年文化创意

* 周正兵,中央财经大学文化产业系教授;邹勇,中央财经大学文化产业系硕士研究生。

产业有140.9万从业人员,年增长率为14.6%,从2006年到2011年,文化创意产业就业人数从89.5万增长到140.9万,8%的年复合增长率实现了逐年平稳增长,很好地解决了北京市劳动人口的就业问题。2012年1月至5月,北京市规模以上文化创意产业法人单位从业人员达到97.5万人,比上年同期增加7.4万人,同比增长8.3%,其中,软件网络及计算机服务、设计服务两个领域,从业人员增长最快,分别比上年同期同比增长13.8%和9.9%,并分别高于文创产业从业人员平均增速5.5个百分点和1.6个百分点。规模以上文化创意产业法人单位实现收入2989.5亿元,比上年同期增长10.2%。同时作为需要高度创意的产业类型,从业人员需要一定的知识水平和创新意识,对于高素质人才的培养与吸收具有重要意义。

再次,北京市文化创意产业资产和收入增速明显,取得了越来越好的经济效益。2011年北京市文化创意产业资产达到了1.2万亿元,实现了15.9%的高速增长,行业收入9012.2亿元,年增长速度更是达到了21.1%。文化创意产业在资产和投入上的快速增长,充分显现了其高投入高产出的特性,为实现"十二五"的目标带了个好头。

表2-1-1 北京市文化创意产业发展基本情况表 (单位:亿元)

年份	地区生产总值	增加值	从业人员(万人)	资产总计	收入总计
2006	8117.8	812	89.5	6161	3614.8
2007	9846.8	992.6	90	7260.8	3827.6
2008	11115	1346.4	107	8275.1	5439.6
2009	12153	1489.9	114.9	9535.3	5985.7
2010	14113.6	1697.7	122.9	11166.3	7442.3
2011	16251.9	1989.9	140.9	12942.6	9012.2
年增长率(2011)	15.2%	17.2%	14.6%	15.9%	21.1%
年复合增长率(2011)	12%	16%	8%	13%	16%

数据来源:北京市统计局:《北京市统计年鉴(2012)》,2012年。

2. 文化创意产业各业态发展概况

国家统计局于2012年6月颁布了新修订的《文化及相关产业分类(2012)》标准,对2004年制定的《文化及相关产业分类》进行了调整和修订,并发出通知,要求国务院各部门和各地区统计部门认真执行。新的分类标准将文化创意产业分为10类,做出了一些大的调整和修改,对文化创意产业的发展具有新的指导意义。北京地区尚未出台新的文化创意产业分类标准,相信在近期将制定新的分类标准适应文化创意产业的发展。这里我们仍以2011年北京市统计局颁布的《文化创意产业分类标准》对北京地区文化创意产业各业态的发展做一个概述。

按照《北京市文化创意产业分类标准》，文化创意产业共分9类，即文化艺术，新闻出版，广播、电视、电影，软件、网络及计算机服务，广告会展，艺术品交易，设计服务，旅游、休闲娱乐，其他辅助服务。北京市文化创意产业各行业占比虽历年有所变化，但目前已形成了网络、软件及计算机服务，新闻出版，广告会展和广播电视电影四大优势行业，尤其是网络、软件及计算机服务行业占文化创意产业比重超过了一半，2011年的增长率达到了23%，成为北京市文化创意产业的支柱行业。

从各行业的发展来看，北京市文化创意产业依托四大优势行业实现了快速发展，其他行业虽占比不高，但在全国各行业占比中北京地区依然具有举足轻重的地位。以中关村地区为核心，软件及计算机业务平稳而持续增长，近年来各大网络公司进驻中关村地区，进一步巩固了网络、软件及计算机行业的龙头地位。新闻出版作为传统行业年复合增长率最低，仅为6%，增速低于整体平均水平。广告会展和艺术品交易发展迅速，均保持了高于20%的年均增长。在全国电影市场中，北京地区票房居全国之首。2012年上半年北京新建影院8家，银幕数量增加59块，仍然保持了较快的增长速度。目前北京共有院线16条，影院总数达到126家，银幕总数达到676块，人均银幕数居全国首位。近年北京演出市场异常繁荣活跃，2012年上半年，47家主要剧场和6家体育场馆共演出6602场，观众452万人次，演出收入5.01亿元。与去年同期相比，演出场次上升了5%，观众人次提高了11%，演出收入增长了26%。艺术品交易市场虽然保持了稳定高速的增长，但仍存在许多问题，随着市场体制的逐步规范与完善，艺术品市场温度稍降，市场继续显露疲态，表现出全面缩量与调整势头。2012年春拍期间，中国嘉德、北京保利、北京翰海、北京匡时等市场前10家文物艺术品拍卖公司总成交额97.67亿元（含买方佣金），与2011年春拍相比成交额全面下降，已基本回落到2010年春拍水平。2012年6月15日，北京市举行联合国教科文组织创意城市网络“设计之都”揭牌仪式，北京市成为联合国教科文组织正式承认的名副其实的创意都市，艺术设计虽占文化创意产业比重不高，但在今后几年将有非常大的发展潜力。2012年1月至5月，在文化创意产业九大领域中，文化艺术收入表现突出，成为增长最快的领域。前5月实现收入70.3亿元，同比增长27%，高于上年同期增速11.8个百分点。旅游休闲娱乐、软件网络及计算机服务、设计服务三个领域也表现不俗，分别实现收入230.7亿元、1116.6亿元和116.5亿元，同比分别增长17.2%、13.9%和12.2%。

表 2-1-2 北京市文化创意产业各行业发展情况表 (单位:亿元)

项目	2006	2007	2008	2009	2010	2011	行业占比(2011)	年增长率(2011)	年复合增长率
文化创意产业	823.2	1008.3	1346.4	1489.9	1697.7	1989.9	100%	17.2%	0.16
文化艺术	35.3	38.8	42.7	48.8	53.7	68.0	3.4%	26.6%	0.12
新闻出版	135.3	142.2	153.7	159.8	171.8	191.9	9.6%	11.7%	0.06
广播、电视、电影	73.5	102.7	120.1	124.5	138.6	154.0	7.7%	11.1%	0.13
网络、软件及计算机服务	375.5	483.4	703.1	710.5	847.1	1042.2	52.4%	23.0%	0.13
广告会展	52.2	64.9	112.2	98.5	127.4	159.0	8.0%	24.8%	0.20
艺术品交易	10.1	13.8	20.5	30.9	43	56.4	2.8%	31.2%	0.33
设计服务	40.2	49.2	52.8	76.4	84.2	90.6	4.6%	7.6%	0.15
旅游、休闲娱乐	48.4	50.2	58.4	60.7	69.5	78.6	3.9%	13.1%	0.08
其他辅助服务	52.7	63.1	82.9	179.8	162.4	149.2	7.5%	-8.1%	0.19

数据来源:北京市统计局:《北京市统计年鉴(2012)》,2012 年。

二、北京市文化创意产业的发展特征

第一,进一步明确发展目标与任务。

北京地区发展文化创意产业以转变文化发展方式为主线,进一步解放和发展文化生产力,培育市场主体,优化产业结构提高服务水平,提升全国文化中心地位,建设中国特色社会主义先进文化之都,扩大中华文化的国际影响力。按照这个战略部署,到“十二五”期末,北京市文化创意产业增加值始终保持两位数增长,增速高于全市总体经济增长速度,占全市地区生产总值的比重力争达到 15% 左右。到 2020 年,文化创意产业增加值占全市地区生产总值的比重力争达到 18%,把北京建设成为在国内发挥示范带动作用、在国际上具有重大影响力的著名文化中心城市,成为全国文化精品制作中心、文化创意培训中心、文化人才集聚教育中心、文化要素配置中心、文化信息传播中心、文化交流展示中心。由此形成的主要任务为:巩固优势行业,发展新兴行业;促进文化创意与相关产业融合发展;培育首都文化创意品牌;优化文化创意产业空间布局;扩大文化产品和服务输出;健全文化创意产业投融资机制;健全文化产权保护和运用机制。

第二,相关规划及政策陆续出台。

北京市制定“十二五”规划,将发展文化创意产业作为“十二五”期间建立首都现代产业体系的重点,要求全面增强文化创意产业软实力。规划中提出了促进文化创意产业发展的具体措施:加快广播影视业高端化发展,提升文艺演出业影响力，强化新闻出版业辐射力，提升艺术品交易专业化水平，促进数字内容产业原创发展，加速创意设计产业品牌建设，推动体育产业集群化发展。

与此同时，北京市还出台了《发挥文化中心作用加快建设中国特色社会主义先进文化之都的意见》，推出一系列配套政策，即“1+X”策略，其中“1”就是如何发挥北京作为中国文化中心示范作用的意见，“X”就是推动文化体制改革、文化创意产业不断发展的若干政策。这些政策将不仅面向具体行业，更加具有针对性，而且面向具体环节，更加具有操作性，将为北京市文化创意产业的跨越式发展提供更为贴身的政策支持。

第三，交易平台影响力持续扩大。

中国北京国际文化创意产业博览会创办于2006年，每年11月定期在北京举办，是经国务院批准，由文化部、广电总局、新闻出版总署和北京市政府共同主办，北京市委宣传部等26个委办局协办，北京市贸促会承办的以文化创意为主题的大型国际文化经贸交流盛会。2012年第七届文博会期间，共有100多万人次参与了展览、推介交易、论坛、创意体验及分会场活动。以文化创意产业投融资、文化产品交易、产业合作、集聚区入住、艺术品授权、艺术品拍卖为主要内容的50多场项目推介交易签约活动，吸引了海内外1万多位客商到会洽谈交易。据不完全统计，本届文博会签署文化创意产业项目协议和原创文化内容产品及艺术品交易总金额为1089.53亿元人民币，比上届增长38.5%。

与此同时，北京国际电影节更是异军突起，这项创办才两年的电影节，就得到国际电影制片人协会（FIAPF）的认可与承认，成为国际A类电影节。2012年举办的第二届北京国际电影节吸引了4000多位中外影人参与，上千家海内外主流媒体和各大网站聚焦电影节，260部经典电影集中展映，640家中外电影机构洽谈商机，21个项目签约，总额达52.73亿元人民币，与去年相比增加88.7%，再创中国电影节展交易额新高。如今年轻的北京国际电影节已成为亚洲最大的国际电影交易市场，交易额紧追世界最大的戛纳电影节电影交易市场，其影响力有超越上海国际电影节之势。

第四，文化国资委设立，国有文化资产管理进一步规范。

2012年6月18日，全国首家省级国有文化资产监管机构——北京市国有文化资产监督管理办公室正式挂牌成立，这是北京市创新文化管理体制机制改革的又一重大举措，它标志着国有文化资产管理进一步规范化。北京市国资办将开展统筹规划和实施文化改革发展的相关工作，建立健全各项规章制度，完善国有文化资产监管体制机制；推进文化企事业单位改革重组，建立现代企业制度，打造文化"航母";落实文化创新、科技创新"双轮驱动"战略,推动文化与科技、金融等领域融合发展;负责文化投资、资本运作、国有文化企事业单位资产管理及文化创意产业园区、重大文化项目、重点文化工程的规划立项和组织实施。国资办的成立,顺应了社会主义市场经济的发展,更好地履行了政府统筹规划、政策调节、市场监管和公共服务的职能。对国有文化资产的高效监管,既整合了文化资源使其经济效益得到最大限度发挥,又有助于推动文化创意产业的制度化与规范化建设,成为国民经济的支柱产业,为提升我国参与国际竞争的软实力作出有力贡献。

第五,文化创意产业的资本支持体系基本完善。

近年来,北京市陆续成立了各项专项资金用于支持文化创意产业的发展。"十一五"期间设立了规模5亿元的集聚区基础设施专项资金用于支持文化创意产业集聚区内的环境整治、基础设施、产业服务平台和公共技术平台建设等公共设施工程项目。与此同时还设立了文化创意产业发展专项资金,每年安排5亿元,采取贷款贴息、项目补贴、政府重点采购、后期购买和后期奖励等方式,对符合政府重点支持方向的文化创意产品、服务和项目予以支持。2012年,又设立了文化创新发展专项资金,至2015年每年统筹安排100亿元,采取项目补助、贷款贴息、奖励、融资担保、股权投资、产业投资基金等方式支持文化领域公益性事业建设和现代文化创意产业发展。

为了解决文化创意企业成立和发展的资金问题,北京市出台了一系列投融资政策,采用不同的方式促进文化创意产业的发展。如采用贷款贴息的方式对文化创意企业进行资金补贴;采用对合作担保机构的再担保费进行补贴、对担保业务进行补助等方式,引导担保机构为文化创意产业的相关项目提供担保服务;创立创业投资引导基金,引导创业投资机构投资处于创业早期的文化创意企业。

除此之外,北京市还出台了对影视动画、网络游戏等新兴文化创意行业的补助政策,为这些新兴行业的发展解决了后顾之忧。专项资金、投融资政策、行业补助政策的陆续出台与调整,为文化创意产业的发展构建起了比较完善的资本支持体系。

第六,科技助推文化发展更加有力。

"十二五"规划以文化创新、科技创新"双轮驱动"的战略促进文化创意产业的发展,科技对文化创意产业的改造升级有强有力的推动作用。软件、网络及计算机服务等技术相关行业占据文化创意产业增加值半壁江山,对文化创意产业增加值贡献明显,而且这些行业发展迅速对于提升文化创意产业发展速度至关重要。同时,科技不仅催生新的产业业态,如数字出版、数字娱乐等,大大拓展了文化创意产业的边界，而且提升了传统行业，如文化艺术、休闲娱乐等行业的层次与水平，大大提升了这些行业的盈利水平。按照科技创新与文化创新“双轮驱动”的战略，北京市未来文化创意产业将更加强调科技对文化创意产业发展的助推作用，未来北京市文化创意产业发展将依靠科技的力量扶摇直上，实现跨越式发展。

三、北京市文化创意产业发展中的问题

第一，文化体制改革难度加大。

2012 年北京市文化体制改革最大的收获就是设立文化国资委，这对进一步改革文化体制，优化国有文化资源的配置与利用效率起到了重要的作用。但是应当承认，目前我国文化体制改革已经进入深水区，特别是在“大文化”管理体制方面亟须大刀阔斧式改革。例如随着文化体制改革的深入，不少省市都统一了文化行政管理部门，将文化局、广电局与新闻局合并，实现文化行政的统一管理，但北京市目前这三个部门还各自为政，严重影响了文化行政管理的效率，也严重影响了“大文化”的繁荣和发展，是下一步文化体制改革的重点任务。

第二，文化创意产业扶持政策缺乏顶层设计。

“十二五”以来，北京市推出的一系列文化创意产业扶持政策，极大地促进了北京文化创意产业的发展，但是不可否认，这些政策往往是各自为政，往往不能形成合力，甚至会形成相互制约的现象。例如，今年刚刚设立的文化国资委原本应该专司国有资产管理，结果却承担了文化创意产业专项资金的评审组织工作，大有运动员当了裁判员之感。我们认为，出现这种现象既有管理部门权利寻租的可能，更是由于其政策缺乏顶层设计，导致政策甚至其执行部门随意挪移，影响政策的公信力及其效果。

第三，各行业发展冷热不均现象加剧。

从文化创意产业各行业的发展速度来看，冷热不均的现象有加剧的趋势，技术相关文化创意产业增速快，内容相关文化创意产业增速慢。网络、软件及计算机服务行业占据了半壁江山，2011 年行业占比为 52.4%，年增长率达到 23%，且有持续走高之势。传统行业如新闻出版自 2006 年到 2011 年间年复合增长率仅为 6%，而艺术品行业的增速有回落迹象。更为重要的是，这反映出北京市文化创意产业发展中的内容原创不足与文化创新不够的问题，与北京未来要打造世界城市应有的文化吸引力与辐射力极不相称，并将大大制约北京文化软实力的提升。

第四,重点企业遭遇发展瓶颈。

北京虽然涌现出了一批在全国具有知名度的文化企业和文化产品,但在文化品牌价值、服务质量、企业规模和整体的经济效益等方面,与美国等西方发达国家存在着很大的差距,整体而言国际竞争力不强。以北京地区上市企业为例,如歌华有线、北青传媒等仅是区域性、单一类型的传媒公司,尚未成为跨媒体、跨地区、跨行业的大型传媒集团,而且随着区域性资源开发达到极限,这些公司的发展也将遭遇瓶颈,因此如何使这些重点企业跨越行业、媒介以及区域的障碍,实现跨越式发展是下一步亟须解决的问题。

第五,文化繁荣程度与文化中心地位不匹配。

一般而言,文化创意产业中涉及内容的行业往往代表了一个地区的文化层次和地位,例如几乎所有世界城市在文化内容的提供和创新方面都会有引领世界潮流的风向标作用。就此而言,北京作为中国的文化中心虽然在内容生产的数量上位居榜首,但是不容忽视的是,北京市的文化繁荣程度与全国文化中心地位不匹配,这一方面表现为经典艺术乏善可陈,缺乏代表首都品味与国家水平的精品力作;另一方面表现为商业艺术缺乏像宋城千古情、印象刘三姐那样叫好又叫座的商业艺术精品,与首都作为国际性文化交往中心的地位极不相称。

第六,文化创意产业统计工作有待加强。

由于文化创意产业的市场主体单位流动性大,更新换代速度快,市场行为更加活跃,造成统计难上加难的状况。文化创意产业的市场主体中存在大量中小型企业和民营企业,由于行业规范体制不够健全和企业自身的规避行为,造成数据收集的真实性和及时性大打折扣。据不完全统计,2011 年文化行业民营团体有 452 家,能够及时取得数据的仅 197 家,演出经纪机构 1100 家,能够及时取得数据的仅占总数的 19.6%,且指标填报不全,直接影响了整体的汇总数据。

四、北京市文化创意产业发展的对策

第一,加大改革力度,全面推行文化综合改革。

进一步加大文化体制机制改革力度,借鉴中关村科技产业综合改革的经验,参照国家综合改革试验区的标准,设立文化改革发展试验区。对不适应文化创意产业发展的旧体制进行大刀阔斧的改革,破除文化体制瓶颈,推进文化创意产业的跨越发展和优化升级,促进北京地区文化繁荣。推进文化行政管理体制改革,合并文化局、广电局与新闻局为整一的文化行政管理部门,施行“大文化”行政管理体制,提高政府部门文化管理效率。同时为文化发展提供良好的政策环境,推进文化体制的配套综合改革，特别是推动税收、土地等相关配套政策的改革。

第二，加强顶层设计，完善文化创意产业扶持政策体系。

要着眼于北京市作为社会主义特色文化之都的定位、着眼于文化创意产业发展的基本规律、着眼于北京市文化创意产业发展的重点环节，设计文化创意产业扶持政策。特别是要加强内容原创、知识产权保护、商业孵化、产权交易等重点环节扶持力度，避免各部门、各级政府的扶持政策重复和缺位现象，避免文化创意政策制定中的设租现象，全面完善文化创意产业扶持政策体系。

第三，协调产业结构，培育新兴业态。

近年来，艺术品交易、旅游休闲娱乐、设计服务等新兴领域发展速度明显加快，所占比重不断提高，培育新兴业态不仅适应了市场的发展要求，而且有助于协调北京市文化创意产业整体产业结构。必须根据当下市场的需求，进行产业结构的优化调整，将高科技与新兴行业融合，运用现代金融手段，推动文化创意产业新兴业态的发展；吸收国外成熟产业化运作模式，不断提升产业运营的国际化、高端化水平；同时利用高科技不断改造提升传统文化产业形态，与现代数字产业相结合，提升企业的市场竞争力。

第四，树立品牌意识，组建文化创意产业“航母”。

积极引导文化创意企业提高自身实力，形成具有全国影响力的文化创意品牌，通过企业改制、兼并重组，组建一支与首都地位相当的文化创意“航母”。对于具有优势地位的文化行业，要组建并形成行业标杆，重点打造广播影视集团、新闻出版集团、广告传媒集团、文艺演艺集团等。对于新兴文化行业的成长，要提升北京地区行业整体实力，培养具有地区特色的行业领跑者。鼓励和扶植动漫游戏原创，支持本土动漫游戏企业开发自主原创、具有民族文化底蕴的优秀产品；支持发展新兴网络增值业务，加快北京新媒体产业园、石景山数字娱乐产业基地等数字内容业的发展；支持中国设计交易市场、751北京时尚设计广场、北京（宋庄）时尚创意产业园的建设与发展。

第五，鼓励文化精品，实现首都文化大繁荣。

积极发掘首都地区的文化内涵，进一步丰富文化创意产业的文化资源。充分发挥北京文艺演出、新闻出版、版权贸易、影视节目生产和交易、古玩艺术品交易等行业在文化创意产业中的龙头作用，加大对内容原创领域的投入与扶持力度，鼓励传统优势文化行业的创新与现代化，支持具有北京特色和中国特色的文艺精品创作，不断巩固和提升北京作为全国文化中心的产业引领作用。同时，全力建设国家演艺中心、出版中心、影视中心和全球中国艺术中心，通过首都文化繁荣吸引海内外优秀文化创意企业,以区域间的交流与合作促进北京文化创意产业的国际化发展,将北京打造为一座文化大繁荣的世界城市。

第六,规范文化市场,改进调查统计工作。

加快文化创意产业的法制化进程,建立健全相关领域的法律法规,将文化市场主体的市场行为纳入法律监管范围。文化管理部门要转变管理方式,从注重事前静态审批向注重事中和事后动态监管转变,从注重市场主体、产品和服务准入向注重市场交易机制和规范建设转变,从注重刚性管制方式向寓监管于服务的刚柔相济方式转变,构建文化市场管理的长效机制,同时利用现代高科技技术改进文化创意产业的调查统计方式。与此同时,陆续建立各文化创意产业行业协会,制定行业标准和规定,完善组织、服务、协调、监管和统计职能,规范协会成员的市场行为。

区域报告二

华北地区文化产业年度发展报告

何　群　谭　坤*

序　　言

自2011年10月召开的中共第十七届六中全会明确提出“推动社会主义文化大发展大繁荣”以来，河北、山西、天津、内蒙古等四省区市在过去的一年里继续积极探索文化产业发展新模式，取得了令人瞩目的成绩。纵观2012年，华北四省区市的文化产业无论在数量上，还是质量上都有了明显的提升，特色文化产业得到了进一步的发展，文化产业投融资体系建设初见成效。值得提出的是，在《华北五省区市文化发展战略合作框架协议》的基础上，加强区域合作已越来越成为河北、天津、山西、内蒙古等四省区市各级政府发展文化产业的共识。从地域关系来看，华北地区未来将逐步建立起以首都北京为中心，以河北省，天津市为副中心，同时延伸辐射到山西省和内蒙古自治区的环首都文化圈。在目前以至于将来一段时期内，华北地区的文化产业发展还将一边各自为政、奋发作为，一边加强相互之间的合作，逐步提升到区域协调发展的新阶段，并最终达到整个华北地区文化产业的大发展大繁荣局面。

第一节　区域文化产业规模和发展态势

受国内经济形势影响，2012年上半年，华北四省区市的经济增长速度呈现下滑趋势，但目前企稳筑底态势日趋明显。数据显示前三个季度，四省区市生产总值保持平稳较快增长。从上半年全国生产总值统计排名的总体情况来看，河北和

* 何群，中央财经大学文化与传媒学院教授，文化产业系主任；谭坤，中央财经大学文化与传媒学院媒体经济研究生。

内蒙古在全国排第六名和第十五名,比上年度同期都下降了一个名次,天津和山西在全国的排名分别是第 18 名和 19 名,跟上年度同期相比也都有所下降。从 2012 年度上半年的增长率来看,天津以 14.10% 保持全国第一,内蒙古排名第八,山西排在第二十二位,河北则排名二十五位。总体来看,四省区市的生产总值和增长率在全国基本位于中等水平,跟 2011 年度同期相比,虽整体排名有所下滑,但变化不大。

从产业结构来看,据四省区市 2012 年前三季度的宏观经济数据显示,第二产业延续了之前高于同省份第三产业增加值和增长率的状况,依然是其经济发展的主要力量和重要支撑(见表 2-2-1)。

表 2-2-1　2012 年前三季度主要宏观经济指标华北四省市区比较

	河北省	天津市	山西省	内蒙古自治区
生产总值(亿元)	19581.9 9.3%	9188.45 13.9%	8712.9 10%	10803.26 11.6%
第一产业增加值(亿元)	2611.0 4.0%	109.51 2.6%	546.9 5.3%	463.58 4.2%
第二产业增加值(亿元)	10539.5 11.2%	4964.52 15.3%	4929.7 10.7%	6485.87 13.8%
第三产业增加值(亿元)	6431.4 8.1%	4114.42 12.4%	3236.3 9.6%	3853.81 8.8%
固定资产投资[不含农户](亿元)	13944.7 21.4%	6795.55 25.2%	5651.4 25.8%	10413.26 20%
城镇居民人均可支配收入(元)	15307.6 12.7%	21358 10.3%	14802.4 13.1%	17198 13.9%
社会消费品零售总额(亿元)	6365.2 15.0%	2897.73 15.2%	3172.4 15.3%	3227.75 14.2%

数据来源:1. 河北省统计局, http://www.hetj.gov.cn/article.html? id = 4941;2. 天津市统计局, http://www.stats-tj.gov.cn/;3. 山西省统计局, http://www.stats-sx.gov.cn/html/2012-10/20121022143418308089861.html;4. 内蒙古自治区统计局, http://www.nmgtj.gov.cn/Html/tjxx/2012-11/5/1211516184011723.shtml。

从文化产业发展的总体格局来看,四省区市相对变化不大。天津依然居于四省区市文化产业单位首位;河北则以绝对的优势占据四省区市文化产业从业人员人数第一的位置;在文化产业增加值及其占 GDP 比重方面,内蒙古近几年变化并不大,以 1.31% 居于第四,而天津市和山西省则有较大的提高,分别达到了 392.7 亿元和 380 亿元,所占 GDP 比重也提高到了 3.5% 和 3.4% 。从总体来看,虽然华北四省区市都将文化产业作为重点发展产业,但地区间文化产业发展存在着较大差距,地区发展不平衡的现象依然存在。

不同的省份,文化产业增加值年均增速也不相同。2004 年至 2011 年,河北省文化产业增加值年均增速达 30%,比全省 GDP 年均增速高出 20 个百分点。[①] 山西省近年来文化产业增加值则以 25% 的速度递增,高于全国平均增速。[②] 从 2008 年开始,天津市文化产业增加值年均增长 30% 左右,占 GDP 比重从 2007 年的 2.3% 上升到 2011 年的 3.5%。[③] "十一五"期间,内蒙古文化产业增加值年增长率达 28%。[④]

表 2-2-2　华北四省市近三年文化产业发展比较

	河北省	天津市	山西省	内蒙古自治区
文化产业单位(个)	15246	1.9 万	1 万多	1.24 万
从业人员(万)	70 多	30	25	30
2009 年文化产业增加值(亿元)	470	255	250	105.3
占 GDP 比重	2.76%	3.4%	3.45%	1.08%
2010 年文化产业增加值(亿元)	—	303	245.1	150.52
占 GDP 比重	—	3.33%	3.1%	—
2011 年文化产业增加值(亿元)		392.7	380	150
占 GDP 比重		3.5%	3.4%	1.31%

数据来源:1. 河北省数据来源于河北省政协十届十二次常委会议;2. 天津市数据来源于天津市统计局、中国文化产业网 http://www.cnci.gov.cn/和《光明日报》2012 年 4 月 13 日报道;3. 山西省数据来源于《太原日报》2010 年 1 月 22 日报道、《山西晚报》2011 年 1 月 14 日报道和《太原晚报》2012 年 7 月 13 日报道;4. 内蒙古自治区数据来源于《内蒙古日报》2010 年 11 月 2 日所载的内蒙古自治区党委副书记、自治区副主席任亚平讲话、《北方周末报》2012 年 11 月 15 日报道。

一、河北省文化产业发展概况

近年来,河北围绕《河北省文化产业振兴规划》所提出的出版印刷、文化旅游等八个重点发展行业,配套实施城镇文化魅力提升、产业聚集、科技兴业等八大工

---

① 《河北日报》, http://epaper.hebnews.cn/2012/1008/001.htm。

② 《山西文化产业增加值占 GDP 的 3.12%》, http://www.sx.xinhuanet.com/newscenter/2012-01/18/content_24561674.htm。

③ 《今晚报》2012 年 5 月 21 日。

④ 《内蒙古打造草原文化名片 文化产业发展再迎新机遇》, http://www.chinanews.com/gn/2012/07-11/4025019.shtml。

程,大力推进河北出版传媒创意中心等相关建设,取得重大进展。同时,整合资源,大力建设“五大文化品牌”,先后谋划了200多个项目。到2011年底,已经有50多个项目先后开工,其中87.5%的项目投资额过亿。

二、天津市文化产业发展概况

2012年,天津继续推出了第3批共60个文化产业重点建设项目,总投资213.5亿元。三年来,天津市先后共实施了160余项重大文化产业项目,累计投资已经超过1000亿元。在大力发展文化产业的具体实践中,天津市总结形成了一套行之有效的措施,即“五个一套”:建立了一套健全的组织体系、编制了一套完善的规划体系、构建了一套稳定的资本扶持体系、制定了一套完备的政策体系、推出了一套可行的改革创新举措,极大地推动了天津市文化产业的大发展大繁荣。

三、山西省文化产业发展概况

山西省通过积极有效的文化体制改革,解放了文化生产力,涌现出了一大批带有山西地方文化特色,在全国甚至世界范围内都产生了一定影响的文化精品。除了多部好戏登上国家大剧院的舞台,《粉墨春秋》更作为中澳文化年的压轴大戏在悉尼歌剧院连演4场。近4年来,山西省文化产业增速均超过25%,实现了良好的社会效益和经济效益。以旅游业为例,仅2012年前8个月,收入就达到1171.55亿元,同比增长35.26%,在全省乃至全国经济增长放缓的大背景下,成为逆势增长的亮点。

四、内蒙古自治区文化产业发展概况

内蒙古通过出台政策措施和激励机制,引导资金、人才等资源向区内文化产业领域积聚,逐步进入了文化产业培育主体、加快发展的新阶段,并于2010年1月—2012年初开展了内蒙古文化资源普查工作,涉及5大类19个大项目的134427个具体项目,摸清了内蒙古文化资源的家底,为文化资源保护和开发奠定了坚实的基础。2012年6月29日,元上都遗址成功申报为世界文化遗产,实现了自治区物质文化遗产零的突破。以旅游节庆活动为平台,推出了一大批文艺精品,逐步打造起了自治区的文化品牌。

第二节　区域文化产业的发展特征

一、文化产业规划及相关政策的制定和颁布

（一）河北省文化产业规划及相关政策的制定和颁布

2012年2月24日，河北省通过了《中共河北省委贯彻落实〈中共中央关于深化文化体制改革、推动社会主义文化大发展大繁荣若干重大问题的决定〉的实施意见》，对2015年的发展目标、2020年的长期战略目标和建成文化强省的远景目标做出了筹划。

同时，还出台了《文化产业振兴奖励资金管理办法》，用于奖励上年度文化产业发展社会效益和经济效益突出的文化产业精品项目和区市政府，最高奖金分别为500万元和2000万元。并且从2012年开始，河北省启动实施了文化产业"三个十"建设工程。

（二）天津市文化产业规划及相关政策的制定和颁布

2012年5月，张高丽同志在向天津市第十次党代会所作报告中指出"要着力推动文化产业跨越式发展，加快国家级文化产业园区建设"，"推动文化与科技、商贸、旅游、金融等融合发展"，"着力深化文化体制改革，培育发展文化产品和要素市场"，"使天津成为富有独特魅力的文化名城"。

为进一步规范和加强天津市文化产业发展专项资金管理，提高资金使用效率，天津市委宣传部和市财政局对原《天津市文化产业发展专项资金管理暂行办法》进行了修订。

（三）山西省文化产业规划及相关政策的制定和颁布

2012年12月，山西省公布了《山西省非物质文化遗产条例》，标志着山西省非物质文化遗产步入依法保护的崭新阶段。对于非遗传承人，条例明确提出，非遗传承人除了享有权利以外，也必须履行相应义务，比如开展传承活动、常随学徒不少于二人；妥善保护相关的实物、资料等。对于不履行义务的非遗传承人，政府主管部门将依法审定取消其资格并重新认定。此外，政府还将加大对非遗保护、保存经费的投入。

（四）内蒙古自治区文化产业规划及相关政策的制定和颁布

2012年8月21日，内蒙古自治区人民政府颁布了《内蒙古自治区人民政府关于进一步促进文化产业发展的若干政策意见》。意见从市场准入、资金支持、税

收减免、土地使用、投融资政策、建设重点、人才政策等七个方面提出了具体意见。要求各级政府安排年度财政预算时,要逐年增加文化产业发展专项资金。意见还对扶持中小微文化企业发展、积极吸引文化产业优秀人才进入自治区从事文化产业相关工作、加速文化产业紧缺急需人才培养等给出了支持措施。

二、文化体制改革

(一)河北省文化体制改革

2012年5月,河北省首批44家非时政类报刊出版单位体制改革工作圆满完成,比中央规定时间提前了一个月。截止到2012年8月,全省169家出版发行单位、223家电影制片和发行放映单位、92家文艺院团、1家新闻网站全部完成了转企改制。

同时,成立了省级国有文化资产监督管理办公室,履行省级国有文化资产出资人职责。各省区市和县(市、区)全面完成文、广、新三局合一,建立文化市场综合执法机构;各主要广播电视台完成制播分离;各级党报党刊实现宣传与经营"两分开",提前两年基本完成了中央确定的改革重点任务。

(二)天津市文化体制改革

2012年上半年,天津市如期完成了出版、发行、电影、演出等领域国有经营性文化单位转企改制。分别在影视制作与发行放映,艺术创作、人才培养与综合市场开发,艺术品经营、文化创意与文化会展等产业领域组建了天津北方电影集团、天津北方演艺集团有限公司和天津北方文创产业集团有限公司,并取得了较好的市场业绩。

此外,还积极推进宣传经营两分开和广播电视制播分离,完成了市和区县文化广播影视行政管理体制改革和文化市场综合执法改革,并积极促进民营文化企业的发展,成立了全国首家民营剧团产业孵化基地。

(三)山西省文化体制改革

截至2011年4月,山西省出版传媒、广电网络、演艺、日报传媒、广电传媒、影视等省属六大文化企业集团全部整合重组完毕。其后,488家文化单位完成改制。11个市119个县实现了文、广、新"三局合一",顺利完成广播、电视两台合一,广播电视网络整合初步形成"山西省一张网"。

作为文化改革的主力军,山西各文化集团积极探索,纷纷进行机制创新,推出了全员竞聘、岗位责任等一系列行之有效的新机制,提高了文化生产力,培育出了诸如电视剧《乔家大院》、舞剧《一把酸枣》等经济效益和社会效益双丰收的经典作品。

（四）内蒙古自治区文化体制改革

截止到2012年10月，全区12个盟市、2个计划单列市的广播电台和电视台均完成合并。作为改革重点任务的国有文艺院团改革也取得突破性进展，通辽、赤峰、锡林郭勒盟、巴彦淖尔市、乌海市、满洲里、二连浩特共计32个院团已经基本完成改革任务，其他盟市21个院团正在积极推进转企改制。全区首批6家非时政类报刊出版单位，已有5家完成转企改制。

基于文化体制改革现状和需要，自治区政府决定对转企改制的国有文化单位扶持政策执行期限再延长5年，至2018年12月31日止。

三、优势或特色产业的发展趋势及潜力

（一）河北省优势或特色产业的发展趋势及潜力

据第三次全国文物普查统计，河北省新发现不可移动文物21634处，不可移动文物总量达到33943处，其中全国重点文物保护单位168处，居全国第三，省级以上文物保护单位930处，为全国第二。

借助于丰富的历史文化资源，河北省将旅游业作为发展文化产业的重要组成部分进行大力开发，逐步建立起包括历史遗址游、名人故居游、文化名城游等一系列文化旅游线路和项目，吸引了不少重大文化开发项目落地，直接拉动了文化产业的发展。如邯郸市通过引进民营、国外资本50多亿元，成功开发了基于广府古城、大名古城、邺城遗址等文化资源的广府生态文化产业园区、武安东山文化博艺园等项目

（二）天津市优势或特色产业的发展趋势及潜力

天津市第十次党代会提出“把旅游业培育成为战略性支柱产业”。根据天津市委、市政府提出的目标和要求，到2016年，旅游业将成为天津国民经济的支柱产业。

目前，天津建设了国际邮轮母港、极地海洋世界等30个旅游大项目，总投资额达到1200亿元。2012年在天津先后举办的夏季达沃斯论坛、全国大学生运动会、发展中国家科学院院士大会、中国旅游产业博览会等十几项重大活动，吸引了大量的国内外游客前往天津。仅夏季达沃斯论坛就有来自86个国家与地区的2000多名代表，成为夏季达沃斯论坛史上规模最大、最具活力和参与最广的一届。

（三）山西省优势或特色产业的发展趋势及潜力

作为历史文化资源大省，山西近年来开展了分批次的全国重点文物保护单位

保护规划,发布《关于公布山西省大同云冈石窟等二十处全国重点文物保护单位保护规划的通知》,为可持续发展提供了坚实的物质基础。

在保护的同时,山西省也对其文化资源进行大力开发。如在介休张兰镇连续举办了十二届全国民间收藏品交流会,辐射到河北、陕西、京津等省市,甚至远及海外,每年的成交额超过1亿元人民币。2012年举办了山西省专业手工艺美术展,推出山西摄影线路、大同印象系列等旅游精品线路,举办首届晋商大会、山西旅游季等二十多个旅游节庆活动,大力推动旅游业发展。

(四)内蒙古自治区优势或特色产业的发展趋势及潜力

内蒙古依托其历史、民族文化资源已经基本形成了文化旅游业、演出业等主导产业群。自治区连续举办了9届中国内蒙古草原文化节,逐步打造出了自身文化品牌。每年8月份举办的"中国·萨拉乌苏民间艺术节"获得了全国"十大文化艺术类节庆·中国节庆产业金手指奖";累计投资3.8亿多元建成的成吉思汗陵旅游区,被评为国家文化产业示范基地等。从2002年到2011年,内蒙古旅游业实现了总收入从82.2亿元到889.55亿元[①]的跨越式增长。

2012年6月29日,中国元上都遗址被列入《世界遗产名录》,成为中国第42处世界遗产,实现了内蒙古自治区"世界遗产"零的突破。

四、文化产业集聚区

(一)河北省文化产业集聚区

2012年,根据《河北省文化产业"三个十"评选规则》等文件,河北省评选出了曲阳雕塑文化产业园、张北县中都草原文化产业集聚区等在内的2012年度河北省"十大文化产业聚集区"。按照规划,这些集聚区将成为拉动文化产业发展的战略高地和重要增长极。

河北省下属各县域也从自身实际出发,推动"企业带基地、基地连农户、农工贸结合",实现产业集聚效应。在蔚县、曲阳、宁晋、藁城、饶阳等县(市、区),剪纸、雕塑、工笔画、宫灯、内画等产业成为重要的富民产业。[②]

(二)天津市文化产业集聚区

2012年,天津滨海新区政府与七星娱乐集团联手在滨海新区建立"中国坞",

---

① 《内蒙古培育响当当旅游品牌》,http://szb.northnews.cn/nmgrb/html/2012-04/30/content_925581.htm。

② 《河北:奋力闯出河北文化繁荣发展的新天地》,http://www.12371.cn/2012/10/11/ARTI1349940414860510.shtml。

这是全球首家专注于"中国—好莱坞影视合作"的环球影视服务总部基地,总投资80亿元人民币。8月,南开区启动了突显老城文化内涵并开发利用更多街域资源的鼓楼商业街整体提升改造工程。11月,东丽区政府和天津出版传媒集团签署战略合作协议,合作建设华悦文化科技产业园,共同创建"国家级教育出版科技产业园"和"国家级健康出版科技产业园",以推动本市出版产业转型升级。

(三) 山西省文化产业集聚区

山西省的佛教与边塞文化、晋商文化、根祖文化、太行文化和黄河文化等五大特色文化产业区已初具规模,并相继建成了武乡八路军总部、代县雁门关等十大文化产业园。下属各市区也根据自身的资源特色和发展方向,实施错位经营策略,成效显著。如大同市文瀛湖生态文化公园和大同市报业文化产业园区一期工程基本建成;山西省建设文化强省的重点项目之一——新绛县绛州文化园项目正式启动,规划占地800亩,预计投资6亿元,将包括澄泥砚、云雕漆器、绛州鼓乐、绛帖书法等1800多种民间艺术。

(四) 内蒙古自治区文化产业集聚区

2012年,呼和浩特市投资5亿元,启动了集民族演艺中心、群众艺术场馆、文化休闲、娱乐、购物、展览、收藏、文物鉴定等于一体的文化创意产业园建设;鄂尔多斯以"一城、五园、四街、八大文化产业"为骨干的整体发展布局已经全面铺开;赤峰占地3万平方米的玉龙文化产业园,不但成功举办了三届"古玩宝玉石暨赤峰市首届书画印材博览会",还协办了央视《寻宝》栏目"走进赤峰寻宝活动"。每月一次的文化大集,也使园区成为文化产品年成交额上亿元的"大卖场"。

五、文化产业重大项目

(一) 河北省文化产业重大项目

2012年,河北省评选出了本年度"十大文化产业项目",其中包括河北出版传媒集团北戴河文化创意基地、廊坊梦廊坊文化产业园等。对这些重大项目,河北省将优先发展,重点支持。

此外,河北省列入文化产业振兴规划的三十个重点项目,已全部开工建设。在2012年5月18日第八届深圳文博会上,河北省有41个项目成功签约,签约总额达681亿元。目前,签约项目已有25个正式开工,占总数的61%,项目履约额206.7亿元,占总签约额的44.3%。

(二) 天津市文化产业重大项目

2012年,天津市推出第三批60项文化重点项目,其中包括42项文化产业项目,总投资206亿元,涵盖了广播影视、新闻出版、动漫游戏等多个行业,总投资十亿元以上项目达到六个,并侧重文化项目与科技的有机融合。

此外,天津市"十二五"期间重点文化产业建设项目,同时也是天津市单笔融资额度最大的文化产业项目——天津市历史风貌建筑示范点及五大道历史文化街区项目基本完成融资,市风貌整理公司与国家开发银行天津分行、天津银行、浦发银行天津分行共同签署了22亿元贷款协议。该项目总投资金额近三十亿元。

(三) 山西省文化产业重大项目

2012年,是山西省委、省政府确定的"项目落地年"。其中就包括一批文化产业重大项目。如黎侯古城文化旅游综合开发暨文化产业示范基地项目,山西省转型综改试验区文化旅游业重大标杆项目——"一市一景区一文艺团体一台演艺剧(节)目"项目,"山西省综改区"省级试点区的标杆项目、2012年山西省重点招商引资项目——太原尖草坪文化景区,以及太原市的九大重点文化产业工程项目、晋中市的46个文化产业重点项目等。这些项目大都已开工建设,有的已经建成,将逐步发挥其应有的经济和社会效益。

(四) 内蒙古文化产业重大项目

内蒙古一方面继续推进在《内蒙古自治区"十二五"文化发展规划纲要》中明确的25个重点文化产业园区及项目,如2010年开工的内蒙古最大文化产业项目——鄂尔多斯文化产业园,2012年继续投资30亿元建设园区的园林景观、文化创意产业孵化中心等12个子项目。另一方面,一些新的项目也在2012年诞生。如鄂尔多斯与中国科学院自动化研究所科学艺术研究中心合作建立音乐可视化产业示范项目——鄂尔多斯"音乐之都"项目,总投资23亿元,未来三至五年,将逐步形成完整的音乐可视化产业价值链。

六、财政扶持和金融支持

(一) 河北省财政扶持和金融支持

河北省在2012年安排了13.1亿元用于发展文化产业,同时安排旅游业发展专项资金3亿元,支持重点旅游项目建设。①

2月1日,《河北省文化产业振兴奖励资金管理办法》开始实施,并建立河北省文化产业振兴奖励资金,专项用于奖励上年度文化产业发展社会效益和经济效

① 中华人民共和国财政部:《关于河北省2011年财政预算执行情况和2012年财政预算草案的报告》,2012年1月。

益突出的区市政府和文化产业类精品项目。

同时,河北省的金融机构也在积极支持文化产业的发展。如工商银行河北省分行预计“十二五”期间,文化产业贷款年均增长将不低于10亿元,到2015年,贷款余额有望超过100亿元。

(二)天津市财政扶持和金融支持

天津市近年来先后出台了一系列政策与措施,对文化产业发展给予多方面的财政与金融支持。如滨海新区相继出台了《金融支持文化产业振兴与发展繁荣的实施意见》等政策文件,并拿出1亿元文化产业发展引导资金;同时推动建设了促进文化产业发展的“投融资平台”、“政策与资金扶持平台”等六大平台,为天津市文化产业的发展提供强有力的人力资源和财力支持。①

金融机构在政府的引导下,也积极参与到文化产业的发展中来。2012年3月,天津金融资产交易所与天津新金融文化传媒公司签署战略合作协议,在金融创新、品牌宣传、市场营销等多个领域深入开展合作。二者的强强联合,将为提高天津市文化产业融资和利用资金水平做出有益的探索。②

(三)山西省财政扶持和金融支持

山西省自2010年出台《山西省金融支持文化和旅游产业发展实施意见》以来,金融支持文化产业发展的力度不断加大。

截止到2012年6月底,山西省现有的21家商业性银行中,有15家银行对旅游业提供了贷款支持,文化旅游业的贷款余额达35.43亿元。③ 山西省各银行业金融机构纷纷建立了高效的贷款审批机制,在风险可控的前提下为旅游企业开设绿色通道,实行快速审批,确保信贷规模的平稳增长。其中农业银行对云冈石窟研究院贷款2.49亿元,国家开发银行累计发放贷款24.5亿元,支持平遥古城环境综合整治、太原晋祠环境综合整治、应县木塔周边环境整治、临汾晋国博物馆、洪洞大槐树寻根祭祖园、乔家大院“三堂一园”等文化旅游产业项目。

(四)内蒙古自治区财政扶持和金融支持

2012年8月21日,内蒙古自治区政府颁布了《关于进一步促进文化产业发展的若干政策意见》,明确提出了发展文化产业的投融资支持政策,其中包括:组

① 《天津滨海新区打造魅力文化强区 文化亮点频闪》,http://www.022net.com/2012/2-7/435968172381670-2.html。

② 《天津金融交易所与文化传媒公司开启战略合作》,www.tianjinnwe.com/tianjin/tjej/201203/t20120301_5257196.html。

③ 《15家银行注资山西省旅游业发展》,http://jjsx.china.com.com.cn/c12/0831/163754196534.htm。

建自治区文化产业投资公司,设立自治区文化产业发展投资基金,加强自治区级文化产权交易平台建设;对金融机构为中小文化企业提供贷款的,按年度平均贷款余额,政府给予一定的奖励;鼓励国有大中型企业为自治区重点文化产业项目提供贷款担保或直接投资;符合上市条件的文化企业在办理相关审批手续时,免收所涉及的各项行政事业收费;对区内首发上市的文化企业,给予1000万元的奖励,对借壳上市的给予500万元的奖励等等。

七、本年度部分文化产业大事件

2012年2月21日,《河北文化产业振兴奖励管理办法》出台,最高奖500万。

2012年3月2日,河北省秦皇岛市人民政府与北京歌华文化发展集团在中华世纪坛签署《文化发展战略合作意向书》,携手建设秦皇岛文化产业示范区。

2012年3月7日,文化部、内蒙古自治区人民政府关于加快内蒙古文化建设合作协议签字仪式在京举行。

2012年5月18日,河北省携带近百个重点文化产业招商项目参加第八届深圳文博会,签约金额为681亿元。

2012年5月24日,乌兰察布察哈尔经济技术开发区《内蒙古察哈尔文化创意产业园总体规划》获中国环境艺术最佳创意奖。

2012年6月24日,“创意台湾”文化产业区落户天津武清。

2012年8月21日,《内蒙古自治区人民政府关于进一步促进文化产业发展的若干政策意见》颁布。

2012年11月2日,内蒙古自治区首个文化产业创意园——大盛魁总号,在呼和浩特市举行开园仪式。

2012年11月16日至18日,第三届中国(天津滨海)国际文化创意展交会在天津召开。

2012年12月21日,首届河北特色文化产品展开幕。

第三节　区域文化产业发展中的问题

2012年,河北、天津、山西、内蒙古四省区市的文化产业发展成绩喜人,但跟全国其他文化产业发达地区乃至欧美发达国家相比,差距还比较明显。此外,许多发展中的问题也不断暴露,为进一步实现文化大发展大繁荣提出了新的命题和挑战。

一、产业布局不够合理，产业结构有待优化

四省区市的文化产业发展迅速，但在其整个国民经济体系中，贡献度并不高，尚未达到其在经济社会发展中的预期水平和作用。按照国家"十二五"的规划纲要所提要求，文化产业占 G D P 总量至少达到5%。而目前四省区市的这一指标均不超过3.5%，内蒙古只有1.31%，发展压力较大。

从产业结构来看，产业门类目前仍主要集中在新闻、出版发行、广播影视等传统文化领域，以传统的相关产品和服务为核心，以本地特色文化为内容延伸的文化服务产品为主打品牌。而与高新技术紧密结合的新兴业态的文化产品和服务发展得不够充分。

二、文化市场缺乏活力，文化消费略显不足

四省区市大都制定了本地区文化产业发展的振兴规划和其他配套政策，积极引导和推动本地区文化产业的发展。但在现阶段，相关政策大多着眼于宏观推动，在具体行业、具体环节的落实上还不够深入，大多扮演了"信号灯"，而不是"助推器"，促进作用有限。

从文化产业发展动力来看，很大一部分源于政府的引导与扶持，文化市场发育不够完善，文化要素市场发展滞后，文化产品和服务的生产与流通还不够发达，民营企业参与的积极性不高，整个文化产业市场活力不足。其结果之一便是缺乏能够有效满足需求的文化精品，供需不匹配最终呈现出文化市场消费略显不足的现象。

三、产业链不够完整，园区建设仍需完善

从整体来看，四省区市多依赖储量丰富的文化资源，集中于某一个行业或产业链环节进行同质化竞争，尚未打造出一条地区合理有效、优势互补、合作共赢的文化产业链和生态圈。产业链上游，生产文化产品和提供文化服务的创意明显不足；产业链中游，缺乏有效的传播渠道，营销方式与市场需求不匹配的状况时常出现；产业链下游，文化产品本身发展不足导致衍生产品更为匮乏。

在文化产业园区建设方面，部分园区对于经济和市场因素考虑不够充分，导致园区内企业联系不紧密，同外界的交流更少，园区自身的特色不突出，市场活力不足，甚至出现主要依靠政府运行等问题。

四、区域内合作互动不多且发展不平衡

四省区市的区域交流大多集中在全国性或国际性的活动层面,文化产业具体层面的往来和交流较少,使得每个省区市以及整个地区的发展相对孤立且活力有限,也间接造成了相互之间同质化竞争严重的问题。

同时,四省区市和北京之间还存在着地区发展不平衡的问题。就文化产业增加值来说,北京处于第一层级,对全国都有着较强的影响力和辐射,河北、天津和山西虽居于第二层级,但三者之间也存在一定的差距,内蒙古的发展暂列最后。地区之间不仅横向发展水平差距大,纵向上也尚未形成具有代表性的文化品牌和差异化经营策略,使得地区间很难实现产业链上的分工和整体提升。

五、人才培养不足,文化产业投融资水平有待提高

加快发展文化产业,人才是关键。当前四省区市文化产业从业人员很多是从体制内转制而来,对于新的文化产业发展规律和经营方式不太熟悉,在对"文化"这一要素进行开发时往往力不从心,其结果是文化产品缺乏创意,竞争力特别是核心竞争力缺乏。

在投融资方面,由于政策尚在完善之中、体制还不健全等因素影响,区域内文化产业的直接投融资渠道偏窄,大多依赖于国有资本投资、财政拨款等方式,对于民营资本以及外资利用率较低。在建立文化产业投融资体系方面,四省区市虽在进行有益的实践,但渠道不畅通、民间资本进入壁垒比较高、法律保障机制不完善等诸多问题依然存在。

第四节 区域文化产业发展的对策

一、扩大文化产业规模,促进产业结构优化升级

作为临近北京的华北四省区市,应充分发挥环首都文化圈的区位优势,加强与北京等文化产业发展水平较高地区的交流与联系,推动文化产业结构优化升级,着力打造环首都和环渤海两大文化产业增长带,推进地区文化产业发展上规模、上水平。

从政府角度来看,应进一步明确自身定位,充分发挥政府的宏观调控作用,通过分工合作的方式推动地区间在产业链层面实现共同发展和区域内产业结构优

化升级。

同时，充分发挥市场在资源配置中的基础性作用，通过文化体制改革，以政策扶持、资金支持等方式积极培育一批规模大、档次高、效益好的大型文化企业，打造文化品牌和文化精品，提高文化产业的市场竞争力，带动地区文化产业发展。

二、以体制激发市场活力，吸引各类投资参与文化产业

四省区市通过文化体制改革，不断激发了市场活力，取得了不错的效果。还应继续致力于建立文化产业运营的市场化机制，让市场带动文化产业的发展。在政策制定上更多关注对具体行业和不同产业环节的针对性，充分发挥对文化产业的"助推器"作用。

对于绝大部分文化产业门类，应逐步降低准入门槛，拓展各类资本投资文化产业的空间，并尽可能提供全面、优质的服务。例如，建立健全文化企业无形资产评估体系，使版权、商标权、技术专利、品牌价值等均可作为质押物来帮助需要的文化企业实现融资；积极探索银团贷款的风险分担机制，降低单个金融机构的信贷风险等。

三、完善产业链各环节，提高产业园区管理质量

一条科学合理的产业链，不仅能够实现产业链各个环节的有效衔接，还能够促进关联企业甚至是关联地区共同发展。从产业内部来说，可以通过政策法规等方式规范企业行为，引导文化产业各产业链环节上下连接，构建起文化产业链的良性循环机制。从产业间关系来说，可以在宏观层面协调文化产业与其他产业间的关系，使其相互衔接，实现可持续发展。

针对产业园区产业链关联程度不高的问题，应在科学调研的基础上，适当调整园区内的产业布局。从长远来看，政府更应该进一步建立健全园区发展的相关政策法规，保证园区在一个有序有效有质的道路上发展。

四、加强区域内互动合作，主打品牌效应

2011 年，华北五省区市签署了《华北五省区市文化发展战略合作框架协议》。接下来最重要的是，如何加快对协议内容的落实，并在具体的合作交流中本着合作共赢的态度解决实践中遇到的问题，最终实现共同发展。

在地区协同发展的基础上，各省区市还应树立品牌意识，通过挖掘自身资源优势打造文化品牌，并集中优势资源和渠道，采用各种科学有效的方式予以宣传

推广,使其成为一个地区的文化标签,带动文化产业以及其他产业部门的发展。在具体的品牌竞争中,最重要的还是要重视创意,突出地方文化特色,进行差异化竞争,树立地方文化的独特形象。

五、加强专业人才培养,引进文化产业高层次人才

人才是竞争的关键,华北四省区市应抓住环绕北京这个文化产业人才高地的优势,构建人才引进机制,从项目扶持、薪酬待遇、社会保障等多个方面出台配套措施,吸引各类文化产业高端人才,以各种方式参与本地区的文化产业发展。同时还应吸引其他相关领域的优秀人才进入文化产业领域。

从长远发展来看,最根本的解决之道还是本地的人才培养。其优势在于可以根据本地区文化产业发展的实际需要,通过产学研互动等方式,有针对性、有计划、有步骤地建立起专门的人才培养工程,着力培养各类文化产业专门人才,解决人才问题。

综上所述,在2011—2012年,华北四省区市的文化产业继续保持了良好的发展势头,取得了令人瞩目的成绩。随着环首都文化圈之间沟通和交流的进一步加强,相信华北地区未来几年内将以首都北京为龙头,逐步形成分工合作、集约型发展的地区性文化产业格局和产业链。

上海地区文化产业年度发展报告

解学芳*

积极发展文化产业成为上海经济增长的重要引擎，是上海走“创新驱动，转型发展”道路的迫切需求与必然选择。上海加快推进“四个中心”建设对文化产业的影响逐渐显现。从文化产业总规模来看，2011 年上海文化产业总营收达到 3798.69 亿元，文化产业增加值突破 1098.97 亿元，总量规模不断增加、发展速度稳健，文化产业占 GDP 的比重上升为 5.73%，对经济增长的贡献率不断提高。此外，上海有 39 家文化企业与以“国家对外文化贸易基地”为代表的 8 个文化项目入选“2011—2012 年度国家文化出口重点企业和重点项目”，位居全国前列。从产业政策支撑力度来看，《上海推进文化和科技融合发展行动计划（2012—2015）》《上海市数字出版“十二五”规划》《上海市促进文化创意产业发展财政扶持资金实施办法》（试行）等颁布实施，文化产业政策对产业发展的扶持力度与影响度逐渐提升。从上海文化产业发展特征来看，文化产业空间集聚聚焦新兴产业，科技型文化企业与网络视听产业、动漫产业、网络新兴服务以及设计产业等优势产业崛起，文化产业领域的金融支持范围拓展、力度加强，文化品牌运营力进一步提升。下一阶段，追求文化产业的高质量、释放其丰富的内涵，将是真正推动文化产业成为上海经济增长的战略支柱产业、提升产业能级的必然选择。

一、上海文化产业规模和发展态势

（一）文化产业规模的数据分析

1. 文化产业增加值及占 GDP 比重

2011 年，上海文化产业增加值突破千亿元大关，实现 1098.97 亿元，比上年度增长 11.1%。从图 2-3-1 历年数据来看，自 2003 年以来，上海文化产业增加值呈

* 解学芳，同济大学人文学院文化产业系，副教授。

现直线上升趋势,特别是2006年以来,每年都上一个新台阶:由2006年的581.38亿元增加至2011年的1098.97亿元;此外,2008年以来,文化产业占GDP的比重呈现持续稳步上升趋势,由5.56%上升至2011年的5.73%。①

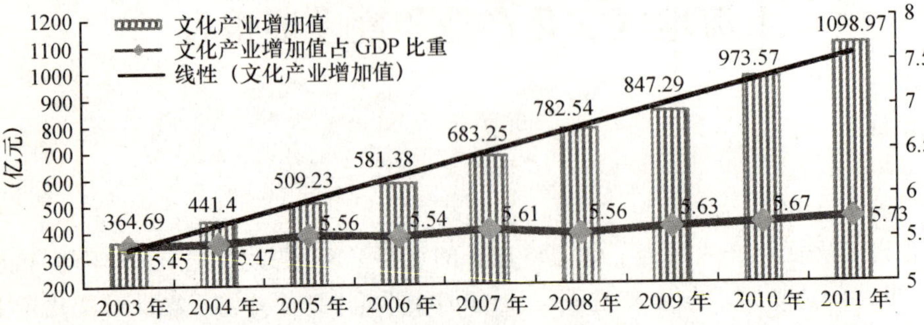

图2-3-1　2003—2011年文化产业增加值及占GDP比重

数据来源:上海市统计局、中共上海市委宣传部,《上海文化统计概览》,2005—2012年。

2. 文化产业发展增速与GDP增速比较

上海文化产业发展速度稳中有升。从图2-3-2统计数据可以看出:2011年,文化产业增加值增长了12.9%,增长速度比上一年度提高2.4个百分点,高于2011年上海GDP增速(8.2%)4.7个百分点。实际上,近三年上海文化产业增长速度都远高于GDP增速,其中2011年文化产业发展增速最高。

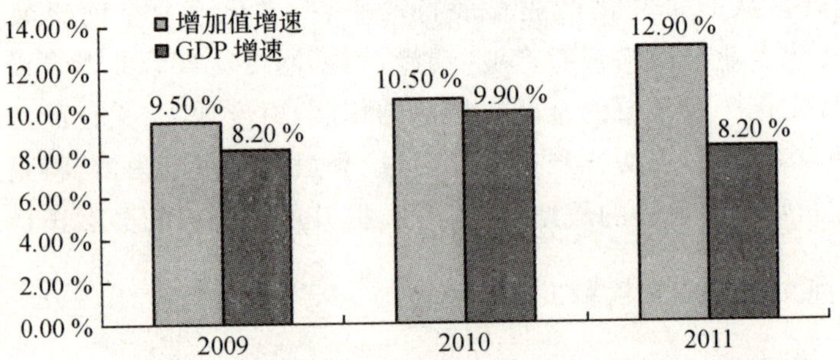

图2-3-2　2009—2011年文化产业增加值增速与GDP增速比较

数据来源:上海市统计局、中共上海市委宣传部:《上海文化统计概览》,2010—2012。

此外,文化服务业比上年度增长11.3%,增速低于文化相关产业的17.1%。

① 方周:《上海市政府举行新闻发布会介绍2011年上海文化创意产业发展情况》,《新民晚报》2012年8月23日。

其中,文化服务业中的广播、电视、电影服务增长幅度最高,为36.3%,其次是文化休闲娱乐服务业,为22.9%。与此相反,网络文化服务行业的增长速度降至15%,其他文化服务,新闻服务、出版发行和版权服务增幅最小,分别降至-3.9%与2.7%。

表2-3-1　2011年上海文化产业诸行业增长情况

行业	增加值(亿元)	比上年增长
总计	1098.97	12.9%
文化服务业	782.57	11.3%
新闻服务、出版发行和版权服务	92.36	2.7%
广播、电视、电影服务	72.55	36.3%
文化艺术服务	30.76	16.0%
网络文化服务	172.65	15.0%
文化休闲娱乐服务	209.78	22.9%
其他文化服务	204.46	-3.9%
文化相关产业	316.40	17.1%
文化用品、设备及相关文化产品生产	172.78	17.9%
文化用品、设备及相关文化产品销售	143.62	16.1%

数据来源:上海市统计局、中共上海市委宣传部:《上海文化统计概览》,2012年。

3. 文化产业营业收入和从业人员的数量

从文化产业总规模来看,按照国家统计局"文化及相关产业"统计口径,从2010年起,上海文化产业总营收突破三千亿元大关,实现3335.44亿元。2011年,继续呈现增长趋势,文化产业总营收达到3798.69亿元。文化创意产业从业人员规模实现118.02万人。①

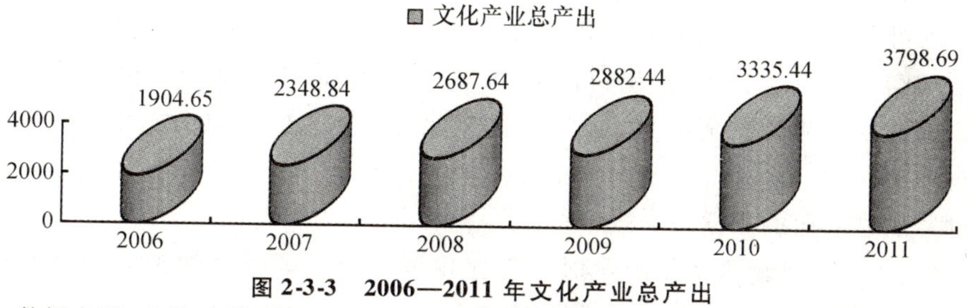

图2-3-3　2006—2011年文化产业总产出

数据来源:上海市统计局、中共上海市委宣传部:《上海文化统计概览》,2007—2012年。

① 曹玲娟:《上海文化创意产业跑赢GDP 2011年增加值1923.75亿》,《人民日报》2012年8月24日。

4. 最近三年的文化产业平均增加值和占 GDP 比重

2009 年以来,上海文化产业增速加快,文化产业增加值持续稳增,平均增加值达到 973.28 亿元。同时,文化产业增加值占 GDP 的比重也逐年增加。2009 年,文化产业增加值占 GDP 比重仅为 5.63%,2011 年实现 5.73%,其中,文化服务业占 GDP 的比重出现微降,从 2010 年的 4.09% 下降为 2011 年的 4.08%,但从近三年总体态势来看,文化产业平均增加值占 GDP 比重达到 5.68%,文化产业结构趋向优化。

表 2-3-2 2009—2011 年文化产业增加值及占 GDP 比重

行业	2009 年		2010 年		2011 年		2012 年	
	增加值(亿元)	占 GDP 比重	增加值(亿元)	占 GDP 比重	增加值(亿元)	占 GDP 比重	增加值(亿元)	占 GDP 比重
总计	847.29	5.63%	973.57	5.67%	1098.97	5.73%	1188.43	5.91%
文化服务业	549.18	3.65%	703.29	4.09%	782.57	4.08%		
文化相关产业	189.76	1.98%	270.28	1.57%	316.40	1.65%		
2008—2010 年文化产业平均增加值	1027.01			平均增加值占 GDP 比重	5.74%			

数据来源:上海市统计局、中共上海市委宣传部:《上海文化统计概览》,2010—2012 年。

5. 文化产品与服务贸易

文化贸易结构日益合理化,继续呈现贸易顺差趋势。2011 年,上海文化产品和服务进出口总额实现 166.2 亿美元,同比增长 10.9%;实现贸易顺差 34.5 亿美元,比上年度减少 6.6 亿美元。其中,文化核心产品与服务进出口总额 24.2 亿美元,进口总额为 8.1 亿美元,出口总额为 16.1 亿美元,新闻出版、印刷、广告等诸领域,文化贸易顺差优势明显,具有较强"走出去"能力的外向型文化企业规模逐步增加。①

6. 优势产业的数据

2011 年,上海新兴文化产业保持高速发展,其中,增长最快的是网络视听产业,产业规模高达 30 亿元,同比增长超过 100%,几乎占据全国"半壁江山",其中自制网络短片/微电影 20 部、网络剧 12 部、自制栏目 37 档;以盛大文学为代表的

① 曹玲娟:《上海文化创意产业跑赢 GDP 2011 年增加值 1923.75 亿》,《人民日报》2012 年 8 月 24 日。

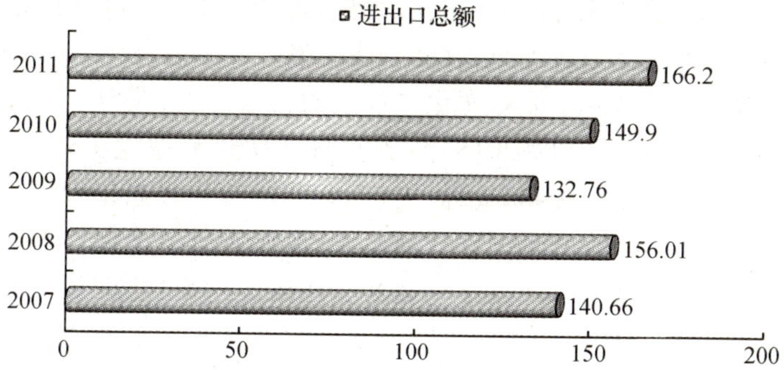

图 2-3-4　文化贸易进出口总额(单位:亿美元)(2007—2011)

数据来源:上海市统计局、中共上海市委宣传部:《上海文化统计概览》,2008—2012 年。

上海网络原创文学销售收入约 7 亿元,同比增长近 30%,占全国市场份额的 70% 以上;上海的网络游戏产业同比增长 24%,总产值实现 149 亿元,占全国网络游戏产业规模的 1/3,其中自主研发游戏 1666 个;动漫产业发展速度同比增长 23.7%,产业规模达到 63 亿元;此外,下一代广播电视网(NGB)上海示范网新增 100 万户,总覆盖达到 200 万户。[①] 上海自成为"设计之都"两年以来,工业设计、建筑设计、时尚设计、多媒体艺术设计等创意设计产业发展迅速,增加值占 GDP 比重已超过 5%,其中工业设计、建筑设计发展最快,增速分别为 37.6%、12.2%。[②]

(二) 小结:文化产业的发展态势

数据表明,上海文化产业保持了稳健的增长态势,文化产业增加值逐年攀升,文化产业占 GDP 的比重也逐年提高;同时,上海文化服务业与文化相关产业的结构日趋合理化,新兴文化产业优势明显,有助于推动上海文化软实力的实质性提升。

二、上海文化产业的发展特征

(一) 文化体制改革深入推行、文化产业政策支持力度加大

文化体制改革深入推行,转制文化企业进一步落实了公司制股份制改造,非时政类报刊出版单位转企改制实现稳妥推进。文化产业管理体制机制逐渐理顺,形成了部门合作、市区联动、合力推进的工作格局;与此同时,积极推进中共十七

① 夏冰:《2011 年上海文化创意产业增幅超 GDP》,《每日经济新闻》2012 年 8 月 24 日。
② 颜维琦、曹继军:《上海:"设计之都"名片闪亮》,《光明日报》2012 年 11 月 11 日。

届六中全会与十八大的“文化强国”战略目标,加快了文化与科技、金融、市场的融合创新步伐,推动着上海文化产业稳健、快速发展。

在相关政策方面:(1)加大对文化与科技的投入力度,颁布《上海推进文化和科技融合发展行动计划(2012—2015)》,着力打造文化科技龙头企业20家,并实施“互联网原创影视创作及传播、立体电视内容制播设备和系统、数字出版的内容创作和投送发行、数字高清电影创作管理系统、数字媒体与文化艺术融合应用、支撑现代设计产业链的公共服务、数字化公共文化服务网络建设”等七大示范工程,加强了文化科技融合发展的金融资本支持与公共技术服务平台建设。[①] (2)为支持文化创意产业公共服务平台的建设、运营与发展,2012年6月颁布《上海市促进文化创意产业发展财政扶持资金实施办法(试行)》,通过无偿资助、贷款贴息与政府购买服务等方式,重点扶持文化创意产业信息、贸易、技术、合作交流、产业对接等方面的公共服务平台建设与推广应用以及重点文化项目。[②] (3)为推进数字出版产业体制机制创新、打造中国数字出版产业高地,制定了《上海市数字出版“十二五”发展规划》,重点发展“数字阅读、网络文学、互动娱乐(含网络动漫)、数字印刷与发行、网络音视频出版、手机出版以及教育信息化”等领域与“新闻出版业数字化转型工程、新型数字化阅读工程、数字作品版权保护工程、面向民生的出版行业创新服务工作以及数字出版公共服务工作”等重点工程。[③] (4)为推动上海网络视听产业发展,积极落实了《上海市网络视听产业专项资金管理办法》,计划每年投入1000万元专项资金用于扶持网络视听产业。一方面,用于对成长性高的企业进行资助、对企业和基地参加国内外各类宣传推广交流活动进行资助、对网络视听公共服务平台进行资助;另一方面,用于对优秀的企业原创内容或创新项目进行奖励,制定了《2012上海市网络视听产业专项资金申报指南》,积极支持原创网剧、原创短片、原创视听栏目、3D或高清类视听节目制作等网络视听产业的内容创意,以及技术开发、视听平台等,并对申请范围、条件与经费额度等做出了具体规定。[④]

(二)文化产业与新科技高度融合、科技型文化企业竞争力提升

文化产业与高新科技高度融合,推动着上海网络游戏、网络视听、数字出版等

---

① 李治国:《上海推动文化与科技融合发展 确立7大示范工程》,《经济日报》2012年8月23日。

② 上海市财政局、市文创办:《上海市促进文化创意产业发展财政扶持资金实施办法(试行)》,2012年6月20日。

③ 《上海市数字出版“十二五”规划》,2012年5月17日发布。

④ 上海市文化广播影视管理局:《上海市网络视听产业专项资金管理办法》(2011年12月10日)、《2012上海市网络视听产业专项资金申报指南》(2012年9月16日)。

新兴文化产业业态高速发展，网络财经服务、网络电子商务、网络休闲娱乐服务、网络远程教育服务等行业处于全国领先地位。一方面，建立了文化科技高度融合发展的支撑体系——上海市文化科技融合联席会议制度，以上海张江国家级文化和科技融合示范基地（全国首批16家国家级文化和科技融合示范基地之一）为核心，从点、线、面三个层次推进文化科技融合，在点上实施文化科技融合关键技术突破工程，在线上落实文化科技创新亮点工程，在面上着手文化科技跨界人才培养、文化科技公共服务平台体系建设、培育文化科技骨干企业与建立文化科技融合统计体系，扎实推进“动漫、网络游戏、网络视听、数字出版、移动互联网、下一代互联网和电子商务”等特色文化科技产业集群的打造。另一方面，科技型文化企业积极对接高新技术，例如，出版领域的世纪出版集团、新华传媒股份有限公司以及盛大文学等与电子阅读器科技成功对接，搭建起“数字出版转档、内容平台搭建、电子阅读器终端设计制造与销售”的新型产业链条；百视通则提供互联网电视集成播控平台和中国银联合作自主研发了智能电视支付平台，成为第一个基于智能电视平台的电视支付商用系统。[1]

此外，专注文化与科技融合发展的新型文化企业规模与竞争力不断提升。2011年，聚焦儿童网络文化信息、影视的淘米网在美国纽交所成功上市（IPO），年净收入达4540万美元；网络视听企业百视通的用户规模已达千万，作为目前全球规模最大的IPTV运营商，成功实现国内A股上市，成为我国第一家实现广电新媒体可经营性资产整体上市的公司，并积极将IPTV技术与运营模式输出到法国、印尼等国。[2]

（三）文化产业园区品牌效益增强、空间集聚凸显新兴产业

文化产业园区品牌效益增强，张江文化产业园区与环同济设计创意集聚区营业收入过百亿元，其中，张江文化产业园区营业收入规模实现150亿元，环同济设计创意集聚区拥有设计企业规模为1700家，从业人数超过3万，2011年收入规模突破180亿元，2012年收入规模226.8亿元，预计2015年将实现300亿元；[3]中国（上海）网络视听产业基地与金桥网络文化产业基地、上海动漫衍生产业园等颇具产业集聚特色，其品牌引领导向持续升温。

区域文化空间特色凸显。黄浦区积极整体规划江南智造一区六园，静安区积极整合昌平路沿线18个创意产业集聚区打造成时尚设计集聚带，长宁区打造环

① 徐璐明：《上海文化创意产业，融合发展形成特色路径》，《文汇报》2012年9月12日。
② 肖小蓓：《百视通成功借壳上市》，《广州日报》2012年1月06日。
③ 刘锟：《环同济经济圈将打造成上海产业高地》，《经济日报》2012年2月20日。

东华时尚创意产业集聚区，杨浦区围绕环同济设计创意集聚区重点打造以功能性服务平台建设为主体的设计一场项目，松江区以仓城胜强影视文化产业园为核心打造影视产业——集聚近千家影视、传媒企业，出品的电视剧总量约占目前国内年产电视剧的三分之一，宝山区以动漫文化为特色打造宝山动漫衍生产业园；[①] 浦东新区文化创意产业保持高速增长态势，2011 年实现增加值达 558 亿元，文化与科技、贸易融合创新推动数字出版、动漫游戏、影视制作大发展。[②] 在产业园区功能方面，强调为文化企业搭建公共服务平台（技术平台，咨询平台、金融服务平台等）、培育龙头骨干文化企业、营造创新创意文化生态和完善产业链的孵化功能，不断提升文化产业空间集聚的效应。

2011 年 12 月 23 日，上海认定了第二批 37 家上海市文化产业园区，加上第一批 15 家，上海市级文化产业园区总量实现 52 家。其中，新认定的园区，近 1/3 属于网络文化产业领域，即中国（上海）网络视听产业基地（国家级文化产业园区）、金桥网络文化产业基地、东方慧谷、德必·易园、上海多媒体谷、新华文化创新科技园、越界—X2 创意空间、创智天地、上海明珠文化创意产业园、谈家 28—文化·信息商务港、中国·梦谷—上海西虹桥文化产业园等 11 家；广告传媒领域有 6 家，涉及中广国际广告文化创意产业园、周家桥文化创意产业园、上海名仕街时尚文化产业园、越界文化产业园、尚街 Loft 时尚生活文化产业园、尚街 Loft 时尚生活文化产业园等；在文化贸易、音乐产业等领域的国家对外文化贸易基地、国家音乐产业基地（虹口制作中心）等属于部市合作共建的国家级文化产业园区。[③] 这些文化产业集聚区体现出对科技创新型文化企业、网络文化领域企业的重视，突出了对技术、新业态的支持与上海特色文化产业门类的关注，推动着文化产业与新科技、新创意的跨界融合。

（四）金融对文化产业的支持范围拓展、支撑力度加强

文化产业与金融服务的融合力度在实践中加强、延伸。2012 年 11 月 5 日，上海文化产业股权投资基金成立，作为全国性大型文化类股权投资基金与首家获得中国证监会行政许可的证券公司直投基金，首期募集 30 亿元人民币，重点投资广播影视、新闻出版、网络文化、动漫、休闲娱乐、创意设计等文化产业领域，利用股权投资参与文化企业的重组、改制、上市等活动，把文化产业与金融结合的实质性

① 徐璐明：《文化亮色辉耀浦江两岸》，《文汇报》2012 年 9 月 12 日。

② 洪浣宁、陈洁：《文化产业助推上海浦东改革发展 2011 年增加值 558 亿》，《中国文化报》2012 年 10 月 17 日。

③ 《第二批上海市文化产业园区授牌》，《第一财经日报》2011 年 12 月 23 日。

功能释放出来。[①] 2011 年底,上海市网络视听专项资金成立,每年出资 1000 万元用于重点扶持八个行业,即"原创网络剧、原创网络短片、原创视听栏目、视听节目制作、创新项目、重点视听企业、网络视听专项服务以及网络视听公共服务平台",并于 2012 年 3 月 30 日资助了首批 12 家企业的 22 个项目,其中土豆网获得原创网络剧资助,对网络短片的资助金额较去年增幅 430%。[②] 此外,银行对文化产业的金融支持力度加强。截至 2012 年 10 月底,上海银行为文化产业提供贷款余额高达 47.2 亿元,对文化项目贷款年均增长 175%;并与上海市文广局签署总额为 20 亿元的合作协议支持上海文化影视业发展;[③]同时与中国工商银行、中国建设银行等八家银行签署了战略合作协议,未来三年将有 130 亿元授信资金扶持"上海制造"的精品电影,为上海影视产业大发展提供了夯实的资金支持。[④]

上海文交所接纳本地国有文化企业进场交易,完善了会员委托代理制、交易所自律、第三方产权交易监管机构等构成的"三位一体"的监管制度。上海文交所积极开展战略合作,一方面,与近 500 家产权经纪公司,28 家评估、会计、审计与律师等中介机构,15 家 PE、VC 投资基金,10 家商业银行以及 8 家担保公司等建立合作关系,并以多元方式和长三角地区城市开展交易制度、交易品种、交易监管、交易信息的合作;[⑤]另一方面,上海九大文化会展[⑥]签约上海"文交所",其交易涵盖的文化产业范围不断扩大;此外,文交所开始积极进入公共文化领域,在 2012 年上海艺术博览会期间,积极建设"展示、挂牌、加工、包装、整合及交易"产业链,牵头公共艺术展示项目,推动公共艺术领域的转型与升级。[⑦]

(五)文化产业重大项目突出、文化品牌运营力提升

中外文化合作交流重大投资项目"东方梦工厂"在徐汇滨江投入建设,首轮投资高达 3.3 亿美元,集中打造两大业务:一是影视产品与衍生产业,其中《功夫熊猫 3》将在此制作;二是打造大型都市文化集聚区"梦中心",实现剧场影院群落、文化创意产业、会展观光景点、餐饮商业设施的积聚,为整个上海的影视、传

① 黄兆隆:《上海文化产业股权投资基金成立》,《证券时报》2012 年 11 月 6 日。

② 《土豆百视通 PPS 等企业获上海市政府资助,总金额达千万》,http://news.pedaily.cn/201203/20120330323453.shtml,2012 年 3 月 30 日。

③ 君华:《上海银行发力文化产业贷款》,《新闻晨报》2012 年 11 月 15 日。

④ 舒晓程、韩垒:《130 亿银行授信助力"上海制造"精品电影》,《新民晚报》2012 年 6 月 14 日。

⑤ 李春利:《上海文化产权交易所的"价值发现"》,《光明日报》2012 年 3 月 28 日。

⑥ 上海九大会展是指上海国际电影节、上海电视节、上海国际艺术节、"上海之春"国际音乐节、中国国际动漫游戏博览会(CCG)、中国国际数码互动娱乐产品及技术应用展览会(ChinaJoy)、上海书展、上海艺术博览会、上海春季艺术沙龙等。

⑦ 蒋娅娅:《上海文交所首次涉足公共艺术领域》,《解放日报》2012 年 11 月 2 日。

媒、演艺旅游业的融合发展创造新的契机。[①] 文化广场作为国内第一家音乐剧专业剧场,拥有世界一流的剧场设施,承担着建设具有全球影响力的文化高地的功能,开业一年来,全年演出186场,观众达25万多人次,平均上座率76%,其中音乐剧演出130场,约占演出总量的70%,将成为上海"百老汇"的中心[②]。此外,原世博会中国馆与城市未来馆分别变身为中华艺术宫与上海当代艺术博物馆。其中,中华艺术宫侧重近现代艺术,其规模与美国大都会博物馆、法国奥赛博物馆等国际知名艺术博物馆相当;上海当代艺术博物馆则偏向当代艺术,两馆都于2012年10月1日开馆试展,成为一个全新的普及民族艺术、公众文化艺术教育,展览国内外艺术精品、藏品以及进行国际高层次文化艺术交流的综合高端平台,促进了上海与世界的艺术交流,提升了上海作为国际文化大都市的城市形象,也带动了整个文化产业的发展。

上海的文化品牌建设力度逐渐加强,文化品牌运营能力进一步提升。《时空之旅》定位为连演20年的文化品牌,截至2012年9月,已经成功运营七年,累计演出2759场,票房收入超过3亿元,中外观众规模达到280万,其中70%以上来自国外;与此同时,《时空之旅》品牌被成功复制到河南信阳与四川都江堰,在原版基础上赋予城市特色,并结合最先进的舞台设备实现创新。[③] 品牌文化企业增多,东方传媒集团、东方明珠以及网络游戏企业盛大网络、征途信息四家文化企业入选中国"文化企业30强";新文化传媒集团2012年7月创业板A股上市,成为上海首家影视制作类民营上市文化企业,拥有发行许可证数量居于中央电视台与海润影视之后,2012年度电视剧实现年产量17部570集;[④]此外,盛大文学连续发布"盛大文学最适合改编的五星级作品·2012年第1季、第2季",引发百名影视公司关注,多部作品被抢购,仅2011年就售出版权作品651部,成为影视创作的新渠道。[⑤]

三、上海文化产业发展中的问题

从总体状况来看,上海文化产业表现出良好的发展态势与发展格局,但较之国际文化市场,其产业规模与产业竞争力的进一步提升、产业结构的优化、文化品

---

① 姜丽钧:《"东方梦工厂"正式落户上海》,《东方早报》2012年8月8日。

② 徐璐明:《关注:文化广场欲做上海"百老汇"孵化器》,《文汇报》2012年11月2日。

③ 张裕:《"时空之旅"有了3个孪生兄弟》,《文汇报》2012年9月27日。

④ 徐明徽:《新文化成功登陆创业板 多样化规划题材出精品》,《第一财经日报》2012年07月10日。

⑤ 梅子笑:《盛大五星级版权作品引抢购 女性传奇伦理剧热销》,http://www.northnews.cn/2012/1028/958486.shtml。

牌的创建等还面临着诸多制约因素。

（一）文化产业规模与新兴文化产业比重亟须扩大

文化产业规模较之北京以及国际大都市纽约、巴黎、伦敦、东京等，还存在差距。文化产业结构还需要进一步优化，从文化服务业增加值比重来看，有所减少；文化及相关产业增加值出现大幅度增加。虽然网络文化服务增加值规模在扩大，但增长速度放缓。

（二）金融与财政政策配套不完善

金融与财政政策还需要进一步的落实与完善。目前，大量的网络文化、影视、动漫、广告设计等领域的中小文化企业面临资金短缺的发展瓶颈，在实际融资运作过程中，银行缺乏更加适合文化企业产品特点的金融产品，规模小的文化企业由于无力提供抵押物而无法获得银行贷款资金，严重制约了这些文化企业的发展。①

（三）骨干文化企业不多、文化创意集群同质化

在广播、影视、出版等传统产业中，骨干文化企业还不多，缺乏具有国际竞争力的文化品牌。虽然新兴文化产业创新力强、发展迅猛，但拥有核心技术与自主知识产权的文化企业数量较少，要塑造出一批在国内外网络文化市场竞争力强的知名企业还需要一段路走。例如，在门户网站领域，缺少像网易、搜狐、腾讯这样规模大、影响力强的企业，上海现只有东方网和21CN影响力较强。此外，文化产业园区建设仍然存在同质化困境，文化创意集群密集，但缺乏对各类文化资源的整合与差异化布局。

（四）具有国际竞争力的文化品牌不多

外向型文化企业增多，但具有一定经营规模、竞争力强的文化企业总量还不多，文化品牌“走出去”的能力亟须提高、“走出去”形式亟须多元化。目前“走出去的”文化产品多为初级文化产品，技术含量不高、价格较低，且主要局限在非主流国际文化市场，国际影响力还不高。

四、上海文化产业发展的对策

在全国扎实推进“文化强国”的大背景下，上海文化产业借助“建设国际文化大都市”与“设计之都”的契机，将进一步释放科技创新给文化产业发展带来的红

① 李茜：《沪大力推动“金融对接文化产业”解决企业“资金困局”》，《上海金融报》2012年10月26日。

利,全面推进文化产业与科技创新、金融、贸易的深度交融发展,提升上海文化产业在国际市场的影响力。

(一)以科技创新为引擎积极推动新兴文化产业发展

科技创新与文化产业业态的高度融合是推动文化产业快速发展的核心要素。全面发挥科技创新作为文化产业发展引擎的作用,生产健康向上的网络文化占领网络传播高地,开发符合互联网与手机媒体特点的文化精品,加快培育一批竞争力强的网络文化内容生产与服务企业。积极推动上海网络游戏产业、动漫产业、网络视频产业、数字出版、移动新媒体等与技术创新、市场创新、模式创新的交融。在文化产品的研发与创作阶段,要实现数字传输与影像处理技术、3D技术、高清采集技术、网络引擎技术、全息投影技术、虚拟现实技术等关键技术与核心技术的应用与突破;在文化产品的传播阶段,充分利用互联网、手机移动媒体等新媒体突破时空限阈的优势扩大传播范围,提高推广效率;在文化产品的流通阶段,要积极研究数字化存储、编码、加密、授权、保护等共性技术的应用,加快文化企业知识产权的保护与应用,全面推动文化企业的转型升级。①

积极打造一个由各项金融财税政策、鼓励文化创新、培育文化人才政策等构成的文化生态:其一,文化科技企业需积极利用“营改增”改革试点的税收优惠政策,实现科技型文化产品与服务的出口退税政策;其二,加大对科技型文化企业的财政投入,增加文化专项扶持资金,鼓励更多的文化企业致力于核心技术的自主研发与拥有知识产权;其三,提高科技型文化企业知识产权保护意识与知识产权保护专业化水平,自主创新产品研发,第一时间申请、注册、登记知识产权,打造一个文化产业全行业重视知识产权的生态环境。②

(二)扎实推进文化产业与金融业深度交融发展

在金融支持方面,出台一系列财政扶持政策与金融政策,扶持重大文化产业项目与竞争力强的骨干文化企业,进一步细化《上海市金融支持文化产业发展繁荣的实施意见》,落实金融机构针对文化企业的特色推出融资租赁贷款、专利权/版权质押贷款、文化名人无限连带责任担保贷款等多元化的金融产品以及联保联贷等多渠道融资方式,给予文化企业、文化项目实质性的投融资与担保扶持,推动文化产业的跨越式发展。

同时,全面落实《上海市人民政府关于推动科技金融服务创新促进科技企业

① 章迪思:《文化业,突破关键技术势在必行》,《解放日报》2012年8月23日。

② 《上海推进文化和科技融合发展行动计划(2012—2015)》,http://shcci.eastday.com/r/20120822/u1a6804486.html。

发展的实施意见》与《上海推进文化和科技融合发展行动计划》，积极引导金融扶持科技政策向文化科技企业倾斜，鼓励文化科技企业进入上海股权托管交易中心挂牌交易。根据计划，到 2015 年，张江国家级文化和科技融合示范基地文化产业年产值将达 700 亿元以上，[①]应以此为契机，加快推进上海文化科技的融合。此外，创新文化产业与金融深度结合模式。金融机构要为中小型文化企业量身定做合适、优质的融资服务，不断丰富贷款产品、完善金融水平，例如交通银行上海分行推出的“版权抵押”融资模式、中国银行上海分行的“播映权质押贷款”、工商银行上海分行推出的“产业集群联保小组贷款、文化名人无限连带责任担保贷款”等；上海银行则提出力争到 2014 年对文化创意产业的贷款余额达 50 亿，年均增幅超 45%，对文化生产、交易、消费等产业链各项信贷余额达到 150 亿元，占比升至 3% 以上的目标。[②]

（三）积极释放文化产业集聚区服务平台的“助推器”功能

目前，上海文化产业集聚区建有动漫公共技术服务平台、金融服务平台、国家对外文化贸易基地等公共服务平台 121 个，平台服务内容涉及文化产品孵化、文化产品展示推广、技术服务、文化人才培训、投融资以及政策服务等，需全面释放这些公共服务平台的真正作用，推动文化产业集聚竞争力的提升。一方面，积极运用政府财政补贴、公共服务补贴等手段，增强、拓展文化产业公共服务平台的功能。另一方面，利用技术创新提升文化服务平台的能级。采用新技术建立知识产权评估平台与知识产权信用保证机制，完善文化产品知识产权保护体系。例如，国家音乐产业基地利用最新的互联网“云技术”搭建了“云端音乐连锁营销系统平台”，提供版权保护与分配服务，以及音乐产品“制作、体验、推广与销售”链条，能够让音乐人、服务商以及社会大众之间实现互动式使用。[③]

此外，要进一步发挥现有国家级文化服务平台的“助推器”功能，强化动漫公共技术服务平台致力于动漫产业生产技术支撑服务体系建设、为动漫企业发展提供新技术、新创意与动漫人才等公共服务支持的功能；积极发挥文化产业金融服务平台服务动漫、游戏、数字媒体、数字影视制作领域的高科技创新型文化企业的融资担保功能；全面建设“国际文化贸易服务创新平台、国际文化贸易信息咨询平

---

① 中共上海市委宣传部上海市科学技术委员会：《上海推进文化和科技融合发展行动计划（2012—2015）》，2012 年 8 月 27 日。

② 陈韶旭：《上海银行对文化项目贷款年均增长百分之一百七十五》，《文汇报》2012 年 09 月 19 日。

③ 《从上海看文化产业园区建设如何突破同质化迷局》，http://district.ce.cn/zg/201210/29/t20121029_23798560.shtml。

台、国际文化贸易展示推介平台、国际文化贸易人才培训平台、国际文化贸易政策试验平台”五大平台,释放国家对外文化贸易基地“开展文化展示交流、境外文化资产保税仓储、国际艺术品展示交易、文化设备保税租赁、文化进出口代理”的功能,提高基地服务能级、拓展辐射范围。①

(四)提升上海文化产业“走出去”的能力与国际影响力

加快落实文化企业“走出去”的专项扶持配套政策、完善文化版权出口退税政策,提高外向型文化企业的国际文化市场运营能力与市场竞争力。2012 年,上海获“国家文化出口重点企业与项目”的 39 家文化企业与国家对外文化贸易基地、上海艺术博览会、“文化中国”系列外文版丛书等 8 个文化项目,享受信贷、税收、融资等政策优惠与补贴,②有助于进一步鼓励上海文化企业积极参与国际文化竞争,提高文化产品与服务贸易水平,积累上海国际文化大都市的世界影响力。其中,国家对外文化贸易基地有望在 2014 年集聚 200 余家外向型企业,文化产品贸易总额超过 100 亿元。③ 同时,不仅要打造上海本土的知名文化品牌,还要推动文化品牌走向国际主流文化市场。例如,《时空之旅》邀请外籍团队加盟,开始真正踏上“走出去”的道路,赴韩国巡演,演出费用达到海外演出费的高标准,接轨国际精品杂技晚会价格,赴美演出也在进程中,成为中国文化品牌走向国际的范本。④ 此外,要积极推动新兴文化产业领域打造出拥有核心技术与自主知识产权的文化品牌,实现文化版权输出、文化服务外包与出口等多种“走出去”的文化贸易形态。

全面提升上海的文化国际影响力。中华艺术宫和上海当代艺术博物馆隔江而望,以其为核心的浦江两岸正崛起一个全新的文化艺术博物馆集群,将成为中外高端视觉文化艺术交流、体验与展示的国际性艺术平台。2012 年第十四届中国上海国际艺术节汇聚世界 36 个国家 400 余位中外代表参加,中外双方以多种形式达成演出交易 118 项;⑤而第 15 届上海国际电影节成为亚太地区最具规模、最具影响力的电影盛会,作为上海国际文化大都市的名片,将进一步塑造电影产业链、打造华语电影推广与发行的国际平台,从而提高上海本土文化的国际影响力。

---

① 李舫:《探访我国首家国家对外文化贸易基地》,《人民日报》2012 年 6 月 5 日。

② 《沪 39 家企业、8 个项目获国家文化出口重点企业、项目》,上海政务, http://shzw.eastday.com/shzw/G/20121113/u1ai93190.html。

③ 徐宁:《上海文化产品“迈大步”》,《新闻晨报》2012 年 11 月 22 日。

④ 张裕:《“时空之旅”有了 3 个孪生兄弟》,《文汇报》2012 年 9 月 27 日。

⑤ 高磊:《上海国际艺术节演出交易达成 118 项意向》,《新闻晨报》2012 年 10 月 22 日。

区域报告四

华东地区文化产业年度发展报告

王　晨　张兆娟[*]

2012 年华东五省市在文化产业保持快速增长的同时，继续深化文化体制改革，文化产业发展呈现新的发展态势。

一、区域文化产业发展总体格局

2011—2012 年华东文化产业发展继续保持快速发展的势头。根据山东省文化厅和山东省发展和改革委员会发布的信息，2011 年山东省文化创意产业实现增加值 2300 亿元；2012 年文化创意产业实现增加值达 2720 亿元，同比增长 17.9%；根据江苏省统计局数据，2011 年江苏省文化产业增加值 1792.68 亿元。按不变价计算，比上年增长 15%；2012 年前三季度，达到 1856.7 亿元，同比增长 16.5%；根据浙江省文化厅公布数据，2011 年浙江省文化产业增加值突破 1000 亿元，占 GDP 4%；安徽省文化产业连续五年保持 20% 以上速度增长，2011 年文化产业增加值较上年增长 24%，占 GDP 比重达到 4%；2011 年度，福建省文化产业实现增加值 802.32 亿元，同比增长 33.3%，占地区生产总值 4.6%，对经济增长的贡献率达 7.5%，2012 年 1—9 月份前三季度，全省文化产业实现增加值 614.18 亿元，按现价计算，同比增长 19.8%，占 GDP 比重为 5.1%。[①]

华东五省在快速稳定发展的基础上，产业结构也同步调整和优化，五省重点推进在数字文化产业等新兴领域和新兴业态的发展，以期通过推动文化产业发展促进区域产业经济结构升级。

---

* 王晨，南京艺术学院文化产业学院副院长；张兆娟，南京艺术学院文化产业学院教师。

① 本文根据相关资料和统计信息整理完成。截至本稿完稿时间，2011 年统计数据尚未公布，其他非官方数据缺乏权威性。为保证数据准确可靠，本文采用截稿日各地统计部门已经正式发布的数据信息，或者官方有关部门发布的信息。

二、各省市文化产业发展主要情况分析

1. 浙江省

过去五年,浙江省文化产业增加值年均增长19%。2011年,浙江日报报业集团的全资控股子公司浙报传媒成功上市,成为全国首家经营性资产整体上市的报业集团和浙江省首家国有文化上市企业。2012年10月,华数传媒借壳“*ST嘉瑞”在深交所挂牌上市,为国内资本市场文化产业传媒板块增添又一生力军。至此,华谊兄弟“内地影视第一股”、华策影视公司“电视剧第一股”、宋城集团同年成为“演艺第一股”,构建了浙江省新闻出版、影视服务、演艺、文化旅游等产业逐步确立了在全国的优势地位。

2011年,浙江省原创电视剧达到51部,位居全国第二位,原创影视动画片68部46545分钟,列全国第一。到2011年底,全省共有影视制作机构660家,约为5年前的6倍,居全国第三位,影视产业资产规模超过400亿元,从业人员4万多人。截至2012年9月,全省电视剧产量40部1497集,同比增长一倍以上,综艺节目《中国好声音》收视率和广告收益飙升。

演艺方面,浙江省大力构建新型演艺文化传播服务平台,提升文化演出院线、票务网络等文化流通环节的效率,推动形成了杭州剧院、浙江胜利剧院、杭州大剧院等25家本省剧院为主体的东部剧院联盟及杭州金海岸、杭州神采飞扬等连锁经营的演艺娱乐品牌。

浙江省围绕杭州、宁波、温州等中心城市形成了多个文化产业区块,并在全省形成18个文化创意产业园区。通过规划引领、园区集聚、资金扶持等多种途径,引导民间资本投向文化领域,形成了杭州高新区国家动画产业基地、杭州数字娱乐产业园、杭州宋城休闲博览园、杭州民间收藏品市场、宁波文具产业基地、浙江横店影视产业试验区、嵊州文化艺术村、浦江书画市场、秀洲农民画艺术中心等一批文化产业特色区块。

2. 山东省

2011年山东省文化创意产业实现增加值2300亿元。2012年前三季度,达到1856.7亿元,同比增长16.5%,全省文化产品实物出口13.5亿美元,同比增长16%。2012年山东省文化产业呈现以下特征:

产业结构不断优化。从产业结构来看,出版发行、广播影视、演艺娱乐等传统文化产业所占比重较大,动漫游戏、数字多媒体、数字出版等新兴文化产业快速增长。文化产业核心层、外围层增加值比重呈上升趋势。

全省文化产业园区(基地)规模不断壮大，重大文化产业项目建设扎实推进。台儿庄古城文化产业园被评为国家级文化产业试验园区，山东金宝集团有限公司、东平水浒旅游开发有限责任公司、诸城中国龙城旅游投资有限责任公司等被评为国家文化产业示范基地。全省文化产业园区基地年主营业务收入300多亿元，主营业务利润70亿元，带动就业10多万人，有效激发了山东省文化产业的生机与活力；枣庄台儿庄古城重建项目、青岛华强文化科技产业基地建设项目、临沂鸿儒国际文化创意产业园项目、信阳盘古民俗文化创意产业园项目、省会文化艺术中心一院三馆建设项目等13个文化项目列入2012年山东省重点建设项目目录。

3. 江苏省

2011年，江苏省文化产业增加值1792.68亿元，占GDP比重达3.69%。文化产业法人单位完成增加值1365亿元，总量居全国第二位，按不变价计算，比上年增长15%。2011年江苏文化产业核心层增加值为332亿元，增长30%；外围层增加值为431亿元，增长30%；相关层增加值为1037亿元，增长30%。

文化产业立项投资规模超过3400亿元；统计数字显示，全省3万多家文化产业法人单位，70%来自民营企业，创造的文化产业增加值已占全省半壁江山；2011年江苏省172个项目获得2.12亿元文化产业引导资金，带动总投资722亿元，其中高科技项目约占70%。2012年度全省申报文化产业引导资金的项目共有877个，总投资额827.8亿元，有文化艺术服务、广播影视、出版发行与版权服务、动漫与网络文化等4大类214个项目入选。

省属重点文化集团资产规模达478亿。凤凰出版集团、江苏省广电集团、江苏省广电网络公司和江苏省演艺集团四家企业再次入选全国文化企业30强。在新闻出版方面，江苏将确保全省出版物出口额年均增长20%以上，版权贸易输出保持全国第一。凤凰出版传媒集团于2011年11月成功上市，成为全国第一家资产、销售收入达“双百亿元”的出版传媒集团，其“文化MALL”打破传统实体书店模式，变身集书店、影院、画廊、酒吧、茶吧、培训于一身的文化消费综合体；2011年江苏省演艺集团有限公司实现收入、效益、资产“三个翻番”；江苏有线“云媒体电视”率先上线，含高清、点播、互联网、商场等9大板块，真正实现了“看电视”向“用电视”转变，已在全省推广。

在加快推动文化产业成为支柱产业方面，江苏省推出了优化江苏文化产业新布局，推进沿沪宁线新兴文化产业、沿江印刷复制、沿大运河文化旅游、沿海海洋文化产业四大产业带建设；重点建设两个千亿级产业群、一批文化园区和专业化生产基地。江苏建有10个国家级、27个省级文化产业示范基地,集聚效应初显。其中包括四个国家级动画产业基地,目前全省有300多家动漫企业,80%以上的企业入驻南京、苏州、无锡、常州四个国家级动漫产业基地,原创动画产量突破5万分钟,居全国首位。

4. 福建省

2011年,全省文化产业实现增加值802.32亿元,同比增长33.3%,占地区生产总值4.6%,对经济增长的贡献率达7.5%;文化产品进出口额达20.4亿美元(其中出口20.3亿美元),同比增长54.5%,居全国第二位。2012年前三季度,福建全省文化产业实现增加值614.18亿元,按现价计算,同比增长19.8%,占地区生产总值比重为4.9%。2012年1—8月金融机构对纳入“310行动计划”的32家文化企业累计发放贷款11.7亿元。2012年10月,总规模为30亿元的福建文化产业投资基金正式设立。2012年10月的第五届厦门文博会观展签订合同类项目70个,金额102.3亿元,协议、意向类项目103个,金额303.3亿元,比上一届有较大幅度增长。文化商品与文化服务总交易额8.05亿元,比上届增长70.1%。此届文博会期间,同期举办第五届厦门国际动漫节和第九届海峡两岸民间艺术节,形成“一会两节”的办展格局。

在文化贸易方面,2011年1—10月,福建省累计出口文化产品15.2亿美元,高出同期福建省外贸出口整体增速25.6个百分点。文化产品出口以美国和欧盟为主要出口市场,各出口5.5亿美元,同比分别增长65.7%和55.8%,合计占同期该省文化产品出口总值的72.4%;其中,福州市、泉州市和厦门市居出口前三位。福州市出口文化产品6.5亿美元,增长1.9倍,占42.8%;泉州市出口4亿美元,增长10.9%,占26.3%;厦门市出口3.6亿美元,增长15.8%,占23.7%。此外,莆田市生产出口画品的企业达20多家,油画生产链每年可创生产总值6亿元,其产品90%销往世界各地。

在旅游产业方面,积极开发新的旅游资源。例如对土楼资源的开发,2011年8月,福建土楼·永定景区通过全国旅游景区质量等级评定委员会组织评定,正式荣膺国家5A级旅游景区。大型原创歌剧《土楼》在福州福建大剧院首演并成功连演四场,并陆续在全国27个省会城市进行巡演。2012年1—7月份累计完成旅游项目投资141.29亿元,占全年计划投资额的70%。

在动漫产业方面,福建省通过政策引导、资金扶持、人才培养和公共服务平台建设等措施,推动动漫游戏产业快速发展,形成了一批具有区域特色和竞争潜力的优势企业、优质品牌和领军人才。2012年,福建省动漫游戏产品总收入突破百亿元，达到 102.3 亿元，同比增长 82.6%；据行业统计，2012 年，福建网龙收入超过 15 亿元，厦门游家收入超过 11 亿元，中国移动手机动漫基地、厦门吉比特、厦门翔通、福州神画时代等 13 家企业收入超过亿元。

5. 安徽省

安徽省文化产业的产业增加值连续五年保持 30% 增速，占 GDP 比重达到 4%。2011 年，256 个项目列入省"861"项目库，总投资 2036 亿元。文化产业增加值较上年增长 24%，成为经济增长的新亮点、转型发展的"新引擎"。2012 年前三季度安徽省文化产品出口额 8.6 亿美元，同比增长 26.2 倍，占全省出口总值 4.1%，位列全国第七位。从统计数字看，视觉艺术品表现突出，出口额 8 亿美元，同比增长 43.6 倍，占文化产品出口总值 93.3%。动漫产业成为文化产品出口新锐，400 多家动漫企业前三季度实现产值 6.42 亿美元，同比增长 32%，其中服务外包出口创收 2.89 亿美元，占总产值的 45%。

近年来，异军突起的"文化皖军"中，现代科技文化的发展越来越引人注目，安徽科大讯飞信息科技股份有限公司是目前我国最大的智能语音技术提供商，制作了我国首部 3D 舞台剧黄梅戏《牛郎织女》、方特欢乐世界和方特梦幻王国更是融入了大量世界顶尖的高科技元素，门票收入已达 14 亿元。2012 年 6 月，合肥正式获批成为国家级文化和科技融合示范基地，也是全国首批 16 个示范基地之一。合肥市依托雄厚的科技和人才优势，科技与文化融合的步伐越来越快。其中，以数字、信息技术为支撑的新兴文化产业增加值逐年提高。

2012 年以来，安徽省大力引导和扶持文化企业进军国际市场、参与国际竞争，不断增强徽文化在境外的传播力和影响力。中国宣纸集团公司等 29 家皖企、阜南藤柳编织工艺科技研发与创新等 12 个项目入选 2011—2012 年度国家文化出口重点目录。

三、区域主要文化产业政策

华东五省贯彻十七届六中全会精神，在保持文化产业快速稳定发展同时，进一步推进文化体制的改革，制定"十二五"文化产业发展规划，在文化科技、文化金融、文化产业集聚、文化人才等多方面制定和出台政策措施。

1. 浙江省

浙江省政府于 2011 年 1 月公布了《浙江省文化产业发展规划（2010—2015）》，确定文化创意、影视服务、新闻出版、数字内容与动漫、文化会展、文体休闲娱乐、文化产品流通、文化产品制造等八大重点产业，正努力推动以创意为根本特征的文化产业“核心层”和以高科技为主要支撑的新型文化业态快速发展。作为浙江省文化产业发展“122”工程的重要环节之一,浙江还要在全省范围内,遴选并重点培育100家以上文化企业,扶持这些文化企业做强做优,成为引领浙江文化产业发展的“领头雁”,促成20个以上的重点文化产业园区,促进这些园区拓展空间,做大做强。

2012年以来,浙江省将加快构建文化产业发展体系,浙江省围绕杭州、宁波、温州等中心城市重点推进文化创意产业园区建设,促进文化产业的集聚发展,促进形成多个文化产业区块。

此外,浙江省着力推进文化科技融合,大力发展新兴文化产业。杭州成立国家级文化和科技融合示范基地领导小组及办公室,协调市委宣传部、市科委、市文创办、市文广新局、市财政局、市统计局等单位,统筹解决全市在推进文化和科技融合过程中遇到的重大事项及日常工作。同时还加快研究制定建设国家级文化和科技融合示范基地规划方案及相关专项政策意见。

2. 山东省

2011年通过了《山东省企业国有资产监督管理条例》,2012年3月1日起实施。《条例》首次将经营性文化事业单位的国有资产纳入各级国资委监管,国资委对国有资产的监管范围扩大,对文化企业国有资产采取统一纳入、委托管理的方式,即对文化领域的企业国有资产,国有资产监督管理机构应当依法履行国有资产基础管理职责,其他监督管理工作,可以委托有关部门或者机构依据本条例实施。

2012年8月,省委省政府发布《山东省“十二五”时期文化改革发展规划》,预计到2015年,山东文化产业增加值将翻两番,占GDP的比重超过5%,成为支柱性产业;上市文化企业将超过十家。部署了“两大文化产业圈”、“三条文化产业带”、“多组团文化产业集聚区”的发展格局。鼓励高等院校、职业学院开办文化创意相关专业,定期发布山东省文化创意人才培训机构名单,制定山东省文化创意企业认定评选办法,扶持发展一批能够成为研发投入主体、技术创新主体和创新成果应用主体的文化创意骨干企业,依托大众网建设网上创意征集推广平台等。此外,《规划》还从完善现代文化市场体系、推动文化与相关产业融合发展等方面,支持文化企业发展。

2012年8月还出台了《金融支持文化产业发展的实施方案》,文件从银行、证券、保险等多个方面制定切实措施,支持文化产业进一步发展。在银行方面,强调要创新金融信贷产品的种类,逐步扩大收益权质押贷款的适用范围,并同时对不同类型的文化企业实施分类指导政策，在促进文化产业发展的同时有效降低单个金融机构的信贷风险。在资本市场方面，明确提出要及时掌握文化产业上市后备资源企业的情况，优先选择文化企业进入重点上市资源库，不断提高拟上市文化企业在全省重点上市资源库中的比重，并同时加强与境内外资本市场有关方面的交流与合作，建立和完善联系协调机制。在保险方面，力争以保险业务创新为节点，为文化企业提供多样化金融对接性服务，并提出了要深入推进针对不同类型文化企业的创新型保险业务试点工作，逐步建立保险支持文化产业发展的系统性配套机制。

结合《山东省"十二五"时期文化改革发展规划》，山东省文化厅于 12 月印发了《山东半岛蓝色经济区文化产业发展规划》《黄河三角洲高效生态经济区文化产业发展规划》，提出构建"半岛文化产业集聚区"、打造"沿黄文化产业长廊"。

3. 江苏省

江苏省为推动"十二五"文化产业发展规划的实施，落实有关政策措施，各级政府要把文化产业纳入财政资金扶持的重点领域，进一步加大对文化产业的投入，确保文化企业增值税、所得税、营业税、出口文化产品退税等各项税收优惠政策落实到位。

推进和落实文化金融政策，扩大文化产业引导资金的规模，加强引导资金对重点产业重点项目的扶持力度和引导作用。同时，深化文化金融体制改革，推动金融部门和民间资本对文化产业的支持力度。北京银行南京分行与省文化厅签署了 100 亿元的意向性综合授信合作协议，用于支持我省优质文化创意中小企业的发展。无锡广电集团与新加坡华映光辉基金管理有限公司合作成立了华映文化产业基金，针对移动互联网等新媒体行业进行资金支持。

推行"321"文化人才计划，在原有"321"科技类创新创业人才扶持计划基础上，2012 年开展文化产业的领军人才创业创新扶持计划。

4. 福建省

2011 年 12 月，福建省委九届二次全会审议通过了《福建省关于贯彻落实党的十七届六中全会精神 推动文化大发展大繁荣的实施意见》。2012 年年 2 月，省委、省政府发布《关于进一步推动福建文化产业发展若干政策》，明确指出福建省委、省政府扶持发展文化创意、数字广播影视、动漫游戏、数字出版、网络传输等新兴业态的文化企业。文件中还提到，省委、省政府支持企业在文化产业支撑技术等领域内，研发具有自主产权的创新技术，对经认定的高新技术企业，减至按 15% 的税率征收企业所得税。

为解决文化产业发展的资金问题，福建省加强文化产业融资体系建设，将文化产业纳入信贷投向鼓励类行业；对文化产业龙头企业和重大项目、重大园区基地、出口产品及贸易等给予倾斜。2011年4月，福建省文化厅和工商银行福建省分行在福建会堂，签订《支持文化产业发展战略合作协议》。2012年1—8月金融机构对纳入"310行动计划"的十个重点文化产业园区、打造十强文化骨干企业、争取10家文化企业上市累计发放贷款11.7亿元。10月，总规模为30亿元的福建文化产业投资基金正式设立。

在2012年6月出台的《福建省文化产业发展专项资金管理办法》中，明确专项资金支持范围，包括：骨干文化企业(集团)培育；省级以上文化产业园区和文化产业示范基地建设；省级重点文化体制改革转制单位补充注册资本金、资产评估、财务审计、法律咨询、产业发展等相关支出；有市场开发前景和竞争力的原创文化产品项目，重点支持文化名家原创文化产品项目；国际、国内重要文化产业奖项表彰支出；其他重大文化产业项目。

在文化产业园区的建设方面，福建省委宣传部、省文改办等九部门日前出台《关于进一步加强文化产业园区建设管理的指导意见》，从设定发展目标、强化规划指导、规范设立条件等方面提出12条具体举措，规范和引导福建省文化产业园区持续健康发展。

5. 安徽省

安徽省2012年正式出台《文化强省建设实施纲要》，确定了文化强省建设主要目标：到2016年，全省文化产业增加值占GDP比重超过5%、成为国民经济支柱性产业，文化创新体系初步建立，努力造就50名"安徽省文化名家"、200名"六个一批"拔尖人才和150名青年文化英才。为保障目标实现，安徽省进一步强化政策支持。

一是落实税费优惠政策。限额以上文化服务业和规模以上文化用品制造业，企业所得税地方留成部分三年内用于支持企业发展。年应纳税所得额低于6万元(含6万元)的小型微利企业，其所得减按50%计入应纳税所得额，再减按20%的税率征收企业所得税。文化企业开发新技术、新产品、新工艺发生的研究开发费用，允许按国家税法规定在计算应纳税所得额时加计扣除。对文化企业从事技术转让、技术开发业务和与之相关的技术资讯、技术服务业取得的收入免征营业税。经营性文化事业单位转制为企业，自转制注册之日起免征企业所得税。由财政部门拨付事业费的文化单位转制为企业的，在规定期限内，自转制注册之日起，对其自用房产免征房产税。新办微利文化企业缴纳城镇土地使用税确有困难的，经批准予以减征或免征。对经主管部门批准民间投资兴办的纪念馆、博物馆、文化馆、美术馆、展览馆、书画院、图书馆举办文化活动的门票收入,免征营业税。

二是加大用地支持力度。文化产业重点项目用地应优先纳入各级土地利用总体规划和土地利用年度计划,优先保障项目用地计划指标。省直接调度的项目,各地在用地计划指标安排上予以重点支持,其中符合独立选址项目建设用地条件的,由省优先安排用地计划指标。对文化产业重点项目用地,可按国家有关规定分期缴纳土地出让金。

三是创新金融支持政策。建立适合文化产业特点的贷款审批机制、利率定价机制和信用评级机制。支持文化企业采取项目特许权、运营权、知识产权质押担保和收费权融资等方式扩大融资规模。文化小企业小额担保贷款,额度在200万元以内且符合贴息条件的,由财政部门按照基准利率的50%给予贴息支持,贴息资金由中央财政和地方财政各负担一半。中小文化企业发行中长期债券(含中小企业集合债)和中期票据的,由省和同级财政分别给予专项补贴。鼓励风险投资基金、私募股权基金等进入文化产业投资,探索文化产业贷款信用保险业务。

四是放宽文化市场准入。鼓励非公有资本在政策允许范围内兴办文化企业,支持和引导非公有资本以股权受让、合资合作方式参与国有文化企业的改组、改制。非国有文化企业在项目审批、核准、备案和资质认定、融资等方面,享受与国有文化企业同等待遇。支持、鼓励投资者以股权、债权和商标、专利等知识产权作为出资。积极引导文化企业实施商标战略,对获得中国驰名商标、安徽省著名商标的文化企业,由驰名商标奖励经费、省级文化强省专项资金分别给予补助。

2012年4月,又出台了《关于加快推进文化科技融合发展的实施意见》,根据《实施意见》,安徽省将培育五家以上省级文化和科技融合示范基地,争创两家国家级文化和科技融合示范基地,重点扶持三十家骨干文化科技企业,每年在文化科技创新领域选拔培养十名拔尖人才。

四、存在问题

华东五省市进入“十二五”后,在继续保持文化产业的发展速度的基础上,逐步向集聚发展和结构调整方向迈进,但是也面临着一些发展中的问题。

一是文化体制改革有待进一步深入。“十五”到“十一五”期间文化体制改革为文化产业发展提供巨大的推动力。进入“十二五”期间,文化体制改革面临的一些深层次的问题有待解决。如国有文化企业,特别是文艺院团转企改制后,如何进一步实行股份制改造、股权激励、无形资产入股等,以及如何进一步加强国有资产的监管等。

二是各地都十分重视文化科技的融合,以及金融对文化产业的发展支持。但是在一些根本措施和政策上,还有待突破和创新。如在文化金融方面无形资产、文化项目收益权的质押、融资和担保问题,文化中小企业特别是民营企业的融资、担保问题等;在文化科技方面,大部分为对动漫、媒体等领域的制作层次和终端应用层次,对前端的重大技术攻关、重大技术引进应用、共通性基础技术研究的支持不够。

三是文化产业园区建设还需梳理整顿。前期各省市在产业规模急速扩张中,各级政府大力投入文化产业园区建设成为重要的推手。但是文化产业园区数量的急速增长,并不代表产业集聚效应的实际增强,很多产业园区在定位、发展水平、集聚效应等方面都远远达不到标准。还有一些园区存在打着文化牌子做地产的问题,需要在继续扶持一批重点园区成为区域集聚中心的同时,对一部分不符合要求的园区加以清理整顿。

四是文化知识产权的保护问题。在文化创意产业,很多重要的无形资产是以著作权、外观设计、实用新型设计、商业应用模式等形式存在的。在文化创意产业发展到一定阶段,文化创意等核心无形资产和知识产权成为十分关键的资源,也是文化创意衍生产业的关键资源。但是我国对这些知识产权及其邻接权利,并没有很好地保护,一些地方还将外观设计、实用新型设计等排除在专利保护和专利统计范围之外。这也是我国与发达国家文化创意产业竞争力差距的重要成因之一。华东五省市在文化创意产业高速发展的同时,也面临着产业升级和产业衍生的问题,如果不建立良好的文化创意产业知识产权的保护措施,将会影响到产业竞争力的提升。

参考文献

1. 王炜:《连续5年增速达30%以上 江苏力推文化产业升级》,载《中国文化报》2012年3月29日。

2. 《福建文化产业发展势头强劲》, http: //www. cnci. gov. cn /content/20121126/ news_76875. shtml。

3. 中共福建省委办公厅,福建省人民政府办公厅:《关于进一步推动福建文化产业发展若干政策》,2012年2月21日。

4. 李跃波:《安徽文化强省建设实施纲要出台》,《安徽日报》2012年11月7日。

5. 山东省省委办公厅:《山东省“十二五”时期文化改革发展规划》,2012年8月2日。

区域报告五

华中地区文化产业年度发展报告

赵　晴　苏晓芳　柏定国*

华中地区包括湖南、湖北、河南、江西四省，2012 年全区域生产总值近 9 万亿；文化和创意产业总产出约 8240 亿元，同比增长 12%，增加值约 3290 亿元，同比增长约 13%；占 GDP 的比重约 3.8%。

第一节　发展状况分述

一、湖南省文化产业发展概述

2012 年湖南省文化和创意产业总产出约 2730 亿元，同比增长 16.1%；增加值约 1175 亿元，同比增长约 15.9%；占 GDP 的比重约 5.2%。

2012 年，湖南广播电视台产业创收约 110 亿元，同比增长 32%。湖南出版投资控股集团全年总收入预计超过 120 亿元，新闻出版产业总产出接近 480 亿元。"娱乐之都"长沙，有网吧、歌厅、酒吧等文化娱乐场所 2994 家，从业人员 4.8 万余人，年产值达 125 亿元。张家界整合旅游演艺市场，打造《天门狐仙 · 新刘海砍樵》《张家界 · 魅力湘西》等旅游演艺精品，门票收入同比增长 35%。常德大力扶持民间演艺团体，年演出场次超过 15 万场，经营收入突破 6 亿元。动漫游戏业在前几年遭遇低谷后，走上转型跨越之路。省内动漫游戏企业制作动画片 15 部，播出 16653 分钟；动漫图书销售 461 万册；新媒体动漫作品超过 7 万件，作品累计下载次数突破 5000 万次；动漫总产值 7.45 亿元，比 2011 年增长 30%。长沙天心文化产业园获批为国家级文化产业示范园区。至此，全省共有国家示范园区 1 个、示范基地 9 个，园区基地总产值达到 25 亿元。

---

* 柏定国，厦门理工学院文化发展研究院院长；赵晴，厦门理工学院文化发展研究院；苏晓芳，厦门理工学院文化发展研究院。

2012年伊始,“限娱令”的下达使得湖南卫视迅速调整频道结构,开辟双剧场模式,虽出现波动,但从1—9月份的收视来看,湖南卫视以全天平均收视率0.5、份额3.73的成绩,保住全国前三的地位。全天、晚间、黄金档均排名省级卫视第一,晚间及黄金档排名全国第二,仅次于央视一套。黄金时段电视剧整体收视率1.21,占据3.48%的份额,排名地方卫视第一,仅次于央视一套。总的来看,2012年的湖南卫视是近些年快速发展期受冲击最惨烈的一年,面对浙江卫视、江苏卫视的迅速赶超之势,湖南卫视在倍感压力的同时,下半年推出的《百变大咖秀》以及2013年年初亮相的《我是歌手》,再一次证明湖南卫视的市场领导力!

湖南数字出版产业规模在近几年不断扩大,全省数字出版产业总产出从2009年的42.09亿元增长到2011年的83.7亿元,年均增长率达41%,未来五年,湖南将投资超过100亿元建设中南国家数字出版基地、金鹰卡通产业科技园、泊富国际创意中心、张家界自然历史博物苑等重大文化工程,打造10个国家级文化产业示范基地。其中,中南国家数字出版基地的建设工作在2012年年底开始启动。作为湖南数字出版的领头羊,中南传媒在2012年重点打造四大数字平台:天闻数媒大众阅读和数字教育平台;以红网、掌上红网为核心的新闻资源聚合平台;以潇湘晨报数据库和数字社区为主体的社区人群综合服务平台,建设“SNS+LBS”工程,即“湖南最活跃的社区网站+智能手机地理位置服务”、打通固定互联网与移动互联网界限的新媒体工程;以动漫和游戏为基本功能的青少年娱乐服务平台。湖南另一家数字化知名企业青苹果数据中心在成立二十多年来,第一次引进外资,成功获得4000万的增资。

2012年湖南省完成旅游总收入2234.1亿元人民币,同比增长25.11%。其中,接待国内旅游者3.03亿人次、实现国内旅游收入2175.46亿元,同比分别增长20.56%、26.61%。据悉,2013年被湖南省旅游局确定为“高铁旅游年”,重点打造高铁沿线6市的周末旅游产品。截至2012年年底,湖南省在建旅游项目481个,总投资3587亿元,2012年完成投资548亿元。总投资达155亿元的喜达屋、万豪等18家国际顶级品牌进驻湖南,其中13家在建。

在出版印刷方面,2012年湖南省新闻出版产业继续保持较快增长,全年总产出接近480亿元,比2011年增长20%。其中,出版图书11600种、音像制品800种,畅销图书表现不俗,共有26种图书60次登上开卷分类畅销榜前30位。全年实现版权国际贸易844项,其中输出版权197项,10余家印刷企业承接海外印刷业务11项,创汇4000万美元。截至2012年年底,湖南省共建成农家书屋43835家,同时2013年将适时启动数字农家书屋试点工作。

在动漫产业方面,2012 年湖南省动漫原创力度不断加大。制作动画片 15 部,播出 16653 分钟;制作电影 6 部,动漫图书销售 461 万册;新媒体动漫作品超过 7 万件,作品累计下载次数突破 5000 万次,动漫总产值 7.45 亿元,比 2011 年产值增长 30%。文化部 2012 年认定的 30 个重点动漫产品名单中,动漫湘军占据 4 个席位:宏梦卡通推出的《虹猫蓝兔光明剑》《虹猫蓝兔火凤凰》;蓝猫动漫传媒推出的《蓝猫西行记》;金鹰卡通推出的《呆家家》。2012 年 4 月,由山猫卡通集团推出的《山猫与吉米》被国家广电总局评为"国产优秀动画片"。在 10 月 26 日落下帷幕的中西部动漫节"金牛奖"评选中,由宏梦卡通集团制作的"虹猫蓝兔"获得优胜奖。在 10 月 29 日的厦门国际动漫节"海豚奖"评选中,由金鹰卡通集团制作的《the nutz 呆家家》、湖南浩丰文化传播公司制作的《后宫甄嬛传 Q 版漫画》分别被评为最佳电视系列动画奖与最佳手机漫画奖。

二、湖北省文化产业发展概述

在印刷复制方面,湖北省印刷业一直为文化产业的发展做出突出贡献。多年来,印刷业产值占全省新闻出版业产值一半以上,产业规模居中部六省前列。在全国百强印刷企业排行榜上,湖北有 10 多家企业先后入围;连续多年,湖北入选全国百强企业的数量在中部排名第一、全国第五。2011 年,湖北印刷业的工业总产值历史性地突破 210 亿元,其中,过亿元的企业有 42 家,5000 万元以上的企业有 91 家;承接产业转移,招商引资突破 10 亿元。2012 年湖北省新闻出版业产值达 483 亿元,增长 23%。上半年,印刷产业取得显著成绩,产值历史性地突破了 200 亿。

在动漫游戏方面,湖北省动漫产业近几年迅速加入"第一梯队"。2011 年度,湖北动漫产业年产值 26.8 亿元,同比增长 67.5%,新增动漫企业 32 家,全省动漫企业发展到 150 家。近几年,湖北省政府对动漫产业发展高度重视,2009 年出台《关于推动全省动漫产业发展意见的通知》,明确从 2009 年起,连续三年对动漫产业实行专项资金扶持,金额总计 6000 万元。截至目前,全省实际已安排资金 5172.6 万元。2012 年,湖北省进一步加大动漫产业资金扶持力度,经全省申报、专家评审、社会公示等环节,33 家动漫企业的 59 个项目获得了专项资金扶持,金额总计 1980 万元,涉及原创动漫精品项目补助、展会补助、动漫作品获奖奖励、贷款贴息等七大类。

在广播影视方面,截止到 2012 年 12 月 31 日,湖北省电影票房突破 8 亿元,达到 8.05 亿元,较 2011 年净增 2.28 亿元,增幅达 39.57%,高于全国票房平均增长水平。湖北电影票房居全国第七位,位列中部第一。湖北本土银兴院线和天河院线省内票房达到4.15亿元,占全省票房的51.55%,万达、金逸、大地等外来院线实现票房3.90亿元,占全省票房的48.45%。目前,已有15家院线进入湖北市场,同比增加2家,全省影院数量达到115家,增加25家,银幕数达到571块,增加147块。2012年票房过千万的影院数量达到30家。此外,2012年湖北卫视成功入围2011—2012年中国品牌媒体百强—卫视品牌十强,成为业内关注的一匹"黑马"。在收视成绩上,其收视率升至全国第十,晚间时段收视份额比去年同期增高53%,省外收视贡献也不断上升,2012年7月达到70%以上,1—8月,全天收视份额增长47%。

在文化旅游方面,2012年湖北省全年接待游客人次突破3亿,比去年增长18%以上;旅游综合收入实现2850亿元,增长20%以上;旅游投资达2000亿元,增长20%以上。《2012中国旅游业发展报告》显示,湖北旅游综合竞争力排名全国第九。红色旅游、人文旅游、城市观光旅游持续火爆,武汉黄鹤楼、楚河汉街、大别山革命老区、鄂豫皖苏区纪念园以及武当山借大兴六百年庆典和武当国际旅游节的东风,以传统武当武术表演、道教祈福、武乐盛典表演等活动吸引游客;襄阳市连续几年兴办诸葛亮文化旅游节,成效明显。国庆黄金周,隆中风景区8天接待游客7.1万人次,同比增长112%;随州炎帝故里接待7.6万人次,增长60%,各景区游客接待量屡创新高。

三、河南省文化产业发展概述

在新闻出版方面,河南省以河南日报报业集团、中原出版传媒集团两大集团为支柱。据统计,河南日报报业集团拥有10报2刊3网站和21家企业,2011年完成经营收入18.6亿元,利润总额2.3亿元,总资产超过20亿,是我国最具实力的省级报业集团之一。2012年10月,河南日报报业集团与信阳银行股份有限公司签订协议,将增资入股约4.4亿元,占20%股权,成为该银行第一大股东。这一举措是国内报业首家入主银行,并成为第一大股东,形成文化产业与金融资本相结合的创新之举。中原出版传媒集团2011年实现营业收入44.6亿元,实现利税5.16亿元。

在文化旅游方面,2012年,全省共接待海内外游客3.63亿人次,同比增长18.04%,高于全国旅游增速8个百分点。其中:入境游客190.77万人次,同比增长13.36%;国内游客3.61亿人次,同比增长18.07%。旅游总收入3364.1亿元,同比增长20.06%,高于全国旅游增速6个百分点。其中:旅游创汇6.11亿美元,同比增长11.36%;国内旅游收入3325.48亿元,同比增长20.21%。入境游客中接待外国人118.74万人次，同比增长13.85%；香港同胞26.48万人次，同比增长11.1%；澳门同胞11.25万人次，同比增长12.45%；台湾同胞34.3万人次，同比增长13.74%。全省已经涌现出《禅宗少林·音乐大典》《大宋·东京梦华》《水秀》《少林武魂》等影响广泛的文化旅游演艺产品。

在动漫游戏方面，目前，河南动漫企业约60多家，已完成和正在创作、制作的动漫作品计33部，共5219集，总时长约500小时，投资达28亿元；已经或正在创作、出版的漫画作品计22部，总册数超过183册，总页数超过7220页，总投资超过800万元；开发网络游戏2款，创作手机动漫20多个系列；设计动漫衍生产品突破2000个品种；拥有自主知识产权动漫软件3个，移动电视、手机报、手机广播电视等新媒体相继开通。

在广播电视方面，河南卫视荣获"2011—2012年中国品牌媒体百强—卫视品牌10强"奖项。节目《梨园春》《武林风》《华豫之门》获得广泛关注。河南电视台拍摄的八集大型纪录片《中国历史文化名镇（村）》技压群芳，获得全国电视纪录片一等奖。在电影方面，截至9月底，全省城市影院电影票房收入3.48亿元，同比增长49%，正常营运的城市数字影院114家、银幕522块、座位数77633个，放映电影56.81万场（次），观众达1090.3万人次，其中，新增城市数字影院24家、银幕120块、座位16202个。

在戏曲演艺方面，河南歌舞演艺集团3年来工艺演出达440多场，用公演积攒人气，用商演补贴公演，其中，商演收入从2009年的960万元增加到2011年的1400万元，2012年前5个月达到780万元。2012年8月18日，《红旗渠》《苏武牧羊》《兰考往事——焦裕禄》等优秀剧目在首都集中上演，展示河南舞台艺术发展新成果。今年，"少林武术"再次走出国门，应邀赴巴林和土耳其演出，大型原创舞剧《水月洛神》引发外国友人的强烈好奇；河南小皇后豫剧团作为民营剧团的代表，坚持19年，在全国各省的广大农村、城市和基层巡回演出7000余场，观众多达3000万人次，成功走出民营剧团的发展之路。

四、江西省文化产业发展概述

在新闻出版方面，江西省新闻出版产业2011年实现营业收入357.23亿元，在全国排12位；增加值89.7亿元，在全国排13位；利润总额70.43亿元，在全国排12位；资产总额453.01亿元，在全国排11位。印刷复制业收入为216亿元，占全省新闻出版业主营业务收入的61.7%，而印刷复制企业绝大多数是民营企业。2011年全省11个设区市主营业务收入在500万元以上的达259家，涌现出江西客家彩印、鸿圣江西彩印包装实业有限公司等一批上亿的民营印刷企业。2012年国家版权局批准“景德镇国际陶瓷艺术创意中心”为全国版权示范基地,江西省版权局批准“江西金太阳教育研究有限公司”等7家单位为江西省首批省级版权保护示范单位。

在动漫游戏方面,2012年江西省动漫产量将达到3.6万至5万分钟,媒体播出时长可达3万至4.5万分钟,动漫作品及衍生产品收入将超过10亿至15亿元。由江西笛卡传媒有限公司策划投资3000万、2000万打造的动画片《笛卡特警队》和《开心虫事》为国家广电总局2011年第三批优秀国产动画片,并于2012年1月4日在央视少儿频道动画连连看栏目播出,此为江西省本土首部原创在央视播出的三维动画连续剧,填补了江西无动画片在央视播出的空白。截止到一季度,笛卡传媒又已经新完成2部,合计780分钟。计划2012年全年再新完成208集,实现3120分钟。2013年完成1156集,突破10000分钟。

在文化旅游方面,目前,江西省着力发展文化旅游产业,全省文化旅游产业呈现较快发展势头。中国首部纯地域风情大型音乐舞蹈诗画剧《印象上饶》,自2012年4月8日在上饶市艺术中心华美上演以来,7个月的时间里连续演出了200余场,票房收入接近1000万元,成为江西省文化与旅游深度、多元融合的一个生动实践。在鄱阳县鄱阳湖国家湿地公园内推出的中华龙舟赛、万年稻作文化节等,也是文化与旅游融合发展的一次有益的尝试。在红色旅游方面,江西省正在积极推进赣南等原中央苏区革命旧居旧址重大保护工程,遴选出革命旧居旧址1935处,从红色旅游收入中提取一定比例的门票收入作为文物保护维修基金,并努力使经修缮的革命旧居旧址成为发展红色旅游的新亮点和示范区。同时,因地制宜打造一批各具特色的博物(纪念)馆,提升105个博物(纪念)馆陈展水平,加快客家文化(赣南)生态保护区、婺源徽文化生态保护区和景德镇考古遗址公园建设,推进非遗生产性保护和生态展示、活态展演,打造中心城区、旅游景区“天天演”项目,为旅游景点塑造灵魂,为休闲观光赋予慰藉,促进文化和旅游互利共赢发展。2012年,全省博物(纪念)馆接纳游客达2000多万人次,比上年增长8%。

第二节 区域政策分析

一、湖南省

2012年年初,《湖南省“十二五”时期文化改革发展规划纲要》(湘办发

[2012]21号)出台。纲要指出,要加快壮大文化产业,坚持文化事业和文化产业协调发展,加快转变文化产业发展方式,加快构建结构合理、布局科学、市场完善的现代文化产业体系,打造国民经济支柱产业。到2015年,实现文化产业总产值4300亿元,增加值占地区生产总值比重达6%以上。作为湖南省十二五时期文化产业发展的指导性文件,纲要指出要从如下几方面发力:

1. 调整文化产业结构

突出产业发展重点,巩固和提升广电、出版等传统优势文化产业,加快发展创意设计、数字媒体、数字出版、动漫游戏等文化创意产业,积极培育演艺、文化会展、网络文化服务、艺术品投资与收藏等新型文化业态。促进文化产业集群发展,加快建设一批文化产业示范基地、示范园区和主题公园,提高文化产业规模化、集约化、专业化水平。培育骨干文化企业,通过兼并重组等方式组建大型文化企业集团,着力打造一批实力雄厚、具有国际竞争力的外向型企业,加快文化"走出去"步伐。到2015年,文化创意产业增加值占地区生产总值比重达3.6%。

2. 优化文化产业布局

加强对全省文化产业的合理规划布局,整合文化资源,推动形成优势互补、错位发展、区域联动的产业发展格局。环长株潭城市群重点发展传媒出版、动漫游戏、影视制作、创意研发等高端文化产业,着力建设创意产业园、影视创作基地、数字出版基地,推进大河西文化创意城、"梦幻湘江"、华强文化科技产业基地、屈子文化园、天心文化产业园等项目建设,打造全国文化产业高地,增强产业辐射能力。大湘西主要依托民族民俗文化、非物质文化遗产等资源,重点发展文化旅游、创意设计、工艺美术等文化业态,推进张家界国际影视文化基地、烟雨凤凰等项目建设。大湘南主要依托历史文化等资源,重点发展文化旅游、文化休闲等产业,推进衡阳湖湘文化长廊、南岳寿文化园等项目建设。

3. 完善文化市场体系

建立健全门类齐全的文化产品市场和文化要素市场,促进文化产品和生产要素合理流动。繁荣城乡文化市场,构建统一开放竞争有序的现代文化市场体系。积极发展文化产权、版权交易市场,加快建立文化产权交易平台。完善文化产业投融资体系,扩大间接融资和直接融资,鼓励民营资本和外资投向文化产业。推进文化中介组织建设,发展版权代理、知识产权评估、文化产品拍卖等文化中介行业,提高文化产品和服务的专业化水平。

4. 创新文化内容形式

实施文化大师大作培育工程,精心组织文化产品生产,推出一批具有较强思想性、艺术性、观赏性,展现湖湘文化精神和富有浓郁地方特色的影视、图书精品力作,提升中国金鹰电视艺术节、国际乡村音乐周等文化活动品牌影响力。充分发挥人民群众的首创精神,大力支持人民群众的文化创造,发展多元化的文化样式和文化载体。提升思想理论研究和创新水平,积极推进学科体系、学术观点和科研方法创新,实施社科名家培育工程,繁荣发展哲学社会科学。加快推动科技与文化的融合,创新文化表现形式和传播方式。

二、湖北省

2011 年 5 月,《湖北省"十二五"时期文化改革发展规划纲要》出台,围绕建设文化强省的目标,明确了文化改革发展的指导思想、方针原则、主要目标、重点工作和保障措施。指出"十二五"期间全省文化产业发展要实现"两高于一翻番一提升"的目标,即文化产业增加值增幅高于全省生产总值增幅,高于第三产业增加值的增幅,2015 年全省文化产业增加值比 2010 年翻一番,占全省生产总值的比重明显提升,成为全省重要支柱产业,到 2015 年,湖北文化整体实力力争领先中部,进入全国第一方阵。《规划纲要》归纳了到 2015 年文化改革发展的十大工程,并细化分解为近百个重点项目。

7 月,湘鄂赣三省协商制定发布了《三省文化合作 2012—2013 年行动计划》,推出三省舞台艺术精品剧目交流演出、三省红色题材美术作品巡回展、三省非物质文化遗产生产性保护技艺展等十大合作交流项目。该计划丰富了三省文化交流活动,给三省人民端出了一道道文化大餐!

9 月,《湖北省非物质文化遗产条例》由省十一届人大常委会第 32 次会议通过,2012 年 12 月 1 日起施行。这标志着湖北省非物质文化遗产保护工作的重大进展,是非物质文化遗产保护工作的一个重要里程碑。

年底,为贯彻落实十八大精神,湖北提出打造"六新"文化高地,即公共文化服务体系建设取得新进展,文艺精品创作提升新水平,文化产业发展实现新跨越,文化遗产保护与利用取得新成效,对外文化交流实现新拓展,文化人才培养取得新成果。

三、河南省

2012 年年初,河南省下发了《打造华夏历史文明传承创新区实施意见》。《实施意见》提出了 12 项主要工作任务:打造华夏历史文明保护示范基地,打造优秀文化遗产传承展示基地,打造中华文化遗产研究教育基地,打造寻亲文化圣地,打造中原文化品牌，推动中原文化“走出去”，促进文化产业发展，打造公共文化服务示范区，打造现代文化创新发展新高地，推动文化科技经济融合发展，打造宏大文化人才队伍，推动文化改革发展。旨在到2015年，初步形成华夏历史文明传承创新区基础框架。

为推动广告产业的发展，河南省颁布多项新举措予以扶持。第一，将打造河南广告产业发展的“航空母舰”——创建国家广告产业园区，建成后将形成全国性的广告产业交易中心。第二，工商部门将全力支持广告业发展，使全省广告业增速高于全省同期GDP的增长速度，到2015年经营额在现有基础上翻一番。

在文化体育与传媒事业的发展上，河南省争取中央文化体育与传媒事业发展专项资金1.14亿元，专项用于第七届全国农运会主场馆建设和维护，河南省图书馆等重点文化基础设施和县级及县级以上公益性文化、文物、体育、广播电视、新闻出版事业单位基础设施维修改造及设备购置。项目实施后，河南省将有37个图书馆，55个文化馆（中心），6个剧院（场）和剧团，31个博物馆、纪念馆和重点文物保护单位，16个体育场（馆），89个广播电台、电视台和发射台，1个日报社等236个公共文化项目得到资金支持。

四、江西省

2012年3月，江西省委审议通过《中共江西省委关于深化文化体制改革推动社会主义文化大发展大繁荣的实施意见》，明确提出建设特色鲜明、影响广泛的文化大省，具体明确推进任务和举措。《实施意见》指出，要大力深化改革，推进文化体制机制创新。加快国有经营性文化单位转企改制，深化文化事业单位改革，完善现代文化市场体系，创新文化管理体制。全面推进人事、收入分配和社会保障制度改革，明确服务规范，加强绩效评估考核。全面实现广电局和广播电视台分开，实现市、县（市、区）文化、广电、新闻出版“三局合一”。实现省市县三级电台与电视台“两台”合并，并在5月底前完成国有文艺院团和非时政类报刊的转企改制任务。

年中，湘鄂赣三省文化部门签署了《湖南江西湖北三省文化发展战略合作框架协议》，达成了一系列工作方案，标志着“中三角”文化合作进入崭新的发展阶段。框架协议达成了七大合作事项：建立舞台精品剧目交流演出机制，举办美术联展或巡演；推进三省公共文化服务体系建设，搭建公共图书馆资源共享平台；建立湘鄂赣演出联盟；共同打造文化产品综合展示交易平台；加强涉外演出、展览项目的合作；加强三省重大文物考古发掘项目、大遗址保护、红色文化遗产、水下文化遗产保护的交流合作;加强文化艺术人才的交流与互动等。此外,三省文化厅长联席会议制度、信息互通和情况通报制度正式建立。长江中游三省文化资源的大融合,将为我国区域文化产业的发展做出巨大贡献。

第三节 发展前景预测

一、湖南省

湖南省近几年加快"大"文化产业发展的步伐,大湘西、大湘南、长株潭"品"字形战略的提出以及《湖南江西湖北三省文化发展战略合作框架协议》的签订,充分体现了湖南文化产业发展的意图,未来的湖南,要实现其野心,应充分考虑以下几个方面:

第一,保持原有优势,加速与资本对接。

湖南省文化产业成功打造了"电视湘军""出版湘军""动漫湘军""演艺湘军"的形象。以前的时代"人无我有",湖南文化产业抢占先机,如今全国各地举力发展文化产业,湖南文化产业欲再续辉煌,必须"人有我优"。资本的大量投入是"优"的重要前提,如何加速与各类金融资本的对接、如何调动社会闲散资金、如何保证中小成长型文化企业获得足量注资均是湖南省文化产业亟待解决的问题。

第二,建立人才保留机制。

"湘军"在诸多领域均是人才辈出,且"敢为天下先"的精神使得湖南创意人才总是走在前列,在全民发展文化产业的时代,如何能保留住本土创意人才,不被其他省份挖走,这是湖南文化产业需要审慎对待的问题。以广电人才为例,马可、彭宇、李响、李好四位主持人,昔日的湖南卫视"四小天王"均跳槽江苏卫视,其中李响个人担当《绝对唱响》《谁敢来唱歌》《挑战100%》三大综艺节目,另外,他担纲《周末不加班》稳居周六同时段收视三甲之列,多次获得收视第一的成绩。如何让本土培养的创意人才忠实地为湖南文化产业服务,这既是湖南文化产业需要考虑的问题,也将是所有文化企业面临的考验。

二、湖北省

湖北在中部省份中,虽近几年文化产业整体发展速度有所增加,但从横向比较来看,特色并不突出,整体实力也有待加强。湖北文化产业应借国内区域文化产业发展的大趋势,培养自身特色,求得长足发展之本:

第一，做好东部产业转移的桥梁，为文化产业快速发展厚积薄发。

湖北省文化产业的发展成为东部产业转移的桥梁，先后举办一系列大型文化展示和交易活动，推出文化产业项目1000多个，成功签约300多个，签约金额达800多亿元。助力文化产业的金融支持授信额度达到1100亿元。东部对湖北的产业转移，极大增强了湖北省文化发展后劲。如何充分利用这次大规模的产业转移来提升湖北省文化产业实力与发展后劲，既需要湖北省有选择性地承接转移企业，选择本地发展薄弱的文化产业企业，积极引进不同门类的文化企业，丰富湖北省企业门类，开辟新的市场需求，也需要湖北省利用此次产业转移，优化产业布局，注重规划，实施重大文化产业项目带动工程，建设一批各具特色的文化产业基地(园区)，打造区域特色优势产业集群。

第二，扶持优势产业，培养核心竞争力。

湖北文化产业的整体实力虽有不小进步，但却缺乏领域内数一数二的门类，单一门类的发展缺乏核心竞争力。广播影视业、动漫游戏业、文化旅游业均是湖北的优势产业，广播影视比不过湖南、江苏，动漫游戏比不过浙江、广东，文化旅游比不过河南、江西，如何树立文化产业核心门类，这需要湖北从自身资源特色出发，结合现有的经济实力、区位优势以及承接东部产业大转移的机遇，引进优势企业、人才，加大支持力度，重点扶持几个门类，引进与创新同步进行，从而以点带面，以具备核心竞争力的优势产业带动文化产业的整体发展。

三、河南省

河南是一个资源大省，也是一个资源利用度不高的省份，如何整合现有文化资源、开发多元利用模式是河南未来文化产业的工作重心。

第一，加强行政区域间的文化交流，整合文化资源。

河南是行政大省，特色文化资源散布全省各地，且具备多元化特点。由于开发利用过程中大多以行政区划为单位，造成文化资源的整合开发力度小，降低了文化资源的利用率，如，安阳申报殷墟，如果联合郑州、商丘集体申报，其产生的效益将成倍增长，但因地方主义因素，造成资源开发整体效益的荒废。为此，河南在发展文化产业的过程中，应充分考虑文化资源的分布，统筹开发，避免重复低水平开发，建立资源共享、共赢机制，树立大局观念，才能实现省内特色文化资源的最大化利用，从而产生最大化效益。

第二，创新产品形式，提升文化吸引力。

虽然河南GDP破三万亿，但因庞大的人口数量，人均GDP相较滞后。随着今年经济的发展,河南消费者对于精神文化生活需求增大,但文化产品的生产以及文化服务的提供远没有跟上消费水平的提升,创新不足。如戏曲文化资源的开发,河南全省范围内有30多个剧种,是名副其实的"戏剧大省",然而,戏曲文化资源的开发过程缺少创新,跟不上时代的发展趋势,对于新一代消费群体的需求无法满足,至今,除了豫剧、曲剧、越调是目前仍广泛流传的三大地方剧种之外,其余30多个剧种生存状况堪忧,且这三大剧种的经济贡献力也十分单薄。河南文化产业必须充分开发文化资源产品,融合科技、时尚元素,紧跟消费趋势,开发对青年消费群体有吸引力的文化产品与文化服务。

四、江西省

2012年,江西文化产业过千亿元,这是江西继GDP突破万亿元之后,又一个跨越性事件,它标志着江西以文化产业为带动的软实力跃上了一个新台阶。虽然江西文化产业特色突出,但增长点比较单一,文化产业整体体量不大。未来的工作重心应侧重维持原有优势领域,开辟新的文化产业增长极。

第一,加强政策引领,加速项目落地。

文化产业的发展初期有赖政策的引导与支持。江西文化产业以旅游业和陶瓷业为突出,虽然其他门类均有发展,但是实力过于单薄。如何充分发挥旅游业的现有优势,开发旅游业的多元盈利模式,这需要专门性的政策引导与项目落地。寻求新的发展极是江西省文化产业长足发展的题中之义。政府在这个过程中应起到先导作用,通过颁发相应的财税政策、土地政策等优惠政策引导社会资金的流动,鼓励、开发、支持多元文化项目使得文化产业的发展目标得以落地。

第二,培育文化产业新业态,开辟新的增长极。

近年来江西文化产业蓬勃发展,但总量偏小,高科技高附加值的新兴媒体产业、内容产业、创意产业等相对过少。《江西省2013—2015年文化改革发展规划纲要》提出,到2015年,全省文化产业增速高于GDP增速,文化产业主营业务收入达到2000亿元以上。《纲要》还提到要培育一批龙头文化企业,中小文化企业的数量倍增。除现有的文化旅游业、新闻出版业,江西省应着力发展演艺娱乐业、数字出版业、动漫创意业、影视服务业等文化产业重点门类,培育多家年主营业务收入亿元以上的文化产业骨干企业,提升文化产业整体实力。

东北地区文化产业年度发展报告

张　伟　杨艾璐*

东北地区历史悠久，文化积淀深厚，其中工业文化、旅游文化、民俗文化都资源丰富独具特色，具备发展文化产业的独特优势。文化产业的迅速发展使其日益成为东北地区国民经济发展的支柱性产业。

一、东北地区文化产业规模和发展态势

（一）东北三省文化产业规模概况

1. 东北地区文化产业增加值及占 GDP 比重。

2012 年，东北三省文化产业增加值达到 990.8 亿元，占 GDP 的比重较往年也有大幅度的提高。其中，辽宁省文化产业增加值达 262 亿元，文化产业增加值约占全省 GDP 总量的 1.1%；吉林省文化产业增加值约 328.8 亿元，文化产业增加值约占全省 GDP 总量的 2.75%；而黑龙江省文化产业增加值约为 400 亿元，文化产业增加值占全省 GDP 总量的 2.92%。

2. 东北地区文化产业新发展，新趋势。

近年来，东北地区文化产业发展非常迅速，文化产业增加值及占 GDP 的总量逐年增长，增幅显著，文化产业呈现出快速向前发展、努力向深层次推进的新发展、新趋势。东北地区将文化产业增速达到 GDP 的 5% 作为文化产业建设的发展目标。2012 年，辽宁省文化产业增加值比 2011 年增长了 30% 左右，吉林省 2012 年文化产业增加值比 2011 年增长了 20% 以上，黑龙江省 2012 年文化产业增加值比 2011 年增长也达到 30% 以上。从以上数据初步分析可以看到，东北三省文化产业发展增速均超过了 GDP 的增速，文化产业已经逐渐成为东北三省国民经济增长的主要产业之一。

---

* 张伟，鲁迅美术学院文化传播与管理系主任、科研处处长、教授；杨艾璐，鲁迅美术学院文化传播与管理系讲师。

3. 东北地区近年来文化产业发展概况

(1) 辽宁:文化产业成为经济增长新亮点[①]。

2011年辽宁省委、省政府再次推出《关于促进文化产业发展的若干政策规定》,积极推进具有辽宁特色的文化产业发展。在区域产业布局上,在沈阳中心城市的带动下,新兴文化产业势头强劲;辽东半岛地区以大连为龙头的外向型文化产业优势显著;西部地区打造的"辽西历史文化走廊"魅力无穷。辽宁文化产业增加值连续五年实现了30%以上的增长,2012年实现文化产业增加值约900亿元,在产业结构上,以出版印刷、影视音像、演出娱乐、文化旅游、动漫游戏等为代表的优势文化产业正成为辽宁经济发展的重要增长点。辽宁大众娱乐业稳步发展,全省拥有各类娱乐场所近2万家,大众娱乐业基本形成了门类比较齐全、秩序比较规范、经营和消费层次多元化的市场格局;以动漫产业为代表的新兴文化产业也发展迅速,从业人员已逾1.5万人;其演艺业、文化旅游业、工艺美术业等也都获得了空前的发展,文化产业已经成为辽宁省经济发展的新亮点。

(2) 吉林:文化产业强势发展,超过GDP增速。

近年来,吉林省不断深化文化体制改革,文化产业得到快速发展,不仅为经济发展注入了强大的活力,而且在优化产业结构、推动相关产业发展、促进和谐社会建设等方面产生着越来越大的影响。近几年来,吉林省文化产业增加值增幅一直在20%左右,超过全省GDP增速,文化产业呈现出强劲的发展势头。目前,全省50家发行单位、16家出版单位、3家文艺院团、1家电影厂和9个市(州)所属的市本级电影公司、电影院,完成转企改制;同时,吉林省坚持改革与整合、改革与扶持、改革与建设、改革与人才相结合,重点扶植文化企业,形成了以长影集团、吉林出版集团、吉视传媒股份公司、吉林日报报业集团、吉林歌舞剧院集团、吉林省影视剧制作集团、吉林动漫集团等国有文化企业为框架的产业布局。除了政策扶持,吉林省还对文化产业给予资金支持,出台了《吉林省城乡文化基础设施建设方案》,新建、改建和扩建了包括省博物馆、美术馆、科技馆等在内的一大批文化基础设施。通过不断进行文化体制改革,吉林省实现了文化产业的高速增长。

(3) 黑龙江:文化产业成拉动经济新杠杆[②]。

黑龙江省在"十一五"期间文化产业发展取得了显著的成就。2012年,全省各级文化艺术单位共组织创作生产舞台艺术剧目和大型文艺晚会115部,电影39

① 李克瑶:《辽宁:文化产业成为经济增长新亮点》,新华网,http://news.xinhuanet.com/fortune/2012-5/30/c_122163053.htm。

② 董云平:《我省文化产业发展驶入快车道》,《黑龙江日报》2012年2月28日。

部，电视剧29部，文学作品1900余部，音乐作品6万余件，美术书法作品近10万件，在全国性的文化艺术赛事和评比中获奖478项。近五年来，黑龙江省以“振兴传统产业，发展新兴产业，培育特色产业”①为发展目标，全省累计投入文化产业建设资金140多亿元，超千万元已建、在建项目54个，超亿元项目45个。黑龙江作为农业大省，其文化产业发展起点低，但发展速度很快，近年来的文化产业发展无论在产业规模还是在经济总量方面都成果喜人，涌现出一批优秀的文化产品，可以说黑龙江省的文化产业已经成为拉动经济发展的新杠杆。

表 2-6-1　东北三省文化产业发展规模状况对比

	2012年GDP总量（单位：亿元）	2012年GDP总量全国排名	2012年文化产业增加值（估算）（单位：亿元）	2012年GDP增速	2012年文化产业发展增速	文化产业增加值占GDP比重
辽宁省	22530	7	262	11.0%	31%	1.1%
吉林省	10475	21	328.8	12.4%	20%	2.75%
黑龙江省	14318	16	400	12.0%	40%	2.92%

数据来源：根据相关资料汇编整理。

（二）东北三省文化产业的发展态势及预期

东北三省文化产业发展从整体上来看已经进入快车道，呈现出快速发展的态势，预计在“十二五”期间文化产业将成为东北三省经济快速发展的强大推动力。就全国文化产业发展现状来看，东北地区相对起点较低，文化产业增加值以及整体发展仍然受到基础薄弱的限制，文化产业发展不均衡等一系列问题也相对突出。2012年，东北地区的文化产业都保持快速增长的态势，但与成为产业经济中的支柱型产业还有相当大的距离。由于东北地区发展文化产业必须注重文化与科技的结合、文化与传统产业的结合，使文化企业快速成长起来，通过深化文化体制改革、加大扶植力度等一系列方式，增加文化产业增加值，实现文化与经济社会的交融。而在未来五年的发展中，辽宁省应将文化产业的发展排名稳固在第一方阵中，并努力向前提升名次；而吉林省、黑龙江省则应注重文化产业驱动力的建设，争取用较短时间从二、三方阵中脱颖而出，使得文化产业走向良性、有序、迅速的发展轨道，并逐步把文化产业建设成为东北地区国民经济的支柱产业。

① 董云平：《我省文化产业发展驶入快车道》，《黑龙江日报》2012年2月28日。

二、东北地区文化产业发展的现状、特色与亮点

2012年,东北地区文化产业发展收获了一定的成果,也形成了发展的特色与亮点。据调研统计,2012年东北地区文化产业项目55项,新增文化项目总投资已逾千亿元,其中辽宁省新增文化产业项目18项,吉林省新增文化产业项目17项,黑龙江省新增文化产业项目20项。辽宁省新增文化产业项目重点在旅游业,新增文化旅游项目共10项,占新增项目总投资额的6成,另外还有工艺美术项目3项、文化设施项目2项,娱乐演艺项目、动漫游戏项目与其他项目各1项。吉林省主要打造以文化设施、娱乐演艺和动漫游戏为主的文化产业项目建设,形成了基础设施完善、人性化主题突出和产业链条不断延伸的文化建设局面,17个新项目中包括文化设施5项、娱乐演艺4项以及动漫游戏4项,另外还有文化旅游项目3项、工艺美术项目3项和影视音像项目1项。黑龙江省2012年文化项目可建设的重点依然是文化旅游业,在20项文化产业新增项目中有文化旅游类项目9项和文化设施类项目3项,已经占了很大比重,另外还有工艺美术项目4项,文化用品、演艺娱乐、创意设计以及其他类各一项。

(一)辽宁

1. 文化产业发展初具规模,发展条件得天独厚

发展文化产业,促进老工业基地的文化振兴,对辽宁省的整体发展具有十分重要的战略意义。近十年来,"辽宁不仅把文化蛋糕做得有声有色,产业链条也在高速运行的齿轮带动下迅速发展。"[①]而今辽宁省的文化产业发展已经初具规模,产业结构与区域布局基本合理,出版印刷业、影视音像业、演出娱乐业、文化旅游业与动漫游戏业形成自身发展的优势,而文化产业也逐渐成为辽宁经济发展的重要增长点。大连、沈阳成为文化产业发展相对成熟的地区,2012年大连获"中国十大影响力会展城市"称号,沈阳的"一宫两陵"等世界级文化遗产,加之沈抚同城化构想的提出与实现,沈阳大连的一线式产业发展链条配合辽西文化产业走廊,构筑了辽宁相对成熟的文化产业发展网络。应该说,辽宁的地理文化优势、历史文化优势、民族文化优势、资源文化优势等为文化产业的大发展积蓄了力量。

2. 产业门类齐全,新园区新项目建设蓄势待发

经过多年的市场培育和发展,辽宁省已经形成了以演艺娱乐、动漫游戏、工艺

---

① 李克瑶:《辽宁:文化产业成为经济增长新亮点》,新华网,news. xinhuanet. com/fortune/2012-01/1...2012-1-16。

美术、文化旅游、文化会展业为主，影视音像、文化设施以及温泉度假等为辅的门类比较齐全、覆盖全省城乡的大众娱乐产业。目前，辽宁省拥有各类娱乐场所两万余家，从业人员53746人，业务收入约25.3亿元，上缴税金约2.4亿元。辽宁打造的骨干文化产业园区和龙头文化企业蓬勃发展。2012年，辽宁省国家级文化产业示范园区、基地总数达到13个，位居全国前列，并且仍有47项计划或者已经开工建设的文化产业项目，拟投资金额422亿元；以网络为代表的新兴产业发展迅速，目前全省网络文化服务实现增加值7.12亿元，资产13.4亿元，同比增长83.6%，辽宁文化产业发展空间巨大。

3. 依托文化亮点，打造以旅游业核心的辽宁文化特色

辽宁省拥有比较深厚的历史文化底蕴，是近代工业化印迹明显的共和国老工业基地，而今通过十余年的建设已经形成清文化、工业文化以及明星文化等产业亮点突出的文化产业结构布局。辽宁的关东文化、满族的风土人情、辽宁的山水风光以及满族的服饰文化、饮食文化等，都是辽宁文化的品牌，也是辽宁文化的特色。辽宁清文化的代表沈阳市的“一宫两陵”和新宾满族自治县的“清永陵”，形成了区域发展独特的旗帜和文化名片；而曾经是共和国老工业基地的辽宁也是工业文化的摇篮，对工业遗产的保护、建立了铸造博物馆、工人村生活馆等项目为打造工业文化品牌奠定了坚实的基础；明星文化构成了辽宁文化的另一个亮点。应该说，文化亮点的多元化表现成为辽宁文化产业发展的基础。

4. 动漫产业异军突起，跨地区合作逐步实现

目前，辽宁省共有动漫游戏企业325家，主要分布在沈阳、大连动漫产业基地，从业人员16800余人，目前已经实现产业增加值111亿元，2012年辽宁有两家动漫企业获得中国文化艺术政府奖首届动漫奖。“十一五”末，辽宁北方联合出版传媒公司与天津出版传媒集团有限公司、内蒙古新华发行集团股份有限公司签署股权合作协议，一定程度上实现了文化产业发展的跨区域合作。辽宁文化产业的快速发展，不仅培育形成了一批有自主知识产权和核心技术的创新型文化企业，也标志着辽宁省新兴文化产业业态的发展迈入了一个崭新的阶段。

5. 文化体制改革不断深入，政策扶植为文化产业助力

辽宁省在文化产业发展中逐步推进文化体制改革，其先后制定了《辽宁省文化系统文化产业“十一五”发展规划》《辽宁省文化产业振兴规划纲要》《中共辽宁省委关于制定国民经济和社会发展第十二个五年规划建议》《关于促进文化产业发展的若干政策规定》等政策法规，积极推进具有辽宁特色的文化产业发展，为辽宁文化产业的发展提供了政策制度的保障。近年来，辽宁省一直在大力培育和发

展文化产业,朝阳的紫砂、抚顺的煤雕、锦州的满族刺绣和大连青铜雕先后在文化活动中亮相,辽宁特色文化瑰宝的知名度日益扩大,而不断实现的项目、资本对接和逐步增加的专项资金规模,为文化产业发展搭建了广阔的融资平台。

(二)吉林

1. 文化产业亮点纷呈,文化影响力稳步增强。

近年来,吉林省文化产业一直稳步发展,产业规模虽然不大,但一直不乏亮点,早年的长春电影制片厂代表了吉林文化发展中辉煌的过去。2012 年第八届中国吉林东北亚投资的贸易博览会中,文化产业馆的特别设立标志着文化产业的发展迈入了新阶段,其中不仅有国内知名文化企业展示实力,还有朝鲜、俄罗斯、蒙古、日本、法国等文化企业加盟。吉林省歌舞团演出的东北特色浓郁的大型歌舞《长白神韵》、知合动画公司的动漫人偶舞蹈《人参仙子》,这些印证了吉林省文化演艺事业的飞速发展,文化产业可谓亮点纷呈。

2. 文化体制改革不断深化,改革成效逐步显现。

吉林省将社会主义文化大发展大繁荣作为文化发展的目标,吉林省召开了文化产业发展大会,制定出一系列支持文化产业发展的政策措施,文化体制改革成效逐步显现。文化产业注重改革与整合、改革与扶持、改革与建设的有机结合,形成了以长影集团、吉林出版集团、吉视传媒股份公司等为基本框架的文化产业发展格局,电影、电视、出版、演艺、动漫等行业竞争力进一步增强。长影集团影片生产由改革前每年的三四部上升到现在每年近百部。同时,该集团还走进海南建设影视主题公园,实现了跨区域发展。吉林出版集团、吉视传媒股份公司、吉林歌舞剧院集团、吉林省文化创意园区的建设与蓬勃发展,印证了吉林不断深化的文化体制改革。

3. 加大招商引资力度,签约文化产业发展。

“十一五”期间,吉林省文化产业规模不断壮大,文化产业保持较快增长,截至 2012 年末,全省文化产业机构达到 6.4 万个,相比“十一五”初的产业发展状况,增长了 30.6%,从业人员达到 35 万人,增长 36.2%,按可比价格计算,年均增长 16.4%。吉林省通过政策奖励与文化扶植等一系列有效措施,促成了一大批文化产业项目的开工建设,2012 年在原有产业项目的基础上,新增文化产业项目 17 项,主要打造以文化设施、娱乐演艺和动漫游戏为主的文化产业项目建设,形成了基础设施完善、人性化主题突出和产业链条不断延伸的文化建设局面。

4. 大力扶植民营文化企业发展,打造了相对良好的文化产业投资环境

吉林省大力扶持民营文化企业发展,涌现了一批以东北风二人转、中筝艺术

人才培训、宇平工艺品制造等为代表的民营文化企业群，新兴的文化产业成为吉林省文化产业发展的新生力量，文化品牌效应进一步凸显。据了解，吉林省面临文化企业规模过小、资本分布较为分散、不利于发挥规模效益等一系列问题，其不利于文化产品销售企业的管理，也不利于文化产业的长远发展，吉林省从战略和全局上谋划运作文化改革发展，把文化改革发展纳入经济社会发展全局，打造良好的文化产业投资环境。

（三）黑龙江

1. 优化产业布局，集聚效应凸显。

黑龙江省以哈尔滨为核心，以大庆、牡丹江、佳木斯为战略支点，加快培育核心文化产业聚集区、西部文化产业聚集区、东南部文化产业聚集区、东北部文化产业聚集区、北部生态文化旅游产业聚集区，构建“一核三点五区”的文化产业发展布局。[①] 目前，全省已建或在建各类文化产业园区 20 个，国家级文化产业试验园区 1 个，国家级文化产业示范基地 5 个，带动了传统文化产业加快发展。2012 年，黑龙江省发展了包括黑龙江广播电台龙脉影艺公司“听书”工程项目、黑龙江动漫服务外包加工出口项目、黑龙江立体车库制造流程三维演示项目和黑龙江齐齐哈尔有线数字电视配套的宽带网建设项目及网络文化项目在内的 20 余个新项目，以大开发、大融合牵动文化产业大发展，力争将文化产业的发展纳入国民经济建设的大循环。

2. 振兴传统文化产业，努力打造冰雪节作为区域文化的亮点。

近年来，黑龙江省文化产业呈现出传统产业与新兴产业齐头并进，文化与科技、旅游等融合互动的良好态势。黑龙江省大力打造旅游业的区域文化亮点，黑龙江省拥有独特的北国风光和优势的冰雪旅游文化资源，每年“冰城”哈尔滨的冰雪文化节以及相关文化旅游项目都吸引着数以万计的中外游客。2012 年黑龙江省杂技团出品的大型冰上特技舞蹈秀“COOL · 2012 哈尔滨”正式进驻冰雪大世界，加之不断进行节目源开发的在建项目以及“多点联动”的运营模式，黑龙江的区域文化产业亮点正在形成，传统文化产业的振兴正在稳步推进。

3. 产业规模不断壮大，社会贡献逐年增大。

把文化作为推动经济发展的重要杠杆，变文化资源优势为产业优势，黑龙江省近年来文化产业整体持续快速增长，对经济的拉动效应较为明显，社会贡献也是逐年递增。“十一五”期间，文化产业保持较快增长。目前，全省文化产业机构

① 陈洋、王琦：《“十二五”末我省文化产业增加值将实现千亿》，《黑龙江经济报》2013 年 1 月 18 日。

达到6.4万个,实现产业增加值210亿元,比2005年增长1.1倍,年均增长16.4%。文化产业推动经济增长转型作用较为显著。全省文化产业实现增加值、文化产业从业人员占全社会就业人员的比重、人均创造增加值均显著提高。

4. 文化市场需求持续增长,重点产业门类优势地位显现

黑龙江省总体上已迈入文化消费需求旺盛阶段,为文化产业快速发展提供了坚实基础。近几年,黑龙江省城镇居民人均文化娱乐服务支出、农村居民人均文化教育娱乐用品及服务支出都明显提高,文化消费占全省城镇和农村居民家庭的人均生活消费支出比例也在增加。出版发行业实力不断增强,目前全省共有图书出版社13家、音像电子出版单位5家,公开发行报纸89种、期刊315种,出版发行和版权服务实现增加值突破19亿元。"十一五"期间,全省广播、电影、电视服务实现增加值超过16亿元,其间共生产电视剧878集,广播剧1420集,完成电影制作41部。动漫产业也成果显著。

5. 文化惠民工程惠及千家万户

黑龙江省在文化产业的建设中,把设施建设作为公共文化体系建设的基础。近年来,黑龙江省争取中央投资近三亿元,实施了哈尔滨市道外、花园街道历史文化名城街道保护与改造项目,镜泊湖世界地质公园等6个重大遗产地保护项目以及哈尔滨文庙等10个抢救性文物保护项目。据统计,"十一五"期间全省文化(文物)事业费投入总计超过33亿元,是"十五"时期的2.25倍,年均增长19.3%,不断加大争取中央投资和专项投入力度,文化惠民工程建设成效显著。

三、东北地区文化产业发展存在的问题

(一)辽宁省文化产业发展中的问题

1. 缺少相对完善成熟的文化品牌运作。

从文化产业发展的宏观布局来讲,缺少文化品牌的支撑力,是制约我国文化产业成长壮大的一个重要原因。而辽宁,其文化产业的发展恰恰缺少相对完善成熟的文化品牌。文化产业要成为"十二五"中国经济发展的支柱性产业,离不开文化品牌的带动和引领。建设辽宁自己的文化品牌,创意是关键。如加大对清文化和工业文化的艺术创作,创作更多的优秀艺术作品,包括优秀影视剧作品,使之成为大众喜闻乐见的艺术形式,打造辽宁文化品牌,探寻品牌生长空间,提高文化资源配置的现代化和市场化程度,让民族文化品牌"走出去",与世界著名文化品牌进行对话和竞争,是辽宁未来文化产业发展的重点。

2. 文化体制改革落后于文化产业发展。

随着市场经济的日益成熟和全面建设小康社会的新要求,文化体制与文化产业发展不适应的问题也显现出来,一定程度上制约了辽宁省文化事业和文化产业的发展速度。多年来事业单位的管理体制和计划经济体制下文化产品指令性的生产方式,形成了传统的思维模式和僵化的思想观念,重事业轻产业、重评奖轻市场、重争取投入轻计算产出等陈旧观念,集中反映了对文化产品的双重属性缺乏全面的了解和认识,依赖思想严重。

3. 文化产业市场体系尚需完善。

目前,辽宁文化产业市场规模还不大,也没有形成完整的市场体系。很多文化产品的生产与大众需要不适应,群众喜闻乐见的文化产品还很缺乏。文化产品生产与市场经营脱节,缺乏活跃的中介机构、文艺演出经纪人和代理人,多层次、区域性的演出网络还没有建设起来,文化产品缺少与市场衔接的桥梁和纽带。

(二) 吉林省文化产业发展中的问题

1. 文化产业缺少整体性的战略指导,盲目求新求快。

吉林省在文化产业发展的实际中,存在一个比较明显的问题,就是文化产业的发展缺乏统一完整的规划和整体性的战略指导,有些文化项目的开发过于急功近利,盲目求新求快,由此导致文化产业的发展交了巨额“学费”。文化开发的急功近利,不仅导致了过度利用和浪费资源,还使文化资源开发和保护的矛盾日益凸显。

2. 文化产品的品牌意识不强,缺乏应有的文化内涵。

文化品牌是支撑文化产业发展的重要动力,因而提升文化产品的品牌意识是文化产品营销的重要手段。吉林省现有的文化产品也缺少相应的文化内涵,其中一些文化产品片面追求受众率和经济效益、品位不高、格调低下,还有一些民间艺术团体刻意迎合猎奇心理、渲染感官刺激,形成了“文化污染”。总体来看,吉林省的文化产品没有形成自己有影响力的品牌,缺乏文化产品的品牌意识。

3. 文化资源利用混乱,粗放经营现象严重。

对于吉林省的文化资源布局来讲,许多地方真正的文化附加值没有开发出来,表现为“散”“弱”“滥”“同”,存在着资源利用封闭、缺乏联系与合作、缺乏核心竞争力、文化产品的“废品”“垃圾”现象严重、市场秩序混乱等一系列问题;许多文化产品,重表面形式轻内容内涵,重沿袭模仿轻特色创造,盲目追逐潮流,还有一些文化建设和文化项目没有持续性地开展起来,常常另起炉灶,导致项目规划无法延续,文化资源混乱。

4. 区域文化特色不明显,文化优势不突出。

吉林省近年来文化产业发展取得了很大的成绩,但也存在着区域文化特色不明显、文化优势不突出等一系列问题。吉林省拥有以长影集团、吉林出版集团、吉视传媒股份公司等为基本框架的文化产业发展格局,又有2012年新建的刘老根大舞台旗舰店以及一大批相关的文化产业项目,但地区的资源优势没有充分显现,文化产业的特色和文化产品的优势亦不突出。

(三) 黑龙江省文化产业发展中的问题

1. 文化产业规模小,产业发展整体实力弱。

黑龙江省文化产业总体规模和效益与全省经济及相关产业,与全国文化产业发展总体水平相比还存在一定差距。"十一五"期间,黑龙江省文化和娱乐业固定资产投资比全国平均值低54.7%,占固定资产投资比重0.6%,文化产业增加值占GDP比重2.1%,位居全国第27位。其中,很多文化企业的自我发展能力普遍较弱,文化企业自我发展的普遍弱势也带来了文化产业发展的整体实力不强。2012年,黑龙江文化产业发展虽取得了可喜局面,但是,这样的发展水平与所拥有的文化资源优势并不相称,与经济社会发展对文化产业的期待也不相符。

2. 资源优势没有充分发挥,缺少具有核心竞争力的文化品牌。

资源优势转化率低,还没有转变成产业发展的经济优势。黑龙江拥有"东方莫斯科"的美誉,又是"音乐之城",拥有着深厚的文化底蕴;而今这个北方城市的区位优势资源没有发挥出来,也没有形成现代城市的品牌影响力。文化品牌是文化市场竞争的核心竞争力,黑龙江省的文化产业在发展中应结合地区的文化资源优势,提升文化品牌意识,挖掘、培育文化品牌的核心竞争力,从而改变滞后的发展局面。

3. 文化产业发展不平衡,文化市场发育程度低。

与文化产业发达的省份相比,黑龙江省城乡居民文化消费的水平明显落后,在文化产业的供应以及文化消费的热情两个方面都还存在着很大的差距。在城乡居民的诸多消费中,文化消费常常被其他消费挤掉而排不上日程,文化消费也没有为大多数人列入消费的计划中。一方面深受市场欢迎的文化产业尤其是原创文化产品的供应明显不足,难以满足文化市场的消费需求;另一方面城乡居民的文化消费热情也不高,消费疲软。总体来看,文化市场的发育程度很低。

四、东北地区文化产业发展的对策

(一) 深化文化体制改革,加强文化产业政策的理论指导

东北地区的文化产业发展面临着一系列普遍性的问题,这就需要深化文化体

制改革，认真贯彻实施国家和省已经出台的各项扶持文化产业发展政策的同时，抓紧研究制定本省扶持文化产业加快发展的相关政策，不断加强文化产业政策的理论指导。对文化产业发展要区别对待、分类指导、循序渐进、逐步推开，以创新体制、转换机制、面向市场、增强活力为重点，积极推进经营性文化事业单位的转企改制，培育一批市场竞争主体；通过对文化企业、文化产品的市场准入进行监管，积极探索文化企业投资主体多元化发展道路，建立现代企业制度，大力推进文化企业集团化建设等一系列措施完善的文化产业资源的市场配置和文化产业规模发展。各地区应不断加强文化产业发展的理论指导，各级政府以及相关管理部门和职能部门可以经常组织调研、座谈等活动，加强基层工作的理论引导，使各部门了解文化产业的发展前沿，最大限度获得新信息，以理论指导实践，东北地区的文化产业才能更优质、更高效、更快速地发展。

（二）提升文化产品层次，实施文化品牌战略

文化产业谋求发展，其中一个很重要的途径，就是打造出优质高效的文化产品，实施文化品牌战略。近几年，东北三省的文化产业发展已经初具规模，并通过发展中的逐步摸索开始关注文化品牌的建设问题。吉林省在文化产业发展实践中对这一问题予以重视，推出了一大批优秀的文化作品，逐步实现了市场效益和社会效益的双赢。辽宁的“一宫两陵”打造了清文化的品牌，对工业遗产的保护也为打造工业文化品牌奠定了坚实的基础。黑龙江省在实施“出精品、强品牌”的发展战略，塑造独具特色的龙江文化品牌。应该说，缺少文化品牌的支撑力，是制约我国文化产业成长壮大的一个重要原因，这一问题在东北地区的文化产业发展中尤为突出，东北地区探求文化产业的发展之路，应全面实施文艺精品战略，构建科学的文艺创作生产体制机制，推广文化品牌，建设文化品牌的示范性、导向性和影响力，增强文化产业发展的核心竞争力。

（三）合理利用文化资源，建立健全文化产业市场体系

东北地区实现文化产业的大发展、快发展，必须继续完善文化产业市场体系建设，逐步放宽市场准入政策。加快市场体系的建设，是文化产业经济发展中的重要一环。努力构建统一、开放、竞争、有序的市场体系，通过文化的产业化发展之路为社会提供丰富多彩的文化产品和文化服务，从而能够解决“有场无市”和“有市无场”的问题。实践中，鼓励依托有实力的文化企业，以市场为导向，以资本和业务为纽带，运用联合、重组、兼并、上市等方式，整合优势资源，形成拥有知识产权和文化创新能力、主业突出、核心竞争力强的大型文化产业集团。同时，鼓励市场投资主体多元化，以提高文化产业市场发展的竞争力；也要不断完善整个

市场的创新、融资、流通、信用体系。在文化产业的市场化发展过程中,相关职能部门必须加快培育产权、版权、资金、技术、人才、信息等文化市场要素,加快形成公有制为主体、多种所有制共同发展的产业格局,统一开放、竞争有序的市场格局,推进文化产权交易所、艺术品交易中心建设,建立健全文化资产评估和文化产权交易体系,引导和规范各类文化资产交易,为文化产品和版权交易搭建专业化的产业经济平台。

(四)加大政策扶持力度,实施文化产业发展的统一规划

东北地区文化产业的发展取得了一定的实绩,但也面临着一系列的问题,相比文化产业的发达省份还有差距。对于基础相对薄弱、起步相对较晚的东北地区,想要发展文化产业,必须加大政府相关部门的政策扶植力度,大力扶植文化产业。加强政策引导,加大资金投入,对文化旅游业、出版发行业、网络信息业、影视制作业、演艺娱乐业等方面的发展给予特别的支持和引导,逐步将文化产业做大做强。在此基础上,进一步深化文化体制改革,提高文化产业的市场化程度,深入研究文化产业发展规律,制定切合实际的文化产业发展规划,使文化产业发展健全完善。在制定规划的过程中,一方面要从整体格局上来制定,以省为单位,统一规划,合理布局;另一方面也要根据各市区的具体情况灵活规划。在各地发展走向良性有序的轨道之后,开始逐步尝试东北三省文化产业发展的强强联合,制定东北地区文化产业发展的一体化规划,使资源优势互补,优化产业总体效能与布局,合理开发符合黑土地地区发展实际的文化产品,从战略高度在发展定位、产业创新、营销模式、人才培养等方面实现文化产业发展的稳步推进。

(五)发挥地区资源优势,形成文化产业发展的特色

文化产业要获得发展,很重要的一点就是结合地区资源,发挥文化产业的地域性优势,从而形成文化产业的发展特色。从具体情况来看,辽宁结合地区优势,重点打造以清文化、工业文化、历史文化等为核心的旅游文化产业项目;吉林省依托长影集团的文化产业发展优势,推出了一大批反映时代精神、具有较高艺术水准、深受群众喜爱的优秀文艺作品;黑龙江省,以哈尔滨为中心打造冰雪文化节的旅游特色。注重发挥地区资源优势,打造优质高效的文化产品,能够提升文化产品的层次与品质,推动文化产业优质高效的发展。

(六)以人为中心,注重文化产业的人才引进和培育

第三产业是以人为中心的产业,人是产业发展的核心要素。现代文化产业的发展,人才的结构、水平、层次、数量都是文化产业发展的重要要素,文化产业的发展不仅需要大量的文化产品,还需要文化人才,需要多层面复合型人才。中国的

文化产业是个新兴产业,每一步都是创新:商业模式、管理思路、产品生产均成为文化产业发展的主要动力;“复合型”人才的应用可以实现文化与金融的结合、文化与科技的结合以及文化与旅游的结合,落实文化产业的发展实践,使文化产业走向良性有序的发展轨道。

（七）建立相对完善有效的文化产业营销策略与体系

现代社会中文化建设的一个很重要的理念就是分享,建立相对完善有效的文化产业营销策略及体系,使区域特色及文化亮点为广大受众所知悉,是文化产业发展的要略。整个东北地区文化产业的发展面临掣肘,其营销意识淡漠、思想观念相对保守,缺乏文化产业的发展的中长期规划与远景目标。就拿旅游业来说,位于辽宁新宾满族自治县的永陵、赫图阿拉城为很多游客所熟悉,与沈阳的“一宫两陵”同为世界文化遗产,构建了以辽宁清文化为主题的文化旅游品牌,然而距离这一文化遗产景观仅仅40公里之遥的冈山素有“辽宁屋脊”之称,其景观秀美、风光古朴,令人叹为观止,但却仅为少数当地居民知悉,相关的配套设施也几乎没有,另外所有的导航系统对该景观都无法定位。因此,必须提升文化产品与文化品牌的营销意识和营销策略,实现文化资源的挖掘、文化亮点的推广,完成文化景观的成熟运作与文化宣传的深入开展,实现策略、手段、效能、收益和产出发展大融合。

（八）优化产业布局,整合文化资源

优化文化产业布局,最大限度地发挥文化资源的整合优势是文化产业发展中的重要要素。从文化产业发展的宏观布局上来讲,文化产业的大企业、大项目具有带动地区发展的效能优势,也是文化产业产值不断增加的核心动力,而与动辄上亿元的“大手笔”的文化“大项目”相比,文化中小企业所蕴藏的活力也不容低估。面对东北地区文化产业发展不均衡的现状,必须优化文化产业布局,整合文化资源,加快产业结构调整,实现集群式建设和集约式发展。在基础建设中,不只关注大项目,对中小文化企业、文化产业项目同样关注,有整体布局,有主导产业,有优势品牌,也有新型业态,以重大项目建设为支撑,以中小项目为辅助,科学规划、合理布局,积聚资源、集合优势;做到布局合理,由点及线,由线及面,由个体到集群,由分散到集约,逐步实现文化产业的合理化发展,使文化产业日益成为东北地区经济发展的支柱产业。

区域报告七

西北地区文化产业年度发展报告

王铁山 *

第一节　西北地区区情

中国西北地区包括陕西省、甘肃省、青海省、宁夏回族自治区、新疆维吾尔自治区5个省区，总面积310.87万平方公里，占全国陆地面积的32.38%。2012年西北地区统计总人口9783.78万人，占全国总人口的7.23%。

根据国家统计局的数据，2012年西北地区5省区的生产总值（GDP）约31843.2亿元，占全国生产总值（GDP）519322亿元的6.13%。西北地区人均生产总值（GDP）约32750元，相当于全国人均生产总值（GDP）38353元的85.4%，低于全国人均水平近15个百分点，属于欠发达地区。

2012年西北地区5省区生产总值（GDP）在全国31个省区的排行情况，陕西为第16位，新疆为第25位，甘肃为第27位，宁夏为第29位，青海为第30位。西北最大城市西安的生产总值（GDP）在全国城市排行为第27位。在全国人均生产总值（GDP）排行方面，陕西为第14位，宁夏为第17位，新疆为第18位，青海为第21位，甘肃为第30位。

西北地区幅员广阔，人口众多，历史悠久。尤其是，该地区是中华文明重要的起源、发展和传播地，文化资源丰富，民族文化、群众文化种类繁多，是传统文化创意人才的集聚之地。

---

* 王铁山，经济学博士，西安工业大学经济管理学院特聘教授，西安交通大学文化创意产业研究中心研究员，陕西省经济文化合作促进会副会长兼秘书长。本文是陕西省教育厅专项科研计划项目（编号：2013JK0112）的阶段性成果。

第二节　西北地区文化产业发展概述

一、陕西文化产业发展概述

（一）陕西省情与文化产业概况

2012年陕西生产总值14451.18亿元，比上年增长12.9%。其中，第三产业增加值5005.6亿元，增长11.5%，占生产总值的34.6%。人均生产总值38557元，比上年增长12.6%。

2012年陕西城镇居民人均可支配收入20734元，比上年增加2489元，增长13.6%，扣除价格因素实际增长10.8%。城镇居民人均生活消费支出15333元，比上年增加1550元，增长11.2%。全年农村居民人均纯收入5763元，比上年增加735元，增长14.6%，扣除价格因素实际增长11.2%。农村居民人均生活消费支出5115元，比上年增加619元，增长13.8%。

2012年末，陕西常住人口3753.09万人，比上年增加10.49万人。其中，城镇人口1877.3万人，占50.02%；乡村人口1875.79万人，占49.98%。

陕西是当代中国文化教育和科技高度密集区，全省共有高等学校97所，其中普通高等学校79所。作为文化资源大省和科技教育文化密集区的陕西省有较强的文化消费潜力。

陕西的公共文化设施和文化产业具有良好的基础。截止到2012年底，全省共有图书馆112个，文化馆120个；全省拥有国家综合档案馆119个，馆藏689.88万卷、197.69万件，其中省档案馆馆藏档案资料64.71万卷（册）、7.6万件；全省共有省级广播电视台1座，市级广播电台10座、电视台10座，县级广播电视台88座。

陕西经济社会强劲的发展态势和科技教育文化的综合实力为文化产业发展铺垫了坚实的基础。2012年陕西全年实现文化产业增加值500.4亿元，比上年增长31.4%，占生产总值的3.5%。全年出版报纸87种、7.2亿份、45.62亿印张；出版各类杂志266种、7819万册、5.3亿印张；出版图书6968种、1.7亿册、13.79亿印张。

旅游业一直是陕西发展文化产业最主要的相关领域和带动产业，依托文化资源建设旅游与文化相结合的园区和基地是西北地区最主要的做法。2012年陕西接待境内外游客2.33亿人次，比上年增长26.1%；旅游总收入1713.32亿元，增长29.3%。其中,接待入境旅游者335.23万人次,增长23.9%;旅游外汇收入15.97亿美元,增长23.3%;接待国内游客2.29亿人次,增长26.5%;国内旅游收入1609.52亿元,增长29.8%。

(二)陕西推进文化强省建设的战略规划

2012年5月7日,中国共产党陕西省第十二次代表大会在西安开幕。陕西省委书记赵乐际在工作报告中指出,今后五年陕西的奋斗目标是全面建设西部强省,主要标志是"三强一富一美",即经济强、科教强、文化强、百姓富、生态美。文化强,就是覆盖城乡的公共文化服务体系基本形成,文化产业占生产总值的比重达到6%以上。赵乐际强调,全面建设西部强省,文化建设是引领。2011年底,陕西省委在贯彻落实十七届六中全会精神时,明确提出陕西省文化发展改革的目标是:到2020年,建成与本省经济社会发展水平相适应的文化发展格局,文化建设的各项主要指标处于全国前列;适应人民群众需要的文化产品更加丰富,精品力作不断涌现;公益性文化事业进一步繁荣,覆盖全省城乡的公共文化服务体系全面建立;文化产业快速发展,2015年实现增加值占全省GDP的5%以上,成为国民经济重要的支柱性产业,2020年文化产业增加值在"十二五"的基础上再翻一番。为了实现上述目标,陕西省将实施建设文化强省"八大工程",即核心价值引领工程、宣传舆论导向工程、文化精品繁荣工程、文化遗产传承工程、公共文化服务工程、文化产业发展工程、文化改革创新工程和文化人才建设工程。①

(三)陕西健全公共文化服务体系的举措

1. 陕西省加快完善基本公共文化服务体系。

截至2012年底,陕西省加快完善基本公共文化服务体系,免费开放50家博物馆,积极举办文化下乡和农村电影放映活动,为3610个行政村和社区配送了文化活动器材,全面完成了25万户广播电视户户通和行政村农家书屋覆盖任务。2013年,陕西省仍将不断健全公共文化体系,加强文化阵地设备配送和农家书屋管理使用工作,进一步搞好"三馆一站"免费开放。加快建设省第二图书馆、考古博物馆等重点项目,完成市县两级图书馆、文化馆、剧院改扩建和重点镇综合文体中心建设任务。②

2. 陕西政府购买公共演出服务的政策。

为推进文化强省建设,2012年陕西省财政厅和文化厅联合制定了《陕西省省

① 任学武:《以"八大工程"推进文化强省建设》,《中国文化报》2012年5月9日。
② 任学武、雷洁:《陕西不断健全公共文化服务体系》,《中国文化报》2013年1月29日。

级政府购买公共演出服务试行方案》。按照“市场运作、政府买单、群众看戏”的原则，由省财政出资分别采取成本购买和场次补贴的方式，为陕西省城乡居民每年购买或补助2000场免费或低价高质的文艺演出，从而积极引导和鼓励文艺院团为老百姓创作演出更多更好的剧目。2013年仍将认真落实这项政府购买公共文化产品的政策。

3．陕西支持文化发展的财税政策。

2012年，陕西省出台了《关于支持文化大发展大繁荣若干财税政策的意见》，推出“十二五”期间支持文化事业繁荣文化产业发展的一揽子财税政策，以激励文化企业壮大发展。2012年陕西省财政专门设立5000万元民营文化发展专项资金，并通过股权投资、贷款贴息等方式支持民营文化企业发展壮大，对新进入全国500强或全国上规模民营企业排序前500名的民营文化企业，陕西按企业实际缴纳的各项地方税收收入总额的1%，由省财政给予一次性奖励。

（四）第六届中国西部文化产业博览会

2012年9月7日至10日，第六届中国西部文化产业博览会在西安曲江国际会展中心举办。第六届中国西部文化产业博览会由国家文化部、广播电影电视总局、新闻出版总署和陕西省人民政府共同主办，西部其他十一省、自治区、直辖市协办，西安市人民政府承办。本届西部文博会以“创新、改革、发展、繁荣”为主题，展览面积达到5.5万平方米。共设置有“文化改革主题馆、文化创新交流馆、文化发展产业馆、文化繁荣节庆馆以及文化创意产品馆”5大展馆、15个专题展区、2616个国际标准展位，参展单位和企业远超过往届，展览面积为历届文博会之最。本届文博会共征集签约项目68个，总签约额约825亿元。本届西部文博会的“三个首次”具有开创性：首次增设网上文博会，首次设立了西部文创产品常态展示中心，首次设立开幕晚会及主题论坛。

（五）陕西文化体制改革

2012年陕西省文化体制改革重点是文化企业实现集团发展和战略突破。陕西文化产业发展的思路是实施龙头带动战略，通过创建一批大集团、大项目、大园区，有力带动陕西省文化产业的大繁荣、大发展。2012年，陕西西咸新区发展集团、陕西旅游集团和西部电影集团共同发起成立的陕西西咸文化旅游产业集团，注册资本20亿元，将以文化产业带动区域发展为特色，依托西咸新区深厚的周秦汉唐历史文化资源和新区区域城市融合发展战略，在文化教育、特色文化旅游产业项目投资及运营、文化园区建设、出版传媒、演艺会展、影视制作与发行及地产开发等诸多领域展开宏大布局。

2012年,陕西演艺集团在转企改制进入第三年后各项工作实现新的突破。首演的交响套曲《长安》打出了西安又一文化名片;轰动海外、正在日本巡演的乐舞诗《长安月》"以销定产"昂首"走出去";载誉而归,皮影剧《来自中国的三个传说》游历归来重新打磨,一举将木偶界的最高国际奖项揽入囊中;全新运作,大型情景音画《延安颂》不但成功开拓陕北旅游演出市场,而且开创运营新范式。陕西演艺集团顺利完成转企改制,市场化道路越走越畅。[①]

二、甘肃省文化产业发展概述

(一)甘肃省情与文化产业概况

甘肃省面积45平方公里,占全国4.72%。2012年末甘肃全省常住人口为2577.55万人,比上年末增加13.36万人。其中,城镇人口998.80万人,占38.75%,比重比上年提高1.6个百分点;乡村人口1578.75万人,占61.25%。全年城镇居民人均可支配收入17156.89元,比上年增长14.47%;城镇居民人均消费性支出12847.05元,增长14.82%。农村居民人均纯收入4506.7元,增长15.3%;农村居民人均生活消费支出4146.2元,增长13.1%。

2012年甘肃实现生产总值(GDP)5650.2亿元,比上年增长12.6%。其中,第三产业增加值2269.2亿元,增长12.5%,占比40.2%。

2012年甘肃国内旅游人数7824.26万人次,比上年增长34.29%;国内旅游收入469.65亿元,增长41.22%。全年境外入境旅游人数10.2万人次,比上年增长12.02%。其中,外国人6.69万人次,增长22.39%;港澳台同胞3.51万人次,下降3.57%。全年国际旅游外汇收入2235万美元,比上年增长28.47%。

2012年末甘肃共有文化馆103个,公共图书馆103个,博物馆(含纪念馆)150个,艺术表演团体73个,广播和电视综合人口覆盖率分别为96.89%和97.56%,分别比上年提高3.19和3.51个百分点。有线电视用户201.18万户,下降8.75%;有线数字电视用户161.77万户,增长9.47%。省级报纸出版5.02亿份,比上年增长4.09%;期刊出版1.18亿册,增长5.3%;图书出版7112万册(张),增长5.4%。

(二)甘肃文化产业重要事件

1. 首届国际文化产业大会暨第五届甘肃文博会举行

2012年8月30日至9月4日,首届国际文化产业大会暨第五届甘肃省文博

---

① 秦毅、陈艳、杨浩宁:《2012,陕西"演艺航母"再提速》,《中国文化报》2012年7月12日。

会在嘉峪关市举行。首届国际文化产业大会以“华夏文明与国际文化产业发展”为主题,第五届甘肃省文博会以“创意无限、创造未来”为主题。会议共邀请到参会嘉宾700多名,有来自25个国家、地区的政要和政府官员、教育研究机构和相关组织协会的负责人、知名公司企业的高管参加,其中境外企业46家,“财富”500强、“福布斯”2000强企业16家,国内文化企业62家,项目签约投资方代表42家,省内文化企业24家。大会招商引资成效显著,共签约文化产业合作项目42个,签约资金225.3亿元,涵盖文化旅游、文化体育等众多领域。①

2. 丝绸之路首批跨国申报世界遗产名单

2013年3月4日,国家文物局公布了22处丝绸之路首批跨国申报世界遗产名单,甘肃省有5处文物点入选,分别为玉门关遗址、悬泉置遗址、锁阳城遗址、麦积山石窟、炳灵寺石窟。②

(三)甘肃文化体制改革

2012年甘肃省直国有文艺院团的转企改制驶上了快车道。2012年4月15日,甘肃省演艺集团有限责任公司正式挂牌成立。甘肃省演艺集团有限责任公司以省歌舞剧院、省话剧院、省秦剧团、省京剧团、省杂技团、省曲艺团六个省直院团和省演出公司、省舞台美术工厂等省直文化单位的资产为基础,按照现代企业制度的要求组建而成,为省属大型国有独资文化企业。省歌剧院、省陇剧院保留事业单位性质,实行企业化管理,由省演艺集团公司代管。该集团公司的成立,标志着甘肃省省直国有文艺院团体制改革迈出了新的步伐。2012年5月28日,甘肃省歌舞剧院有限责任公司作为甘肃省演艺集团成立以来首个正式亮相的子公司正式揭牌成立。2012年5月29日,甘肃省曲艺团有限责任公司正式挂牌成立。2012年5月30日,甘肃省京剧团有限责任公司、甘肃省话剧院有限责任公司相继挂牌成立。2012年5月31日,甘肃省秦剧团有限责任公司作为省直国有文艺院团转企改制中的最后一家也正式挂牌成立。至此,甘肃省直国有八大文艺院团中,除了甘肃省歌剧院和甘肃省陇剧院保留事业体制外,甘肃省省直国有文艺院团的转企改制全部完成。全省范围内的79家国有文艺演出院团中,中央批准7家保留事业体制,省上批准3家划转、6家撤销,其余63家全部转制为企业。甘肃省国有文艺院团体制改革全面完成。据初步统计,注销事业法人72家,核销事业编制数2826个。甘肃省文化建设迎来了具有里程碑意义的一次重大变革。③

① 董开炜:《首届国际文化产业大会暨第五届甘肃文博会落幕》,《兰州晨报》2012年9月7日。
② 安君吉:《丝绸之路跨国申遗甘肃5处文物点入选》,《西部时报》2013年3月12日。
③ 李鹏、刘亚琼:《甘肃省直文艺院团转企改制全部完成》,《鑫报》2012年6月1日。

（四）甘肃文化产业发展规划

为建立起适合甘肃省的“6551”文化产业体系，甘肃省将积极培育文化创意、节庆会展、数字内容、动漫游戏和移动多媒体等5个新兴文化产业。在培育文化创意产业中，将依托网络、报刊、广播电视等媒体，加快发展广告服务业；围绕城市建设和改造，加快发展房屋建筑工程设计服务业、室内装饰设计服务业以及园林景观设计服务业；发挥人才资源优势，加快发展产品造型设计、商业美术设计、服饰设计、工艺品设计、包装装潢及商标设计等专业设计服务。在培育节庆会展产业中，积极筹备第二届国际文化产业大会、第六届甘肃省文博会；继续办好伏羲大典、庆阳农耕文化节等传统节会，争取每个市(州)都能承办一个省级以上的大型节会。在培育数字内容产业中，运用数字技术对甘肃省文物、历史文化遗址遗迹、古籍典籍、书刊等进行加工处理；加快实施敦煌莫高窟、省博物馆、省图书馆的数字化建设，推动文化资源数据库等项目建设。在培育动漫游戏产业中，将利用省内科研资源搭建动漫公共技术平台；积极引进外省动漫企业，加快推出一批具有甘肃历史文化特色的系列动漫产品，扩大动漫服务外包规模。在培育移动多媒体产业中，将支持省广电总台发展移动多媒体广播电视、网络广播影视、数字多媒体广播、手机广播电视，开发移动文化信息服务、数字娱乐等增值业务，为各种便携显示终端提供内容服务。①

三、宁夏文化产业发展概述

（一）宁夏区情和文化产业概况

宁夏回族自治区是国内地域和人口小省区，总面积66400平方公里，不足全国面积的1%。2012年统计全区常住人口为647.19万人。

2012年宁夏全区实现生产总值2326.64亿元，按可比价格计算，比上年增长11.5%。其中，第三产业增加值967.9亿元，增长9.7%，占比41.6%。按常住人口计算，全区人均生产总值36166元，增长10.3%。

2012年宁夏城镇居民人均可支配收入19831元，比上年增加2253元，增长12.8%，扣除价格因素实际增长10.4%。2012年农民人均纯收入6180元，比上年增加770元，增长14.2%，扣除价格因素实际增长12.3%。

2012年宁夏接待国内外游客1340.89万人次，比上年增长14.6%。其中，国内游客1338.99万人次，增长14.7%；过夜入境旅游者1.90万人次，下降2.5%。

---

① 李满福:《甘肃省将培育五个新兴文化产业》,《西部时报》2013年3月1日。

其中，外国人1.43万人次。接待过夜国内游客734.19万人次，增长17.2%。实现旅游总收入103.39亿元，增长22.8%。其中，国内旅游收入103.05亿元，增长23.0%。全区实现旅游外汇收入545.1万美元。

2012年末宁夏全区共有博物馆6个，公共图书馆27个，国家综合档案馆27个，文化馆28个，各类艺术表演团体37个。全年地方出版报纸24种，出版杂志36种，出版图书1760种。广播综合人口覆盖率95.2%，有线电视数字用户83.21万户，电视综合人口覆盖率98.9%。

（二）宁夏文化产业发展规划

2012年宁夏重点实施"一十百千万"文化产业发展倍增计划。根据该计划，宁夏将力争规划建设一个文化创意示范园区，发展十大文化产业业态、十个重点文化产业示范基地、十个特色文化产业街区、十个特色文化产业专业村镇、十个地方特色系列文化产品、十个民族特色文化品牌、十大演艺动漫游戏精品，培育一百家星级文化企业和一千名文化产业致富带头人，带动十万人在文化产业领域创业就业，确保增加值年均增长15%以上，为把文化产业培育成为宁夏重要的支柱产业打下坚实基础。此外，宁夏还将高起点规划建设自治区文化创业创意示范园区，推进黄河文化园、华夏石刻艺术园、星海湖文化产业园、固原文化城和《一千零一夜》影视城等项目的实施，推动中华回族第一街、西夏文化创意特色示范街区等建设，加快建设宁夏软件动漫园，抓好西夏多媒体庄园等重点项目的规划论证，做好第五批国家级文化产业示范基地和第四批国家级文化产业示范园区申报工作。①

（三）宁夏文化产业重要事件

2012年2月，宁夏荣获中央宣传部、国家文部、国家广播电影电视总局、国家新闻出版总署授予的"全国文化体制改革工作先进地区"的称号。

2012年8月23日，第十届中国西部民歌（花儿）歌会在永宁县中华回乡文化园隆重举行。歌会由文化部社会文化图书馆司牵头，会同西部12个省区市以及新疆生产建设兵团文化厅（局）等共同主办，并特邀全国各省区的回族自治州（县）参加。来自西部12个省区市以及新疆生产建设兵团代表队的近200名歌手，以歌传情、以歌会友，与现场近万名观众共同唱响中华民族大团结主旋律。

2012年12月20日，由宁夏回族自治区政府主办的宁夏文化旅游产业重点项目推介签约仪式在北京新闻大厦举行。此次宁夏精选了国家级星海湖文化产业

① 房名名：《宁夏启动文化产业倍增计划》，《宁夏日报》2012年2月22日。

试验园区、华夏河图·黄河艺汇文化创意产业园区、黄河横城文化旅游基地、新科动漫合作发展、蓝平企划文化创意产业园、金茂国际生活港等6个文化旅游项目进行现场推介。同时,宁夏黄河出版传媒集团、宁夏广电传媒集团有限公司、宁夏看天下杂志社有限公司、石嘴山市文化旅游局、宁夏西夏城文化旅游开发有限公司、宁夏新科动漫产业有限公司、宁夏优享生活杂志社有限公司,分别与合作的企业单位现场签署了阿文出版、购物电子信息产业园、杂志运营、万寿文化园建设、文化旅游音乐剧创作等11个重点文化旅游项目。[①]

四、青海文化产业发展概述

(一)青海区情与文化产业概况

青海面积72.23万平方公里。2012年末全省常住人口573.17万人。按城乡分,城镇271.92万人,占常住人口的47.44%;乡村301.25万人,占52.56%。青海是地域大省,人口小省,是著名有三江源所在地,有"江河源头""中华水塔"之称。居住着汉、藏、回、土、撒拉、维、蒙古、哈萨克等民族,属于少数民族居住区。

2012年青海省生产总值(GDP)为1884.54亿元,按可比价格计算,比上年增长12.3%。其中,第三产业增加值615.75亿元,增长11.1%,占三次产业结构的32.7%。

2012年青海在全国GDP排名为第30名,人均GDP排名为第21名,西北地区第4名。

2012年城镇居民人均可支配收入17566.28元,比上年增长12.6%;城镇居民人均消费性支出12346.29元,比上年增长12.7%。全年农牧民人均纯收入5364.38元,比上年增长16.4%;农牧民人均生活消费支出5338.94元,比上年增长17.7%。

截止到2012年末,青海全省有艺术表演团体26个;文化馆55个,公共图书馆49个,博物馆22个;广播电台4座,中短波广播发射台和转播台21座,广播综合人口覆盖率达到94.1%,比上年末提高2.5个百分点;电视台9座,电视综合人口覆盖率达到96.3%,比上年末提高0.6个百分点。全年出版杂志、报纸、图书分别为53种、27种和987种,出版量分别为445万册、10250万份和1431万册(张)。

2012年青海接待国内外游客1581.48万人次,比上年增长12%。其中,国内游客1576.75万人次,增长12.1%;入境游客4.73万人次,下降8.6%。旅游总

① 房名名:《我区11个重点文化旅游项目签约》,《宁夏日报》2012年12月21日。

收入123.75亿元,增长34.1%,其中国内旅游收入122.16亿元,增长34.9%。

2012年,中国人民大学文化产业研究院向社会发布了《中国省市文化产业发展指数(2012)》,青海省文化产业生产力指数首次入围全国前十,居第九位。2012年中国省市文化产业发展指数包括文化产业综合指数、生产力指数、影响力指数和驱动力指数。青海省文化产业生产力指数的大幅度跃升,得益于近年来该省对文化产业发展的扶持和投入。2011年,青海省委、省政府专题召开了全省文化改革发展大会,明确提出建设文化名省的目标任务,相继出台了《关于加快文化改革发展建设文化名省的意见》《关于促进青海省文化改革发展政策措施的意见》《关于实施"十二五"文化建设"八大工程"的意见》等文件。青海先后培育出国家文化产业示范基地八家,仅次于陕西列西北地区第二位。2011年至2012年,青海省规划建设的27个文化产业项目,累计投资达10.2亿元。①

青海拥有国家级非物质文化遗产名录57项,省级名录93项;国家级非物质文化遗产项目代表性传承人40名,省级代表性传承人113名;六个国家文化产业示范基地,是拥有国家级文化产业示范基地最多的西部省份之一。此外,还有省级文化产业示范基地51家,文化产业示范园八家,文化产业示范户十户。这些涵盖了工艺美术、民族演艺、民族刺绣、民族服饰、黄河奇石、文化旅游产品开发等多个领域,形成了工艺美术行业重点推进,民族歌舞演艺、印刷出版、艺术培训等门类协调发展的新格局。②

(二)青海文化产业发展规划及相关政策

1. 青海全力推进文化名省建设

2013年将是青海推进文化名省建设的关键一年。全省文化工作将以推进改革创新为动力,以实施"十二五规划"和"八大工程"为重点,全力推进文化名省建设。一是继续完善公共文化服务体系。二是增强文化发展的内在动力。各地要坚持文化工作重在建设的方针,转变发展方式;各级文化行政部门要把工作职责转到政策调节、市场监管、社会管理和公共服务上来;要继续深化国有经营性文化单位转企改制工作。三是继续加强文化遗产保护。继续扎实开展好丝绸之路申遗、长城资源调查、玉树重建工作;认真做好喇家遗址保护利用项目工程;继续做好非物质文化遗产保护工作。四是稳步促进文化产业发展。尽快研究制定贯彻国家文化产业发展规划的实施意见,出台符合我省实际的文化产业发展政策;要

① 李欣:《我省文化产业生产力指数跻身全国前十位》,《青海日报》2013年1月5日。
② 罗藏、吴彬:《进一步支持青海文化产业发展》,《青海日报》2012年3月14日。

实施好已确定的文化产业园区、聚集区项目和重点项目;要充分引入市场机制,吸引社会资本、民间资本和外来资本投资兴办文化产业;要加强文化产品市场和要素市场的建设,建立健全门类齐全的文化产业市场和文化生产要素市场。①

2. 青海支持文化产业发展的工商政策

2012年青海省工商局颁布了《关于支持文化产业市场主体发展的意见》,提出19项支持文化产业市场主体发展、促进文化名省建设的具体措施。一方面,《意见》指出,支持成长性好、竞争力强的非公有制文化企业跨地区、跨行业、跨所有制开展兼并重组,参与国有经营性文化单位转企改制。以培育一批核心竞争力较强的大型文化企业为重点,加强对青海报业发行集团、青海昆仑传媒集团等组建过程中的指导。同时,加强对青海文化产业投资公司、青海人民出版社有限公司等企业组建过程中的跟踪指导。另一方面,《意见》指出,放宽文化企业名称和经营范围核准条件。对文艺院团、非时政类报刊等文化事业单位改制为企业,允许企业名称使用原事业单位名称或符合企业名称登记规定的其他名称;放宽文化企业集团组建条件。减轻小型微型文化企业负担,三年内免收设立、变更登记费和年检费、执照工本费;放宽文化企业出资方式、文化企业住所限制。加大文化企业商标培育力度,加强对拥有自主知识产权、弘扬民族优秀文化企业注册商标的培育,积极帮助申请注册商标。此外,青海省各级工商部门还将加强文化产业市场主体监管。

3. 西宁支持文化旅游产业发展的政策

2012年4月28日西宁市出台了《关于贯彻建设文化名省战略加快文化改革发展的实施意见》《关于文化旅游产业融合发展的意见》以及《关于进一步加快旅游业发展的实施意见》,就推动西宁文化旅游新一轮科学发展进行了全面安排部署。西宁市加快文化旅游产业融合发展的奋斗目标是:到2015年,立足品牌发展,强化推介,借助媒体不断提高西宁知名度,提升文化旅游产业品质,通过精细化规划、建设、管理和服务,以满足消费者多层次文化旅游需求为落脚点,不断提高管理水平,拓展服务内容,增强西宁文化旅游的认同感。立足绿色发展,通过区域定位,优化产业结构,培育各类市场主体,鼓励市场竞争,盘活存量,整合资源,优化投资环境,使文化旅游产业逐步成为富民强市的支柱产业。②

(三)青海的文化资源与文化产业基地

截至目前,青海文化新闻出版系统基础设施建设总投入资金12.3亿元,实施

① 李欣:《全力推进文化名省建设》,《青海日报》2013年1月22日。

② 韩易桦、晓姝:《西宁市力促文化旅游产业大发展》,《青海日报》2012年5月4日。

了乡镇综合文化站建设、文化信息资源共享、文化进村入户、送书下乡、农牧家书屋等工程；实施了文化进社区、文化基础设施装备等工程。

西宁市、格尔木市的六个社区被评为全国文化先进社区；青海小屋获北京奥运会“中国故事”展示活动最佳团队奖；海东、海南等地的29个乡被文化部命名为中国民间文化艺术之乡；大通县文化馆、祁连山文艺演出队等18个集体获全国“服务农民、服务基层”先进集体称号。①

近年来，青海省创作完成大型剧目35台，涉及多个艺术品种，群众文化活动蓬勃开展。青海省二个节目获第十五届“群星奖”大奖，六个社区被评为全国文化先进社区，29个县乡被文化部命名为中国民间文化艺术之乡，18个集体获全国“服务农民、服务基层”先进集体称号。全省有国家级文化产业示范基地六个，省级文化产业示范基地（单位）、示范园示范户34个。青海拥有各类文化经营单位1664家，投入资金350万元，培训农牧民群众5500多人。②

（四）青海文化产业品牌

2011年出版的《2011中国文化品牌报告》，在200个中国最具影响力的文化品牌中，环湖赛以21.6亿元的身价，位列体育休闲与文化旅游品牌类第十位，是中国第二个上榜的体育赛事，也是西部唯一上榜的品牌。

青海湖国际诗歌节被评为世界十大文化名人重大文化创意之一，跻身当今七大国际诗歌节之列。国际山地纪录片节成功举办了两届，在世界纪录片界引起强烈反响。环青海湖国际公路自行车赛、青海高原世界杯攀岩赛、国际抢渡黄河极限挑战赛，并称青海三大国际体育品牌。经过积淀深厚文化的浸润，这片大陆上越发闪耀着国际文化品牌的灿灿光芒。

《青海省“十二五”文化产业发展规划》将全力打造“一地一品”特色文化品牌，到“十二五”末，初步形成地方特色明显、文化产业初具规模的特色文化品牌群。西宁市要打造“多元文化”品牌；海东地区要打造“河湟文化”品牌；海南州要打造“黄河文化”品牌；海北州要打造“青海湖文化”品牌；黄南州要打造“热贡文化”品牌；海西州要打造“柴达木文化”品牌；玉树州要打造“康巴文化”品牌；果洛州要打造“玛域格萨尔文化”品牌。③

在国家商标局认定公布的699件驰名商标名录中，湟中八瓣莲花文化传播有限公司申报的“八瓣莲花 BABANLIANHUA”荣获全国驰名商标称号，这也是青海

---

① 王琼瑶：《开启文化名省建设新征程》，《青海日报》2012年5月10日。
② 苑玉虹：《我省藏区实现公共文化服务体系全覆盖》，《青海日报》2013年1月5日。
③ 杨华：《文化品牌，青海“金名片”》，《青海日报》2012年7月9日。

省第一个文化旅游产业全国驰名商标。目前,全县"八瓣莲花"文化旅游产业龙头企业发展到十家,生产基地三十个,加工点三百余处,省内外销售网点500多个,有省市级文化产业示范基地八个,文化产业从业人员1.8万余人,已成为湟中县乃至全省鲜亮的特色文化产业品牌。2012年实现文化产业产值3.8亿元,其中"八瓣莲花"特色产业产值达3.4亿元,实现旅游综合收入达4.66亿元,有效地带动了湟中特色文化旅游产业的融合发展。[①]

五、新疆维吾尔自治区文化产业发展概述

(一)新疆维吾尔自治区区情

新疆维吾尔自治区位于亚欧大陆中部,是世界上距离海洋最远的地方,地处中国西北边陲,总面积166.49万平方公里,占中国陆地总面积的六分之一。新疆周边与俄罗斯、哈萨克斯坦、吉尔吉斯斯坦、塔吉克斯坦、巴基斯坦、蒙古、印度、阿富汗等8个国家接壤,陆地边境线长达5600多公里,占中国陆地边境线的四分之一,是中国面积最大、陆地边境线最长、毗邻国家最多的省区。新疆也是我国最主要和最多少数民族聚集区,生活在新疆的许多民族属于跨境民族。

新疆2012年末统计人口2232.78万人。其中,城镇人口981.98万人,乡村人口1250.8万人。

新疆2012年实现地区生产总值(GDP)7530.32亿元,比上年增长12%。其中,第三产业增加值2649亿元,增长12.3%。全年城镇居民人均可支配收入17921元,比上年增长15.5%;人均消费性支出13892元,增长17.3%。农村居民人均纯收入6394元,比上年增长17.5%;人均生活消费支出5245元,增长19.3%。

新疆与文化产业相关的旅游业增长较快。2012年接待入境旅游149.8万人次,比上年增长13.1%;旅游外汇收入5.51亿美元,增长18.4%。接待国内旅游4711万人次,增长23.0%;国内旅游收入542亿元,增长31.8%。

新疆2012年末共有艺术表演团体109个,文化馆108个,公共图书馆102个,博物馆73个,国家综合档案馆109个。拥有广播电台6座,电视台8座,广播电视台88座,中、短波广播发射台和转播台64座。广播综合人口覆盖率95.34%。电视综合人口覆盖率95.62%。有线电视用户216.81万户,增长

① 苏建平:《湟中"八瓣莲花"成为我省首个文化旅游产业全国驰名商标》,《青海日报》2013年2月28日。

5.4%,其中,有线数字电视用户200.28万户,增长7.6%。拍摄故事片1部,译制少数民族语故事片256部。广播电视农村直播卫星用户121.51万户。

（二）新疆文化产业新况

2012年,"现代文化促进周"的启动、乌鲁木齐独立组团参展第三次文博会、"7坊街"创意产业集聚区不断繁荣给群众带来丰富的文化生活。2012年11月3日,投资二十亿元的乌鲁木齐市文化中心开工奠基,包括大剧院、音乐厅、规划展示馆、博物馆、图书馆、文化馆等六大文化设施项目开工建设。建成后的乌鲁木齐市文化中心将成为展现乌鲁木齐城市魅力的一座标志性建筑,对于完善乌鲁木齐职能、提升城市整体形象、繁荣城市经济将起到重要作用。三百多场惠民演出,受惠观众达到19.5万余人次;"三馆"免费开放,全年服务各族群众七十余万人次;全年放映公益电影8616场(次);"7坊街"创意产业集聚区年交易值达5000万元以上。①

截至目前,乌鲁木齐拥有市级公共文化场馆四个、纪念馆三个,区(县)文化馆八个,街道(乡镇)文化站94个,社区(农村)文化活动室440个、农家书屋145个。2012年,还要相继开工建设乌鲁木齐大剧院(音乐厅)、市博物馆、市文化馆(美术馆)、市体育馆等一大批文化重点工程,健全的文化服务网格体系,为丰富群众精神文化生活奠定了良好的基础。②

两年来,市委、市政府大力实施了一系列文化惠民工程。持续推进广播电视"村村通"工程,完成了全市26个乡(镇)、175个行政村大喇叭广播覆盖工程,解决了全市257个自然村、11558户边远地区农牧民群众听广播、看电视难的问题。实施公益电影放映工程,组建了52支社区(农村)公益电影放映队,两年来放映公益电影1.6万余场,观众累计超过150万人(次),为各族群众搭建了"家门口的电影院",在全国率先实现了城乡公益电影全覆盖。积极实施"东风工程",两年来累计免费向全市22个乡镇和174个行政村赠送报纸39种50余万份,期刊16种8万余份,图书1206种20余万册,音像制品118种2万余盒。这些集报刊阅读、文艺娱乐、科普培训和信息服务等各类文化活动于一体的文化惠民工程,进一步打开了群众的思想视野,保障了群众的基本文化权益。

两年来,乌鲁木齐积极实施文化创作精品战略,努力打造乌鲁木齐文化品牌,打造了一批思想深刻、群众喜闻乐见、打动人心的优秀文化产品,并以此引导全市文艺创作方向,不断满足各族群众多层次多样性的文化需求。全市各艺术表演团

---

① 刘盼:《首府今年文化发展成果斐然》,《乌鲁木齐晚报(汉)》2012年12月19日。

② 史轩:《文化建设掀起新篇章》,《乌鲁木齐晚报(汉)》2012年5月17日。

体不断推陈出新,加大了优秀剧目的创作生产力度,推出了大型音画剧《美好家园》、京剧《丫头医生》、儿童音乐舞蹈剧《阳光少年》、秦腔《毛泽民在新疆》、电视专题片《谜一样的乌鲁木齐》、电影《乌鲁木齐的天空》,在广大市民心中打造出了一批留得住、叫得响的优秀文艺精品,使群众走近艺术、使艺术走入生活。

两年来,乌鲁木齐文化产业快速发展,初步形成了较为齐全的文化产业门类,以及日渐完善的文化市场体系和运行机制。目前,全市拥有一个国家级文化产业示范基地、四个市级文化产业示范基地、一个市级文化创意产业基地,其中"7坊街"文化创意产业园已成为新疆文化创意产业的聚集区。2012年,规划面积超过一千亩的乌鲁木齐市文化产业园区将破土动工,届时,中央援疆的一大批文化援疆项目将入驻园区,必将成为乌鲁木齐文化产业发展的又一增长极。截至2011年12月,全市共有各类文化市场经营单位3000余家,从业人员三万余人,全市文化产业总收入突破120亿元,文化产业现价增加值突破30亿元,以公有制为主体、多种所有制共同发展的文化产业格局已然形成。

(三)新疆文化产业发展规划与相关政策

2012年新疆制定了《关于加快自治区文化发展的若干政策》,从大力发展文化事业、深化体制机制改革、扶持文化产业发展、土地扶持政策、财税扶持政策、市场准入政策、投融资政策、人才政策、奖励政策等方面推动新疆由文化资源大区向文化发展大区跨越。该文件在2012年安排2000万元基础上,到2015年达到5000万元。专项资金采取贴息、补助、奖励等方式,重点支持文化旅游、传媒业、演艺业、影视业、广电网络、出版行业、动漫业、体育产业、美术摄影行业、宝玉石行业、民族手工艺品等文化产业发展。

2012年乌鲁木齐出台了《乌鲁木齐市、区(县)政府购买文化惠民演出暂行办法》、《乌鲁木齐市进一步加强基层宣传文化队伍建设暂行办法》,以及《关于贯彻自治区党委文化工作会议精神加快推动乌鲁木齐文化大发展大繁荣的实施意见》,从体制、机制上为文化建设提供坚实保障。

(四)新疆文化产业重要事件

2012年3月16日,新疆动漫产业联谊会成立大会在乌鲁木齐举行。乌鲁木齐十余家动漫企业和动漫教育院校联姻,成为首批联谊会成员。[①]

2012年4月28日,新疆首家文化创意产业园在克拉玛依开工。整个园区规划主要由石油工业遗产博览、文化创意产业、文化艺术、展览展示、文化休闲、文化

① 李庆勤:《新疆动漫产业联谊会成立》,《新疆日报(汉)》2012年3月19日。

旅游、中央文化时尚休闲七个模块组成。

2012年5月中旬，第八届中国（深圳）国际文化产业博览交易会上。本届文博会新疆团签约253.62亿元，在去年基础上增长了近20倍，成绩喜人。

2012年8月1日，新疆艺术品产业联谊会成立。联谊会由自治区文化厅牵头成立，各艺术品企业及艺术教学机构共同发起参与，新疆奥生投资有限公司、新疆七坊街创意产业投资有限公司、新疆大漠画廊、八大画廊及新疆艺术学院、新疆教育学院美术分院等数十家艺术品从业机构和教育机构等首批成员单位参加了大会。①

2012年9月18日，新疆文化创意产业联谊会成立。联谊会由自治区文化厅联合疆内众多文化创意企业、文化创意研究机构共同成立，新疆野马集团有限公司、七坊街文化创意产业集聚区、普拉纳广告有限公司、新疆元创文化传媒有限公司、新疆德威龙文化传播有限公司等近三十家疆内知名文化创意企业代表参加成立大会。②

2013年3月4日，国家文物局公布了22处丝绸之路首批跨国申报世界遗产名单，其中新疆维吾尔自治区有六处入选，分别是高昌故城、交河故城、克孜尔尕哈烽燧、克孜尔石窟、苏巴什佛寺遗址、北庭故城遗址。

第三节　西北地区文化产业面临的问题与对策

第一，文化产业特色不鲜明。西北地区文化产业的最大优势是丰富的文化资源，然而，西北各省的文化产业发展仍然缺乏突破点，缺乏对文化资源某些关键点的掌控。因此，应深刻挖掘自身所拥有的特色文化资源，并通过对特色资源的产业发展节点的掌控整合产业要素，构建特色鲜明的文化产业。

第二，非物质文化遗产传承人面临断绝。西北地区文化产业的最大优势是丰富的文化资源，西北地区也是我国非物质文化遗产丰富的地区，然而，当前“非遗”保护未得到全社会足够重视，“非遗”保护目前普遍存在后继乏人、众多项目濒临灭绝的困境。因此，对“非遗”进行保护和发展，是摆在我们面前的重要任务。

第三，需要探索文化与旅游的融合之道。西北地区发展文化产业的基本模式

① 李莉：《新疆艺术品产业联谊会成立》，《新疆日报（汉）》2012年8月4日。
② 李莉：《为文化创意产业发展架“金桥”》，《新疆日报（汉）》2012年9月19日。

是依托文化资源,以旅游与文化产业结合的文化产业园区模式。这种模式扩展到离中心城市较远的地方,就显示出这种模式的局限性。因此,应重点探讨如何创造新的更加适合西北地区可持续发展的模式。

第四,缺乏创意和创新能力,文化产业水平低下。西北地区文化产业发展的产业要素,几乎全部集中在对于文化资源的依赖。文化企业与产品的创意、生产、运营、营销、传播等方面较弱,陷入文化资源"大省、大区、大市"和文化产业"小省、小区、小市"的困惑之中。西部地区的文化资源,从内容创意和生产的角度看,文化产业对所谓文化资源的依赖性其实很弱。文化产业发达之地并不一定在文化资源丰富之地,而在于具有强大的创意和创新能力。因此,西北地区如何破解这一矛盾和难题,寻找快速发展之路,仍然是西北地区发展文化产业必须面对的核心难题。

第五,文化产业资本资金短缺、融资难。西北地区文化产业总体情况是起点低、规模小、集约化程度低、产业要素短缺、产业增加值占同期 GDP 比重小等问题,而文化企业普遍存在着资金短缺、融资难、整体实力弱、发展后劲不足等问题。

西南地区文化产业年度发展报告

洪　波　杨　岚*

第一节　区域经济和文化产业发展综述

2012年前三季度，西南五省区实现国内生产总值24861.91亿元，占全国总量的7%。其中，渝、川、贵、云、藏地区生产总值分别为8158亿元、17536.51亿元、4400.08亿元、6700.3亿元、498.72亿元，各省市区增速分别为13.8%、12.8%、13.8%、12.6%、11.4%，增长势头较上年同期均有所放缓，四川省依然以17536.51亿元的GDP总量列居五省之首（见图2-8-1、图2-8-2）。最新数据显示，2012年全年，同全国平均水平相比，重庆、云南、四川这三个省（区、市）的增速均超过了全国水平。

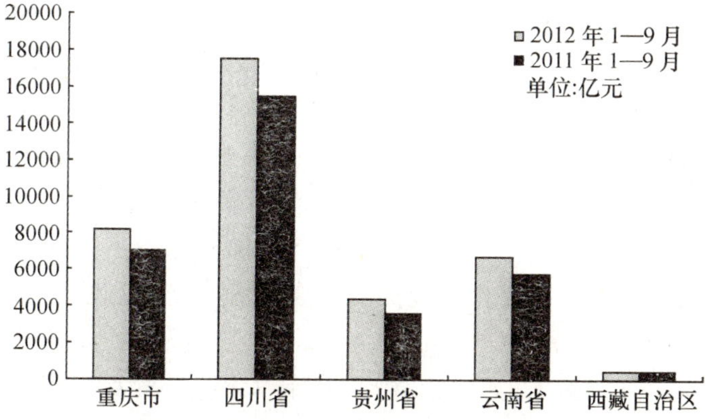

图2-8-1　国内生产总值累计值

数据来源：中国经济统计数据库。

* 洪波，云南艺术学院艺术文化学院，法学硕士，副教授；杨岚，云南艺术学院艺术文化学院，管理学硕士，讲师。

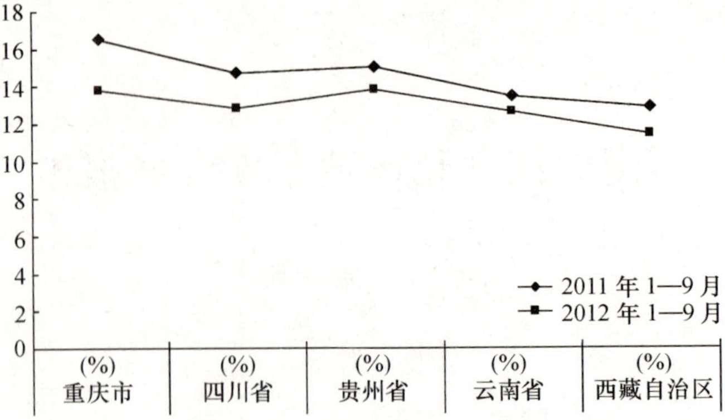

图 2-8-2 国内生产总值增速

数据来源:中国经济统计数据库。

而 2012 年云南 GDP 达 10309.8 亿元,首次突破万亿元,成为 2012 年唯一晋级中国万亿 GDP 俱乐部的新成员。

随着经济总量的进一步扩张,2012 年,西南五省依据独特资源禀赋在打造一批具有鲜明民族特色的重点文化产品的同时,建成了一批具有强大集聚效应的重点文化产业项目,文化产业发展环境进一步优化,文化产业增长速度明显快于经济增长速度,文化产业增加值在地区生产总值中的比重明显提高,文化产业对西南五省经济的贡献也稳步增加。以西南五省城镇居民的文化娱乐消费支出表现为例都有明显提高(图 2-8-3);可以预见的是随着西南五省居民家庭收入水平的不断提高以及文化产业投入力度的不断加大,居民用于该方面的支出将进一步增加,而随着文化产业投资的不断增加,文化场馆、休闲娱乐场所的不断涌现,居民的娱乐文化将会更加丰富多彩。但是将西南五省区文化消费与全国的平均水平横向比较发现仅以城镇为例,四川、重庆、贵州、云南均突破了千元大关,但各省市区城镇文化消费的绝对值均低于全国水平 1587.4 这个数字,本地文化消费水平的落后,有可能会制约本地文化产业的进一步快速发展,这也为当地政府制定产业政策提供了线索和依据。

我国从"十一五"时期开始提出建设"创新型国家"的目标,其中的建设重点就是要把增强自主创新能力作为发展经济的重要战略基点,而文化创意产业则以自主创新性强和其鲜明的产业特征受到我国各地政府的重视。在过去的一年里,西南五省各级政府也在政策规划制定、拓展文化市场等方面讲求特色,不断创新,深入挖掘本地文化资源的内在魅力,努力推动文化产业繁荣发展。

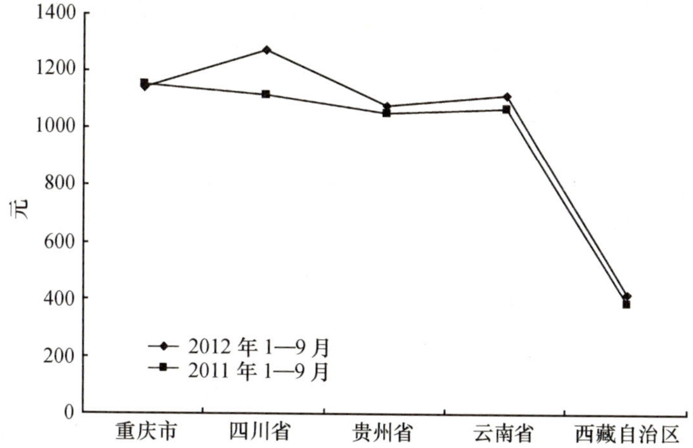

图 2-8-3　城镇居民文化娱乐服务支出

数据来源:中国经济统计数据库。

一、四川

统计显示,四川文化产业增加值从 2005 年的 116 亿元,已增加到 2011 年的 715 亿元,翻了两番多,年均增长 35% 以上。增长速度比全国平均水平高 15 个百分点,文化产业增加值位居全国第八、中西部第一位,占全省 GDP 比重达 3.4%。2012 年全年文化系统文化产业实现营业收入 998.5 亿元,实现文化产业增加值 271.2 亿元。全省文化系统内艺术表演团体 68 个,艺术表演场所 45 个,文化馆 205 个,文化站 4600 个,公共图书馆 171 个。国家级文化产业示范基地 13 个,省级文化产业示范基地 33 个。全年摄制电视剧六部,电影故事片 11 部;文化遗产保护进一步加强,全年新增博物馆 4 个,共有博物馆 148 个,文物保护管理机构 173 个,全国重点文物保护单位 128 处,省级文物保护单位 1062 处,市、县级文物保护单位 3351 处。全省博物馆纪念馆免费开放工作进入常态,全年接待观众 3597 万人(次)。国家级非物质文化遗产名录 120 项,省级非物质文化遗产名录 460 项。广播、电视综合覆盖率进一步提高。全省无线广播电台 8 座,电视台 8 座,广播电视台 158 座,中短波发射台和转播台 37 座。广播综合覆盖率 96.8%,比上年提高 0.2 个百分点;电视综合覆盖率 97.8%,比上年提高 0.1 个百分点。有线电视用户 1396.4 万户,比上年增加 56.1 万户。新闻出版和档案工作稳步推进。全年出版地方报纸 136 种 17.2 亿份;出版期刊 343 种,出版量 10816 万册;出版图书 8720 种,出版量 22391 万册;出版音像制品 120 种,电子出版物 300 种。

档案馆247个,其中国家综合档案馆203个。国家综合档案馆全年向社会开放各类档案543.1万卷。文化产业的快速增长,集聚效果明显的产业园区和基地体系成为促进产业发展的重要支撑。在四川省文化发展"十二五"规划中,"一核四带"的文化产业区域布局,形成了四川省文化产业跨越式发展的一股强劲动力。2012年2月29日,巴中南龛山,该市首个文化产业集聚平台——南龛文化产业园正式开工,项目总投资20亿元,总体规划面积13.8平方公里,包括历史文化体验区、红色文化展示区、快乐文化体验区、文化产业创意园、商业会展区、休闲度假区、生态观光宜居社区等七个主体功能园区。除了红色文化产业带,还有以古巴蜀文化和三国文化为代表的历史文化产业带、以"藏羌彝文化走廊"为核心区域的民族文化产业带、以汶川地震恢复重建区为依托的重建文化产业带,以及成都这一全省文化产业核心发展区。"一核四带"的文化产业区域布局,在新的发展时期已成为四川省提高文化产业规模化、集约化和专业化水平的清晰指南。《大北川》这部灾后文化重建艺术精品,催生了以《大北川》为引擎的禹羌文化产业的集群式发展:占地三百余亩,拟投资九亿元的"大北川"禹羌文化产业园正式落户北川新县城。这意味着,一条集文艺展演、非遗活态传承、会展服务等为一体的文化旅游产业链呼之欲出。同时四川全省45个国家级、省级文化产业示范基地,10个投资规模50亿元的重大文化产业园区,以发展多元经济为着重点,实现文化产业与其他领域的良性互动,打造出一条优势互补、分工协作、布局合理的产业链。大项目的拉动,特色资源的整合,也让集群效应朝着更加鲜明的区域个性迈进。2012年,以文化产业集群式发展盘活民营资本,做强做大文化旅游、出版发行、影视、演艺娱乐和印刷复制产业,重点培育动漫游戏、创意设计产业,形成"5+2"重点文化产业发展格局,在这一过程中,民营资本正在成为四川文化产业的重要力量。目前,四川民营文化企业总产值已占全省文化系统文化产业的60%以上。

二、重庆

近五年来,重庆市文化产业年均增长26%以上,文化产业吸纳从业人员占全社会就业人员的比重超过2%。文化产业布局得以逐步优化,形成了与"一圈两翼"相匹配的"一圈两线"空间分布形态。"一圈"即1小时经济圈,正成为全市文化产业发展的重要载体,"两线"即"长江黄金水道线"和"渝怀铁路沿线",正成为支撑渝东北和渝东南文化产业发展的两条主线;同时,"六大基地十大项目"推进良好并开始产生集聚效应。文化产业结构持续升级,2005—2009年,核心层增加值占文化产业增加值比重从59.5%下降到43.3%,外围层从28.4%上升到

34.9%，相关层从14%上升到21.8%，基本打破核心层占绝对地位的发展特征；网络文化服务业、其他文化服务业等新兴文化产业发展迅猛。文化市场活力不断增强。组建市国有文化资产经营管理有限责任公司和四大国有文化集团、演艺集团、“红岩联线”，四大国有文化集团资产总额比2005年整体翻了近一番，国有文化产业实力和影响力得到提升；完成全市7个文化艺术院团和51个图书、音像电子、互联网、出版发行等单位的转企改制，全市文化市场经营机构增长7%以上，民营文化产业占比不断上升，活力不断增强。文化产业融合有效深化，文化与旅游、科技、体育等融合不断加强，影视文化和人文古迹、民俗文化和古镇旅游、创意文化和教育基地、抗战文化和革命历史遗迹等紧密结合；成功推出报网互动、手机电视、在线阅读、电子书等产品；举办了世界杯武术散打赛、武隆越野赛、长寿湖铁人三项等重大赛事活动。

2012年，重庆市全年实现文化产业增加值320亿元，是2007年的3倍以上，占GDP的比重达到3.2%，开工市竞技训练中心壁球馆、市体育运动技术学校、长寿湖水上运动中心等项目；加快推进市工业博物馆、国家数字出版基地、两江国际影视城等项目，积极推进市档案新馆、三峡文化艺术中心等项目。构建公共文化服务信息平台，逐步形成城镇15分钟和农村半小时文化服务圈。推动行政村文化活动室和农家书屋全覆盖，建成一批农村文化中心户。完善全民健身设施体系，继续实施农村居民体育健身工程。广电事业进一步发展，总收入达到38亿元，全市有线电视用户573万户，比2007年增加42万户，其中数字电视用户达到289万户，占有线用户总数的50%以上；移动多媒体广播覆盖网基本建成，用户终端突破22万部。电影票房年收入突破4.5亿元，演艺业总收入突破2亿元，杂技剧《花木兰》在国外演出场次超过1000场，原创动漫央视播出和海外出口时长均超过1万分钟。新增重庆演艺集团、重庆电影集团、重报传媒、旅游传媒和维普资讯、聚购科技、猪八戒网站、武隆印象等一批骨干文化企业，创建国家级文化产业示范基地7个、市级文化产业示范园区5个、市级文化产业示范园区41个，新办微型文化企业8200家，初步形成园区+基地+企业的文化产业发展模式。特别引人注目的是文化产业专项资金提高到2000万元，文化产业担保金增资到1.8亿元，成功注册文化产业中期票据14亿元，投融资平台初步建立。

三、贵州

2012年，随着文化越来越成为民族凝聚力和创造力的重要源泉、成为经济社会发展的重要支撑，贵州省文化产业蓄势发力，全省299家经营性文化单位完成转企改制任务,组建成立省直报业、广电、出版、期刊、演艺5大集团公司,打造行业内的"旗舰"集团,市各(州)组建的广电、报业、演艺、文化旅游集团公司,均纷纷通过整合资源、合纵连横,跨区域、跨行业发展,催生出一批市场竞争力强的文化先行军。

"贵州制造"文化精品创作生产取得突破,影视行业异军突起,《天地文通》、《天蝉地傩》等十多部舞台剧精彩亮相国内外舞台,有七部文艺作品获全国精神文明建设"五个一工程奖";歌舞剧目在央视青歌赛、中国舞蹈"荷花奖"大赛等重要赛事中屡创佳绩;图书出版多次获得国家级奖项。文化与旅游融合发展取得突破,形成了北部长征文化、东南部苗侗文化、黔西南布依文化、黔西北彝族文化等与旅游相融合的态势。贵州日报黔森影视工作室,以原创聚合全国资源,开启报业集团进行多元拓展的征程。《旷继勋蓬遂起义》《幸存日》《云下的日子》《奢香夫人》《风雨梵净山》等"贵州故事"跻身央视、电影院线和多省卫视等全国影视平台,成为带动贵州省影视产业的"火车头",在全国影视业创造了令人瞩目的"贵州现象"。贵阳朗玛信息技术股份有限公司2012年2月成功在深交所创业板上市;在全国开启省级文化品牌产业化运作先河的"多彩贵州"家族,"多彩贵州"文化品牌完成商标全类注册,带动投资逾100亿元,在对演艺、文化旅游网站、酒、茶、酒店等十余个行业、14家企业进行商标授权的基础上,又签订"多彩贵州连锁酒店"、"多彩贵州文化旅游产业发展研究院"、"多彩贵州工艺品"等7个商标商业性授权使用项目,特色产业集群发展初见成效,走出了一条开展公益性活动培育与市场运作推广相结合的品牌建设之路。2012年12月末,贵州省隆重地为极具代表性的24个文化产业示范基地授牌,旨在树立文化企业新标杆。这些企业覆盖了新兴文化产业、传统文化产业、特色文化产业,涉及20多个行业类别,体现出传统文化产业不断转型升级,尤其是文化与旅游等相关产业融合发展的特色文化产业发展势头迅猛,国有文化企业和民营文化企业并驾齐驱,竞相发展。贵州省文化体制改革各项工作任务已按期全面完成,组建成立了一批文化企业和企业集团,全省有文化企业4200多家,文化产业的发展将是今后的"重头戏"。2012年贵州省实现文化产业增加值180亿元,占GDP的比重接近3%。贵州文化事业繁荣发展。公共文化服务体系建设不断加强,文化艺术、广播影视、新闻出版等各项事业稳步发展。年末全省共有博物馆、纪念馆53个,公共图书馆94个,档案馆107个,文化馆和群众艺术馆97个,乡镇文化站1490个;文化艺术服务单位2100个,比上年增长9.3%,其中艺术表演团体45个,艺术表演场所11个。本年末有线电视用户396.61万户,其中数字电视用户357.69万户,比上年增长2.3%;广播节目综合人口覆盖率、电视节目综合人口覆盖率分别为88.5%和93%，分别比上年提高0.5个和0.2个百分点。全年报纸公开发行量为5.19亿份，比上年增长15.6%，杂志1432.78万份，增长1.4%，图书11117.71万册，增长30.9%。

四、云南

2012年，云南省认真落实《文化产业振兴规划云南行动纲要》，积极抢抓桥头堡建设机遇，展开大项目拉动、大集团牵动、大园区带动、大品牌驱动、大开放促动战略，促进文化产业转型升级、提质上档、做大做强，同时把文化体制改革工作作为今年工作的重中之重，以高度的文化自觉和创新的文化视角实现云南文化的跨越式发展，全力推动民族文化强省建设，创造了文化繁荣的"云南现象"、文化产业发展的"云南模式"和基层文化建设的"云南经验"，走出了一条具有云南特色的文化发展之路，取得了丰硕的成果。

（一）公共文化服务能力大幅提升。举办第三届"中国（福保）乡村文化艺术节"，充分展示了云南民族文化独特魅力；成功举办了"建设者之歌——云南省首届农民工文化节"系列活动，参加创作和演出的农民工近2000人，观众达5万余人次；制定了数字图书馆建设项目规划方案，构建了"文化云南"信息资源网络平台，上千个文化站免费开放稳步推进；各州市不断改进服务方式、丰富服务内容，昆明市、大理州实现文化馆定点定期免费向基层提供服务项目，图书馆增设个性化服务。配合文化信息资源共享工程国家中心到五个边境县开展"春雨工程·全国文化志愿者边疆行"活动；各州市大力实施"文化名州"、"文化兴市"战略，加大对文化基础设施建设投入。

（二）文化艺术创作持续繁荣。举办了云南省第九届青年演员比赛，期间评选表彰了第五批云南省青年表演艺术家和优秀青年演员；举办了"云南省第二届花灯艺术周"和"2012文化强省·百艺盛会"文化艺术系列活动，继续打造"艺术客厅"城市艺术品牌。"文化大篷车·千乡万里行"全年赴100多个乡镇演出298场（次）；成功举办"2012首届昆明美术双年展——云南优秀美术作品展"；积极开展"高雅艺术进校园"活动。此外，我省各地优秀文化艺术作品在多个全国性比赛中斩获佳绩。

（三）文化遗产保护成效显著。积极推进红河哈尼梯田申报世界文化遗产工作，为2013年申报成功奠定了坚实基础；编制了普洱景迈山古茶园申报世界文化遗产文本和保护管理规划，国家文物局已将其正式列入预备清单；对滇越铁路沿线各级文物保护单位进行保护性维修，碧色寨车站将于近期被国务院列为全国重点文物保护单位;完成了第三次全国文物普查后续工作,全省共调查登记不可移动文物 14704 处,开展了"云南省文物普查百大新发现"评选活动,出版了《云岭遗珍——云南省第三次全国文物普查百大新发现》,录制了 14 集普查电视宣传片,举办了云南省第三次全国文物普查成果展;积极向省财政申报非遗项目专项保护和省级传承人传习补助经费,省级非遗项目专项经费由 500 万元提高到 1000 万元,省级代表性传承人补助经费由每人每年 3000 元提高到 5000 元;加强对 56 个省级传统文化保护区整体性保护;云南被列为《中国非物质文化遗产普查报告》编撰五个试点省份之一,在探索利用社会力量加强非遗保护方面取得了新的进展。

(四)省文产办组织举办了滇港文化产业合作推介会、第八届中国(深圳)国际文化产业博览交易会、云南文化产业上海推介洽谈会和中国保利·翡翠凤凰云南国际文化艺术周等多场招商引资活动,并在《大公报》《香港商报》等媒体宣传云南民族文化特色产业,全年共推介招商项目 400 个(次),签约项目 41 个,协议金额 427.63 亿元。

五、西藏

近年来,西藏文化对经济的贡献率不断提升,文化产业逐步发展,呈现出多渠道与多元化投资、多种所有制齐头并进的发展态势,初步形成了多门类、多体系、多层次的发展格局。2012 年,西藏自治区党委、政府更加注重对文化的投入,积极发展壮大文化产业,加快推进由文化资源大区向文化发展强区的战略转型。依托独特的文化资源优势,西藏自治区采取特殊扶持奖励措施,助推文化产业发展。西藏加快发展公益性文化事业,完善公共文化服务设施,建设 543 个乡镇综合文化站、35 个县级民间艺术团排练演出场所等;加快文化产业发展,实施文化精品工程,打造西藏文化品牌;坚持政府扶持、市场运作,完善落实扶持发展文化产业、鼓励文化创新的政策措施,大力发展文化旅游等特色文化产业,提高文化产业增加值占生产总值的比重;实施重大文化产业项目带动战略,吸引社会资本进入,引进战略投资者,形成多元化的文化产业发展格局。目前,西藏拥有文化企业和单位近 3000 家,从业人员达 2 万余人。大型原生态歌舞《幸福在路上》、民族歌舞《雅鲁藏布情》等演艺产品陆续投放市场,取得了良好的经济效益。特别是文化产业重点项目《幸福在路上》已创收 1000 余万元;投资逾 300 亿元的西藏文化旅游创意产业园区和总投资 16.25 亿元的西藏山南雅砻文化大观源等重大产业项目也于 2012 年相继开工。同时,西藏公共文化设施建设全面推进。"十二五"时期文化建设项目全部落地，涉及6个项目，近600个子项目，总投资达13亿多元；公共文化运行保障机制初步建立，全面启动了图书馆、群艺馆、县综合文化中心、乡镇文化站免费开放工作，争取和落实免费开放经费3000余万元。2011年末全区共有各类文化机构394个，其中，艺术事业67个，群众文化事业323个。公共图书馆4个，群众艺术馆8个，其他文化事业2个。年末全区共有电视台5座，广播电台1座。广播、电视人口综合覆盖率分别达91.67%和92.8%。出版报纸15411万印张，各类杂志1701千册，图书1563万册。另外，西藏的优秀传统文化得到有效保护和弘扬。投资九亿多元的“十二五”44处重点文物保护项目全面启动，全区抢救性文物保护维修工程有效推进；为了加强非物质文化遗产保护，成立了西藏非物质文化遗产保护中心，整理出版了《青藏高原藏戏研究与保护》《拉萨朗玛》等系列丛书和光盘。目前，西藏的国家级非遗项目达到76个，自治区级传承人也达227位。

第二节　2012年区域文化产业发展中的突出问题及政策分析

未来较长一段时间，西南五省市基本处于工业化中期阶段，工业化、城市化高速发展，转型发展的任务迫切而艰巨。而客观分析本地区文化产业发展现状和面临的环境及问题，理清发展思路、明确发展目标，对于西南五省市这样一类具备独特资源禀赋的西部省份来说显得尤为重要。

一、四川

四川省目前依然存在文化体制改革动力不足、管理机制尚未理顺、文化产业集约化和规模化程度不高、文化产业结构亟待调整、创意与人才面临体制瓶颈等问题。问题与不足突出反映在以下几个方面：(1) 文化产业经济基础薄弱，整个产业基础差、规模小，家庭式企业、作坊式企业较为普遍，有规模效应的大型文化产业项目还不够多，相应制约了文化产业发展。(2) 文化产业结构不够优化，产业结构不平衡，文化休闲娱乐业所占比例过大，相关文化含量和高附加值产业比例偏低；传统文化产业升级转换慢，借助数字、网络等高新技术而兴起的非传统文化产业项目所占比例少，整体竞争能力不强。(3) 高素质人才匮乏，文化产业创意型人才队伍总体规模小、整体素质不高，同时精通商业市场运作、商业策划、市场营销、文化经纪人才所占比重过低，经营管理类人员严重不足。大多民营文化产业经营者自身文化素质、管理水平不高,导致文化产业企业难以具有真正竞争力,做大做强。(4)对经济社会贡献率低,文化产业法人单位从业人员占全部从业人员的比重较低,吸纳就业能力还不够强。

2012年3月,四川省政府提出《四川省人民政府关于加快推进文化产业发展的意见》。在《意见》中明确提出四川省文化产业新阶段发展目标为打造一批具有鲜明四川特色的重点文化产品,建成一批具有强大集聚效应的重点文化产业项目,培育一批具有明显优势的骨干文化企业。文化产业发展环境进一步优化,文化产业增长速度明显快于经济增长速度,文化产业增加值在地区生产总值中的比重明显提高,逐步成为我省国民经济支柱性产业。到2015年,文化产业增加值达到1200亿元以上,占全省地区生产总值的比重达到4%以上,文化企业上市公司达到5家以上,培育总资产或总收入超过100亿元的文化企业(集团)3家以上、超过50亿元的5家以上、超过10亿元的20家以上。稳步实施的重点任务包括:(1)充分发挥重点文化产业在推动文化产业发展中的引领和带动作用,做大做强文化旅游产业、出版发行产业、影视产业、演艺娱乐产业和印刷复制产业,重点培育动漫游戏产业、创意设计产业,形成"5+2"的重点文化产业发展格局。(2)构建文化产业区域布局。依据四川全省文化资源分布状况和各地经济发展水平、文化产业发展基础,加强分类指导,突出比较优势,加快构筑"一核四带"文化产业区域布局。以各地特色文化资源为依托,加大资源产业化开发力度。把成都建设成为全省文化产业核心发展区,充分发挥成都对全省文化产业发展的辐射带动引领作用。着力打造以红军长征路线、川陕革命根据地、伟人故里、将帅纪念园为主要内容的红色文化产业带,以古巴蜀文化和三国文化为代表的历史文化产业带,以"藏羌彝文化走廊"为核心区域的民族文化产业带,以汶川地震恢复重建区为依托的重建文化产业带,把川西、川中、川南、川东北等四个片区建设成为全省文化产业特色发展区。(3)打造特色文化产品。充分发挥文化产品在推动文化产业发展中的承载作用,依托和挖掘四川特色文化资源,着力打造图书、报刊、电影、电视剧、动漫游戏、艺术品、民族民俗工艺品和文化旅游、创意设计、演艺娱乐等领域的重点文化产品,不断提高四川文化产品的竞争力和市场占有率。打造川版图书精品,打造都市类报纸品牌和期刊品牌,创作生产一批票房收入较高、有较大影响力的电影电视剧精品,打造动漫产品以及网络游戏产品品牌,传承和开发蜀锦、蜀绣、羌绣、唐卡、绵竹年画等民族民俗工艺品,发展古玩艺术品、现代美术、雕塑等文博产品生产和销售,扩大旅游演出产品的市场占有率,打造优秀歌舞精品。(4)实施重点文化产业项目。充分发挥项目在推动文化产业发展中的支撑作用,坚持政府引导、企业主体、市场运作，加快建设一批重点文化产业项目。积极推进新华文轩出版传媒股份有限公司回归A股等上市融资项目，加快推进有线广电网络数字化、双向化改造和四川国家数字出版基地建设等数字化建设项目，重点推进西部文化产业园、成都东部新城文化创意产业综合功能区（成都东村）等文化产业园区建设，大力推进西部现代全媒体文化传播总部、四川出版传媒中心等总部基地建设项目，着力推进西部文化商品物流配送中心、城市影院和院线、演艺联盟等文化市场建设项目。建立文化产业项目库和项目动态管理机制，发挥重点文化产业项目在扩大产业规模、提升产品层次上的重要作用，形成布局合理、优势明显的项目集群和产业高地。

在政策支持方面，《意见》显示共21条，包括融资、税收、水电气价格、注册资本条件、土地、奖金等多个方面。

根据《意见》，四川鼓励和支持符合条件的大型文化企业发行企业债券、公司债券、中期票据和短期融资券直接融资；对中小文化企业，鼓励商业银行探索联保联贷等方式提供金融支持，组织具有良好信誉和发展前景的中小文化企业联合发行中小企业集合债券或集合票据；针对文化企业规模小、抵押品不足的难点，扩大信贷抵押担保物范围，积极推广小额信贷、动产抵押、股权抵押、商标权抵押、应收账款质押等新型信贷产品；对符合国家政策规定的文化企业发行直接债务融资工具，给予奖励和债券贴息以及风险补助；鼓励文化企业利用境内外资本市场直接融资，对拟在上海、深圳证券交易所上市，辅导期验收合格的企业给予五十万元奖励，对在国内外证券交易市场首发上市成功的企业给予二百万元奖励；鼓励文化上市公司再融资，支持符合条件的上市公司通过增发、配股、公司债、可转债等多种方式再融资。

此外，《意见》还提出做好文化产业发展用地与土地利用总体规划和城市规划的衔接，优先安排用地计划指标；放宽文化企业注册资本（金）条件，除法律、法规和规章另有规定外，一般性文化公司注册资本（金）可降低到三万元人民币。

二、重庆

“十一五期间”重庆市文化产业的发展速度迅猛，取得了看得见、摸得着的成绩，但无论是与西部强省比较，还是与经济发达地区比较，目前都还有一定差距。例如：从横向与文化产业发达地区比较，重庆文化产业发展水平不高，距离文化产业强市差距较大。主要表现在：文化产业总量相对偏小，对全市经济总量和综合实力支撑不足。产业结构不合理，传统产业居多，原创研发设计与终端销售环节扩展不足。文化产业集聚程度不高,尚未形成文化产业集群,文化产业基地和园区数量少。文化企业规模普遍不大,缺少战略投资者和骨干企业,文化产业的区域集聚和辐射带动能力相对较弱。文化品牌建设滞后,缺乏核心竞争力。政策体系和保障措施不完善、市场配置文化资源的基础性作用尚未充分发挥、文化消费力不足等问题都制约了重庆市文化产业的持续发展。基于既要完成“补课”任务,同时还要承担赶超重任,重庆市政府2011—2012年陆续制定了《重庆市文化文物广播影视“十二五”发展规划》《重庆市文化产业“十二五”发展规划纲要》《重庆市“十二五”文化事业发展专项规划》等相关政策。规划明确提出在实现“十百千万”目标(实施十个西部一流的市级重大项目,培育一批产值十亿级和一百亿级的大型文化企业,年增加值迈上一千亿元台阶),基本建成西部地区文化产业高地、全国前列的文化产业强市的目标指引下,坚持政府引导和市场运作相结合、坚持重点突破与整体推进相结合、坚持产业集聚与协调发展相结合、坚持自力更生与扩大开放相结合、坚持文化事业和文化产业协调发展,依托全市文化资源和产业优势,重点发展文化创意、文化旅游、数字文化内容和文体会展等新兴文化行业,重点打造一批有影响力、带动力强的大型文化产业集聚区,提升传统文化行业,扶持培育新兴文化行业,逐步实现各文化产业门类整体推进、联动发展,全面繁荣重庆文化产业;不断优化文化产业发展空间布局,明确不同区域发展的功能定位,促进产业一体化发展和资源共享,逐步形成产业集聚带动周边产业,周边产业与集群产业发展互补局面。在未来五年,重庆将着力发展文化创意、文化旅游、数字文化内容、文体会展、广播影视、出版发行、印刷包装、演艺娱乐、文化商品制造、艺术品创作和交易十大文化行业。同期,重庆还将重点实施十个西部一流的市级重大文化项目,培育一批产值在十亿级乃至一百亿级的大型文化企业,使文化产业的增加值达到750亿元,占地区生产总值的比重将超过5%,从而成为重庆的支柱产业。

三、贵州

2012年12月,贵州省制定并开始实施《贵州生态文化旅游创新区产业发展规划(2012—2020)》,此次规划的出台是对2011年,贵州省委省政府先后发布的《省人民政府关于振兴文化产业的意见》《贵州省相关产业与文化融合发展总体方案》《中共贵州省委关于贯彻党的十七届六中全会精神推动多民族文化大发展大繁荣的意见》相关意见举措的进一步细化与提升,在明确重点发展的九大产业——文化旅游业、民族民间演出业、民族民间工艺美术业、会展广告与民族节庆业、广播电影电视业、新闻出版业、休闲娱乐业、网络、新媒体与动漫网游业、文化艺术创意设计业基础上的更具体的行动纲要。本规划中提出2013年，贵州省将围绕构建"六大体系"着力打造重点发展平台，重点推进"5个100工程"建设，其中包括打造一百个旅游景区，目前旅游景区工程已正式启动。今年将完成一百个旅游景区修建性详细规划编制并完成相关前期工作，50个以上旅游景区开工建设，确保年底带动全省接待旅游总人数达到2.7亿人次以上，旅游总收入实现2200亿元以上，旅游业增加值达到640亿元左右。2013年，将启动黄果树—龙宫度假旅游综合体、遵义红色旅游综合体、梵净山度假旅游景区、百里杜鹃旅游景区、赤水旅游景区、荔波樟江旅游景区、万峰林—万峰湖生态旅游综合体、西江千户苗寨乡村旅游综合体、多彩贵州城文化创新旅游综合体、中铁国际户外休闲旅游综合体、茅台旅游综合体、镇远古城文化旅游区、金阳中铁十二滩山地户外运动旅游综合体、白云老龄休闲度假养生旅游综合体、天河潭旅游文化综合体、织金洞旅游景区、乐湾国际温泉文化创意旅游综合体、黎平肇兴侗族文化旅游景区、台江施洞原生态苗族文化旅游综合体、丹寨石桥古法造纸文化旅游景区等二十个旅游综合体和示范性景区建设，这批精品旅游景区建成后，全省旅游接待人数和旅游收入分别增长25%以上。同期，将更深入推进文化与旅游融合发展，重点开发民族文化旅游演艺项目，举办民族体育赛事活动，建立景区风情演出、大众娱乐演出、小剧场演出等多层次、多种类民族民间演出产品体系。建成多彩贵州城文化创意产业基地，苗王城民俗文化表演场建设竣工并接待游客。开工建设凯里民族风情园旅游休闲区、民族文化观赏区、民族歌舞和体育竞技表演区。打造西江千户苗寨、仡佬古寨等民族特色旅游品牌，完善休闲度假功能和旅游服务功能，完成务川仡佬族文化旅游区古寨民居和手工作坊修复、修缮。通过实施品牌塑造计划，培育"贵州侗族大歌""多彩贵州风""神秘夜郎""依依山水情""八音坐唱""万人侗族大歌""万人反排木鼓"等文化旅游品牌和一批集休闲度假、旅游功能于一体的博物馆和艺术馆。

四、云南

2012年，云南省文化体制改革取得突破，文化产业发展特色鲜明，文化市场管理规范有序；文化交流合作广泛深入，文化系统自身建设不断加强。但同时也存在投入不足、设施落后、人才和保障缺乏、运行困难的问题。新的一年里，云南省将更深层次地落实《文化产业振兴规划云南行动纲要》，并制定如下阶段性目标。

(一)扩大“文化新影响”:通过力争红河哈尼梯田申报世界文化遗产一举成功、全力办好第十三届亚洲艺术节、代表文化部在澳门举办云南非物质文化遗产展,扩大云南民族文化在国际及港澳台地区的影响力。

(二)实现“四个全覆盖”:一是免费开放实现国有公共文化场所全覆盖;二是数字图书馆实现州市级全覆盖;三是公共电子阅览室实现乡镇全覆盖;四是农民文化素质教育网络培训学校实现乡镇全覆盖。

(三)取得“七个新成效”:一是省博物馆(新馆)建成并开馆运行;二是初步建成迪庆、大理两个国家级文化生态保护区;三是基本建成56个省级民族传统文化保护区;四是力争五个以上精品剧(节)目在全国获得重要奖项;五是力争1—2个州(市)、3—5个项目列入第二批国家公共文化服务体系示范区和示范项目创建名单;六是配合省人大出台《云南省非物质文化遗产保护条例》;七是完成省级320个乡镇的“文化大篷车·千乡万里行”惠民服务和万场“送戏下乡”演出任务。

(四)推动“十个新进展”:努力在西南国际民族文化艺术交流中心建设、东南亚南亚考古研究与文物保护基地建设、“国门文化形象”建设、普洱景迈山古茶园申报世界文化遗产、演艺剧场联盟建设、我省特有和人口较少民族专题博物馆建设、瑞丽国际和谐文化示范区创建、数字博物馆建设、非物质文化遗产生产性保护示范基地建设、文化遗产数据库建设等十个方面取得实质性进展。

(五)总结“三个新经验”:一是总结大理“弥渡经验”,探索县域文化建设新路子;二是总结临沧“芒团经验”,推动文化遗产保护与农村文化产业开发的有机结合;三是总结昆明“基层公共文化服务包”经验,有效整合基层公共文化资源。

(六)制定“七项新措施”:力争年内研究制定加快推进公共文化服务均等化、鼓励社会力量参与文化建设、加强对外文化交流、在旅游开发中加强文化遗产保护与利用、传统文化保护区管理、非物质文化遗产名录管理、金融支持文化产业发展等七个方面的政策或措施,为文化发展提供有力的支撑。

五、西藏

西藏现阶段文化经济发展的特点是:文化资源丰富,文化特色突出,但管理薄弱,消费能力差,急需政策的引导和政府的扶持。因此,为推动西藏的发展须从文化资源大区大步向文化产业强区迈进。2012年6月,西藏自治区贯彻落实《中共中央关于深化文化体制改革推动社会主义文化大发展大繁荣若干重大问题的决定》的实施意见中提出以下具体举措:

(一)加强主流媒体建设。

（二）完善公共文化服务体系。

（三）加强传统文化保护开发。

（四）加大文化产品创作力度。

（五）构建产业区域布局。申报设立国家级西藏文化经济实验区，着力打造集高原地理、历史、人文于一体的中国藏民族特色文化产业发展基地和世界极地文化旅游胜地。构建合理的文化产业区域，规划建设拉萨多功能文化产业核心区、日喀则珠峰文化产业集聚区、山南雅砻文化产业集聚区、林芝工布文化产业集聚区、昌都康巴文化产业集聚区、那曲羌塘文化产业集聚区、阿里象雄古格文化产业集聚区，形成一地一品牌的文化产业集群。

（六）实施项目带动战略。重点发展文化创意、文化旅游、影视创作、唐卡艺术、藏医药文化、演艺娱乐、藏文出版、民族手工艺、会展节庆、高原极限运动等文化项目，构建优势突出、特色鲜明的文化产业体系。建设自治区文化产业项目库，重点打造展示西藏独特文化和民族风情的大型实景演出《文成公主》，扶持建设拉萨文化旅游产业园、自治区出版文化产业园等文化产业基地和中华文明源、藏族文明源等主题公园。"十二五"期间，建设六个国家级文化产业示范基地、二十个自治区级文化产业示范基地。

（七）着力培育文化市场。建立西藏文化产业投资发展公司，组建西藏演艺公司、西藏展览公司和西藏文化旅游公司，扶持一批有较强竞争力的国有或国有控股骨干文化企业，支持和吸引非公有资本兴办文化企业，引导社会资本投资兴建公共文化设施，形成以公有制为主体、多种所有制共同发展的文化产业格局。

（八）推进文化体制机制改革。加快政府职能转变，理顺政府与文化企事业单位关系，建立管人管事管资产管导向相结合的国有文化资产管理体制。积极推进公益性文化事业单位内部改革，稳妥推进经营性文化单位转企改制，分步推进自治区新华书店、省级广播电视网络运营主体、城市电影院线、非时政类报刊社改制工作，组建西藏传媒集团、西藏出版总社、西藏影视制作中心等。制定完善公共文化服务保障、文化遗产保护、文化产业发展、文化市场管理等法律法规。扩大西藏对外文化交流，加强西藏与内地的文化交流，加快西藏文化走出去的步伐。

（九）加大财税扶持力度。完善和落实财政扶持政策，文化支出年均增长幅度不低于20%；2012年至2015年，自治区财政每年安排农村文化建设资金3000万元以上、文化产业发展专项资金5000万元以上，地（市）设立农村文化建设资金和文化产业发展专项资金；落实地县乡公共文化场馆补助资金，每个村文化室（农家书屋）每年补助提高到五千元；完善和落实各项税收优惠政策，对政府鼓励开办的文化企业免征三年企业所得税,对国家、自治区认定的高新技术文化企业分别免征十年、八年企业所得税,对兴办各类学校、文化培训班以及文艺团体演出和体育比赛的门票收入、媒体广告收入、电影放映收入等暂免征企业所得税。

(十)放宽行政审批政策。对转企改制和剥离组建的文化企业,允许继续使用原有名称,允许以净资产出资注册,允许承接原有的特许经营范围;对母公司注册资本达到五百万元,拥有三家以上控股或全资子公司,母子公司注册资本之和达到一千万元的文化企业,可申办集团公司注册登记;对跨地区设立分支机构或连锁门店开展集团化经营的文化企业,实行团体化登记。明确文化产业项目的行政审批主体及流程,对非公文化企业按照“非禁即入”的原则,落实低门槛、零注册政策,允许投资人以知识产权、股权、债权、商标权、专利权等无形资产评估作价出资组建文化企业,非货币财产占注册资本的比例不超过80%。

(十一)拓宽文化投融资渠道。适当放宽文化企业信用评级标准,合理确定贷款期限,严格执行优惠贷款利率政策,扩大信贷授信和审批权限,引进和创新符合我区文化产业发展特点的信贷产品,加大对文化企业的有效信贷投入。对通过银行贷款实施的重点文化发展项目给予贷款贴息。支持非公有资本进入政策许可的文化领域,支持社会组织、机构和个人捐赠、兴办公益性文化事业,形成政府投入与社会投入相结合的多渠道、多元化的文化投融资机制。

(十二)支持文化项目园区建设。全面实施《西藏自治区“十二五”文化改革发展规划纲要》各类文化建设项目。把文化产业项目列入招商引资范围,享受相应优惠政策。参照经济技术开发区建设有关政策,制定更加优惠的文化产业园区和基地建设招商引资、土地使用、人才引进等综合性配套政策。文化产业园区和基地由政府统一规划,基础设施由政府投资建设,对进入园区的文化企业、机构、项目,优先享受国家、自治区和高新技术企业发展的各项优惠政策。文化产业重点项目用地纳入当地土地利用总体规划和年度用地计划,公益性文化设施建设用地由政府划拨,转企改制文化单位使用的原划拨土地可仍以划拨方式使用或以优惠作价出资等方式处置,自治区鼓励的文化产业用地可通过政府议价形式出让。

第三节　区域文化产业年度大事记

(一)2012年7月26日重庆市人民代表大会常务委员会颁布了《重庆市非物质文化遗产条例》,条例从2012年12月1日开始执行。

(二)2012年9月28日,四川文化产业项目推介会暨签约仪式在成都举行,这是四川文化产业首次在西博会上单独亮相。会上，十个文化产业项目现场签约，总投资额达300多亿元。四川重点推介了35个文化产业项目，这些项目均围绕“5+2”重点文化产业格局的目标。会上，夹江纸韵街、广安红色文化影视城等十个项目成功签约。

（三）2012中国白酒文化节于12月18—20日在宜宾举行，主题为“舞动中国白酒金三角龙头，打造世界顶尖白酒基地”。

（四）2012年4月23日，第七届贵州旅游产业发展大会在享有“地球彩带、世界花园”美誉的贵州毕节百里杜鹃景区隆重开幕。

（五）国家文物局于2012年9月更新公布了45项《中国世界文化遗产预备名单》，贵州有11项在列，占总项目的四分之一，充分显示了贵州在保护世界文化遗产方面所取得的可喜成就。贵州在列的11项包括：土司遗址遵义市海龙囤遗址，侗族村寨黎平县、榕江县、从江县，苗族村寨台江县、剑河县、榕江县、从江县、雷山县、锦屏县，及铜仁市万山汞矿遗址。

（六）在《中国新闻周刊》2012年度影响力人物评选中，我省著名舞蹈家杨丽萍喜获“年度影响力人物”及读者口碑大奖。

（七）7月12日在香港举行的2012年滇港文化产业合作推介会上，云南介绍了云南重点发展新闻出版、影视动漫、民族演艺等十大主导产业，以及规划建设十大文化产业园区、十大历史文化旅游项目、十大文化产业展会品牌、12大标志性文化设施、六十个重点文化产业项目的发展目标。推介会重点推出了61个招商合作项目，签署合作协议项目11个，连同另行签署合作协议的两个项目，文化产业分团一共组织签署合作协议项目13个，协议总金额94.3亿元人民币。

（八）西藏历史上首个传媒集团——西藏传媒集团有限公司2012年5月28日上午在拉萨揭牌成立。该集团是西藏日报社整合优质经营资源组建的现代化文化传媒企业，下设广告传媒公司、物流发行公司、网络科技公司和文化旅游公司。今年1月13日由西藏文化体制改革和文化产业发展领导小组批复，筹备近4个月后成立。

区域报告九

华南地区文化产业年度发展报告

秦　晴*

2012年党的十八大报告顺利召开,提出要推动文化产业快速发展,文化产业正面临着巨大的发展机遇。华南地区(广东、海南、广西三省区)是中国文化产业发展特色突出、发展前景广阔的区域之一,文化产业发展实现了新的突破。

第一节　政策环境

一、广东省出台文化产业振兴规划力促文化强省建设

2012年7月30日,广东省人民政府印发的《文化产业振兴规划(2011—2015年)》,拟定了"十二五"规划五年内广东文化产业的发展方向。《通知》提出到2015年,文化产业成为广东省重要的支柱产业,将广东省建设成为全国文化产业示范区和在亚太地区具有较强竞争力的文化创意中心。全省现有文化(创意)产业园区120多个,入驻企业超过10000家,形成了文化创意、新闻服务、出版发行和版权服务、广播影视、文化艺术、演艺娱乐、文化会展、网络文化服务、文化产品和设备制造等门类比较齐全、产业链比较完整的文化产业体系。文化新业态蓬勃发展,数字出版业产值占全国的五分之一,动漫和网络游戏产值约占全国的三分之一,网络音乐产值约占全国的二分之一,游艺游戏设备产值约占全国的三分之二。文化产业已成为广东省重要产业和国民经济新的增长点,在经济社会发展中发挥着越来越重要的作用。

1. 发展目标

《通知》提出"十二五"期间的发展目标是全省文化产业增加值力争实现年均增长12%以上,到2015年占全省GDP的比重达到6.5%以上;文化服务业增加值

---

* 秦晴,深圳大学文化产业研究院助教。

达到2200亿元，占文化产业增加值的比重超过45%。文化产业规模总量继续保持全国前列，文化服务业比重大幅提高，新兴文化业态领先全国，传统优势文化产品和设备制造业完成转型升级。拥有一批在国内外具有较强实力和竞争力的龙头文化企业、文化品牌和文化人才队伍，形成一大批优势文化产业集群，文化市场繁荣、文化消费旺盛，文化市场管理进一步规范，文化产业总体实力和核心竞争力显著增强。到2015年，文化产业成为广东省重要的支柱产业，将广东省建设成为全国文化产业示范区和在亚太地区具有较强竞争力的文化创意中心。全省基本形成结构合理、科技含量高、富有创意、竞争力强的现代文化产业体系，基本形成统一开放、竞争有序的文化市场，基本形成珠三角和东西两翼、北部山区优势互补、错位发展，粤港澳台深度合作的产业发展格局。

2. 四大主要任务

《文化产业振兴规划(2011—2015年)》提出优化文化产业结构、优化文化产业布局、完善现代文化市场体系和大力实施文化“走出去”战略四大主要任务。

表2-9-1　广东省人民政府《文化产业振兴规划(2011—2015年)》四大任务概要

任务	项目	具体要点	关键词
优化文化产业结构	做大做强文化服务业。	健全文化创意和创作生产、经营机制，建设一批文艺创作生产基地。	精品战略，特色发展
	培育文化领域新兴产业。	大力发展数字出版、流媒体、动漫网游、网络音乐、多媒体广播影视、高清互动电视、数字娱乐等新兴文化业态。	多媒体、网络化
	提升文化制造业发展水平。	推动广东省具有传统优势的文化产品和设备制造业提高创新能力，培育自主品牌，实现转型升级，打造成为高端文化产品和设备制造基地。	原创、高端
	推动文化科技创新。	培育发展一批创新型文化企业，打造若干国家级创新型龙头文化企业。	数字化、创新发展
优化文化产业布局	建设“珠江两岸文化创意产业圈”。	通过打造“创意之城”、“设计之都”，力争成为文化创新中心、区域文化产业中心和文化产业示范城市。重点发展新闻出版、影视音乐制作、动漫游戏、创意设计、演艺娱乐、数字新媒体、网络文化服务、文化会展等产业，建设一批文化企业总部以及研发中心、物流中心、出口基地，培育若干具有国际竞争力的大型文化传媒集团和文化品牌，形成一批规模化、高端化的文化创意产业集群和产业园区。	广州、深圳引领和辐射作用

(续表)

任务	项目	具体要点	关键词
		珠江三角洲地区其余各市重点发展创意设计、印刷复制、动漫游戏、工艺美术、音像电子、演艺娱乐、文化会展、文化旅游、文化设备制造等产业,形成一批空间集聚、分工协作、竞争力强的文化产业集群和园区。	珠江三角洲地区其余各市各有侧重
		广府文化、客家文化、潮汕文化、海洋文化等地方特色文化资源,重点发展文化旅游、演艺娱乐、工艺美术、文化产品制造等具有岭南特色的区域特色文化产业,形成区域特色文化产业群。承接珠江三角洲地区文化产品和设备制造等产业转移,形成若干集聚发展的文化产业转移示范园区。	东西两翼和粤北山区依托自身资源特色发展
		在广州南沙和东圃、深圳前海、珠海横琴新区、东莞松山湖等地建设"粤港澳文化创意产业试验园区",在中山建设"粤台文化创意产业园",形成以文化产品和服务出口为主的外向型产业集群。	粤港澳台融合园区
完善现代文化市场体系	培育和做强文化市场主体。	打造资产和销售过百亿、核心竞争力强的龙头文化企业;健全文化企业股改上市工作机制,推动国有文化企业,以及一批综合实力强的民营文化企业上市;鼓励中小文化企业向"专、精、特、新"方向发展	跨界发展,品牌驱动
	发展文化产品和服务市场。	规划建设若干个全国性和区域性的文化产品和服务交易市场;建设现代文化传播体系;在各地级以上市规划建设一批大型文化中心;大力发展文化电子商务,推动现代流通形式成为文化流通领域的主要力量。	现代化
	健全文化要素市场。	积极培育版权、资本、金融、信息、技术等文化要素市场,推动文化产权交易中心发展,建立健全文化投融资平台,完善文化产权交易机制,促进文化与资本市场对接。发展文化中介行业,规范发展文化行业组织。	市场化、资本运营
	积极培育文化消费。	提高文化消费,开展"文化消费补贴计划"和"国民文化消费卡工程"试点,对基本文化消费进行补贴,鼓励和培育文化消费新模式,大力培育农村文化市场,加大农村文化基础设施建设,采取多种措施鼓励各类农村文化消费。	创新文化消费,发展农村文化

（续表）

任务	项目	具体要点	关键词
大力实施文化“走出去”战略	积极培育外向型文化企业。	每两年发布广东省文化出口重点企业和项目目录，培育一批外向型文化企业，建设一批外向型文化产业基地。	外向型
	构建国际文化营销网络。	鼓励各类文化企业到海外兴办产业实体和建立营销渠道，支持广东省媒体和各种所有制企业在境外办报、办刊、办台、办网，与海外媒体合办频道（率）、栏目、节目；鼓励广东省媒体创办外文报刊、广播和电视频道，支持广东省网站与国外知名网络媒体合作。	国际营销、跨境合作

数据来源：广东人民政府《文化产业振兴规划（2011—2015 年）》。

3. 发展方向

《文化产业振兴规划（2011—2015 年）》提出文化创意业、平面传媒业、广播影视业、出版版权业、演艺娱乐业、网络文化服务、文化旅游业、文化会展业为八大发展方向。

表 2-9-2　广东省人民政府《文化产业振兴规划（2011—2015 年）》八大发展方向

任务	目标	涵盖门类
文化创意业	文化创意业产值年均增长 20%，到 2015 年成为文化产业重要门类和新的增长点。	文化创意产业园区和基地、创意设计、动漫游戏、音乐制作、广告
平面传媒业	平面传媒业经营收入年均增长 15%，到 2015 年，报刊数量和总印数继续位居全国前列，经营收入超过 300 亿元，打造资产超百亿元的报刊传媒集团。	报刊传媒
广播影视业	到 2015 年，广播电视服务业增加值达到 200 亿元，产业规模达 110 亿元；全省电影票房总收入达 60 亿元，电影银幕达 1200 块以上。	广播、电视、电影
出版版权业	出版版权业产值年均增长 10%，到 2015 年达到 3000 亿元，增加值达到 800 亿元；版权服务延伸到 70% 的核心版权产业园区。	图书出版、数字出版、印刷复制业、出版物流通业、版权产业
演艺娱乐业	演艺娱乐业增加值年均增长 20%，到 2015 年，初步建成以珠三角为核心的现代演艺市场体系，成为国内演艺娱乐业最为活跃的区域之一。	文艺院团、演出场馆、娱乐企业
网络文化服务	网络文化服务业总收入年均增长 25%，培育一批在全国具有较强影响力的新闻网站和商业网站，形成以广州、深圳为中心，面向全国、辐射东南亚的网络文化服务业基地。	网络文化内容、信息服务

(续表)

任务	目标	涵盖门类
文化旅游业	到2015年,文化旅游市场规模进一步扩大,产业规模、质量和效益居全国前列,形成一批在全国有影响的文化旅游项目。	文化旅游产品与服务
文化会展业	培育一批特色鲜明、具有国际影响力的文化展会品牌和龙头企业,建设在国内外具有较大影响力的珠三角文化会展产业带。	

数据来源:广东省人民政府《文化产业振兴规划(2011—2015)》。

4. 广东省重点项目与园区

《文化产业振兴规划(2011—2015年)》提出未来重点建设重大文化产业项目和发展重点文化(创意)产业园区和基地。

表2-9-3 广东省重大文化产业项目目录

序号	项目名称	单位
1	广东数字媒资中心	南方广播影视传媒集团
2	高清电视项目	南方广播影视传媒集团
3	南方报业户外新媒体联播系统	南方报业传媒集团
4	南方全媒体资源库系统	南方报业传媒集团
5	全省电影院线建设项目	珠影电影集团有限公司
6	广东文化产业电子商务服务平台	珠影电影集团有限公司
7	语义智能搜索	汕头大学出版社有限公司
8	全省数字音频广播网	省广电局、南方广播影视传媒集团、广晟资产经营公司
9	MPR多媒体复合关联编码	深圳天朗时代科技有限公司

数据来源:根据广东省人民政府《文化产业振兴规划(2011—2015年)》整理而成。

表2-9-4 广东省重点文化(创意)产业园区和基地目录

直属城市	名称	数量
省直	南方传媒文化创意产业园、羊城创意产业园、珠影文化创意产业园、广东国家数字出版基地、国家数字家庭应用示范产业基地、南方广播影视创意基地、广东国家音乐创意产业基地(南方广播影视集团园区、飞晟园区)、广东现代广告创意中心	8
广州市	广州粤港澳文化创意产业试验园区、广州高新技术产业开发区黄花岗科技园(越秀创意产业园区)、广州TIT国际服装创意园、广州从化动漫产业园集聚区、广州国家网络游戏动漫产业发展基地	5

（续表）

直属城市	名称	数量
深圳市	深圳前海粤港澳文化创意产业试验园区、田面设计之都创意产业园、深圳国家动漫画产业基地、观澜版画原创产业基地、大芬油画村、南岭·中国丝绸文化产业创意园、国家音乐创意产业基地梅沙园区	7
珠海市	珠海横琴粤港澳文化创意产业试验园	1
汕头市	汕头市澄海区动漫玩具产业集群	1
佛山市	1506创意城（佛山创意产业园）、中凯文化创意商务港、中国（平洲）玉器城、广东工业设计城、顺德创意产业园	5
韶关	大南华文化创意产业园	1
惠州	惠州报业传媒集团文化产业基地	1
东莞市	东莞市创意产业中心园区、东莞松山湖粤港澳文化创意产业试验园区	2
中山市	中国游戏游艺产业基地、粤台两岸文化产业园十一、江门市、缤果动漫创作中心及周边产品研发中心	3
肇庆市	中国·砚州岛生态文化创意产业园、肇庆中巴软件园文化创意产业园	3
潮州市	中国瓷都陶瓷文化创意产业园	1
揭阳市	阳美翡翠玉雕文化产业（创意）园区	1
云浮市	广东禅文化创意产业园	1
合计	39	

数据来源：根据广东省人民政府《文化产业振兴规划（2011—2015年）》整理而成。

二、广西壮族自治区文化产业发展政策概况

2010年和2011年，广西相继出台《广西壮族自治区人民政府关于加快文化产业发展的实施意见》和《广西壮族自治区文化产业发展“十二五”规划》，为2012年广西文化产业发展提供了有力保障。为确保《广西壮族自治区人民政府关于加快文化产业发展的实施意见》和《广西文化产业发展“十二五”规划》所列各项工作任务的落实，在2011年出台《广西壮族自治区人民政府办公厅关于印发加快文化产业发展工作方案的通知》等一系列政策文件的基础上，2012年广西制订了《广西文化产业发展“十二五”规划实施总体方案》。

2012年，广西主动将文化产业发展纳入广西创新体系建设，牵头起草并上报了《关于加快推进文化科技融合发展的实施方案》（桂政办发[2012]270号）和《关于培育20万创意创业人员的实施方案》（桂政办发[2012]257号）等文件，由自治区人民政府办公厅印发，在促进文化与科技融合发展方面取得了新的突破。

(一)出台人才方案推动文化创意产业发展

为贯彻党的十七届六中全会和十八大精神,推动文化创意产业发展、打造民族文化强区,广西壮族自治区人民政府办公厅11月印发《关于培育20万创意创业人员的实施方案》。该实施方案提出,到2015年,广西全区引进创意产业领军人物二十名左右、知名专家二百名左右,培养本土优秀创意创业人才一万名左右,实训大学生数量超过三万人,全区创意创业人员超过二十万人。

根据该实施方案,广西创意创业人员培育的重点是留学归国、外出经商务工返乡创业人员,复转退伍军人中的自主择业人员,党政机关、科研单位工作人员,大中专毕业生中的初始创业者,个体业主。重点培育工业设计、信息服务、广告设计、现代传媒、文化旅游、节庆会展、动漫游类、培训教育、建筑设计、演艺和工艺美术等十个领域。该实施方案还明确了培育创意创业人员的一系列政策措施。如强化产学研用相结合的创意创业人才培养、加强创意创业人才引进、强化创意创业专项培训、建设一批高水平的创意创业园区及孵化基地、开展创意创业人才选拔活动、建立创意创业项目库等。同时,该实施方案对各项工作任务进行了分解,强化了有关部门的职责。

(二)出台《关于加快推进文化科技融合发展的实施方案》推动文化科技发展

广西壮族自治区人民政府办公厅11月印发《关于加快推进文化科技融合发展的实施方案》,提出力争在"十二五"期间,将广西建设成为在全国有较大影响力的区域文化科技融合中心和中国—东盟文化科技融合发展的交流枢纽、中国文化科技融合发展走向东盟的主力省区,使文化科技融合发展成为广西文化软实力的硬支撑。该实施方案提出"十二五"期间,广西力争培育五家以上自治区级文化科技融合示范基地,争创1—2家国家级文化科技融合示范基地;重点扶持30家骨干文化科技企业;取得三十项以上重大文化科技攻关成果;推动广西文化及相关产业增加值达到1000亿元,年均增速20%以上。[①]

为达成目标任务,《关于加快推进文化科技融合发展的实施方案》明确提出了实施文化科技融合示范基地建设工程、文化科技创新服务工程、文化科技企业培育工程、文化内容数字化工程、现代传播体系建设工程、培育和做强文化市场主体工程、文化科技人才培育工程等"七大工程"以及落实加强高新技术引进消化吸收再创新、加强文化科技创新成果转化、加强文化科技重点攻关、加强文化科技

① 广西壮族自治区人民政府办公厅:《广西印发加快推进文化科技融合发展的实施方案》,http://www.gxwht.gov.cn/article/whcy/info-2650.html,2012年11月21日。

领域标准体系建设、加强培育新型文化科技业态、加强文化科技品牌培育等“六大措施”。针对文化科技企业存在的用地、融资和引智难题，该方案从土地供给、税收优惠、金融支持、工商注册、人才激励等五个方面，强化文化科技融合发展的政策保障，并对中小微企业实行了政策倾斜。

（三）广西加强各类动漫游戏节庆会展交易活动管理

为规范全区各类动漫游戏节庆会展交易活动，加强广西各类动漫游戏节庆会展交易活动管理，广西壮族自治区文化厅于2012年3月印发《关于加强全区动漫游戏节庆会展交易活动管理的通知》。该通知从严格审批程序、严格控制活动和加大监管力度三个方面对广西各类动漫游戏节庆会展交易活动进行管理监控。

该通知规定一般性、地方性的动漫游戏节庆会展交易活动未经批准不得冠以“国际”“东盟”“中国”“全国”等名称。该通知规定坚持勤俭节约、讲求实效，对政府参与主办的活动，要严格控制活动规模和经费支出，不得强制企业参与，并对行业影响大、社会效益好、示范效应强、积极推广原创优秀动漫游戏产品的予以重点扶持，自治区文化厅培育和支持重点动漫游戏节庆会展交易活动品牌。该通知规定各级文化行政部门要加强对本地区动漫游戏节庆会展交易产品和活动的监管。

三、海南省文化产业发展政策概况

在2010年、2011年相继出台《中共海南省委、海南省人民政府关于加快推进文化改革发展的决定》和《关于支持文化产业加快发展的若干政策》的基础上，2012年海南省继续创建一批文化与旅游相结合的精品文化产业示范区，实行全岛一体化发展战略，依托海口和三亚等中心城市，构建起“一区三带九重点”，南北互动、东西相融、差异化发展的产业格局。以国际旅游岛先行试验区为突破口，大力发展文化旅游、文化创意、出版发行、广播影视、演艺娱乐、文化会展、动漫游戏、体育健身、休闲养生等重点产业。

第二节　广东省文化产业发展概况

广东省文化产业增加值连续九年全国领先，2011年文化产业增加值为2529亿元，同比增长30%，约占全国四分之一，占全省GDP比重4.8%，拉动GDP增长超过1个百分点，为推动经济增长和转型升级作出了积极贡献，文化产业已经成为省支柱产业。[①] 广东省文化产业形成了以新闻出版业、广播影视业、文化产品制造业、文化旅游业等为代表的一批骨干文化产业。全省网络文化及相关数字互动游戏产业年收入占全国三分之一,居全国第一;全省动漫产值也占到了全国动漫产业总值的三成以上,成为广东新文化产业的领军行业。

表 2-9-5 2008—2011 年广东文化产业增加值及占 GDP 比重

年份	文化产业增加值(单位:亿元)	占 GDP 比重	同比增长
2008[②]	2090.90	/	/
2009[③]	2151	5.6%	6.1%
2010[④]	2533.39	5.6%	17.8%
2011[⑤]	2529	4.8%	30%

一、各文化产业门类发展概况

1. 广播电视业新突破

国家广电总局与广东省政府 3 月 12 日在京签署《推动广东广播影视先行先试转型升级合作协议》,其中提出计划用三年的时间,以中国(广州)国际纪录片节为依托,打造国内权威的纪录片交易展销平台——中国(广州)纪录片交易平台项目。该协议还提出,国家广电总局将鼓励各纪录片交易播出机构、影视制作机构完成在该平台的实时登记,建立 24 小时纪录片实时产权交易数据库。据悉,该交易平台将由国产纪录片出口交易及国内交易、境外纪录片引进、国内纪录片版权交易登记等 4 个子平台构成,实现对出口境外的国产纪录片、国产纪录片在国内进行版权交易、节目交流交换及引进境外纪录片等进行实时登记,并拟与南方产权交易所或广东知识产权局合作,开办一个 24 小时的纪录片版权交易登记和实时网上交易的付费平台。

① 《广州日报》:《广东文化产业增加值占全国 1/4》, http://www.gd.xinhuanet.com/2012-08/24/c_112830389.htm,2012 年 8 月 24 日。

② 广东统计信息网:《广东文化产业发展状况分析》, http://www.gdstats.gov.cn/tjfx/t20101230_83249.htm。

③ 《南方日报》:《广东南方文化产权交易所挂牌》, http://news.sina.com.cn/o/2010-11-08/083018340933s.shtml,2010 年 11 月 8 日。

④ 广西壮族自治区人民政府办公厅:《广西印发加快推进文化科技融合发展的实施方案》, http://www.gxwht.gov.cn/article/whcy/info-2650.html,2012 年 11 月 21 日。

⑤ 《广州日报》:《广东文化产业增加值占全国 1/4》, http://www.gd.xinhuanet.com/2012-08/24/c_112830389.htm,2012 年 8 月 24 日。

2. 动漫游戏、节庆会展业

广东省动漫产值占到全国动漫产业总值的三成以上,成为广东新文化产业的领军行业。"中国动漫指数"由爱奇艺在2012年11月的"中国动漫嘉年华"上首次对外发布,第四季度《中国动漫指数报告》中,深圳原创动漫《熊出没》凭借精良制作与超高的综合收视表现位居榜首,《喜羊羊与灰太狼》《铠甲勇士》分别居第二、第三位。

2012年,中国(深圳)国际文化产业博览交易会、中国(东莞)国际影视动漫版权保护和贸易博览会、广东国际广播影视博览会、中国(中山)国际游戏游艺博览交易会、广东国际旅游文化节、南国书香节、中国(广州)国际纪录片大会、广州国际艺术博览会、中国国际漫画节、中国(广东)国际印刷技术展览会等一批节庆会展向着国际化、专业化、品牌化方向发展,进一步打造国际文化会展品牌。2012年期间,广东省各地展开节庆活动。广州国际纪录片节、2012第二届广州艺术品交易博览会、第二届广州艺术节、2012中国广州(增城)荔枝文化旅游节、第七届中国岭南美食文化节(顺德)、第四届中国国际影视动漫版权保护和贸易博览会、第一届中国佛山·国际城市雕塑大展、梅州首届客家文化艺术节、河源"中国第二届客家文化节"、第八届廉江红橙·旅游文化节、第三届中国(云浮)石文化节石艺创意大赛暨石艺作品展等节庆活动成功举办,为当地经济的发展起到了重要的推动作用,并成为当地的城市名片。以珠海为例,2012年珠海申请举办中国国际马戏节一事已获得批准,今后珠海有望形成"单年看马戏节,双年看航展"的两大城市品牌活动。

3. 演出市场

广东省初步形成国际化演出市场,主要表现在六个方面:一是艺术形式全。2011年,广州艺术节参展剧目包括戏曲、话剧、歌剧、舞剧、儿童剧等,囊括了艺术主要形式。二是参与国家和地区多。广州艺术节国外参会机构达268个,广州国际纪录片节吸引了56个国家参加,广州国际艺术博览会有法国、美国、俄罗斯等21个国家的300家艺术机构参展,国外参展机构占35%。三是成交金额大。2011年大型文化演艺活动,成交金额总数35.97亿元人民币,创造了历史最高纪录。四是演艺内容广。广州艺术节近千台剧目参演,广州国际纪录片节683部影片参展,漫画节则有国内外二百多所高校的1268件作品参赛,内容涉及方方面面。五是演艺水平高。98%的节目经专家评选,属同类优秀作品。广州国际纪录片节近300名国内外知名导演、业界人士参加评选。六是观众参与热情高。观众总数达到3.4亿,大型演出观众上座率平均96%。漫画节五天参观人数达24万,同比增长24%。[①]

4. 文化旅游业

2012年广东省政府网站分别印发了粤西、粤东、粤北地区的经济社会发展"十二五"规划，三个地区的GDP年均增长幅度预期值均超过或达到10%，经济增长速度超全省年均增长8%以上的目标水平。具体到各地区，粤西、粤东、粤北的地区生产总值年均增长分别设立了12.5%以上、13%以上和10%的目标。粤北将积极发展生态休闲旅游业，建设全省生态休闲旅游基地。韶关建成以"大丹霞、大南华、大南岭"为重点的世界级旅游胜地；河源建成以万绿湖、恐龙遗迹、红色史迹为重点的生态文化旅游区；梅州建成以叶帅故居、雁南飞、围龙屋为重点的客家文化生态旅游区；清远打造以温泉漂流、民族风情为重点的旅游休闲地；云浮建成以禅宗六祖文化、南江文化、石艺文化、温泉为重点的文化旅游休闲地。珠海长隆建成后将成为全球最大的海洋主题公园之一，预计每年吸引2000万人次游客，其首期项目预计2013年开业。

二、广东民营企业异军突起

民营文化企业对广东省文化产业发展的贡献举足轻重。据初步统计，广东省民营文化企业达到两万家，民营资本在文化市场的单位数量、投资额所占比重均在90%以上。例如成功推出"凤凰传奇"组合的顺德孔雀廊娱乐唱片公司，其制作的《荷塘月色》专辑销量超55万套，互联网点击下载量突破一亿大关；被誉为"神曲"的《最炫民族风》专辑销售已经达到35万套，点击量超8000万，长期位居国内原创网络歌曲排行榜上前十名。广东原创动力文化有限公司推出的贺岁电影《喜羊羊与灰太狼之开心闯龙年》创国产动画电影首日票房过2000万元的新纪录。2012年获得广东省"五个一工程"奖的八部电视动画片承制企业全是民营公司。深圳华强数字动漫有限公司推出的《熊出没》再为国产动画创造出一个经典形象"熊兄弟"，该公司2011年动漫产量18512分钟，成为全国产量最大的动画企业，创下中国动漫年产量的新纪录。无论"质"还是"量"，民营企业已然成为广东动漫大军的绝对主力。

三、公共文化建设取得新发展

2012年是广东文化强省建设的推进年，打造和擦亮了一批群众性文化品牌

① 广东文化网：《广州市初步形成国际化演出市场》，http://www.gdwh.com.cn/whwnews/2012/0525/article_12487.html，2012年5月25日。

活动。目前广东省拥有专业艺术表演团体 119 个、艺术表演场所 45 个、公共图书馆 133 个、群众艺术馆和文化馆 145 个、博物馆（含美术馆）186 个、文化站 1594 个、中等艺术学校 6 个。[①] 全省文化（文物）事业财政投入情况如下：全省文化（文物）事业财政补助收入（不含基建投入，下同）279587 万元，文化事业财政补助收入 230591 万元，人均文化事业费 23.93 元。文物事业财政补助收入 44310 万元，人均文物事业费 4.6 元。艺术教育事业财政补助收入 4686 万元。艺术表演团体本团原创作首演剧目 63 个，全年演出 13503 场，观众 1866 万人次，平均每团演出 113 场，本年收入 46661 万元，总支出 46661 万元，演出收入 10338 万元。图书馆总藏量 4367 万册件，总流通 4565 万人次，书刊外借 2536 万册次，人均藏书 0.45 册，人均购书费 1.25 元。群众艺术馆、文化馆（站）共举办展览 7536 个，组织文艺活动 29983 次，举办训练班 27522 个。博物馆文物藏品 806357 件（套），举办陈列、展览 1306 个，参观人次 2008 万人次。2012 年采取以奖代补的方式对全省经济欠发达地区的基层文化设施未达标项目进行扶持，包括新建、改扩建或完善设施设备县级文化馆、图书馆、博物馆四十个，乡镇（街道）综合文化站 150 个，城乡社区文化室 2000 个，乡镇（街道）公共电子阅览室 250 个。同时加快省重点文化项目建设，完成广东演艺中心、广东粤剧艺术中心工程，推进省非物质文化遗产馆、省人民艺术中心、省水下文化遗产保护中心、省文物保护科技中心、省立中山图书馆改扩建二期工程、广东美术馆改扩建等项目的立项。2012 年重点推进的文化惠民工程包括：全面推进“三馆一站”免费开放工作、加强文化信息共享工程和公共电子阅览室建设、组织开展全民阅读工作、继续深化文化志愿者活动等。其中，“三馆一站”免费开放方面，省财政从 2012 年开始对经济欠发达地区县级文化馆、图书馆每年补助十万元、文化站每年补助五万元免费开放活动经费。按照省财政扶持计划，2012 年，广东用于文化信息共享工程和公共电子阅览室的建设资金将超过 5000 万元。[②]

四、深圳迈向国际文化产业先锋城市

2012 年，深圳文化产业发展“势不可挡”。2012 年深圳文化产业重点实现四个“新突破”：一是在做强做优上实现新突破，二是在产业集聚发展上实现新突

① 广东省文化厅：《全省文化（文物）事业机构情况》，http://www.gdwht.gov.cn/govpub/show.php?catid=40&id=28368，2012 年 11 月 7 日。

② 广东文化网：《2012 广东全面推进文化强省建设》，http://www.gdwh.com.cn/whwnews/2012/0508/article_12197_3.html，2012 年 5 月 8 日。

破,三是在培育创新业态上实现新突破,四是在融资引导上实现新突破。

(一)文化强市工作会议掀起新一轮文化建设高潮,文化创意产业蓬勃发展

2月深圳市召开"深入实施文化立市战略建设文化强市工作会议",这是继深圳市召开实施文化立市战略工作会议以来,再次以市委市政府名义召开的一次专题性文化工作会议。3月29日,深圳召开的市委常委会议,讨论通过了《关于深入实施文化立市战略建设文化强市的决定》,致力于进一步推动深圳文化改革发展、加快文化强市建设。4月,深圳市委市政府印发《关于深入实施文化立市战略建设文化强市的决定》。该决定提出到2015年基本形成"十分钟文化圈";繁荣文艺精品创作,塑造文化强市品牌;争当文化产业龙头大市,提升文化强市实力,重点将深圳报业、广电、出版发行集团打造成为具有广泛影响的现代文化传媒集团和"文化航母";打造现代国际文化名城,树立文化强市形象;当好文化体制改革排头兵,增强文化强市动力;构筑文化人才高地,强化文化强市支撑;加强组织领导,确保工作实效,要求加大文化建设投入,确保"十二五"期间每年5亿元的文化创意产业发展专项资金足额使用并取得良好绩效。

表2-9-6 深圳各年度文化产业增加值对比图

年份	规模(亿元)	占全市GDP比值	同期增长
2002	55	2.5%	/
2006	382	6.7%	/
2007	465.5	6.88%	18.2%
2008	550	7%	15.6%
2009	637	7%	13.7%
2010	726	7.8%	12.3%
2011	875	8%	20.5%
2012①	930	7.2%	20%

数据来源:根据相关资料汇编整理。

(二)深圳市加大力度鼓励资助文化创意产业

深圳积极当好"文化产业发展领头羊",《深圳文化创意产业振兴发展规划》及配套政策在2012年全面推进实施,全年通过评审文化创意产业资金近7亿元,支持文化创意产业加快发展,打造知名文化品牌和龙头文化企业。7亿元专项资金将发挥对文化创意产业的引导、孵化和催化作用,着力提升深圳文化创意产业的整体实力。此外,市和各区文产部门出台政策实施细则,制定专项资金申报指

① 《南方日报》:《去年深圳文化产业实现增加值930亿》,http://epaper.nfdaily.cn/html/2013-02/06/content_7165623.htm,2013年2月6日,SC12版。

南,充实评审专家库,完善网上申报系统,规范专项资金申报审核。

2012 年深圳创意信息港、国际新媒体中心、华文数字出版中心等前海文化创意产业重大项目规划建设稳步推进。深圳市政府与中国工商银行签署《文化产业战略合作协议》,推动金融机构加大对文化产业的扶持力度。此外,深圳评选“年度十家优秀新型业态文化创意企业”“深圳市文化出口企业十强”“深圳市文化创意产业百强企业”以鼓励和推动深圳文化创意产业发展。

(三) 获奖新突破

继 2009 年、2011 年后,2012 年深圳再次荣获“全国文化体制改革工作先进地区”称号,并在 9 月全国文化体制改革工作表彰大会上获表彰为十年来的“全国文化体制改革工作先进地区”,7 家文化单位被评为“全国文化体制改革工作先进单位”,占广东半壁江山。深圳高新区被评为首批 16 家国家级文化和科技融合示范基地之一。华侨城和华强文化科技集团连续三届入选全国“文化企业 30 强”。国家级“中国(深圳)新媒体广告产业园”项目落户福田,深圳市中外版权交易中心正式建成,深圳市灵狮文化产业投资有限公司成功获评第五批国家文化产业示范基地。深圳市“政府公益文化基金管理创新”项目获第四届文化部创新奖“特等奖”。深圳卫视 2012 年平均收视排名首次挺进全国省级卫视前十方阵。

(四) 文博会及各类文化创意节会添新彩

第八届中国(深圳)国际文化产业博览交易会成功举办,总成交额达 1435.51 亿元,同比增长 15.13%。中国文化产业第一展的地位进一步巩固。

表 2-9-7 深圳文化产业博览会历年交易额① (单位:亿元)

时间	总交易额	同比增加值
2004	31.36	/
2006	211.4	180.04
2007	499.13	287.73
2008	702.32	203.19
2009	877.62	175.3
2010	1088.56	210.94
2011	1245.49	156.93
2012	1435.51	190.02
8 年累计成交额	6091.39	

数据来源:根据相关资料汇编整理。

① 中国文博会:《历届文博会交易数据》, http://www.cnicif.com。

此外,由文化部与深圳市政府共同主办的"首届中国设计大展"于12月成功举办,这是2008年深圳被联合国教科文组织批准加入全球创意城市网络成为中国首个"设计之都"以来,举办的规模最大的国家级综合性设计展;第八届"创意十二月"活动共140个项目,内容更加丰富,国际化程度、市民参与度、项目创意度更加突出;第十三届深圳读书月以"阅读提升正能量"为年度主题,发出"今天阅读一小时"的倡议,共举办594项活动;2012年版的《深圳市公共文化服务指引》共224页,全彩页印刷,中英文对照,结合深圳文化改革发展的最新进展,全面介绍了深圳的公共图书馆、文化馆、美术馆、博物馆、书店、电影院等文化机构的基本情况、服务内容、服务方式、服务时间、联系方式等服务信息。

第三节　广西壮族自治区文化产业发展概况

广西壮族自治区具有独特的区位优势。广西具有沿海、沿边、沿江的区位优势,同时处在我国大陆东、中、西三个地带的交会点,是华南经济圈、西南经济圈与东盟经济圈的结合部,是西南乃至西北地区最便捷的出海通道,也是联结粤港澳与西部地区的重要通道。

一、23家文化企业命名为第四批自治区文化产业示范基地

2012年9月,广西命名23家文化企业为第四批自治区文化产业示范基地,有力地促进广西文化产业又好又快发展。此次命名的示范基地除演艺、娱乐等传统的文化业态以外,将建筑设计等文化创意类企业、动漫等文化新业态企业、编织、珠宝首饰、艺术陶瓷等特色产品生产企业纳入评选范围,并体现了文化与旅游、科技等相关产业的融合发展。

根据下表所示,入选第四批自治区文化产业示范基地的23家企业主要以手工艺品和文化旅游两个门类居多,分别有九家和六家入选,占总数的65%。

表2-9-8　广西第四批自治区文化产业示范基地

类别	数量	企业名称
传媒	2	广西榜样传媒集团有限公司、广西新影响文化传媒有限公司
演艺	1	南宁市皇嘉凯歌大剧院有限公司

（续表）

类别	数量	企业名称
文化旅游	6	广西南宁健千年旅游开发有限责任公司（广西药用植物园）、柳州赏石市场管理有限公司、广西柳州君武原生态旅游开发有限责任公司、桂林阳朔山水旅游开发有限公司、桂林国悦灵渠旅游开发有限公司、广西梧州茶厂
设计	1	广西华蓝设计（集团）有限公司
手工艺品	9	梧州市旭平首饰有限公司、梧州市旺发新工艺品有限公司、北海国发南珠宫珍珠首饰制造有限公司、北海市恒兴珠宝有限责任公司、钦州市登峰陶艺有限公司、广西钦州市品艺堂坭兴陶有限公司、钦州博尔纳陶艺有限公司、广西博白银龙工艺品有限公司、广西三环企业集团股份有限公司
游戏动漫	1	桂林云尚动画制作有限公司
高新科技	2	桂林高新区创意产业园、北海市弘健科技发展有限公司
其他	1	广西梧州双钱实业有限公司

数据来源:《中华人民共和国文化部:广西评选命名自治区第四批文化产业示范基地》, http:www.ccnt.gov.cn/sjzznew2011/whcys/whcys_dfcyxx/20121019_265837.html。

二、展开首批特色文化产业示范县（市、区）、示范乡（镇）评选命名活动

为进一步落实《广西壮族自治区文化产业发展“十二五”规划》，在全区范围内培育、扶持、壮大一批特色文化产业县（市、区）和乡（镇），树立县、乡一级文化产业发展典型，统筹城乡文化产业发展，2012 年广西壮族自治区文化厅在全区开展首批特色文化产业示范县（市、区）、示范乡（镇）评选命名活动。经组织专门评选委员会进行评选，拟命名南宁市武鸣县等 16 个县（市、区）为自治区首批特色文化产业示范县（市、区）、命名横县等 22 个县（市、区）为自治区首批特色文化产业项目示范县（市、区）。自治区特色文化产业示范县（市、区）和特色文化产业项目示范县（市、区）评选有助于推动特色文化产业发展。

三、重点项目带动产业发展得以实施

2012 年广西文化产业城建设取得新进展，核心项目中国东盟创意乐园（锦园）举行启动仪式，进入控制性详细规划报审阶段。6 月 27 日，总投资将达 150 亿元的中国东盟创意乐园（锦园）项目启动仪式在南宁五象新区隆重举行。中国东盟创意乐园（锦园）项目是广西文化产业城的核心项目、特色项目、启动项目，规划用地 1314 亩，包括演艺创意园区，影视创意园区，动漫创意园区三大板块。

项目按照“国内一流、世界领先、独具特色”的目标定位,以大型实景演出为核心,着力构建集动漫游戏、影视制作、文化旅游、商业娱乐、酒店服务等功能于一体的全新文化复合体。通过特色建筑景观设计,形成适宜商务旅游、家庭旅游、具有国际吸引力的文化旅游胜地,打造面向东盟的文化产业新高地和文化交流新平台。

四、广西新闻出版业成为文化体制改革的典范

广西新闻出版业在全面落实中央确定的文化体制改革任务的基础上,不断探索改革、发展的新思维、新路径,组建了报业、出版、发行、印刷等5个集团。通过资源整合、结构优化、股份制改造等多元化发展,新闻出版业焕发勃勃生机,为广西即将迎来的文化产业集团组建高潮勾勒出新的发展图景。

在改革体制、创新机制、确立市场主体的基础上,新闻出版机构逐步形成“事业单位企业管理”的运行机制,实施资本运作,实现多元化经营。如广西日报传媒集团成立了商务印书馆(南宁)有限责任公司、广西日报印务中心、南国物流公司,成为集团新的经济增长点;广西出版传媒集团拓展出版印刷物资贸易、数字出版;广西师范大学出版社集团开拓教育培训、咨询策划、广告等业务;广西新华书店集团向上游挺进出版业,在下游将传统书城打造成为综合文化商城。广西新华书店集团在酒店、旅游、文化地产、金融和福利彩票等现代服务业领域的多元化经营,取得了不错的成绩;已立项的中国—东盟文化产品物流园,建成后将实现集图书仓储物流、文化产品贸易、对外翻译服务、咨询中介、版权贸易及物流、商流、信息流为一体的贸易平台和中国文化产品走向东盟的“桥头堡”。

五、文化动漫等新兴产业迅速发展

2012年,广西推动动漫游戏等新兴产业发展,成功举办第四届中国·桂林创新创意文化节暨桂林动漫节、2012年文化部“原创动漫边疆推广计划”动漫进广西活动。广西千年传说动漫公司、广西蓝海世纪数码传媒公司、广西卡斯特动漫公司3家企业获得2012国家动漫企业认定。2012年广西榜样传媒集团有限公司成功入选第五批国家文化产业示范基地,成为广西第6个国家级文化产业示范基地。

六、文化金融发展得到进一步提升

2012年2月22日,北海市文化局与中国银行股份有限公司北海分行正式签订《支持北海文化产业发展战略合作协议》。根据战略合作协议,中行北海分行将在未来五年内为北海市重点文化企业、文化产业园区、基地和文化项目提供二

十亿元的融资支持，并将提供包括融资融信、并购贷款、支付结算、国际业务、现金管理、财务顾问、信息咨询、相关上市服务、金融培训等优质金融服务支持，同时对中小文化企业将提供一系列金融产品和服务。北海市文化局将优先向中行北海分行及其支行推荐有金融需求的文化企业和文化项目，并就文化产业相关各项金融业务进行全面合作。这有助于促进文化企业与金融资本的对接，实现文化产业与金融服务业的双赢。

这次战略合作协议的签订，对拓宽文化企业融资渠道，解决文化产业发展的资金瓶颈问题，加快促进北海市文化产业发展将起到巨大的推动作用和具有重大意义。北海立足于文化产业发展的需要，充分发挥政府职能，借助政策性金融机构的投融资优势，携手金融部门支持文化产业发展、为文化企业营造良好融资平台的举措，对广西文化产业的发展起到了重要的借鉴意义作用。

七、公共文化服务上新台阶

2012 年，广西围绕建设民族文化强区战略，构建公共文化服务体系，提升公共文化服务能力，抓好村级公共文化服务、公共文化设施免费开放、国家公共文化服务体系示范区、文化惠民工程建设和文化人才队伍培训，公共文化建设卓有有效。

截至 2012 年 10 月 31 日，完成 1200 个村级公共服务中心建设，累计完成投资额 33019.93 万元。戏台在建 532 个，竣工 474 个；综合楼主体施工 423 个，建成 359 栋；组建文艺队 932 支。2012 年广西继续实施文化惠民项目，加强公共性数字文化服务体系，目前 9 个县级支中心、192 个乡镇基层服务和 4447 个村级服务点共享工程设备发放完成，已进入设备安装、调配阶段。自治区图书馆启动广西数字图书馆推广工程，将在全区推广数字图书馆建设。

第五节　海南省文化产业发展概况

2012 年海南省文化产业发展迅猛，取得显著成效。2012 年，海南文化产业增加值突破 100 亿元大关，同比增长 60%，增幅位居全国前列。[①] 2012 年，海南省 4000 万元专项资金扶持文化产业，比 2011 年的 2000 万元增加了一倍。

① 南海网：《海南 2012 年文化产业破 100 亿元 增幅居全国前列》，http://www.hinews.cn/news/system/2013/01/23/015385754.shtml，2013 年 1 月 23 日。

一、文化产业融资渠道不断拓宽

为拓宽文化企业投融资渠道,海南省文体厅先后与国家开发银行、金桥担保公司签署合作框架协议,积极争取财政支持,加速筹建文化产业发展基金,为扶持文化产业的发展提供保障和动力。积极放宽政策条件,鼓励和吸纳社会资金投资文化产业,促进了文化产业的转型升级,竭诚支持文化企业上市融资。

二、文化与旅游紧密结合,形成良性互动

海南文化产业一个最明显的特点就是文化旅游业带动了文化产业的发展,海南国际旅游岛这个平台,为文化产业的发展搭建了很大的舞台。旅游与文化产业发展相互融合,将为海南打造国际主流旅游品牌丰富内涵、提升品位,注入极大的活力。

为开发海南省西线文化旅游资源,促进文化和旅游融合,助推国际旅游岛建设。海南省文体厅牵头对西线文化与旅游相结合情况进行调研,形成调研报告上报省政府。亚龙湾热带天堂森林公园、呀诺达热带雨林旅游区、槟榔谷原生态黎苗文化旅游区紧密结合海南发展实际,创造了文化与旅游相融合的示范品牌。

三、形成园区化、集聚化发展模式

国际旅游岛先行试验区、海南国际创意港、海南生态软件园、海南动漫产业基地,形成了四大智慧产业集群,释放出经济与社会双重效益。2012 年,海南三道圆融旅业有限公司、三亚市天涯海角旅游发展有限公司获第五批国家文化产业示范基地称号。在第八届泛珠三角大会上,海南省与"9 +2"各省区(特区)代表签署了《泛珠三角区域广播电视媒体战略合作框架协议》《泛珠三角区域新闻出版战略合作框架协议》等 6 项合作框架协议。

四、文化服务业发展势头强劲

海南省把推动文化服务业大发展作为文化产业结构优化升级的战略重点和增强经济发展协调性、持续性的重大举措,着力提高发展层次和水平,促进文化产业的协同发展。2012 年,海南省直院团演收入达 1282 万元,全省电影票房 1.19 亿元,有线电视收入 3.6 亿元,广播电视播出机构收入 7.54 亿元,新华书店系统

图书销售码洋达到6.4亿，均创历史新高。①

五、海南影视文化产业发展热度提升

2012年，海峡两岸三地华语电影高峰论坛、第十二届华语电影传媒大奖颁奖典礼在海南成功举办。借助各项影视文化盛事的影响，海南越来越受到国内电影人的青睐。从20世纪50年代起，海南就凭着独特的自然风光获得了国内诸多影视剧组的青睐。半个多世纪以来，先后有《南岛风云》《非诚勿扰》《冲出亚马逊》等多部著名的影视剧组前来取景，由此海南也赢得了“天然摄影棚”的美称。目前在省文体厅注册的影视文化公司有五十家，平均每年有十部影视作品产出。②后影视产品上已开始起步，如2012年5月24日，全球首个以导演个人命名的电影主题旅游项目——“海口观澜湖华谊冯小刚电影公社”落户海南，这是著名电影导演冯小刚携手观澜湖集团、华谊兄弟传媒集团打造的特色电影旅游商业项目。

六、各类文化艺术精品层出不穷，大型活动兴起

海南省2012年倾力推出文化艺术精品，省文体厅充分挖掘海南本土文艺题材，推出原创舞蹈诗《黎族故事》和琼剧《海瑞》等一批新剧目，推进大型实景旅游演艺剧目《鹿回头传说》、大型舞剧《南海观音》的创作排练。大型多媒体歌舞音乐剧《火凤凰》结合现代化的声光电技术，打造出了一个引起国内外业界广泛关注的文化品牌。2012年海南省涉外商演共142项（含132进口，10项出口），其中《三分天下》《战国争霸》等网络游戏和《火凤凰》《槟榔·古韵》等演艺产品出口创汇达3473万元，同比增长57%。③

海南拓展优良的自然条件，努力打造在国际、国内更有市场吸引力、市场竞争力的体育盛事，目前已有亚洲自行车大赛、高尔夫赛、环球帆船赛、世界冲浪邀请赛等大型赛事在海南成功举办。2013年海南省将推动一批文化体育产业项目落地，开工建设三亚国家级跳水训练基地、三亚红沙疍家文化湾和保亭飞碟谷（飞碟训练基地），启动澄迈水上运动基地、国际职业拳击赛子基地、文昌国际文化交流

---

① 南海网：《海南2012年文化产业破100亿元 增幅居全国前列》，http://www.hinews.cn/news/system/2013/01/23/015385754.shtml，2013年1月23日。

② 《海南日报》：《海南影视文化产业渴望“上镜”》，013版，2012年06月11日。

③ 海南省文化厅：《我省对外文化交流合作向纵深发展》，http://wtt.hainan.gov.cn/swtt/zxdt/wtdt/zh/201301/t20130115_878124.html，2013年1月15日。

中心、国家艺术研究院三亚基地项目的规划建设。

七、公共文化服务上新台阶

2012年以来,海南省文体厅提出了“以一天都不耽误”的精神推动海南文化繁荣发展”的目标,以文化阵地建设为抓手,积极争取国家、省级文化基础设施建设专项资金642.79万元,新建了一批公共文化设施项目,一个以省博物馆二期、文化公园服务中心等项目为龙头,以市县文化馆、图书馆为主体,以乡镇综合文化站、村级文化活动室等为基础,遍布全省城乡的公共文化服务设施网络体系构建完毕。2012年来,文化厅积极争取到省财政资金3114万元,扎实推进120个行政村文化活动室和4个城市社区文化活动中心建设。

截止到2012年8月底,完成180614户直播卫星建设任务,实现广播电视全省所有自然村“村村通”,2012年底实现“户户通”;全面建成和完善204个乡镇综合文化站,实现乡镇全覆盖,建成全民健身路径工程560万160条。截至2012年11月底,农村公益电影共放映34406场,占国家下达全年任务的107.8%,实现了全省农村数字电影全覆盖,建成农家书屋2695家。①

第六节 区域文化创意产业发展对策

在未来文化产业发展中,华南地区文化产业将在广东这个强有力的领头羊的带动下,以新兴业态的文化产业为突破口,发展文化科技,向着规模化、集团化经营趋势发展,产业规模不断扩大、地位提升,文化产业结构得到优化,布局进一步合理完善,形成一批在全国有竞争优势的主导产业。

一、以新兴业态的文化产业为突破口,发展文化科技

科技创新是文化发展的重要引擎,先进文化是科技创新的重要动力,华南地区应以新兴业态的文化产业为突破口,发展文化科技。将文化与科技相结合,以新兴业态的文化产业为突破口,让一些拥有高技术含量和新媒体特性的新兴产业可以提升和改变华南地区文化产业的格局。目前,华南地区,尤其是广东已经有一定的基础,如在新媒体行业,广东就有多项自主研发的核心技术领跑全国:语义

① 海南省文化厅:《我省公共文化服务体系建设取得新突破》, http://wtt.hainan.gov.cn/swtt/zxdt/wtdt/zh/201301/t20130107_853125.html,2013年1月7日。

智能搜索引擎技术、OED 电子纸电泳技术、多媒体复合关联编码 MPR 技术等已与世界同步,而且进入产业化阶段。将科技与技术相结合的结果就是让华南地区的文化产业独树一帜。而广西出台的《关于加快推进文化科技融合发展的实施方案》,更是对华南地区发展文化科技的一个重要基础和借鉴。在未来的发展中,华南地区应主动适应当代科技发展的新趋势,加快高新技术的研发运用,提升文化发展的科技含量,更好地用先进技术建设和传播先进文化,促进文化产业升级转型。

二、立足本土,以强扶弱

在未来的发展中,华南三省应立足本土,海南、广西以发展“文化 + 旅游”为主、广东以“文化 + 科技”模式,创出自己的特色道路。海南、广西应该在旅游产业的基础上,发展文化创意产业。而拥有深厚传统制造业基础的广东,应该将文化与创意相结合、与科技相结合,提升产品的附加值,实现文化产业升级。

为了打破华南地区“一强两弱”发展严重失衡的格局,华南三省区应该加强交流,而作为文化强省的广东应该承担起扶助海南、广西两省区加快发展文化产业的重任,多分享和传授先进经验,以带动华南地区整体腾飞。

三、构筑文化人才高地

在未来的发展中,华南地区应将“构筑文化人才高地”摆在突出的位置,在广西出台《关于培育 20 万创意创业人员的实施方案》的基础上,制订出台《引进文化领域高层次人才办法》,面向国内外重点引进社科理论和文学艺术名家大师、文化创意和文化产业领军人物;建立健全人才激励机制,健全以政府奖励为导向、用人单位和社会力量奖励为主体的人才奖励体系,对为广东文化发展作出突出贡献者以及重大文化成果进行奖励;实施特级专家聘任制度,实施首席专家、文化大师工作室制度。

区域报告十

台湾、香港、澳门地区文化产业年度发展报告

邱志勇*

台湾

台湾在文化机构的政策带领下，积极推动文创投资业务，以活络文创产业的资金活水。文化创意产业投资及融资服务办公室秉持着促进文创产业发展的热诚，持续引介具潜力的文创案源，希望能实际促成民间资金挹注文创产业，协助文创事业成长茁壮。"台湾国际创业资金媒合会"受到行政机构六大新兴产业政策扶植，台湾电影、电视、音乐、工艺、设计、数字内容产业等文化创意产业俨然成为台湾新兴成长动能。并且，预计四年内投入台币275亿元，期至2013年时，台湾成为亚太文创产业汇流中心，并于五年内，使民众艺文消费比例提升至15%，媒体总产值成长20%以上，海外获利提升3倍以上，文创总产值达新台币1兆元，增加20万就业人口。

香港

被誉为亚洲广告之都的香港，拥有庞大的媒体和创意产业群，不少企业利用香港作为地区地业务的枢纽，也吸引许多媒体企业纷纷进驻。因此于2009年6月成立了"创意香港"办公室，专责推动本地创意经济的发展和管理多项资助计划。政府当局又不遗余力发展西九龙文化区，将四十公顷的填海区土地发展为综合性的文娱艺术中心。紧接而来的"十二五"规划更是支持香港发展六项优势产业，为香港发展文化创意产业带来巨大机遇。

澳门

文化局投入多元并协助部分具产业发展潜力的文化艺术团体及剧团转型，

---

* 邱志勇，静宜大学大众传播学系副教授兼系主任。

2011年1月5至6月的资助金额达澳门币7235590元，资助项目共55项，积极助澳门初步厘定文化创意产业的发展政策与发展框架。澳门特区政府将文化创意产业作为推动澳门经济适度多元的重要一环，已在2010年5月成立文化产业委员会，旨在广泛听取各界对本地文化产业的意见和建议，制定适合澳门本地文化产业的发展政策、策略和措施。

第一节　台　　湾

对台湾的文创与传播事业而言，2012年是个重大的变化，原因就在管制与辅导机构的重大变革。为配合行政当局组织改造的激活，2012年5月20日“文建会”改制为文化机构，“文化机构”的业务范畴，除涵盖原“文建会”现有之文化资产、文学、小区营造、文化设施、表演艺术、视觉艺术、文化创意产业、文化交流业务外，并纳入行政当局新闻机构出版产业、流行音乐产业、电影产业、广播电视事业、两岸交流等业务、行政当局出版品相关业务，以及教育行政机构辖下5个文化类馆所，包括历史博物馆、“国父”纪念馆、中正纪念堂管理处、台湾史前文化博物馆、中正文化中心。组织从3处、4室、3个任务编组，增加为7个业务司、5个辅助单位、3个任务编组。附属机关则从14个增加为19个。[①]

相较大陆文创业，台湾文创产业似乎较为辛苦。台湾并非没有创投，但是由于市场规模小，文创企业要达到损益平衡点的难度便高。台湾的初创和中小型文创业，由于规模不大、缺少贷款抵押物，加上投资报酬率的时间周期长、价值又难以估算，普遍难以取得融资，这其实都是众所周知的必然。[②] 近五年来台湾文化创意产业的总产值，依据经济行政机构文化创意产业推动小组，委托中华经济研究院调查数据统计，2002年产值为台币2311亿元，2006年为台币3072亿元，计增加台币761亿元，成长率为32.93%；其中，属于“文化机构”主管的艺文产业，五年累计总产值近台币2274亿元。显示文化创意产业在台湾发展，是成长的趋势，但与其他迅速发展或有深厚文化基底的地方相较，仍有相当努力的空间。[③]

台湾自2002年由行政机构推行的“台湾发展十项重点计划”之一“文化创意产业发展计划”始，透过文化创意累积形成可利用之的知识财产，发展具经济与就

① 文化部，http://www.moc.gov.tw/main.do? method = find&checkIn = 1。

② 罗海资：《文创台商在中国的竞争态势与发展之道》，http://www.cci.org.tw/cci/cci/market_detail.php? c = 236&sn = 5017，2011年12月27日。

③ 文化部：《98-101年度施政计划》，http://www.moc.gov.tw/public.do? method = find&id = 82。

业潜力的产业达到第一个十年。更在2012年今年因文化机构创立有了更具统合性的发挥。因应行政机构组织改造,"文建会"于2012年5月20日改制为"文化部",同时文化资产总管理处筹备处改制为"文化部文化资产局",专责办理文化资产业务。

行政当局在2009年提出六大新兴产业计划,预计在2009年到2012年投入超过台币2000亿元的经费。并且,预计四年内投入台币275亿元,期至2013年时,台湾成为亚太文创产业汇流中心,并于五年内,使民众艺文消费比例提升至15%,媒体总产值成长20%以上,海外获利提升3倍以上,文创总产值达新台币1兆元,增加20万就业人口。至于总体台湾文化创意产业整体发展情形如下,2002年台湾文化创意产业营业额为台币4353亿元,而2007年则攀升到台币6329亿元,共增加台币1976亿元,年平均成长率为7.78%。此外,台湾文化创意产业的就业人口数于2002年有16.24万人、2007年为21.16万人。①

2010年至2011年文创发展成果,在资金挹注上除了持续提供业者相关补助政策外,也运用国发基金采取"共同投资"方式投资具潜力之文化产业。并为协助文创业者拓展国内外通路及塑造台湾整体文创品牌形象,自2010年起"文建会"策办二届"台湾国际文化创意产业博览会"建立营销据点集海外通路,在成立"文化部"后亦将持续协助文创业者加入国际组织会员等。在第二届台湾国际文化创意产业博览会有来自全球14个国家、457个机构参展,展出面积约22,680平方公尺,缔造了逾7万人次观展、成交金额达780万美元以上之佳绩,显示台湾文创产业蓬勃发展,动能不断攀升,让台湾的文创品牌及商品进入世界各个角落。而为培养文化创意产业国际人才,文化部更在成立后陆续办理相关课程,期能提升文创业者之创意设计、产品开发、市场拓展、经营管理、交易谈判技巧等国际竞争力。

"创意台湾—文化创意产业发展方案"由文化部主政,经济部亦就主管之产业别参与规划执行。全案执行期程为2009年至2013年,主要系针对当前文化创意产业发展困境及产业需求,并思考台湾之发展优势及潜力,提出各项检讨、提振方案及推动策略,期能立足台湾,进军国际,达到"攻占华文市场,打造台湾成为亚太文化创意产业汇流中心"之愿景。其项下分为"环境整备"及"旗舰产业"二大主轴,希望建构对所有文创产业皆友善之发展环境。而在"创意台湾—文化创意产业发展方案"中,包含了环境整备及旗舰计划,其中"环境整备"部分由文建会统筹并于文化创意产业发展第二期计划中以"多元资金挹注""产业研发及辅导"

① 文化建设委员会,2009:6—7。

“市场流通及拓展”“人才培育及媒合”及“产业集聚效应”五项计划具体措施进行，使相关产业皆能获得适当之辅导及协助而成长，而发展较为成熟、产业关联效益大的6项旗舰产业，期能发挥领头羊效益，带动其他未臻成熟的产业。①

台湾的品牌授权，除了高雄世运的授权厂商吉而好，取得当局委外经营金瓜石黄金博物馆，与“中央研究院”历史语言研究所授权淡水十三行博物馆内容的祥泷文创，其他最主流最有价值的授权内容，可说是来自故宫博物院文物或“数字典藏与数字学习国家型科技计划”。行政机构为推动数字内容产业蓬勃发展，于2002年5月通过第一期“加强数字内容产业发展推动方案”，并在“两兆双星核心优势产业计划”中将数字内容产业列为重要推动产业之一，主要为推动台湾能成为运用数字科技，提升整体产业竞争力带动相关制造业及周边衍生性知识型服务业之发展，并于2007年8月通过第二期“加强数字内容产业发展推动方案”将原有“功能导向”转为“任务导向”之发展策略。②

但在过去20年，台湾在全球信息产业中的硬设备，取得多项世界领先的地位，而在这项基础上再往信息应用及内容软件方向发展，将具有相当的产业优势。继第三波“信息产业”经济后，行政机构规划以“文化创意产业”为第四波经济引擎，于2009年2月将文化创意产业列为当局六大新兴产业之一，同年3月设置“行政院文化创意产业推动小组”。并于2009年5月行政机构正式对外公布“创意台湾—文化创意产业发展方案”，执行期程由2009年至2013年，其中将数字内容产业纳入六大旗舰计划之一，予以重点推动，期待能在原有基础上再作提升。其中于“创意台湾（Creative Taiwan）——文化创意产业行动方案”（2009—2013年）项下，经济机构拟订“数位内容产业旗舰计划”以落实产业推动政策，同时为贯彻当局财经咨询小组政策指示，另研拟本“数位内容产业发展行动计划”达到“发展台湾成为全球数字内容产业发展成功之典范”之愿景。同时透过行政机构数字内容产业发展指导小组的跨部会协调机制，整合相关部会之资源如行政机构科学委员会（数字典藏与数字学习“国家型”科技计划）、行政新闻机构（电视内容产业旗舰计划）、行政当局发展基金（加强投资文化创意产业实施方案、加强投资中小企业实施方案等）及行政当局文化建设委员会等共同推动。③

文化机构更积极投入将资金挹注学区协办文化创意产业发展，设立项目补助

---

① 文化部：《文创发展》，http://www.moc.gov.tw/business.do? method = list&id = 13。

② 行政院经济建设委员会，http://www.cci.org.tw/cci/cci/market_detail.php? sn = 4016，2010年8月。

③ 经济部工业局，http://www.cepd.gov.tw/m1.aspx? sNo = 0013989&ex = 1&ic = 0000015，2010年7月。

金费支持提供创意产业工作者构思,寻求跨领域合作、营销媒介、创意交易之空间,以建立、强化创意产业工作者之社群与产业网络,并协助相关产业与文化艺术创作、展演之互动与相互支持。建置数字创意人才及企业媒合管理平台。推动整体环境优质化。推动小区总体营造计划"地方文化馆第二期计划"彰显地方文化特色,串联不同类型文化空间行程策略联盟。形塑"文化生活圈"推广营销创新实验计划,落实各文化馆永续经营。① 同时文化机构与经济机构更合作推动"文化创意产业发展法";规划成立"文化创意产业研发中心",协助创意产业研发及市场拓展等工作。同时规划"文学著作推广"中长程计划,进行中书外译与台湾大百科全书。

台湾更透过小区总体营造,将制造业或城市营销与文创产业完整结合。在产业园区与创意街区的双重发展下,台湾的创意群聚持续成长。地方政府可鼓励各领域文创产业结合城市观光,筹办各式主题观光旅游行程,可增进城市观光旅游消费,同时也可带动国内文创产业的发展。换言之,文创商品要能达到城市营销的目的,要融合城市的风俗民情、人文历史、文化特色,创造出鲜明的主题与视觉目标,并凸显台湾在地文化特色。②

现今举办国际大型活动都有城市营销的任务,硬件建设往往是一种最直接的呈现方式。世界博览会、奥林匹克运动会、世界运动会、国际花卉博览会等国际大型活动,属于各城市轮流举办的活动。在短期内,提高城市知名度,并吸引大量国内外观光人潮前往。2009 年的人数可以创新高,当然跟两岸正式开放观光有紧密相关。但不可忽略的是,早在开放之前,台湾观光产业的发展条件逐渐在进步,也是其人数成长的重要推力。高雄世界运动会与台北听障奥林匹克运动会陆续成功举办后,确实让台湾表演艺术产业提升到国际层次。台北花卉博览会期间,也有超过 7000 场次之艺文表演活动,提供艺文团体一定之表演空间及机会。

文化机构的建立统合台湾原先产业规范的不足之处,在文化产业的支持上也有了大幅的改善和进步,台湾本身文化创意产业发展益发热络。但总体而论,台湾文创产业市场仍然不足,无法构成结构稳固的规模,也因如此无法将其文创产业发展至国际舞台,甚而导致专业人才的流失。虽然文化部各项计划和补助皆显示台湾文创产业环境的改善,但其对产权及文化人才的保护措施仍需改进。

---

① 文化部:《98-101 年度施政计划》, http://www.moc.gov.tw/public.do? method = find&id = 82。

② 文化部:《结合城市营销行塑文创新风貌》, http://www.cci.org.tw/cci/cci/market_detail.php? c = 196&sn = 5019,2012 年 1 月 5 日。

第二节　香　港

与台湾相比之下,香港文创的特点用"Hybrid"(混杂)一词来形容最适合不过。香港很多元,但这就是香港的特色。香港在经历金融风暴之后,早已意识到多元产业发展的重要。由于香港与珠江三角同属粤语文化地区,不少企业利用香港作为地区业务的中心,吸引许多媒体企业纷纷进驻。香港财政司司长曾俊华于2011年2月发表《2011年香港财政预算案》,强调确保香港能够在中国国家"十二五"时期继续发挥独有的功能和优势。为鼓励企业推动创意产业的发展,香港政府将于2011年3月9日向立法会提交条例草案,落实为购买"版权""注册外观设计"和"注册商标"的资本开支提供税务扣减的建议。并在香港商务及经济发展局推动下,由文创的专责办公室将2012年定位为"香港设计年"。

"创意香港"办公室于2009年6月成立,结合商业和文创产业,负责推动香港创意产业的发展。在成立创意香港的同时,香港特区政府亦推出3亿元的创意智优计划,资助有利于香港创意产业发展的项目。在2.5亿港币的投入计划中,有项名为"一站式服务中心"的服务,将融资、孵化、展示、推销、培育等多重功能囊括在服务中心内。服务中心并不以成型的项目为服务对象,而是将目光锁定为新兴设计师或者设计公司,协助项目的培育,并在具体实施中,减少审批程序,只需在创意香港办公室一站便可完成全部手续,更为简便迅速地节省产业发展中最为繁杂的程序流程,加速香港文创产业的发展与可能。①

为了更进一步推动文创产业发展,更在"创新中心"及"数码港" 这两个创意产业地标以外,增设"原创坊"作为标志性创意中心。"创意香港"负责管理各项创意产业相关资助计划,包括创意智优计划、设计智优计划等。截至2010年12月底,创意智优计划共接获30个项目批准,所涉款额达700万美元。3000万美元的设计智优计划于2004年6月推行,加强政府对设计与其创新领域的鼓励,以助产业走高增值路线。截至2010年12月底,设计支持计划共接获500余份申请。

香港除考虑个别产业的发展潜力外,还需要兼顾内地不同省市和澳门对文化创意产业的发展政策。香港的数字娱乐、电影与录像、音乐、表演艺术,平面媒体、广播电视、数字出版、印刷出版等,都可以参与国际竞争。一直以金融地产为发展

---

① 创意香港设计中心, http://www.hkdesignyear.hk/about-hkdy2012/presenter-organisers-strategic-partners/? lang = ch,2009年6月。

主轴的香港,文化创意产业也发展蓬勃。官方数字显示,香港的文化创意产业每年都增加都超过630亿港元,占香港生产总值约4.1%,[①]成为经济增长的重点趋势。另外目前香港现有之文创相关产业从事设计创意产业的人数则占香港全数劳动人口的5%以上。与全球其他创意产业发展国家相比,香港的创意产业发展空间甚大。同时,香港在电影、建筑和广告、电视、音乐和出版等不同的创意产业领域皆有极大优势。[②]

香港特区政府亦高度重视文化创意产业的发展,在明确发展香港的六项优势产业中,把文化创意产业列在首位。从戏剧到舞蹈,由流行音乐到戏曲,全香港共有超过1000个演艺团体,每年演出场数多达6000场。由香港艺术节协会主办的"香港艺术节",每年约在2月至3月举行。香港艺术节协会每年也举办多项国际艺术盛事,包括夏季举办的"国际综艺合家欢"及秋季"专题艺术节"等,提供机会给予世界各地艺术工作者,相互交流。此外,每年夏季举办的"中国戏曲节",已发展成为香港对外展示中国传统戏曲艺术的平台窗口。[③]

而香港作为华人地区电影发展最具规模之所,近年来配合创意香港将联同香港贸易发展局在法国康城举行的 Marché du Film 设立历年最大的香港馆,将有十一家香港公司在展区内设独立展位。同年也推出"香港电影 New Action——电影业与多媒体产业跨平台合作"大型推广计划,推动电影与多媒体产业相互发展,寻找传统电影制作以外的多元化发展可能。[④] 协助推动香港电影业与各地的不同媒体产业沟通合作,促进香港发展成为亚洲区内的电影内容供应与发行中心,并在"数字汇流"的21世纪中发挥重要的作用。[⑤]

整体而言,香港文创产业大多着重于设计与电影产业,各项活动和机构的相互结合,当中设计类群,更因为创意香港的计划明显接连提升其他相关文化创意产业的发展。而香港电影产业的成熟本身就相当稳固,配合2011年相关版权等政策法案的提呈,补强原先香港电影最大的困境,在内容层面和结构层面相互搭配有其乐观趋势。

---

① 香港新闻网:《文化产业未来可贡献7%—8%的香港GDP》, http://www.hkcna.hk/content/2011/0606/101627.shtml,2011年6月6日。

② 文汇网:《文创产业亮相成新宠》, http://paper.wenweipo.com/2012/11/06/FM1211060006.htm, 2012年11月6日。

③ 香港经贸文化办事处, http://www.hketco.hk/tc/culture/creative/index.html。

④ 香港电影发展局, http://www.fdc.gov.hk/tc/press/press_20111114.htm。

⑤ 林建岳,香港电影局副主席,2012年11月。

第三节 澳 门

澳门人口虽然仅有50多万,但每年来澳的世界各地游客近2500万,旅游业是澳门的经济支柱。特区政府已明确决定以旅游业为主体,其他行业协调发展的经济政策,巩固澳门在区域经济中的独特角色。澳门在旅游领域的产业链中,导入以创意、设计与商业化理念为核心的文化产业。大多文化创意产业的发展,需要以当地的历史文化为依托,澳门的历史背景,恰好具有了此一条件。[①] 加上澳门在2005年正式被列入《世界文化遗产名录》中,更是成为澳门作以发展文化产业相关建设与推广之稳固立基。

主掌澳门文创产业之文化局将澳门的文化创意产业发展政策框架,建立其数据库,自2010年8月开始的文创产业资料搜集工作,征集设计、视觉艺术表演、出版、流行音乐、电影录像及动漫等领域相关的公司及团体信息;第二部分始于2011年5月,以澳门文创产业个人工作者信息的会整,预计将于2012年汇整上线,配合数字信息传播,提供各部界相关交流。各部分按照实际情况开展具体措施和工作计划。澳门特区政府一方面扶持本地文创产业,一方面推动其外地交流。2012年3月,文化局组织了多家文创商户,参加江苏南京举行的“活力澳门推广周”和天津举行的“天津·澳门周”;5月,组成包括政府工作人员、文创商企成员和专业人士的代表团,参加“第七届中国(深圳)国际文化产业博览交易会”等相关活动展示了澳门文创成果,学习了外地文创经验。今年10月,文化局还与澳门贸易投资促进局合作,共同组织本地文创界参加“第十六届澳门国际贸易投资展览会”。在向内的资助方面,2012年1月至10月为止,文化局共资助1174项文化艺术及文创产业相关活动,金额约3900万元;资助项目数量约是2011年双倍的成长,金额则是1.3倍。[②]

2012年澳门文创产业的财政施政方针当中显示,澳门特区政府将加大力度,从以下几个方面推动其稳步发展:设立“文化创意产业基金”,结合文创产业框架的制定,搭建文创产品的销售平台,增设“艺术电影院”、展销澳门本地的设计时装的“澳门时尚廊”、推动本土剧场文化的“黑盒剧场”等三个文创空间;与相关学

① 王鹏:《澳门博彩业与文化创意产业的融合互动研究》,http://www.waou.com.mo/detail.asp?id=48275。

② 文化产业委员会,http://www.cic.gov.mo/tc/news_detail.aspx?a_id=24。

术机构合作,继续推行"文化艺术管理人才培养计划"。①

澳门的文创产业相较于台湾及香港起步虽晚,但近年来在数字网络空间上建立其数据库,于文化局工部目标发展而论,先是长远规划推行视觉艺术设计,与其文化建设。再者法规政策和各项文创企业辅助作以短期目标,两者兼融相互打造澳门的文化环境便使得澳门有更大的发展机会。社会文化司司长张裕预计年底完成法律程序,拨出两亿元支持文创发展,但最终要视乎财政预算;本地文创机构期待文创基金尽快出台,以贷款或资助形式辅助业界,让业界逐步成长。② 尽管澳门特区政府于明年将推出高达两亿文创基金,但短期内却仍难改变现时澳门的文创产业格局,主要焦点应该着重于人才培育和相关产业环境的养成,毕竟要在有充足人才的客观条件下,才能多方发挥。

总　结

综观台、港、澳三地之文化创意产业发展,全球化的潮流加速竞争,也使文化产业环境越趋复杂,三地皆在近年来发展掌握原先在地文化为主体之相关产业发展,并未失焦保存其重点文创内容,也都在 2012 年确立多项相关政策,配合政府组织内部改革等事宜进行文化产业的推动。因应数字化也将其内容发展推向多元产制发展方向,对于文化相关国际产业也都有多项发展。但在整体而言,三地却都未在科技层面的文创产业有所突破或加以精进,将会是往后问题。

台湾地区 2011 年在政策内容上有了相当多对于文化创意产业的推进,利用地方文化的再现和保存,加上各地政府区域性的推广也举办相当多活动,用以经济和观光产业相互提升是有越趋进步的倾向。2012 年"文化部"成立,组织内部结构确实已经有了改善,但台湾目前最应当正视的即是内容缺乏和市场狭隘的问题,资金辅助虽然伴随文化部和经建会的挹注,相较于以往有了微幅的改善,但对台湾文创产业相当多元的发展而言仍然相当不足。

相较于台湾,香港具有相当丰富的内容资源,但也因为地区此种不可抗因素,而同样有着内需市场无法维持大型文创的可能,但仍旧可以发展出经过市场区隔

① 澳门文创网:《社会文化领域 2012 年财政年度施政方针》, http://www.macaucci.com/cn/content/?id=1118&catid=152&subcatid=153,2012 年。

② 《澳门日报》2012 年 10 月 19 日 A11 版。

的区域式经营。而香港本身仍然具有先天的电影产业优势,支撑相关文化产业发展,配合设计年的运行,以及各地区域的新兴文创产业特区的设立,香港已然逐渐形成文化产业重镇。而澳门则是谨守自身的旅游和观光人口的优势,发展出一套相当特定的文创产业系统,虽然仅可谓相当初步的整理和汇集,但澳门的文化创意产业仍然因为归类而有了完整并且均衡的发展。

专题报告

专题报告一

文化保税区推动对外文化贸易的功能研究①

于华音*

作为一种新生事物，文化保税区在我国的建设，尚处在“摸着石头过河”的实践探索阶段。何谓文化保税区，其核心功能是什么，对推动对外文化贸易究竟能起何种作用，这些问题亟待理论界回答。本文试图通过对文化保税区基本定义与核心功能的探讨，建构起文化保税区的理论模型，藉此初步厘清文化保税区各项功能对推动对外文化贸易的作用及其限度。

一、我国文化保税区的现状及其功能分析

近年来，作为促进对外文化贸易的新手段，上海、北京分别在各自的综合保税区内专门辟出了文化贸易服务平台及相应的园区，力图依托保税区的政策优惠，发展成为国际文化商品展示交易、国际文化贸易企业集聚和国际文化产品仓储物流的中心。2007 年 9 月，上海国际文化服务贸易平台在上海外高桥保税区正式启动。2012 年 3 月，北京国际文化贸易服务中心在北京天竺综合保税区奠基。在这一过程中，“文化保税区”的概念应运而生，日益受到社会和学界的关注。文化保税区是指在保税区中设立的对外文化贸易园区，服从海关“境内关外”式的特殊监管，享受“免证、免税、保税”等各项优惠政策，具备一定的空间和软硬件设施，以企业集群的方式从事对外文化贸易。上海和北京的两大文化贸易平台，被认为是在中国建立和规划的首批文化保税区。

上海和北京两地的文化保税区，在其启动和管理方式上，均采取了“政府推动、企业运作”的模式，园区运营企业均为政府管辖下的大型国有独资文化企业。文化保税区在保税区中进行实体建设，除顺延享受保税区的所有优惠政策外，还

---

① 本文是国家社科基金重大攻关项目“我国文化产业发展战略研究”（项目编号：10zd&021）子课题“文化产业国际竞争力战略研究”的阶段性成果。

* 于华音，文化部外联局对外文化贸易处副处长。

可申请获得政府和保税区的特殊支持,由此增加对国内外文化企业和文化贸易企业的吸引力。入驻企业以租赁形式,使用园区的办公、仓储、物流、展示、加工、休闲娱乐等功能和设施,其租金计为运营公司的收入,其贸易额计入运营公司的业绩。文化保税区对入驻企业的吸引力,主要体现为降低对外文化贸易的交易成本,如简化手续,减免税收,同时还能享受政府延伸服务和一系列特惠政策。

文化保税区作为"园中园"存在于保税区内部,具有保税区和文化贸易园区的双重属性。首先,就其与保税区的关系来看,文化保税区顺延和分享了保税区的各项优惠政策与核心功能,是保税区的一个组成部分,服从海关特殊监管和保税区的封闭式管理要求。其次,就其所具有的企业集聚功能及其硬件设施情况来看,文化保税区属于某种特殊类型的"文化产业园区",其特殊性体现在它是以外贸制造企业和外贸中介企业为主体的文化产业园区。

我国的保税区情况各异,各地政策也不尽统一,比较完善和成熟的保税区一般可具备出口加工、国际贸易、仓储物流和商品展示这四大核心功能。出口加工功能,是指区内企业可以从事出口加工及其他加工,充分利用进口设备及料件免税或保税、免设保证金台账等优惠政策,使各类加工料件在保税区内得到增值,使低附加值产品成为高附加值产品。国际贸易功能,是指保税区企业可以直接从事国际贸易,充分利用在保税区内企业享有免进出口许可证、免征关税和进口环节增值税等优惠政策,利用国内外市场间的地区差、时间差、价格差、汇率差,实现商品多流向、宽领域、快节奏销售。保税仓储功能,是指利用保税区内的仓库进行货物存储或者拆装、分装等商业性简单加工,优越条件是货物存储实行免税或保税,手续简便,费用低廉。商品展示功能,是指在保税区内"保税"或"免税"展示国内外的产品,国外商品到区内展示,展示期间保税,完税后可出区,如复运出境则免征关税。①

与一般产业相比,文化产业及其贸易具有一定的特殊性。对外文化贸易在何种程度上适合于在保税区中集中进行,文化产业的哪些领域适合与保税区对接,这是在大规模推广文化保税区模式之前需首先澄清的问题。为显示保税区各项功能对各文化产业类型的适用性,可参照北京大学文产院和联合国教科文组织对文化产业的分类标准,并结合上述对保税区功能的界定,制作表 3-1-1 如下:

① 孙金彦:《彻底搞懂关税》,中国海关出版社 2009 年版,第 129 页。

表 3-1-1 文化产业类别与保税区功能对接表

文化产业类别	性质	细目	与保税区功能对接
1. 演出娱乐产业	文化硬件产品	舞台设备	仓储物流、国际贸易
	文化软件产品	演出产品及版权	国际贸易
	文化服务产品	经纪人,演艺人员	无
2. 文化会展产业	文化硬件产品	展陈设备	仓储物流、国际贸易
	文化软件产品	会展项目	仓储物流、商品展示
	文化服务产品	组织者,策展人	无
3. 设计与艺术品产业	文化硬件产品	画材、装饰材料等	出口加工、国际贸易
	文化软件产品	艺术品,设计作品和设计产品	仓储物流、商品展示
	文化服务产品	艺术家,设计师	无
4. 动漫游戏产业	文化硬件产品	制作设备	仓储物流、国际贸易
	文化软件产品	动漫游戏版权	国际贸易
	文化服务产品	设计师、制作者	出口加工
5. 影视产业	文化硬件产品	影视设备	仓储物流、国际贸易
	文化软件产品	影视产品版权	国际贸易
	文化服务产品	演职人员,后期制作人员	出口加工
6. 新闻出版、音像产业	文化硬件产品	印刷品、音像设备、音像制品	出口加工、仓储物流、国际贸易
	文化软件产品	媒体,出版物,版权	国际贸易
	文化服务产品	出版人,编辑,音乐制作人等	出口加工
7. 广告产业	文化硬件产品	相关设备	仓储物流、国际贸易
	文化软件产品	广告产品	国际贸易
	文化服务产品	广告公司从业人员	出口加工

如表 3-1-1 所示,保税区的四项核心功能并不适用于文化产业的每一个行业领域,而是分别对不同的产品和项目形成优惠。但对于文化产业整体而言,保税区的四大核心功能都是必要的。或者说,文化保税区只有同时具备保税区的上述四项核心功能,享受保税区"免证、免税、保税"等各项优惠政策,才可能对文化产业整体产生吸引力,从而形成文化企业的集聚效应。

由此观之,一个理想的文化保税区,应在园区的软硬件设施上努力实现如下核心功能:文化产品出口加工功能、文化产品国际贸易功能、文化产品仓储物流功能和文化产品展示交易功能。以下将结合上海外高桥文化保税区的实际运营经验,对上述四项核心功能的效力和限度进行说明。

二、文化保税区的出口加工功能及局限

相对于文化产业发达国家,我国对外文化贸易的优势目前主要体现在出口加工上,也即由外商提供订单和设计,由国内价格相对低廉的劳动力从事后期制作和加工。文化加工企业,在来料、设备免税进口以及出口产品“免证、免税、保税”等海关监管政策方面,可从文化保税区获得优惠。

按照规定,保税区文化企业自用的生产、管理设备和自用合理数量的办公用品及其所需的维修零配件,生产用燃料,建设生产厂房、仓储设施所需的物资、设备,予以免税;区内文化企业为加工出口产品所需的原材料、零部件、元部件、包装物件,予以保税,从而为承接国外印刷、影视后期制作、创意、策划、动漫制作提供了较为优惠的经营环境。

(一)影视数据后期制作

文化保税区依托保税区企业自用设备免征进口关税和进口环节增值税的特点,吸引国际影视制作企业、影视设备供应商集聚,加大影视设备服务范围的拓展和延伸,加大国际影视后期制作业务的承接和服务量,促进影视产品返销海外市场。目前,上海文化保税区已吸引星空卫视这一具有国际影响力的品牌企业进驻并开展影视产品加工业务。

(二)动漫游戏外包项目承接

文化保税区可利用保税区企业自用设备免征进口关税和进口环节增值税的优惠条件,吸引国内承接动漫游戏外包项目的企业入驻。此举不但可降低企业生产成本,还可使企业享受保税区退税和结汇方面的优惠,并由此推动国内优秀制作力量与国际创意、国际资本接轨,逐步提高和拓宽我国动漫游戏产业走出去的水平和渠道。

(三)印刷业境外业务承接

印刷业在文化保税区可以利用原材料进口免税、自用设备进口免税等优惠政策开展境外业务。根据国家印刷出版管理相关规定,国内印刷企业根据政府主管部门出具的审读批文承接的国际印刷业务,在传统模式下,其完成的印刷品必须全部出口。2010 年世博会在上海召开,许多国际参展商委托国内印刷企业印刷的宣传品,就面临被出口再进口的麻烦。上海文化保税区协同上海政府相关部门,利用外高桥物流园区功能、物流政策、海关政策和外汇政策,帮助国内印刷企业解决了承接国外印刷品必须先出口然后进口的问题,以及相关的货物流、资金流、单证流的程序问题。

（四）局限性

文化产品出口加工功能的局限来源于文化产品的特殊属性，目前我国文化产品进出口都还需要经过行政审批，那么文化产品出口加工的“进口原料”内容审批以及加工后出口成品的内容审批，如何与生产过程相衔接而不影响生产和交易，便成为亟待解决的新课题。

三、文化保税区的国际贸易功能及局限

文化保税区的国际贸易功能是指文化保税区利用区内文化企业可自由开设外汇账户和人民币账户，外汇收入可全额留存，区外文化企业运入物流园区的货物视同出口，可快速办理出口退税等规定，[①]集聚国际文化贸易企业，开拓国际文化产权和版权交易服务，摸索适用于文化贸易领域的国际中转、国际配送、国际采购和国际转口贸易等便捷方式。

上海文化保税区充分利用“境内关外”的优势，不断增强与完善文化贸易促进功能，帮助外向型文化企业解决非贸易壁垒和进出口贸易操作中的实际困难和问题，为文化企业节约费用成本，规避贸易风险。此外，上海文化保税区还吸引专业金融服务机构入驻，为开展国际贸易的文化企业、项目和产品提供贴息贷款、出口信贷、融资担保、信用保险等各种金融服务支持，吸引国内外文化投资促进机构和优质海外资金参与投资中国文化企业和项目，促成以产品出口为导向的战略合作等。

在上海文化保税区，有关版权交易的探索也在进行中，近年来一项重要工作内容是在入驻园区的上海文化产权交易所的基础上，进一步扩大国际文化产权和版权交易，推动中国原创文化作品的版权出口和交易。

文化产品，特别是无形文化产品，由于其精神属性而与普通商品大不相同，其国际贸易的形式也与传统商品贸易大不相同。我国文化产业刚刚起步，文化产品国际贸易的形式还在探索之中。目前，我国文化进出口的模式虽然开始多样化，但是仍然主要依赖于文化硬件产品进出口，其他方面的进出口基本上都规模不大。[②] 因此，文化保税区的国际贸易功能究竟对哪些领域和交易形式发生作用，如何发生作用都还在探讨和研究之中，目前难以得出明确的定论，需要时间来检验。

---

① 中国文化贸易促进网：《保税区功能优势》，http://www.culturetrade.com.cn/PTGK/p7.aspx。

② 周城雄、李美桂：《文化出口模式与海外文化资产收购》，《中国对外文化贸易年度报告（2012）》，北京大学出版社2012年版。

四、文化保税区的仓储物流功能及局限

文化保税区的仓储物流功能是指图书、胶片、文化设备等有形文化产品在保税仓库存放或出借，可以免交进口税，有利于文化企业节约成本、加快资金周转并形成新的赢利模式。

（一）文化资产保税仓储

上海文广新闻传媒集团（SMG）进军国际媒体市场，通过华人文化产业投资基金投资收购控股了原属于"新闻集团"的星空卫视普通话频道、星空国际频道、星空华语电影片库等业务板块。成功收购后，公司却面临重重问题，如境外的片库资料要运至境内，价格评估、通关手续繁杂，税费也是笔不小开支。入驻上海文化保税区后，在海关等政府相关部门的支持和帮助下，星空卫视在其文化资产入境的过程中，在估价、海关申报、查验、缴税、设备的仓储和自用等诸多方面均享受到了保税区特殊功能的服务和帮助，星空卫视庞大的片库资源以"入境而不通关"的形式，运抵上海外高桥。由于"保税仓库"享受减免关税政策，运营片库的商务费用和成本得以大大降低。上海文广表示，今后不但会将星空卫视华语影视片库全部分批运回国内，还会将星空卫视的节目制作、发行等相关传媒业务逐步移至该平台内开展运营。未来，这里将成为该集团对外文化输出的窗口。作为上海文化保税仓库的第一家客户，星空卫视已顺利将其华语片库从香港移至外高桥并开展日常业务和运营。众所周知，同样面积的片库在香港的租金远远高于内地，把片库移至文化保税区，可以节省租金且不必缴纳高额的影片版权进口税，同时还可免去行政审批，可谓一举三得。

（二）图书保税仓储

图书出版是文化贸易的另一个重要项目，但是目前图书进出口的环节比较复杂，物流量大，税率高，资金周转期较长。在这一方面，保税区模式也有望做出重要贡献。2011 年 7 月，中国图书进出口（集团）总公司出版物专用保税区正式被批准成立，首先试点的是海峡两岸的图书贸易，在保税库可减免 13% 的税收。除税率外，内地对于台版图书的审批过慢以及汇率等其他细节问题，也都有望在保税区的政策框架内得以逐步解决。①

（三）进口文化设备保税租赁

影视、舞台、后期制作等进口文化专业设备经由文化保税区储存，并以租赁的

① 李小牧、王海文：《文化保税区：新形势下的实践与理论探索》，《国际贸易》2012 年第 4 期，第 6 页。

方式向非保税区集散，为国内文化产品的创作降低了成本。通俗地讲，就是入驻文化保税区的企业可以保税引入国外高端影视、动漫、电视制作等设备，然后可以在一定期限内出租给区外从事制作的专业机构使用。上海文化保税区目前正与入驻企业上海递加影视制作有限公司洽谈合作开展文化影视设备保税租赁业务。递加公司已委托代理首批7台3D电影拍摄和制作设备进口，为后续全面展开保税租赁业务做准备。

（四）局限性

文化产品仓储物流功能的局限有两方面，一是文化产品如胶片、艺术品等对仓储的条件要求很高，保险价值也很高，稍有疏忽就会产生巨大的经济损失；二是保税租赁的期限比较短，有时项目尚未完成租用的设备就已到期必须返回保税区，因此保税租赁期限的延长是一个有待突破的问题。

五、文化保税区的展示交易功能及局限

国际文化产品展示交易功能目前主要集中在珠宝、古典家具、绘画、文物等艺术品门类。国外的艺术品可以到保税区进行展示，展示期间保税，如果交易并进口，则需要完税，如果展示后销往或返回境外，则免税。目前在我国艺术品的进出口不但要首先获得主管部门的行政许可，还面临着进口关税偏高的问题，这极大影响了我国的艺术品进出口贸易。在文化保税区进行艺术品的展示和交易，可以节省很多物流成本和关税押金，大大提高企业的积极性。

国内艺术品关税和增值税偏高，以及由此导致的偷税、漏税行为，被国内业界认为是影响我国艺术品市场健康发展的因素之一。周永亮在《文化保税区调查（上）：艺术市场的原罪和救赎》一文中指出，我国向艺术品明令征收税款始于2007年。海关规定，依照WTO协议享受我国“最惠国待遇”国家的艺术品原作进口税率为12%，其余国家艺术品进口关税为50%，如果要交易，还需要缴纳17%的增值税税率。相对于我国香港的零关税、欧洲国家的5%左右的税收，中国艺术品的税收负担相当沉重，这也使得内地艺术品交易长期处于地下或逃税的境况。2012年初国家再次对关税进行了调整，根据国务院公布的《关于2012年关税实施方案的通知》，自2012年1月1日起，将油画、粉画及其他手绘画原件，雕版画、印制画、石印画的原本，各种材料制的雕塑品原件的进口关税税率由12%降至6%（暂行一年）。6%的关税，虽然相对美国、加拿大、我国香港、台湾地区和新加坡等地的零关税还有一定的差距，但与欧洲等大多数国家的艺术品关税已经接近持平，但这依然没有在艺术市场引发较大的积极反响，因为在中国进行艺术

品交易还需缴纳17%的增值税,相对于台湾地区和新加坡分别加征5%、7%的增值税,中国艺术市场的交易成本还是巨大的,很多文化机构面临着强大的生存压力,漏税、地下交易层出不穷。①

那么,文化保税区是否有利于降低艺术品交易的税率呢?不少人寄希望于文化保税区,也有人对此持怀疑态度。如北大教授陈少峰认为,文化保税区更适合于文化制造业,而不是内容产业。艺术北京总监董梦阳则认为,在国家有可能进一步调低艺术品交易税率的情况下,保税区的吸引力会进一步减小。不过,据周永亮调查,"尤伦斯基金会、苏富比已经跟保税区签约,他们是想做展览,把作品带进来做展览,再拿走,这中间省了很多物流成本和关税押金等",②这说明保税区的吸引力并不仅仅在于其可能的税率减免,而在于整个运作机制的方便程度。在庞大的中国艺术品市场中,多数交易行为属于投资行为,投资者完全可能将艺术品长期存放在保税区,只进行所有权的交易转移,实际成交时也可选择运往香港后进行。在整个亚太地区,还可以在保税区或自由贸易区之间形成物流网络,这样就能形成一个更大规模的市场。这些都是保税区所能提供的潜在便利。

2011年,上海文化保税区率先设立了艺术品保税展示厅,总建筑面积为2875平方米。2011年底,上海文化保税区内首次举办"欧洲19世纪古典艺术家具展",100多件欧洲珍贵艺术家具在保税区内展示并销售,总价不下千万元。如果在保税区以外展示这些家具,参展商需要缴纳150万元到200万元保证金。但在保税区内,这笔资金和繁琐手续都可以省略了,保税区成为艺术品展示交易的"缓冲区"。上海文化保税区还为上海翡翠滨江艺术发展有限公司举办当代艺术展,代理了价值2300多万元的百余件英国艺术精品的进境展示业务,为该公司节省了6%的进口关税约138万元。这一项业务以文化产品、艺术品的集中保税展示、保税贸易为案例,为一直处于观望和研究状态下的保税销售模式,做出了积极的探索和有益的尝试。

近年来,中国艺术品藏家和投资者已开始进军国际市场。比如,在欧洲购买西方名画、古董或当代艺术品,艺术品进口量逐步加大。文化保税区的便利之处尤其体现在艺术品进口展示和交易方面,如能善加利用,则可在艺术品国际贸易方面打开一条新的渠道,为中国民间资本收藏更多海外艺术品提供便利。

艺术品在保税展示场所完成销售的过程和手续存在一定的难度。如何解决

---

① 周永亮:《文化保税区调查(上):艺术市场的原罪和救赎》,雅昌艺术网专稿,http://news.artron.net/20120615/n242079_1.html。

② 同上。

事先核价、归类,并于展示现场完成征税成为重要的政策设计点和突破口。反过来看,目前艺术品海外展示和销售的进出关手续办理也很复杂,一些企业反映,文化展品到国外进行展示和销售,目前需以暂准进口货物形式按 ATA 单证册制度进行出境申报,流程烦琐且保证金额度高,对于大多数中小型文化企业较为困难。同时,部分展品尤其是一些艺术珍品,即使在海外完成交易,也需运回国内完成核销后再正式出口,容易造成国外买家的不信任,同时增加了运营成本。① 艺术品海外展示和销售的手续问题,应尝试在文化保税区放宽政策,以代理的方式进行出口。

文化产品展示交易功能的另一个局限是艺术品在保税区的展示是否需要行政审批,目前还是灰色地带,行政主管部门并未对此加以明确界定。

六、结论

以上结合上海外高桥文化保税区的实际运营案例,对文化保税区的文化产品出口加工功能、文化产品国际贸易功能、文化产品仓储物流功能和文化产品展示交易这四项核心功能的效力和限度进行了说明。

设立文化保税区的好处是,入驻文化企业可以根据实际交易情况,暂缓缴纳或免于缴纳关税,暂缓办理或免于办理相关海关手续,从而在纳税、办证以及其他报关环节的简便和灵活性方面享受优惠。影视、动漫、出版等内容产业的后期加工制作等,作为我国目前文化产品出口加工的主要形式,在设备免税进口以及“免证、免税、保税”等海关特殊监管政策方面,可从文化保税区获得优惠,比较适合在文化保税区中进行企业集聚。

文化保税区可以利用海关、外汇等政策便利,帮助文化企业排除国际贸易实际操作中的问题和困难,开展有形文化产品国际贸易。图书、胶片、文化设备等有形文化产品利用文化保税区的仓储物流功能在保税仓库存放或出借,可以免交进口税,有利于文化企业节约成本、加快资金周转并形成新的赢利模式。珠宝、家具、绘画、文物等门类的海外文化产品可以在保税区中进行展示,展示期间保税,如果交易并进口,则需要完税,如果展示后销往或返回境外,则免税,由此节省了交易成本,简化了办理手续。

简而言之,文化保税区的四个核心功能分别对文化产业的不同行业发挥作

---

① 上海市委督查室:《利用外高桥保税优势进一步创新监管模式,加快国家对外文化贸易基地建设》,内部文件,2012 年。

用,特别是有利于文化生产设备免税进口、文化产品加工出口和艺术品的保税展示与交易。就核心功能而言,文化保税区并不可能直接扭转文化贸易逆差,但可以通过降低交易成本,提供优质便捷的服务,帮助本土企业走向国际市场,与国际接轨。

专题报告二

数字媒体融合机制下的文化规制创新战略①

周庆山*

一、媒体融合形成数字文化内容产业

数字媒体是指运用数字化技术手段进行信息采集、加工、处理,并借助计算机数字信息网络技术传播和提供信息服务的组织。这类组织一般具有专业媒体性质,与一些具有特定用户群及专门信息服务内容有所不同。数字媒体的勃兴进一步验证了麦克卢汉的媒介理论,即媒介不只是人的各种器官特别是交流器官及神经系统功能的延伸。麦克卢汉在分析媒介特征时强调"媒介就是信息",并认为媒介发展的生态法则是新媒体将过去的媒介融合成信息内容,电视就是广播和报纸的融合,并认为随着传播技术的发展,世界正逐步变成一个媒介信息村庄。人的思维模式及认知形态也受制于新媒体进化的内在张力,并日益成为当代社会发展中的主流传播媒介和影响深远的政治工具、产业形态、文化业态、教育形式及社会结构变化的催化剂,特别是近年来微博、网络视听及手机媒体的迅猛发展,在网络问政、公民参与、繁荣文化产业及推进经济社会变革的同时,也使得社会政治经济文化面临意识形态、商业规则及文化价值体系的解构、融合及流变的新挑战和新危机,亟待从信息政策、管理、法治及伦理规范等各个层面建立起全方位、有重点、相互制约与协调的信息规制新机制和新模式。

尼格拉庞帝(Nicolas Negroponte)则进一步提出了电脑业、广播电视与印刷出版业融合的观点,1983 年美国麻省理工学院教授伊契尔·索勒·浦尔(Ithiel De Sola Pool)提出"形态融合"(convergence of modes)的概念,并率先对媒介融合的

---

① 本文为上海市高等学校人文社会科学重点研究基地项目"数字媒体信息传播规制创新研究"阶段成果之一。

* 周庆山,北京大学信息管理系教授,博士生导师,兼任北大文化产业研究院研究员,中国社科信息学会副理事长,中国法学会信息法研究会理事。联系方式:zqs@ pku. edu. cn。

内涵作出界定,认为媒介融合是“媒介间界线日渐模糊”的进程。[①] 媒介的融合推进了技术、组织和内容的融合,产生了信息传播技术、电子网络包括地面无线广播网、有线电视网、卫星直播网等广播网络,以及固定通信和移动通信等电信网络和计算机技术的融合。媒体不仅融合了政治、公益文化及娱乐,而且也集电子政务、电子商务和社区生活多重身份为一体,信息内容则在公私之间、真假之间、虚拟和现实之间融合。

随着 ICT 技术的发展,比尔·盖茨、乔布斯等将计算机和手机变成传播媒体和文化消费终端,进而形成横向的内容产业链,许多政治组织、文化机构、信息传媒组织及商业机构跨界融合,大众传媒产业、电信产业、文化产业、传统的家电产业相互交叉融合,形成了一个巨大的数字新媒体内容产业。数字内容产业的形成主要是依托互联网的整合机制,互联网将过去报纸、杂志、书籍、广播、电视、录像等文字、图片、声音、视像内容统一发布在网络载体上,并且还将公民、组织的个人通信信息、生活信息及商业或公共活动乃至政府信息也整合到了网络上,形成了大众传播、个人交流、电子政务和电子商务乃至社会网络的一体化。因此,数字内容是集成性、融合性的产物,其中将过去竖井式管制体系下的内容整合在一个平台上,由此带来了新的数字媒体融合机制。其中,单靠过去出版、广电、电信、文化条块分割的管理制度体系面临着巨大挑战,也正在并将对已有的媒体生态机制产生重大而深远的影响和冲击,这一发展趋势需要我们充分了解其特征和方向,并因势利导,扬长避短,充分利用,并进行更加有效率的规范。因此,我们需要在文化规制上进行新的变革与调整,使之适应这一机制要求,从而为文化发展与繁荣提供重要的政策与法制保障。

二、文化规制面临的挑战

伴随文化及媒体发展演变始终的两个动力机制,一个是产业发展机制,一个是规制体系机制。所谓文化规制是指规制者对微观文化主体实施文化控制,一般传统上按照植草益观点将规制分为经济性和社会性两类,但是一般来说,社会性规制主要侧重健康领域、安全领域、环境领域。因此,文化规制属于第三种规制,即涉及文化艺术、新闻出版、广播影视领域和互联网络领域的规制。[②]

我国文化管理体制诞生于计划经济时代,具有高度的行政依附性。其特点是

---

① 陈映:《规制变革:媒介融合研究的新定向——基于文献回顾与探讨》,《新闻界》2009 年第 3 期。

② 马健:《文化规制——第三种规制》,载《学术论坛》,2012 年第 3 期,第 156—159 页。

条块结合,以块为主,双重领导,分级管理。当前,文化规制在我们国家基本形成了一套制度体系,文化行政管理模式是一种政府主导与市场调节、中央集权与地方分级管理的复合型管理模式。其中,分门别类对文化内容进行管理和规范,其中主要包括中共中央宣传部、文化部、新闻出版总署、广播电影电视总局、工信部等部门。在这些部门中,按照不同的媒体形态进行分类管理,其中广播电影电视作为电子媒体进行管理,新闻出版作为平面印刷媒体进行管理等,这一管理模式的弊端是资源和文化市场被管理部门人为割裂。办报纸的不能办电视,发行杂志的不能发行图书教材。市场被分割成零碎的小块,市场法则和竞争规律起不到应有的作用。由于网络形态的出版、影视、动漫、网游、表演等形态出现,因此,在已有的管理机制下对这些内容进行管理,而这一延续已有机制进行的管理出现了一些冲突和难以有效管理的问题。

由于从事不同的文化产品生产和传播有着严格的准入制度或者许可制度,在分行业的这一监管模式下,容易导致不公平竞争,数字内容原本在一个平台上,却需要在不同的文化管理单位进行设立和文化活动资格的审批。其中设立包括出版单位、音像制品单位、电影摄制单位、互联网文化单位、广播电视台等的设立;审批包括电影片摄制、公映、发行经营、放映经营许可制度、音像制品出版许可制度、电视剧制作、进口、发行许可制度、营业性演出许可制度、广告经营许可制度等。如广电网络一般比电信网络受到更加严格的管制,包括市场进入、所有权、运营行为等。中国有线电视网络数字化改造落后于其他国家的一个重要原因就是过度监管。鉴于目前大众媒体特别是传统的广电传媒的社会政治影响力不断弱化,大众收视习惯急剧变迁,有必要对相关法规和行政许可审批制度进行必要的调整。

媒体融合的主要挑战在于网络运营监管和内容监管的冲突甚至失效。[①] 传统的广电监管对地面无线网络、有线电视网络和卫星直播网络的运营进行严格的管制,以达到特定的社会政治目标。该监管体制根本不可能照搬到电信部门,而且电信网络也不属于广电监管的范畴。而互联网上的节目可能来自全球任何一个地方,国内的法规很难有效监管境外机构。

此外,政出多门,多头管理,造成了一些管制冲突和内容监管的失效,监管框架无法应对层出不穷的新业务。如互联网广播电视的业务有的国家将其当作电信业务监管,如丹麦、荷兰、日本等。有的国家将其作为广播电视节目监管,如挪威、瑞典等。我国则将其分为内容与产业分别监管,并产生一些矛盾和冲突。

---

① 马骏:《网络融合与广电监管体制》,载《现代电信科技》,2005 年 8 月。

再比如在新闻出版总署的规则中,网游企业被定义为“互联网出版机构”,网游产品被定义为“电子出版物”,而文化部这边,则将网游企业视为“经营性互联网文化单位”,将网游列为文化产品。一个典型事件就是魔兽世界游戏在申请上线运营过程中,由于新闻出版总署和文化部分别均有规制权,网易将《魔兽世界》运营申请同时递到了新闻出版总署和文化部,在已获得文化部审核批文但尚未通过新闻出版总署前置审批的情况下,网易发布公告,宣布《魔兽世界》重新正式商业化运营,新闻出版总署则终止《魔兽世界》审批,造成相互矛盾的审核结果。尽管后来新闻出版总署同意其上线运营,却错过了最佳运营时机。事实上,网络上的数字内容难以区分出版、广播电视节目或者游戏动漫的形态,有些内容比如微电影有电影形态,但如果不在电影院放映,仅仅属于一种数字视听节目,一些电视节目形态的数字内容,由于是通过电脑、手机或 iPAD 播放的,难以适用广播电视相关法规。此外,随着数字电视的推进,未来的电视与网络的融合将对现有的电视规制和电信规制分立规范造成很大冲击,需要进行整合。

三、规制融合趋势

媒体融合机制下的规制变革问题是近年来学术界关注的一个热点问题,其中认为“规制融合”或者“政策融合”是大势所趋。基于媒介融合的现实困境和发展规律,英国学者 Petros Losifidis 提出了“规制融合”(Regulatory Convergence)的概念,认为“规制融合”,其实意味着通过展开一系列因应媒介技术融合、市场融合和产业融合的媒介规制变革,从而“建立一个能够适应所有融合领域的共通的规制框架”。[①] 在迈阿密大学传播学院的 Bruce Garrison 和 Michel Dupagne 设计的“媒介融合”模型中,既可以是技术融合作为经济融合(市场或产业融合)和规制融合的先决前提,也可以是经济融合和规制融合带来技术的融合。但无论是哪一种模式,融合效果的最后产生都是技术、经济和规制因素三者共同作用的结果。[②]

欧洲学者库伦贝格(Cuilenburg)和斯拉(Slaa)认为[③],立足科技和经济双重影响促使广播电视和电信产业之间的关联甚至融合这一事实,认为就规制政策的制

---

① Petros Losifidis: Digital Convergence: Challenges for European Regulation. *The Public*. Vol. 9(2002),转引自陈映:《规制变革:媒介融合研究的新定向——基于文献回顾与探讨》,《新闻界》2009 年第 3 期。

② Bruce Garrison, Michel Dupagne. A Case Study of Media Convergence at Media General's Tampa News Center. http://com. miami. edu/car/columbia03. pdf,转引自陈映:《规制变革:媒介融合研究的新定向——基于文献回顾与探讨》,《新闻界》2009 年第 3 期。

③ Cuilenburg, J. V and Slaa. From Media Policy Towards National Communication Policy: Broadening of The Scope. in *European Journal of Communication*. 1993(02): 149—176。

定而言，广播电视和电信政策的管制分离已经不再必要，对媒介政策和电信政策进行融合是实现广播电视传播和电信事业共同发展的唯一良方，并提出政策融合（Policy Convergence）的概念。

文化规制的演变是伴随着文化活动的形态及所形成的社会关系结构而不断加以调整发展的，在印刷术广泛应用于文化作品的复制和传播当中之后，形成了出版业，并在传播思想、信息和知识的同时，影响着人们的信仰、意识形态和政治观念。由此便在东西方不同的政治文化架构下采用严格的管制措施避免这些“异端邪说”冲击宗教和政治统治秩序，出版环节上的审查、许可与追惩制度由此形成。随着无线和有线电子传播技术的应用，不仅出版管理体制日渐成熟，新的管理模式也在广播电影电视规制中逐步形成，这其中既包括对于大众传播媒体规制的内容制度，也包括了电信管理制度，如美国的 FCC 就通过《通信法案》对电信、电子传媒进行一体化管理。

从欧盟等国家和地区的成功经验来看，“规制融合”的推进是一项涉及机构变革、政策调整等方方面面内容的系统工程。如不仅包括规制主体和对象的融合，而且要求建立适应媒介融合领域的规制政策以及更灵活、更具融合性的市场准入制度，并且建立相应的市场监管制度，以促使市场的有效竞争和充分竞争。[①]

很多学者就此提出了不少真知灼见，如蔡雯等[②]在对世界多国媒介管理现状的比较之后提出，规制变革是媒介融合发展的必要前提。喻国明等[③]针对网络融合环境下所出现的之前媒介规制机构设置不合理、媒介规制不透明、媒介规制缺乏常规化、媒介寻租现象严重等弊端，提出我国新媒介规制改革的思考路径，即从中国传媒的制度设计上进行规管制度的改革，建立传媒业统一的国家规制与管理部门，建立科学有效的媒介规制效果的评价体系，以健全的法治体系替代政策或临时性的监管，以增强媒介规制的透明度、权威性和规范性，对不同地区、不同媒介要区别管理。

文化发展与繁荣需要突破体制机制束缚与瓶颈，只有通过文化体制机制变革才能科学合理地开展顶层设计。其中，在文化体制改革方面提出了一些重要的目标，为文化规制变革提供了指导方针，即其中提及要力争做到六个形成：形成科学

---

① 范杰臣：《各国网络内容管制政策之比较研究》，中华传媒网—学术网 http://academic.mediachina.net/article.php? id = 811。

② 蔡雯、黄金：《规制变革：媒介融合发展的必要前提——对世界多国媒介管理现状的比较与思考》，《国际新闻界》2007 年第 3 期，第 60 页。

③ 喻国明、戴元初：《中国媒介规制的发展、问题与未来方向》，《传媒观察》2010 年第 1 期，第 11—17 页。

有效的宏观文化管理体制,形成富有效率的文化生产和服务的微观运行机制,形成以公有制为主体、多种所有制共同发展的文化产业格局,形成统一、开放、竞争、有序的现代文化市场体系,形成完善的文化创新体系,形成以民族文化为主体、吸收外来有益文化、推动中华文化走向世界的文化开放格局。这些目标的实现,有赖于我们在文化规制中创新思想、锐意改革,拿出勇气和胆略,从限制性监管向鼓励和扶持性政策转变,实施规制融合战略。

四、文化立法融合战略

网络化是数字内容文化社会的基本样态,我国作为互联网大国,与数字内容文化融合相比较,现行互联网法律体系整体结构松散,条款分割或散落于宪法、民商法、行政法等各个部门法,现有法律内容存在重复或空缺,同时法律效力层次整体偏低,难于获得有效的司法保障,相关的法律冲突层出不穷。在互联网快速发展的过程中,有关部门也颁布了大量的法律、法规、规章,特别是从 2000 年至 2003 年是我国网络法制管理的发展阶段,从 2004 年开始逐步完善,[①]然而立法混乱是一个网络法律领域研究中常常被批评的问题,如张平就指出,没有国家角度的统一立法指导,多头管理,立法混乱,因此,构建一个整体法律体系就成为一个重要课题[②]。正如谢永江、纪凡凯所归纳的,网络立法主要问题是立法滞后、层级低、过于原则、部门立法色彩浓、重管理轻权利。因此建议应当加强系统性和前瞻性,提高立法层级, 明确部门分工,坚持技术中立,加强重点领域立法,平衡管理权和权利保护。

目前我国文化规制主要依靠管理行政法规,如国务院有关广播电视、电影、出版、印刷业、营业性演出、娱乐场所、大型群众性活动安全、互联网上网服务营业场所、互联网信息服务等管理条例;图书出版管理规定;电子出版物出版管理规定;互联网文化管理暂行规定、网络游戏管理暂行办法等规章。

在现有的这些文化法规方面基本上是行政管理法。据统计,[③]目前我国的法律、法规草案有 80% 是行政部门起草的,对我国的法制建设起到了重要的作用,做出了突出贡献。但是有的部门在起草法律、法规草案的过程中,不适当地强调本部门的权力和利益,这不利于建立完善的法律体系。而据谢永江等统计分析后

① 余秀才、徐颖:《我国互联网的法制管理问题及其完善》,《三峡大学学报》(人文社会科学版)2010 年第 1 期。

② 张平:《我国电子商务立法的误区》,《网络法律评论》,法律出版社 2001 年 10 月。

③ 李士宝:《试论我国法律体系的完善》,《法制与社会》2008 年第 3 期。

认为，我国有关互联网管理的法律法规在数量上已形成一定的规模，但这些众多的法律法规却不能构成一个完整、系统、条理清楚的体系。而且，在这些法律法规中，只有为数很少的十余部属于法律和行政法规，其他绝大多数属于部门规章、地方性法规和地方政府规章。①

因此，文化规制中的重要举措就是要加快融合立法的步伐，比如美国为应对媒体与电信网络的融合，于1996年制订了《电信法》，采取重要措施来鼓励广播电视业者、有线电视系统、电话公司以及其他通信服务提供商之间的竞争。这一法案的许多规定使得通信业不用再受长期以来的政府规定和规则的约束，②从而推进了网络产业与传媒产业的融合，并在管理上摆脱了条块分割形态。日本也将对现行通信法制和广播电视法制有关传输服务的规制条款进行集约化整合，从2008年2月开始着手《融合法》的制定，希望把现存的通信及和广电相关的《电波法》《广播法》《电气通信事业法》等九个相关法律变为一个，重点放在促进传输服务市场的公平竞争、保障传输服务使用者的合法权益上，构筑与此相适应的法律规制体系，将信息通信网络上流通的各种内容，按照是否具有公开性分为两大类：对于不具有公开性的内容，即传统的通信内容，继续提供最大限度的法律保护；对于具有公开性的内容，又将其分成两类，即实施社会规制的媒介服务和实施宽松规制的开放内容服务，后者又分别按照违法内容和有害内容分类管理。而我国的电信网、广播电视网和互联网三网融合迟迟难以推进，与我国在网络整体法律上的缺失无法统合协调各个内容管理部门与产业推进部门的利益有很大关系。

立法保障中的一个重要具体做法是尽快出台中国《电信法》。为适应我国三网融合的推动实际，回应我国网络视听服务的发展现状需求，将我国网络视听传播进行合理规制，制定一部我国的《电信法》，将现在互联网管理法规、部门规章、电信法规、部门规章、广播电视法规、部门规章进行融合，减少现有的多个部门规章，针对网络视听节目内容规制这一块，给出具体的统一规制依据。

五、以数字内容产业为核心的文化规制机构的整合策略

目前数字媒体的管制模式仍然沿用过去的分割模式，以新浪视频这种从事网络视听节目提供服务的综合性门户网站为例，我们在其首页的底部可以看到它获得的各种许可证达14项之多。张磊在《产业融合与互联网管制》一书中认为我国

---

① 谢永江、纪凡凯：《论我国互联网管理立法的完善》，《国家行政学院学报》2010年第5期。

② 〔美〕韦恩·奥弗贝克：《媒介法原理》，周庆山等译，北京大学出版社2011年版。

的互联网规制,应实施双重融合战略。根据互联网管制的机构融合和政策融合的要求,充分利用互联网的积极形态,合理规避互联网发展的负面影响,有必要建立一个超部委的互联网管制机构,同时应将以机构融合为主的规制方针转变为机构融合与政策融合的双重融合,对现有过时的、互相牵制的规制政策进行精简和整合。①

从发达国家的实际做法来看,大多采取了机构整合策略,其中实施最早的是美国联邦通信委员会(Federal Communication Commission,简称 FCC),该委员会早在 20 世纪初广播媒体出现之后就开始组建,1934 年《通信法》的出台,成立了该委员会,取代联邦无线电委员会。其后 1984 年《有线通信政策法》使 FCC 获得对有线电视的规制权力,1996 年《电信法》让 FCC 进入对互联网传播领域进行规制。FCC 对电信网、互联网和广播电视网络实行三网融合的统一规制体制,由于通过对无线电、有线电视、电报和电话、互联网传播服务等业务实施一体化规制,从根本上消除了美国电信行业和广电行业可能存在的政出多门、条块分割的规制现象。

2003 年 7 月,英国议会通过《通信法》,设立了通信办公室(Office of Communication,以下简称 OFCOM),该办公室融合代替了过去五个彼此分立部门的职能:电信办公室(Office of Tele-Communications,OFTEL)、广播标准委员会(The Broadcasting Standard Commission,BSC)、广播局(The Radio Authority,RA)、独立的电视委员会(The Broadcasting Standards Commission,ITC)以及无线电通信局(The Radio Communication Authority,RCA)。该机构的成立使英国在规制层面去除了电信业与广电业之间的藩篱,使得“媒介融合在技术中立(Technology Neutrality)的旗号下得以顺利展开”②。

规制机构上是日本总务省主管,效仿美英规制机构融合模式。2001 年由原邮政省、自治省和总务厅合并成立总务省,下设信息通信政策局和综合通信基础局职能部门,电波监理审议会和信息通信议会作为总务省的常设咨询机构,参与和协调职能部门对日本电信业和广播电视业行使规制职能。③

我国目前开始进行一些变革,如对现有的文化、广播影视、新闻出版等有关行

① 张磊:《产业融合与互联网管制》,上海财经大学出版社 2001 年版,第 5—6 页。

② The Communication White Paper. [EB/OL]. [2011-04-17]. http:// www. ofcom. org. uk/static/archive/oftel/2003/21/notes/division/2.

③ 广电总局发展研究中心:《国内外广播影视体制比较研究》,中国国际广播出版社 2007 年版,第 112 页。

政执法队伍进行调整归并,组建文化市场综合行政执法机构,实行统一执法。上海市在职能转变和体制转换的同时深化政府机构改革合并有关文化行政管理部门,成立了上海市政府文化办公室,在转变职能的基础上,对全市宣传文化事业实行全方位的管理。市属宣传文化单位在党的关系上隶属市委宣传部,市委宣传部负责管好宣传文化单位的政治导向和队伍建设。特别是目前已经决定将新闻出版和广播电影电视整合成为一个管理部门,都是一个非常好的规制趋势。但是,真正实现大部制需要自上而下的顶层设计,并在同一法律机制下实现融合执法和行政管制。

未来的监管体制应该走大部制的模式,借鉴美国联邦通信委员会(FCC)的管理模式,建立一个统一广电、文化、新闻出版和信息产业各个部门的国家传播委员会机制。2007 年"两会"期间,全国人大代表、中国网通副总经理朱立军就曾经向人大提交一项建议书,提出除媒体内容外,广电、电信和互联网应建立统一监管机构。目前我国网络视听节目的监管法规事实上就是工信部和国家广电局联合颁布的,今后需要通过制定《电信法》,通过机构整合来达到集中管理的效益最大化目标。

六、文化规制的社会自组织机制

网络传播是一个开放的复杂巨系统,是人类信息传播发展的新阶段。网络传播具有明显的自组织特性。自组织是系统科学的一个概念,自组织即是系统自行、自我组织起来的过程或现象。协同学创始人哈肯对自组织下过一个经典定义:"如果系统在获得空间的、时间的或功能的结构过程中,没有外界的特定干预,我们便说系统是自组织的。这里的'特定'一词是指,那种结构和功能并非外界强加给系统的,而且外界是以非特定的方式作用于系统的。"[①]哈肯举了一个例子:有一群工人,"如果没有外部命令,而是靠某种相互默契,工人们协同工作,各尽职责来生产产品,我们把这种过程称为自组织。"[②]

王京山指出,[③]自组织系统的优越性可以用生物系统加以说明,在生物系统中,复杂的产物可以按照无与伦比的精度、效能和速度形成。生物和物质的自组织最能说明问题。生命的几个基本特征:自我繁殖、应激反应和自我适应等是生物的自组织现象。由于这样的自组织状态不是由外部强加和被干涉的,因而其状

① H. 哈肯:《信息与自组织》,四川教育出版社 1988 年版,第 29 页。
② H. 哈肯:《协同学引论》,原子能出版社 1984 年版,第 241 页。
③ 王京山:《北京市教委课题"网络传播中的自组织现象及其规律研究"研究报告》,2007 年 1 月。

态最佳,其配置最优化,其效率最高,其形式最美,其功能最优秀,其生存最合理。事物、生物的"自组织"可以让其自身从无序达到自然的、合理的、最佳的有序状态。文化数字内容日益呈现出内容创作草根化、碎片化、众包化趋势,其中传播者与消费者合二为一,形成产销合一的新群体,即产消者 Prosumer(生产与消费合一)。很多数字内容为非专业工作者撰写、拍摄和上传,很多此类的新文化业态如 YouTube、博客、微博、维基百科等就是这样的文化新业态。如在维基百科自组织运作模式下,每个人都可以平等地书写知识,并与他人共享知识成果,但每个人又都不可能成为绝对的权威,生产和拥有知识将不再是某些人的专利。网络文化正呈现出向多元化、开放性、平民化和非权威主义发展的趋势。① 这其中,文化内容的组织形态由传统的把关人机制变成了自发创造、自我审查和自组织维护与控制机制。传统的文化规制强调事前审查机制,在海量信息传播机制下无法运作。因此,建立自组织控制机制成为大势所趋,其中在文化责任方面采用通知—删除的避风港原则,对于文化活动中的自我把关与事后追责制度更加强化。

市场经济国家传统传媒管制政策的理论依据有两个方面,第一是传媒的公共资源属性,第二是传媒的社会公器功能。前者强调资源的稀缺性(无线电广播占用频率),政府从提供社会公共产品和公共服务的角度对资源进行管理。后者则是从传媒的社会功能来设计管制制度。按照工业与信息化部的有关规定,网络媒体属于电信数据增值业务。网络媒体管制的理想境界应当是管制与网络自组织开放属性这二者之间的均衡。无论在理论上或实际操作上,依靠政府部门来监管如此巨大的网络空间显然是不现实的,比较可行的办法是在分类管理的同时依靠社会中间组织和行业自律。商业性网站虽然以营利为目的,但同时应当强调网站的社会责任。②

网络内容的监管要逐步从行政监管与内容审核一体化模式向行政监管与专业机构内容审核双轨制模式转变,因为网络内容涉及的问题是一个复杂的社会伦理法律的专业评判问题,应该交由更为客观、专业的机构来进行审核。其中的重要举措应当是建立一个专业性的机构比如"网络内容评议委员会",实施内容审核与行政复议的复核问题。

其中,建立文化内容自律组织,并考虑到移动终端和微博等新型传播形态带来的新问题,应当扩大内容管理范围,重点放在手机媒体及微博内容管理上,并制

① 周庆山、王京山:《维基百科信息自组织模式探析》,《情报理论与实践》2007 年第 2 期。

② 沈卫利:《网络媒体的自组织架构与法律规制》, http://www.iolaw.org.cn/showarticle.asp?id=1253。

定统一、细化和可操作的分类标准，其中还应针对不同的网络服务类型与内容实施不同的管理模式。如网站、手机网络及数字电视服务等，此外，借鉴欧盟和加拿大的相关法规，将网络内容分为违法内容与不良内容实施分类管理。此外，还需从系统科学角度对节目来源及社会影响等进行分类评估。我们曾经针对网络视听内容管理问题对我国广电相关部门进行调研。从调查结果来看，有 76.3% 的单位认为有必要建立网络视听内容分级制度，只有 2.6% 的单位认为不需要并认为不符合中国实际，目前难以实现。具体内容分级的政策实施方面，有 55.3% 的机构认为应该由广电部门对此分级制度进行制定和推行，另外有 28.9% 的机构则希望由行业机构专门成立一个自律委员会对此制度负责。此外，在对香港和内地大学生的调查中发现，对于不良信息的处理，59.03% 的内地大学生认为应该对未成年人加以浏览限制，55% 的香港大学生认为应该对未成年人加以浏览限制。

目前，国际上普遍采用过滤软件的推广应用工作，具有代表性的就是 ICRA 推广的因特网内容选择平台（PICS）计划。根据调查发现，绝大多数（83.56%）中学生平时在家里上网，其次为学校，超过一半的中学生的父母只是嘱咐过不要浏览不良网页内容和网站，但没有监督过，因此建议借鉴美国、我国台湾等国家、地区的做法，积极推进家庭家长和学校上网软件过滤计划。

此外，台湾就制定了《电脑网路内容分级处理办法》，将网络内容分为普遍级、保护级、辅导级和限制级四类内容。每级依其内容属性区分为语言、性与裸露、暴力、其他等类，并成立相应的自律机构来执行相关制度。

因此，有必要制定行业内适用的分级标准，由网络服务网站实现与行业分级系统的对接，特别是要求进行服务上传的用户在提交上传作品时，必须按照分级标准使用该分级系统对作品进行分级标注，以此推进网络自律的有效实施。

主要参考文献

1. 陈映：《规制变革：媒介融合研究的新定向——基于文献回顾与探讨》，《新闻界》2009 年第 3 期。

2. 马健：《文化规制——第三种规制》，《学术论坛》2012 年第 3 期。

3. 马骏：《网络融合与广电监管体制》，《现代电信科技》2005 年 8 月。

4. Petros Losifidis：Digital Convergence：Challenges for European Regulation. *The Public*. Vol. 9(2002)，转引自陈映：《规制变革：媒介融合研究的新定向——基于文献回顾与探讨》，《新闻界》2009 年第 3 期。

5. Bruce Garrison，Michel Dupagne. A Case Study of Media Convergence at Media General's

Tampa News Center. http://com. miami. edu/car/columbia03. pdf.

6. Cuilenburg, J. V and Slaa. From Media Policy Towards National Communication Policy: Broadening of The Scope. in *European Journal of Communication*. 1993(02):149—176.

7. 范杰臣:《各国网络内容管制政策之比较研究》,中华传媒网:学术网 http://academic. mediachina. net/article. php? id = 811。

8. 蔡雯、黄金:《规制变革:媒介融合发展的必要前提——对世界多国媒介管理现状的比较与思考》,《国际新闻界》2007 年第 3 期。

9. 喻国明、戴元初:《中国媒介规制的发展、问题与未来方向》,《传媒观察》2010 年第 1 期。

10. 余秀才、徐颖:《我国互联网的法制管理问题及其完善》,《三峡大学学报》(人文社会科学版)2010 年第 1 期。

11. 张平:《我国电子商务立法的误区》,《网络法律评论》,法律出版社 2001 年版。

12. 李士宝:《试论我国法律体系的完善》,《法制与社会》2008 年第 3 期。

13. 谢永江、纪凡凯:《论我国互联网管理立法的完善》,《国家行政学院学报》2010 年第 5 期。

14. 张志:《日本的新媒体规制构想》,文章原载于《中国记者》。

15. 张磊:《产业融合与互联网管制》,上海财经大学出版社 2001 年版,第 5—6 页。

16. The Communication White Paper. [EB/OL]. [2011-04-17].

17. http:// www. ofcom. org. uk/static/archive/oftel/2003/21/notes/division/2.

18. 广电总局发展研究中心:《国内外广播影视体制比较研究》,中国国际广播出版社 2007 年版,第 112 页。

19. 〔美〕韦恩·奥弗贝克:《媒介法原理》,周庆山等译,北京大学出版社 2011 年版。

20. 沈卫利:《网络媒体的自组织架构与法律规制》, http://www. iolaw. org. cn/showarticle. asp? id = 1253。

21. H. 哈肯:《信息与自组织》,四川教育出版社 1988 年版,第 29 页。

专题报告三

腾讯游戏泛娱乐战略的理论与实践

——洛克文化现象解析

程　武　雷龙云*

国产动画电影在2012—2013年寒假档收获至少2.43亿票房，比2011—2012年寒假档增长10%。由腾讯游戏等出品的《洛克王国圣龙的心愿》在这个寒假档获得6821万票房，成为继《喜羊羊与灰太狼》系列电影之后首部突破5000万票房大关且有过亿潜质的国产动画电影。与此同时，《洛克王国大冒险》儿童音乐舞台剧在国内火爆上演，被业内认为是儿童剧的突破之作。

而在此之前，《洛克王国》已经是国内最大的儿童网络社区。随着大电影和舞台剧取得令人瞩目的成功，洛克文化现象成为业内外广泛热议的话题。本文将介绍洛克文化现象的来龙去脉，解析其内在发展动力，与业内外分享这一案例成功的文创基因。

一、腾讯游戏的泛娱乐战略

腾讯游戏的泛娱乐战略，是以IP（知识产权，Intellectual Property）授权为轴心、以游戏运营和网络平台为基础进行的跨领域、多平台的全新商业开发与运营模式。

在腾讯游戏看来，作为继文学、绘画、雕塑、建筑、音乐、舞蹈、戏剧、电影之后的“第九艺术”，游戏是一个外延十分丰富的行业，动漫、玩具、音乐都会与之产生边际效益。在“泛娱乐”思维的持续发酵之下，游戏产业改变的不仅仅是市场营销环节，从研发、制作乃至发行都会发生彻底的变化。基于这样的行业性质与发展前景的认知，经过系统策划，腾讯游戏于2011年7月在第七届中国国际动漫游

* 程武，腾讯互动娱乐事业群副总裁；雷龙云，观众力电影测评与开发中心总经理。

戏博览会(CCG)上首次提出,并于2012年3月在腾讯游戏2012年度发布会上正式发布了腾讯游戏的泛娱乐战略。

泛娱乐战略布局的基础是腾讯游戏海量用户、旗下丰富平台资源以及全球化的总体战略布局。具体布局包含IP运营、跨界营销、娱乐平台等三个方向。

IP,是知识产权,是泛娱乐战略的核心。腾讯游戏以IP为核心,发掘具备市场潜力的文学、影视、动漫等IP资源,打通产业链,实现更多的商业价值和产业升级。例如腾讯游戏自主研发的儿童网络社区《洛克王国》,不仅自己在同业内摇摇领先,而且在授权、周边业务开发和影视改编上取得了收获。腾讯首先把它做成画册,也做成文具、玩具,并改编、拍摄成大电影和舞台剧,并将推出动漫电视片等。同时,以"开放吸纳、运营优秀IP"为目标,腾讯推出了腾讯原创动漫发行平台。希望能通过这一平台,引进全球的优秀正版动漫作品,以互联网为平台培育优秀的原创动漫作者,并借助腾讯丰富的用户和宣传资源,实现IP的创造和影响力培育。

腾讯游戏用旗下产品与诸多知名影视作品、娱乐艺人进行跨界合作,并邀请音乐家谭盾、漫画家蔡志忠、学者尹鸿、导演陆川、玩偶艺术家Micheal Lau先生以及韩国作家全民熙女士,共同组成腾讯游戏泛娱乐大师顾问团,以专业态度推动泛娱乐战略布局,对腾讯互娱的跨界合作注入更多有力的指导与帮助,从而创造新的泛娱乐价值。

腾讯游戏的泛娱乐战略,通过跨界合作,把触角延伸至音乐、影视、文学、动漫、出版和周边制造等多个产业,从而建构一条以IP授权为轴心、以游戏运营和网络平台为基础进行的跨领域、多平台的全新商业开发与运营模式。而《洛克王国》儿童网络社区、大电影、舞台剧及其衍生产业的成功开发所形成的洛克文化现象,是对这一战略完整的诠释。

二、洛克文化现象解析

(一)洛克文化现象的源起:洛克王国儿童网络社区

腾讯2010年7月推出《洛克王国》绿色儿童网络社区,并以此为基础,衍生出图书、电影、舞台剧等,形成了现在的洛克文化现象。

在2010年,儿童网络社区已经萌芽,出现了几款产品,但整个行业还处在探索阶段。无论是当时的新闻出版总署还是文化部,都在向市场传达"打造绿色儿童网络产品"的信号,《洛克王国》绿色儿童网络社区(以下简称"《洛克王国》网络社区”)应运而生,填补了国内儿童绿色网络社区产品的空白。

《洛克王国》网络社区,目标用户是7—14岁儿童,核心玩法为宠物收集、宠物对战。除此之外,用户也可以在产品内体验小游戏、学习科普知识、与其他玩家通过绿色QQ进行互动等。

经过两年半的发展,《洛克王国》儿童网络社区已经拥有注册账户1.5亿,周末活跃用户维持在550万,工作日活跃用户维持在220万,最高同时在线用户数超过80万,成为国内第一的儿童网络社区。

《洛克王国》把“儿童社区 + 泛娱乐品牌”作为战略定位,把“快乐童年”作为核心理念,设定“快乐、健康、成长”为产品价值观关键词。在这些精神元素的统领下,《洛克王国》构建了宠物搜集、升级与对战、基于QQ好友关系链的SNS家园互动、卡通电影式的每周剧情任务、点状分布的Flash小游戏、趣味魔法技能、丰富的Avatar装扮等网络社区的内容要素,努力做到,在宠物收集、宠物对战的过程中引导孩子解决问题,激发孩子的勇气与创造力、培养孩子的团队协作精神,并通过讲故事,宣导正向价值观引导孩子学会交流、关怀和爱护,做对社会有益的事。同时在“绿色、健康、安全”的宗旨下,设定了一系列的安全环保措施,例如丰富的百科知识、健康的益智互动、不良信息的有效过滤、可控的上网时间、定时提醒眼保健操和健身体操、有限的在线时间(平时三小时,周末五小时)等,保护儿童眼睛、避免长时间坐立、防止过度沉迷。

此外,在泛娱乐战略的宏观指导下,《洛克王国》网络社区,以网络社区产品为核心,延展至音像、图书、玩具、卡通等,构建出立体化的产品系列,给儿童创造出全方位的体验和学习的平台。

2010年9月,腾讯儿童就与江苏文艺出版社合作,出版了《洛克王国攻略》《洛克王国大图鉴》等图书,因知识性与趣味性并重,大受家长及孩子的欢迎,先后登上少儿图书畅销榜,图书码洋过亿。随后腾讯游戏陆续推出以《洛克王国》为原型改编的动画片、动画电影和儿童舞台剧。2012年8月推出国内首创微短剧——《洛克王国武道会》,截至2012年8月,腾讯视频总播量超过2000万。2012年国庆档,2012—2013年寒假档,先后推出两部大电影《洛克王国圣龙骑士》和《洛克王国圣龙的心愿》,累计获得超过1亿的票房,并在《洛克王国圣龙的心愿》的上映同时上演大型儿童音乐剧《洛克王国大冒险》,场场爆满,不得不临时把演出计划增加了一倍。下面将从儿童娱乐消费市场的角度,结合调研数据来分析《洛克王国》的电影和舞台剧取得成功的原因,从一个侧面来解读《洛克王国》

儿童文创系列产品在腾讯游戏的泛娱乐战略下取得成功和形成洛克文化现象的内在驱动力。

(二)洛克文化现象的凸现及内在动力:《洛克王国》电影成功原因解析

动画电影《洛克王国圣龙骑士》和《洛克王国圣龙的心愿》都以《洛克王国》网络社区的主要角色龙星作为主角,加上其他社区角色以及新增电影角色,完成一系列任务为电影故事线索。《洛克王国圣龙骑士》讲述了龙星,在洛克王国遇到灭顶灾难之后,与伙伴们一同寻找可以打败黑暗法师的圣龙骑士,最后拯救王国的故事。《洛克王国圣龙的心愿》则讲述龙星为帮助宠物阿布进化,与伙伴们智斗大反派的奇幻、搞笑的冒险经历,同时促成精灵王父子,重寻久违亲情,实现了深藏在圣龙战士龙星内心许久的心愿的故事。

《洛克王国圣龙骑士》在2011年国庆节上映,获得3500万票房,《洛克王国圣龙的心愿》在2012年12月31日上映,赢得6810万票房,成为继《喜羊羊与灰太狼》系列电影之外首个突破5000万票房的国产动画电影,也使得《洛克王国》成为第二个强势动画电影品牌。

腾讯游戏在《洛克王国圣龙的心愿》上映前对动画电影市场进行了全面的研究,并在上映后对《洛克王国圣龙的心愿》的市场表现进行了总结性研究(上述研究以下均简称作“观众调查”),其中许多结果很能说明该电影能实现较高的票房目标的主要原因:

1. 儿童动画电影市场有很大空间,是电影成功的客观基础。

观众调查结果显示(见图3-3-1),在主要城市7—14岁少年儿童中,有70%每年至少会看一次电影,如果这70%的孩子都去看一部电影,对应电影票房可达到3.6个亿,其中喜欢动画电影者占76%,动画电影对应票房2.7亿左右,按70%的孩子需要家长陪同观影计算,票房总计能达到4.6亿。如果只考虑30%的经常看电影(每年至少看三次)的孩子及其家长,动画电影对应票房也能达到2.2亿。因此一部动画电影的票房空间在2.2亿—4.6亿之间。与第一部电影《洛克王国圣龙骑士》3500万票房相比,第二部电影还有5—12倍的可增长空间,票房潜力很大。

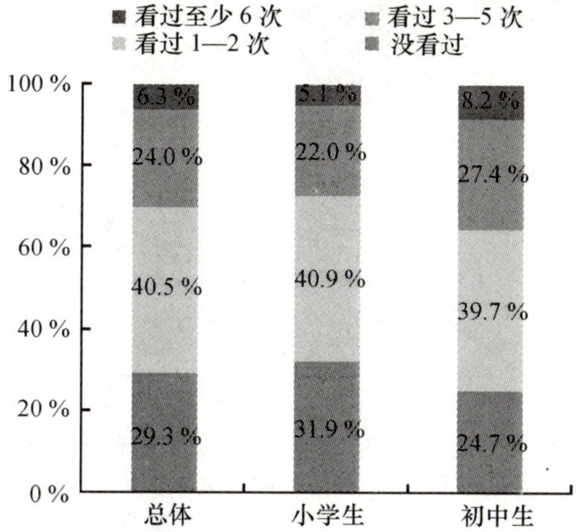

图 3-3-1　中国省会及以上城市少年儿童过去一年到电影院看不同次数电影者的比例

数据来源:《洛克王国圣龙的心愿》宣传前测研究—校园拦截访问 $n=400$。

2. 明确目标观众,以《洛克王国》儿童网络社区积累的观众资源为基本保障。

观众调查结果显示,到2012年8月,7—14岁儿童中有31.3%(超过3000万)是《洛克王国》儿童社区的注册用户。如此庞大的用户群体,是《洛克王国》电影天然的观众储备。观众调查还发现,越是喜欢《洛克王国》网络社区的孩子,越是想看洛克王国电影,同时越是喜欢第一部电影,就越想看第二部电影。此外,越是喜欢看动画电影的孩子,就越想看洛克王国电影(见图3-3-2)。于是,为了扩大观众群体,腾讯把不知道《洛克王国》儿童网络社区和第一部电影,但是喜欢看动画电影的孩子也纳入目标观众群体。这样,通过三个指标:喜欢《洛克王国》网络社区、喜欢《洛克王国》第一部电影、喜欢看动画电影,从7—14岁孩子中清晰划分出《洛克王国》第二部电影的目标观众,约占总体的45.6%,其中喜欢洛克王国网络社区或电影的占35.8%,只喜欢动画电影的占9.8%。这种设定目标观众的方法,兼顾了"规模尽量的大""观影可能性高"的两个理想标准。

清晰定位目标消费者是市场营销的龙头,在明确了目标消费者之后,就能以目标消费者为核心来了解需求,设计产品和和推广传播。腾讯通过观众调研明确了电影的目标观众规模和特征之后,通过进一步了解各类观众的内容需求和媒体行为,就可制定出针对性强,而且具体明确的传播方案。

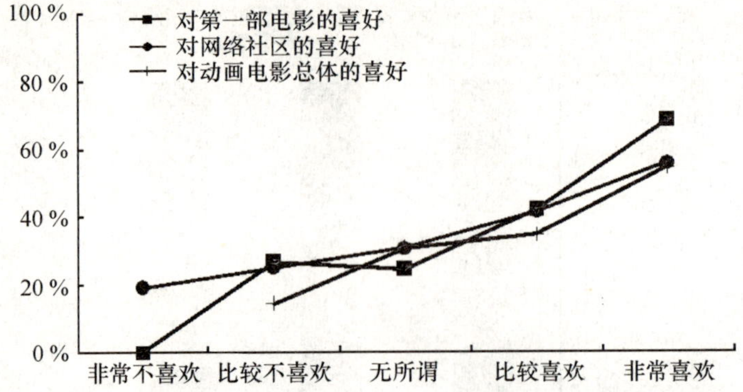

图 3-3-2　想看第二部电影的意愿与对网络社区、第一部电影和动画电影总体等的兴趣度的关系

数据来源:《洛克王国圣龙的心愿》宣传前测研究—校园拦截访问 $n=400$。

3. 电影内容与《洛克王国》网络社区价值观及观众需求一致。

腾讯游戏同时对儿童和家长做了动画电影内容需求调查。调查结果发现,与腾讯《洛克王国》儿童网络社区设定的价值观体系一致,家长和孩子看动画电影时的基本需求也是"快乐和成长"(见图 3-3-3 和图 3-3-4)。其中孩子更关注快乐,家长更关注成长。因此只要抓住快乐和成长,就能满足孩子和家长的共同需求。为此,腾讯进一步调查了孩子希望的成长包含哪些具体内容,结果见图 3-3-5。

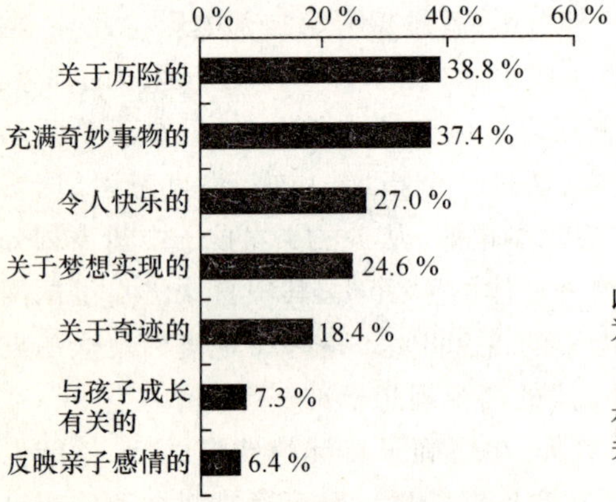

图 3-3-3　孩子对各种故事感兴趣的比例

数据来源:《洛克王国圣龙的心愿》宣传前测研究—洛克王国社区用户网络调查 $n=877$。

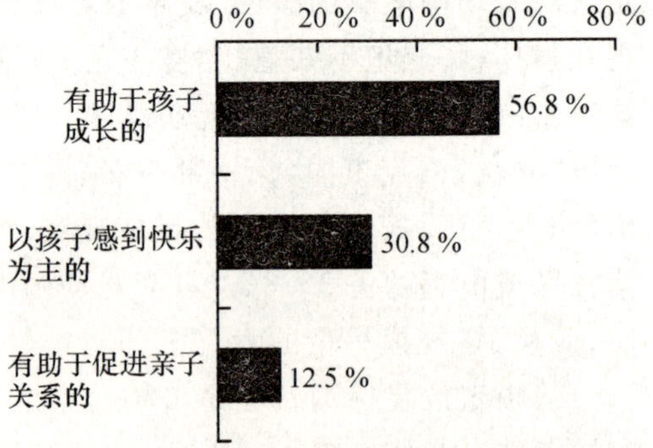

图 3-3-4　家长对各种故事感兴趣的比例

数据来源:《洛克王国圣龙的心愿》宣传前测研究—家长电话调查 $n=300$。

在调查观众的同时,腾讯对《洛克王国圣龙的心愿》剧本进行了内容分析,整理出电影核心内容的关键词表。结合上述观众调查结果,形成两个内容需求圈和一个内容供应圈。通过交集分析找到儿童和家长都需要而电影本身具备的内容作为宣传内容的关键词库。电影的出品和营销方,从以上关键词中挑选合适的运用到所有宣传资料当中,在内容层面,紧扣孩子和家长的心理敏感区域,实现了针对性的传播。例如,电影发行时的宣传口号设定为:"小洛克爱冒险,探索神秘新世界"等。

4. 制定精准传播计划,充分利用腾讯及《洛克王国》网络社区的渠道优势。

《洛克王国圣龙的心愿》的目标观众中《洛克王国》网络社区粉丝占儿童总体比例高达23.1%,可以通过网络社区平台随时直达。而其余观众中的多数也可以通过QQ平台直达,而且是点对点传播。这在传播上形成了先天的优势,这也是腾讯游戏泛娱乐战略的基础。

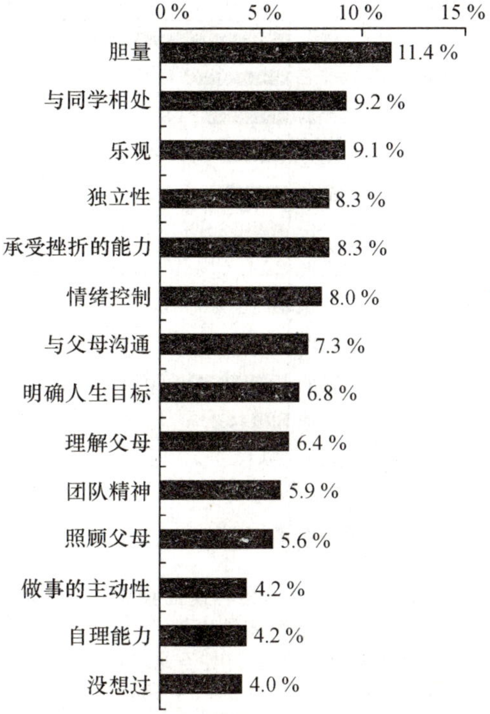

图 3-3-5　孩子在各个方面最希望得到成长的比例

数据来源:《洛克王国圣龙的心愿》宣传前测研究—洛克王国社区用户网络调查 $n=877$。

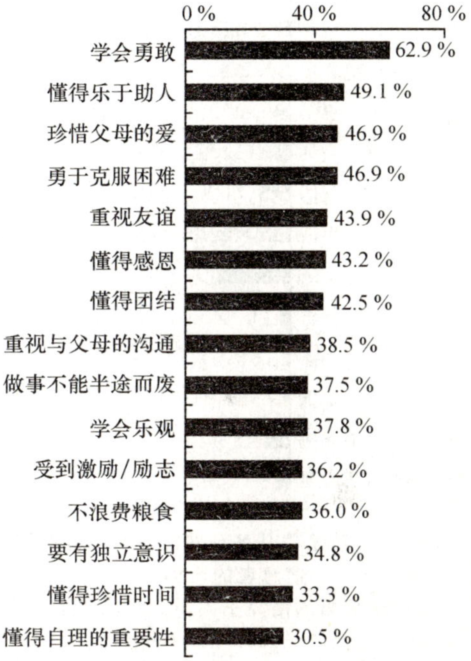

图 3-3-6　《洛克王国圣龙的心愿》儿童观众中,从电影里学到各个方面者的比例

数据来源:《洛克王国圣龙的心愿》上映后总结研究—洛克王国社区用户网络调查 $n=2647$。

为了增强传播力度,保证更大成功,腾讯游戏对目标观众的电影信息渠道进行了调查,并以4A广告公司常用的媒体计划手段来制定精准的传播计划。调查结果证明(见图3-3-7和图3-3-8),网络、电视和校园是动画电影的三大传播渠道。因此,除了自身有网络资源外,腾讯把电视和校园媒体和活动等作为重要的补充渠道加以利用。而电视和校园正是另一个联合出品方优扬传媒的优势。与此同时,第三个联合出品方,优漫卡通本身就是专业动漫电视媒体,也是直接渠道资源。

而上映后观众调查结果显示(见图3-3-9和图3-3-10),《洛克王国》儿童网络社区平台、QQ和电视,的确是到达《洛克王国》儿童网络社区用户的主要渠道,而电视则是到达其他观众的主要渠道。

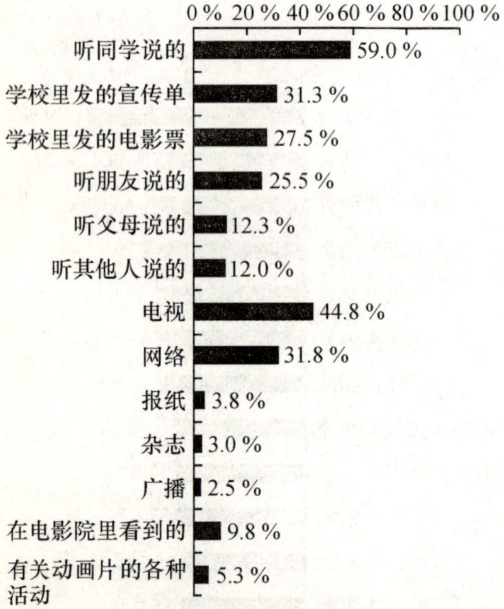

图3-3-7 孩子中从各种途径获得动画电影信息者的比例

数据来源:《洛克王国圣龙的心愿》宣传前测研究—校园拦截访问 $n=400$。

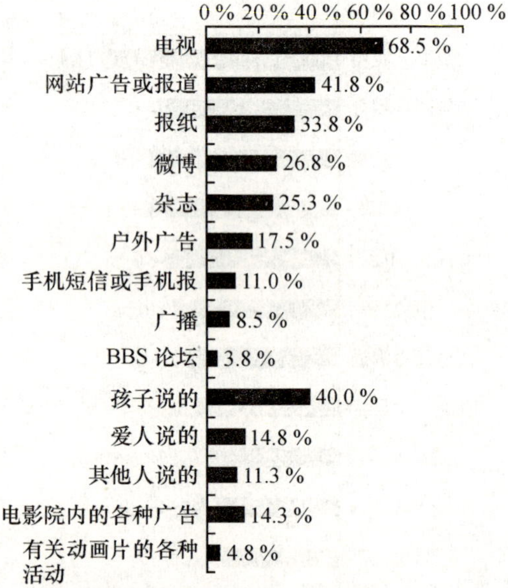

图3-3-8 家长中从各种途径获得动画电影信息者的比例

数据来源:《洛克王国圣龙的心愿》宣传前测研究—家长电话访问 $n=300$。

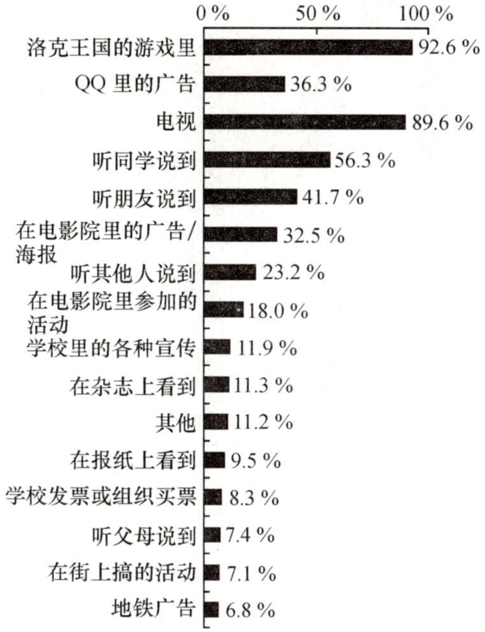

图 3-3-9 《洛克王国》网络社区用户从各种途径获得洛克王国电影 2 信息者的比例

数据来源:《洛克王国圣龙的心愿》上映后总结研究—洛克王国社区用户网络调查 $n=16337$。

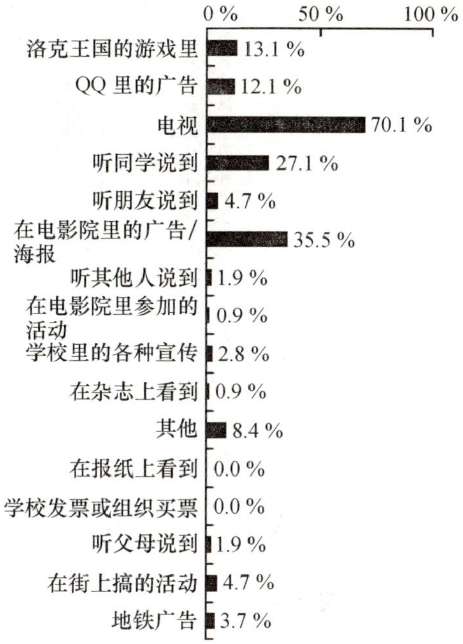

图 3-3-10 非《洛克王国》网络社区用户观众从各种途径获得洛克王国电影 2 信息者的比例

数据来源:《洛克王国圣龙的心愿》上映后总结研究—影院儿童观众拦截访问 $n=200$。

5. 高品质的电影作品精准传达剧本内容要义,赢得观众高度认可

在《洛克王国圣龙的心愿》上映之后,腾讯及时做了总结性观众调查研究。调查结果表明,观众对该电影的评价很高,各类孩子和家长观众的平均评分在 88—95 分之间(0—100 分制),《洛克王国》儿童网络社区粉丝(简称洛粉)和其他动画电影粉丝(简称漫粉)等目标观众评分基本上都在 80 分以上。尤其是作为非《洛克王国》儿童网络社区用户的漫粉观众的评分高于用户的评分说明,《洛克王国圣龙的心愿》作为电影本身赢得了观众高度的认可。

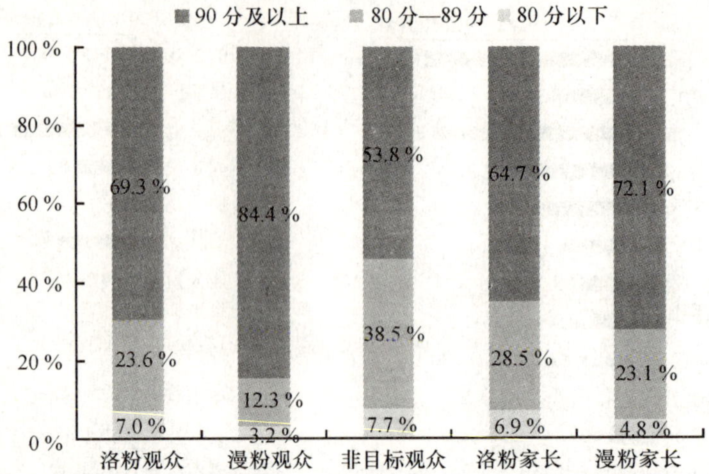

图3-3-11　在影院看过《洛克王国圣龙的心愿》的观众评分在各个评分段的比例。
数据来源:《洛克王国圣龙的心愿》上映后总结研究—影院观众拦截访问 $n=300$。

此外,家长对电影的教育性和快乐感有非常高的满意度,满意率分别为81.5%和85.8%。同时,对增进亲情的满意度也高达81.8%(见图3-3-12)。可见,《洛克王国圣龙的心愿》达到了家长所希望的与寓教于乐的要求。

从儿童观众在电影中学到的内容来看,《洛克王国圣龙的心愿》有效地向孩子们传递了电影本来想传递的主要价值观和思想:勇敢、互助、关爱父母、坚忍不拔等,与孩子希望成长的方面保持一致(见图3-3-5和图3-3-6)。

(三)为洛克文化现象推波助澜:《洛克王国大冒险》音乐剧成功上演

《洛克王国大冒险》音乐剧是由腾讯和北京儿艺联合制作的大型儿童音乐舞台剧。于《洛克王国》第二部电影上映的第二天,2013年2月1日,在北京首演,并连续上演三天,场场爆满,在业内外引起轰动。

之前的国产儿童音乐剧几乎没有成功案例。在创作期间的专家访谈中,有专家反映国产音乐剧与美国百老汇音乐剧有较大差距,要做出高水平的作品比较难,风险也很大。同时对儿童剧观众的调研结果却显示(见图3-3-12和图3-3-13),儿童音乐剧的潜在观众规模其实并不小。当通过调查明确《洛克王国》儿童网络社区自身的用户,已经能提供足够潜在观众时,腾讯果断制定了"依赖存量(用户),争取增量(非用户)"的基本营销战略。而此时,对于腾讯来说,与电影面临同样的问题,即潜在市场很大,关键在内容和品质是否符合孩子和家长的观剧需求。

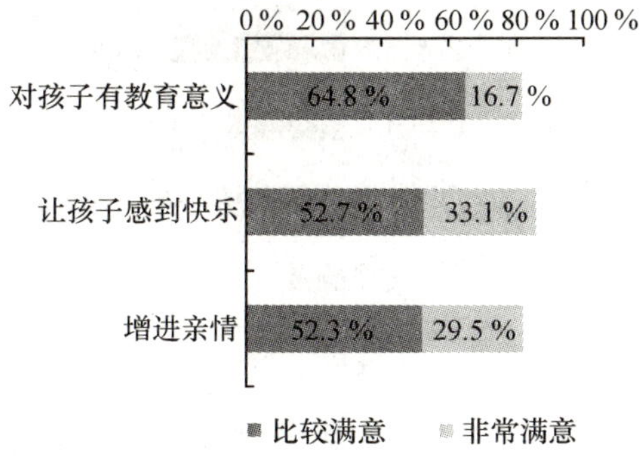

图 3-3-12　陪同观影的家长对《洛克王国圣龙的心愿》各个方面的满意度比例

数据来源:《洛克王国圣龙的心愿》上映后总结研究—影院观众拦截访问 $n=300$。

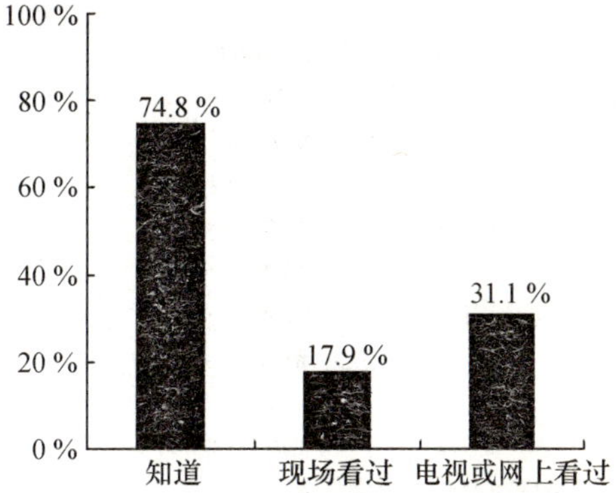

图 3-3-13　《洛克王国》网络社区 7—14 岁用户中知道和看过音乐剧者的比例

数据来源:《洛克王国》儿童舞台剧宣传前测研究—洛克王国社区用户网络调查 $n=2590$。

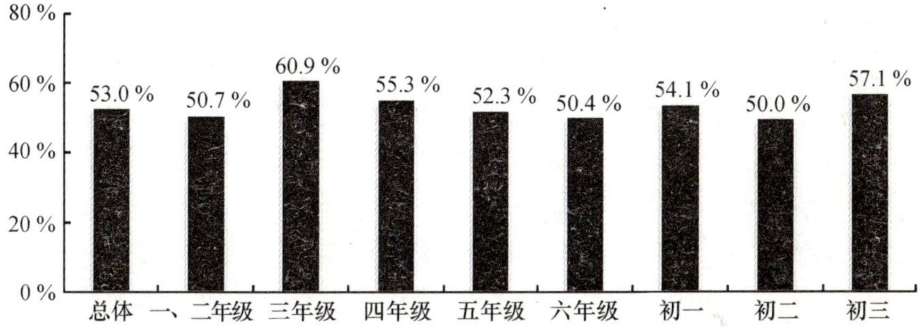

图 3-3-14　《洛克王国》网络社区不同年级用户中对儿童舞台剧感兴趣者的比例

数据来源:《洛克王国》儿童舞台剧宣传前测研究—洛克王国社区用户网络调查 $n=1560$。

为此,腾讯进一步研究了儿童和家长的观剧心理。结果显示(见图 3-3-15 和图 3-3-16),家长带孩子看儿童剧首先注重艺术性,孩子则注重知识、快乐和好听的音乐。这更坚定了腾讯和北京儿艺做出高品质音乐剧、以品质取胜的信心和决心。

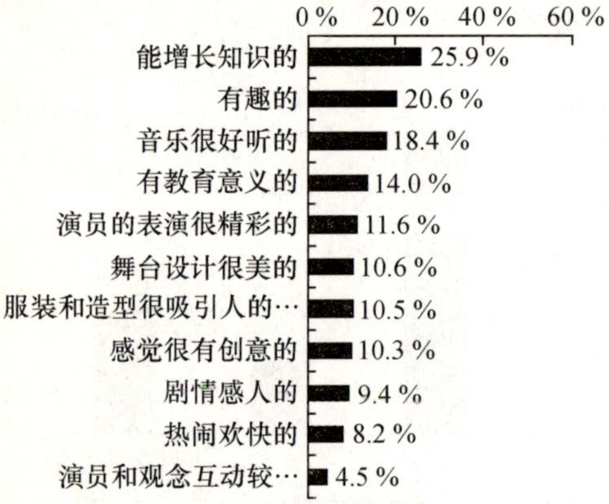

图 3-3-15 《洛克王国》网络社区 7—14 岁用户中对儿童剧各种特征感兴趣者的比例

数据来源:《洛克王国》儿童舞台剧宣传前测研究—洛克王国社区用户网络调查 $n=2590$。

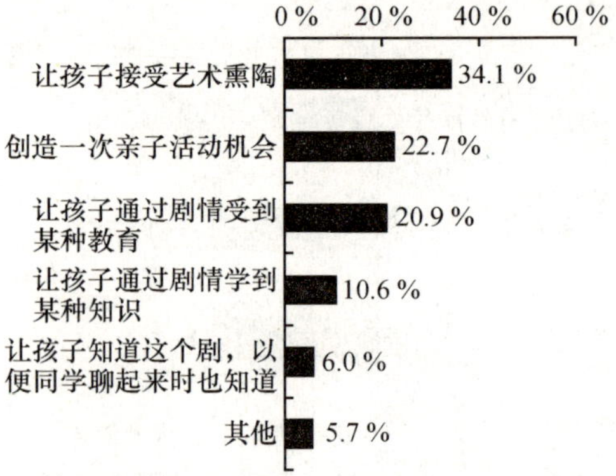

图 3-3-16 家长中出于各种目的带孩子看儿童剧者的比例

数据来源:《洛克王国》儿童舞台剧宣传前测研究—QQ 家长用户网络调查 $n=454$。

《洛克王国大冒险》音乐剧依然以《洛克王国》儿童网络社区的内容和价值观为基础,围绕“梦想”“勇气”和“成长”,创作出小魔法师洛克拯救被黑暗势力毁灭的魔法王国,在冒险过程中重拾自信、收获勇气的成长故事。为了追求舞台剧的艺术感染力,创作团队从音乐、编舞、舞台效果、人物造型等每个环节都下了大力气。

该剧的导演组努力营造“很炫、很酷、很愉悦”的整体感觉,达到让中国小朋友尖叫不已的效果。同时,整个剧的呈现、舞美、表演水准,也不忽略家长的欣赏水平,从而让家长也能有所享受。整部剧,试图通过轻松欢快的音乐让家长和孩子们跟着兴奋起来,音乐占据了 85% 的戏份,90 分钟的大戏中演员演唱曲目有 20 多首,加上背景乐、配乐共原创音乐 50 多首。编舞方面,努力让观众可以欣赏到优雅的芭蕾、激昂的探戈以及韵律感十足的爵士舞等。舞台设计上,给观众展现了烟雾缭绕下一座现实的蓝色魔法城堡展,亦真亦幻。演员的造型也全部按照《洛克王国》儿童网络社区里的原型,再通过艺术化细节处理打造出来,连戏中人物袍子的花边都要仔细研究一番。

基于正确的价值观、高标准的艺术要求,兼顾儿童和家长的观剧心理,《洛克王国大冒险》在北京首演便场场爆满,并因打破常规儿童剧的“低幼”标签,被业界誉为 21 世纪国内儿童剧的突破大作。上演前的计划是首轮演出 40 场,由于过于火爆,迅速增加到 100 场以上,并提前启动全国巡演计划。

如果说电影《洛克王国圣龙的心愿》赢得6810万的票房是国产动画电影在喜羊羊系列电影之后的又一次突破，让洛克文化现象在电影界和儿童文创产业领域内凸现出来，而儿童音乐剧《洛克王国大冒险》在国产儿童舞台剧领域，尤其是国产音乐剧领域的第一次突破，则是对洛克文化现象的推波助澜，也是腾讯游戏泛娱乐战略的成功体现。

三、总结

从《洛克王国》儿童网络社区、图书，到动画电影，到儿童舞台剧，再到将来的电视动画片，"洛克王国"逐步实施着腾讯游戏的泛娱乐战略布局。而洛克文化现象的出现则是这一战略成功的有效例证。

《洛克王国》儿童网络社会界面

出版物

电影海报

《洛克王国大冒险》音乐剧剧照

图 3-3-17 《洛克王国》系列产品图示

纵观腾讯游戏的泛娱乐战略以及依托洛克王国系列产品在儿童市场的成功实施，不难发现，其成功可归因于以下几个方面：首先是智慧的顶层设计，然后是基于这一设计，所发挥出来的优势，还有健康的核心理念、强大的渠道资源、庞大且活跃的用户基础以及理性的有效执行。

一项事业的成功必须以智慧的顶层设计为基础。回顾《洛克王国》系列儿童文创产品的开发、实施的过程，无处不体现着腾讯游戏泛娱乐战略的核心思想，同时“洛克文化现象”也证明了“IP授权”“网络平台基础”“多领域”和“跨平台”等商业拓展理念的正确性、实用性和智慧。

“快乐、健康、成长”是孩子的需要和任务,也是家长的期望。抓住这个根本,就抓住了成功的核心。《洛克王国》儿童网络社区的“绿色”“快乐童年”等基本理念,大电影的“奇妙、勇气、友谊、亲情”以及音乐剧的“梦想、勇气、成长”等创作关键词,本质上都是围绕这三个核心理念,同时又结合具体受众的需求展开的。这种同时符合孩子和家长要求的理念,奠定了一个儿童娱乐内容的产品系列在内容和形式上得以良性延伸的基础。只要核心理念是健康的,充满正能量的,在文化产业领域内,无论是做游戏、图书,还是做电影、音乐剧、电视,都能做到万变不离其宗,进而万变享用其宗。《洛克王国》系列儿童文创产品的成功是一个值得借鉴的案例。

产品的生产是基础,销售是价值的实现,而从生产到销售之间的传播渠道则是价值得以实现的关键。基于腾讯这个中国最大的互联网平台,再依托腾讯游戏泛娱乐战略的“跨平台”合作的开放性原则,腾讯游戏在各个领域选择与该领域最专业最有实力的同时也具有渠道资源优势的合作方进行战略合作,不仅获得专业的支持,更重要的是进一步扩大了渠道资源优势。例如,与具有少儿电视频道资源的优扬传媒的战略合作甚至直接与炫动卡通卫视和优漫卡通卫视等电视渠道本身的合作,使得《洛克王国》大电影的传播,同时直接拥有了动画电影传播的两大渠道:网络和电视。

1.5亿的注册用户,几乎覆盖了半数的少年儿童,每天200万—500万的活跃用户,80万人的同时在线,“洛克王国”以其儿童网络社区庞大且活跃的用户为基础,可以随时与数以百万计的目标受众实现互动,只要衍生出来的产品符合用户需求,就能达到立竿见影的效果。而依托腾讯QQ平台,又能迅速影响数以亿计的家长。

在完成泛娱乐战略布局之后,是否成功还要看实际上是否按战略部署有效地执行。腾讯在其互动娱乐事业群下组建了市场与用户研究中心,将近100人的团队,负责腾讯游戏各款游戏产品及泛娱乐拓展项目的市场与用户研究工作,随时为每一个决策提供科学依据。例如,早在电影《洛克王国圣龙的心愿》上映半年前,市场与用户研究中心就开始做该电影的宣传前测研究。品牌营销人员也非常尊重这些调研数据,基本上都会基于调研结果来进行执行。例如,海报在测试后做了调整,上映档期也完全遵照调研结果,并且针对网络社区用户重点组织了“压岁宝”活动,满足《洛克王国》儿童网络社区用户渴望通过看电影得到在网络社区里很难得到的礼品的愿望,这有效地促进了票房的实现。上映后的调研结果显示,"压岁宝"活动促使36%的用户特别想早点看到电影,19%的用户则因此增强了观影意愿。《洛克王国圣龙的心愿》首映日过千万的票房与这个活动有密切关系。

总之,构建健康的核心理念、利用强大的渠道资源、依托庞大的用户基础,并通过理性的有效执行,腾讯游戏的泛娱乐战略以IP为核心,多元跨界延展,且不同的泛娱乐形态之间又互相促进,使IP的影响和价值最大化。洛克文化现象正是这一战略成功实施的结果,也是其战略价值的最佳体现。

文化创新时间轴

金迈克*

笔者在本文中介绍了“文化创新时间轴”的概念，以此来说明中国产业升级和增值的本质。笔者的基本论点是一个公司或企业“选择经济空间中的某一点来测试关于市场的猜想，然后把资源投入其选择的结果”（马修斯，2006）。尽管时间轴模型常常用于初创型企业的研究，它也可以用于描述人力资本的流动。比如，转向新兴动画制作领域的设计者，或者从事油画工作的流动劳动者。

时间轴模型表明，尽管许多中国的艺术、传媒、设计和文化企业都正在向利益链的上端转移，许多政策却依然只针对产业链的低价值部分。时间轴中的大部分活动都是显而易见的。工厂、基地、工作室和文化园区都忙着创造工艺品、商品、商机以及消费服务和旅游业服务。实际上，随着从业者们向着利益链上端转移，我们看到了协同与合作的迹象，从技术上来说是跨平台的，同时也是跨产业和跨文化的。人们尝试寻找新的利基市场：在产业聚集地可以找到一些利基厂商，这表明创新（奋起直追）时间轴上出现了战略性的升级。

时间轴也展示了艺术、设计和传媒活动中的协同进化。这是市场对信息流动率的反应，产生社交网络市场并促进了网络内容的传播。模型的上端对无形服务和虚拟商业模式更加重视，确保了大量破坏性创新（熊彼特，1939，1942）。总的来说，后工业时代转型的特点显而易见，这一过程使得中国的艺术、设计和媒体产业都朝着无形或者说“无重量经济”发展，最典型的就是“创意集群”。这就是“非正式软实力”，即隐藏的创新。

中国的产业升级

笔者认为，研究中国文化和媒体产业的“产业现状”，最好的方法就是研究市

---

* 金迈克，澳大利亚昆士兰科技大学创意产业学院教授。

场内部的活动。在过去的二十年间,中国经济稳步增长,主要是因为低成本生产和出口加工,显然市场活动进行得有条不紊。这如何运用到创意产业？中国目前的创意生产和消费有什么特点？

在中国的产业经济学以及政策文件中,“升级”一词频繁使用。政策的作用就是使用正确的杠杆来促进积累以及经济升级,并促进对产业集群和基础设施的投资。在经济理论中,这本质上是有社会主义特点的新古典模式。然而,从制造业到创意服务业的转型不仅需要升级和调整,创新更不容易。

从 20 世纪中叶开始,中国的产业创新已经经历了不同的阶段。相对来说,中国的发展仍然有些迟了。因此,由于过去的产业模式适应了新的挑战,创新的作用就更加重要。加速发展的新技术包括信息通信技术,以专业化和模块化为特征的商业模式广泛传播,商业通过全球价值链进行更多的跨国流动,人口和劳动力流动性增强,以及自由市场理念的传播(惠特克等,2012)。中国的“压缩性发展”可大略地用图 3-4-1 表示。

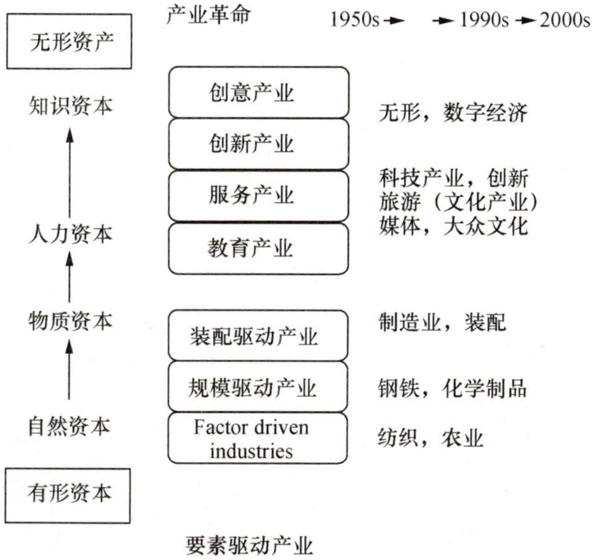

图 3-4-1　要素驱动产业图

不同地域的创新能力也不同。比如,珠三角地区,由于靠近香港,距离北京又比较远(广东省一直都被看做是实验区),相比之下大规模的高校和教育机构也比较少,因此产生了各种各样的创新。珠三角地区之所以具有“实验区”的地位,主要是由于地理位置、人力资本以及区域规划(布雷兹尼兹和莫福利,2011)。像中国这样的处于转型期的经济体,国家和地方的创新体系起到了相互补充的作用,而地方创新体系也有助于国家的创新。

创新区、园区和创新中心承载了很多希望,但是有些批评者认为它们并未达到预期目标(王,2007;王和梅,2009)。在很多情况下,人们认为某些常规,通常是模式化的实践方式,具有创新意义,这已经削弱了创新作为现代化指数的功效。然而,尽管存在过分夸大,中国对于创意集群这一概念及与之相关的文化和创造力的论述和西方民主国家很相似。

创新的挑战意味着创新与熊彼特的方法是有联系的,他认为创业活动带来结构的改变和不确定。创新活动都具有不确定性——即通常在消费之前,我们不知道自己是不是喜欢某个文化产品。尽管创意活动的未来投资收益通常很难预测,但这并不意味着无法规划或促进创意活动的环境。

发展有增长潜力的新兴产业对于依靠廉价劳动力和出口加工的中国来说,是一个很大的挑战。产生动力和促进创新需要使用资源,用不同的方式来管理活动和常规(马修斯,2006)。[①] 像出口加工这样的产业,在血汗工厂中使用温顺的劳动力,除了靠低价竞争,几乎别无选择,但是像媒体和设计等创意产业,附加价值才是关键。

软实力产业

到2007年,中国领导人已经决定,中国文化现在应该走向世界,构建国家的软实力。成为文化产品的生产者从未如此具有吸引力。国家和地方政府鼓励人们投入新的劳动力,并且融入产业集群。如今,创新已经成为爱国的责任。对于从前在国有文化院团和出版社工作的人来说,现在,成立私营企业就成了一个挑战。

但是,对于新兴公司、创业者以及力量单薄的媒体专业人员来说,这种机会意味着什么呢?它们从哪里进入市场?它们把资源投入"经济空间"(马修斯,2006)中的哪一点?政治和社交网络对这些选择将产生怎样的影响?

我曾提出中国创意经济发展时间轴的六个发展阶段(金,2007,2011)。这些可以看做是增加价值和原创性等元素的高级阶段或者低级阶段。这些"阶段"代表了产业组织在过程和形式上的选择,这些选择都是在经济空间和时间中做出

① 马修斯使用首字母缩写RARE来描述成功商业运营中的资源、活动、工作日例和企业家精神。尽管他的描述适用于科技和制造业,我相信它也适用于许多其他文化企业。

的。在某种程度上来说,它们之间存在交叠和相互影响。中国正在将其优势从物质文化实力(工艺品、商品、演出)转向数字经济的无形资产。在数字经济中,市场变得越来越复杂并且碎片化。简言之,我的根本前提就是,创新需要时间。然而,中国的政策制定者却想快速进步,加速文化发展,正如报道中中国在科技领域取得的创新一样。

表 3-4-1　中国创意经济发展时间轴六个发展阶段

阶段/主题	战略形式
标准化生产	分包(时尚、动画、软件、玩具、家具、电子产品)
模仿	进口替代、当地版本、仿制
合作	合作生产,不同形式的知识共享
贸易	软实力战略的开始;打破国内限制
集群	尝试通过文化产业化来获得软实力
创意集群	无国界社交网络市场;传递给国内外网络受众

六个阶段(参见表 3-4-1)反映了追赶策略,并且某种程度上解释了中国的政策制定者为文化设计了产业模型的原因。因此,中国面临的根本性挑战是:中国的文化工作者、艺术家和设计者如何创作“原创”的作品和表演,而不是提供技术服务,尤其不是为国外的企业提供服务,这也是从简单文化商品到复杂文化商品的转型所面临的挑战。复杂的文化商品涉及更复杂的资金支持和收益分享(参见卡维斯,2000)。此外,走出“世界工厂模式”,中国需要允许更有创造力的想法。

标准化生产:工业世界

六个阶段中的第一阶段是标准化生产——无处不在的“中国制造”。这最直接地表明工厂模式是怎样转移到文化领域的。这是外包的世界——时尚血汗工厂、动画制作和玩具制造。迈克尔·斯托波(Michael Storper)和罗伯特·萨莱斯(Robert Salais)曾使用过“工业世界的生产”一词:他们说“竞争集中在随处可见的标准化的普通产品,众所周知的质量标准和消费者预期以及可编码的知识,这都可以融入特殊的资本工具。”(斯托波和萨莱斯,1997:64)

在过去的十年中,工业世界推动中国的经济成功,主要涉及技术零件、家用电器、医疗器械、工具和机器、塑料等,几乎包含了所有能在全球超市和硬件网点买到的商品。主要的国际品牌都已经在中国设厂,以便利用其低廉的租金劳动力。这些工厂生产线的工人都按照严格的程序管理。艾利克·马(Eric Ma)曾记录过一个在中国南部珠三角地区的美国玩具工厂,“生产力不仅涉及让生产线高效运行,还涉及管理工人的时间和空间体验”(马,2012:137)。苹果公司 iPhone 和 iPad 在深圳的生产,也许是最受争议的例子了,不仅抢走了美国工人的饭碗,并且还使用了中国南部没有工会的劳动力。

文化商品和服务,比如动画和软件制作,也许是“工业世界”的生产的最新例子。但是,在中国,文化艺术品的标准化生产有很长的历史。在明朝和清朝,政府把丝绸和瓷器的生产分包给一些小工厂(福尔,2006)。这种合同劳工的形式预示了 20 世纪末的投资的广泛传播,特别是台湾和香港对低技术、劳动力密集型陶瓷工厂的投资。即使在 20 世纪 80 年代的海外投资之前,中国政府通过十个大型国有工厂以及四个市级工厂和一些受政府工厂管辖的子公司集体重组瓷器产业。

标准化生产模式在时尚、工业和产品设计领域表现得最明显。2011 年,中国文化产业出口的 38.2% 都是外包加工[①]的产物。跨国公司提供了创新元素,而生产过程则在中国进行。品牌的标签上可能写着,该产品是在原产地制造的,但是人们越来越多地发现另一个生产标签,“中国制造”。许多情况下,产品甚至没有名字,没有品牌,卖给许多顾客,比如沃尔玛中的很多商品。其他情况下,像宜家家居这样的跨国公司在中国建立生产中心,有非常严格的工作日例,并且小心翼翼地保护“贸易机密”。(福克和海格曼,2002)

标准化生产模式的缺点是它一直保持着底线心理。对于工厂和产业集群来说,可以获得便宜的土地对创新有着直接的影响(参见时间轴的第四阶段)。如果一个战略专注于更高比例的代工生产和低成本技术的产业模式,它所面临的风险是,承包工程流入低成本地区(霍洛斯,1999)。正如厉无畏所说,这种模式存在的问题是,中国被加工业所束缚,研究与开发领域的投资就很少,甚至没有。其他的东亚国家和地区已经制定战略,通过发展自创品牌的能力,或者通过转向需要更高技术从业人员的“复杂”生产活动,向利益链上端转移。

模仿:低风险

模仿通常都被看做是机会主义,但却自有其目的。复制是所有学习活动的本质,并且产生创新,这其实和一些本质目标并不相同。人们看到的、听到的很多都是当地的版本。但是,如果复制得太明显或者有太多的复制品,消费者就会失去

① 《2011 年,中国的文化出口产品比 2011 年增长了 22.2%》, http://finance.jrj.com.cn/industry/2012/01/20012312099305.shtml。

兴趣了。观众们对中国电影和电视剧制作者提出的最常见的抱怨就是“克隆”（参见金等，2007）。

模仿并不总是不好的。模仿和创新的界限仅在一线之间。艾瑞克·邦纳保（Eric Bonabeau,2004）认为，创新是灵感和渴望共同作用的自然机制。模仿有利，是因为模仿降低了风险。但是，如果所有公司都模仿领头羊，模仿也会带来负面影响。邦纳保指出人们模仿的原因有三个：第一是安全（走一条很多人走过的路）；第二是从众（潮流和时尚）；第三，就是相信别人可能会知道更多（放弃了做决定的责任）。

合作：寻求新点子和技术

第三个阶段是合作。对模仿、重复和缺乏新意的不满足引起了对新事物的探寻。这可能就是采用新媒介或者用新的数字技术展示旧媒介的工作。在中国，对市场成功的渴望促使许多公司和“外来”的伙伴合作。这些合作伙伴大多数来自我国台湾、香港和韩国。比如，韩国的电影人李治允、朴妍真、卢庆熙和金正中都和中国第六代电影人一起在北京电影学院学习。他们在中国很活跃，建立起两国的人际关系网（叶西斯等，2011：141）。2012 年，中国的 DMG 娱乐和迪斯尼公司开展合作，在中国拍摄下一部《钢铁侠》系列电影。当然，这种合作需要得到主管部门的同意。这一举动和中国希望提高出口电影质量不谋而合。

合作的形式多种多样。在电影、电视和动画产业中，最受欢迎的形式是联合制作：可以是合拍、辅助拍摄或者委托拍摄。其他的合作形式包括国际杂志（*Elle*, *Vogue*）的中文版、内容联合、合资公司，或者广告业相互合作的合资公司。

几年来，许多东亚企业家都进入了中国的媒体和设计公司。他们的工作主要涉及创作、管理、咨询和技术，提供专业知识、人力资本管理的不同方法，以及解决问题的新方法。这些人作为中间人，把创意、投资、技术和专业知识引入该行业。除了东亚的文化产业流动人口，许多拥有海外生活经验并且决心自己创业的中国人也回到了祖国。政策制定者也允许这些媒体企业家提出新思想，新出路，来振兴中国发展缓慢的内容生产行业。

跨国合作以及引进外资意味着双方都能得利，大多数情况下是互利的。但是，如果一方沦为技术或者生产能力提供方，结果就和剥削差不多了。当然，在电影和电视剧生产中出现过这种情况。通常情况下，来自韩国、台湾或香港地区的团队会担任创意执行制作人的角色（参见金，2007；李，2008）。有时候，合作也可能导致相互指责。另外一些情况，外来的伙伴知道知识产权例如设计和工作流程将会不可避免地不知不觉丢失,这是合作的后果,有时候是缺乏信任导致的。但是,寻求合作,尝试寻找新的创作方法,也会带来品种多样化,脱离对模仿和合理改编的依赖。

贸易:重视新兴市场

第四阶段是贸易。对新产品和服务的需求推动了贸易。文化商品的进出口加剧了竞争。尽管中国政府希望可以在国际舞台上和美国的娱乐和新闻传媒巨头展开竞争,中国文化产品的市场,尤其是电影、电视和动画市场主要还是在东亚。

贸易是合作之后的阶段,尽管它经常是在合作的过程中产生。尽管中国政府把合资企业看做是促进技术转移以及加速发展的途径,本土环境的"同化能力"却常常抵触外国的观念和思路。同化能力包括管理风格、制度以及文化价值观。此外,外来投资者经常不愿贡献出专业知识。

相比之下,贸易实际上也是文化交流。高度发展的进口能带动地方消费,也通常有助于本土生产商改善表现。俄罗斯的文学学者尤里·洛特曼(Yuri Lotman)就写道,引进外来思想和向外输出思想是所有社会的必经阶段。提到文化文本时,他引用了意大利的例子。意大利从5世纪之后,经历了文化休眠,只成为一个"地理概念"(洛特曼,1991:145)。从11到12世纪,意大利从法国和西西里吸收各种思想,最后终于开启了欧洲文艺复兴,带来了意大利文化的繁荣。在过去的二千年里,中国已经把它的思想输出到邻国:韩国、日本以及其他东南亚国家。最有名的思想或者说思想体系就是儒家思想。这一治国体系主导着中国的政治生活,并且深刻影响着韩国、日本以及越南社会(伍德塞德,2006)。在汉朝,沿着中国内陆的丝绸之路,贸易得以发展起来,令中国了解外来的思想,并且把中国的思想传播到国外。

从历史上得到的一个重要的启示就是,中国对世界的输出,陶瓷、丝绸和哲学,以及纸、印刷术和火药的发明,让来自欧洲的旅行者和作家看到了一个先进的社会。当然,这就是软实力,在这个词出现之前很久,就已经出现了。中国能通过贸易重振它丢失了的软实力吗?

集群:创新过程的集体重组

第五阶段始于十年前,那时,中国的领导人确定,中国需要进行文化产业化。随着工业集群的广泛成功,集群模式被移植到了文化生产。大量园区、基地和特区纷纷兴起,特别是在老牌工业区。根据定义的不同,如今这个数量已经达到上百,甚至上千个。产业集群被视作是“追赶式发展”的万能药,是高速发展的途径。这些生产“空间”复制了过去十年里中国社会的工业化:比如北京的798艺术区,上海的田子坊,它们都促进了消费(金,2011)。

“集聚”一词有吸引的意思,更确切地说,将一群相同的人或物汇聚到一起。实际上,城市就是不同群体的人聚集到一起。艺术群体就是有相同绘画兴趣的人组成的特殊集群。此外,在当代汉语中,“集群”表示了一种先进的经济整合形式。“集群”这一概念来源于阿尔弗雷德·马歇尔(Alfred Marshall)的“工业区”(马歇尔,1920/1990),并在迈克尔·波特(Michael Porter)颇具影响力的《国家的竞争优势》(The Competitive Advantage of Nations)中有重要的阐述(波特,1990)。波特大力提倡集群,他于1998年写道:集群在当今世界的经济地图中占据主导地位。集群就是某一地区在具体领域具有特殊竞争实力的集中群体(波特,1998:78)。中国的政策制定者相信,集群是促进经济快速增长的机制,并且能带来一系列其他的利益,比如就业机会、房地产升值以及人才引进。

从2007年开始,文化和媒体产业集群得到了加速发展,其实这一形式有其历史渊源。实际上,集群就是一种集体主义的表现形式,只是其驱动力在于经济利益而不是社会团结。不过,可以联系20世纪50年代末的人民公社运动,随后的大跃进(1956—1961年),20世纪80年代的乡镇企业运动,以及20世纪90年代的经济技术开发区。这些形式都寻求发展生产力或促进发明创造。除了乡镇企业,其他都由国家主导。

从1988年开始,出现了经济技术开发区。最早是在南部沿海地区,随后扩大到一系列“开放”城市[麦琪等(McGee et al),2007]。许多经济技术开发区都设有高科技园区,或者创新园区,目的通常在于通过散居人口网络吸引外来投资。到20世纪90年代,经济改革者达成了一项共识:聚集经济是利用材料资源和管理低成本人力资本的最好方法。工业区和集群的数量因此激增。集群园区特别适合低端制造业。发达国家的集群主要专注于高附加值市场,而在中国等发展中国家,集群通常关注价格决定竞争优势的市场。

在过去的几年里,创意集群主导了城市发展政策的制定,可以被视为中国文化和创意产业的事实逻辑。集群数量激增的原因在于有足够的废弃工业区域,尤其是在城市环境中。中国政府倡导文化建设,始于第十一个五年规划,并且在第十二个五年规划中提出进一步支持,这意味着官员们面临压力,需要取得成效,以证明确实发生了变化。像北京798和上海田子坊这样的高端艺术区,受到消费刺激,取得成功,这也鼓励了地方官员和房产开发商,协力提出反映后工业地区形象的重塑的"创意"的头衔,其中包括了创意 100(青岛)、星海创意岛(大连)、创意仓库(上海)、创意产业思想仓库(天津)、西溪湿地创意园区(杭州)、深圳 F518 创意时尚园区(深圳)、南京石城市创意公园(南京)、横琴创意岛(澳门)、佛山创意产业园区(佛山),以及成都创意音乐城市东部(成都)。

这些集群有大有小。大的集群,比如动漫基地或电影园区,可以容纳超过 100 家公司,有时候还会有国外的承租商。小型集群可以容纳 30 至 40 个中小企业。集群从自发模式(创新氛围)到特意建造的专门领域集群,比如珠宝、视觉艺术或者"相关类型"的模式(容纳各种企业)、电影、电视和动画集群,以及技术孵化器(这是一个单独的种类,但是很多孵化器在艺术、媒体和设计领域一试身手)。尽管这些集群得到很多重视,但仍有现象表明大部分产业集群仍然表现不佳,并且实际上是房地产开发(参见金,2011)。

创意社区:创新和娱乐

从演化发展的角度看,最后一个阶段最为重要,但可能是最不为人所了解的。前面的五个阶段在创新时间轴上指的是启动项目的正式机制,有些战略很简单,比如寻找工厂地点、雇佣员工、寻求外包工作。其他的是一些权宜之计,模仿、借鉴和改造。很多时候,物质形式是主导。你看到的就是你得到的。

在第三和第四阶段,执行者寻求媒体和文化政策放宽带来的机会。比如,跨文化联盟或者跨平台生产的机会。

有形的商品和服务很容易计算,这些都在数据中体现出来,因为它们都是勤奋的标志。但是,微观生产力是另一个绩效指数,它是很难监控的。比如,不断增值的在线订阅服务和长尾营销,包括土豆、优酷、酷 6、迅雷、豆瓣和当当网在内的视频分享网站和网络服务提供商提供的产品和服务。随着网络、手机以及其他数字产品提供越来越多这样的服务,并且中国人在网络服务上的时间也越来越多,测量误差也变得越来越显著[布林约尔松(Brynjolfsson)和麦卡菲 (Macafee),2011]。布莱恩·阿瑟(Brian Arthur,2011)就说过数字化的挑战是"第二经济"。此外,没有被计算的部分可能比计算的部分更重要。没有被计算的也有它的影响。

在线创意社区最重要的因素之一就是"草根"社交网络市场效应。用户可能在无意中会发现一些网站,但更多的情况是,他们受到其他用户的推荐。尽管,文化研究的学者们已经关注和研究自下而上的参与,例如电视真人秀,这是目前最强势的节目。网民分享文化产品、喜好、照片、博客和“顶”,已经改变了生产商和顾客、专业人士和业余人士以及中国的国家媒体和“人民”之间的关系。

创意社区表明了中国有待开发的创新潜力。正是这一阶段的非正式性让它变得如此强大,许多参与者的运作都和政府监管打擦边球,重组实践能不断打破阻碍创新的障碍,这就是“破坏性创新”的中国风格。其结果就是社会对话更广泛,并且通过参与来学习。邱杰克(Jack Qiu)对中国工人阶级的网络化社会的研究,就是一个例子(邱,2009)。如邱所说,互联网以及网络交流技术已经将保持连接的权力传递到经营阶层和中产阶级以外。信息中下层有了更强的自主权,同时,各种形式的草根创业已经登上舞台。创意集群代表了时间轴上最具创新潜力的阶段,许多产出并未进入市场。另一些产出的合法性还遭到质疑,例如一些在线网络化生产,业余电影制作和非正式商业活动都有一个特点——“山寨”。创意社区中的活动把创意和再创造融为一体,利用网络反驳官方的事件报道,恶搞权势阶层,同时为无权无势者和弱势群体说话。

结语

我所描述的时间轴是了解中国的动态变化如何发生的一种方法。工业时代关于制造业经济的思想,尤其是和聚集以及规模经济有关的思想,已经转移到文化领域中。但是,企业家精神的作用依然不明显。此外,尽管重点还是在物质生产,生产者被重新使用并且改造其产品的社区所包围。这就是“非正式软实力”:它们存在,但并没有被计算在内。标准化生产的产品以及模仿仅是“权宜之计”(Wang J. ,2007),而合作、贸易和集群走的是高收益的路线。在很多低价值生产活动中,资源都被用于规模生产活动和价格竞争,很少能边做边学。而模仿(和改造)则是一种学习的形式,但通常都是有剥削的性质。

随着产业从业者进行合作,学习的步伐加快了,市场知识也增长了。实际上,“竞争的鞭子”和国家“软实力”的诱惑引发了新的活动和资源的整合。同时,周围的非正式环境才是创新真正的摇篮。非正式软实力包围了整个系统,它的核心目标就是微观生产力。它的形式多种多样,有的并不可靠,难以控制,甚至有可能违法。

对很多公司来说,挑战是如何从低端走向高端。制造业正经历着经济转型,技术已经代替了体力劳动工作——中国低成本优势的基础。劳动力密集型生产并不会消失。相反,很可能会转向其他成本更低的地区,比如非洲和越南的经济特区,具有讽刺意味的是,那里延续着“中国制造模式”的老路。如何在中国的产业革命时期保证就业,对政府来说是一个关键的问题。中国想要应对挑战,就要把重心放在推动创新教育上,而不是保证文化传承。

参考书目

1. 布莱恩·阿瑟(2011),《第二经济》,《麦肯锡季刊》,十月。

2. 艾瑞克·邦纳保(2004),《信息时代的危机》,《哈佛商业评论》,82 (6): 45—54。

3. 丹·布雷兹尼兹和迈克尔·莫弗里(2011),《红色女王的征程:中国政府,创新和经济增长》.纽黑文市:耶鲁大学出版社。

4. 艾瑞克·布林约尔松和安德鲁·麦卡菲(2011),《和机器竞争》,列克星敦,肯塔基州:数字前言出版社。

5. R.卡维斯(2000),《创意产业:艺术和商业的合约》,肯布里奇,马萨诸塞州:哈佛大学出版社。

6. 约翰·福克和乔纳斯·哈格曼(2002),《外包给中国? 从瑞士的角度看 21 世纪的贸易》,学士论文,隆德科技大学。

7. 大卫·福尔(2006),《中国和资本主义:当代中国商贸企业史》,香港:香港大学出版社。

8. 马里斯·吉尔莱特(2010),《当代中国的模仿、假冒和资本主义:景德镇的磁企业》,《当代中国》,36 (4): 367—403。

9. 朱迪思·霍罗思(1999),《创新和竞争力的历史轨迹:香港公司和它们的中国联系》,《创造力和创新管理》, 8 (1): 57—63。

10. 金迈克(2007),《中国创造:向前迈进一大步》,伦敦:劳特利奇出版社。

11. 金迈克 (2011),《中国的新创意集群:管理、人力资本和投资》,伦敦:劳特利奇出版社。

12. 金迈克,安东尼·Y. H.冯和艾伯特·莫兰(2007),《新电视、全球化和东亚文化想象力》,香港:香港大学出版社。

13. 李东红(2008),《从边缘到中心王国:韩国电视剧连接起本地和跨国生产》,在 Y 朱、迈克尔·基恩和 R 白的,《中国的电视剧》,香港:香港大学出版社。

14. 尤里·洛特曼(1991),《思想的宇宙:文化符号学》(译:安·舒克曼),布卢明顿,印第安纳州:印第安纳大学出版社。

15. 马 E. K-W(2012),《充满希望的香港,消费南亚:跨国文化政治学》,香港:香港大学出版社。

16. 麦克基,T. G., 林, C. S.,马顿,A. M.,王 Y. L 和吴嘉平(2007),《中国的城市空间:市场社会主义下的发展》,伦敦:劳特利奇出版社。

17. 阿瑟·马歇尔,(1920/1990),《经济学原则》(1920),第八版,波丘派恩,费城。

18. J. A.马修斯(2006),《失调和利益策略拟定》,斯坦福,斯坦福大学出版社。

19. 迈克尔·波特(1990),《国家的竞争优势》,纽约,自由出版社。

20. 迈克尔·波特(1998),《集群和新竞争经济学》,《哈佛商业评论》十一月至十二月,第77—90页。

21. 邱林川(2009),《工人阶级网络社会》,坎布里奇,马萨诸塞州:麻省理工学院出版社。

22. J. 熊皮特(1939),《商业循环》,麦格劳山出版社,纽约。

23. J. 熊皮特 (1942),《资本主义、社会主义和民主》,乔治艾伦和尤恩,伦敦。

24. 迈克尔·斯托波和罗伯特·萨莱斯(1997),《生产世界:经济框架的运行》,坎布里奇,马萨诸塞州:哈佛大学出版社。

25. 王济慈和梅李夏(2009),《中国工业区的历史轨迹和前景》,G. 贝卡蒂尼、M. 巴兰迪和L. 普罗普利斯,《工业区手册》,切尔滕纳姆:爱德华埃尔加出版社。

26. 维特克、休、朱艳彪、蒂莫西 J. 斯特、蒙汉赛和托实业欧其塔(2010),压缩发展《国际法阵对比研究》, 45 (4): 439—67。

27. 伍德赛德,亚历山大(2006),《现代性缺失:中国、越南和世界历史的危机》,坎布里奇,马萨诸塞州:哈佛大学出版社。

专题报告五

打造文化创意产业集聚区的升级版

花　建*

一、斗转星移的背景——产业和城市的双转型

著名的美国发明家、企业家亚历山大·格兰·贝尔(Alexander Gram Bell)总结毕生经验时,说过一句名言:“当一扇门关闭,另一扇门开启;但我们常常很失望地瞧着那扇关闭的门许久,以致没有看到那扇对我们开启的门。”①

文化创意产业集聚区作为这一产业追求集约化、规模化增长的组织形态,正以产业和城市的转型为基础,经历着又一次重大的转型与升级。当今时代,经历了全球金融危机而缓慢进入复苏期的全球经济,为文创产业集聚区的转型与升级,提供了“旋转门”式的时代背景。那一扇行将“关闭的门”,就是以传统制造业为代表的工业生产和城市发展模式,它以大量消耗不可再生型的资源,大量消耗空间和土地为代价,以不断扩大产能、扩大城市规模为特征;而那一扇正在“打开的门”是以知识经济、绿色产业、智慧城市为代表的经济增长和城市发展模式,它以智能化生产、绿色型开发、生态型文明为特点,以紧凑型、集约化、智慧型的城市增长作为模式。它包括了从农业向制造业转型(工业化),从制造业主导向服务业转型(服务业化),从传统服务业主导向现代服务业主导转型(服务业高端化)三大形态和阶段,包括信息与通讯产业、先进装备制造业、生物医药产业、环境保护产业、新能源产业等一大批新兴产业成为引导新生产力的排头兵。城市经济增长的可持续动力,不再是工业原材料、能源、初级劳动力的供应能力,也不再是大规模的工业产品生产能力,而是以科技研发能力、科技成果转化能力、全球服务能力等为主的创新能力。而不同国家和地区的城市与产业转型,向文创产业集聚区提供了不同的发展背景和要求。

---

* 本文作者系上海社会科学院文化产业研究中心主任、研究员,北京大学文化产业研究院研究员。

① 美国《财富》杂志,2012 年 12 月号。

表 1 不同区域城市转型过程中的特点和关键要素①

区域	特点	关键举措	文化表现
日韩	城市政府战略规划引导的城市转型	推动垄断行业民营化改革，大力促进生产型服务业的发展	实施政府制订的文化发展战略，打造有活力的文化都市
欧盟	产业转型和空间转型推动的城市转型	实施创新战略和文化发展战略，发展以知识经济引领的城市产业	推动教育改革，形成创新人才成长环境，扩大全球多元文化的联系
北美	科技研发和产业转型推动的城市转型	以鼓励创新和改善基础设施为导向，培育科技产业相结合的创新集群	扩大吸引创新型人才，修改移民条例，打造多元文化环境
中国	工业化、信息化、城镇化、农业现代化相结合的城市转型	大力培育先进制造业和现代服务业，大城市群与中小城镇并举	根据东中西部不同的区域资源，鼓励发展不同的特色文化城市

文化创意产业集聚区的转型与升级，又是在科技进步的背景下展开的。文化与科技融合是文创产业发展的根本动力之一。在人类历史上，每一次科技进步带来的成果，从电气到无线电技术，都深刻地改变了人类文化生产要素的组合方式。今天，人类又一次站到了科技太阳升起的霞光中。2012 年 2 月，美国物理学家马克·P. 米尔斯（MARK P. MILLS）、工程与应用专家朱勒 M. 奥迪诺（JULIO M. OTTINO）在《华尔街日报》发表《科技变革将引领新的经济繁荣》的文章，指出 1912 年前后出现的新技术——电气化、电话、汽车、不锈钢和无线电深刻地改变了人类与自然界的关系，而在一百年后的 2012 年，三场宏大技术变革即大数据、智能制造、移动网络革命将会给人类社会带来更加深刻的变革，涌流出难以想象的巨大财富。

从文化生产力的意义上说，当前在全球范围内推进的大数据、智能制造、移动网络革命等三大潮流，与信息和通讯技术、计算机技术、仿真技术、视听技术、新材料技术、节能环保技术等六大技术，给人类在文化领域的感知方式、创造方式、传输方式、消费方式带来了前所未有的广阔空间，涌现出数字电影合成、电脑仿真、数字游戏、人机互动、网络音乐、数字出版等一系列新型文化艺术生产方式和表现

① 本表格系根据欧洲事务公司：《文化型创意的影响》，英文版，KEA：The Impact 作者 of Culture on Creativity；英国国家科技和艺术基金会：《软创新》，英文版，NESTA；Soft Innovation—Towards a more complete picture of innovation change 2009 等的内容，综合提炼和绘制。

样式,也带来了文化产业链和园区形态的重组。比如:国际唱片产业联盟报告《数字音乐报告2013——数字世界的引擎》和《数字音乐报告2011——触摸音乐》指出:从2004年到2010年,全球的数字内容产业增长非常快,其中的数字音乐市场总量竟然增长了1000%,2012年全球数字音乐收入达到56亿美元,增幅达8%以上;合法的数字音乐服务在2012年落户于100多个国家和地区,而传统的音乐制片市场则萎缩了30%以上,传统音乐制品行业的就业人数也下降了28%。

二、四大趋势——指向未来的路标

从现代产业竞争的意义上说,产业集聚区以集聚推动创新、共享降低成本、叠加提升品牌、服务提升地租的特色,而成为许多产业推动集约化、规模化的重要载体。在全球化和数字化的时代,文化创意产业集聚区仍然有强大的生命力,更重要的是:它们正在不断超越工业园区和科技基地的传统模式,顺应知识经济时代的要求,向更高的阶段升级。

如果说:文化创意产业集聚区1.0版的特点是:企业集聚,扩大规模,注重产能,注重以产业组合而形成竞争的优势;那么文化创意产业集聚区2.0版的特点是:打造平台,快速成长,注重效益,注重科技成果产业化的效益提升;而文化创意产业集聚区3.0版的特点是:跨界融合,鼓励创业,虚实结合,创意社区,注重以知识型创业者为核心的长程发展。这在以文化与科技融合为主要特点的文创产业园区中表现地尤为明显。

根据世界科技园协会(STPs)所做的统计和分析,2001—2011年该协会在全球的成员园区包括一部分科技型的文化创意产业集聚区,出现了一系列重要趋势,这在一定程度上成为文创产业园区发展的重要参考路标:

第一,在科技园区的各种建设项目中,产业孵化器的比例从82.3%上升到91.6%,研发机构和研发中心的比例从78.5%上升到80.7%,说明产业孵化和科技研发的功能不断增强,也就是说为创业者提供的平台和服务条件不断改善,而且提高了装备水平;与此同时,园区拥有住宅的比例从12.4%提升到21.8%,上升近1倍;拥有休闲服务和社会服务的比例从34.3%上升到59.7%,即1/5和2/3的园区能够提供住宅和休闲社会服务,也就是说为创业者提供了优良的生活服务条件,这犹如加强了"武器装备"与"后勤服务",让他们在创业的同时享受到丰富惬意的文化生活。

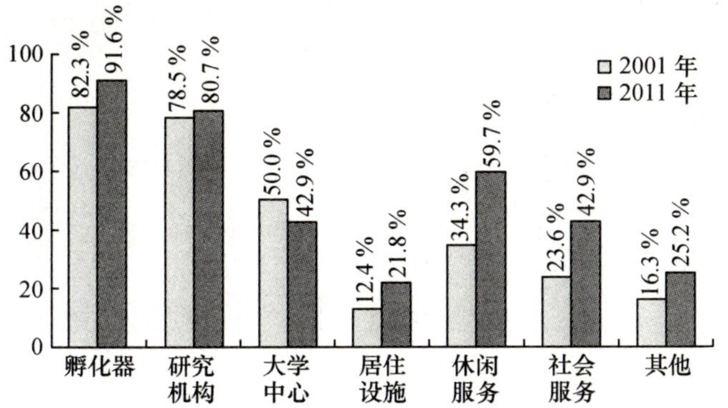

图 1　2001—2011 年全球科技园区主要功能所占比重的变化(%)①

第二,科技型园区的体量规模正在向大型化和超大型化发展,这就使得园区包容的研发结构和企业规模更大,容纳的服务设施更多,综合性的配套环境更为优良。其中小于 0.2 平方公里的小型园区所占比例从 51% 下降到 45.4%,占地 0.2—1 平方公里的中型园区比例保持稳定;而大于 1 平方公里的大型园区比例从 20% 上升到 25.2%。由于大中城市中心区的土地大多趋于使用饱和,地价昂贵而缺乏开发的价值,这就使得越来越多的文创产业园区建设,倾向于从城中集聚向城边集聚,从向心集聚向离心集聚,以便形成更大的人才和产业容量。

第三,科技型园区更加注重技术、产业、人居和环境的和谐发展,体现"新城市主义"和"都市型村庄",更加突出园区的人性化服务。越来越多的园区建设者认识到:知识型、智能型、创意型的创业人士,大多把工作与生活交融在一起。他们喜欢在体验中激发灵感,在创造中体现生活,通过灵光一闪来捕捉有价值的设计,又通过严格的证伪来经验产品的价值;他们既需要接近市场中心,近距离地感受商业的潮汐,又要适度地与市场保持距离,以便于考虑前瞻性的产品开发和路径设计。有鉴于此,他们对园区的要求是多元复合的,希望把生态型的生产模式、休闲型的服务经济、高品质的文化享受这三者结合在一起。"落红不是无情物,化作春泥更护花",科技型园区希望通过"新城市主义"和"都市型村庄"的开发,吸引到更多的优秀人才。

第四,科技型园区的激励制度越来越采取"软—硬"兼施,通过融资、税收、项目、优惠、租赁等渠道进行制度性的激励,具有时效性长、引导性强的优点,同时积

① 此图根据国际科学园区协会(STPs)2012 年 9 月统计数据和研究报告绘制。

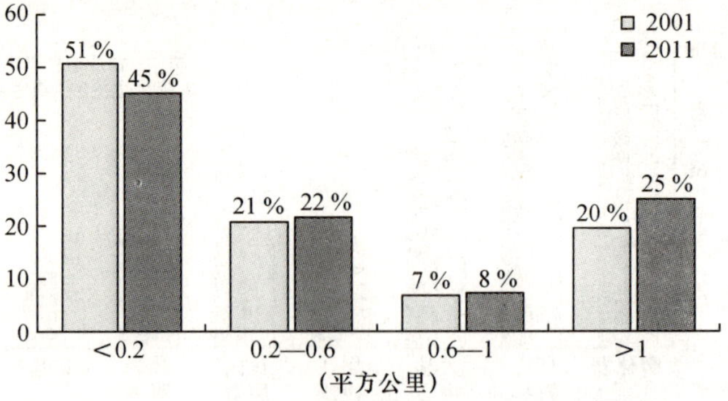

图 2 2001—2011 年全球不同规模的科技园区占地面积的变化(%)

极肯定私营企业和私人机构的作用。如美国航空航天局允许联邦科研人员协助私人企业的开发,推动私人企业在国家创新体系中的全过程参与,旨在让私营企业在推动国防与尖端技术方面也可以和国家部门相互交流,共享发展成果,以形成更加强大的创新作用。美国政府有关部门就陆续制定了多个促进产学研结合的计划,如支持企业与科研机构联合体开发的先进技术计划、合作研究机构的计划以及支持中小企业与大学和研究机构合作的计划,以便使得这些园区具有更加强大的发展后劲。

三、凤凰涅槃——集聚区的升级换代

近年来,文化创意产业集聚区升级换代的呼声越趋高涨,这反映出一个深刻的发展规律,那就是集聚区的生命力体现在一个不断自我超越、凤凰涅槃的过程,建设者和管理者必须不断推动产业结构和功能升级,成为引领科技和产业潮流的先锋,才能在优胜劣汰的竞争中保持不败之地。

以著名的美国硅谷为例,它从 1950 年代开始,每隔 10 年就有一次大转型。1950—1960 年代,依托于旧金山湾区周边的美国军事基地和后来的国家航天基地,发展以国防科技为主的新兴产业;1960—1980 年代适应信息化的潮流,逐渐转向集成电路、仿真技术等产业化开发;1980—2000 年代适应计算机和网络技术的迅猛发展,以重点开发互联网技术及产业化运用为主,著名的苹果、思科、甲骨文公司等就在这一时期创立和壮大;2000 年代一到现在,转向社交媒体和智能化服务等领域,著名的 Facebook 等企业就在这里快速地成长起来,成为新的科技生产力的孕育基地。这里犹如太平洋澎湃的波涛一样,一批批不适应竞争潮流的企业被淘汰了,而一批批新兴企业又茁壮地成长起来。

美国政府的制度设计为这些园区的产学研结合创新创造了良好的法治环境，特别是《拜杜法》、《史蒂文森—威德勒技术创新法》和《国家合作研究法》等，明确了产学研结合在国家创新体系中的地位，确保了产学研结合主要政策的落实，这为硅谷等的升级发展提供了重要的背景。美国政府有关部门陆续制定了多个促进产学研结合的计划，如支持企业与科研机构联合体开发的先进技术计划、合作研究机构的计划以及支持中小企业与大学和研究机构合作的计划，这些计划的实施则大大缩短了科技成果转化为新产品的周期。

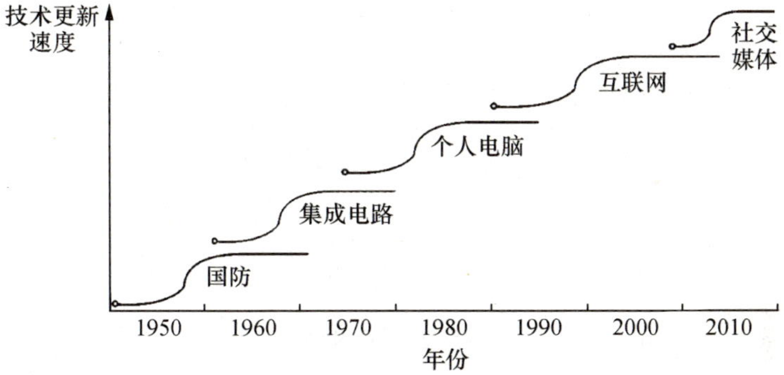

图 3　硅谷产业升级的路线图(1950—2010)

诸多研究成果指出：硅谷等地经验证明，集聚区建设的持升级，不但需要市场的引导和竞争的压力，而且需要建设者和管理者的文化自觉。从理念和思想的角度看，就是需要把科学精神与人文精神、科技研发与文化创意更加深入地融合在一起。技术与文化的深刻差异，是必须面对的一个客观存在。科学技术追求的是客观真理，而文化创意追求的是多元发展；科学技术强调建立在事实基础上的严格证伪，而文化创意强调自由想象和灵光一闪；科技开发强调一个逐步的积累过程，而文化创意推崇天马行空，肆意发挥；科技开发需要严格的检验，以迎接实践和市场的严酷竞争，而文化创意往往带有波西米亚人式的非主流文化倾向，在边缘地带创造出让人耳目一新的文化成果。它们仿佛是火焰与海水、黄金与翠玉，在性质和个性上是天壤之别，但是一旦融合在一起，就如同中国著名工艺美术品——“金镶玉”那样价值连城。从这一个意义说，文化创意产业集聚区的升级版，必须有更为强大的思想力量，能够把科学精神、技术理性、人文理想、创意活力、文化多元等，更好地包容在一起。

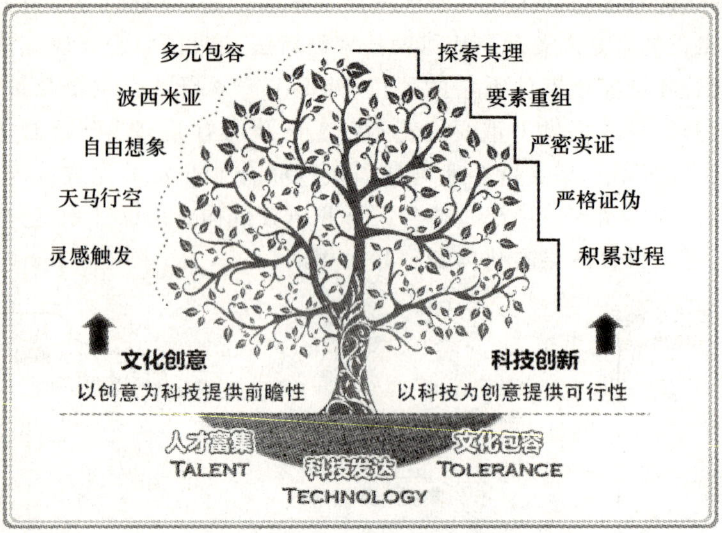

图 4　文化与科技融合创新的思想路线模型图

“春江水暖鸭先知”,中国的一批文创产业集聚区,比较早地感受到这一全球化的潮流,通过不断地升级转型,焕发出巨大的发展活力。比如作为国家级文化产业示范园区和国家首批文化科技融合创新示范基地的张江文化产业园,围绕“文化、科技、金融”相融合的特色,立足张江文化科技产业特色,优化产业布局,整合优势资源,在不断的升级中形成了可持续发展的道路。

聚焦特色产业,形成集约优势。2004 年,张江高科技园区率先成立文化产业园区。它依托园区集成电路、软件、信息等科技和产业优势,和 IBM 研发中心,中科院浦东科技园、商用飞机研发中心、中兴通讯研发中心等一批世界级研究机构,汇聚了清华大学微电子中心、北京大学微电子研究院、上海电影艺术学院、华东师大二附中等一批优秀的大中专院校,确立了发展文化产业的核心载体,逐步明确数字出版、动漫影视、网络游戏、文化装备等重点产业。目前,张江已经基本形成了包括内容提供、内容运营、技术提供、数字制作出版、终端开发与提供、外围配套在内的相对完整的文化科技创意产业链,相关文化入驻企业近 400 家,从业人员达到 4 万人,培育盛大、网易、百度、聚力传媒、河马动画、沪江网等一大批行业龙头企业。2012 年,张江文化产业园区增加值突破 200 亿元,与 2011 年相比增长 33.3%,过亿元企业达到 21 家,主要涵盖动漫影视、互联网、网络游戏、文化装备、数字出版、广告会展等领域。

突出龙头企业,发挥带动作用。正如硅谷的活力是由苹果、思科、英特尔、Facebook 等一批著名企业带动的那样，张江文化产业园区以龙头企业为抓手，通过产业联盟方式促进文创产业链协调发展，围绕资源供应链、科技研发链、产业增值链的核心环节，逐步形成以盛大文学、中文在线、世纪创荣、城市动画等为代表的原创内容生产；以盛大网络、炫动传播、沪江网、聚力传媒、龙源期刊网等为代表的内容运营；以上海方正、天马微电子等为代表的底层技术提供；以河马动画、今日动画等为代表的动画内容制作及发行；以创新科技、狂龙数码等为代表的终端开发，基本构建了包括内容创制、内容运营、技术提供、数字出版、终端开发与提供、外围配套在内的较为完整的上下游产业链条。

发挥“平台经济”的作用，提高园区服务效益。大量实践证明：在新兴产业领域，建立提供技术研发、设备共享、内容配送、投资融资、产权保护等产业公共服务平台，将会有利于降低企业发展的成本，形成良好的要素流通和集聚效应，这就是所谓的“平台经济”。张江文化产业园区先后引进上海产权（版权）交易中心、上海版权服务中心、上海版权纠纷调解中心，为园区文化企业提供全方位版权服务。在技术服务平台方面，集中建设作品版权保护应用平台、数字转档转化服务平台、上海信息传播服务平台、数字出版云服务平台等四大平台，前三个平台项目已获得上海市文创资金扶持，如作品版权保护应用平台主要为上海市企业、代理和个人搭建作品版权登记申报通道，2012 年，项目一期已完成并上线实现正式运营，平台与 92% 以上的浏览器实现兼容，版权登记用户可以在线提交登记申请，通过审核后可获得版权登记证书，登记作品数达到 38038 件，今后将逐步打通版权登记与版权交易的功能环节；在展示服务平台方面，园区先后建设了全国第一家动漫博物馆、张江当代艺术馆、上海海派连环画中心等一系列专业场馆和服务平台，为园区企业展示最新创意、产品提供了舞台。在支撑服务平台方面，园区先后引进上海市动漫行业协会、浦东新区创意产业联合会、浦东新区衍生品企业联合会，为各类动漫、创意企业更好发展提供市场机会，这给中国文化创意产业集聚区的升级提供了富有启发的案例。

四、“勇敢的心”——园区创业文化的 DNA

产业和城市转型、文化与科技融合的大潮汐，给各个国家和城市都带来了剧烈的冲击波。是谁能够扮演大潮冲浪的勇敢者，又是谁将被巨浪所严酷地淘汰？根本的区别就在于他们在制度和心理上不同的文化理念和文化追求，用一个形象的比喻就是文化心理的 DNA。史蒂夫 · 乔布斯在毕生的创业过程中，参与过 5000 多次人才招聘，但能被他选中的寥寥无几。他青睐的人才在面对问题时能找到一流的解决方案,而不是短期奏效的方法,更不是因循守旧的模式。在这样的企业文化血统引导下,苹果公司汇聚了一大批创业精英,他们热爱并传承着苹果特有的"创业文化DNA",形成了苹果公司A级人才的"海盗团队"。

马克·P.米尔斯和朱勒M.奥迪诺指出:有三个最能代表美国适应科技变革的要素:年轻的人口、动态的文化和多元的教育体制。一个国家或者城市的文化无法在一夜之间改变或复制,它是一个拥有高度惯性的民族所具备的一种特征。美国文化尤其适用于充满动荡和挑战的年代。"其独特之处在于开放的心态、敢于冒险、勤劳、富有趣味性,以及对于初生创意至关重要的,挑战权威的思维方式。其他哪个国家有可能突然冒出苹果公司或者是乔布斯?"这是一切文创产业集聚区的建设者应该为之深思的。

正如斯晓夫教授所指出的:市场经济的实践证明,社会转型的成功需要创业的成功来支撑,创业再进而反作用于社会转型,成功创业也是社会转型成功最根本的要素。今天世界正在经历从工业社会向消费社会和信息社会的转变,这就是创业产生的新经济时代。它具有追逐高风险、高增长值与创新的三大特征:"创业是从创意、创新一步一步发展过来的,具体而言,创意是一种灵光一现,创新是创意的体现,创业则是创新的实践。创业过程是一个不断新陈代谢的过程。"今天的文化创意企业正处在一种优势迅速崛起并迅速消失的竞争环境中,机会迅速产生又迅速消失,如何识别与把握住机会成了个人与企业共同面对的核心问题。成功往往是属于那些能够把握机会的人,而创业的核心是机会导向,创业者是寻找与把握机会的人。从这个意义上说,文化创意产业集聚区中的创业人士所拥有的这种文化DNA,引导着他们去把握稍纵即逝的机会,成为"精神变物质、理想变财富"的内在动力。①

正是从这一个意义上说,文化创意产业集聚区的成功,未必都在纽约、东京、伦敦、上海、北京等国际大都市,即使在内陆的中小城市,在离开国际化大都市数百公里之外的丘陵乡镇,当创业文化的火炬照亮了人们的心灵,吸引了大批有识之士,那里也有可能绽放出灿烂的文创产业之花,形成强有力的产业集群。

比如位于浙江中西部丘陵地带的东阳市(县级市),离开最近的义乌火车站约有40多公里,历来有"七山二水一分田"的描述,山水绵延,河流纵横,发展农业的耕地资源相对贫乏,1990年代时的道路、教育、医疗、商业等城市化的基础设施

① 《成功创业:未来经济发展的关键——斯晓夫教授在南开大学的演讲》,载《解放日报》2011年9月4日。

也十分缺乏。

但是东阳人以超前的产业眼光和强大的执行力，化不利因素为有利条件，以工艺美术、影视服务和文化旅游为三大重点，成为在全国具有领先效应、国际上获得广泛好评的文创产业基地。东阳人传承了"百工之乡"的优良传统，把千年流传的工艺美术包括木雕、竹编、席艺等，发挥到一个全新的技术和产业能级，创造出规模巨大的产业集聚区。2011 年，东阳仅木雕？红木家具产业就实现产值 107 亿元，生产企业 1035 家，从业人员 9.5 万人。东阳市把培育和引进文化产业领军人才作为第一资本和第一要素，今天已经拥有国家级工艺美术大师 8 位，省级工艺美术大师 24 位，其规格之高、人才之密集为国内外罕见，让世界手工艺理事会(联合国教科文组织下设组织)的负责人为之赞叹不已。

作为东阳文创产业的优秀代表，陆光正、冯文土、吴初伟、何福礼等国家级工艺美术大师无不是怀着强烈的创业精神，百折不挠，励精图治，以真正的自主创业者精神而鼓舞了一代又一代的东阳人，那就是追求理想、鼓励创业、献身艺术、勇于冒险、培育强者。他们的创业不仅包括生存型创业，更包括机会型创业与创新型创业。特别是当他们已经获得了国家级和国际级的荣誉时，仍然孜孜不倦地追求着更高的艺术境界，持续不断地创造着一批又一批新的艺术精品，为祖国赢得了巨大的荣誉。这种创业精神的耀眼火炬，吸引了更多的有识之士和有为青年集聚到这里。

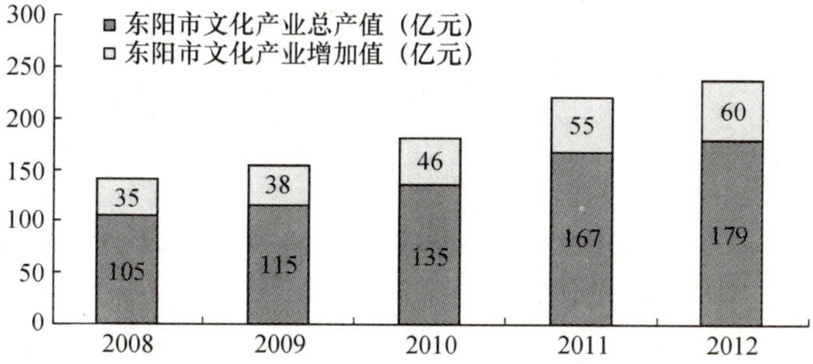

图 5　东阳市文化产业的规模增长①

而在东阳市的横店镇，则创造出又一个奇迹——国家级影视产业实验区。横店人从参与 1990 年代电影《鸦片战争》的外景拍摄起步，从无到有建立了横店影视城，于 2004 年正式获得国家广电总局批复建立实验区，逐步发展成为全球规模

① 根据我们在东阳市的实地调研。

最大的影视外景拍摄基地。实验区以核心区块3000亩,规划面积365平方公里,投资70亿元建成“香港街”、“秦王宫”、“清明上河图”等28个影视拍摄基地和11个大型摄影棚,加上森林公园,面积约为100平方公里,成为全球规模最大的影视实景拍摄基地,配备了道具、器材、运输、餐饮、群众演员等全要素服务系统,吸引了华谊兄弟、光线传媒、保利博纳等影视文化知名企业入驻,并且打造出国家级5A级景区,2012年吸引游客超过1100万人次。截至2012年入区企业总数已达450多家,在横店拍摄的海内外影视剧达到25000多部集,约占全国古装影视剧产量的1/3强。横店参与拍摄的《英雄》《无极》《风声》《潜伏》《满城尽带黄金甲》《新水浒传》《甄环传》《失恋33天》等多部影视作品获得良好的经济和社会效益,包括荣获华表奖、飞天奖、“五个一”工程奖等海内外大奖①。今天,横店人顺应全球化的潮流,正在进一步打造影视产业实验区的升级版,建设梦上海、万花园、横店通用机场等重点项目,建设科技含量更高的摄影棚和后期制作平台,成为中国走向世界电影大国的前进基地。不仅仅是上海张江、东阳和横店,还有华侨城、西安曲江、山东曲阜、成都青羊绿舟、长沙天心文化产业园区……这些令人振奋的实例启发了人们:中国的文化创意产业集聚区,沿着创新和创业的道路,不断打造园区的升级版,将为中国发展文化创意产业做出更大的贡献。

(本文是国家社科基金重大项目“我国文化产业发展战略研究”,项目批准号10zd&021的子课题“文化产业的区域发展战略”的阶段性成果。)

① 根据我们对横店影视产业实验区的实地调研。

附　录

2012年度创意中国榜领军企业、新锐人物、年度盛事上榜名单

一、上榜领军企业

1. 华谊兄弟传媒集团

在电影投资、制作、发行方面的丰富经验的基础上，进一步开展院线的扩展，实现打造完整产业链的发展战略。作为中国电影上市第一股，华谊兄弟开创了中国电影产业的新天地，引领和坚持了中国电影产业发展方向，成为中国电影产业化上市的代表。

2012年，华谊兄弟与中国电信成为紧密的战略合作伙伴，双方致力共同打造国内最大的付费“微电影微剧”发行平台。

截至12月23日，华谊2012年共发行8部影片，发行影片票房总和18.4亿，居国内榜首。

2. 横店集团（横店集团控股有限公司）

横店集团作为我国特大型民营企业，以工业产业为主体，带动高科技农业，培育第三产业，从浙西丘陵走向国家级影视产业实验区，正努力成为“中国好莱坞”，为探索影视行业的产业化、专业化、社会化、基地化做出了成功的尝试。

2012年，浙江横店影视制作有限公司的横店影视产品制作基地项目成为“2011~2012年度国家文化出口重点项目”。横店影视产业正步入全产业链发展。

3. 腾讯公司（qq.com）

腾讯公司为使用者提供互联网增值服务、移动及电信增值服务和网络广告服务。通过实时通信QQ、腾讯网（qq.com）、腾讯游戏、QQ空间、无线门户、搜搜、拍拍、财付通等中国领先的网络平台，打造了中国最大的网络小区，成为中国跃居全球ALEXA排名十强的本土网络公司。

2012年，腾讯微信用户突破2亿，小企鹅在一步一步，用新老产品改变中国

人的沟通方式。

4. 万达集团(大连万达集团股份有限公司)

万达集团形成了商业地产、高级酒店、旅游投资、文化产业、连锁百货五大产业,企业资产2500亿元,年收入1400亿元,年纳税200亿元。已在全国开业55座万达广场、34家五星级酒店、800块电影银幕、46家百货店、51家量贩KTV,打造了中国系列城市文化的新地标。

2012年,成功并购世界排名第二的美国AMC影院公司,成为全球规模最大的电影院线运营商。并在北京市政府的积极倡导和大力支持下,成立万达文化产业集团公司,全力打造统一的万达文化品牌。

5. 优酷(youku. com)

优酷网以视频分享为基础,开拓三网合一的成功应用模式,为用户浏览、搜索、创造和分享视频提供最高质量的服务,也是我国互联网拍客聚集的阵营,引发了全民狂拍的拍客文化风潮,使拍客成为一种生活方式。

2012年,优酷与土豆网合并重组,让行业集中度陡然提升,也大大加强了视频网站在版权方面的议价能力,或将掀开我国视频营销新篇章。

6. 盛大文学

盛大文学是中国最大的民营出版机构,也是中国最大的社区驱动型网络文学平台,全球三大主流版权产业之一。运营了包括起点中文网在内的六大原创文学网站以及天方听书网、悦读网,并拥有晋江文学城50%股权。

2012年,盛大文学加大了全版权运营的力度,并成为三大移动运营商阅读基地最大的内容提供商,用一个个文字,建立起文学面对市场的新规则。

7. 水晶石数字科技有限公司

作为北京2008年奥运会图像设计服务供货商、北京2008年奥运会开(闭)幕式影像制作运营项目总承包商、上海2010年世博会指定多媒体设计服务商、深圳2011年大运会图像设计服务独家供货商,以及伦敦2012年奥运会数字图像服务供货商,BIE国际展览局战略合作伙伴,水晶石数字科技有限公司在中国和世界的平台上展示着中国数字科技的魅力。

2012年,伦敦奥运会闭幕,水晶石公司成功完成伦敦奥运会全部视觉总包服务。

8. 深圳文博会(深圳国际文化产业博览交易会有限公司)

中国(深圳)国际文化产业博览交易会由中华人民共和国文化部、中华人民共和国商务部、国家广播电影电视总局、中华人民共和国新闻出版总署、中国国际贸易促进委员会、广东省人民政府和深圳市人民政府联合主办,是中国唯一一个国家级、国际化、综合性文化产业博览交易会,是中国文化产业交易平台重要的窗口和品牌。

2012 年,中国(深圳)国际文化产业博览交易会共有 3319 个文化产业项目参与招商。截至 5 月 21 日 12 时,总成交额达 1432.90 亿元,比上一届增加 187.41 亿元,同比增长 15.05%。

9. 雅昌企业(集团)有限公司

雅昌独特的"传统印刷 + 现代 IT 技术 + 文化艺术"的商业模式,将企业的经营战略和社会责任有机结合,将为艺术家和艺术机构的服务与为大众提供艺术普及教育紧密结合起来,为创意文化产业探索了一条新的发展模式。

2012 年,在世界印刷界享有最高声誉的赛事——美国印制大奖赛中,雅昌斩获 8 项最高奖项"班尼金奖",成为有史以来单届获金奖最多的中国企业,摘取了世界印刷科技皇冠上的明珠。

10. 小米科技(小米科技有限责任公司)

作为国产手机后起之秀,小米科技将网络文化与高科技完美结合,开创了一条在互联网上打造手机品牌的独特路径,也形成了一种独具特色的发烧友极客文化,其研发的小米手机也成为中国自主数字信息制造品牌受到境外主流媒体的关注。

2012 年,小米手机销售持续火爆,小米科技并于 11 月正式发布了高清互联网电视机顶盒产品"小米盒子",迈出了进军互联网电视产业的第一步。

二、上榜新锐人物

1. 贾伟　洛可可设计公司创始人

贾伟及其带领的洛可可设计公司团队秉持"温和力量创造和谐设计"的理念,使洛可可公司成为中国第一家"走出去"的跨国设计企业。并成为首家荣获四项国际顶级设计大奖的企业,在现代时尚中体现了中国设计的智能。

2. 玉红　趣游集团董事长

玉红及其团队,将企业定位在做具有便捷性网页游戏的渠道商,而非开发商,并将趣游集团打造成了中国目前最大的页面网游运营企业,采用在海外建立平台自主运营的方式逐步开展其游戏的全球化运营。

3. 陈华　唱吧创始人

陈华及其唱吧团队打造了一款极具时尚且 K 歌效果出众的手机 K 歌应

用——唱吧。上线5天,即跃居APP Store中国免费榜首。开创了新的内容产业盈利模式,唱出了一个创意,一个产业。

4. 田明　星空华文传媒CEO、灿星文化总裁

田明及其团队确立了“国际手段,中国表达”的制作理念,制作出了《中国好声音》《中国达人秀》等高收视率节目,采用与电视台“投资分成”的新商业模式,以华文传播推动世界文化。

5. 唐五一　青苹果数据中心有限公司董事长

唐五一及其青苹果数据中心团队以创新为动力,着力于报刊、书籍等文化产品的数字化,已建成我国最大的数字文化资源库,创建了大数据时代的优势文化产业企业。

6. 陈黎明　精典博维文化发展有限公司总经理

陈黎明及精典博维团队建立起了中国领先的民营文化传媒机构的商业模型,形成了精典博维在国内出版界较为独特的“名家经纪”模式,作为莫言作品在中国内地的唯一授权出版方,陈黎明及精典博维团队为中国民营出版机构的发展探索了新的道路。

7. 高晓攀　嘻哈包袱铺创始人

高晓攀及其嘻哈包袱铺团队,传承中国传统曲艺国粹艺术,面向平民草根进行产业化试水,“输入传统,输出创新”,接地气的乐子正受到年轻人的广泛追捧。

8. 童之磊　中文在线董事长

童之磊及其中文在线团队在电子图书内容领域占有明显优势,已成为中文电子图书最大的正版内容拥有者,形成了“一种内容、多种媒体、同步出版”的全媒体出版模式,进一步打通了数字出版产业链,有效扩大了阅读产品的全方位覆盖。

9. 张晨　开心麻花创始人

张晨及其开心麻花团队坚持原创喜剧创作,在国内首创了“贺岁舞台剧”的概念,坚持艺术与商业的结合,探索出“出品机构—制作—票务推广”的产业模式,成为民营话剧界的“领头羊”,更是都市爆笑喜剧市场的领导者。

10. 赵永庄　中国木偶艺术剧院股份有限公司总经理

赵永庄及木偶艺术剧院团队通过转企改制后的灵活经营机制,在把中国木偶剧院打造成中国演艺品牌的同时,以“品牌组合”谋求发展,推动机制创新,打造出儿童文化创意产业创新品牌。

三、上榜年度盛事

1. 中国籍作家莫言获得2012年诺贝尔文学奖

北京时间2012年10月11日晚7点,2012年诺贝尔文学奖评选在瑞典揭晓,中国作家莫言获奖,成为首个获得诺贝尔文学奖的中国籍作家。在获奖感言中,莫言先生说:感谢中国,感谢读者,感谢评委,感谢那些批评过我、表扬过我的朋友们。感谢那些用他们的真诚情感不断激励我写作的朋友们!

2.《中国好声音》全球开花　满世界都在转椅子

2012年7月,《中国好声音》亮相,以强势之姿成为“收视之王”,观众热捧收看、明星转发火热,连台湾最火的综艺节目《康熙来了》还单开“好声音”单元。其实除了中国之外,全世界都陷入好声音的魅力无法自拔,《中国好声音》的原版“THE VOICE”世界各地开花,《美国之声》《英国之声》《澳洲之声》《韩国之声》《德国之声》,可以说,全世界都在转椅子。

3.《舌尖上的中国》备受热议,让“眼泪与口水齐流”同名图书出版

2012年5月,一部以美食为主题的七集纪录片《舌尖上的中国》悄然亮相央视一套,没人会预料到,这部在晚间22:30非黄金时段播出的纪录片会在短时间内引爆观众的“胃口”,迅速跻身微博热门话题榜,网络上的点击率甚至一度超过众多热播的影视大片。

对于《舌尖上的中国》意外走红,不少观众坦言是“眼泪与口水齐流”,“流口水”自然是因为片中让人垂涎欲滴的中华美食,而“流眼泪”的原因,则是被纪录片所流露出的人文关怀精神所感动,“结合了亲情乡愁,会联想到自己在外时候对家乡菜的想念”。

受到大众持续关注和热议的电视纪录片《舌尖上的中国》又迎来了她的姊妹篇——图书版《舌尖上的中国》。6月20日,光明日报社、中央电视台、凤凰出版传媒集团在国家会议中心隆重举行该书发布仪式。中宣部、中央外宣办、新闻出版总署有关部门负责人与文化界、出版界、新闻界和参加首届奥林匹克美食大赛的国内外美食界代表出席了发布仪式。

4.《画皮2》《泰囧》连创国产片票房新纪录、李安《少年派的奇幻漂流》创国内票房逆袭奇迹。

2012年6月28日《画皮2》3D版于内地暑期档隆重上映,连破12项中国国产电影票房纪录,是首部票房过七亿的华语电影,成为华语电影票房冠军。

《泰囧》于2012年12月12日上映,在2013年1月12日票房突破12亿,这

一连串“12”的巧合让人惊叹,“12”成为《泰囧》的一个吉祥数字,也成为国产电影票房新的里程碑。

在2012年11月29日,两部国产大片《一九四二》和《王的盛宴》同时上映,但开局以来不如预期那么火爆。《一九四二》首周四天票房1.3亿元,比起冯小刚前两年作品首周成绩回落不少。《王的盛宴》比较惨淡,首周四天仅收获4000余万元。同时,已上映两周的进口大片《少年派的奇幻漂流》奇迹般实现逆势增长,累计票房达3亿元。

5. 微电影进入爆发式增长时代

随着全国首档微电影栏目新闻发布会在北京人民大会堂正式启动,以及视频网站爱奇艺微电影频道开通,结合此前香港国际影视展览国内知名影视网站风行网推出的“第一届微电影论坛”,一切都预示着微电影这一2011年开始火爆以来的新视频形式正在进入一个爆发式增长阶段。

6. 中国超越美国成世界最大艺术品市场

中国超越美国成为世界最大的艺术品和古董市场,结束了美国数十年来在该领域的领导地位。

据报道,近日发布的最新年度报告《2011年国际艺术市场:艺术品交易25年之观察》披露了这一信息。报告称,2011年中国在全球艺术品市场所占的份额由2010年的23%上升到30%,首次超越了此前多年居于冠军的美国,成为世界最大的艺术品与古董市场。

该报告由世界顶级艺术品与古董博览会欧洲艺术品与古董博览会(TEFAF)的承办方、欧洲艺术基金会委托编写。

7. 万达并购AMC公司,成全球最大电影院线运营商

历时两年谈判,2012年5月21日,大连万达集团和全球排名第二的美国AMC影院公司签署并购协议。此次并购总交易金额26亿美元,包括购买AMC影院公司100%股权和承担债务两部分,并购后万达还将投入运营资金不超过5亿美元。

万达集团从2005年开始大规模投资文化产业,目前,万达文化产业投资已超过100亿元,成为中国文化产业投资额最大的企业。近几年美国AMC影院公司由于负债过高,公司运营出现了亏损。收购AMC公司后,万达集团将同时拥有全球排名第二的AMC院线和亚洲排名第一的万达院线,成为全球规模最大的电影院线运营商。

2012年9月4日上午,中国大连万达集团在美国西洛杉矶一家AMC电影院

举行新闻发布会,宣告该集团斥资26亿美元正式收购AMC公司。

8. 动漫杂志《知音漫客》月发行量超过600万

2012年2月,湖北知音传媒集团旗下的《知音漫客》杂志,周刊单期发行量达130万册,月发行量达到520万册,一举成为"中国第一,世界第三"的漫画杂志,仅次于日本的《周刊少年Jump》和《周刊少年Magazine》。

2011年,知音动漫公司实现产值5.8亿元,盈利近7000万,较上年同期增长275%。其中,刊物、图书两大板块盈利双双突破1600万,在全国青少年中形成了"消费漫客"的文化现象。

9. 我国每年将增加进口14部美国大片

中美双方于2012年2月18日就解决WTO电影相关问题的谅解备忘录达成协议。据悉,中国每年将增加14部美国进口大片,以IMAX和3D电影为主;美国电影票房分账比例从13%提高到25%。对此,业内人士普遍认为值得期待,将对国内电影市场提高质量、整合资源起到积极作用。

10. 深圳和上海已被联合国先后正式授予"设计之都"的称号

2012年5月,深圳市和上海市已被联合国先后正式授予"设计之都"的称号,成为又一批代表中国面向全球的国际化大都市。目前已经命名的8个"设计之都"是:柏林、布宜诺斯艾利斯、蒙特利尔、名古屋、神户、广州、深圳和上海。